LPIC-1

Anselm Lingnau

mit
Thomas Erker
Tobias Elsner
Michael Küpper

LPIC-1

mitp

Bibliografische Information der Deutschen Nationalbibliothek –
Die Deutsche Nationalbibliothek verzeichnet diese Publikation in der Deutschen Nationalbibliografie; detaillierte bibliografische Daten sind im Internet über ⟨http://dnb.d-nb.de⟩ abrufbar.

Bei der Herstellung des Werkes haben wir uns zukunftsbewusst für umweltverträgliche und wiederverwertbare Materialien entschieden. Der Inhalt ist auf elementar chlorfreiem Papier gedruckt.

Dieses Buch korrespondiert mit den LPIC-1-Prüfungszielen vom 22.2.2015 (Version 4.0) – siehe `http://www.lpi.org/`

ISBN: 978-3-95845-297-8
6. überarbeitete Auflage 2016

`http://www.mitp.de`
E-Mail: mitp-verlag@sigloch.de
Telefon: +49 7953/7189-079
Telefax: +49 7953/7189-082

Lektorat: Sabine Janatschek
Covergestaltung: Christian Kalkert, `www.kalkert.de`
Bildnachweis: @Dmitry Pistrov / fotolia.com
Satz: Anselm Lingnau, Mainz
Druck: Medienhaus Plump, Rheinbreitbach

Inhaltsverzeichnis

Vorwort

Es besteht kein Zweifel: Linux ist erwachsen geworden! Immer mehr Firmen, Behörden und Institutionen entdecken das freie Betriebssystem für sich. Vorteile wie Sicherheit, Stabilität, Effizienz, Flexibilität und niedrige Kosten setzen Linux von seiner Konkurrenz ab. Und entsprechend steigt der Bedarf an qualifiziertem Personal, das mit Linux und den dafür verfügbaren Werkzeugen und Anwendungsprogrammen umgehen kann. Aber woran erkennt man »seinen« zukünftigen Linux-Administrator?

Mit den LPIC-Zertifizierungen des *Linux Professional Institute* hat sich seit 1999 ein herstellerunabhängiger Industriestandard etabliert, an dem professionelle Linux-Administratoren sich messen können. Die LPIC-Zertifizierung unterstreicht, dass es sich bei Linux nicht mehr um ein Spielzeug handelt, sondern um ein von namhaften Firmen unterstütztes System, dem auch unternehmenskritische Aufgaben anvertraut werden können. Linux-Einsteiger finden darin eine Route vorgezeichnet, die sie zur Linux-Kompetenz führt, und für Schulungsanbieter und ihre Kunden ist LPIC ein Wegweiser für qualifizierte und zielgerichtete Ausbildung.

Genau wie Linux ein offenes System ist, das *von* seiner Benutzergemeinde *für* seine Benutzergemeinde entwickelt wird, ist LPIC eine Zertifizierung *von* der Gemeinde *für* die Gemeinde. Der Entwicklungsprozess ist offen – jeder kann daran mitwirken und die künftigen Schwerpunkte mitbestimmen.

Warum sollten Sie sich zertifizieren lassen? Einfach: Mit einer LPIC-Zertifizierung demonstrieren Sie Ihre Kernkompetenz als

Linux-Administrator gegenüber potenziellen Kunden und Arbeitgebern. Sie können Ihre persönliche Fortbildung planen und strukturieren und Sie erhalten eine weltweit anerkannte und anbieterunabhängige, also zukunftssichere Zertifizierung.

Dieses Buch füllt eine große Lücke auf dem deutschsprachigen Markt für Literatur zur LPIC-Prüfungsvorbereitung. Endlich steht ein Werk zur Verfügung, das den kompletten LPIC-1-Prüfungsstoff übersichtlich und klar aufarbeitet und Ihnen als potenziellen Kandidaten das Rüstzeug zum erfolgreichen Bestehen der Prüfung gibt. Wir hoffen, dass auch Sie damit bald zum Kreis der LPIC-1-zertifizierten Linux-Experten gehören können. Viel Erfolg!

Oliver Michel
Vorstandsvorsitzender
MAX 21 AG

Kapitel 1 Einleitung

In diesem Kapitel ...

- erläutern wir die Grundlagen der LPIC-Zertifizierung
- lernen Sie den Ablauf der LPIC-1-Prüfungen kennen
- erfahren Sie, wie Sie sich optimal auf die LPIC-1-Prüfungen vorbereiten können
- bekommen Sie den Aufbau dieses Buches erklärt
- werden Sie auf weitere Informationsquellen zum Thema »LPI« aufmerksam gemacht

1.1 Die LPIC-1-Zertifizierung

1.1.1 Grundlegendes

Ziel

Die LPIC-Prüfungen, entwickelt vom *Linux Professional Institute*, richten sich an Administratoren von Linux-Systemen und sollen deren Kompetenz im Umgang mit Linux und den dazugehörigen Werkzeugen bestätigen. Die Zertifizierung ist distributionsunabhängig und bietet drei Stufen (LPIC-1 bis LPIC-3). Dieses Buch dient zur Vorbereitung auf die LPIC-1-Zertifizierung, die aus zwei Teilprüfungen (101 und 102) besteht. LPIC-1 (*Junior Level Linux Professional*) soll bestätigen, dass Kandidaten die folgenden Themen beherrschen:

- Umgang mit der Linux-Kommandozeile und den wichtigsten Hilfsprogrammen, inklusive einem Texteditor;
- Grundkenntnisse von wichtigen Themen wie Shellprogrammierung, Lokalisierung oder SQL;
- Einfache Administrationsaufgaben: Umgang mit Protokolldateien, Verwalten von Benutzerdaten, Systemstart und -stopp;
- Installation eines Arbeitsplatzrechners (mit X11) und Anschließen an ein existierendes lokales Netz.

Höhere Stufen

Die LPIC-2-Zertifizierung wendet sich ebenfalls in zwei Teilprüfungen an den *Advanced Level Linux Professional*, während die LPIC-3-Zertifizierung auf den *Senior Level Linux Professional* zielt. Hier haben Sie die Auswahl zwischen verschiedenen Prüfungen, die jeweils einen Themenbereich sehr detailliert abdecken. Jede davon führt zu einem LPIC-3-Zertifikat für das betreffende Thema. Mit LPIC-2 und LPIC-3 beschäftigt sich dieses Buch *nicht*.

Herstellerzertifikate

Auf den LPIC-Zertifizierungen können weitere, herstellerspezifische Zertifizierungen aufbauen. Für die UCS-Distribution der Firma Univention wird beispielsweise eine »Univention Certified Professional«-Zertifizierung (UVCP) angeboten, die aus LPIC-1 zusammen mit einer Zusatzprüfung über Univention-spezifische Themen besteht.

CompTIA Linux+

Inzwischen bietet auch der Interessenverband CompTIA die LPIC-1-Zertifizierung unter dem Namen »CompTIA Linux+ Powered By

LPI« an. Die Prüfungen sind identisch zu den LPIC-1-Prüfungen; alles, was wir in diesem Buch über LPIC-1 sagen, gilt also sinngemäß auch für CompTIA Linux+. Absolventen bekommen sowohl das CompTIA-Linux+- als auch das LPIC-1-Zertifikat. Wenn Sie also die Anzahl von Zertifikaten an Ihrer Wand maximieren möchten, ist CompTIA Linux+ die Zertifizierung für Sie.

1.1.2 Ablauf der Prüfungen

Prüfungsabnahme LPI-Prüfungen werden in Pearson-VUE-Testzentren computerbasiert abgenommen: Sie werden vor einen Rechner gesetzt, der Ihnen Fragen zur Beantwortung vorlegen wird. **Ankreuzfragen** Die meisten LPI-Fragen sind »Ankreuzfragen« mit vorgegebenen Antworten, von denen eine oder manchmal mehrere richtig sein können. Ab und zu müssen Sie auch Text eingeben, meist Kommando- oder Dateinamen. **Dauer** Das Ganze dauert 90 Minuten pro Prüfung und Sie sind ganz auf sich gestellt – Sie können kein Publikum befragen, niemanden anrufen und auch keine falschen Antworten ausschließen lassen. **Sprachen** Die beiden LPIC-1-Prüfungen gibt es derzeit in Englisch, Deutsch und diversen anderen Sprachen. Englische Prüfungen sind übrigens eventuell 120 Minuten lang, weil Sie noch einige zusätzliche Fragen »außer Konkurrenz« gestellt bekommen. Das sind neue Fragen, deren Schwierigkeitsgrad noch eingestuft werden muss, bevor sie in die tatsächliche Prüfung kommen. **Kosten** Rechnen Sie damit, für jede Prüfung etwa 150 Euro entrichten zu müssen.

⇨ `http://www.pearsonvue.com/lpi/`

Sonderangebote Das LPI bietet oft auf Messen und ähnlichen Großveranstaltungen (CeBIT, FrOSCon etc.) verbilligte Prüfungen an. Diese sind auf Papier und nicht am Computer und kosten etwa halb so viel wie die computerbasierten Prüfungen.

LPI Academy Einen Vorgeschmack auf den Stil der Fragen und Antworten können Sie zum Beispiel bekommen, indem Sie die »LPI Academy« (`http://www.lpi-academy.de/`) besuchen. Sie bietet Ihnen eine Prüfungssimulation mit erfundenen Fragen, die die Umgebung im Testzentrum nachstellt.

Ergebnisberechnung Nach einer computerbasierten Prüfung erfahren Sie sofort, ob Sie bestanden haben. Die genaue Ergebnisberechnung ist kompliziert: Jede Frage hat eine (nicht veröffentlichte) Punktzahl, wobei die

60 Fragen jeder Prüfung sich zu etwas wie 800 Punkten aufaddieren (genau ist das nicht festgelegt). Sie müssen 500 Punkte erreichen, wobei die Anzahl der Fragen, die Sie dafür richtig beantworten müssen, von Prüfung zu Prüfung variiert. Ziel des LPI ist eine »faire« Abgrenzung zwischen qualifizierten Kandidaten (die bestehen sollten) und unqualifizierten Kandidaten (die durchfallen sollten). Es ist weder notwendig noch gewollt, dass Sie in der Prüfung die »volle Punktzahl« erreichen, und es gibt auch keine »Benotung« über ein »Bestanden« oder »Durchgefallen« hinaus.

Sie können die LPI-Prüfungen grundsätzlich in jeder beliebigen Reihenfolge angehen (Sie müssen also nicht unbedingt mit der Prüfung 101 anfangen, auch wenn sich das normalerweise anbietet.)

Bestanden? Wenn alles geklappt hat: Herzlichen Glückwunsch! Nach der ersten bestandenen Prüfung für ein Zertifikat haben Sie fünf Jahre Zeit, die zweite Prüfung nachzuschieben. Sollten Sie eine der beiden Prüfungen vor dem 22. Februar 2015 abgelegt haben – dem Datum, zu dem die neuen in diesem Buch besprochenen Prüfungsinhalte in Kraft getreten sind –, dann macht das nichts: Solange Sie die Fünfjahresfrist einhalten, können Sie Ihr Zertifikat komplettieren, indem Sie die andere Prüfung gemäß den aktuellen Inhalten bestehen.

Zertifikat Sobald Sie genug bestandene Prüfungen für ein Zertifikat haben, bekommen Sie diesen Umstand per E-Mail bestätigt und das Zertifikat nebst einer coolen Plastikkarte für Ihre Brieftasche automatisch geschickt (irgendwann später). Bei »Papierprüfungen« kann es vier bis sechs Wochen dauern, bis Sie Nachricht erhalten, ob Sie bestanden haben; die Fragebögen werden zentral beim LPI in Kanada ausgewertet.

Durchgefallen? Sollte es schief gegangen sein (unwahrscheinlich, wenn Sie dieses Buch sorgfältig durchgearbeitet haben, aber man weiß ja nie), dann müssen Sie eine Woche warten, bevor Sie es wieder probieren dürfen. Wie Sie diese Zeit verbringen können, ohne sich zu langweilen, wissen Sie dann ja. Sollte es zum zweiten Mal schief gegangen sein (ja, ja ...), dann ist die Wartefrist 90 Tage.

Rezertifizierung Einmal bestandene LPIC-Zertifizierungen werden theoretisch niemals ungültig. Allerdings erklärt das LPI alle Zertifikate fünf Jahre nach dem Datum der Erteilung für »inaktiv« – was Sie verhindern oder rückgängig machen können, indem Sie die betreffenden Prüfungen (in dann mutmaßlich aktualisierter Form) noch einmal ablegen oder, solange Ihr aktuelles Zertifikat noch »aktiv« ist, ein »höherwertiges« Zertifikat (LPIC-2 für LPIC-1-Inhaber) erwerben. Eine einmal bestandene Prüfung darf man erst nach zwei Jahren wiederholen. Dies deckt sich mit dem vom LPI angestrebten Turnus für die Überarbeitung der Prüfungsinhalte.

Das LPI behält sich vor, bei der Bestätigung des LPIC-Status eines Absolventen (die das LPI auf dessen Wunsch an potenzielle Arbeitgeber und ähnliche Dritte herausgibt) neben dem Versions- und Aktivierungsstand der bestandenen Zertifizierung auch den aktuellen Versionsstand anzugeben. Ein LPIC-1-Absolvent anno 2010 dürfte im Jahr 2017 gegenüber einem Absolventen mit 2016-Zertifikat also »alt aussehen«, was die Aktualität der Zertifizierung angeht.

- Das LPI: `http://www.lpi.org/`, `http://www.lpice.eu/`
- Details über Prüfungen und deren Bewertung: `http://www.lpi.org/about-lpi/frequently-asked-questions/`
- Spielregeln für Nachprüfungen, Verfall von Prüfungen und Ähnliches: `http://www.lpi.org/about-lpi/policies/`
- Mehr LPI-Tipps: `http://www.lpi-academy.de`, und ähnliches

1.1.3 Prüfungsvorbereitung

In der Vorbereitungszeit Die LPIC-Prüfungen sind geschickt so angelegt, dass pures Büffeln nicht wirklich hilft. Sie sollten sich vor allem von der Vorstellung lösen, als Linux-Einsteiger mal ein paar Tage eine Schulung zu besuchen und anschließend die LPIC-1-Zertifizierung mit Bravour abzulegen. Viele der geprüften Zusammenhänge setzen eine Souveränität im Umgang mit dem Stoff voraus, die entweder Naturtalent oder über eine gewisse Zeit gewonnene Erfahrung bedingt. Was nicht heißen soll, dass Schulungen sinnlos sind, ganz im Gegenteil – manche lernen autodidaktisch aus Büchern wie diesem, während andere sich das nötige Wissen lieber unter fachkundiger Anleitung aneignen. In jedem Fall sollten Sie sich zwischen Lernen und Prüfung genug Zeit geben, um die Inhalte in eigener Regie zu erforschen und mit den dahinterstehenden Prinzipien vertraut zu werden. Linux ist ein auf den ersten Blick verwirrendes System, das aber trotzdem auf einigen ganz einfachen Grundlagen beruht. Wenn Sie diese Grundlagen beherrschen, ist der Rest viel besser zu verstehen.

Englisch Polieren Sie Ihr Englisch auf. Selbst wenn Sie die Prüfungen auf Deutsch ablegen wollen, sollten Sie Englisch zumindest entziffern können, denn ein sehr großer Anteil der Systemdokumentation und viele fürs Hintergrundwissen interessante Web-Seiten stehen nur in dieser Sprache zur Verfügung.

Prüfungsziele Machen Sie sich mit den Prüfungen und den geforderten Inhalten vertraut. Auf den Web-Seiten des LPI finden Sie Themenlisten und Listen der wichtigsten Kommandos, Dateien und Schlagwörter für jedes Thema. Beachten Sie Anhang 20 dieses Buchs; dort haben wir zu den einzelnen Prüfungszielen Verständnisfragen zusammengestellt, die Sie im Geiste beantworten können, um sich selbst zu prüfen: Weiß ich das alles?

➭ Prüfungsziele für die Prüfungen 101 und 102 (unter anderem): `http://www.lpice.eu/de/lpi-zertifizierungsinhalte/lpic-1-ueberblick/`

Meilensteine Setzen Sie sich Meilensteine. Dieses Buch behandelt den notwendigen Stoff in thematisch zusammenpassenden Abschnitten, auch da, wo die LPI-Prüfungsziele zwischen den Themen hin- und herspringen. Nehmen Sie sich den Stoff kapitelweise vor und folgen Sie auch den Querverweisen.

Internet Verwenden Sie das Internet. Zu praktisch jedem der Prüfungsthemen gibt es zahlreiche Web-Seiten, die interessante Zusatzinformationen zu bieten haben. Wir haben auf einige relevante Seiten verwiesen, aber Sie können und sollten auch selber weitersuchen. Lesen Sie einen Linux-Nachrichtendienst wie LWN.net (`http://lwn.net/`), um ein Gefühl für die »Szene« zu bekommen.

Brain-Dumps Machen Sie einen Bogen um sogenannte Brain-Dumps, also Sammlungen von Fragen und Antworten, an die andere Kandidaten sich nach ihrer Prüfung noch zu erinnern glauben, und die im Internet kursieren oder gar von windigen Händlern für teures Geld verkauft werden. Zum einen ist deren Qualität zum Teil hanebüchen, und zum anderen ist überhaupt nicht gesagt, dass die Fragen, die Sie in Ihrer Prüfung vorgelegt bekommen, irgend etwas mit dem Inhalt der Brain-Dumps zu tun haben, die Sie mühevoll auswendig gelernt haben. Das LPI schaufelt die Prüfungsfragen nämlich ziemlich zügig um und sucht gemeinerweise auch selbst nach Brain-Dump-Angeboten, um die darin enthaltenen Fragen besonders flott aufs Altenteil zu setzen. Hierin unterscheiden die LPI-Prüfungen sich von Führerscheinprüfungen und Einbürgerungstests. – Sie sollten sich außerdem dringend verkneifen, nach Ihrer Prüfung selber einen Brain-Dump anzufertigen und zu veröffentlichen. Vor der Prüfung müssen Sie nämlich unterschreiben, dass Sie nichts über Ihre Fragen und Antworten weitererzählen, und das LPI behält sich vor, Ihnen gegebenenfalls mehr oder weniger nachdrücklich auf die Finger zu klopfen. Das ist die Sache wirklich nicht wert.

LPI-Registrierung

Vor der Prüfung Um LPI-Prüfungen ablegen zu können, müssen Sie beim LPI registriert sein (das machen Sie im Web). Sie erhalten eine Kennung, die Sie zur Prüfung parat haben müssen.

⇨ LPI-Registrierung: `https://cs.lpi.org/caf/Xamman/register`

Testzentrum

Sie müssen mit dem Testzentrum Ihrer Wahl einen Termin ausmachen, an dem Sie die Prüfung ablegen können. Kommen Sie im eigenen Interesse ausgeruht, wach, mit Ihrer LPI-Kennung, mit vernünftigen Pegeln von Koffein und Alkohol im Blut und mit ausreichend Zeit, um einen Parkplatz finden, Verspätungen im ÖPNV tolerieren, allfällige Fragen »vor Ort« klären und noch einmal tief durchatmen zu können, bevor es losgeht.

In der Prüfung Sie müssen in 90 Minuten 60 Fragen beantworten. Rechnen Sie nicht damit, *alle* Fragen auf Anhieb korrekt beantworten zu können; das müssen Sie auch nicht. Es empfiehlt sich die folgende Strategie:

- Machen Sie zuerst einen »Schnelldurchlauf« durch alle Fragen und beantworten Sie alle, die Sie sicher richtig wissen, ohne lange überlegen zu müssen. Sie können andere Fragen zur »Wiedervorlage« markieren oder auch einfach vor- und zurückblättern. Machen Sie dann sukzessive weitere Durchgänge, in denen Sie sich pro Frage mehr und mehr Zeit geben, bis alle Fragen beantwortet sind.
- Lesen Sie die Fragen genau durch. Überlegen Sie, welche Antworten absurd sind und welche stimmen könnten. Passen Sie auf, dass Sie nichts Wichtiges übersehen haben. Es wird bei jeder Frage klargestellt, ob mehrere Antworten richtig sind.

- Halten Sie sich nicht zu lange an einzelnen Fragen fest, wenn Sie noch zu viele unbeantwortete Fragen haben.
- Wenn Sie (was wahrscheinlich ist) die Zeit dafür haben, dann gehen Sie alle Fragen noch einmal durch und überdenken Sie Ihre Antworten.
- Wenn Ihnen, womit aber absolut nicht zu rechnen ist, die Zeit davonläuft, dann verwenden Sie die letzten fünf Minuten, um zu »zocken« – die übrigen Antworten zu raten. Eine nicht beantwortete Frage ist immer falsch, aber eine geratene Antwort kann immerhin noch zufällig richtig sein. Lassen Sie am Ende keine Fragen unbeantwortet.

1.2 Über dieses Buch

1.2.1 Zielgruppe

Dieses Buch richtet sich an Linux-Benutzer, die die LPIC-1-Zertifizierung anstreben. Es versucht, den Prüfungsstoff möglichst geordnet, knapp und verständlich darzustellen, ist aber kein Ersatz für herkömmliche Linux-Lehrbücher. Sie sollten es verwenden, um in der Vorbereitungszeit auf die Zertifizierungsprüfungen alles Nötige zu wiederholen, etwaige Lücken zu identifizieren und zu stopfen (wobei außer diesem Buch selbst auch andere Quellen sinnvoll sein können, auf die wir hinweisen) und die notwendige »Politur« anzubringen.

Für die Prüfung 101 bearbeiten Sie die Kapitel 2 bis 11.

Für die Prüfung 102 bearbeiten Sie die Kapitel 11 (nochmal) bis 19. (Dabei setzen wir voraus, dass Sie die Prüfung 101 schon erfolgreich abgelegt haben.)

1.2.2 Aufbau und typografische Konventionen

Struktur Das Buch ist in Kapitel eingeteilt, die jeweils ein bestimmtes Thema behandeln, unabhängig davon, wie dieses Thema auf die LPI-Prüfungsziele verteilt ist. Obwohl dieses Buch kein Lehrbuch im traditionellen Sinne ist, haben wir uns bemüht, die Kapitel in eine didaktisch und auch für die Aufteilung in die beiden Teilprüfungen sinnvolle Reihenfolge zu bringen. In Anhang 20 finden Sie die Prüfungsziele mit Verweisen auf die Kapitel, in denen ihre Inhalte besprochen werden. Dort ist auch die Gewichtung der einzelnen Prüfungsziele angegeben.

Randnotizen

Innerhalb des Textes finden Sie Randnotizen, die auf wichtige Stellen hinweisen. Die Randnotizen sollen es Ihnen einfacher machen, zu erkennen, worum es auf einer Seite geht, und den relevanten Absatz zu finden.

Dateinamen

Datei- und Programmnamen werden im Text in Maschinenschrift dargestellt: `/etc/passwd`, `grep`.

Tasten

Zu drückende Tasten werden wie [A] dargestellt; eine Taste, die mit der folgenden mit »+« verbunden ist, muss festgehalten werden, zum Beispiel [Strg]+[C].

Beispiele

Beispiele – Kommandofolgen mit den Antworten des Systems oder Stücke aus Konfigurationsdateien – werden hellgrau hinterlegt gezeigt. Dabei sind Benutzereingaben fett, unsichtbare Eingaben wie Kennwörter dunkelgrau gedruckt:

```
login: hugo                                    Der Benutzername
Password: blafasel                             Das Kennwort
Typografisch notwendige Zeilenumbrüche, die im Original▷
◁ nicht vorhanden sind, werden wie hier gekennzeichnet.
```

Oft haben wir uninteressante Teile einer Systemausgabe aus Platzgründen weggelassen und durch »⋘⋘« ersetzt. Hin und wieder haben wir uns auch die Freiheit genommen, die Ausgabe von Programmen für die schmalen Spalten »passend zu machen«. Finden Sie, wo?

⇨ Am Ende vieler Absätze verweisen Blöcke wie dieser auf andere Stellen im Buch oder auf interessante weitere Informationsquellen wie Bücher oder Web-Seiten.

⇨ `https://www.lpic1-linuxplus.de/`

1.2.3 Web-Seiten für dieses Buch

Zusatzinformationen zu vielen Themen in diesem Buch, Verweislisten zu den einzelnen Kapiteln, etwaige Fehlerberichtigungen und ein Diskussionsforum finden Sie auf den Web-Seiten für dieses Buch unter `https://www.lpic1-linuxplus.de/`.

Über Fragen, Meinungen, Kommentare und Vorschläge zu diesem Buch freuen wir uns im Diskussionsforum oder unter

`info@lpic1-linuxplus.de`

Wir wünschen Ihnen viel Spaß bei der Prüfungsvorbereitung und natürlich viel Erfolg in der Prüfung selbst!

`https://www.lpic1-linuxplus.de`

Kapitel 2 Dokumentation

In diesem Kapitel …

- erfahren Sie, wo Sie Informationen zu Kommandos bekommen können
- lernen Sie die Handbuchseiten und HOWTOs kennen
- bekommen Sie Informationen, um im Internet Dokumentation zu finden

2.1 Überblick

Linux ist ein leistungsfähiges und vielschichtiges System, und leistungsfähige und vielschichtige Systeme sind in der Regel komplex. Ein wichtiges Hilfsmittel zur Beherrschung dieser Komplexität ist die Dokumentation, und viele (leider nicht alle) Aspekte von Linux sind sehr ausführlich dokumentiert.

Früher war »Dokumentation« ein eigenes Prüfungsthema in LPI-102; inzwischen ist das nicht mehr so, aber weil Sie ohne Kenntnisse der Linux-Dokumentation auch so keinen Blumentopf gewinnen können, erklären wir hier einige der wichtigsten Ansätze.

2.2 Programminterne Hilfe

Bei Aufruffehlern erzeugen die meisten Programme Meldungen, die häufig auch über den richtigen Gebrauch informieren. Um die Kurzanleitung direkt zu erhalten, existieren bei vielen Kommandos die Optionen `--help` oder `-h` (leider ohne Standard):

--help

```
$ cat --help
Usage: cat [OPTION] [FILE]...
Concatenate FILE(s), or standard input, to standard output.
  -A, --show-all           equivalent to -vET
  -b, --number-nonblank    number nonblank output lines
⊲⊲⊲⊲⊲
```

2.3 Die Handbuchseiten

Zu fast jedem kommandozeilenorientierten Programm gibt es eine »Handbuchseite«, genau wie für viele Konfigurationsdateien, Systemaufrufe und anderes. Diese Texte werden in der Regel bei der Installation einer Software mit installiert und können mit dem Kommando »`man` ⟨Name⟩« eingesehen werden. ⟨Name⟩ ist dabei der Kommando- oder Dateiname, den Sie erklärt haben möchten. »`man bash`« zum Beispiel liefert eine ausführliche Dokumentation über Bedienung und Fähigkeiten der Standard-Shell unter Linux.

Kommando man

Jede Handbuchseite gehört zu einem »Kapitel« im konzeptuellen Gesamthandbuch (Tabelle 2.1). Wichtig sind vor allem die Kapi-

Kapitel	Inhalt
1	Benutzerkommandos
2	Systemaufrufe
3	Bibliotheksaufrufe
4	Gerätedateien
5	Konfigurationsdateien und Dateiformate
6	Spiele
7	Diverses (groff-Makros, ASCII-Tabelle, ...)
8	Kommandos zur Systemadministration
9	Kernel-Funktionen (nicht Standard)

Tabelle 2.1: Kapitel im »Systemhandbuch«

tel 1, 5 und 8. man durchsucht die Kapitel in einer bestimmten Reihenfolge und zeigt die erste gefundene Handbuchseite, auch wenn es möglicherweise noch weitere Seiten mit demselben Titel gibt. Dabei werden beispielsweise Kommandos gegenüber System- und Bibliotheksaufrufen bevorzugt. Um Seiten außer der ersten gefundenen zu lesen, können Sie dem man-Kommando die gewünschte Kapitelnummer als Parameter übergeben. Zum Beispiel zeigt »man mount« die Handbuchseite zum mount-Kommando (aus Kapitel 8) und »man 2 mount« die Handbuchseite, die den Systemaufruf mount() erklärt. Wenn man auf Handbuchseiten verweist, wird gerne das Kapitel in Klammern angehängt; wir unterscheiden also zwischen mount(8), der Anleitung für das mount-Kommando, und mount(2), der Beschreibung des Systemaufrufs. Mit dem Parameter -a zeigt man die zum Suchbegriff gehörenden Handbuchseiten aller Kapitel nacheinander an.

man -a

⇨ man(1)

Handbuchseiten werden in einem speziellen Format geschrieben, das mit dem Programm groff für die Anzeige in einem Textterminal oder den Ausdruck aufbereitet werden kann. Die Quelltexte für die Handbuchseiten liegen in der Regel im Verzeichnis /usr/share/man in Unterverzeichnissen der Form man*n*. *n* ist dabei eine der Kapitelnummern aus Tabelle 2.1.

Ort der Handbuchseiten

⇨ groff(1), »info groff«
⇨ man(7) für das groff-Eingabeformat für Handbuchseiten

MANPATH Handbuchseiten in anderen Verzeichnissen können Sie integrieren, indem Sie die Variable `MANPATH` setzen, die die von `man` durchsuchten Verzeichnisse und deren Reihenfolge benennt. Das Kommando `manpath` gibt Tipps für die `MANPATH`-Einstellung.

➩ `manpath(1)`

Bedienung Als Anzeigeprogramm für das Kommando `man` ist in der Regel `less` voreingestellt. Innerhalb von `less` können Sie sich zum Beispiel mit den Cursortasten [↑] und [↓] durch den Handbuchtext bewegen. Ein Stichwort suchen Sie mit [/], gefolgt vom gesuchten Wort, wobei Sie mit [N] zum nächsten und mit [⇑]+[N] zum vorigen Fundort springen können. Die Taste [Q] beendet das Programm.

➩ `less(1)`, `http://www.greenwoodsoftware.com/less/`

man -t Eine sehr nützliche Option ist `-t`. Mit ihrer Hilfe können Sie eine Handbuchseite in PostScript konvertieren und ausdrucken:

```
$ man -t bash | lpr
```

➩ Drucken (Kapitel 15)

man -L Mit der Option `-L` können Sie sich die Sprache wünschen, in der die Handbuchseite angezeigt werden soll. Alternativ richtet sich `man` auch nach der Umgebungsvariablen `LANG` (& Co. – siehe Abschnitt 16.3). Die meisten Handbuchseiten gibt es allerdings nur auf Englisch.

apropos Häufig ist es schwer zu entscheiden, welches Programm Sie überhaupt brauchen. Bevor Sie sich planlos durch die unzähligen Handbuchseiten arbeiten, versuchen Sie lieber, das gesuchte Kommando mit `apropos` aufzufinden. `apropos` (oder »`man -k`«) liefert eine Liste aller Handbuchseiten, die das als Parameter angegebene Stichwort im »NAME«-Abschnitt enthalten:

```
$ apropos manual
man (1)      - an interface to the on-line reference manuals
manpath (1) - determine search path for manual pages
<<<<<
```

➩ `apropos(1)`, `man(1)` (für »`man -k`«)

whatis Ein ähnliches Kommando ist `whatis` (engl. »was ist ...«). Es sucht ebenfalls nach Stichwörtern, aber nicht im kompletten »NAME«-

Abschnitt, sondern nur im Teil vor dem Gedankenstrich. So bekommen Sie eine kurze Beschreibung des jeweiligen Kommandos, Systemaufrufs o. Ä.:

```
$ whatis apropos
apropos (1) - search the manual page names and descriptions
```

➪ whatis(1), man(1) (für »man -f«)

mandb

Übrigens: apropos und whatis greifen nicht direkt auf die Handbuchseiten zu – das wäre viel zu langsam –, sondern auf einen Index, in der Regel /var/cache/man/index.db. Wenn eine neue Handbuchseite installiert wird, muss der Index mit dem Programm mandb aktualisiert werden.

➪ man(1), mandb(8)
➪ Periodische Programmausführung mit cron (Abschnitt 14.3.3)

2.4 Info-Seiten

Hypertext

Für einige Kommandos existieren ausschließlich oder zusätzlich zur Handbuchseite sogenannte Info-Seiten. Sie sind meist ausführlicher und basieren auf den Prinzipien von Hypertext, ähnlich wie das *World Wide Web*. Das Info-System stammt ursprünglich aus dem GNU-Projekt, Sie finden Info-Seiten daher vor allem bei GNU-Software.

Bedienung

Die Info-Seite zum Kommando ⟨Kommando⟩ rufen Sie mit dem Befehl »info ⟨Kommando⟩« auf. Weitere Parameter werden als Namen von »Informationsknoten« innerhalb des betreffenden Dokuments angesehen (etwa »info emacs buffers«). Das info-Kommando erklärt sich weitgehend selbst; Hilfe bekommen Sie mit [?].

➪ info(1), »info info«
➪ Eine interaktive Einführung in info erhalten Sie mit [?][h] im Programm (auf Englisch).

Sie können Info-Seiten auch mit dem Editor emacs betrachten oder im KDE-Browser Konqueror über »info:/«-URLs aufrufen.

/usr/share/info

Anzeigbare Info-Seiten stehen nach Konvention im Verzeichnis /usr/share/info, andere Pfade können mit INFOPATH integriert werden. Findet »info <Kommando>« keine entsprechende Info-Seite, so sucht das Programm alternativ im `MANPATH` nach Handbuchseiten und stellt diese dar.

Außer für die Bildschirmanzeige können Sie Info-Seiten auch für den Druck als Handbuch aufbereiten. Das ursprüngliche Format der Seiten basiert auf TEX.

➭ Näheres darüber erfahren Sie mit »`info texinfo`«.

2.5 Die HOWTOs

Problemorientierte Dokumentation

Das Problem bei Handbuch- und Info-Seiten ist, dass Sie im Grunde schon wissen müssen, wie das Kommando heißt, das Sie benutzen möchten. »Problemorientierte« Dokumentation ist also nötig. Dafür gibt es die »HOWTOs«.

Die HOWTOs sind umfassendere Dokumente, die nicht nur einzelne Kommandos behandeln, sondern komplette Problemlösungen. So gibt es beispielsweise ein »DSL-HOWTO«, das detailliert beschreibt, wie man einen Linux-Rechner per DSL ans Internet anbindet, oder ein »Astronomy HOWTO«, das Astronomiesoftware für Linux diskutiert. Viele HOWTOs gibt es auch auf Deutsch, wobei die Übersetzung allerdings oft hinter den Original herhinkt. (Einige HOWTOs sind auch ursprünglich deutsch.)

➭ HOWTOs im WWW: `http://www.tldp.org/HOWTO/`
➭ Viele Distributionen liefern die HOWTOs (oder eine Teilmenge davon) als lokal installierbares Paket.

2.6 Weitere lokale Informationsquellen

Zusätzliche Paketinformationen

Zu vielen der installierten Softwarepakete finden Sie auf Ihrem Rechner unter (typischerweise) `/usr/share/doc` oder `/usr/share/doc/packages` Dokumentation und Beispieldateien. Manche Distributionen (etwa Debian GNU/Linux) lagern bei Paketen mit viel interner Dokumentation die Dokumentation in ein gesondertes Installationspaket aus, das Sie nicht notwendigerweise oder nicht auf jedem Ihrer Rechner einspielen müssen.

Dokumentation für grafische Programme

Für Programme unter der grafischen Oberfläche (etwa KDE oder GNOME) gibt es entsprechende Hilfemenüs. Viele Distributionen bieten auch spezielle Hilfe-Zentren an, die bequemen Zugang auf die Dokumentation der verschiedenen Pakete sowie auf Handbuchseiten, Info-Seiten und HOWTOs gestatten.

2.7 Informationsquellen im Internet

Unabhängig vom lokalen Rechner gibt es im Internet Unmengen an Dokumentation, etwa im WWW und in Archiven von Mailinglisten oder USENET. Das Problem dort ist, ein Problem geeignet zu formulieren, das heißt, entsprechende Suchanfragen zu stellen. Entweder Sie wissen schon in etwa, wo Sie suchen müssen (zum Beispiel unter den weiter unten genannten URLs), oder Sie müssen eine Suchmaschine bemühen. Oft hilft es, nach dem Text der Fehlermeldung zu suchen, der Ihnen gerade Kopfzerbrechen macht. Wird auf einer Web-Seite oder in einem USENET-Posting eine Fehlermeldung erwähnt, steht auch häufig die Problemlösung in der Nähe. Einige interessante WWW-Seiten für Linux sind die folgenden:

WWW

- `http://www.tldp.org/`, die Web-Seiten des »Linux Documentation Projects«, das u. a. einige Handbuchseiten und HOWTOs betreut.
- `http://www.linux.org/`, ein allgemeines »Portal« für Linux-Interessenten.
- `http://www.linuxwiki.de/` ist eine »Freiform-Text-Informationsdatenbank für alles, was mit GNU/Linux zusammenhängt«.
- `http://lwn.net/` ist die vermutlich beste Web-Präsenz für Linux-Neuigkeiten aller Art. Neben einer täglichen Übersicht über die neuesten Entwicklungen, Produkte, Sicherheitslücken, Äußerungen pro und contra Linux in der Presse u. Ä. erscheint jeden Donnerstag eine umfassende Online-Zeitschrift mit gründlich recherchierten Hintergrundberichten. Teils kostenpflichtig (aber preiswert!).

Wenn im WWW oder in USENET-Archiven nichts zu finden ist, gibt es die Möglichkeit, in Mailinglisten oder USENET-Newsgruppen Fragen zu stellen. Dabei sollten Sie jedoch beachten, dass viele Benutzer solcher Foren verärgert reagieren, wenn Sie Fragen posten, deren Antworten auch offensichtlich im Handbuch oder in **FAQ**-Sammlungen (engl. *frequently answered* oder *asked questions*) zu finden sind. Versuchen Sie, eine Problembeschreibung gründlich vorzubereiten und zum Beispiel mit relevanten Auszügen aus Protokolldateien zu untermauern, ohne die eine »Ferndiagnose« eines komplexen Problems nicht möglich ist (und die nicht komplexen Probleme können Sie ja sicher selber lösen ...).

FAQ

- Zugriff auf ein *Newsarchiv* finden Sie u. a. bei `http://groups.google.de/` (ehemals Deja-News).
- Interessante *Newsgroups* für Linux finden Sie in englischer Sprache in der `comp.os.linux.*`- und auf Deutsch in der `de.comp.os.unix.linux.*`-Hierarchie. Für viele Linux-Themen sind auch die entsprechenden Unix-Gruppen passend; eine Frage über die Shell steht besser in `de.comp.os.unix.shell` als in `de.comp.os.unix.linux.misc`, weil Shells zumeist keine Linux-spezifischen Programme sind.

Mailinglisten

- Linux-orientierte Mailinglisten gibt es unter anderem bei `majordomo@vger.kernel.org`. Dabei handelt es sich um eine E-Mail-Adresse, an die Sie eine Nachricht mit dem Text »`subscribe LISTE`« schicken müssen, um eine Liste namens LISTE zu abonnieren. Eine kommentierte Aufstellung aller angebotenen Listen finden Sie unter `http://vger.kernel.org/vger-lists.html`.

Kapitel 3 Kommandos: Überblick und Dateiverwaltung

In diesem Kapitel ...

- lernen Sie die Philosophie der Kommandozeile kennen
- erleben Sie, dass sich auch mit der Kommandozeile gut arbeiten lässt
- lernen Sie, wie Sie grundlegende Dateioperationen ausführen können
- erfahren Sie einiges über Zugriffsrechte auf Dateien und Verzeichnisse
- lernen Sie fortgeschrittene Kommandos zum Archivieren und Komprimieren von Dateien kennen

3.1 Einleitung: Der Linux-Werkzeugkasten

Die Arbeit auf der Kommandozeile unterscheidet sich grundlegend vom Arbeiten unter der grafischen Oberfläche. Typisch für die grafische Oberfläche sind mächtige Programmpakete, die Komplettlösungen für ganze Problemklassen bereitstellen: The Gimp für Bildbearbeitung, LibreOffice für Büroaufgaben, Kontact für E-Mail, Firefox für den Zugriff auf und die Darstellung von Web-Seiten und so weiter. Zwar gibt es auch E-Mail-Programme und Web-Browser für die Kommandozeile, aber die meisten solcher Programme sind nicht nur eine abgespeckte Version der grafischen Variante. Typische Kommandozeilen-Programme lösen Probleme oft nicht direkt, sondern dienen vor allem als Werkzeug, um spezielle Problemlösungen zu generieren. Normal für die Kommandozeile sind also Programme wie `find`, das nicht viel mehr kann, als Dateien zu finden, oder `grep`, das nicht viel mehr kann, als Dateien nach bestimmten Texten zu durchsuchen. Typische Unix-Programme begnügen sich oft damit, nur eine Sache zu erledigen, diese aber richtig.

Werkzeugkastenprinzip

Dieses »Werkzeugkastenprinzip« ist eine der Grundlagen von Unix – und damit Linux. Das System verfügt über eine große Menge von Systemprogrammen, die jeweils eine (konzeptuell) simple Aufgabe erledigen. Diese Programme können dann von anderen Programmen als »Bausteine« verwendet werden und ersparen es den Autoren jener Programme, die entsprechende Funktionalität selbst zu entwickeln. So hat zum Beispiel nicht jedes Programm eine eigene Sortierfunktion, sondern viele Programme greifen auf das Kommando `sort` zurück. Dieser modulare Aufbau hat neben der Vereinfachung für die Programmierer, die nicht ständig neue Sortierroutinen schreiben oder zumindest in ihre Programme einbauen müssen, den Vorteil, dass bei einer Fehlerkorrektur oder Optimierung von `sort` alle Programme, die darauf zugreifen, ebenfalls profitieren, und das, ohne dass man sie explizit anpassen muss (meistens jedenfalls).

Ein Beispiel mag dies verdeutlichen: Der Aufruf von

```
$ man bash
```

zeigt die Handbuchseite des Programms `bash` an. In Wirklichkeit passiert aber Folgendes: `man` sucht und findet die Handbuchseite /usr/share/man/man1/bash.1.gz. Da sie komprimiert ist, ruft es gzip auf, um sie zu dekomprimieren. Danach wird die Handbuchseite für die Ausgabe auf einem Terminal durch groff formatiert und durch less oder more seitenweise angezeigt.

Damit dieser Werkzeugkastenansatz erfolgreich funktionieren kann, muss das System aber einige Bedingungen erfüllen:

- Programme müssen miteinander kombiniert werden können. Dies wird zum einen durch das Konzept der Pipeline erreicht, das es erlaubt, eine Art Fließbandverarbeitung zu realisieren (Abschnitt 4.1). Zum anderen stellt die Kommandozeile durch ihre Programmiermöglichkeiten die Infrastruktur bereit, komplexe Kombinationen von Kommandos zu bilden (Abschnitt 11.2).
- Programme müssen miteinander kommunizieren können, sie müssen die gleiche Sprache sprechen. Unter Unix haben sich dafür (zeilenorientierte) Textdateien etabliert. Nur weil die meisten Werkzeuge Textdateien lesen und schreiben (Abschnitt 4.2), sind sie miteinander kompatibel.
- Wenn Sie mehrere Werkzeuge kombinieren müssen, um Ihr jeweiliges Problem zu lösen, kann dies schnell in viel Tipperei ausarten. Die Kommandozeile muss Sie so unterstützen, dass Sie effektiv arbeiten können.

➪ »Opening the Software Toolbox« in der GNU-coreutils-Dokumentation (aufzurufen mit »info coreutils 'Opening the software toolbox'«)

➪ B. W. Kernighan, R. Pike, *The Unix Programming Environment* (Prentice Hall, Inc., 1984), http://cm.bell-labs.com/cm/cs/upe/

3.2 Arbeit auf der Kommandozeile

3.2.1 Der Kommandointerpreter – Die Shell

Was ist eine Shell? Für den Anwender ist eine direkte Kommunikation mit dem Betriebssystem nicht möglich. Das geht nur über Programme, die die Systemaufrufe des Systemkerns ansprechen. Irgendwie müssen Sie also solche Programme starten können. Diese Aufgabe übernimmt die Shell, ein besonderes Anwendungsprogramm, das (meistens) Kommandos von der Tastatur liest und diese – zum Beispiel – als Programmaufrufe interpretiert und ausführt. Die Shell stellt damit eine Art »Oberfläche« für den Computer dar, die das eigentliche Betriebssystem wie eine Muschelschale (engl. *shell*) umschließt, das dadurch nicht direkt sichtbar ist. Die Shell selbst ist nur ein Programm unter vielen, das auf das Betriebssystem zugreift.

Bourne-Shell

C-Shell

Korn-Shell

Schon das allererste Unix – Ende der 1960er Jahre – hatte eine Shell. Die älteste Shell, die heute noch außerhalb von Museen zu finden ist, wurde Mitte der 70er Jahre für »Unix Version 7« von Stephen L. Bourne entwickelt. Diese nach ihm benannte Bourne-Shell enthält alle grundlegenden Funktionen und erfreute sich weiter Verbreitung, ist heute aber nur mehr sehr selten in ihrer ursprünglichen Form anzutreffen. Daneben zählen die C-Shell, an der *University of California in Berkeley* entstanden und (extrem vage) an die Programmiersprache C angelehnt, sowie die zur Bourne-Shell weitgehend kompatible, aber mit einem größeren Funktionsumfang ausgestattete Korn-Shell (von David Korn, ebenfalls bei AT&T) zu den klassischen Unix-Shells.

Bourne-Again-Shell

Standard für Linux-Systeme ist die Bourne-Again-Shell, kurz bash. Diese wurde im Rahmen des GNU-Projekts der *Free Software Foundation* von Brian Fox und Chet Ramey entwickelt und vereinigt Funktionen der Korn- und der C-Shell.

Da die Shell – ungeachtet ihrer zentralen Bedeutung – ein normales Anwendungsprogramm ist, kann sie leicht durch andere Programme ersetzt werden. Wenn im System mehrere verschiedene Shells zur Verfügung stehen (der Regelfall), lässt sich mit folgenden Befehlen zwischen diesen umschalten:

sh für eine einfache, an die klassische Bourne-Shell angelehnte Shell (falls vorhanden – bei Linux ist auch sh oft die Bash).

bash für die »Bourne-Again-Shell« (Bash).

ksh für die Korn-Shell.

csh für die C-Shell.

tcsh für die »Tenex-C-Shell«, eine erweiterte und verbesserte Version der gewöhnlichen C-Shell. Auf vielen Linux-Systemen ist das Programm csh in Wirklichkeit ein Verweis auf die tcsh.

Aktuelle Shell?

Für den Fall, dass Sie nicht mehr wissen sollten, mit welcher Shell Sie gerade arbeiten, hilft die Eingabe von »`echo $0`«, die in allen Versionen funktioniert und als Ausgabe die Bezeichnung der Shell liefert.

Shell verlassen

Eine Shell können Sie mit dem Kommando `exit` wieder verlassen. Das gilt auch für die Shell, die Sie gleich nach dem Anmelden bekommen haben.

Bash als Standard

Alle erwähnten Shells unterscheiden sich mehr oder weniger in Syntax und Programmierung, die Auswahl bleibt letztendlich den persönlichen Vorlieben des Anwenders überlassen. Da sich jedoch, wie erwähnt, auf Linux-Systemen die Bash als Standard etabliert hat und diese Shell auch für die LPIC-1-Prüfung vorausgesetzt wird, konzentrieren wir uns auf diese Variante.

3.2.2 Kommandos

Wozu Kommandos? Die Arbeitsweise eines Rechners, ganz egal, welches Betriebssystem sich darauf befindet, lässt sich allgemein in drei Schritten beschreiben:

1. Der Rechner wartet auf eine Eingabe durch den Benutzer.
2. Der Benutzer überlegt sich ein Kommando und gibt dieses per Tastatur oder per Maus ein.
3. Der Rechner führt die erhaltene Anweisung aus.

Eingabeaufforderung

Die Shell zeigt eine Eingabeaufforderung (engl. *prompt*) auf dem Bildschirm an. Die Eingabeaufforderung ist frei konfigurierbar; traditionell besteht sie für normale Benutzer aus »$ « oder »% « und für den Systemadministrator aus einem »# «. (Viele Linux-Distributionen verwenden aufwendigere Eingabeaufforderungen.)

Sollte die Shell am Ende einer Eingabezeile noch nicht zufrieden sein, beispielsweise weil Sie Anführungszeichen aufgemacht, aber nicht geschlossen haben, so macht sie dies durch eine andere Eingabeaufforderung (»> «) kenntlich:

```
$ echo 'Anfang
> Ende'
Anfang
Ende
```

Wie ist ein Kommando aufgebaut? Unter einem Kommando verstehen wir grundsätzlich eine längere Folge von Zeichen, die durch die Eingabetaste abgeschlossen und danach von der Shell ausgewertet wird. Kommandos sind zumeist der englischen Sprache entlehnt und ergeben in ihrer Gesamtheit eine eigene »Kommandosprache«. Diese Sprache muss gewissen Regeln, einer Syntax, gehorchen, damit sie von der Shell »verstanden« werden kann.

Syntax

Wörter

Um eine Eingabezeile zu interpretieren, versucht die Shell zunächst, die Eingabezeile in einzelne Wörter aufzulösen. Als Trennelement dient dabei, genau wie im richtigen Leben, das Leerzeichen. Bei dem ersten Wort in der Zeile handelt es sich um das eigentliche Kommando.

Erstes Wort: Kommando

Groß- und Kleinschreibung

Für DOS- und Windows-Anwender ergibt sich hier ein möglicher Stolperstein, da die Shell zwischen Groß- und Kleinschreibung unterscheidet. Linux-Kommandos werden in der Regel komplett kleingeschrieben und nicht anders verstanden.

Parameter

Alle weiteren Wörter in der Kommandozeile sind Parameter, die das Kommando genauer spezifizieren. Die Shell übergibt die zur Trennung dienenden Leerzeichen jedoch bei der Kommandoausführung nicht mit, sie dienen lediglich zur Abgrenzung der Parameter vom Kommando. Deutlich wird dies an einem kleinen Beispiel.

Das Kommando `echo` gibt alle übergebenen Parameter, getrennt durch jeweils ein Leerzeichen, auf dem Bildschirm aus, also:

```
$ echo schauen wir mal
schauen wir mal
$ echo ein   riesiges   loch
ein riesiges loch
```

Die an ein Kommando übergebenen Parameter können grob in zwei Klassen eingeteilt werden:

Optionen

- Parameter, die mit einem Minuszeichen »-« beginnen, heißen Optionen. Diese können auftreten, aber müssen nicht, sie sind eben »optional«. Bildlich gesprochen handelt es sich hierbei um »Schalter«, mit denen Sie Aspekte des jeweiligen Kommandos ein- oder ausschalten können. Möchten Sie mehrere Optionen übergeben, können diese (meistens) hinter einem Minuszeichen zusammengefasst werden, die Parameterfolge »`-a -l -F`« entspricht also »`-alF`«. Viele Programme haben mehr Optionen, als sich leicht merkbar auf Buchstaben abbilden lassen, oder unterstützen aus Gründen der besseren Lesbarkeit »lange Optionen« (oft zusätzlich zu »normalen« Optionen, die dasselbe tun). Lange Optionen werden mit zwei Minuszeichen[1] eingeleitet und können nicht zusammengefasst werden: »`bla --fasel --blubb`«.

lange Optionen

- Parameter ohne einleitendes Minuszeichen nennen wir »Argumente«. Dies sind oftmals die Namen der Dateien, die mit dem entsprechenden Kommando bearbeitet werden sollen.

Argumente

Arten von Kommandos In Shells gibt es prinzipiell zwei Arten von Kommandos:

Interne Kommandos (zum Beispiel `cd`, `exit` oder `type`) Diese Befehle werden von der Shell selbst zur Verfügung gestellt. Zu dieser Gruppe gehören bei der Bash etwa 30 Kommandos, die den Vorteil haben, dass sie besonders schnell ausgeführt werden können. Einige Kommandos (etwa `exit` oder `cd`) können nur als interne Kommandos realisiert werden.

Externe Kommandos (zum Beispiel `sort`, `who` oder `ls`) Das sind ausführbare Dateien, die im Dateisystem üblicherweise in den Verzeichnissen `/bin` oder `/usr/bin` abgelegt sind. Auch vom Benutzer selbst erstellte Kommandos gehören zu dieser Kategorie.

Extern oder intern?

Um die Art eines Kommandos herauszufinden, können Sie das Kommando `type` benutzen. Übergeben Sie hier den Befehlsnamen als Argument, wird die Art des Kommandos oder der entsprechende Verzeichnispfad auf dem Bildschirm ausgegeben, etwa

```
$ type echo
echo is a shell builtin
$ type sort
sort is /usr/bin/sort
```

[1] Zumindest ist dies bei Programmen des GNU-Projekts so. Bei Programmen, die keine kurzen Optionen unterstützen, können auch lange Optionen mit nur einem Minuszeichen vorkommen.

3.2.3 Die Shell als komfortables Werkzeug

Wer zum ersten Mal von einem grafisch orientierten Betriebssystem aus kommend mit einer Kommandozeile in Berührung kommt, empfindet in der Regel ein gewisses Unbehagen und weiß gar nicht so recht, was er tun soll. Dabei verfügt die Bash über viele hilfreiche Funktionen, die das Arbeiten mit ihr so angenehm machen können, dass sie eine ernstzunehmende Alternative zu grafischen Benutzeroberflächen darstellt:

Kommandoeditor Die Kommandozeilen lassen sich wie mit einem Texteditor bearbeiten. Die Schreibmarke kann also in der Zeile hin- und herbewegt werden, Zeichen können beliebig gelöscht oder hinzugefügt werden usw., bis die Eingabe durch Betätigen der Eingabetaste beendet wird. Dabei imitiert die Bash das Verhalten des Editors `emacs`, wahlweise auch das des `vi`, und deckt damit die beiden bedeutendsten Editoren unter Linux ab.

⇨ Abschnitt »READLINE« in `bash(1)`

Kommandoabbruch Bei den vielen Linux-Kommandos kann es durchaus vorkommen, dass ein Name verwechselt oder ein falscher Parameter übergeben wurde. Aus diesem Grund können Sie ein Kommando während der Durchführung abbrechen. Hierzu müssen Sie nur die Tasten [Strg]+[c] gleichzeitig drücken. Die Reaktion auf diese Tastenkombination kann unter Umständen etwas auf sich warten lassen.

Die Vorgeschichte Die Shell nimmt alle Tastatureingaben des Anwenders entgegen und merkt sich diese. Sie können sich dann mittels der Cursortasten [↑] und [↓] durch die zuletzt eingegebenen Befehle bewegen. Diese Liste wird beim ordnungsgemäßen Verlassen des Systems in der versteckten Datei `~/.bash_history` gespeichert und steht nach dem nächsten Anmelden wieder zur Verfügung. Die Liste kann im Übrigen auch mit [Strg]+[r] durchsucht werden.

`history` Das Kommando `history` gibt die komplette Vorgeschichte aus (mit Zeilennummern verbrämt). »`history 20`« gibt nur die letzten 20 Kommandos aus (Sie kriegen die Idee). Die Zeilennummern können Sie verwenden, um Kommandos aus der Vorgeschichte direkt zu recyclen, indem Sie etwas wie

```
$ history
  <<<<<
    333  make install
  <<<<<
$ !333
make install
<<<<<
```

eingeben. Über !-Ausdrücke können Sie Kommandos aus der Vorgeschichte in zahllosen fremdartigen und wundervollen Variationen weiterverwenden. Lesen Sie die Details in der Bash-Dokumentation nach und staunen Sie – eingedenk der Tatsache, dass in der LPI-101-Prüfung nur die elementaren Grundlagen gefragt werden. Auch das history-Kommando selbst hat übrigens die eine oder andere Option zu bieten.

➪ Abschnitte »HISTORY« und »HISTORY EXPANSION« in bash(1)
➪ »help history«

Komplettierung von Kommando- bzw. Dateinamen

Autovervollständigung Eine große Arbeitserleichterung ist die Fähigkeit der Bash zur automatischen Komplettierung von Kommando- bzw. Dateinamen. Durch Drücken der Tab-Taste werden unvollständige Eingaben vollendet, sofern der gewünschte Kommando- oder Dateiname eindeutig identifiziert werden kann. Für die Kommandonamenvervollständigung zieht die Bash neben den internen Kommandos alle ausführbaren Dateien in den Verzeichnissen heran, die in der Variable PATH aufgezählt sind; für die Dateinamenvervollständigung betrachtet sie die im aktuellen bzw. angegebenen Verzeichnis befindlichen Dateien. Existieren hierbei mehrere Dateien, deren Bezeichnungen gleich beginnen, vervollständigt die Shell die Eingabe so weit wie möglich und gibt durch ein akustisches Signal zu erkennen, dass der Datei- bzw. Kommandoname noch immer unvollendet sein kann. Ein erneutes Drücken von Tab listet dann die übrigen Möglichkeiten auf.

Befehlsliste

Die Eingabe eines einzelnen Buchstabens mit zweimaligem Drücken der Tab-Taste liefert eine Liste aller verfügbaren Befehle mit dem gewünschten Anfangsbuchstaben. Dies ist zum Beispiel hilfreich, um sich die Schreibweise selten gebrauchter Befehle ins Gedächtnis zurückzurufen.

Tastaturkürzel	Funktion
↑ bzw. ↓	durch zuletzt eingegebene Kommandos blättern
Strg+r	History durchsuchen
← bzw. →	Cursor in Kommandozeile bewegen
Pos1 oder Strg+a	Cursor an Zeilenanfang setzen
Ende oder Strg+e	Cursor an Zeilenende setzen
⇐ bzw. Entf	Zeichen vor bzw. nach Cursor löschen
Strg+k	bis Zeilenende löschen
Strg+l	Bildschirm löschen
Strg+c	Kommando abbrechen
Strg+d	Eingabe abbrechen (in der Login-Shell: Abmelden)

Tabelle 3.1: Tastaturkürzel innerhalb der Bash (Auswahl)

In der Ausgabe blättern Neue Zeilen werden erwartungsgemäß immer unterhalb der letzten ausgegeben. Der Bildschirm lässt jedoch nur die Darstellung einer bestimmten Zeilenanzahl zu. Wird diese überschritten, verschwinden die ältesten Zeilen nach oben aus dem sichtbaren Bereich. Das bedeutet jedoch nicht, dass das System diese vergessen hätte, es verfügt nämlich über einen Speicher, der die Inhalte mehrerer kompletter Bildschirme aufnehmen kann. Möchten Sie sich also weiter zurückliegende Darstellungen noch einmal anschauen, können Sie mit den Tasten ⇑+Bild↑ bzw. ⇑+Bild↓ zwischen den Bildschirmseiten vor- und zurückblättern. Eingaben sind aber stets nur am Ende der letzten Seite, also in der aktuellen Zeile, möglich. – Das ist eigentlich keine Leistung der Bash, sondern eine des Treibers für virtuelle Konsolen oder des grafischen Terminalemulators. Der Umfang des gespeicherten alten Materials hängt darum von diesem Programm ab und kann deutlich verschieden ausfallen.

Tastaturkürzelübersicht Tabelle 3.1 gibt eine Übersicht über die wichtigsten in der Bash verwendeten Tastaturkürzel.

Sonderzeichen Die Schreibweise eines Kommandos ist bei der Interpretation durch die Shell entscheidend. So ist es z. B. ein Unterschied, ob ein Kommando groß- oder kleingeschrieben wird (in der Regel bestehen Kommandonamen nur aus Kleinbuchstaben). Optionen können Großbuchstaben, Kleinbuchstaben oder Zahlen enthalten. Da Argumente oft aus Dateinamen bestehen, ist hier die Variabilität noch größer.

Bei allen Parametern, speziell bei Dateinamen, sollten Sie beachten, dass bestimmte Zeichen (»Sonderzeichen«) von der Shell mit einer bestimmten Bedeutung belegt werden. An erster Stelle ist hier das Leerzeichen zu nennen, das als Trennzeichen für Parameter dient. Weitere Zeichen mit Sonderbedeutung sind

Leerzeichen

```
$&;(){}[]<>|#*?!
```

Wenn Sie eines dieser Zeichen verwenden wollen, ohne dass es von der Shell in seiner besonderen Bedeutung interpretiert wird, müssen Sie es **maskieren**. Hierfür können Sie den Rückstrich »\« zum Maskieren eines Sonderzeichens oder einfache oder doppelte Anführungszeichen ('...', "...") zum Maskieren mehrerer Sonderzeichen verwenden. Zum Beispiel:

Maskierung

```
$ touch 'Neue Datei'
```

Das Kommando touch aktualisiert die Zeitstempel einer existierenden Datei oder legt die Datei leer neu an, falls sie nicht existiert. Ohne die Anführungszeichen bekämen Sie eine Datei namens Neue und eine andere Datei namens Datei.

⇨ Abschnitt »QUOTING« in bash(1)
⇨ touch: Abschnitt 3.3.5, touch(1)

Suchmuster Die meisten Shells erlauben es, Gruppen von Dateinamen durch Suchmuster zu beschreiben, die die gewünschten gemeinsamen Elemente sowie die variablen Stellen kenntlich machen. »*.c« beschreibt zum Beispiel alle Dateien im aktuellen Verzeichnis, deren Namen auf ».c« enden. Für Shell-Suchmuster gelten die folgenden Regeln:

- Das Fragezeichen »?« steht für ein beliebiges Zeichen.
- Zeichenklassen in eckigen Klammern (etwa »[abc]«) stehen für genau ein Zeichen aus der Zeichenklasse (hier »a«, »b« oder »c«). Bereiche der Form »[A-Za-z]« sind erlaubt (Achtung: »[A-z]« enthält ein paar Zeichen, die keine Buchstaben sind). Ist das erste Zeichen in der Klasse ein Ausrufungszeichen, steht die Zeichenklasse für alle *nicht* aufgeführten Zeichen.

- Der Stern »*« steht für beliebig viele beliebige Zeichen (auch keins).

Suchmuster: Sache der Shell!

Dateinamen mit einem Punkt am Anfang (versteckte Dateien) passen nicht auf Suchmuster, die mit »*« anfangen. Dies ist eine Sicherheitsvorkehrung, damit z. B. »`rm *`« nicht die versteckten Dateien löscht, die `ls` nicht (ungefragt) anzeigt. Es ist wichtig, im Hinterkopf zu behalten, dass die *Shell* versucht, Suchmuster durch die korrespondierenden Dateinamen zu ersetzen, und nicht die aufgerufenen Programme. Die Programme wissen gar nichts von den Suchmustern. Es kann sogar sein, dass die Shell-Kommandozeile sich durch Suchmuster so ändert, dass sie für das gewünschte Programm gar nicht mehr stimmt! Werden für ein Suchmuster auf der Kommandozeile keine passenden Dateinamen gefunden, wird es unersetzt an das Programm übergeben.

⇨ Abschnitt »Pathname Expansion« in `bash(1)`

Sich häuslich einrichten Sie können das Verhalten Ihrer Bash auf vielfältige Weise modifizieren. Durch Aliase können Sie neue Kommandos definieren und durch Variablen die Shell und andere Programme beeinflussen. Diese fortgeschrittenen Möglichkeiten werden wir in Abschnitt 11.1 behandeln, wenngleich sie zu den hier besprochenen Prüfungszielen gehören. Dort diskutieren wir auch die Frage, wie Sie solche Änderungen dauerhaft machen können.

3.3 Umgang mit Dateien

3.3.1 Dateien benennen

Einer der wesentlichen Dienste eines Betriebssystems wie Linux besteht darin, Daten auf dauerhaften Speichermedien (etwa Festplatten) speichern und später wiederfinden zu können. Um das für Menschen erträglich zu gestalten, werden zusammengehörende Daten normalerweise zu »Dateien« zusammengefasst, die unter einem Namen gespeichert werden.

Erlaubte Zeichen

In Linux-Dateinamen sind grundsätzlich alle Zeichen zugelassen, die der Computer darstellen kann (und noch ein paar mehr). Nicht jedes Zeichen ist jedoch gleich gut geeignet. Komplett verboten sind nur zwei Zeichen, der Schrägstrich (der als Trennzeichen für

Verzeichnisebenen dient) und das Nullbyte (das Zeichen mit dem ASCII-Wert 0). Andere Zeichen wie Leerzeichen, Umlaute oder Dollarzeichen können mit der gebotenen Vorsicht verwendet werden; gegebenenfalls müssen Sie sie mit einem Rückstrich oder Anführungszeichen vor einer Fehlinterpretation durch die Shell schützen.

Groß- und Kleinschreibung

Linux unterscheidet in Dateinamen zwischen Groß- und Kleinschreibung: `ABC` und `Abc` sind zwei verschiedene Dateien. (Dies ist vielleicht die Stolperfalle Nr. 1 für Windows-Umsteiger.)

Dateinamen dürfen unter Linux »ziemlich lang« sein (es gibt keine allgemeinverbindliche Grenze). Es ist auch nicht nötig, dass Dateinamen eine »Endung« wie `.TXT` haben; der Punkt ist ein ganz gewöhnliches Zeichen.

Verzeichnisse

Verzeichnisse sorgen dafür, dass Sie Dateinamen im System mehrmals verwenden können – da auf einem Linux-System unabhängig und gleichzeitig mehrere Benutzer arbeiten können, wäre es mehr als ärgerlich, wenn nur einer von ihnen eine Datei namens `brief.txt` anlegen dürfte. Außerdem helfen Verzeichnisse dabei, Zugriffsrechte zu strukturieren, etwa damit Hugo nicht Susis Dateien lesen kann und umgekehrt. Verzeichnisse können Dateinamen sowie die Namen weiterer Verzeichnisse enthalten, woraus sich eine hierarchische Struktur – ein **Verzeichnisbaum** – ergibt.

Verzeichnisbaum

Wurzelverzeichnis

An der »Wurzel« dieses Verzeichnisbaums steht das Wurzelverzeichnis mit dem Namen »/« (Schrägstrich).

3.3.2 Absolute und relative Pfadnamen

Jede Datei in einem Linux-System wird durch einen Namen beschrieben, der sich ergibt, indem man ausgehend vom Wurzelverzeichnis jedes Verzeichnis nennt bis zu dem, in dem die Datei steht – gefolgt vom Namen der Datei selbst. Beispielsweise benennt `/home/hugo/brief.txt` die Datei `brief.txt`, die im Verzeichnis `hugo` steht, das wiederum im Verzeichnis `home` zu finden ist. `home` steht direkt im Wurzelverzeichnis. Solche Namen, die vom Wurzelverzeichnis ausgehen, heißen **absolute Pfadnamen**. Sie beginnen immer mit einem Schrägstrich (für das Wurzelverzeichnis).

absoluter Pfadname

relativer Pfadname

Ein **relativer Pfadname** dagegen beginnt nie mit einem Schrägstrich. »Relativ« bezieht sich auf das aktuelle Verzeichnis, also auf das Verzeichnis, in dem Sie sich gerade befinden. Direkt nach dem Anmelden ist das in der Regel Ihr »Heimatverzeichnis«. Steht die gewünschte Datei im aktuellen Verzeichnis, so reicht es, lediglich den Namen der Datei anzugeben. Das funktioniert natürlich auch mit ganzen Verzeichnisästen im aktuellen Verzeichnis. `briefe/oma.txt` benennt also die Datei `oma.txt` im Verzeichnis `briefe`, das im aktuellen Verzeichnis steht.

».« und »..«

In Pfadnamen können Sie außerdem die Abkürzungen ».« (selbes Verzeichnis) und »..« (übergeordnetes Verzeichnis) verwenden. `./briefe/oma.txt` ist dasselbe wie `briefe/oma.txt`, und wenn `/home/hugo/briefe` das aktuelle Verzeichnis ist, bezieht `../romane` sich auf das Verzeichnis `/home/hugo/romane`.

3.3.3 Dateien und Verzeichnisse auflisten

ls

Eines der wichtigsten Kommandos zum Umgang mit Dateien ist zweifellos `ls` (engl. *list*, »auflisten«). Es zeigt eine Liste aller Datei- und Verzeichnisnamen im aktuellen Verzeichnis.

Tabellenformat

Ohne Übergabe von Optionen werden diese Informationen als mehrspaltige, nach Dateinamen sortierte Tabelle ausgegeben. Durch die Option `-F` wird an den Dateinamen ein Zeichen zur Klassifizierung angehängt: `*` für ausführbare Dateien, `/` für Verzeichnisse, `@` für Links (vgl. Abschnitt 3.3.6) u. a. (Häufig gibt es auch noch eine Farbkodierung.)

Versteckte Dateien

Zusatzinformationen

Um auch versteckte Dateien anzuzeigen, deren Namen mit einem Punkt beginnen, gibt es den Schalter `-a` (engl. *all*, »alle«). Sehr nützlich ist ferner der Parameter `-l` (das ist ein kleines »L« und steht für engl. *long*, »lang«). Auf diese Weise werden nicht nur die Dateinamen, sondern noch diverse Zusatzinformationen ausgegeben.

Hier sehen Sie den Unterschied zwischen `ls` ohne und mit `-l`:

```
$ ls
datei.txt
$ ls -l *.txt
-rw-r--r--   1 test  users   4711 Oct  4 11:11 datei.txt
```

Im ersten Fall werden alle sichtbaren Dateien des Verzeichnisses tabellarisch aufgelistet, im zweiten Fall erfolgt eine ausführliche Informationsausgabe, die allerdings auf Dateien mit der Namensendung `.txt` beschränkt wurde.

Format der langen Darstellung

Die einzelnen Teile der langen Darstellung haben folgende Bedeutung: Die erste Spalte ist der Dateityp; normale Dateien haben ein »-«, Verzeichnisse ein »d«, symbolische Verknüpfungen (Abschnitt 3.3.6) ein »l« usw. Die nächsten neun Zeichen informieren über die Zugriffsrechte (Abschnitt 3.4). Danach folgen ein Referenzzähler, der Eigentümer der Datei, hier `test`, und die Gruppenzugehörigkeit der Datei zu `users`. Nach der Dateigröße in Bytes sind Datum und Uhrzeit der letzten Änderung zu sehen. Abgeschlossen wird die Zeile durch den Dateinamen.

Sind Sie an den Zusatzinformationen für ein Verzeichnis, sagen wir `/tmp`, interessiert, so hilft `ls -l /tmp` nicht weiter, denn `ls` listet dann die Daten für alle Dateien in `/tmp` auf. Durch die Option `-d` können Sie das unterdrücken und erhalten die Ansicht von `/tmp` selbst. Umgekehrt können Sie mit `-R` rekursiv alle Verzeichnisse, Unterverzeichnisse usw. auflisten.

Neben den Besprochenen erlaubt `ls` noch eine Vielzahl weiterer Optionen, etwa zur Sortierung der Einträge. Experimentieren Sie damit herum.

➪ `ls(1)`

3.3.4 Kommandos für Verzeichnisse

pwd

Ort im Dateisystem Direkt nach dem Anmelden ist Ihr Heimatverzeichnis Ihr aktuelles Verzeichnis – wo Sie sich befinden, können Sie jederzeit mit dem Kommando `pwd` abfragen:

```
$ pwd
/home/tux
```

➪ `pwd(1)`, »`info pwd`«

Verzeichnis wechseln

Neben dem Heimatverzeichnis existieren im Dateibaum noch viele weitere Verzeichnisse, doch wie kommen Sie dorthin? Dazu dient das Kommando `cd` (engl. *change directory*, »wechsle Verzeichnis«).

Wechseln ins Heimatverzeichnis

Ohne Angabe eines Arguments (oder mit einer Tilde als Argument) wechselt der Befehl cd in Ihr Heimatverzeichnis. Bei anderen Zielen müssen Sie stets den Verzeichnisnamen mit angeben. Dabei ist es egal, ob Sie absolute oder relative Pfade benutzen.

Das Kommando »cd -« wechselt in das Verzeichnis, in dem Sie vor dem letzten cd-Kommando waren. Dies macht es möglich, bequem zwischen zwei Verzeichnissen hin und her zu wechseln.

⇨ bash(1)

mkdir

Verzeichnisse anlegen Zum Anlegen neuer Verzeichnisse steht das Kommando mkdir (engl. *make directory*, »erstelle Verzeichnis«) zur Verfügung. mkdir erwartet zwingend einen oder mehrere Verzeichnisnamen als Argument. Um verschachtelte Verzeichnisse in einem Schritt neu anzulegen, können Sie die Option -p angeben. Ansonsten wird vorausgesetzt, dass alle Verzeichnisse bis auf das letzte im Namen schon existieren. Zum Beispiel:

```
$ ls -F
bilder/
$ mkdir -p bilder/urlaub/sommer
$ ls -F bilder
urlaub/
$ ls -F bilder/urlaub
sommer/
```

⇨ mkdir(1), »info mkdir«

rmdir

Verzeichnisse löschen Es kann vorkommen, dass ein Verzeichnis nicht mehr benötigt wird. Zur besseren Übersicht können Sie es dann mit dem Kommando rmdir (engl. *remove directory*, »entferne Verzeichnis«) wieder entfernen.

Die Verzeichnisse müssen leer sein, dürfen also keine Einträge (Dateien oder Unterverzeichnisse) mehr enthalten. Auch hier wird nur das letzte Verzeichnis in jedem übergebenen Namen entfernt. Mit der Option -p können Sie von rechts her alle leeren Unterverzeichnisse, die im Namen mit aufgeführt wurden, in einem Schritt mitbeseitigen.

```
$ rmdir -p bilder/urlaub/sommer
$ ls -F
$ _
```

Um Verzeichnisse zu löschen, die nicht leer sind, können Sie das Kommando rm benutzen (Abschnitt 3.3.5).

- ⇨ rmdir(1), »info rmdir«
- ⇨ Dateien löschen (Abschnitt 3.3.5, Seite 52)

3.3.5 Grundlegender Umgang mit Dateien

cp

Dateien kopieren Mit dem Kommando cp (engl. *copy*, »kopieren«) können Sie beliebige Dateien kopieren. Nennen Sie cp die Namen von Quell- und Zieldatei als Argumente, dann wird unter dem Zieldateinamen eine Kopie des Inhalts der Quelldatei abgelegt. Standardmäßig fragt cp nicht nach, ob es eine bereits existierende Zieldatei überschreiben soll, sondern tut dies einfach; nur wenn Sie die Option -i (engl. *interactive*, im Sinne von: »nachfragend«) benutzen, unterdrücken Sie diese Brachialität.

Zielverzeichnis

Statt eines Zieldateinamens können Sie auch ein Zielverzeichnis angeben. Die Quelldatei wird dann unter ihrem alten Namen in das Verzeichnis kopiert.

```
$ cp liste liste2
$ cp /etc/passwd .
$ ls -l
-rw-r--r--   1 test  users   2500 Oct  4 11:11 liste
-rw-r--r--   1 test  users   2500 Oct  4 11:25 liste2
-rw-r--r--   1 test  users   8765 Oct  4 11:26 passwd
```

Im Beispiel haben wir mit cp zunächst eine Kopie der Datei liste unter dem Namen liste2 erzeugt. Anschließend haben wir noch die Datei /etc/passwd ins aktuelle Verzeichnis (repräsentiert durch den Punkt als Zielverzeichnis) kopiert.

Liste von Quelldateien

Statt einer einzigen Quelldatei sind auch eine längere Liste von Quelldateien oder die Verwendung von Shell-Suchmustern (Abschnitt 3.2.3) zulässig. Allerdings muss dann das letzte Argument zwingend ein existierendes Verzeichnis sein, in das hineinkopiert wird. Um den Überblick zu behalten, können Sie mit der Option -v (engl. *verbose*, «geschwätzig«) angezeigt bekommen, was cp jeweils tut.

Verzeichnisse kopieren

Wollen Sie ganze Verzeichnisse kopieren, so verweigert cp normalerweise die Arbeit. Jedoch können Sie es durch Angabe von -r (oder `-R` für engl. *recursive*) umstimmen. Häufig ist die verschärfte Variante `-a` (engl. *archive*, »Archiv«) angebracht. Hierbei wird nicht nur rekursiv kopiert, sondern `cp` bemüht sich, nach Möglichkeit eine exakte Kopie zu erstellen (mit Zeitstempel, Eigentümer u. Ä.); das gelingt ohne Administrator-Rechte allerdings nur unvollkommen.

⇨ `cp(1)`, »`info cp`«

Dateien verschieben oder umbenennen Während das Kommando `cp` eine Kopie einer Datei anlegt, also die Datei physikalisch auf dem Datenträger verdoppelt oder auf einem anderen Datenträger
mv identisch anlegt, dient der Befehl `mv` (engl. *move*, »bewegen«) dazu, eine Datei entweder an einen anderen Ort zu verschieben oder deren Namen zu verändern. Bei diesem Vorgang werden lediglich Einträge in Verzeichnissen verändert, es sei denn, die Datei wird auf ein anderes Dateisystem verlagert – etwa von der Platte auf einen USB-Stick: Dann wird tatsächlich ein physikalisches Verschieben (Kopieren an den neuen Platz und anschließendes Löschen am alten) notwendig.

Syntax und Regeln von `mv` entsprechen denen von `cp` – auch hier können Sie statt einer einzigen eine ganze Liste von Quelldateien angeben, wobei das Kommando als letzte Angabe ein Zielverzeichnis erwartet.

Die Optionen `-i` und `-v` entsprechen für `mv` in ihrer Funktionalität denen bei `cp`; Optionen wie `-a` oder `-r` sind jedoch nicht nötig, da `mv` nur den Verzeichniseintrag verändert.

```
$ mv passwd liste2
$ ls -l
-rw-r--r--   1 test  users    2500 Oct  4 11:11 liste
-rw-r--r--   1 test  users    8765 Oct  4 11:26 liste2
```

Im Beispiel ist die ursprüngliche Datei `liste2` durch die umbenannte Datei `passwd` ersetzt worden. Ebenso wie `cp` fragt auch `mv` nicht nach, wenn die angegebene Zieldatei bereits existiert, sondern überschreibt diese gnadenlos.

⇨ `mv(1)`, »`info mv`«

Löschen von Dateien Der Befehl zum Löschen von Dateien lautet
rm `rm` (engl. *remove*, »entfernen«). Um eine Datei löschen zu dürfen,

müssen Sie im entsprechenden Verzeichnis Schreibrechte besitzen (Rechte und Eigentümer der Datei sind irrelevant). Daher sind Sie im eigenen Heimatverzeichnis der uneingeschränkte Herr im Haus, dort dürfen Sie (nach einer entsprechenden Rückfrage) auch fremde Dateien löschen. Mehr dazu in Abschnitt 3.4.

Mit der Option `-r` können Sie ganze Verzeichnisse löschen, anders als bei `rmdir` geht das auch, wenn die Verzeichnisse nicht leer sind. Gehören Ihnen nicht alle Dateien in diesen Verzeichnissen, können die Rückfragen störend sein. Durch `-f` (engl. *force*, »Gewalt«) unterdrücken Sie jede Widerrede.

Löschen ist endgültig!

`rm` geht bei seiner Arbeit genauso konsequent vor wie `cp` oder `mv` – die angegebenen Dateien werden ohne Rückfrage oder -meldung unwiederbringlich aus dem Dateisystem getilgt. Besonders bei der Verwendung von Platzhaltern sollten Sie darum nur mit großer Vorsicht vorgehen. Eine Rekonstruktion der Dateien ist zwar nicht ausgeschlossen, aber im Allgemeinen zu aufwendig, um praktikabel zu sein. Als Systemadministrator können Sie daher mit Kommandos wie »`rm -rf /`« im Wurzelverzeichnis das ganze System demolieren; hier ist allergrößte Aufmerksamkeit angebracht! Leicht tippt man einmal »`rm -rf bla *`« statt »`rm -rf bla*`«.

Wenn Sie sich mit einer derartig konsequenten Befehlsausführung nicht anfreunden können oder wollen, sollten Sie sich ein etwas sanftmütigeres Alias definieren.

- ⇨ `rm(1)`, »`info rm`«
- ⇨ Shell-Aliase (Abschnitt 11.1.4)

Zeitstempel Für jede Datei (und jedes Verzeichnis) merkt Linux sich drei Zeitstempel – den Zeitpunkt des letzten schreibenden Zugriffs auf den Dateiinhalt (`mtime`), den Zeitpunkt des letzten Zugriffs auf den Dateiinhalt überhaupt (`atime`) und den Zeitpunkt der letzten Änderung der Dateiinformationen wie Name, Eigentümer usw. (`ctime`). Diese Zeitstempel können Sie mit `ls` anzeigen: »`ls -l`« zeigt Ihnen normalerweise die `mtime`, mit der Option `-c` bekommen Sie die `ctime` und mit `-u` die `atime`.

`mtime` **`atime`** **`ctime`**

Zeitstempel ändern touch

Ändern können Sie die Zeitstempel mit dem Kommando `touch`. Im Normalfall setzt `touch` die `atime` und `mtime` der auf der Kommandozeile benannten Datei(en) auf die aktuelle Zeit. Mit der Option `-a` wird nur die `atime`, mit `-m` nur die `mtime` gesetzt. (Da die

Zeiten zu den Dateiinformationen gehören, wird in jedem Fall immer die `ctime` auf die aktuelle Zeit gesetzt.)

Andere Zeiten Statt der aktuellen Zeit können Sie auch die Zeitstempel einer existierenden Datei (Option `-r`) oder einen explizit angegebenen Zeitpunkt (Optionen `-d` oder `-t`) verwenden:

```
$ touch /tmp/bla                                    Datei wird leer angelegt
$ ls -l /tmp/bla
-rw-r--r-- 1 hugo hugo 0 Jun 19 00:07 /tmp/bla
$ touch -m -d "2000-01-01 11:22:33" /tmp/bla
$ ls -l /tmp/bla; ls -lu /tmp/bla
-rw-r--r-- 1 hugo hugo 0 Jan  1  2000 /tmp/bla        Die mtime
-rw-r--r-- 1 hugo hugo 0 Jun 19 00:07 /tmp/bla        Die atime
$ touch -r /tmp/bla /tmp/fasel            Neue Datei; Zeiten von bla
$ ls -l /tmp/fasel
-rw-r--r-- 1 hugo hugo 0 Jan  1  2000 /tmp/fasel
```

Beachten Sie, dass Sie keine Zeiten vor dem 1. Januar 1970 verwenden können. In die andere Richtung könnte es ab 2038 schwierig werden, wenn Sie ein 32-Bit-Linux verwenden.

⇨ `ls(1)`, `touch(1)`

Dateitypen Aus der Sicht von Linux sind alle Dateien einfach nur Folgen von Bytes. Aus Ihrer Sicht als Anwender ist das allerdings überhaupt nicht so: Texte, C-Quellcode oder Shellskripte, Maschinenprogramme, JPEG-Bilder und MP3-Dateien unterscheiden sich erheblich voneinander – sowohl in ihrer inneren Struktur als auch in der Auswahl von Software, mit der Sie sie bearbeiten würden. Meistens dient das Ende des Dateinamens als Indiz dafür, was sich in der Datei befindet, aber verbindlich ist das natürlich in keiner Weise.

`file` Wenn Sie genau wissen wollen, was sich in einer Datei verbirgt, können Sie das Programm `file` benutzen. Es analysiert den Dateiinhalt und liefert dann eine plausible Vermutung:

```
$ file bla.txt
bla.txt: ASCII text
$ file bild.jpg
bild.jpg: JPEG image data, JFIF standard 1.01
$ file sound.mp3
```

```
sound.mp3: MPEG ADTS, layer III, v1, 128 kbps, 44.1 kHz,▷
◁ Stereo
$ file /bin/ls
/bin/ls: ELF 32-bit LSB executable, Intel 80386, version 1,▷
◁ (SYSV), dynamically linked (uses shared libs),▷
◁ for GNU/Linux 2.6.18, stripped
```

/etc/magic

Grundlage für die Arbeit von `file` sind die Dateien `/etc/magic` und `/usr/share/file/magic*`, die Regeln für die Inhaltserkennung enthalten. Schauen Sie sich durchaus einmal an, wie Dateitypen für `file` beschrieben werden; für die Prüfung auswendig lernen müssen Sie all das glücklicherweise nicht.

⇨ `file(1)`, `magic(5)`

3.3.6 Aus eins mach zwei: Dateien verknüpfen

Hin und wieder möchte man eine Datei oder ein Verzeichnis unter mehreren verschiedenen Namen ansprechen können, ohne die Daten dabei mehrfach auf Platte speichern zu müssen. Platzersparnis und bessere Übersicht sind die Hauptgründe dafür. Zum Beispiel sind die Sommerzeitregeln für Italien (in `/usr/share/zoneinfo/Europe/Rome`) und den Vatikanstaat (in `/usr/share/zoneinfo/Europe/Vatican`) identisch – warum also zwei Dateien haben? Genauso ist es heute üblich, eingehende elektronische Post in Dateien in `/var/mail` abzulegen, da aber ältere Software sie oft in `/var/spool/mail` erwartet, wäre es nützlich, wenn beide Namen unter dem Strich auf dasselbe Verzeichnis verwiesen. Mit dem Kommando `ln` können Sie das gleich auf zwei verschiedene Arten erreichen.

⇨ `ln(1)`, »`info ln`«

Symbolischer Link

Symbolische Verknüpfungen Eine symbolische Verknüpfung oder ein symbolischer Link (engl. *symbolic link*, manchmal in Anlehnung an die gleich vorgestellten *hard links* auch *soft link* genannt) ist ein spezieller Dateityp, der nur eine Pfadangabe enthält:

```
$ ls -l /var/mail
lrwxrwxrwx   1 root  root      10 Apr 19  2003 /var/mail ▷
◁ -> spool/mail
```

Das »l« in der ersten Spalte kennzeichnet `/var/mail` als symbolischen Link, und der Teil nach »->« gibt an, worauf diese Datei zeigt.

Kommandos und Dateioperationen, die sich für *Dateiinhalte* interessieren, werden beim Zugriff auf einen symbolischen Link auf das Ziel des Links umgeleitet. Die Dateirechte des Links selbst sind irrelevant. Kommandos und Dateioperationen, die sich mit Verschieben, Umbenennen oder Löschen, also *Dateinamen*, beschäftigen, wirken auf den Link, nicht dessen Ziel.

`ln -s` Eine symbolische Verknüpfung legen Sie durch `ln -s` an:

```
$ ln -s datei link
$ ls -l datei link
-rw-r--r--   1 tux   users    494 Feb  4 11:25 datei
lrwxrwxrwx   1 tux   users      5 Feb  4 11:26 link -> datei
```

Existiert die Zieldatei schon, so müssen Sie mit der Option `-f` (engl. *force*) Gewalt anwenden.

```
$ ln -s /etc/passwd link
ln: 'link': File exists
$ ln -sf /etc/passwd link
$ ls -l link
lrwxrwxrwx   1 tux   users     11 Feb  4 11:29 link -> ▷
◁ /etc/passwd
```

»Harte« Verknüpfungen Um die Mechanik von *hard links*, »harten Verknüpfungen«, verstehen zu können, müssen wir uns mit der Organisation von Dateien im Dateisystem vertraut machen.

Im Dateisystem werden Dateien anhand von *Inodes* organisiert. Ein Inode enthält alle »Metadaten« der Datei wie Rechte, Eigentümer, Zeitstempel, Größe, Typ usw. sowie Verweise, wo die Nutzdaten sich auf der Platte befinden. Sie können die Nummer des zugehörigen Inodes mit der Option `-i` von `ls` anzeigen:

```
$ ls -iaF Verzeichnis
  91500 ./    91499 ../    91501 datei    91502 link@
```

Es ist wichtig zu verstehen, dass Dateinamen *nicht* in Inodes abgelegt werden, sondern in Verzeichnissen: Ein Verzeichnis ist etwas vereinfacht gesagt eine spezielle Datei, die eine Tabelle mit Namen und Inode-Nummern (wie im letzten Beispiel) enthält. Wenn das System die Datei `datei` sucht, wird es im Verzeichnis nachschauen und erfahren, dass dazu der Inode 91501 gehört. Dort finden sich dann alle Informationen für den tatsächlichen Dateizugriff.

`ln`

Da Dateinamen von »ihren« Dateien entkoppelt sind, können Sie einer Datei mit dem Kommando `ln` (ohne Option `-s`) weitere Namen zuweisen:

```
$ ln datei datei2
$ ls -i
  91501 datei    91501 datei2    91502 link
```

hard links

Solche Mehrfachnamen heißen ***hard links***. Da sie zwei Verzeichniseinträge für *denselben* Inode sind, müssen beide Namen im selben Dateisystem (selbe Partition) liegen, denn nur dort sind Inode-Nummern eindeutig. Außerdem können Sie keine harten Verknüpfungen für Verzeichnisse anlegen (für die Ausnahmen ».« und »..« sorgt das System).

Beide Einschränkungen gelten nicht für symbolische Links, weswegen Sie diese meistens bevorzugen werden. Der Vorteil von harten Links liegt beim Löschen: Wenn Sie bei einem symbolischen Link die Originaldatei entfernen, zeigt der Link ins Leere. Wenn Sie einen *hard link* löschen, so entfernen Sie nur *einen* Namen der Datei und nicht die Datei selbst. Erst wenn Sie den *letzten* Namen entfernen, wird auch die Datei gelöscht. Um zu entscheiden, welches der letzte Name ist, gibt es im Inode einen Referenzzähler (= Zähler der Namen); bei `ls -l` sehen Sie den Referenzzähler in der zweiten Spalte:

```
$ ls -l datei*
-rw-r--r--   2 tux   users    494 Feb  4 11:25 datei
-rw-r--r--   2 tux   users    494 Feb  4 11:25 datei2
$ rm datei
$ ls -l datei*
-rw-r--r--   1 tux   users    494 Feb  4 11:25 datei2
```

Damit empfehlen sich *hard links* immer, wenn es kein eindeutiges »Original« gibt (wie beim Zeitzonen-Beispiel in der Einleitung) oder wenn die Reihenfolge des Löschens nicht vorab feststeht (Beispiel: News-Artikel auf einem USENET-Server, die gleichzeitig, also als *cross-posting*, in verschiedene Gruppen gepostet wurden).

Links und andere Kommandos Wie Sie weiter oben gesehen haben, zeigt »ls -l« für symbolische Links auch die Datei an, auf die der Link zeigt. Mit den Optionen -L und -H können Sie ls dazu bringen, symbolische Links direkt aufzulösen:

```
$ mkdir dir
$ echo XXXXXXXXXX >dir/datei
$ ln -s datei dir/symlink
$ ls -l dir
insgesamt 4
-rw-r--r-- 1 hugo users 11 Jan 21 12:29 datei
lrwxrwxrwx 1 hugo users  5 Jan 21 12:29 symlink -> datei
$ ls -lL dir
-rw-r--r-- 1 hugo users 11 Jan 21 12:29 datei
-rw-r--r-- 1 hugo users 11 Jan 21 12:29 symlink
$ ls -lH dir
-rw-r--r-- 1 hugo users 11 Jan 21 12:29 datei
lrwxrwxrwx 1 hugo users  5 Jan 21 12:29 symlink -> datei
$ ls -l dir/symlink
lrwxrwxrwx 1 hugo users 5 Jan 21 12:29 dir/symlink -> datei
$ ls -lH dir/symlink
-rw-r--r-- 1 hugo users 11 Jan 21 12:29 dir/symlink
```

Der Unterschied zwischen -L und -H ist, dass die Option -L symbolische Links *immer* auflöst und die Informationen über die eigentliche Datei anzeigt (der angezeigte Name ist trotzdem immer der des Links). Die Option -H tut das, wie die letzten drei Kommandos im Beispiel illustrieren, nur für direkt auf der Kommandozeile angegebene Links.

Mit dem Kommando »cp -l« können Sie eine »Link-Farm« anlegen. Das heißt, die angegebenen Dateien werden nicht (wie sonst üblich) an den Zielort kopiert, sondern es werden (harte) Links auf die Originale angelegt:

```
$ mkdir prog-1.0.1                                Neues Verzeichnis
$ cp -l prog-1.0/* prog-1.0.1
```

Der Vorteil dieses Ansatzes ist, dass die Dateien nach wie vor nur einmal auf der Platte stehen und damit auch nur einmal Platz verbrauchen. Bei den heutigen Preisen für Plattenplatz ist das vielleicht nicht zwingend nötig – aber eine gängige Anwendung dieser

Idee besteht zum Beispiel darin, regelmäßige Sicherheitskopien von großen Dateihierarchien anzulegen, die auf dem Archivmedium (Platte oder entfernter Rechner) dann als separate, datierte Dateibäume erscheinen sollen.

Sie müssen natürlich aufpassen, wenn Sie etwa – wie im Beispiel angedeutet – eine »Kopie« eines Programmquellcodes als Link-Farm machen (was sich zum Beispiel für den Linux-Quellcode plattenplatzmäßig durchaus rentieren könnte): Bevor Sie eine Datei in Ihrer neu angelegten Version ändern können, müssen Sie dafür sorgen, dass es sich tatsächlich um eine eigenständige Datei handelt und nicht nur um ein Link auf das Original (das Sie ja höchstwahrscheinlich nicht ändern wollen). Das heißt, Sie müssen den Link auf die Datei entweder manuell durch eine tatsächliche Kopie ersetzen oder einen Editor benutzen, der geänderte Versionen automatisch als eigenständige Datei schreibt.

cp und symbolische Links

In Analogie zu »`cp -l`« erstellt »`cp -s`« Link-Farmen auf der Basis von symbolischen Links. Die sind allerdings nicht ganz so nützlich wie die gerade gezeigten mit harten Links. »`cp -a`« kopiert Dateihierarchien so, wie sie sind, unter Beibehaltung symbolischer Links als solche; »`cp -L`« sorgt beim Kopieren dafür, dass symbolische Links durch die Dateien ersetzt werden, auf die sie zeigen, und »`cp -P`« schließt das aus.

3.4 Zugriffsrechte auf Dateien und Verzeichnisse

3.4.1 Zugriffsrechte und ihre Bedeutung

Benutzer Gruppen

Als Mehrbenutzersystem ordnet Linux verschiedenen **Benutzern** unterschiedliche Identitäten zu. Benutzer können zu **Gruppen** zusammengefasst werden. Benutzer und Gruppen haben textuelle Namen, aber das System unterscheidet sie intern über ihre numerischen Benutzer- und Gruppen-IDs (**UIDs** und **GIDs**).

UID GID

Linux unterscheidet bei den Zugriffsrechten auf Dateien und Verzeichnisse zwischen drei Kategorien: 1. dem Benutzer, der Eigentümer einer Datei ist, 2. den Mitgliedern der Gruppe, der die Datei zugeordnet ist, und 3. allen anderen Benutzern (dem »Rest der

Welt«). Jede Datei kann nur genau einer Gruppe zugeordnet sein, im Gegensatz zu Benutzern, die gleichzeitig Mitglied in mehreren Gruppen sein dürfen.

Zugriffsrechte

Für jede dieser Kategorien können Sie getrennt Zugriffsrechte vergeben: Lese-, Schreib- und Ausführungsrecht. Diese haben für Dateien und Verzeichnisse subtil unterschiedliche Bedeutung. Für Dateien bedeuten die Rechte das, was ihre Namen sagen: Wer Leserecht hat, darf den Inhalt anschauen, wer Schreibrecht hat, darf ihn ändern. Mit Ausführungsrecht können Sie die Datei als Programm starten. (Bei Maschinencode-Dateien reicht Ausführungsrecht, bei »Skripten« ist dazu noch Leserecht nötig.)

Zugriffsrechte für Verzeichnisse

Bei Verzeichnissen sieht es etwas anders aus: Leserecht ist notwendig, um den Inhalt eines Verzeichnisses anschauen zu können – etwa indem Sie das `ls`-Kommando ausführen. Schreibrecht brauchen Sie, um Dateien im Verzeichnis anlegen, löschen oder umbenennen zu können.

Das »Ausführungsrecht« steht für die Möglichkeit, das Verzeichnis »benutzen« zu dürfen, in dem Sinne, dass Sie mit `cd` hineinwechseln oder seinen Namen in Pfadnamen von weiter unten im Dateibaum liegenden Dateien benutzen dürfen. Normalerweise hat es wenig Sinn, Schreib- und Ausführungsrecht für Verzeichnisse getrennt voneinander zu vergeben. In Verzeichnissen, wo Sie nur das `r`-Recht haben, können Sie die Dateinamen lesen, aber nichts anderes über die Dateien herausfinden. Haben Sie für ein Verzeichnis nur »Ausführungsrecht«, können Sie Dateien darin ansprechen, wenn Sie wissen, wie sie heißen.

Löschen?

Es ist wichtig, hervorzuheben, dass Schreibrecht auf eine *Datei* für das *Löschen* der Datei völlig unnötig ist; man braucht Schreibrecht auf das *Verzeichnis*, in dem die Datei steht, und sonst nichts. Da beim Löschen nur ein Verweis auf die tatsächliche Dateiinformation (die *inode*) aus dem Verzeichnis entfernt wird, handelt es sich dabei um eine reine Verzeichnisoperation. Das `rm`-Programm warnt Sie zwar, wenn Sie versuchen, eine Datei zu löschen, auf deren Inhalt Sie kein Schreibrecht haben. Aber wenn Sie die Operation bestätigen und Schreibrecht im Verzeichnis der Datei haben, steht dem erfolgreichen Löschen nichts im Weg.

Wenn Sie dagegen Schreibrecht auf den Dateiinhalt, aber nicht auf ihr Verzeichnis haben, können Sie die Datei nicht löschen. Sie können aber natürlich die Länge der Datei auf 0 setzen und damit den *Inhalt* entfernen, auch wenn die Datei selbst prinzipiell noch existiert.

Welche Rechte gelten?

Für jeden Benutzer gelten diejenigen Zugriffsrechte, die »am besten passen«. Haben zum Beispiel die Mitglieder der Dateigruppe kein Leserecht für die Datei, der »Rest der Welt« dagegen schon, dann dürfen die Gruppenmitglieder nicht lesen. Das Argument, dass, wenn schon der Rest der Welt die Datei lesen darf, die Gruppenmitglieder, die ja in gewissem Sinne auch Teil des Rests der Welt sind, das eigentlich auch können sollten, zählt nicht.

Wer darf Rechte ändern?

Der Dateieigentümer ist (neben dem Systemadministrator) der einzige Benutzer, der die Zugriffsrechte für eine Datei ändern darf. Dieses Privileg ist unabhängig von den tatsächlichen Dateirechten, da keine Änderungen des Dateiinhalts vorgenommen werden, sondern nur »Meta-Daten« (*inode*-Infomationen) überschrieben werden. Der Eigentümer darf sich selbst alle Rechte entziehen, aber hindert sich dadurch nicht selber daran, sich später diese Rechte wieder zu erteilen.

Informationen

Informationen darüber, welche Rechte, Benutzer- und Gruppenzuordnung für eine Datei gelten, bekommen Sie mit »`ls -l`«:

```
$ ls -l
-rw-r--r--  1  test  users   4711  Oct 4 11:11 datei.txt
drwxr-x---  2  test  group2  4096  Oct 4 11:12 testdir
```

Die Zeichenkette am linken Rand der Tabelle gibt die Zugriffsrechte für den Eigentümer, die Dateigruppe und den »Rest der Welt« an (das allererste Zeichen in der Zeile bezeichnet den Dateityp und hat mit den Zugriffsrechten nichts zu tun). Die dritte Spalte nennt den Benutzernamen des Eigentümers und die vierte den Namen der Dateigruppe.

In der Rechteliste stehen »`r`«, »`w`« und »`x`« jeweils für ein vorhandenes Lese-, Schreib- und Ausführungsrecht. Steht nur ein »`-`« in der Liste, dann hat die betreffende Kategorie das betreffende Recht nicht. »`rw-r--r--`« steht also für »Lese- und Schreibrecht für den Eigentümer, aber nur Leserecht für die Gruppenmitglieder und den Rest der Welt«.

chmod Als Dateieigentümer können Sie mit chmod die Zugriffsrechte für die Datei setzen. Dabei können Sie die drei Kategorien durch die Abkürzungen »u« (*user*) für den Eigentümer (Sie selbst), »g« (*group*) für die Mitglieder der Dateigruppe und »o« (*others*) für den »Rest der Welt« bestimmen. Die Rechte selbst werden durch die schon erwähnten Kürzel »r«, »w« und »x« festgelegt. Mit »+«, »-« und »=« können Sie verfügen, ob die benannten Rechte zusätzlich zu den existierenden gewährt, entzogen oder anstelle der bisherigen vergeben werden sollen. Zum Beispiel:

```
$ chmod u+x datei
$ chmod go+w datei
$ chmod g+rw datei
$ chmod g=rw,o=r datei
$ chmod a+w datei
```

Im vorletzten Beispiel erhält die Gruppe Lese- und Schreibrecht (das Ausführungsrecht der Gruppe ist nicht gesetzt). Die Eigentümerrechte bleiben unberührt, und der »Rest der Welt« darf die Datei nur lesen. Mit »a« können Sie alle Kategorien auf einmal setzen. Das letzte Beispiel gewährt allen Kategorien zusätzlich Schreibrecht. – Ohne Kategorieangabe werden nur die Rechte geändert, die *nicht* in der aktuellen *umask* (Abschnitt 3.4.2) vorkommen.

Die allgemeine Syntax des chmod-Kommandos ist

```
chmod [⟨Optionen⟩] ⟨Rechte⟩ ⟨Dateiname⟩ ...
```

Es können beliebig viele Datei- oder Verzeichnisnamen angegeben werden. Die wichtigsten Optionen sind:

-R Wenn ein Verzeichnis angegeben wurde, werden auch die Rechte von Dateien und Verzeichnissen innerhalb dieses Verzeichnisses geändert (rekursiv).

--reference=⟨Name⟩ Verwendet die Rechte der Datei ⟨Name⟩. In diesem Fall müssen keine ⟨Rechte⟩ angegeben werden.

Oktale Form Die Rechte können auch numerisch in **oktaler Form** angegeben werden. Dazu ist es hilfreich, sich die Rechteliste zunächst binär nach Kategorien getrennt aufzuschreiben. »Eingeschaltete« Rechte erhalten eine binäre 1 und »ausgeschaltete« eine 0 (vgl. Tabelle 3.2). Die binären Zahlen können dann pro Kategorie zu einer oktalen Zahl zusammengefasst werden. Wollen Sie einer Datei Zu-

	user	group	others
Symbolisch	rw-	r--	r--
Binär	110	100	100
Wert	$1 \cdot 2^2 + 1 \cdot 2^1$	$1 \cdot 2^2$	$1 \cdot 2^2$
Oktalziffer	6	4	4

Tabelle 3.2: Zugriffsrechte in oktaler Form

	oktal	binär
Standarddateizugriffsrecht	666	110 110 110
umask (Nullen lassen Rechte unverändert, Einsen schalten sie aus)	027	000 010 111
Resultierendes Zugriffsrecht	640	110 100 000

Tabelle 3.3: Wirkung der *umask* auf Dateirechte

griffsrechte entsprechend der ersten Zeile aus Tabelle 3.2 vergeben, genügt es, »chmod 644 datei« einzugeben. Die oktale Schreibweise wird oft bevorzugt, da im täglichen Gebrauch nur wenige verschiedene Zahlencodes vorkommen.

3.4.2 Die *umask*

Neue Dateien und Verzeichnisse werden, wenn nichts anderes voreingestellt wurde, mit den (oktalen) Zugriffsrechten 666 bzw. 777 angelegt. Es ist aber möglich, diese Voreinstellung zu ändern, genauer gesagt einzelne Rechte daraus zu entfernen und so bei der Dateierzeugung standardmäßig weniger Zugriffsrechte zu setzen. Hierzu dient die *umask*.

umask-Interpretation

Die Arbeitsweise der umask ist vergleichbar mit einem Sieb. Es wird nur angegeben, welche Rechte »herausgesiebt« werden sollen. Mit anderen Worten: Die *umask* kann man als Zugriffsmodus interpretieren, in dem genau diejenigen Rechte gesetzt sind, die die neue Datei gerade *nicht* haben soll. Ein Beispiel für die Wirkung einer *umask* mit der Oktahlzahl 027 auf Dateirechte ist in Tabelle 3.3 aufgeführt. Zur Veranschaulichung sind die Zugriffsrechte auch in binärer Form aufgelistet. Das zweite Beispiel in Tabelle 3.4 zeigt die Wirkung derselben *umask* auf Verzeichnisrechte.

	oktal	binär
Standarddateizugriffsrecht	777	111 111 111
umask (Nullen lassen Rechte unverändert, Einsen schalten sie aus)	027	000 010 111
Resultierendes Zugriffsrecht	750	111 101 000

Tabelle 3.4: Wirkung der *umask* auf Verzeichnisrechte

Shell-Kommando umask

Die *umask* wird mit dem Shell-Kommando umask gesetzt, das Sie entweder explizit oder in einer Startdatei Ihrer Shell (Abschnitt 11.2) aufrufen. Wie das aktuelle Verzeichnis gehört die *umask* zur Prozessumgebung, das heißt, sie vererbt sich an Kindprozesse, aber Änderungen der *umask* in einem Kindprozess wirken sich nicht auf den Elterprozess aus (vgl. Abschnitt 6.1).

Die *umask* wird als Oktalzahl angegeben. Für die bash-Shell ist es möglich die umask auch in der beim Kommando chmod beschriebenen symbolischen Form anzugeben. Allerdings muss die umask in symbolischer Form komplementär zur oktalen Form geschrieben werden:

```
$ umask -S
u=rwx,g=rx,o=rw
$ umask u=rwx,g=rx,o=r
$ umask
0023
```

Wenn kein Wert angegeben ist, wird die aktuelle Maske angezeigt. Mit der bash-spezifischen Option -S wird die aktuelle Maske in symbolischer Form ausgegeben.

Beachten Sie, dass Sie mit der *umask* nur Zugriffsrechte *entfernen* können. Es gibt keine Möglichkeit, einer Datei automatisch Ausführrecht zu geben.

3.4.3 Dateieigentümer und Gruppe setzen

chown

Das Kommando chown ermöglicht das Setzen des Datei- oder Verzeichniseigentümers und der Gruppe. Der Befehl erhält als Argumente die Benutzerkennung des Besitzers und/oder die gewünschte Gruppenkennung und die Datei bzw. das Verzeichnis, dessen Eigentümer geändert werden soll.

```
chown ⟨Benutzername⟩[:⟨Gruppenname⟩] ⟨Name⟩ ...
chown :⟨Gruppenname⟩ ⟨Name⟩ ...
```

Werden Benutzername und Gruppenkennung angegeben, werden beide gesetzt. Wird nur ein Benutzername angegeben, bleibt die Gruppe so, wie sie war. Wird ein Benutzername mit Doppelpunkt angegeben, dann wird die Datei der primären Gruppe des Benutzers zugeordnet. Wird nur ein Gruppenname angegeben (mit Doppelpunkt), dann bleibt der Eigentümer so, wie er war. (Uff.)

```
# ls -l beispiel
-rw-r--r--    1 tux  users        8278 Jan  5 17:51 beispiel
# chown tixi:training beispiel
# ls -l beispiel
-rw-r--r--    1 tixi  training    8278 Jan  5 17:51 beispiel
```

Um Dateien an andere Benutzer oder beliebige Gruppen zu »verschenken«, müssen Sie Systemverwalter sein. Der Hauptgrund dafür ist, dass normale Benutzer sonst einander ärgern können, wenn das System den Plattenplatz pro Benutzer oder Gruppe »kontingentiert« (Abschnitt 8.8).

chgrp

Mit dem Kommando chgrp können Sie die Gruppe einer Datei ändern, und zwar auch als normaler Benutzer – solange Sie Eigentümer der Datei sowie Mitglied der neuen Gruppe sind:

```
chgrp ⟨Gruppenname⟩ ⟨Name⟩ ...
```

Änderungen des Dateieigentümers oder der Dateigruppe ändern die Zugriffsrechte für die verschiedenen Kategorien nicht.

Auch chown und chgrp unterstützen die Option -R zur rekursiven Anwendung auf eine ganze Verzeichnishierarchie.

Dateibrowser

Selbstverständlich können Sie auch mit den meisten Dateibrowsern wie Konqueror oder Nautilus Rechte, Gruppe und Eigentümer einer Datei ändern.

3.4.4 Besondere Rechte für ausführbare Dateien

Angenommen, das Programm passwd sei mit folgenden Zugriffsrechten versehen:

```
-rwxr-xr-x   1 root shadow  32916 Dec 11 /usr/bin/passwd
```

Ein normaler (unprivilegierter) Nutzer möchte nun sein Kennwort ändern und ruft das Kommando `passwd` auf. Als Nächstes erhält er die Meldung »*permission denied*«. Was ist die Ursache? Das Programm versucht, die Datei `/etc/shadow` zum Schreiben zu öffnen, und scheitert natürlich, da nur `root` die Schreibberechtigung besitzt – dies darf auch nicht anders sein, sonst könnte jeder die Kennwörter beliebig manipulieren, etwa das `root`-Kennwort ändern. Mit Hilfe des **Set-UID-Bits** (oft kurz »SUID-Bit« genannt) kann dafür gesorgt werden, dass ein Programm nicht mit den Rechten des Aufrufers, sondern des Dateieigentümers – hier `root` – ausgeführt wird.

SUID-Bit

```
-rwsr-xr-x   1 root shadow  32916 Dec 11 /usr/bin/passwd
```

Im Fall von `passwd` hat der *Prozess* (im Gegensatz zum aufrufenden Benutzer) also Schreibrecht auf die Datei `/etc/shadow`. Es liegt in der Verantwortung des Programmierers von `passwd`, dafür zu sorgen, dass mit diesem Recht kein Schindluder getrieben wird, etwa indem Programmierfehler ausgenutzt werden, um beliebige Dateien außer `/etc/shadow` zu manipulieren oder andere Einträge in `/etc/shadow` außer dem Kennwortfeld des aufrufenden Benutzers zu verändern. Unter Linux funktioniert der Set-UID-Mechanismus übrigens nur für Maschinencode-Programme, nicht für Shell- oder andere Interpreter-Skripte.

SGID-Bit

Analog zum Set-UID-Bit gibt es auch ein SGID-Bit, mit dem ein Prozess statt der Gruppenzugehörigkeit des Aufrufers mit der Gruppenzugehörigkeit der Datei und den damit verbundenen Rechten ausgeführt wird.

chmod-Syntax

Die SUID- und SGID-Modi werden wie alle anderen Modi einer Datei mit `chmod` verändert, indem Sie symbolische Schlüssel wie `u+s` (setzt das SUID-Bit) oder `g-s` (löscht das SGID-Bit) angeben.

```
$ file hello
hello: ELF 32-bit LSB executable, Intel 80386,
dynamically linked (uses shared libs), not stripped
$ chmod g+s hello
$ ls -l
-rwxr-sr-x    1 tux  users     11066 2003-11-10 21:04 hello
```

Auch in oktalen Modi können Sie diese Bits setzen, indem Sie eine vierte Ziffer ganz links hinzufügen: Das SUID-Bit hat den Wert 4, das SGID-Bit den Wert 2 – so können Sie einer Datei den Zugriffsmodus 4755 geben, um sie für alle Benutzer lesbar und ausführbar zu machen (der Eigentümer darf auch schreiben) und das SUID-Bit zu setzen.

```
$ ls -l hello
-rwxr--r--    1 tux  users    11066 2003-11-10 21:04 hello
$ chmod 4755 hello
-rwsr-xr-x    1 tux  users    11066 2003-11-10 21:04 hello
```

ls-Ausgabe

Sie erkennen Programme, die mit den Rechten des Eigentümers oder der Gruppe der Programmdatei arbeiten, in der Ausgabe von »ls -l« durch die symbolischen Abkürzungen »s« anstelle von »x« für normal ausführbare Dateien.

3.4.5 Besondere Rechte für Verzeichnisse

SGID für Verzeichnisse

Es gibt eine weitere Ausnahme von der Zuordnung des Eigentums an Dateien nach dem Verursacherprinzip: Der Eigentümer eines Verzeichnisses kann bestimmen, dass die in diesem Verzeichnis erzeugten Dateien der gleichen Benutzergruppe gehören wie das Verzeichnis selbst. Dafür muss das SGID-Bit des Verzeichnisses gesetzt werden:

```
drwxr-sr-x   73 root root Jan 3 /usr/lib/qt3/doc/examples
```

Die Zugriffsrechte auf ein Verzeichnis werden durch das SGID-Bit nicht verändert. Um eine Datei in einem solchen Verzeichnis anzulegen, muss ein Benutzer das Schreibrecht in der für ihn zutreffenden Kategorie (Eigentümer, Gruppe, andere Benutzer) haben. Die in dem SGID-Verzeichnis erzeugte Datei gehört dann der Gruppe des Verzeichnisses, auch wenn der Benutzer selbst dieser Gruppe nicht angehört. Für erzeugte Verzeichnisse gilt, dass sie das SGID-Bit vererbt bekommen.

Der SGID-Modus verändert nur das Verhalten des Betriebssystems beim Erzeugen neuer Dateien. Der Umgang mit bereits existierenden Dateien ist in diesen Verzeichnissen völlig normal. Das bedeutet beispielsweise, dass eine Datei, die außerhalb des SGID-Verzeichnisses erzeugt wurde, beim Verschieben dorthin ihre ursprüngliche Gruppe behält (wohingegen sie beim Kopieren der Gruppe des Verzeichnisses zugeordnet würde).

Auch das Programm `chgrp` arbeitet in SGID-Verzeichnissen völlig normal: Der Eigentümer einer Datei kann sie jeder Gruppe zueignen, der er selbst angehört. Gehört der Eigentümer nicht zur Gruppe des Verzeichnisses, kann er die Datei mit `chgrp` nicht dieser Gruppe übergeben – er muss sie im Verzeichnis neu erzeugen.

Es ist möglich, bei einem Verzeichnis das SUID-Bit zu setzen, diese Einstellung hat aber keine Wirkung.

Linux unterstützt noch einen weiteren Spezialmodus für Verzeichnisse, bei dem das Löschen oder Umbenennen von darin enthaltenen Dateien nur dem Besitzer der jeweiligen Datei, dem Verzeichniseigentümer und dem Systemadministrator erlaubt ist:

```
drwxrwxrwt   7 root   root   1024 Apr  7 10:07 /tmp
```

sticky bit

Mit diesem `t`-Modus, dem ***sticky bit***, kann einem Problem begegnet werden, das bei der gemeinsamen Verwendung öffentlicher Verzeichnisse entstehen kann: Das Schreibrecht für das Verzeichnis erlaubt auch das Löschen fremder Dateien, unabhängig von deren Zugriffsmodus und Besitzer! Beispielsweise sind die Verzeichnisse `/tmp` und `/var/tmp` öffentlicher Raum, in dem von vielen Programmen temporäre Dateien angelegt werden. Um darin Dateien anlegen zu können, haben alle Benutzer für diese Verzeichnisse Schreibrecht. Damit hat jeder Benutzer auch das Recht, Dateien in diesem Verzeichnis zu löschen.

`/tmp`

Normalerweise betrachtet das Betriebssystem beim Löschen oder Umbenennen einer Datei die Zugriffsrechte auf die Datei selbst nicht weiter. Indem bei den `tmp`-Verzeichnissen das *sticky bit* gesetzt wird, kann neben dem Administrator und dem Verzeichniseigentümer nur noch der Eigentümer eine dort gespeicherte Temporärdatei löschen. Das *sticky bit* kann über die symbolische Angabe `+t` bzw. `-t` gesetzt oder gelöscht werden, oktal hat es in derselben Ziffer wie SUID und SGID den Wert 1.

```
$ chmod 1777 /home/tux/outgoing
$ ls -ld /home/tux/outgoing
drwxrwxrwt   2 tux  users  48   12:07 /home/tux/outgoing/
```

	statisch	dynamisch
lokal	/etc, /bin, /sbin, /lib	/dev, /var/log
entfernt	/usr, /opt	/home, /var/mail

Tabelle 3.5: Zuordnung einiger Verzeichnisse zum FHS-Schema

3.5 Suchen und Finden von Dateien

3.5.1 Wo Dateien hingehören: Der *Filesystem Hierarchy Standard*

Früher hatte jeder Unix-Hersteller seine eigene Vorstellung davon, was wohin unter welchem Namen gehörte. Das war auch in der Anfangszeit von Linux so. Um dem Wildwuchs entgegenzutreten und Verlässlichkeit herzustellen, wurde der *Filesystem Hierarchy Standard* (FHS) ins Leben gerufen, der heute Teil der *Linux Standard Base* (LSB) ist, eines Projekts, das versucht, die Interoperabilität zwischen verschiedenen Linux-Distributionen zu sichern.

FHS

Klassifikation von Dateien Der FHS unterteilt Dateien und Verzeichnisse nach zwei Kriterien: Müssen sie lokal verfügbar sein oder können sie auch über das Netz von einem anderen Rechner bezogen werden? Sind ihre Inhalte statisch (Veränderung nur durch Intervention des Administrators) oder ändern sie sich im laufenden Betrieb?

Die Idee hinter dieser Einteilung ist es, die Pflege des Systems zu vereinfachen: Verzeichnisse können leicht auf Datei-Server ausgelagert und damit zentral administriert werden. Verzeichnisse, die keine dynamischen Daten enthalten, können nur zum Lesen eingebunden werden und sind damit absturzresistenter.

Wichtige Verzeichnisse Hier eine kurze Liste der wichtigsten im FHS behandelten Verzeichnisse:

`/bin` Enthält essenzielle Programme wie `ls` oder `mount`.

`/sbin` Enthält essenzielle Administrationsprogramme: wie `/bin`, nur ist dieses Verzeichnis nicht im Suchpfad normaler Benutzer enthalten; hier stehen Programme wie `fdisk` oder `ifconfig`.

`/lib` Programm-Bibliotheken, die von Programmen aus `/bin` und

`/sbin` benötigt werden, sowie Kernel-Module.

`/boot` Enthält den Kernel und alles, was zum Booten des Kernels benötigt wird.

`/dev` Gerätedateien.

`/etc` Konfigurationsdateien.

`/home` Enthält die Heimatverzeichnisse normaler Benutzer.

`/media` Enthält (leere) Verzeichnisse `floppy`, `cdrom` usw. zum Einbinden von Wechselmedien.

`/mnt` Leer. Dient zum temporären Einbinden von Dateisystemen durch den Administrator. Bei Red Hat: Bedeutung wie `/media`.

`/opt` »Optionale Software«: große Programmpakete (wie KDE, Oracle usw., mit Ausnahme von X11 aus historischen Gründen), jeweils in einem eigenen Unterverzeichnis.

`/usr` Statische, nicht essenzielle Dateien. Der Großteil von Programmen findet sich in den Unterverzeichnissen `bin` und `sbin`; `/usr` ist meistens das größte Verzeichnis.

`/usr/share` Architekturunabhängige Dateien: Dokumentation u. a.

`/usr/local` Reserviert für lokalen Gebrauch (selbstinstallierte Software gehört hierhin).

`/var` Dynamische Dateien wie E-Mail, Druckerwarteschlangen, Protokolldateien, Datenbanken, Caches usw. in jeweils eigenen Unterverzeichnissen.

`/tmp` Temporäre Dateien, die bei einem Neustart des Systems gelöscht werden können. Längerfristige temporäre Dateien finden sich in `/var/tmp`.

`/srv` Dateien, die von Serverprogrammen (Web- oder FTP-Server, ...) zur Verfügung gestellt werden sollen.

Von diesen Verzeichnissen müssen sich `/bin`, `/sbin`, `/lib`, `/dev` und `/etc` im Dateisystem des Wurzelverzeichnisses befinden; alle anderen können auf andere Partitionen, lokale oder entfernte Platten ausgelagert werden. (Das Dateisystem mit dem Wurzelverzeichnis selbst kann auch auf einem entfernten Server liegen, wenn der Rechner über das Netz bootet – für Rechner ohne Platte.)

- FHS: http://www.pathname.com/fhs/
- LSB: http://www.freestandards.org/en/LSB

3.5.2 Dateien finden

find

Das Kommando `find` sucht den Verzeichnisbaum rekursiv nach Dateien ab, die den angegebenen Kriterien entsprechen. Rekursiv bedeutet, dass es auch alle im Startverzeichnis enthaltenen Unterverzeichnisse, deren Unterverzeichnisse usw. mit erfasst. Als Suchergebnis liefert `find` die Pfadnamen der gefundenen Dateien, diese können dann an andere Programme weitergeleitet werden. Die Möglichkeit, Dateien nach beinahe beliebigen Kriterien suchen und auf die gefundenen Dateien gleich Aktionen anwenden zu können, macht `find` zu einem der nützlichsten Werkzeuge im Administrationsalltag.

Zur Verdeutlichung der Befehlsstruktur ein Beispiel:

```
$ find . -user test -print
./liste
```

Hier wird also das aktuelle Verzeichnis inklusive aller Unterverzeichnisse nach Dateien durchsucht, die dem Benutzer `test` gehören. Die Anweisung `-print` dient dazu, das Suchergebnis, im Beispiel nur eine einzelne Datei, auf dem Bildschirm auszugeben. Zur Arbeitserleichterung wird daher die Angabe `-print` automatisch ergänzt, wenn Sie nichts anderes darüber gesagt haben, wie mit den gefundenen Dateinamen zu verfahren ist.

Wie anhand des Beispiels zu sehen ist, benötigt `find` einige Angaben, um seine Aufgabe ordnungsgemäß erledigen zu können.

Startverzeichnis Alles bis zur ersten Option interpretiert `find` als Namen von Verzeichnissen, in denen gesucht werden soll. Wenn Sie kein Verzeichnis angeben, nimmt `find` das aktuelle Arbeitsverzeichnis ».«.

Auswahlkriterien Mit diesen Angaben wird genauer definiert, anhand welcher Dateimerkmale gesucht werden soll. Praktisch jede Eigenschaft, die eine Datei haben kann, können Sie als Suchkriterium benutzen. Lesen Sie unbedingt das Handbuch!

numerische Größen

Ist das Merkmal, nach dem Sie suchen wollen, eine numerische Größe wie beispielsweise `-mmin` (Zeit in Minuten seit der letzten

Änderung), dann gilt folgende Regel: `-mmin 10` bedeutet, die Datei wurde vor genau 10 Minuten verändert, `-mmin +10` vor mehr als 10 Minuten und `-mmin -10` vor weniger als 10 Minuten.

Mehrere Auswahlkriterien

Geben Sie mehrere Auswahlkriterien gleichzeitig an, werden diese automatisch Und-verknüpft, es müssen also alle erfüllt werden. Daneben können Sie mit `-o` (Oder), `-a` (Und), `!` (Nicht) und Klammern, wegen der Shell zu schreiben als `\(` und `\)`, beliebig komplizierte Ausdrücke bilden. So werden durch

```
$ find /bin \( -links +1 -a ! -type d \) -print
/bin/gzip
/bin/zcat
/bin/gunzip
```

alle Dateien in `/bin` gefunden, die mehr als einen Namen haben: Der *hard-link*-Zähler ist größer als 1, und es handelt sich nicht um ein Verzeichnis (diese müssen ausgenommen werden, weil ihr *hard-link*-Zähler *immer* mindestens 2 ist).

Aktion Die Ausgabe der Suchergebnisse auf dem Bildschirm geschieht, wie eingangs erwähnt, mit der Kommandooption `-print`. Ausführlichere Ergebnisse, genauer: das Äquivalent von `ls -dils`, erhalten Sie mit der Aktion `-ls`. Daneben existieren mit `-exec` (engl. *execute*, »ausführen«) und `-ok` noch zwei weitere Optionen, die es ermöglichen, Folgekommandos mit den gefundenen Dateien auszuführen. Hierbei unterscheidet sich `-ok` nur dadurch von `-exec`, dass `find` Sie vor der Ausführung des Folgekommandos um Ihre Zustimmung bittet, dass das Kommando wirklich ausgeführt werden soll; `-exec` setzt diese stillschweigend voraus. Im weiteren Text steht daher `-exec` stellvertretend für beide Varianten.

Kommando ausführen

Bei `-exec` gibt es einige allgemeingültige Regeln:

- Das Kommando hinter `-exec` ist mit einem Strichpunkt (»`;`«) abzuschließen. Da dieser in üblichen Shells eine Sonderbedeutung hat, muss er maskiert werden (etwa als »`\;`« oder mit Anführungszeichen), damit `find` ihn überhaupt zu sehen bekommt.
- Zwei geschweifte Klammern (»`{}`«) werden in dem Kommando durch den gefundenen Dateinamen ersetzt.

Zum Beispiel:

```
$ find . -user test -exec ls -l {} \;
-rw-r--r--   1 test  users   4711 Oct  4 11:11 datei.txt
```

Dieses Beispiel sucht nach allen Dateien im aktuellen Verzeichnisses, die dem Anwender `test` gehören, und führt für diese das Kommando »`ls -l`« aus. Mehr Sinn ergibt da schon Folgendes:

```
$ find . -atime +13 -exec rm -i {} \;
```

Hiermit werden alle Dateien im aktuellen Verzeichnis und darunter interaktiv gelöscht, auf die seit zwei Wochen oder länger nicht mehr zugegriffen wurde.

Mitunter – etwa im letzten Beispiel – ist es sehr ineffizient, für jeden einzelnen Dateinamen extra einen neuen Prozess mit dem `-exec`-Kommando zu starten. In diesem Fall hilft das weiter hinten besprochene `xargs`-Kommando, das so viele Dateinamen wie möglich sammelt, bevor es damit tatsächlich ein Kommando ausführt.

⇨ `find(1)`, »`info find`«

3.5.3 Dateien finden – leicht gemacht

Für normale Endanwender ist `find` zu umständlich, und es dauert auch zu lange, zumindest wenn Sie die Suche nicht auf einzelne Verzeichnisse einschränken können.

`locate`

Suchen mit Index Das Programm `locate` benutzt einen Index aller Dateinamen und ist daher sehr schnell. Geben Sie ihm eine Zeichenkette als Argument, so antwortet es mit allen (absoluten) Pfaden, in denen sich die Zeichenkette findet. Beispielsweise:

```
$ locate passwd
/etc/init.d/rpasswdd
/etc/pam.d/passwd
/etc/pam.d/rpasswd
/etc/passwd
◁◁◁◁◁
```

Sie können auch die üblichen Shell-Suchmuster benutzen, die aber anders als die Shell »/« nicht besonders behandeln. Sobald Sie allerdings Suchmuster einsetzen, muss Ihre Zeichenkette auf den ganzen Pfad passen (einfaches Enthaltensein irgendwo in der Mitte reicht nicht mehr). Wollen Sie zum Beispiel alle Dateien finden, die »passwd« heißen, so ist der korrekte Aufruf

```
$ locate */passwd
/etc/pam.d/passwd
/etc/passwd
/usr/bin/passwd
```

Andere Anfragen als nach dem Pfadnamen beherrscht `locate` nicht, das ist aber für die meisten Anwender völlig ausreichend.

⇨ locate(1)

Aktualisierung des Index Damit `locate` halbwegs aktuelle Ergebnisse liefert, sollte der dahintersteckende Index periodisch durch das Programm `updatedb` aufgefrischt werden. Das kann eine Weile dauern, und darum machen Sie es am besten, wenn das System sonst nicht viel zu tun hat.

updatedb

Dieses Programm besitzt keine Konfigurationsdatei, sondern wird über Optionen und Umgebungsvariable konfiguriert. Da `update` üblicherweise über ein Skript als Cron-Job aufgerufen wird, ist dieses Skript (bzw. davon eingelesene Dateien: `/etc/updatedb.conf`, `/etc/sysconfig/locate` u. Ä.) der Ort, um Konfigurationen dauerhaft vorzunehmen.

Neben Verzeichnissen, die bei der Indexerstellung ignoriert werden sollen, ist die wichtigste Konfigurationseinstellung der Benutzer, mit dessen Rechten das Dateisystem durchsucht werden soll. Hier gibt es im Wesentlichen zwei Möglichkeiten:

root Da der Administrator alle Dateien sehen kann, tauchen auch alle im Index auf. Dies ist ein Sicherheitsrisiko, da normale Benutzer via `locate` Verzeichnisse ausspionieren können, zu denen sie sonst keinen Zutritt haben.

nobody Der unprivilegierte Benutzer `nobody` ist genau für solche Fälle gedacht. Im Index erscheinen nur Dateien, die jeder sehen darf, eben auch `nobody`. Dateien in Verzeichnissen, deren Inhalt `nobody` nicht auflisten darf, und deren Unterverzeichnissen erscheinen nicht.

⇨ updatedb(1)

Alternativen Das normale `locate` kennt nur alles oder nichts: Entweder finden sich alle Dateien in der Datenbank oder nur die, die jeder sehen darf. Eine Erweiterung von `locate`, das Programm `slocate`, schafft hier Abhilfe: Das dazugehörige Programm `updatedb` (in Wirklichkeit nur eine Verknüpfung auf `slocate`) trägt in die Datenbank zusätzlich Eigentümer und Zugriffsrechte ein. Beim Aufruf von `slocate` wird kontrolliert, welche Dateien der Aufrufer sehen darf, und nur diese werden angezeigt. **slocate**

Häufig ist `slocate` auch unter dem Namen `locate` ansprechbar.

⇨ slocate(1)

3.5.4 Sonstige Kommandos

Suchen entlang des Pfades Welches Programm die Shell ausführt, wenn Sie beispielsweise `passwd` eintippen, hängt von der Shell-Variablen `PATH` ab. Sie enthält durch Doppelpunkt voneinander getrennte Verzeichnisnamen:

```
$ echo $PATH
/home/hugo/bin:/usr/local/bin:/usr/bin:/bin:/usr/games
```

Diese Verzeichnisse werden der Reihe nach abgesucht, wobei die erste gefundene ausführbare Datei zählt.

Welches Programm die Shell aufruft, können Sie mit dem Kommando `which` (»welches?«) überprüfen. Es sucht wie die Shell entlang des Suchpfades, wie er in `PATH` abgelegt ist: **which**

```
$ which echo
/bin/echo
```

⇨ which(1)

Als externes Kommando weiß `which` nichts von Shell-internen Kommandos, Funktionen oder Aliasen. Die Ausgabe von `which` und das tatsächlich ausgeführte Programm können also differieren. Mit dem internen Kommando `type` gehen Sie sicher: **type**

```
$ type echo
echo is a shell builtin
```

Mit der Option `-a` zeigt Ihnen `type` sogar alle Fundstellen an; die erste wird von der Bash benutzt.

(Vorsicht Falle: Die Novell/SUSE-Distributionen machen `which` zu einem Alias für »`type -p`« – dieses (interne) Bash-Kommando zeigt nur dann einen Dateinamen an, wenn das betreffende Kommando wirklich als externes Kommando ausgeführt würde, sonst nichts. Unser Beispiel liefert bei einem Novell/SUSE-Linux also keine Ausgabe, da echo in der Bash (auch) ein internes Kommando ist.)

⇨ bash(1)

whereis

Suchen an den üblichen Stellen Ein naher Verwandter von which ist whereis (»wo ist?«). Es findet nicht nur ausführbare Programme, sondern auch Dokumentations- und Quellcode-Dateien, etwa wie im folgenden Beispiel:

```
$ whereis passwd
passwd: /usr/bin/passwd /etc/passwd /usr/share/man/man1/▷
◁passwd.1ssl.gz /usr/share/man/man1/passwd.1.gz ▷
◁ /usr/share/man/man5/passwd.5.gz
```

Anders als which oder das datenbankgestützte whatis durchsucht whereis eine fest eingebaute Liste von Verzeichnissen.

⇨ whereis(1)

3.6 Dateien archivieren und komprimieren

3.6.1 Die Archivprogramme tar und cpio

Die Programme tar und cpio erfüllen in etwa denselben Zweck, nämlich das Zusammenfassen diverser Dateien zu einer großen, die dann zum Beispiel als Sicherheitskopie auf Band geschrieben werden kann.

Das Programm tar Das wichtigste Werkzeug zum Archivieren unter Linux ist tar. tar ist ein sehr weit verbreitetes Programm, das auf fast jeder Unix-Implementierung zur Verfügung steht. Die Dateien der verschiedenen tars sind weitgehend untereinander austauschbar, so dass tar-Archive das Datenformat der Wahl für die Softwareverteilung auf dem Internet darstellen. Gegenüber den »herkömmlichen« tar-Versionen hat das bei Linux übliche GNU-Tar einige Erweiterungen insbesondere für das Erstellen von Sicherheitskopien.

GNU-Tar

Betriebsmodus

Wenn Sie tar aufrufen, müssen Sie genau einen Betriebsmodus angeben, der darüber entscheidet, was tar machen soll; weitere

Optionen bestimmen nur, *wie* es gemacht werden soll. Einige allgemeine Optionen sind: -v (engl. *verbose*, »geschwätzig«), die die Mitteilsamkeit des Programms erhöht, und -f (engl. *file*), die die Angabe des Dateinamens des Archivs erlaubt (ohne diese Option werden Standardein- und -ausgabe benutzt).

Optionen

Geben Sie tar einen Dateinamen mit, so wird je nach Modus diese Datei ins Archiv getan, ausgepackt usw. Ein Verzeichnisname bewirkt hingegen, dass tar das ganze Verzeichnis mit Unterverzeichnissen usw. bearbeitet. Das heißt, tar arbeitet implizit immer rekursiv: Verzeichnisse werden immer als Ganzes (mitsamt ihren Dateien, Unterverzeichnissen, deren Inhalt usw.) behandelt.

⇨ tar(1), »info tar«

Erzeugen eines neuen Archivs Der Modus für das Erzeugen eines Archivs ist -c (engl. *create*), der sich analog zu > bei der Kanalumlenkung verhält: Bestehende Dateien werden überschrieben. Wollen Sie analog zu >> an ein Archiv anhängen, so müssen Sie den Modus -r benutzen; dieser funktioniert aber nur mit Archiven auf Festplatte. Durch

```
$ tar -cf /tmp/archiv.tar /home/tux /var/mail/tux
```

wird das Archiv archiv.tar neu angelegt, das das Heimatverzeichnis und die Mailbox des Benutzers tux enthält. Dabei ist zu beachten, dass tar beim Einlagern die Pfadnamen »relativiert«, so dass sich im Archiv das Verzeichnis und die Datei als home/tux bzw. var/mail/tux wiederfinden. Dadurch können Sie das tar-Archiv ohne Probleme an jeder Stelle des Dateisystems auspacken, ohne zum Beispiel mit Pfadnamen der Form /etc/... die Konfiguration des Rechners zu überschreiben.

Dies sehen Sie gut mit der Option -v, die hier alle eingelagerten Dateien und Verzeichnisse anzeigt:

```
$ tar -cvf archiv.tar /home/tux /var/mail/tux
tar: Removing leading '/' from member names
home/tux/
home/tux/.Xmodmap
home/tux/.bashrc
home/tux/public_html/
home/tux/public_html/index.html
<<<<<
```

Archive durchsuchen Den Inhalt eines Archivs können Sie sich durch den Modus `-t` (engl. *table of contents*, »Inhaltsverzeichnis«) anzeigen lassen. Wollen Sie mehr Informationen, so erhalten Sie durch `-v` eine Ausgabe, die der von »`ls -l`« entspricht. Wie bei `ls` können Sie nur einzelne Dateien oder Verzeichnisse anzeigen:

```
$ tar -tvf archiv.tar home/tux/.bashrc
-rw-r--r-- tux/users    1286 2004-01-04 18:41:43 home/tux/▷
◁.bashrc
```

Beachten Sie, dass hier Pfade *ohne* den führenden Schrägstrich angegeben werden müssen, weil die Datei im Archiv als `home/tux/.bashrc` und eben nicht als `/home/tux/.bashrc` geführt wird.

Metadaten

Wie Sie an der Ausgabe sehen, archiviert `tar` nicht nur die blanke Datei, sondern auch den Eigentümer und die Gruppe, Zeitstempel usw. Das Archiv enthält damit alles, was eine Rekonstruktion der entsprechenden Dateien und Verzeichnisse erforderlich macht. GNU-Tar ist auch in der Lage, symbolische Verknüpfungen und Gerätedateien zu archivieren. (Dies gilt nicht für alle `tar`-Implementierungen; wenn Ihr `tar`-Archiv portabel sein soll, sollten Sie davon Abstand nehmen.)

Archive auspacken Archive können Sie mit `-x` (für *extract*) auspacken; die Option `-v` sorgt auch hier wieder für die Auflistung der ausgepackten Dateien. Auch beim Auspacken werden Pfade relativiert, so dass die extrahierten Dateien und Verzeichnisse immer im aktuellen Arbeitsverzeichnis liegen und Sie nicht versehentlich wichtige Dateien überschreiben. So wird durch

```
$ cd /tmp
$ tar -xf ~/archive.tar
$ ls -F /tmp
home/   mail/
$ ls -F /tmp/home
tux/
```

im Verzeichnis `/tmp` das Archiv ausgepackt. Gegebenenfalls notwendige Verzeichnisse (hier: `home`) legt `tar` an.

Die Datei `/home/tux/.bashrc` wurde also als `home/tux/.bashrc` im Archiv abgelegt und als `/tmp/home/tux/.bashrc` ausgepackt.

Zugriffsrechte

Beim Auspacken von Dateien setzt `tar` die Zugriffsrechte auf den jeweils im Archiv gespeicherten Wert, modifiziert durch die aktuelle *umask*. Wenn Sie `tar` als `root` aufrufen oder als normaler Benutzer die Option `-p` angeben, werden die Rechte stattdessen direkt aus dem Archiv genommen. Dasselbe gilt für den Dateieigentümer; da Sie als normaler Benutzer unter Linux aber keine Dateien »verschenken« können (siehe Abschnitt 3.4.3), ist die Option `--same-owner`, mit der laut Anleitung das Extrahieren von Dateien mit dem im Archiv verzeichneten Eigentümer möglich sein soll, aber einigermaßen nutzlos. Läuft `tar` als `root`, wird der Eigentümer aus dem Archiv genommen, solange nicht die Option `--no-same-owner` angegeben wurde. Dabei hat der Benutzername Vorrang; nur wenn auf dem System kein Benutzer mit dem Namen aus dem Archiv existiert, wird die numerische UID angenommen.

Dateieigentümer

Komprimierte Archive Gemäß der Unix-Philosophie »Mach nur eine Sache, die aber richtig!« komprimiert `tar` seine Archive nicht. Dafür sind andere Werkzeuge zuständig.

GNU-Tar kommt Ihnen aber wenigstens so weit entgegen, dass es erlaubt, beim Aufruf von `tar` per Option ein Kompressionsprogramm anzugeben. Dies wird von `tar` dann automatisch nach der Erstellung eines Archivs bzw. vor dem Auspacken des Archivs angewendet. Die unterstützten Kompressionsprogramme sind `compress`, `gzip`, `bzip2` und `xz` (Abschnitt 3.6.2), die dafür notwendigen Optionen sind `-Z`, `-z`, `-j`, `-J` oder das generische `--use-compress-program`, womit Sie allgemein ein Kompressionsprogramm angeben können. Somit ist

```
$ tar -czf archiv.tar.gz Verzeichnis
```

äquivalent zu

```
$ tar -c Verzeichnis | gzip >archiv.tar.gz
```

oder, wenn man es unbedingt in zwei Schritten mag,

```
$ tar -cf archiv.tar Verzeichnis
$ gzip archiv.tar
```

Umgekehrt sind

```
$ tar -xzf archiv.tar.gz
```

und

```
$ gzip -dc archiv.tar.gz | tar -x
```

gleichbedeutend. Beachten Sie die Reihenfolge: Die Optionen bewirken, dass das ganze tar-Archiv (de-)komprimiert wird, und nicht, dass die Dateien einzeln vor dem Archivieren komprimiert bzw. nach dem Auspacken dekomprimiert würden. (Ersteres führt zu etwas besseren Kompressionsraten.)

Unter Betriebssystemen, die keine Mehrfachendungen unterstützen, sind .tgz und .tbz statt .tar.gz und .tar.bz2 üblich.

⇨ tar(1), »info tar«

Das Programm cpio Ein naher Verwandter von tar ist das Programm cpio – die unter Linux übliche GNU-Version kann sogar tar-Archive erzeugen und auspacken. cpio sammelt ähnlich wie tar Dateien von der Platte ein und schreibt sie in eine Datei, auf ein Band oder in eine Pipe, oder es liest ein Archiv aus einer Datei, einer Pipe oder von einem Band und schreibt die enthaltenen Dateien auf die Platte. Beim Lesen von Archiven erkennt cpio selbsttätig das Archivformat und kann auch Archive lesen, die auf Systemen mit anderer Bytereihenfolge angelegt wurden.

Aufrufsyntax

Anlegen von cpio-Archiven Die Aufrufsyntax von cpio ist allerdings völlig verschieden von der von tar. Beim Anlegen von Archiven – dem *copy-out mode* – übernimmt cpio eine Liste der zusammenzufassenden Dateien auf seiner Standardeingabe und liefert das Archiv auf der Standardausgabe:

```
$ ls | cpio -ov >archiv.cpio
```

Dabei steht die Option -o für den *copy-out mode*, während die Option -v zur Kontrolle die Namen der archivierten Dateien auf der Standardfehlerausgabe ausgibt.

Eine ganze Dateihierarchie – ähnlich wie bei tar – können Sie archivieren, indem Sie die Liste der zu betrachtenden Dateinamen mit find erzeugen:

```
$ find . -depth -print | cpio -ov >archiv.cpio
```

Hier sorgt die Option -depth dafür, dass die Namen von Verzeichniseinträgen vor dem Namen ihres Verzeichnisses ausgegeben wird. Das hilft dabei, Probleme mit Zugriffsrechten zu vermeiden.

Wenn Sie sichergehen wollen, dass eigenartige Dateinamen keine Probleme verursachen, dann verwenden Sie die Pipeline

```
$ find . -depth -print0 | cpio -ov --null >archiv.cpio
```

In diesem Fall werden die Dateinamen in der Ausgabe von `find` nicht wie sonst durch Zeilentrenner, sondern durch Nullbytes getrennt. Die Option `--null` bereitet `cpio` darauf vor. Damit kann das `find`/`cpio`-Duo auch Dateinamen verarbeiten, die Zeilentrenner enthalten.

Auspacken von Archiven Zum Auspacken von Archiven dient der *copy-out mode* von `cpio`. Im Gegensatz zu `tar` legt `cpio` nicht ungefragt Verzeichnisse an und überschreibt auch keine existierenden Dateien; Sie müssen dafür die Optionen `-d` bzw. `-u` angeben:

```
$ cpio -ivdu <archiv.cpio
```

Ohne die Option `-u` verschont `cpio` Dateien, die genauso heißen wie Dateien im Archiv und deren *mtime* der Archivversion gleicht oder später ist.

Kopieren von Verzeichnishierarchien Mit `cpio` können Sie auch ein Verzeichnis von einem Platz im Dateisystem an einen anderen kopieren (*copy-pass mode*). Dazu dient die Option `-p`:

```
$ find . -depth -print0 | cpio --null -pvd /anderswo
```

kopiert das aktuelle Verzeichnis mit allen seinen Dateien und Unterverzeichnissen ins Verzeichnis `/anderswo`. Dasselbe können Sie natürlich auch mit `tar` oder »`cp -a`« erreichen.

Andere Optionen `cpio` unterstützt noch eine ganze Menge weitere Optionen, etwa zur Auswahl des Archivformats oder zum Ansprechen von Bandgeräten an anderen Rechnern.

➪ `cpio(1)`, »`info cpio`«

3.6.2 Komprimieren von Daten

Komprimierungswerkzeuge wie `gzip`, `bzip2` oder `xz` spielen eine wichtige Rolle, sei es, um Platz auf der Platte zu sparen, indem nicht so oft gebrauchte Dateien etwas »verkleinert« werden, oder um schonend mit der Netzanbindung umzugehen, wenn Sie etwa Software aus dem Internet holen oder Mail verschicken. Auch für kryptografische Anwendungen sind Komprimierungswerkzeuge wichtig. Mit `tar` oder `cpio` angelegte Sicherheitskopien sollten Sie nur mit Vorsicht komprimieren, da Schwierigkeiten wie Medienfehler im komprimierten Archiv dazu führen können, dass der Rest des Archivs ab dieser Stelle unbenutzbar wird.

GNU-Zip

Arbeiten mit `gzip` Das Standardwerkzeug zur Komprimierung unter Linux ist das Programm `gzip` (für GNU-Zip). Das unter anderen Unix-Varianten gebräuchliche Programm `compress` steht nicht zur Verfügung, da es den lange Zeit patentierten Lempel-Ziv-Welch-Kompressionsalgorithmus verwendet, der zum Beispiel auch im Grafikdateiformat GIF eingesetzt wird.

`bzip2`

GNU-Zip kann mit `compress` komprimierte Dateien (Endung `.Z`) dekomprimieren. Zum Komprimieren benutzt `gzip` jedoch einen anderen (und effektiveren) Algorithmus, der nicht unter das Patent fällt. Mit `gzip` komprimierte Dateien haben die Endung `.gz`. Daneben etabliert sich `bzip2`.

Auch wenn der Name es nahelegt: Außer dem Algorithmus hat GNU-Zip nichts mit populären Programmen wie WinZip oder PKZIP gemeinsam. Das Dateiformat ist anders, und Letztere können auch archivieren, während GNU-Zip und `bzip2` reine Kompressionsprogramme sind. Für das Arbeiten mit PKZIP- und ähnlichen Archiven können Sie das Programm `zip` benutzen. (`gzip` dekomprimiert auch PKZIP-Archive, solange diese nur eine Datei enthalten und diese mit dem *deflate*-Verfahren komprimiert ist.)

`gzip`

Zum Komprimieren einer Datei rufen Sie einfach `gzip` mit dem Dateinamen als Argument auf. Das ersetzt die Originaldatei durch eine komprimierte Version, erkennbar an der Endung `.gz`:

```
$ ls -s grosse_datei*
6518 grosse_datei
$ gzip grosse_datei
$ ls -s grosse_datei*
1321 grosse_datei.gz
```

Zum Dekomprimieren benutzen Sie die Option `-d`; dadurch wird die komprimierte Datei wieder durch das Original ersetzt:

```
$ gzip -d grosse_datei.gz
$ ls -s grosse_datei*
```

```
6518 grosse_datei
```

Wollen Sie eine Datei komprimieren, ohne dabei die Originaldatei zu verlieren, so können Sie die Option `-c` benutzen. Sie veranlasst `gzip` dazu, das Ergebnis der Komprimierung oder Dekomprimierung auf die Standardausgabe auszugeben; damit lässt sich `gzip` auch in einer Pipeline benutzen.

```
$ gzip -c grosse_datei > grosse_datei.gz
$ ls -s grosse_datei*
6518 grosse_datei  1321 grosse_datei.gz
```

Die Option `-c` kann auch nützlich sein, wenn die komprimierte Datei nicht die Standard-Endung `.gz` hat.

Zur bequemeren Handhabung gibt es zwei Abkürzungen: Rufen Sie `gzip` unter dem Namen `gunzip` auf, so verhält es sich wie »`gzip -d`«, und `zcat` ist äquivalent zu »`gzip -dc`«.

gunzip
zcat

Die Effizienz der Komprimierung lässt sich durch die Optionen `-1`, `-2`, … `-9` steuern. Dabei ist `-1` (oder äquivalent: `--fast`) die schnellste Komprimierung und `-9` (oder äquivalent: `--best`) die mit dem besten Kompressionsfaktor. Voreingestellt ist `-6`:

```
$ gzip -1 -c grosse_datei > grosse_datei.1.gz
$ gzip -9 -c grosse_datei > grosse_datei.9.gz
$ gzip -c grosse_datei > grosse_datei.6.gz
$ ls -s grosse_datei*
6518 grosse_datei       1321 grosse_datei.6.gz
1618 grosse_datei.1.gz  1313 grosse_datei.9.gz
```

Um ganze Verzeichnisse zu (de-)komprimieren, können Sie `gzip` zusammen mit der Option `-r` (für engl. *recursive*) aufrufen. Dadurch werden alle Dateien in Unterverzeichnissen usw. ebenfalls (de-)komprimiert; bereits komprimierte Dateien, also Dateien mit der Endung `.gz`, werden nicht erneut komprimiert.

⇨ `gzip(1)`, `gunzip(1)`, `zcat(1)`, »`info gzip`«

Arbeiten mit bzip2 Das Kompressionsprogramm `bzip2` benutzt einen anderen Algorithmus als `gzip`, weswegen es noch bessere Kompressionsfaktoren erzielen kann, allerdings um den Preis einer deutlich höheren Rechenzeit. Die grundlegenden Optionen von `bzip2` sind bewusst an `gzip` angelehnt, so dass Sie sich hier

bzip2

nicht umstellen müssen. Mit bzip2 komprimierte Dateien sind erkennbar an der Endung .bz2.

Analog zu gunzip und zcat gibt es die Programme bunzip2 und bzcat, die sich genau so verhalten wie ihre GNU-Zip-Gegenstücke.

Anders als bei GNU-Zip bewirken die Effizienzoptionen -1 bis -9 keinen Tausch von Zeit gegen Kompressionsfaktor, sondern einen Tausch von Speicherplatz (beim Komprimieren und Dekomprimieren) gegen Kompressionsfaktor. Mit bzip2 -1 komprimieren Sie daher nicht schneller, sondern sind freundlicher zu Rechnern mit wenig RAM (und das auch beim Auspacken, denn die Einstellung beim Komprimieren präjudiziert den Speicherbedarf beim Dekomprimieren). Voreingestellt ist -9:

```
$ bzip2 -1 -c grosse_datei > grosse_datei.1.bz2
$ bzip2 -6 -c grosse_datei > grosse_datei.6.bz2
$ bzip2 -c grosse_datei > grosse_datei.9.bz2
$ ls -s grosse_datei*
6518 grosse_datei        1049 grosse_datei.6.bz2
1253 grosse_datei.1.bz2  1017 grosse_datei.9.bz2
```

Die im Vergleich zu gzip deutlich bessere Kompression macht bzip2 besonders für die Software-Verteilung über das Internet interessant, da hier die Bandbreitenschonung bei jedem Download den einmaligen Zeitverlust beim Komprimieren aufwiegt.

Die Option -r für rekursives Komprimieren kennt bzip2 nicht.

⇨ bzip2(1), http://www.bzip.org/

Arbeiten mit xz Für alle, denen gzip und bzip2 noch nicht genug Auswahlmöglichkeiten einräumen, gibt es neuerdings auch

xz

noch das Programm xz. xz bietet noch bessere Komprimierung als bzip2, allerdings bezahlen Sie dafür mit wiederum längeren Komprimierungszeiten (die Entkomprimierung ist vergleichbar schnell). Damit bietet xz sich vor allem für die Software-Verteilung an, wo Quellcodes oder Binärpakete typischerweise einmal zusammengepackt, aber oft übers Internet übertragen und wieder ausgepackt werden.

Von der Bedienung her unterscheidet xz sich in seinen Grundzügen nicht von gzip und bzip2. Genau wie bei den anderen Programmen gibt es das Kommando xz zum Komprimieren und das

Kommando unxz zum Entkomprimieren, aber »xz -d« entkomprimiert auch.

Mehr als bei gzip und bzip2 ist der »Effizienzparameter« -1 ... -9 entscheidend für die Leistung des Programms. Wie bei den beiden anderen Programmen bedeuten größere Zahlen (jedenfalls prinzipiell) bessere Komprimierung. Die Standardvoreinstellung -6 ist für die meisten Anwendungen brauchbar und benötigt 94 MiB virtuellen Speicher zum Komprimieren. Die Größe des Musterverzeichnisses beträgt dabei 8 MiB. Zum Vergleich: Mit der Option -9 wird ungefähr 675 MiB virtueller Speicher zum Komprimieren gebraucht, und das Musterverzeichnis ist 64 MiB groß. (Eine genaue Tabelle steht in xz(1).) Man sollte deshalb nicht wie bei gzip und bzip2 blindlings -9 für alles benutzen.

3.6.3 Blockweises Kopieren von Dateien und Partitionen mit dd

dd

dd ist nicht wirklich ein Programm zum Archivieren oder Komprimieren von Dateien, aber es passt thematisch nirgendwo besser hin. Es kopiert Dateien auf Blockebene – und wenn Sie Kapitel 8 gelesen haben, wissen Sie, dass Plattenpartitionen aus der Sicht von Linux auch »nur« Dateien sind. dd wird also gerne dazu verwendet, komplette Partitionen in Dateien oder andere Partitionen zu kopieren oder aus Dateien wieder herzustellen. dd ist von einem Programm namens CC (*copy and convert*[2]) für IBM-Großrechner inspiriert und hat darum eine sehr ungewöhnliche Parametersyntax:

```
# dd if=/dev/hda3 of=hda3.img
```

liest von /dev/hda3 (if, engl. *input file*) und schreibt auf hda3.img (of, engl. *output file*). Dabei sollte /dev/hda3 natürlich nicht eingehängt sein! Zur Beschleunigung können Sie mit bs eine abweichende Blockgröße angeben:

```
# dd if=/dev/hda3 of=hda3.img bs=1M
```

Probleme

Die mit dd hergestellten Kopien sind Block für Block identisch mit dem Original. Wenn Sie dd zur Datensicherung heranziehen wollen, sollten Sie bedenken, dass sie also auch den »unbenutzten« Platz auf dem Dateisystem enthalten, der eigentlich ja gar nicht ge-

[2] Unter Unix war der Name »cc« schon anderweitig vergeben, daher »dd«.

sichert werden müsste. Leider können Sie nicht davon ausgehen, dass in einem zu 30 % belegten Dateisystem alle belegten Datenblöcke am Anfang der Partition stehen, und nur die ersten 30 % der Partition kopieren. Die resultierende »Sicherheitskopie« wäre wertlos. Diese Einschränkung umgeht ein Programm namens

partimage

partimage, das das Partitionsabbild auf Wunsch sogar komprimiert (unter den oben genannten Vorbehalten).

Wenn Sie eine Partition aus einer dd-Kopie wiederherstellen, dann glaubt das Dateisystem, es wäre exakt so groß wie im Original. Die Zielpartition sollte also mindestens so groß sein wie die Originalpartition vor Erstellung der Kopie! Wenn sie größer ist, füllt das Dateisystem sie nicht ganz aus; dieser Umstand lässt sich je nach der Art des Dateisystems zum Beispiel mit ext2resize korrigieren. Bei Kopien ganzer Platten (mit etwas wie »dd if=/dev/hda«) sollte die »Geometrie« der neuen Platte mit der der alten übereinstimmen, da Partitionen sonst möglicherweise an ungeschickten Stellen anfangen.

➩ dd(1), ext2resize(8)
➩ partimage(8), http://www.partimage.org/

Kapitel 4 Pipelines und Filter

In diesem Kapitel ...

- wird der Pipeline-Mechanismus erklärt, auf dem das Werkzeugkastenprinzip beruht
- begeben Sie sich auf eine Kennenlern-Tour zu den wichtigsten Werkzeugen der Kommandozeile

4.1 Ein-/Ausgabeumlenkung und Kommando-Pipelines

4.1.1 Die Standardkanäle

Linux-Kommandos geben ihre Informationen üblicherweise auf dem Bildschirm aus. Überschreitet die Ausgabe jedoch eine Bildschirmseite, huschen die oberen Zeilen so schnell vorbei, dass auch dem geübten Adlerauge einige Details entgehen können. Sie können zwar mit ⇑+Bild ↑ und ⇑+Bild ↓ in den letzten Bildschirmseiten herumblättern, komfortabel ist das aber nicht.

Blättern

Zwar könnte jedes Programm eine Möglichkeit implementieren, die Ausgabe in angenehmerer Weise darzubieten oder in eine Datei zu schreiben. Dies widerspräche aber dem Werkzeugkastenprinzip, wonach sich jedes Programm nur um seine Aufgabe kümmert (vgl. Abschnitt 3.1). Stattdessen bietet Linux einen allgemeinen Mechanismus an, der diese Mehrfacharbeit überflüssig macht.

Standardkanäle

Normalerweise empfangen Programme ihre Eingaben von der Tastatur und senden ihre Ausgaben an den Bildschirm. Bild 4.1 verdeutlicht diesen Zusammenhang. Diese Wege bezeichnet man auch als **Standardkanäle**. Linux kennt insgesamt drei, die meist nur mit den englischen Kürzeln bezeichnet werden: Standardeingabe (`stdin`), Standardausgabe (`stdout`) und Standardfehlerausgabe (`stderr`). Diesen Kanälen sind respektive die Nummern 0, 1 und 2 zugeordnet.

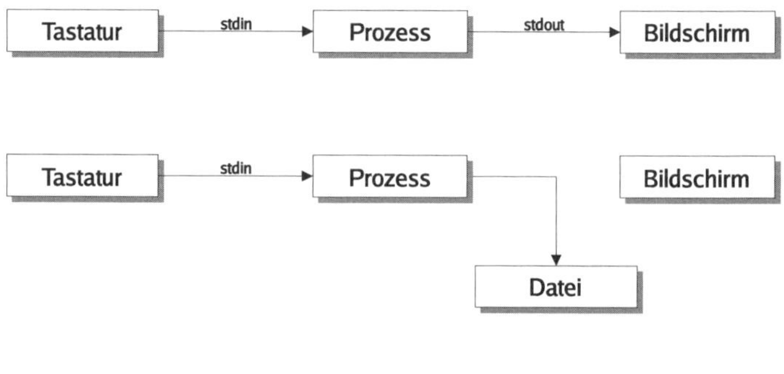

Bild 4.1: Standardkanäle unter Linux

Standardkanäle umleiten

Bekanntermaßen ist unter Linux alles eine Datei. Aus diesem Grund kann die Shell diese Standardkanäle auf andere Ziele umleiten, ohne dass die betroffenen Programme davon etwas mitbekommen. Sie benutzen immer die Standardkanäle, lediglich gelangen etwa die Ausgabedaten gegebenenfalls nicht mehr zu der Datei `/dev/tty`, die das Terminal (genau genommen den Bildschirm) repräsentiert, sondern in eine beliebige andere Datei. Diese kann ein anderes Gerät sein, etwa der Drucker – es ist aber auch möglich, zum Beispiel eine Textdatei anzugeben, in der die Ausgabedaten abgelegt werden. Diese muss nicht einmal vorher existieren, sondern wird bei Bedarf neu von der Shell erzeugt.

Auf die gleiche Art und Weise kann auch der Standardeingabekanal umgeleitet werden. Ein Programm erhält seine Informationen dann nicht von der Tastatur (ebenfalls `/dev/tty`), sondern entnimmt diese der angegebenen Datei, die wiederum für ein Gerät stehen oder eine Datei im eigentlichen Sinne sein kann.

4.1.2 Standardkanäle umleiten

>

Standardausgabe umleiten Den Standardausgabekanal können Sie mit dem Operator »>«, also dem »Größer-als«-Zeichen, umleiten. So wird im folgenden Beispiel die Ausgabe von »`ls -laF`« in eine Datei namens `inhalt` umgelenkt; auf dem Bildschirm erscheint dabei lediglich:

```
$ ls -laF >inhalt
$ _
```

Falls die Datei `inhalt` noch nicht existiert, wird sie neu angelegt. Sollte hingegen bereits eine Datei dieses Namens vorhanden sein, wird deren Inhalt überschrieben. Das Ganze arrangiert die Shell, noch bevor das gewünschte Programm überhaupt gestartet wird – die Ausgabedatei wird also auch dann angelegt, wenn der eigentliche Programmaufruf falsch eingetippt wurde oder das Programm überhaupt keine Ausgabe liefert (die Datei `inhalt` ist dann anschließend leer).

Existierende Dateien schützen

Wenn Sie verhindern wollen, dass die Shell-Ausgabeumlenkung schon existierende Dateien leert, können Sie in der Bash das Kommando »`set -o noclobber`« ausführen. In diesem Fall bleiben die Dateien unverändert, und es erscheint eine Fehlermeldung.

Die Textdatei `inhalt` kann wie gewohnt eingesehen werden, zum Beispiel mit `less`:

```
$ less inhalt
total 7
drwxr-xr-x  12 test  users   1024 Aug 26 18:55 ./
drwxr-xr-x   5 root  root    1024 Aug 13 12:52 ../
drwxr-xr-x   3 test  users   1024 Aug 20 12:30 fotos/
-rw-r--r--   1 test  users      0 Sep  6 13:50 inhalt
-rw-r--r--   1 test  users  15811 Aug 13 12:33 pingu.gif
```

Betrachtet man den Inhalt von `inhalt` genau, sieht man einen Verzeichniseintrag für `inhalt` mit der Dateigröße 0. Das liegt daran, dass die Shell die Datei leer anlegt, bevor sie das `ls`-Kommando ausführt.

Standardausgabe an Datei anhängen Wenn Sie die Ausgabe eines Programms ans Ende einer bestehenden Datei anhängen wollen, ohne dass deren bisheriger Inhalt ersetzt wird, kann dies mit dem

>> Operator >> erfolgen. Sollte diese Datei noch nicht existieren, wird sie auch hier neu angelegt:

```
$ echo 'Erste Zeile' >datei
$ echo 'Zweite Zeile' >datei
$ cat datei
Zweite Zeile
$ echo 'Erste Zeile' >datei
$ echo 'Zweite Zeile' >>datei
$ cat datei
Erste Zeile
Zweite Zeile
```

< **Standardeingabe umleiten** Mit <, dem »Kleiner-als«-Zeichen, können Sie den Standardeingabekanal eines Kommandos umleiten. Es wertet dann statt der Tastatureingabe den Inhalt der angegebenen Datei aus, so als ob er auf der Tastatur eingegeben worden wäre:

```
$ wc -l </etc/passwd
     24
```

Im Beispiel zählt das Filterkommando `wc` die Zeilen der Datei `passwd`.

Die Eingabeumleitung ist aber nur selten nötig, da die meisten Programme »überzählige« Argumente als Namen von Dateien interpretieren, die es zu bearbeiten gilt. Prominente Ausnahmen von dieser Regel sind `tr` und `mail`.

<<

Hier-Dokumente Mit dem <<-Operator können Sie Eingabedaten für ein Programm direkt aus den Zeilen übernehmen, die dem Programmaufruf in der Shell folgen. Dies ist vor allem für den Einsatz in Shell-Skripten interessant. Man spricht von »Hier-Dokumenten« (engl. *here documents*). Wie im Beispiel

```
$ cat <<EOF
> Erste Zeile
> Zweite Zeile
> EOF
Erste Zeile
Zweite Zeile
```

folgt dem Operator eine beliebige Zeichenkette, die allein am Anfang einer Zeile das Ende des Hier-Dokuments markiert.

2>

Standardfehlerkanal Neben Standardeingabe- und -ausgabekanal existiert noch der Standardfehlerkanal. Sollte ein Programm während seiner Arbeit auf Probleme stoßen, werden die zugehörigen Fehlermeldungen auf diesem Kanal ausgegeben. Damit können Sie beispielsweise die Fehlermeldungen eines Programms ausblenden, indem Sie nur den Standardfehlerkanal nach `/dev/null` umleiten. `/dev/null` ist eine Gerätedatei, die alle in sie geschriebenen Daten verwirft.

```
$ find / -name datei 2>/dev/null
```

Zur Unterscheidung von der Standardausgabe muss die Kanalnummer angegeben werden. Diese Angabe ist bei `stdin` (0<) und `stdout` (1>) optional, für `stderr` (2>) jedoch zwingend erforderlich.

Die normale Ausgabe (Kanal 1) erfolgt nach wie vor auf dem Bildschirm, kann aber natürlich wie im folgenden Beispiel ebenfalls umgeleitet werden:

```
$ find / -name datei >ergebnis 2> /dev/null
```

2>&1

Wollen Sie sowohl die Ergebnisse als auch die Fehlermeldungen in *eine* Datei sichern, so sollten Sie das so schreiben:

```
$ find / -name datei >ergebnis 2>&1
```

Dadurch werden die »in diesem Moment« gültigen Einstellungen von Kanal 1 auf Kanal 2 übertragen – deswegen darf die Reihenfolge auch nicht vertauscht werden.

4.1.3 Kommando-Pipelines

Pipes Oft dient die Ausgabeumleitung nur dazu, das Ergebnis eines Programms abzuspeichern, um es dann mit einem anderen Kommando weiterzubearbeiten. Diese Art von Zwischenspeicherung ist jedoch recht mühsam, außerdem vergisst man leicht, die nicht mehr benötigten Dateien wieder zu löschen. Im Laufe der Zeit kann sich so eine Unmenge von Dateileichen ansammeln, die unnötig Festplattenkapazität beanspruchen. Linux bietet daher eine direkte Verknüpfung von Kommandos durch **Pipes** an: Die Ausgabe eines Programms wird automatisch zur Eingabe des nächsten Programms.

Pipes

Pipelines Die direkte Verknüpfung mehrerer Befehle zu einer solchen Kommando-**Pipeline** (»Rohrleitung«) erfolgt mit dem Zeichen »|«. Statt also wie im ersten Beispiel dieses Kapitels zunächst den Verzeichnisinhalt mit dem Kommando »`ls -laF`« in eine Datei `inhalt` umzulenken und diese dann mit `less` anzusehen, können Sie diesen Vorgang auch in einem Schritt ohne Zwischenspeicherung in einer Datei ausführen:

Pipeline

```
$ ls -laF | less
total 7
drwxr-xr-x  12 test  users   1024 Aug 26 18:55 ./
drwxr-xr-x   5 root  root    1024 Aug 13 12:52 ../
drwxr-xr-x   3 test  users   1024 Aug 20 12:30 fotos/
-rw-r--r--   1 test  users    449 Sep  6 13:50 inhalt
-rw-r--r--   1 test  users  15811 Aug 13 12:33 pingu.gif
```

Derartige Befehlsfolgen können beliebig lang werden. Auch ist eine abschließende Ausgabeumleitung in eine Datei möglich, z. B.:

```
$ cut -d: -f1 /etc/passwd | sort | pr -2 >userlst
```

Diese Kommando-Pipeline entnimmt zunächst der Systemdatei `/etc/passwd` alle Benutzernamen (die in der ersten durch »`:`« getrennten Spalte stehen), sortiert diese alphabetisch und schreibt

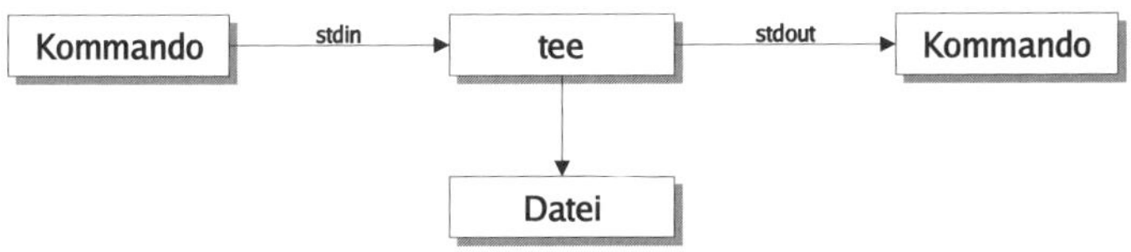

Bild 4.2: Das Kommando tee

sie dann zweispaltig in die Datei `userlst`. Die hier benutzten Kommandos werden in Abschnitt 4.2 genauer beschrieben.

Zwischenergebnis abspeichern

Pipeline-Verzweigung Manchmal ist es sinnvoll, den Datenstrom innerhalb einer Kommando-Pipeline an einer bestimmten Stelle abzuspeichern, weil das dortige Zwischenergebnis auch für andere Arbeiten von Interesse ist. Der Befehl `tee` führt eine Verzweigung des Datenstroms herbei, indem dieser verdoppelt und je ein Strom in eine Datei sowie an das nächste Kommando geleitet wird. Der Name dieses Kommandos (lautmalerisch für den Buchstaben »T«) lässt sich leicht aus Bild 4.2 herleiten – oder Sie denken an ein »T-Stück« in der »Pipeline« ...

Die Anweisung `tee` ohne Parameter legt die gewünschte Datei neu an oder überschreibt eine vorhandene; mit `-a` (engl. *append*, »anhängen«) können Sie die Ausgabe an das Ende einer bestehenden Datei anfügen.

```
$ ls -laF | tee liste | less
total 7
drwxr-xr-x  12 test  users   1024 Aug 26 18:55 ./
drwxr-xr-x   5 root  root    1024 Aug 13 12:52 ../
drwxr-xr-x   3 test  users   1024 Aug 20 12:30 fotos/
-rw-r--r--   1 test  users    449 Sep  6 13:50 inhalt
-rw-r--r--   1 test  users  15811 Aug 13 12:33 pingu.gif
```

In diesem Beispiel wird der Inhalt des aktuellen Verzeichnisses sowohl in die Datei `liste` geschrieben als auch auf dem Bildschirm ausgegeben. (Die Datei `liste` ist hier noch nicht in der Ausgabe von `ls` zu sehen, da sie erst später von `tee` angelegt wird – ein Unterschied zur Ausgabeumlenkung der Shell.)

Übrigens können Sie `tee` durchaus mehrere Dateinamen übergeben. Das Programm schreibt dann eine Kopie des Datenstroms in jede der benannten Dateien.

➪ bash(1)

4.1.4 Alternativen zu Pipelines

Manche Programme ignorieren ihre Standardeingabe. Aufrufe der Art

```
$ find -name '*.old' | rm
rm: too few arguments
Try 'rm --help' for more information.
```

scheitern genau daran. Als Lösung bieten sich zwei Methoden an, die beide dem fraglichen Programm »Argumente unterschieben«:

'...'

Kommando-Substitution Bei der Kommandosubstitution wird die Standardausgabe eines Kommandos, das in »verkehrten« Anführungszeichen (`'...'`) steht, anstelle des Kommandoaufrufs in die Befehlszeile eingebaut; ausgeführt wird dann das, was sich durch diese Ersetzung ergibt. Zum Beispiel:

```
$ cat termine
22.12. Geschenke besorgen
23.12. Christbaum besorgen
24.12. Heiligabend
$ date +%d.%m.
23.12.
$ grep ^'date +%d.%m.' termine
23.12. Christbaum besorgen
```

Eine unter Umständen bequemere, aber nur von modernen Shells wie der Bash unterstützte Syntax für »`'date'`« ist »`$(date)`«. Damit ist es einfacher möglich, solche Aufrufe zu verschachteln.

xargs Die Kommando-Substitution wie eben gezeigt ist nicht besonders gut für Pipelines geeignet. Zum einen können Sie nicht wie bei der Pipeline Ihr Problem etappenweise lösen, indem Sie hinten an die Pipeline weitere Kommandos anhängen, zum anderen kann es sein, dass die Shell streikt, wenn das Ergebnis der Substitution ihren internen Puffer sprengt.

xargs

Abhilfe schafft hier das Programm `xargs`. Es nimmt die Standardeingabe, teilt sie in für die Shell verdaubare Happen auf und ruft das ihm übergebene Kommando mit diesem Happen als Argument auf. Das einleitende Beispiel schreibt sich nun als

```
$ find -name '*.old' | xargs rm
```

und funktioniert (allerdings unter der Annahme, dass Ihre Dateinamen keine Leerzeichen und Zeilenumbrüche enthalten). Sie können das Zusammensetzen des Kommandos auch genauer steuern: Mit der Option `-n` zum Beispiel sorgen Sie dafür, dass `xargs` höchstens so viele Argumente wie angegeben pro Durchgang benutzt:

```
$ echo a a.old b b.old c c.old | xargs -n2 mv
```

entspricht also `mv a a.old`, gefolgt von `mv b b.old` usw.

⇨ `xargs(1)`

4.2 Filter-Kommandos

Filter-Kommandos

Diejenigen Dienstprogramme, die ihre Eingabe von der Standardeingabe lesen und die Ausgabe auf die Standardausgabe schreiben, werden »**Filter-Kommandos**« oder kurz »Filter« genannt. Ohne Eingabeumleitung lesen Filter also von der Tastatur. Zum Beenden der Eingabe eines solchen Kommandos müssen Sie die Tastenkombination [Strg]+[d] eingeben, die der Terminaltreiber als »Dateiende« interpretiert.

Auch viele »gewöhnliche« Kommandos verhalten sich wie Filter, wenn Sie keine Datei namentlich zur Bearbeitung angeben. Oder sie interpretieren den Dateinamen »`-`« als Aufforderung, von der Standardeingabe zu lesen.

Eine Auswahl der wichtigsten dieser Befehle wird im Folgenden besprochen. Einige haben sich dabei eingeschlichen, die keine waschechten Filter-Kommandos sind, aber für alle gilt, dass sie wichtige Bausteine von Pipelines bilden.

⇨ Einen breiteren Überblick über die verfügbaren Filter-Kommandos erhalten Sie durch `info coreutils`.

4.2.1 Mit Dateien arbeiten

Die Programme dieser Kategorie sind üblicherweise am Anfang oder am Ende einer Pipeline anzutreffen.

cat

Dateien zerlegen und aneinanderhängen Der Befehl cat hat seinen Namen von *concatenate* (»verketten«) und kann dazu benutzt werden, zwei oder mehr Dateien lückenlos aneinanderzuhängen:

```
$ cat datei1 datei2 > datei1_2
```

Hierdurch wird eine neue Datei datei1_2 erzeugt, die aus dem Inhalt von Datei datei1 und Datei datei2 besteht. Dies kann zum Beispiel nützlich sein, wenn Sie eine große Datei per Diskette übertragen wollen. Dazu müssen Sie diese Datei natürlich vorher in handliche Happen zersägen, wobei Ihnen das Kommando split behilflich sein kann. Es teilt eine Datei in kleinere Dateien auf, von denen jede (bis auf möglicherweise die letzte) 1000 Zeilen enthält. Durch die Option -l können Sie eine andere Zeilenanzahl vorgeben, und mit der Option -b teilen Sie die Datei in entsprechend viele Bytes (ohne Ansehen der Zeilenstruktur).

split

```
$ split -b 1b /etc/passwd
$ ls
xaa  xab  xac
```

Dabei bedeutet der Zusatz b, dass hier nicht nach einem Byte, sondern nach einem Block (à 512 Byte) geteilt werden soll. Weitere mögliche Zusätze sind k (Kibibyte = 1024 Byte) und m (Mebibyte = 1048576 Byte). Das Ergebnis der Teilung sind Dateien mit den Namen xaa, xab, ..., xaz, xba, xbb, ... Durch diese Benennung können sie einfach und korrekt durch cat x* > datei zusammengesetzt werden.

Anzeigeprogramm für Arme Leiten Sie die Ausgabe von cat nicht in eine Datei um, so gibt es Ihnen den Inhalt der Datei(en) auf dem Bildschirm aus.

```
$ cat datei
eins
Zwei
DREI
```

Dies ist die einfachste Möglichkeit, den Inhalt einer Datei zu betrachten. Durch die Option -n können Sie Zeilennummern ausgeben und die Optionen `-E` und `-t` kennzeichnen das Zeilenende durch »$« bzw. ersetzen Tabulatoren durch »^I«, wie hier:

```
$ cat -Ent datei
     1  eins$
     2  Zwei  $
     3  DREI^I$
```

Insbesondere bei Anwendungsprogrammen, die besonders pingelig mit ihren Konfigurationsdateien sind, bietet dies eine nützliche Kontrollmöglichkeit.

Wollen Sie die Zeilen einer Datei in umgekehrter Reihenfolge anschauen, verwenden Sie `tac` leicht zu merken, nicht? –:

tac

```
$ tac datei
DREI
Zwei
eins
```

➪ `cat(1)`, `tac(1)`, »`info cat`«, »`info tac`«
➪ `split(1)`, »`info split`«

Anfang und Ende von Dateien Mitunter wird Sie nur ein Teil einer Datei interessieren: die ersten paar Zeilen, um zu sehen, ob es die richtige Datei ist, oder vor allem bei einer Protokolldatei die letzten Einträge. Für diesen Zweck gibt es die Programme `head` (»Kopf«) und `tail` (»Schwanz«), die Ihnen die ersten bzw. letzten 10 Zeilen anzeigen. Durch die Option `-n` können Sie dies ändern:

head
tail

```
$ head -n 2 datei
eins
Zwei
```

Mit der Option `-c` können Sie wie bei `split` ie Anzahl der ausgegebenen Bytes bestimmen.

Bei `tail` (aber nicht bei `head`) können Sie auch wie hier

```
$ tail -n +3 datei
DREI
```

die Zahl mit »+« beginnen lassen. Damit zeigt `tail` nicht die letzten drei Zeilen, sondern alles ab Zeile 3.

Eine weitere wichtige Option von `tail` ist `-f` (engl. *follow*), die bewirkt, dass sich `tail` nicht beendet, sondern in regelmäßigen Abständen nachschaut, ob an die beobachtete Datei etwas angehängt wurde. Die klassische Anwendung dieser Option ist zweifelsohne

```
# tail -f /var/log/messages
```

um das Systemprotokoll »live« zu verfolgen.

➪ head(1), tail(1), »info head«, »info tail«

4.2.2 Zeichenmanipulation

tr **Zeichen um Zeichen** Eines der wichtigeren Filter-Kommandos ist tr (von engl. *translate*), das dazu dient, aus der Standardeingabe (und nur dort; tr akzeptiert keine Dateinamen als Argumente) einzelne Zeichen zu löschen oder durch andere zu ersetzen. So wird durch

```
$ echo Bärenhöhle | tr 'a-zäöü' 'A-Z?'
B?RENH?HLE
```

jedes Zeichen aus dem ersten angegebenen Bereich durch das entsprechende Zeichen des zweiten Bereichs ersetzt. Da der zweite Bereich kürzer als der erste ist, wird sein letztes Zeichen stillschweigend vervielfältigt.

Wollen Sie gewisse Zeichen komplett entfernen, so nehmen Sie die Option -d (engl. *delete*, »löschen«) und geben nur einen Bereich an:

```
$ echo Bärenhöhle | tr -d 'äöü'
Brenhhle
```

Schließlich können Sie durch die Option -s (engl. *squeeze*, »auspressen«) Folgen von identischen Zeichen auf eins reduzieren:

```
$ echo Bären--Höhle | tr -s '-'
Bären-Höhle
```

Noch praktischer wird es, wenn Sie Übersetzung und Reduktion in einem Schritt ausführen. So wird durch

```
$ echo Bären--Höhle | tr -s '-' '\t'
Bären	Höhle
```

jeder Strich durch einen Tabulator ersetzt; danach werden doppelte Tabulatoren entfernt.

Neben dem Tabulator kennt tr eine Reihe weiterer Sonderzeichen, beispielsweise den Zeilentrenner »\n«, und auch andere Bereiche als »a-z«. Dazu gehören auch benannte Bereiche nach POSIX wie »[:alpha:]« für alle Buchstaben (inklusive Umlauten).

⇨ tr(1), »info tr«

Tab oder nicht Tab ... Mit dem Programm expand expandieren Sie Tabulatoren zu Leerzeichen, jedes Tabulatorzeichen wird also durch so viele Leerzeichen ersetzt, wie nötig sind, um den nächsten Tabulator-Stopp zu erreichen. Das Aussehen der Datei ändert sich nicht, aber sie enthält keine Tabulatorzeichen mehr (das Expandieren können Sie durch die Option -i auf den Zeilenanfang beschränken). Das kann nützlich sein, wenn Sie einen Textblock, wie in E-Mail üblich, um zwei Zeichen einrücken wollen.

expand

expand geht standardmäßig von Tabulatorstopps alle 8 Zeichen aus; mit der Option -t können Sie das ändern. Das gilt auch für das folgende Programm.

Das Gegenteil von expand bewirkt das Kommando unexpand. Es ersetzt Leerzeichen und Tabulatoren am Anfang der Zeile (mit der Option -a auch an anderen Stellen) durch eine optimale Folge von Tabulatoren und Leerzeichen. So werden 2 Leerzeichen und 1 Tabulator am Anfang durch 1 Tabulator ersetzt oder 20 Leerzeichen durch 2 Tabulatoren und 4 Leerzeichen – jeweils Standard-Tabulatorstopps vorausgesetzt.

unexpand

⇨ expand(1), unexpand(1), »info expand«, »info unexpand«

4.2.3 Spaltenmanipulation

Spalten ausschneiden Während mit dem Kommando grep (Abschnitt 5.2) Zeilen einer Textdatei durchsucht und ausgeschnitten werden, arbeitet sich cut (engl. für »schneiden«) gewissermaßen vertikal durch einen Text. Dies geht auf zwei Arten:

cut

Mit der Option -c (engl. *character*, »Zeichen«) geben Sie eine Liste von Zeichen(-Positionen) an, die Sie ausschneiden möchten:

```
$ cut -c 1-3,5 /etc/passwd
roo:
binx
daeo
⊲⊲⊲⊲⊲
```

schneidet die ersten drei und das fünfte Zeichen aus. Egal in welcher Reihenfolge Sie die Zeichen auswählen, cut gibt sie immer in aufsteigender Folge (doppelt ausgewählte Zeichen auch nur einmal) aus, Sie können in der Ausgabe also keine Spalten der Datei vertauschen.

Alternativ können Sie mit der Option -f einzelne *Felder* ausschneiden. Einzelne Felder sind dabei durch Tabulatorzeichen getrennt oder durch das Zeichen, das Sie cut durch die Option -d (für engl. *delimiter*, »Begrenzer«) mitgeben. Beispielsweise erhalten Sie mit dem folgenden Kommando eine Liste aller Benutzer mit ihren »bürgerlichen« Namen:

```
$ cut -d: -f1,5 /etc/passwd
root:root
bin:bin
daemon:Daemon
lp:Printing daemon
mail:Mailer daemon
◁◁◁◁◁
```

Auch hier werden die Felder in ihrer ursprünglichen Reihenfolge und jedes höchstens einmal ausgegeben.

Unterdrückung von Zeilen ohne Felder

Bei der feldweisen Bearbeitung von Textdateien ist -s (engl. *separator*, »Trenner«) eine sinnvolle Option. Findet nun »cut -f« Zeilen, die kein Trennzeichen enthalten, werden diese üblicherweise komplett ausgegeben; -s verhindert diese Ausgabe.

➪ cut(1), »info cut«

paste

Spalten zusammenfügen Das Kommando paste (engl. für »zusammenkleben«) ist gewissermaßen die Umkehrung von cut: Es fügt Dateien zeilenweise zusammen. Mit cut und paste können Sie zum Beispiel Spalten von Dateien umsortieren.

Standardmäßig trennt paste die Spalten durch ein Tabulatorzeichen, durch die Option -d lässt sich das aber ändern:

```
$ paste -d: Monate Zahlen
Jan:1
Feb:2
Mar:3
◁◁◁◁◁
```

Durch die Option -s (engl. *serial*) können Sie von horizontaler auf vertikale Verklebung umstellen:

```
$ paste -s Monate Zahlen
Jan     Feb     Mar     Apr     May     Jun          usw.
1       2       3       4       5       6
```

⇨ paste(1), »info paste«

4.2.4 Zeilenmanipulation

Zeilen sortieren Sehr oft werden Sie die Ausgabe eines Programms sortieren wollen, zum Beispiel wenn andere Programme sortierte Eingabe voraussetzen. Das Allzweckwerkzeug in diesem Zusammenhang ist sort:

sort

```
$ sort Monate
Apr
Aug
⋘⋘
Sep
```

Es sortiert die Standardeingabe oder angegebene Dateien lexikografisch, also Zeichen für Zeichen ähnlich wie in Wörterbüchern.

Nach numerischen Werten können Sie sortieren, wenn Sie die Option -n angeben. Daneben gibt es unter anderem noch die Sortierung nach (englischen) Monatsnamen (-M).

In jedem Fall können Sie durch die Option -r die Sortierreihenfolge umkehren.

Nach Feldern sortieren Wenn Sie beispielsweise die Datei /etc/passwd nach UIDs sortieren wollen, so reicht die Option -n allein nicht aus, denn die Zeilen fangen nicht mit den UIDs an. Mit der Option -k teilen Sie sort mit, dass es zum Sortieren nur die Einträge ab dem dritten Feld benutzen soll, und mit der Option -t, durch welches Zeichen die Felder getrennt werden:

```
$ sort -n -k3 -t:  /etc/passwd
root:x:0:0:root:/root:/bin/bash
bin:x:1:1:bin:/bin:/bin/bash
⋘⋘
```

Gemischte Sortierungen Sie können auch in einem Rutsch nach mehreren Spalten sortieren. So wird mit

```
$ sort -t: -k4,4n -k1,1r /etc/passwd
```

numerisch nach dem 4. Feld (aber nicht weiter, daher »4,4«) sortiert; bei Gleichstand dient dann das 1. Feld als Zweitkriterium (rückwärts lexikografisch). Die unterschiedlichen Sortierverfahren werden einfach als Zusatz zu den Feldbezeichnungen angegeben.

Zeilen entfernen Je nachdem, wie Ihre Eingabe aussieht, kann es sein, dass in der sortierten Ausgabe dieselbe Zeile mehrmals vorkommt. Wenn Sie das stört, können Sie mit der sort-Option -u dafür sorgen, dass von mehrfach in der Ausgabe vorkommenden Zeilen immer nur die erste geschrieben wird.

uniq Ferner gibt es das Programm uniq (von engl. *unique*, »einzigartig«), das von aufeinander folgenden gleichen Zeilen in seiner Eingabe nur eine durchlässt. Wenn Zeilen zwar mehrfach in der Eingabe vorkommen, aber nicht aufeinander folgen, werden Dubletten nicht entfernt: uniq garantiert also nur »lokale Eindeutigkeit«.

Besonders nützlich ist die Möglichkeit, durch die Option -u nur die (lokal) eindeutigen oder durch -d nur die (lokal) doppelten Zeilen durchzulassen:

```
$ cat doppelte
A
A
B
A
A
$ uniq -d doppelte
A
A
```

- sort(1), uniq(1)
- Weitergehende Möglichkeiten, Zeilen zu entfernen, bietet grep (Abschnitt 5.2).

join **Relationale Operationen** Das Programm join kombiniert Merkmale von cut und paste (Abschnitt 4.2.3) und ergibt damit eine abgespeckte Version der SQL-Sprachelemente SELECT und JOIN (Kapitel 12).

`join` geht von zwei Dateien aus, deren Zeilen jeweils durch Leerzeichen getrennte Felder enthalten (oder durch jedes andere Zeichen, das Sie durch die Option `-t` mitgeben). Wie `paste` kombiniert `join` aus jeweils einer Zeile der beteiligten Dateien eine Ausgabezeile, allerdings nur dann, wenn beide »Eingabe«-Zeilen im ersten Feld übereinstimmen (durch die Option `-j` können Sie eine andere Feldposition bestimmen, durch die Optionen `-j1` und `-j2` sogar getrennt für jede Datei). Die Ausgabezeile besteht aus dem gemeinsamen Feld, den übrigen Feldern der ersten Datei und den übrigen Feldern der zweiten Datei.

Damit `join` zueinander passende Zeilen finden kann, müssen beide Dateien zeilenweise nach den Werten des jeweiligen »Verbindungsfelds« sortiert sein, aber dafür haben Sie ja `sort` ...

Dies wird klarer an einem Beispiel: Angenommen, Sie wollten eine Liste aller Benutzer erstellen (voller Name, nicht Kontobezeichnung), zusammen mit dem Zeitpunkt der letzten Kennwortänderung, etwa um Ihre Benutzer ansprechen zu können, wenn deren Kennwörter nicht mehr ganz frisch sind. Die vollen Namen finden wir im 5. Feld von `/etc/passwd`, der Zeitpunkt der Kennwortänderung steht im 3. Feld von `/etc/shadow` (Abschnitt 14.1.2). Das Feld zum Verbinden ist der Kontoname im jeweils ersten Feld. Damit `join` keine Zeilen verschluckt, sorgen wir zunächst dafür, dass beide Dateien sortiert sind:

```
# sort /etc/passwd >pw-sort
# sort /etc/shadow >sw-sort
# join -t: -j1 1 -j2 1 -o 2.3,1.5 pw-sort sw-sort
8902:Batch jobs daemon
8902:bin
8902:Daemon
<<<<<
```

Durch `-t:` teilen wir mit, dass Felder durch Doppelpunkte getrennt sind, `-j1 1 -j2 1` besagt, dass sowohl in der ersten als auch in der zweiten Datei das erste Feld zum Verkleben benutzt wird (wir hätten auch kürzer `-j 1` schreiben oder es ganz weglassen können, da dies die Voreinstellung ist), und durch die Option `-o` bestimmen wir, dass wir von der zweiten Datei das dritte Feld und von der ersten Datei das fünfte erhalten möchten.

⇨ join(1), »info join«

wc

Bytes, Wörter und Zeilen zählen Das Kommando wc (»*word count*«, engl. für »Wörter zählen«) ermöglicht Ihnen eine schnelle Zusammenfassung einer Datei. Entgegen seinem Namen kann es nicht nur die Anzahl der Wörter, sondern auch der Bytes überhaupt und der Zeilen der Eingabe (Dateien, Standardeingabe) ermitteln. Ohne Option werden alle drei Werte aufgelistet:

```
$ wc frosch.txt
 159 1255 7406 frosch.txt
```

Mit den Optionen -l, -w und -c können Sie die Ausgabe von wc auf die Anzahl der Zeilen (engl. *lines*), Wörter (engl. *words*) bzw. Bytes beschränken:

```
$ ls /bin | wc -l
     81
```

Das Beispiel zeigt, wie Sie mit wc die Anzahl der Einträge eines Verzeichnisses bestimmen können, indem Sie die Zeilen der Ausgabe von ls zählen.

Bytes ≠ Zeichen

Die Anzahl der Bytes in einer Datei ist übrigens nicht notwendigerweise gleich der Anzahl der Zeichen! Moderne Linux-Distributionen verwenden die Zeichenkodierung UTF-8, um zum Beispiel griechische, kyrillische oder fernöstliche Zeichen oder mathematische Symbole zu speichern (siehe Kapitel 16). Hierbei werden manche Zeichen durch zwei oder mehr Bytes ausgedrückt. Die wc-Option -m erlaubt es, auf diesen Umstand Rücksicht zu nehmen:

```
$ echo ÄÖÜäöüß | wc -m                Denkaufgabe: Warum 8?
8
$ echo ÄÖÜäöüß | wc -c                System benutzt UTF-8
15
```

⇨ wc(1), »info wc«

od

Mit der Lupe ... Mit dem Programm od (engl. *octal dump*) können Sie eine Datei auf Byte-Ebene anschauen:

```
# od -j 446 -N 64 /dev/hda
0676 000400 000001 177202 005177 000077 000000 071414 000101
0716 000200 005501 177203 177777 071513 000101 017440 000677
0736 177000 177777 177203 177777 111153 001000 175543 004627
0756 000000 000000 000000 000000 000000 000000 000000 000000
0776                                     erste Spalte verkürzt
```

gibt Ihre Partitionstabelle aus; -j (engl. *jump*) überspringt die ersten 446 Bytes und -N beendet die Ausgabe nach 64 Byte.

Die erste Spalte zeigt (oktal) den Versatz vom Dateianfang aus gezählt, die restlichen die Werte als 2 Byte große Oktal-Zahlen. Entgegen dem Namen beherrscht od aber eine Vielzahl von Ausgabeformaten, die durch die Option -t übergeben werden. Wir beschränken uns hier auf einige Beispiele; die volle Pracht wird in der Programm-Dokumentation entfaltet.

Ausgabe mit 2-Byte-Hexadezimal-Zahlen (Argument »x2« für -t; der Zusatz »z« zu x2 bewirkt, dass die lesbaren Zeichen in »>...<« eingeschlossen angehängt werden) sowie hexadezimale Angabe des Versatzes (-A):

```
$ echo Bärenhöhle | od -Ax -tx2z
000000 e442 6572 686e 68f6 656c 000a          >Bärenhöhle..<
00000b
```

... und aus dem *octal dump* wird ein *hex dump*.

Ausgabe mit 1-Byte-Oktal-Zahlen (»o1«), 7-Bit-ASCII (»a«; beachten Sie »nl« für den Zeilenumbruch und was aus den Umlauten wird) und 8-Bit-ASCII (»c«; nicht druckbare Zeichen werden C-artig dargestellt):

```
$ echo Bärenhöhle | od -to1ac
0000000 102 344 162 145 156 150 366 150 154 145 012
          B   d   r   e   n   h   v   h   l   e  nl
          B   ä   r   e   n   h   ö   h   l   e  \n
0000706
```

⇨ od(1), »info od«

4.2.5 Formatierung und Druckvorbereitung

Hier sind einige Kommandos, mit denen Sie Dateien umformatieren und zum Ausdrucken vorbereiten können. Mehr über »ernsthafte« Druckaufbereitung – etwa die Umsetzung von ASCII-Texten in PostScript – erfahren Sie in Kapitel 15.

Zeilennummern Wie cat -n kann auch nl die Zeilen einer Datei mit Nummern versehen. nl ist aber flexibler: nl

```
$ nl -w2 -s': ' datei
 1: eins
 2: Zwei
 3: Drei
```

gibt nur einen kleinen Ausschnitt der Möglichkeiten.

⇨ nl(1), »info nl«

fmt **Zeilenumbruch** Das Programm fmt umbricht den Textstrom an Wortgrenzen so, dass er in 75 Zeichen lange Zeilen passt, wobei es sich bemüht, ein ausgewogenes Gesamtbild zu erzeugen. Durch die Option -w kann die Zeilenbreite verändert werden:

```
$ fmt -w 12 datei
eins Zwei
Drei
```

⇨ fmt(1), »info fmt«

pr **Seitenumbruch** Mit dem Kommando pr wird eine Datei oder ein Textstrom formatiert, um ihn seitenweise zu drucken. Jede Seite erhält einen Kopf mit Zeit, Dateiname und Seitennummer; auf Wunsch werden die Inhalte mehrspaltig formatiert usw.

⇨ pr(1), »info pr«

Kapitel 5 Reguläre Ausdrücke und Editoren

In diesem Kapitel ...

- wird erklärt, was reguläre Ausdrücke sind
- werden Dateien nach Mustern durchsucht
- lernen Sie, wie und wozu Sie einen Strom-Editor einsetzen können
- verlieren Sie Ihre Angst vor dem vi

5.1 Reguläre Ausdrücke

5.1.1 Reguläre Ausdrücke: Die Grundlagen

Viele Linux-Kommandos operieren mit Textdateien oder – als Filter-Kommandos – mit Textströmen. Daher ist es wichtig, Textstücke exakt beschreiben zu können. Ein sehr mächtiges Mittel zur Beschreibung von Textstücken, meist Zeilen in Dateien, sind »reguläre Ausdrücke«. Auf den ersten Blick ähneln reguläre Ausdrücke den Suchmustern der Shell (Abschnitt 3.2.3), aber sie funktionieren anders und bieten deutlich mehr Möglichkeiten.

Zeichen

Zeichenklassen

Komplement

Reguläre Ausdrücke werden gerne »rekursiv« aus Bausteinen aufgebaut, die selbst als reguläre Ausdrücke gelten. Die einfachsten regulären Ausdrücke sind Buchstaben, Ziffern und viele andere Zeichen des üblichen Zeichenvorrats, die größtenteils für sich selber stehen. »`a`« wäre also ein regulärer Ausdruck, der auf das Zeichen »`a`« passt; der reguläre Ausdruck »`abc`« passt auf die Zeichenkette »`abc`«. Ähnlich wie bei Shell-Suchmustern gibt es die Möglichkeit, Zeichenklassen zu definieren. Der reguläre Ausdruck »`[a-e]`« passt also auf genau eines der Zeichen »`a`« bis »`e`«, und »`a[xy]b`« passt entweder auf »`axb`« oder »`ayb`«. Wie bei der Shell können Bereiche gebildet und zusammengefasst werden – »`[A-Za-z]`« passt auf alle Groß- und Kleinbuchstaben (ohne Umlaute) –, nur die Komplementbildung funktioniert geringfügig anders: »`[^abc]`« passt auf alle Zeichen *außer* »`a`«, »`b`« und »`c`«. (Bei der Shell hieß das »`[!abc]`«.) Der Punkt ».« entspricht dem Fragezeichen in Shell-Suchmustern, steht also für ein einziges beliebiges Zeichen – ausgenommen davon ist nur der Zeilentrenner »`\n`«: »`a.c`« passt also auf »`abc`«, »`a/c`« und so weiter, aber nicht auf die mehrzeilige Konstruktion

```
a
c
```

Der Grund dafür besteht darin, dass die meisten Programme zeilenorientiert vorgehen und »zeilenübergreifende« Konstruktionen schwieriger zu verarbeiten wären.

Während Shell-Suchmuster immer auf den ganzen Pfad- oder Dateinamen passen müssen, reicht es bei Programmen, die Zeilen aufgrund von regulären Ausdrücken auswählen, meist aus, wenn der reguläre Ausdruck irgendwo in einer Zeile passt. Allerdings können Sie diese Freizügigkeit einschränken: Ein regulärer Ausdruck, der mit dem Zirkonflex (»^«) anfängt, passt nur am Zeilenanfang, und ein regulärer Ausdruck, der mit dem Dollarzeichen (»$«) aufhört, entsprechend nur am Zeilenende. Der Zeilentrenner am Ende jeder Zeile wird ignoriert, so dass Sie »xyz$« schreiben müssen, um alle Zeilen auszuwählen, die auf »xyz« enden.

Zeilenanfang

Zeilenende

Schließlich können Sie mit dem Stern (»*«) angeben, dass der davorstehende Ausdruck beliebig oft wiederholt werden kann (auch gar nicht). Der Stern selbst steht nicht für irgendwelche Zeichen in der Eingabe, sondern modifiziert nur das Davorstehende – das Shell-Suchmuster »a*.txt« entspricht also dem regulären Ausdruck »^a.*\.txt$« (denken Sie an die »Verankerung« des Ausdrucks am Anfang und am Ende und daran, dass ein einzelner Punkt auf alle Zeichen passt). Wiederholung hat Vorrang vor Aneinanderreihung; »ab*« ist ein einzelnes »a« gefolgt von beliebig vielen »b« (auch keinem), nicht eine beliebig häufige Wiederholung von »ab«.

Wiederholung

Vorrang

5.1.2 Reguläre Ausdrücke: Extras

Die Beschreibung aus dem vorigen Abschnitt gilt für praktisch alle Programme, die reguläre Ausdrücke verarbeiten. Diverse Programme unterstützen aber auch verschiedene Erweiterungen, die entweder Schreibvereinfachungen bieten oder tatsächlich zusätzliche Dinge erlauben. Leider unterscheiden sich Programme nicht nur im Umfang, sondern auch in der Implementierung der Erweiterungen. Der häufigste Unterschied besteht darin, ob ein bestimmtes Zeichen für sich steht und die Sonderbedeutung erst durch einen vorangestellten Rückstrich »\« aktiviert werden muss oder ob umgekehrt die Sonderbedeutung voreingestellt ist und durch einen Rückstrich entzogen werden kann. In jedem Fall ist ein Blick in die Programmdokumentation angebracht.

Erweiterungen

Einige gängige Erweiterungen sind:

Wortklammern Die Sequenz »\<« passt am Anfang eines Worts (soll heißen, an einer Stelle, wo ein Nichtbuchstabe auf einen Buchstaben stößt). Analog passt »\>« am Ende eines Worts (da, wo ein Buchstabe von einem Nichtbuchstaben gefolgt wird).

Gruppierung Runde Klammern (»(...)«) erlauben es, Aneinanderreihungen von regulären Ausdrücken als Einheit zu betrachten. Dies ist u. a. bei Wiederholungen notwendig: »`a(bc)*`« passt auf ein »`a`« gefolgt von beliebig vielen Wiederholungen von »`bc`«, im Gegensatz zu »`abc*`«, das auf »`ab`« gefolgt von beliebig vielen Wiederholungen von »`c`« passt.

Alternative Mit dem vertikalen Balken (»|«) können Sie eine Auswahl zwischen mehreren regulären Ausdrücken treffen: Der Ausdruck »`Affen(brot|schwanz|kletter)baum`« passt genau auf »`Affenbrotbaum`«[1], »`Affenschwanzbaum`«[2] oder »`Affenkletterbaum`«.

Optionales Das Fragezeichen (»?«) macht den vorstehenden regulären Ausdruck optional, das heißt, er tritt entweder einmal auf oder gar nicht. »`Bo(otsma)?nn`« passt auf »`Bonn`« oder »`Bootsmann`«.

Mindestens einmal Vorhandenes Das Plus (»+«) entspricht dem Wiederholungsoperator »*«, bis darauf, dass der vorstehende Ausdruck mindestens einmal auftreten muss, also nicht ganz entfallen darf.

Bestimmte Anzahl von Wiederholungen Sie können eine Anzahl von Wiederholungen in geschweiften Klammern vorgeben. Damit ist »`a{3}`« gleichbedeutend mit »`aaa`«. Auch Bereichsangaben sind zulässig: »`ab{2,4}`« passt auf »`abb`«, »`abbb`« und »`abbbb`«, aber nicht auf »`ab`« oder »`abbbbb`«. Lässt man die Obergrenze weg, schreibt also »`a{2,}`«, so wird »Unendlich« angenommen.

Rückbezug Die Ausdrücke »`\1`« bis »`\9`« stehen für den ersten bis neunten Klammerausdruck, »`\5`« passt also auf genau die Zeichenfolge, auf die der fünfte Klammerausdruck gepasst hat. Zum Beispiel passt »`([a-z])\1`« auf »`aa`«, »`bb`«..., nicht jedoch auf »`ab`« wie der Ausdruck »`[a-z]{2}`«.

⇨ `regex(7)`, `grep(1)`

⇨ T. Stubblebine, *Regular Expressions Pocket Reference* (Sebastopol, CA: O'Reilly & Associates, 2003), `http://www.oreilly.de/catalog/regexppr/`

[1] *Adansonia digitata*

[2] Volkstümlicher Name für die Araukarie (*Araucaria araucana*)

➪ J. E. F. Friedl, *Reguläre Ausdrücke* (O'Reilly & Associates, 2003), 2. Aufl., `http://www.oreilly.de/catalog/regex2ger/`

5.2 Dateien nach Textmustern durchsuchen – grep

Vielleicht eines der wichtigsten Linux-Programme, die reguläre Ausdrücke benutzen, ist `grep`: Es durchsucht Texte und gibt alle Zeilen aus, auf die ein angegebenes Suchmuster passt.

Zum Aufruf von `grep` müssen Sie das Suchmuster, einen regulären Ausdruck, angeben und optional eine oder mehrere Dateien, die nach diesem Suchmuster durchsucht werden sollen. Wenn kein Dateiname angegeben wurde, bezieht sich `grep` auf die Standardeingabe, arbeitet also als Filter.

Regulärer Ausdruck

Der reguläre Ausdruck, nach dem die Textdatei durchsucht wird, darf neben den grundlegenden Bausteinen aus Abschnitt 5.1.1 auch die meisten Erweiterungen aus Abschnitt 5.1.2 enthalten. Bei `grep` müssen jedoch einige Zeichen mit einem Rückstrich »\« versehen werden, damit sie ihre Sonderbedeutung erhalten: »\+«, »\?«, »\(«, »\)«, »\{« und »\}«.

egrep

Alternativ können Sie auch `egrep` benutzen, eine `grep`-Variante, in der die eben aufgeführten Zeichen standardmäßig die Sonderbedeutung haben. Soll ein Zeichen für sich stehen, so müssen Sie hier die Sonderbedeutung durch »\« deaktivieren. Traditionell kennt `egrep` den Rückbezug mittels »\1« usw. und `grep` nicht; im bei Linux üblichen GNU-`grep` existiert dieser Unterschied nicht.

fgrep

Es gibt auch noch ein Kommando namens `fgrep`, das statt nach regulären Ausdrücken nach konstanten Zeichenketten sucht.

Damit die Sonderzeichen nicht bereits von der Shell interpretiert, sondern korrekt an `grep` übergeben werden, sollte der reguläre Ausdruck im Zweifel in Anführungszeichen gesetzt werden.

Beispiele Wenn Sie wissen wollen, auf welchen Wert das System die Voreinstellung für Dateirechte setzt, so können Sie dies mit

```
$ grep umask /etc/profile
umask 022
```

erfahren. Wenn Sie die genaue Stelle in der Datei interessiert, können Sie sich mit der Option `-n` die Zeilennummer der gefundenen Zeile mitanzeigen lassen:

```
$ grep -n umask /etc/profile
51:umask 022
```

Natürlich funktioniert `grep` auch in Pipelines, wie in diesem Beispiel:

```
# tail -f /var/log/messages | grep kernel
```

das von den Systemmeldungen nur die des Kernels durchlässt.

Alle Benutzerkonten, für die die numerische UID gleich der numerischen GID[3] ist, zeigt Ihnen der folgende Aufruf durch Rückbezug an:

```
$ egrep ':([0-9]+):\1:' /etc/passwd
root:x:0:0:root:/root:/bin/bash
bin:x:1:1:bin:/bin:/bin/bash
daemon:x:2:2:Daemon:/sbin:/bin/bash
◁◁◁◁◁
```

Zu beachten ist hier die Verwendung von `egrep`, da `grep` sonst (portabel) keinen Rückbezug beherrscht.

Wie im wirklichen Leben auch ist es oft einfacher zu sagen, was einem nicht gefällt, statt zu sagen, was man will. Diesem Umstand trägt `grep` durch die Option `-v` Rechnung, die das Filter-Verhalten von `grep` umkehrt: Zeilen, auf die das Suchmuster passt, werden unterdrückt. Somit können Sie durch

```
$ grep -v '^#' /etc/cups/cupsd.conf
LogLevel info
Listen localhost:631
◁◁◁◁◁
```

alle Kommentare, also Zeilen, die mit einer Raute (»#«) anfangen, unterdrücken.

Wenn Sie nicht so sehr an den eigentlichen Zeilen interessiert sind, bietet Ihnen `grep` eine Reihe von Zusammfassungen an: Durch `-c` werden alle Treffer gezählt, so dass Ihnen

---

[3] Diese Fragestellung ist natürlich nicht interessant auf Systemen wie denen von Debian und Red Hat, die *jeden* Benutzer in seine eigene Gruppe stecken.

```
$ grep -c '^.\{3,4\}$' /usr/share/dict/words
2770
```

die Anzahl aller drei- und vierbuchstabigen Wörter im Systemwörterbuch liefert. Durchsuchen Sie mehrere Dateien gleichzeitig, so ist oft die Option `-l` nützlich, die nur die Dateien mit Treffern anzeigt, aber nicht die gefundenen Zeilen selbst. Zusammen mit der Option `-r` für rekursive Suche haben Sie hiermit eine gute Möglichkeit, Ihr System besser kennenzulernen:

```
# grep -rl fsck /etc/init.d
/etc/init.d/boot.crypto
/etc/init.d/boot.d/S04boot.localfs
/etc/init.d/boot.d/S05boot.crypto
/etc/init.d/boot.localfs
◁◁◁◁◁
```

gibt alle Runlevel- und Boot-Skripte[4] aus, in denen die Zeichenkette `fsck` vorkommt (nicht unbedingt als aktiver Programmaufruf).

⇨ grep(1), »info grep«

5.3 Automatisiertes Editieren mit sed

5.3.1 Einsatzgebiete

Werden die Aufgaben der Textmanipulation anspruchsvoller, so reichen die in Abschnitt 4.2 vorgestellten Werkzeuge nicht mehr aus. Beispielsweise kann `tr` Ihnen ein »X« für ein »U« vormachen, aber am alten Alchimistentraum, »Blei« in »Gold« zu verwandeln, scheitert es wie diese.

Normalerweise würden Sie jetzt einen hinreichend komfortablen Editor starten, um jedes Vorkommen von »Blei« in Ihrer Datei in »Gold« zu transformieren. Es gibt jedoch zwei Gründe, die es nahelegen könnten, einen anderen Weg einzuschlagen.

Erstens könnte es sein, dass Sie die Datei unbeaufsichtigt automatisch verändern wollen, beispielsweise in einem Shell-Skript. Zweitens gibt es Fälle, wo Sie gar keine *Datei* bearbeiten, sondern einen (potenziell unendlichen) Textstrom.

[4] Je nach Distribution abweichendes Verzeichnis und Ergebnis.

sed Hier bietet sich sed (engl. *stream editor*) an, der es ermöglicht, einen Textstrom nach vorgegebenen Anweisungen zu bearbeiten. In Fällen, wo auch sed nicht ausreicht, können Sie weiter aufrüsten und awk nehmen, oder Sie steigen gleich auf eine Skript-Sprache wie Perl um.

Auf einen Textstrom oder eine Datei losgelassen liest sed Zeile für Zeile ein, wendet auf diese seine Anweisungen zur Manipulation an und gibt das Ergebnis auf die Standardausgabe aus (eine Originaldatei wird nicht überschrieben).

Die Anweisungen, die sed befolgen soll, werden ihm einzeln durch die Option -e mitgegeben, die auch mehrfach verwendet werden kann. Alternativ können Sie ein »sed-Skript« schreiben, dessen Name durch die Option -f an den Stromeditor übergeben wird.

Jede sed-Anweisung besteht aus der Spezifikation der Zeilen, auf die sie sich bezieht, und dem gewünschten Kommando, wie im folgenden Beispiel:

```
$ sed -e '1,15 y/uU/xX/'
```

5.3.2 Zeilenspezifikation

Die Zeilen, die von einem Kommando berücksichtigt werden sollen, können durch ihre Zeilennummern oder durch einen regulären Ausdruck bestimmt werden.

sed zählt von 1 ab, so dass »1« die erste und »5« die fünfte Zeile auswählt. Ein »$« steht dabei für die letzte Zeile. Bereichsangaben sind ebenfalls möglich, so steht »3,10« für die Zeilen 3 bis 10 (jeweils einschließlich). Die Angabe »1,$«, also »Alles«, können Sie sich jedoch sparen, da sed sie automatisch annimmt, wenn die Zeilenspezifikation unterbleibt.

Wollen Sie eine Zeile durch einen regulären Ausdruck festlegen, so müssen Sie diesen in »/.../« einschließen. So steht beispielsweise »/Blei/« für jede Zeile, in der die Zeichenfolge »Blei« vorkommt, und »/^$/« steht für jede leere Zeile.

Auch mit regulären Ausdrücken können Sie Bereiche selektieren: Durch »/Anfang/,/Ende/« wählen Sie alle Zeilen aus, die zwischen der ersten Zeile mit »Anfang« und der ersten *darauffolgenden* Zeile mit »Ende« liegen (auch hier inklusive der »Anfang«- und der »Ende«-Zeile).

Nicht bei allen Kommandos erlaubt sed Ihnen die Angabe von Bereichen. Einzelne Zeilen oder reguläre Ausdrücke sind aber immer möglich.

5.3.3 sed-Kommandos

Filtern Normalerweise leitet sed jede eingelesene Zeile einfach weiter. Wollen Sie eine Zeile aus dem Textstrom entfernen, so geht dies durch das Kommando d (engl. *delete*, »löschen«). Beispielsweise können Sie so durch

```
$ sed -e '11,$ d' datei
```

den Aufruf head datei imitieren: Nur die ersten 10 Zeilen werden durchgelassen. Durch die Option -n wird die normale Ausgabe von Zeilen unterdrückt; sed gibt dann nur noch etwas aus, wenn Sie das Kommando p (engl. *print*, »drucken«) angeben. Wir können head also auch durch

```
$ sed -ne '1,10 p' datei
```

nachbilden. Ersetzen wir den Zeilenbereich durch einen regulären Ausdruck, so können wir grep nachbauen: Der grep-Aufruf

```
$ grep '^[^#]' /etc/ssh/sshd_config
```

wird nachgebildet durch

```
$ sed -ne '/^[^#]/ p' /etc/ssh/sshd_config
```

Einfügen und Verändern Seine volle Stärke entfaltet sed aber erst, wenn Sie ihm erlauben, den Textstrom nicht nur zu filtern, sondern ihn auch zu verändern. Um dies zeilenweise zu erledigen, stehen Ihnen die drei Kommandos »a« (engl. *append*), »i« (engl. *insert*) und »c« (engl. *change*) für das Anhängen nach einer Zeile, das Einfügen vor einer Zeile bzw. den Austausch einer Zeile zur Verfügung.

```
$ getent passwd root | sed -e '1 i >>>' -e '$ a <<<'
>>>
root:x:0:0:root:/root:/bin/bash
<<<
```

Dabei erlaubt Ihnen der bei Linux übliche GNU-sed das Schreiben in einer Zeile. Die traditionelle Form ist etwas umständlicher und besser für sed-Skripte geeignet. Im folgenden Beispiel sind die »$« nicht Teil der Datei, sondern werden von cat an das Zeilenende angefügt, um dieses kenntlich zu machen.

```
$ cat -E sed-skript
1 i \$
Erste eingefügte Zeile\$
Zweite eingefügte Zeile$
```

sed erwartet (bei der traditionellen Form) nach dem Kommando a, i oder c einen Rückstrich *direkt vor dem Zeilenende*. Sollen mehr als eine Zeile eingefügt werden, so müssen Sie jede Zeile *bis auf die letzte* ebenfalls mit einem Rückstrich direkt vor dem Zeilenende beenden. Aufgerufen wird dieses Skript durch:

```
$ sed -f sed-skript datei
```

Die Kommandos a und i erlauben keine Bereichsangabe; reguläre Ausdrücke werden aber akzeptiert. Eine Bereichsangabe bei c bewirkt, dass der Bereich als Ganzes ersetzt wird.

Zeichen-Transformationen Durch das Kommando y können Sie sed dazu bringen, einzelne Zeichen durch andere zu ersetzen. In

```
$ echo 'Drei Chinesen mit dem Kontrabass' \
    | sed -e 'y/aeiou/aaaaa/'
Draa Chanasan mat dam Kantrabass
```

werden so alle (kleinen) Vokale zu »a« gemacht. Leider erlaubt y keine Bereichsangaben der Form a-z, so dass es nur ein schwacher Ersatz für tr ist.

Suchen und Ersetzen Das Kommando »s« (engl. *substitute*) erlaubt es, einen regulären Ausdruck durch eine Zeichenkette zu ersetzen, deren Zusammensetzung dynamisch verändert werden kann. Dabei wird der (zu ersetzende) reguläre Ausdruck wie bei der Zeilenspezifikation in »/…/« eingeschlossen, gefolgt vom Ersetzungstext und »/«, also beispielsweise

```
$ sed -e 's/\<Blei\>/Gold/'
```

Das Wortendezeichen verhindert hier die versehentliche Erfindung der Goldvergiftung. Statt »/« sind auch andere Trennzeichen erlaubt, etwa in »s%/home/hugo%%« (statt »s/\/home\/hugo//«).

Beachten Sie bitte, dass »\<«, »\>«, »^« und »$« für *leere Zeichenketten* stehen. Insbesondere ist »$« *nicht* das Zeilenende, sondern die leere Zeichenkette »« direkt vor dem Zeilenende; durch »s/$/|/« wird daher am Zeilenende ein »|« eingefügt und nicht etwa das Zeilenende dadurch ersetzt.

Der Ersetzungstext kann auch vom zu ersetzenden Text abhängen; neben Rückbezug durch »\1« usw. steht auch »&« zur Verfügung, das für den ganzen Text steht, der vom Suchmuster erfasst wird:

```
$ echo Jedes Wort in Anführungszeichen. | ▷
◁ sed -e 's/\([A-Za-z]\+\)/"\1"/g'
"Jedes" "Wort" "in" "Anführungszeichen".
$ echo Jedes Wort in Anführungszeichen. | ▷
◁ sed -e 's/[A-Za-z]\+/"&"/g'
"Jedes" "Wort" "in" "Anführungszeichen".
```

Im letzten Beispiel wurde unter der Hand ein »g« an das Substitutions-Kommando angehängt. Ohne den Modifikator »g« (*global*) würde pro Zeile nur der erste Treffer ersetzt. Ein anderer Modifikator ist »p« (*print*), der das Gleiche bewirkt wie das p-Kommando.

- ➪ sed(1)
- ➪ A. Robbins, *sed & awk – kurz & gut* (Sebastopol, CA: O'Reilly & Associates, 2002), 2. Aufl., http://www.oreilly.de/catalog/sedawkrepr2ger/
- ➪ D. Dougherty, A. Robbins, *sed & awk* (O'Reilly & Associates, 1997), 2. Aufl., http://www.oreilly.de/catalog/sed2/

5.4 Texte editieren mit dem Standard-Editor vi

5.4.1 Überblick: Warum ausgerechnet vi?

Die herausragende Bedeutung von ASCII-Dateien erklärt die Vielzahl von Editoren unter Linux, also von Programmen, die die unbeschränkte Bearbeitung von Textdateien ermöglichen. Sie sind zu unterscheiden von Textverarbeitungsprogrammen, die es erlauben, u. a. die Formatierung (Schriftart und -größe usw.) des Textes für den Druck zu beeinflussen.

Einer der ältesten noch im Gebrauch befindlichen Editoren ist der vi. Linux-Distributionen verwenden allerdings meist eine der modernisierten Fassungen (vim, elvis, nvi, gvim u. a.), die mehr Funktionen haben, aber im Wesentlichen genauso benutzt werden wie das Original.

Die »Oberfläche« des vi und seiner Nachbauten ist – vorsichtig ausgedrückt – nicht mehr ganz zeitgemäß. Dass der vi trotzdem nicht ausgestorben ist, verdankt er zwei Gründen: Zum einen ist er ein sehr schlanker, leistungsfähiger Editor, der leicht durch eigene Funktionen erweitert werden kann. Wenn man sich erst einmal an ihn gewöhnt hat (Betonung auf »wenn«; das ist keine Sache von einem verregneten Nachmittag ...), kann man sehr effektiv mit ihm arbeiten. Zum anderen – und das ist der Grund, warum Sie sich schlecht vor der Beschäftigung mit dem vi drücken können – war der vi seinerzeit der erste wirklich brauchbare Editor, was dazu geführt hat, dass er universell auf jedem Linux und Unix vorhanden ist. Der vi ist der Standard-Editor unter Unix/Linux – der einzige Editor, bei dem Sie mit sehr hoher Wahrscheinlichkeit annehmen können, dass er (oder einer seiner kompatiblen Nachfahren) installiert ist.

5.4.2 Grundlegende Funktionen

Arbeitsmodi Häufig abschreckend (nicht nur für Neulinge!) wirkt sich die historisch bedingt ausgefallene Bedienung des vi aus. Der Editor kennt nämlich drei verschiedene Arbeitsmodi:

Kommando-Modus Alle Tastatureingaben stellen Kommandos dar, die nicht auf dem Bildschirm erscheinen und auch nicht durch Drücken der Eingabetaste bestätigt werden müssen.

In diesem Modus befinden Sie sich direkt nach dem Start. Seien Sie vorsichtig mit Ihren Fingern: Jede Taste könnte eine Aktion auslösen.

Eingabe-Modus Alle Tastatureingaben werden als Text behandelt und sind auf dem Monitor zu sehen. vi verhält sich hier wie ein heute gebräuchlicher Editor, allerdings mit eingeschränkten Manövrier- und Korrekturmöglichkeiten.

Kommandozeilen- oder ex-Modus Im Kommandozeilen-Modus können längere Befehle eingegeben werden. Diese werden üblicherweise durch einen Doppelpunkt eingeleitet und mit der Eingabetaste abgeschlossen. ex als »zeilenorientierter« Editor

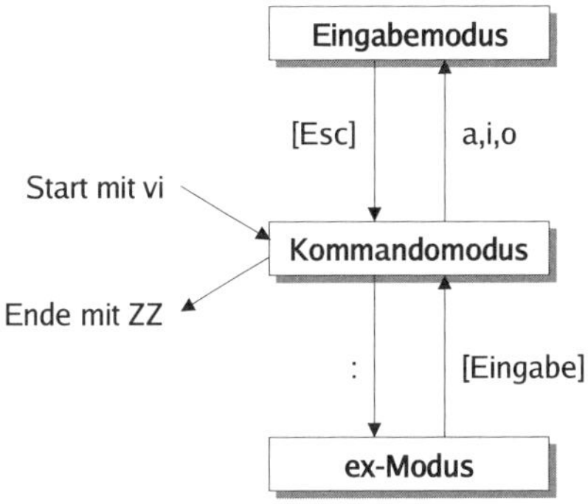

Bild 5.1: Arbeitsmodi von `vi`

ist ein *Alter Ego* von `vi`, das heute allerdings nur noch selten verwendet wird – eine Art `EDLIN` auf Steroiden. (Wenn Sie »`ex`« als Kommando eingeben, wird `vi` als Zeileneditor gestartet; mit dem Kommando »`:visual`« kommen Sie in den bildschirmorientierten Modus.)

Im Eingabe-Modus sind viele Kommandos zur Positionierung der Schreibmarke oder zur Textkorrektur unzulässig, was einen häufigen Wechsel zwischen Eingabe- und Kommando-Modus erforderlich macht. Eine Übersicht über die Arbeitsmodi von `vi` gibt Bild 5.1. Wenn Ihre Version des `vi` so konfiguriert ist, dass er keine Statusinformationen anzeigt, dann probieren Sie Ihr Glück einmal mit [Esc]`:set showmode`[↵].

Wechsel zwischen den Arbeitsmodi Nach dem Aufruf von `vi` (oder `vi` ⟨Datei⟩) befinden Sie sich im Kommandomodus. Im Unterschied zu den meisten anderen Editoren ist also nach dem Start keine direkte Texteingabe möglich. Auf dem Bildschirm blinkt links oben die Schreibmarke, darunter befindet sich eine Spalte mit Tilden. In der letzten Zeile, auch als Statuszeile bekannt, wird neben Informationen zum momentanen Zustand des Editors (wenn die Implementierung das so macht) oder der aktuellen Datei noch die Position der Schreibmarke angezeigt.

In den Eingabemodus wechseln Sie durch Drücken von [i] (engl. *insert*, »einfügen«): Am unteren Rand wird »Insert« o. Ä. angezeigt und Sie können nun normal Text eingeben. Da praktisch alle Editor-Operationen im Kommando- oder Kommandozeilenmodus erfolgen, müssen Sie den Eingabemodus öfters verlassen: Dies erreichen Sie mit [Esc]. Sie befinden sich nun wieder im Kommandomodus und alle weiteren Eingaben (von Kommandos) erfolgen blind. Ausgenommen hiervon ist nur »`:`« (und für Suchanfragen »/« und »?«), denn es bewirkt einen Wechsel in den Kommandozeilen-Modus: Am unteren Rand erscheint ein »`:`« (oder »/« oder »?«), und Sie können nun ein Kommando eingeben und korrigieren, bis Sie es mit [↵] bestätigen. Erst jetzt wird das Kommando ausgeführt; danach sind Sie wieder im Kommando-Modus.

Notausstieg Durch die nicht ganz einfache Bedienung können Sie sich leicht eine wichtige Datei verhunzen. Es ist daher immens wichtig, den `vi` verlassen zu können, ohne die Änderungen abzuspeichern. Durch »`:q!` [↵]« erreichen Sie genau das. Mit »`:q` [↵]« (engl. *quit*, »aufhören«) beenden Sie den `vi`, was dieser aber verweigert, wenn Sie die Datei geändert, aber noch nicht gespeichert haben. Durch das »`!`« erzwingen Sie das Beenden.

Bewegung im Text Im Eingabemodus können Sie sich mit den Pfeil-Tasten normal bewegen. Die volle Bewegungsfreiheit erhalten Sie aber erst im Kommandomodus. Die Tasten [h], [j], [k], [l] entsprechen dabei [←], [↓], [↑], [→].

Durch [0] und [$] gelangen Sie an den Zeilenanfang bzw. das -ende. Mit [w] und [b] springen Sie an den folgenden bzw. vorhergehenden Wortanfang.

Mit [H], [L] und [M] bewegen Sie die Schreibmarke in die erste, letzte oder mittlere Zeile des gerade sichtbaren Bereichs; ein [G] bewegt Sie an das Dateiende und die Kombination [1][G] in die erste Zeile der Datei.

Löschen von Zeichen Das Löschen von Zeichen ist im Eingabemodus nur eingeschränkt möglich. Insbesondere ist es in einigen `vi`-Versionen nicht möglich, hier den Zeilenumbruch zu entfernen. Im Kommandomodus hingegen haben Sie alle Freiheiten: Ein [x] löscht das Zeichen unter, ein [X] das Zeichen vor der Schreibmarke, und die Kombination [d][d] (engl. *delete*, »löschen«) entfernt eine ganze Zeile mitsamt Zeilenumbruch. Geht es Ihnen nur um den Zeilenumbruch, so können Sie diesen durch [J] (engl. *join*, »(Zeilen) verbinden«) durch ein Leerzeichen ersetzen und so zwei Zeilen »verbinden«.

Dateioperationen Wenn Sie eine Datei `datei` bearbeiten möchten, so führen Sie einfach den Befehl `vi datei` aus. Innerhalb von `vi` können Sie dies auch durch »`:e datei` [↵]« (engl. *edit*) erreichen. Da dabei alle vorherigen Änderungen an anderen Dateien verloren gehen, müssen Sie diese zuvor durch »`:w` [↵]« oder »`:w andere_datei` [↵]« auf die Platte schreiben (engl. *write*).

Um den Inhalt der Datei `datei` in die aktuelle Datei einzufügen, verwenden Sie das Kommando »`:r datei` [↵]« (engl. *read*, »lesen«). Dadurch wird der Inhalt von `datei` bei der Schreibmarke eingefügt. (Genau genommen nach der Zeile, in der sich die Schreibmarke befindet; der `vi` ist nach wie vor zeilenorientiert.)

Durch ein nachgestelltes »`!`« können Sie Gewalt anwenden, wie wir es schon bei »`:q` [↵]« gesehen hatten: »`:q!` [↵]« und »`:e! datei` [↵]« verlassen den Editor bzw. laden eine neue Datei, obwohl dadurch vorhergehende Änderungen verloren gehen könnten; »`:w! datei` [↵]« überschreibt auch eine schreibgeschützte Datei.

Für »`:w` [↵] `:q` [↵]« können Sie auch kürzer »`:wq` [↵]« oder »`:x` [↵]« eingeben. Im Kommando-Modus können Sie [Z] [Z] benutzen.

5.4.3 Erweiterte Funktionen

Einfügen von Text Neben [i] gibt es noch verschiedene andere Möglichkeiten, um vom Kommando-Modus in den Eingabe-Modus zu wechseln. [i] und [a] (engl. *append*, »anhängen«) fügen vor bzw. nach der Schreibmarke ein, [I] und [A] am Anfang bzw. Ende der Zeile. Durch [o] und [O] machen Sie eine neue Zeile auf, entweder nach oder vor der aktuellen Zeile.

Ersetzen von Text Wenn Sie statt durch [i] mit [R] (engl. *replace*, »ersetzen«) in den Eingabe-Modus wechseln, so wird überschrieben statt eingefügt (das sollten Sie auch in der Statusanzeige sehen). Geht es nur um ein einzelnes Zeichen, wenn Sie etwa das »u« unter der Schreibmarke in ein »x« verwandeln möchten, so können Sie statt »[R] x [Esc]« auch kürzer [r] [x] eingeben.

Schließlich können Sie mit [c][c] eine Zeile ersetzen (engl. *change*) – das entspricht [d][d][O].

Textteile ausschneiden, kopieren und einfügen Mit [d][d] und ähnlichen Kommandos gelöschte Textstellen gehen nicht verloren, sondern werden in einem Zwischenspeicher abgelegt. Aus diesem können Sie sie mit [p] nach bzw. mit [P] (engl. *paste*, »einkleben«) vor der Schreibmarke einfügen. (Dabei werden Zeichenketten an Ort und Stelle, ganze Zeilen aber immer vor oder nach der Zeile eingefügt.)

Wollen Sie eine Textstelle von hier nach dort kopieren, ohne sie hier zu löschen, so können Sie statt [d][d] einfach [y][y] nehmen: Es kopiert eine Zeile in den Zwischenspeicher, ohne sie zu löschen.

Suchen Suchen von Textstellen funktioniert in `vi` ganz genauso wie in `less` (Abschnitt 2.3).

Einfach im Kommando-Modus durch Drücken von »/« oder »?« in den Kommandozeilen-Modus wechseln. Dort geben Sie einen regulären Ausdruck (Abschnitt 5.1) ein und bestätigen ihn mit [↵], also beispielsweise »/^$ [↵]«, wodurch die Schreibmarke abwärts (bei »?« aufwärts) an die nächste Fundstelle springt. Mit [n] und [N] können Sie weiter in die eingeschlagene Richtung bzw. ihr entgegen nach dem Muster suchen.

Suchen und Ersetzen »Suchen und Ersetzen« funktioniert in `vi` wie in `sed` (Abschnitt 5.3).

Wechseln Sie in den Kommandozeilen-Modus und geben Sie dort das entsprechende `sed`-Substitutionskommando ein. Beispielsweise wird mit

```
:1,$ s/ae/ä/g [↵]
```

in der ganzen Datei »ae« durch »ä« ersetzt.

Anders als bei `sed` werden ohne Zeilenspezifikation nicht alle Zeilen, sondern nur die aktuelle Zeile bearbeitet. Auf die aktuelle Zeile können Sie sich mit ».« beziehen. So werden durch

```
:1,. s/^/    / [↵]
```

alle Zeilen bis zur aktuellen um vier Leerzeichen eingerückt.

Tor zur Welt Seine volle Leistungsfähigkeit erreicht der `vi`, wenn Sie ihn mit externen Programmen kombinieren.

So können Sie sich durch »`:! cal` [↵]« ein Programm ausführen lassen (hier: einen Kalender), dessen Ausgabe eingeblendet wird. Wollen Sie die Ausgabe des Programms weiter benutzen, so nehmen Sie das Kommando »`:r! cal` [↵]«, wodurch die Ausgabe an der aktuellen Position eingefügt wird.

Mit Konstruktionen wie der folgenden haben Sie schließlich unbegrenzte Erweiterungsmöglichkeiten:

```
:3,15 ! sort
```

Hierbei werden alle spezifizierten Zeilen per Pipeline durch das externe Kommando `sort` geschleust und danach durch dessen Ausgabe ersetzt. (In allen Beispielen steht »`!`« und nicht das nahe liegende, aber im `vi` anderweitig benutzte »|«.)

5.4.4 Zusammengesetzte Kommandos

Ganz Unix-typisch können Sie auch die internen Kommandos miteinander kombinieren.

Wiederholungsfaktoren Wir hatten schon gesehen, dass »Springen in die letzte Zeile« [G] durch vorher gedrücktes [1] in »Springe in die erste Zeile« abgeändert wird. Sie können aber auch in jede andere Zeile springen: Durch [4][2][G] springen Sie in die 42. Zeile usw.

Ganz allgemein erlaubt fast jedes Kommando einen vorangestellten Wiederholungfaktor. So werden durch [1][2][d][d] zwölf Zeilen gelöscht, mit [5][j] bewegen Sie sich 5 Zeilen abwärts, und durch »[7][i] ? [Esc]« werden insgesamt sieben Fragezeichen eingefügt.

Konkretisierungen Die drei Kommandos [d][d], [y][y] und [c][c] sind in Wirklichkeit Spezialfälle der Kommandos [d]*x*, [y]*x* bzw. [c]*x*. Dabei ist *x* ein Platzhalter für einen beliebigen Bewegungsbefehl, der auch Wiederholungsfaktoren enthalten darf. Die Bedeutung ist dabei immer: Löschen/Kopieren/Ersetzen von hier bis zu der Stelle, zu der das Bewegungskommando *x* Sie hin verschlagen würde. So wird mit [d][$] alles bis zum Ende der Zeile gelöscht, mit `c` `5` `w` ersetzen Sie ab der aktuellen Position die nächsten 5 Wörter, mit `y` `2` `j` oder `y` `3` `G` kopieren Sie diese und die nächsten 2 Zeilen in den Zwischenspeicher bzw. alles von dieser bis zur 3. Zeile.

- Tutor-Programm von `vim`: `vimtutor(1)`
- Onboard-Hilfe von `vim`; abrufbar durch »`:help` ↵«
- A. Robbins, *vi-Editor – kurz & gut* (Sebastopol, CA: O'Reilly & Associates, 1999)
- L. Lamb, A. Robbins, *Learning the vi Editor* (Sebastopol, CA: O'Reilly & Associates, 1998), 6. Aufl., `http://www.oreilly.de/catalog/vi6/`

Kapitel 6 Prozesse

In diesem Kapitel ...

- lernen Sie das Linux-Prozesskonzept kennen
- werden Möglichkeiten vorgestellt, mit denen man sich Informationen über Prozesse anzeigen kann
- lernen Sie, wie man Prozessen Signale schickt
- erfahren Sie etwas über Prozessprioritäten

6.1 Was ist ein Prozess?

Prozess

Ein **Prozess** stellt ein laufendes Programm dar, besteht also nicht nur aus dem Programmcode, sondern umfasst auch dessen Daten und diverse Verwaltungsinformationen, auch als »Kontext« bezeichnet. Da Linux ein Multitasking-System ist, können verschiedene Prozesse gleichzeitig ablaufen.

Jeder Prozess kann Kindprozesse generieren, die dann einen Verweis auf ihren Erzeuger enthalten. Der einzige Prozess, der keinen solchen »Elterprozess« hat, ist der beim Start des Systems erzeugte `init`-Prozess, der sozusagen der Urahn aller anderen Prozesse ist.

Präemptives Multitasking
Scheduler

Linux verwendet **präemptives Multitasking**, das heißt, ein Teil des Kernels, der **Scheduler**, verwaltet alle Prozesse und teilt ihnen Ressourcen zu. Wenn nur ein Prozessor vorhanden ist, laufen die Prozesse nicht wirklich parallel ab, sondern die Rechenzeit wird vom Kernel in kleine Scheibchen (engl. *time slices*) eingeteilt, die nur Sekundenbruchteile betragen (typischerweise 1 bis 100 ms). Dem aktuellen Prozess steht ein solches Zeitscheibchen zur Verfügung, danach wird entschieden, welcher Prozess im nächsten Zeitsegment bearbeitet werden soll. Der erste Prozess muss dann warten, bis er wieder an der Reihe ist. Das Ganze geht so schnell, dass es dem Anwender so vorkommt, als ob mehrere Prozesse gleichzeitig ausgeführt werden. In einem *n*-Prozessor-System können bis zu *n* Prozesse »echt gleichzeitig« ausgeführt werden, wobei in der Regel nicht mit einer *n*-fachen Beschleunigung zu rechnen ist – notwendige Verwaltungsarbeiten halten den Betrieb auf, insbesondere wenn mehrere der Prozesse in denselben Speicherbereich schreiben wollen. Ist die Ausführung eines Prozesses abgeschlossen, beendet sich der Prozess und stellt einen **Rückgabewert** zur Verfügung, mit dem er zum Beispiel signalisieren kann, ob er erfolgreich ausgeführt wurde oder nicht.

Rückgabewert

Durchläuft ein Prozess den eben beschriebenen Kreislauf, kann man ihm verschiedene Zustände zuordnen (s. Bild 6.1). Für jeden im Folgenden aufgelisteten Prozessstatus ist außer der Beschreibung noch eine Abkürzung angegeben, die von den gängigen Werkzeugen zur Prozessverwaltung verwendet wird:

Prozessstatus

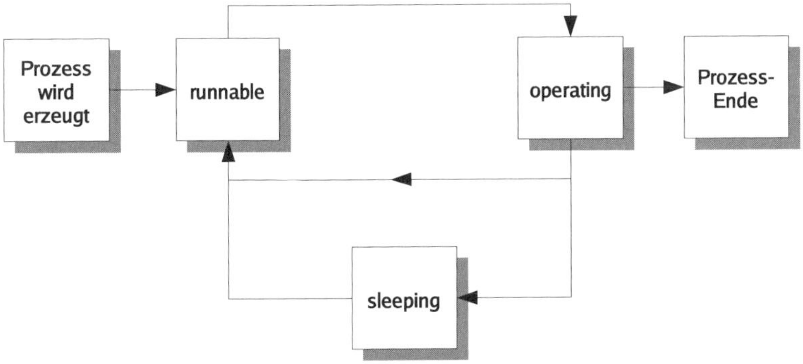

Bild 6.1: Verdeutlichung der Zusammenhänge zwischen den verschiedenen Prozesszuständen

runnable (R) Der Prozess wartet darauf, Rechenzeit zugeordnet zu bekommen.

operating Der Prozess wird gerade ausgeführt. Der Wechsel zwischen den Zuständen *runnable* und *operating* findet so schnell statt, dass bei der Anzeige der Prozesse zwischen den beiden nicht unterschieden wird.

sleeping (S) Der Prozess wartet darauf, dass ein Systemaufruf (meist eine Ein- oder Ausgabeoption) abgeschlossen wird.

uninterruptible sleep (D) Der Prozess ist in einem Zustand ähnlich zu S, wartet aber an einer Stelle, wo er nicht explizit abgebrochen werden kann.

stopped, traced (T) Der Prozess kommt im Moment nicht dafür in Frage, Rechenzeit zugeteilt zu bekommen, weil er explizit durch ein Signal angehalten wurde.

Zombie (Z) Der Prozess wurde beendet, aber der Elterprozess hat seinen Rückgabewert noch nicht abgefragt. Ein Zombie belegt keine Ressourcen ausser einem Eintrag in der Prozesstabelle; er verschwindet, nachdem der Elterprozess den Rückgabewert abgefragt oder sich beendet hat.

Jeder Prozess hat neben der Prozessumgebung Attribute wie ein *aktuelles Verzeichnis* und eine *umask*, die an Kindprozesse vererbt werden, ferner eine Liste der vom Prozess geöffneten Dateien. Hier sind drei Einträge vorgegeben, die den Standardkanälen `stdin`, `stdout` und `stderr` entsprechen. Auch die offenen Dateien werden an Kindprozesse vererbt.

➪ »Prozessumgebung« in Abschnitt 11.1.2 (Seite 292)
➪ *umask* (Abschnitt 3.4.2), `umask(2)`
➪ Standardkanäle Abschnitt 4.1.1

Kennwerte

Außer diesen Eigenschaften besitzt jeder Prozess noch eine Reihe von Kennwerten:

PID (engl. *process ID*) Die eindeutige *Prozessnummer*. Sie dient zur eindeutigen Identifizierung des Prozesses und kann immer nur einmal belegt werden. Die maximale normalerweise vergebene PID ist $2^{15} - 1 = 32767$ (bei Linux 2.6 bis auf 4194303 zu steigern); danach werden bei den kleinen Werten beginnend unbenutzte PIDs wieder benutzt.

Elterprozess

PPID (engl. *parent process ID*) Alle Prozesse kennen die Prozessnummer ihres Elterprozesses. Der einzige Prozess, der keinen solchen Elterprozess hat, ist der `init`-Prozess mit der PID 1.

UID, GID (engl. *user ID, group ID*) Jeder Prozess hat eine UID und eine Menge von GIDs (eine primäre und möglicherweise einige weitere), auf deren Basis ihm Zugriffsrechte auf Dateien und Geräte zugeordnet werden. Üblicherweise sind UID und GIDs diejenigen des Benutzers, von dem der Prozess (unmittelbar oder mittelbar) erzeugt wurde. Die Sache wird durch den SUID- bzw. SGID-Mechanismus verkompliziert; man spricht von der »effektiven« und der »wirklichen UID« (engl. *real UID*) eines Prozesses, wobei die wirkliche UID die des aufrufenden Benutzers ist und die effektive diejenige, unter der der Prozess läuft und die etwa durch den SUID-Mechanismus verändert werden kann. (In Wirklichkeit ist es noch etwas komplizierter.) Dasselbe gilt für GIDs. UID und GIDs werden an Kindprozesse vererbt.

PRI, NI (engl. *priority, nice*) Der Scheduler weist jedem Prozess eine Priorität zu, nach deren Wert er die Zeitscheiben verteilt. Die Priorität eines Prozesses ändert sich dynamisch je nach dem bisherigen Verhalten des Prozesses – »interaktive« Prozesse, also solche, die Ein- und Ausgabeoperationen ausführen, werden gegenüber solchen bevorzugt, die nur Rechenzeit verbrauchen. Sie kann vom Benutzer nicht direkt beeinflusst werden,

Sie können den Kernel lediglich mit Programmen wie `nice` darum bitte, den Prozess zu bevorzugen oder zu benachteiligen. Der »Nice-Wert«, der den Grad dieser Bevorzugung quantifiziert, wird an Kindprozesse vererbt.

CMD (engl. *command*) Der Name des Kommandos, durch das der Prozess gestartet wurde.

TIME Die verbrauchte Rechenzeit.

TTY (engl. *terminal type*) Der Name des kontrollierenden Terminals. Bei Prozessen, die nicht von einem Terminal aus gestartet wurden, wird ein Fragezeichen ausgegeben.

RSS (engl. *resident set size*) Die Größe des Programms im Arbeitsspeicher.

WCHAN Bei Prozessen im Zustand `sleeping` (`S`) der Name der Kernel-Funktion, in der der Prozess schläft.

Prozessdateisystem

Die genannten Informationen finden Sie im Verzeichnis `/proc`. Das Prozessdateisystem von Linux stellt hier zur Laufzeit Daten aus dem Kernel in der Form eines normalen Dateisystems dar. Sie finden dort eine große Anzahl von Verzeichnissen, deren Namen PIDs von Prozessen entsprechen. Zum Beispiel:

```
dr-xr-xr-x  3   root  root      0  Oct 16 11:11 1
dr-xr-xr-x  3   root  root      0  Oct 16 11:11 125
dr-xr-xr-x  3   root  root      0  Oct 16 11:11 80
⋘⋘
```

⇨ `proc(5)`, `Documentation/filesystems/proc.txt` im Kernel-Quellcode

6.2 Prozessinformationen

ps

Die Informationen aus `/proc` schauen Sie in der Regel nicht direkt, sondern mit entsprechenden Kommandos an. Auf jedem Unix-artigen System vorhanden ist der Befehl `ps` (engl. *process status*). Ohne Optionen werden alle auf dem derzeitigen Terminal laufenden Prozesse angezeigt. Dabei werden die Prozessnummer `PID`, das Terminal `TTY`, die verwendete Rechenzeit `TIME` sowie das jeweilige Kommando tabellarisch aufgelistet:

```
$ ps
  PID TTY          TIME CMD
  997 pts/1    0:00:00 bash
 1005 pts/1    0:00:00 ps
```

Auf dem aktuellen Terminal pts/1 laufen im Beispiel also momentan zwei Prozesse. Neben der bash mit der PID 997 wird gerade das Kommando ps mit der PID 1005 ausgeführt. Die Syntax von ps ist recht verwirrend. Neben Optionen im Unix98-Stil (z. B. -l) und im GNU-Langformat (z. B. --help) sind auch Optionen im BSD-Format ohne einleitendes Minuszeichen erlaubt. Ein ausführliches Ausgabeformat liefert die Option »ps -l«:

```
$ ps -l
S   UID   PID  PPID  PRI  NI WCHAN  TTY          TIME CMD
S   500  1777  1770   75   0 wait4  pts/1    00:00:00 bash
R   500  2203  1777   81   0        pts/1    00:00:00 ps
```

Um alle laufenden Prozesse anzuzeigen, können Sie im Unix98-Stil »ps -e« eintippen oder entsprechend im BSD-Format »ps ax«. Mit der Option o ist eine Ausgabe nach eigenen Vorstellungen möglich:

```
$ ps ao uid,pid,ppid,state,cmd --sort uid
UID   PID  PPID S CMD
500  2040  1783 T gears
501  2280  1777 S [su]
501  2281  2280 R -bash
501  2327  2281 R ps ao uid,pid,ppid,state,cmd --sort uid
```

Die Option a listet alle terminalabhängigen Prozesse aller Benutzer auf. Suchen Sie nach der Prozessnummer eines bestimmten Kommandos, hilft Ihnen die Option -C:

```
$ ps -C acroread
  PID TTY          TIME CMD
 2330 pts/4    00:00:26 acroread
```

Sie können die Ausgabe von ps auch mit grep durchsuchen:

```
$ ps -e | grep acroread
 2330 pts/4    00:00:26 acroread
```

pstree

Welcher Prozess welche Kindprozesse gestartet hat, können Sie sich mit dem Kommando pstree ansehen. Wenn ein Benutzerna-

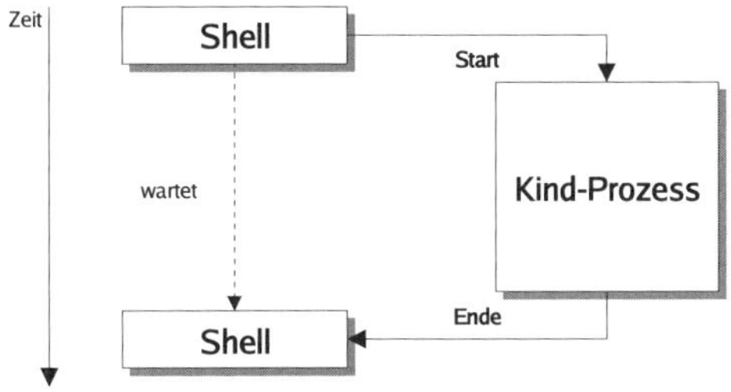

Bild 6.2: Die synchrone Arbeitsweise der Shell

me mit angegeben wird, werden nur dessen Prozesse angezeigt. Mit der Option -p wird die Prozessnummer mit ausgegeben, mit -u auch die Eigentümerverhältnisse.

```
$ pstree -p tux
kdeinit(1714)-+-artsd(1736)
              |-kdeinit(1744)
              |-kdeinit(1753)
              |-kdeinit(1764)---bash(1768)---vi(2270)
              |-kdeinit(1765)---bash(1769)
              |-kdeinit(1766)---bash(1793)---pstree(2549)
              |-kdeinit(1774)---bash(1804)---acroread(2330)
              `-kdeinit(1802)
```

In allen Fällen sollten Sie berücksichtigen, dass ps und pstree nur eine Momentaufnahme des Systems erstellen. Wenn Sie wenige Sekunden später erneut ps aufrufen, kann die neue Ausgabe schon wieder völlig anders aussehen.

6.3 Prozesse erzeugen und beenden

Kindprozesse

Jeder Prozess kann **Kindprozesse** erzeugen (auch wenn die meisten es nicht tun). Die Shell startet externe Programme als Kindprozesse.

Nach dem Start eines Kommandos wartet die Shell, bis der Kindprozess seine Arbeit erledigt und sich beendet hat. Das merken Sie daran, dass während der Laufzeit des Kindprozesses keine

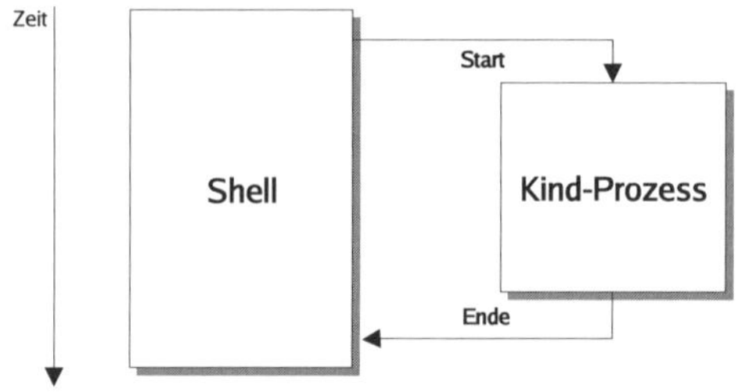

Bild 6.3: Die asynchrone Arbeitsweise der Shell

neue Eingabeaufforderung erscheint. Nach Beendigung des Kindprozesses wird dessen **Rückgabewert** gelesen und ausgewertet, und erst dann können Sie ein neues Kommando eingeben. Diese »synchrone« Arbeitsweise ist in Bild 6.2 verdeutlicht; als Benutzer sehen Sie – am Beispiel des Programms `sleep` – in etwa das Folgende:

Rückgabewert

```
$ sleep 10
                    Ca. 10 Sekunden lang passiert nichts
$ _
```

Soll die Shell nicht warten, bis der Kindprozess fertig ist, müssen Sie ihr dies durch das Anhängen eines kaufmännischen Und-Zeichens (&) an die Kommandozeile mitteilen. Während der Ableger dann im Hintergrund abgearbeitet wird, erscheint nach einer kurzen Meldung zum **Hintergrundprozess** sofort wieder die Eingabeaufforderung der Shell:

Hintergrundprozess

```
$ sleep 10 &
[2] 6210
                    Und dann sofort wieder:
$ _
```

Diese Arbeitsweise heißt »asynchron« (Bild 6.3). Hier ein paar Tipps für erfolgreiche Hintergrundverarbeitung:

- Der Hintergrundprozess sollte keine Tastatureingaben erwarten, da die Shell nicht entscheiden kann, welchem Prozess die Eingaben zuzuordnen sind. Gegebenenfalls kann die Eingabe einer Datei entnommen werden.

- Der Hintergrundprozess sollte keine Terminalausgaben machen, da sich diese mit den Ausgaben von Vordergrundaktivitäten überlagern können. Fehlermeldungen können bei Bedarf in eine Datei umgeleitet oder komplett verworfen werden.
- Wird der Elterprozess abgebrochen, werden meist auch alle zugehörigen Kindprozesse (und demzufolge auch deren Kinder usw.) beendet. Davon ausgenommen sind nur Prozesse, die sich komplett von ihren Eltern lossagen, etwa weil sie Systemdienste im Hintergrund erbringen sollen.

Jobkontrolle

Befinden sich mehrere Prozesse im Hintergrund, verliert man leicht die Übersicht. Daher stellt die Shell ein eingebautes Kommando zur Verfügung, mit dem Sie sich über den Zustand von Hintergrundprozessen informieren können: `jobs`. Wird `jobs` ohne Zusätze eingegeben, erhalten Sie eine Liste mit der Jobnummer, dem Prozesszustand und dem Kommandotext. Das sieht dann etwa folgendermaßen aus:

`jobs`

```
$ jobs
[1]   Done                    sleep
```

In diesem Fall ist der Prozess mit der Jobnummer 1 bereits beendet worden (engl. *done,* »erledigt«), ansonsten gibt es die Meldung »`Running`« (»laufend«). Das Kommando `jobs` kennt verschiedene Optionen, die mit `help jobs` ausgegeben werden.

Die Bash ermöglicht es, einen Vordergrundprozess mit der Tastenkombination [Strg]+[z] anzuhalten. Dieser Prozess wird dann von `jobs` mit dem Status »`Stopped`« (engl. für »angehalten«) gekennzeichnet. Mit dem Befehl `bg` (engl. *background,* »Hintergrund«) lässt sich ein solcher Prozess in den Hintergrund schicken, wo er dann weiter bearbeitet wird. So verlegt die Eingabe »`bg %5`« den Prozess mit der Jobnummer 5 in den Hintergrund.

Umgekehrt ist es ebenso möglich, aus mehreren aktiven oder angehaltenen Hintergrundprozessen einen auszuwählen und diesen mit dem Shell-Kommando `fg` (engl. *foreground,* »Vordergrund«) in den Vordergrund zu holen. Die Syntax von `fg` entspricht vollständig der des Kommandos `bg`.

Beenden können Sie einen Vordergrundprozess in der Bash mit der Tastenkombination [Strg]+[c], einen Hintergrundprozess direkt mit dem Kommando `kill`, wobei Sie wie bei `bg` ein Prozentzeichen, gefolgt von der Jobnummer, angeben.

nohup Wenn Sie ein Kommando mittels `nohup` (engl. *no hang up*) aufrufen, veranlasst das das betreffende Programm dazu, das Signal `SIGHUP` (Abschnitt 6.4) zu ignorieren und damit das Ende des Elterprozesses zu überleben. Damit ist es möglich, einen Prozess zu starten, der auch dann noch weiterläuft, wenn sich der Benutzer längst wieder abgemeldet hat. Es empfiehlt sich, den Prozess immer mit `nice` auszuführen (Abschnitt 6.4, Prioritäten), damit Anwendungen anderer Benutzer nicht zu langsam werden.

SIGHUP ignorieren

```
$ nohup dd if=/dev/zero of=/dev/null &
nohup: appending output to 'nohup.out'
[1] 2213
```

Wenn die Standardausgabe des Programms ein Terminal ist und der Benutzer nichts anderes definiert hat, so wird die Ausgabe automatisch gemeinsam mit der Standardfehlerausgabe in die Datei `nohup.out` umgeleitet. Ist das aktuelle Verzeichnis für den Benutzer nicht schreibbar, wird die Datei im Heimatverzeichnis des Benutzers angelegt.

6.4 Prozesse beeinflussen

6.4.1 Signale

Signale
kill

Eine Möglichkeit, von außen auf Prozesse einzuwirken, sind Signale. Das Kommando `kill` gibt Signale an ausgewählte Prozesse weiter. Das gewünschte Signal kann entweder in Form einer Zahl oder als Name festgelegt werden. Ferner müssen Sie noch die jeweilige Prozessnummer übergeben, die Sie zum Beispiel mit `ps` herausfinden können.

```
$ xclock -update 1 &                     Uhr mit Sekundenzeiger
[1] 2191
$ kill -SIGSTOP 2191
[1]+  Stopped                 xclock -update 1
$ kill -SIGCONT 2191
```

Im Folgenden sind die wichtigsten Signale mit den entsprechenden Nummern und ihrer Bedeutung aufgelistet. Eine Liste aller

Signale mit den dazugehörigen Nummern erhalten Sie mit »kill -l«; ausführlichere Erläuterungen zu den Signalen finden Sie in signal(7).

SIGHUP (1, *hang up*) Veranlasst die Shell, alle ihre Kindprozesse mit demselben kontrollierenden Terminal zu beenden. Hintergrundprozesse ohne kontrollierendes Terminal können durch dieses Signal veranlasst werden, ihre Konfigurationsdateien neu einzulesen.

SIGINT (2, *interrupt*) Unterbricht Prozess; entspricht Strg+c.

SIGKILL (9, *kill*) Beendet den Prozess und kann von diesem nicht ignoriert werden; quasi »Notbremse«.

SIGTERM (15, *terminate*) Voreinstellung; beendet Prozess.

SIGCONT (18, *continue*) Setzt angehaltenen Prozess fort

SIGSTOP (19, *stop*) Hält Prozess an.

SIGTSTP (20, *terminal stop*) Entspricht Strg+z.

SIGTERM

Ohne weitere Angabe wird das Signal SIGTERM gesendet, das den Prozess beendet.

Signalbehandlung

Die meisten Signale kann der laufende Prozess *ignorieren* oder *abfangen*. »Abfangen« bedeutet, dass der Programmierer Code vorgesehen hat, der ausgeführt wird, wenn das betreffende Signal eingeht. Beispielsweise kann ein Programm auf ein SIGTERM reagieren, indem es den internen Zustand des Programms in einer Form auf die Platte sichert, die es später wieder einlesen kann. Auf diese Weise lassen sich lang laufende Programme schreiben, die zum Beispiel Systemarbeiten tolerieren, für die der Rechner neu gestartet werden muss. »Ignorieren« heißt, dass der Programmierer ausdrücklich verfügt hat, dass das Programm auf das Signal gar nicht reagieren soll. Signale, die nicht abgefangen oder ignoriert werden, führen meistens zum Abbruch des Prozesses.

SIGKILL
SIGSTOP

Anders verhält es sich mit den Signalen SIGKILL und SIGSTOP. Diese Signale werden vom System ausgeführt, ohne dass das Programm die Möglichkeit hat, sie zu ignorieren oder abzufangen. SIGKILL beendet einen Prozess, ohne dass dieser die Chance zum »Aufräumen« bekommt, und gibt alle seine Ressourcen frei. SIGSTOP versetzt einen Prozess in den Zustand *stopped*, das heißt, er bekommt

SIGCONT keine Rechenzeit mehr zugewiesen, bis er ein SIGCONT-Signal geschickt bekommt und dadurch wieder in den Zustand *runnable* kommt. Dasselbe passiert durch SIGTSTP, das Signal, das ein Prozess durch die Tastenkombination Strg+z geschickt bekommt; der Unterschied zwischen SIGSTOP und SIGTSTP ist, dass ein Prozess Letzteres abfangen oder ignorieren kann.

Manchmal reagiert ein Prozess nicht einmal mehr auf das Signal SIGKILL. Die Ursache hierfür liegt entweder daran, dass es sich um einen Zombie-Prozess handelt (der ja schon einmal »gestorben« ist und deswegen nicht nochmals »umgebracht« werden kann), oder darin, dass er in einem blockierten Systemaufruf wartet. Letztere Situation entsteht beispielsweise, wenn ein Prozess auf die Beendigung einer Schreib- oder Leseoperation eines langsamen Geräts wartet. Solche Prozesse befinden sich im Zustand D (*uninterruptible sleep*). Verharrt ein Prozess sehr lange im Zustand D, dann ist das ein Indiz für ein Problem mit einem Ausgabegerät oder einen Fehler in dessen Treiber. Solche Fälle kommen zum Glück selten vor (beispielsweise wenn Sie während eines Schreibzugriffs auf ein Magnetbandgerät gewaltsam das Band entfernen).

uninterruptible sleep

SIGHUP Das Signal SIGHUP hat eine Sonderbedeutung für Programme, die im Hintergrund laufen. Normalerweise bedeutet SIGHUP, dass eine interaktive Terminalsitzung beendet wurde, indem der Benutzer das Modem aufgelegt hat (engl. *to hang up*), mit dem sein Terminal über das Telefonnetz mit dem Zentralcomputer verbunden ist – es veranlasst die Shell, alle ihre Kindprozesse mit demselben kontrollierenden Terminal zu beenden und die Sitzung abzubauen. Hintergrundprozesse haben kein kontrollierendes Terminal, so dass das SIGHUP für andere Zwecke frei ist, und man benutzt es normalerweise dazu, dass der Hintergrundprozess seine Konfigurationsdateien neu einliest, ohne dass man ihn dafür anhalten und neu starten muss. Ein Prozess wie der WWW-Server Apache kann dann die gerade ausstehenden Anfragen auf der Basis der alten Konfiguration zu Ende führen, während die danach neu eingehenden Anfragen mit der neuen Konfiguration bearbeitet werden.

Jeder Benutzer darf `kill` nur auf seine eigenen Prozesse anwenden; lediglich der Systemadministrator `root` ist wie üblich von dieser Einschränkung ausgenommen.

killall

Das Kommando `killall` erlaubt es, Prozesse nicht über ihre Prozessnummer anzusprechen, sondern über den Namen des ausgeführten Programms. Ein Kommando wie

```
$ killall blafasel
```

sendet allen Prozessen ein `SIGTERM`, die das Programm `blafasel` ausführen. (Mit der Option `-i` fragt `killall` bei jedem Prozess vorher nach; mit der Option `-r` wird der »Prozessname« als regulärer Ausdruck interpretiert.) Bei `killall` können Sie verschiedene Signale genauso angeben wie bei `kill`. Es gelten auch sonst die gleichen Einschränkungen wie bei `kill`: Sie können nur Ihre eigenen Prozesse beeinflussen, es sei denn, Sie sind `root`.

pkill

`pkill` ähnelt `killall`, erlaubt aber weitere Selektionskriterien außer dem Prozessnamen. Sie können die Suche zum Beispiel auf Prozesse mit einer bestimmten UID oder GID einschränken oder nur dem neuesten (zuletzt gestarteten) oder ältesten (zuerst gestarteten) Prozess ein Signal schicken. Wie bei `pkill` können Sie den Prozessnamen als regulären Ausdruck angeben, das geht sogar ohne spezielle Option. Ebenso können Sie genau wie bei `pkill` ein bestimmtes Signal schicken (Standard ist `SIGTERM`):

```
# pkill -HUP syslogd
```

pgrep

Das Kommando `pgrep` unterstützt denselben Auswahlmechanismus für Prozesse wie `pkill`, aber gibt nur die PIDs der gefundenen Prozesse aus. Dies ist bequemer, als die Ausgabe von `ps` mit `grep` zu bearbeiten. Wenn Sie mehr über die Prozesse herausfinden wollen, können Sie die PIDs an `ps` verfüttern:

```
$ ps up $(pgrep -d, -u hugo bash)
```

(Die Option `-d` sorgt dafür, dass die PIDs durch Kommas getrennt ausgegeben werden.)

⇨ pgrep(1)

6.4.2 Prioritäten

Scheduler

In einem Multitasking-Betriebssystem wie Linux muss die Prozessorzeit auf verschiedene Prozesse verteilt werden. Diese Aufgabe erledigt der Scheduler. Es gibt in der Regel mehr als einen lauffähigen Prozess, und der Scheduler muss nach bestimmten Regeln allen lauffähigen Prozessen Rechenzeit zuteilen. Dabei benutzt er unter anderem den *Nice*-Wert. Dieser weist den Scheduler an, den entsprechenden Prozess mit höherer oder niedrigerer Priorität zu behandeln, je nachdem, ob er größer oder kleiner als die Vorgabe 0 ist. Der *Nice*-Wert für einen neuen Prozess kann mit dem Kommando `nice` festgelegt werden. Die Syntax ist `nice` [-⟨Nice-Wert⟩] ⟨Kommando⟩ ⟨Parameter⟩ ... (das heißt, `nice` wird wie `nohup` als »Präfix« eines anderen Kommandos verwendet).

nice

Anhand des Programms `gears`, das drehende Zahnräder darstellt, können Sie die Wirkung des *Nice*-Werts beobachten:

```
$ nice -5 gears > /dev/null &
$ nice -19 gears > /dev/null &
```

Mögliche *Nice*-Werte

Die möglichen *Nice*-Werte sind Zahlen zwischen −20 und +19. Ein negativer *Nice*-Wert erhöht die Priorität, ein positiver Wert senkt sie (je höher der Wert, desto »netter« sind Sie zu den anderen Benutzern des Systems, indem Sie Ihren eigenen Prozessen eine geringere Priorität geben). Ist kein *Nice*-Wert angegeben, wird der Standardwert +10 angenommen. Nur `root` darf Prozesse mit einem negativen *Nice*-Wert aufzurufen (negative *Nice*-Werte sind im Allgemeinen nicht nett zu anderen).

```
# nice --20 gears > /dev/null &
```

renice

Die Priorität eines bereits laufenden Prozesses können Sie übrigens mit dem Befehl `renice` beeinflussen. Hierzu rufen Sie `renice` mit dem gewünschten neuen *Nice*-Wert und der PID (oder den PIDs) der betreffenden Prozesse auf:

```
$ renice 19 2316
2316: Alte Priorität: 0, neue Priorität: 19
```

Auch hier gilt, dass nur der Systemverwalter beliebige *Nice*-Werte vergeben darf. Normale Benutzer dürfen mit `renice` den *Nice*-Wert ihrer Prozesse nur erhöhen – es ist zum Beispiel nicht möglich, einem Prozess, der bereits mit dem *Nice*-Wert 5 gestartet wurde, nachträglich wieder den *Nice*-Wert 0 zuzuordnen. Allerdings ist es durchaus erlaubt, ihm den *Nice*-Wert 10 zu geben. (Denken Sie an ein Zahnrad mit Sperrklinke.)

➪ `nice`(1), `renice`(8) (die externen Kommandos)
➪ `bash`(1) (für die gleichnamigen internen Kommandos)

6.4.3 Die Prozess-Steuerzentrale: top

Das Programm top vereint die Funktionen vieler Befehle zur Prozessverwaltung unter einer Oberfläche. Zunächst bietet es neben allgemeinen Systeminformationen eine sich ständig aktualisierende Prozesstabelle. Interaktiv können verschiedene Operationen ausgeführt werden, eine Übersicht erhalten Sie in top mit [h]. Unter anderem ist es möglich, die Liste nach verschiedenen Kriterien zu sortieren, Signale an Prozesse zu versenden ([k]) und die Priorität zu verändern ([r]). Die Oberfläche verlassen Sie wieder durch [q]. top lässt sich mit der Option -b auch ohne Oberfläche starten, um die Ausgabe zum Beispiel in eine Datei umzuleiten:

```
$ top -bin 5 > Datei
[Strg]+[c]
$ _
```

Die Option -i bewirkt, dass nur Prozesse angezeigt werden, die nennenswert Rechenzeit verbrauchen, und mit -n ⟨Zahl⟩ können Sie angeben, wie oft top seine Anzeige neu aufbauen soll, bevor es sich von selbst beendet.

⇨ top(1)

6.5 Systeminformationen abfragen

Hier sind zum Schluss noch ein paar Kommandos, mit denen Sie interessante Informationen über das System herausfinden können:

uname

Das Kommando uname gibt Informationen über den Rechner und gerade aktiven Linux-Kernel aus:

```
$ uname -a
Linux ceol 4.3.0-1-amd64 #1 SMP Debian 4.3.5-1▷
◁ (2016-02-06) x86_64 GNU/Linux
```

Diese Zeile enthält den Namen des Betriebssystemkerns (Linux) und des Rechners (red), gefolgt von der Versionsnummer des Linux-Kernels (2.6.29-2-686 #1 SMP) und des Datums der Übersetzung des Kernels (17. Mai 2009 usw.). Danach kommt noch die Rechnerarchitektur (i686) und der Name des Betriebssystems (GNU/Linux).

Sie können über Optionen dafür sorgen, dass nur bestimmte Informationen ausgegeben werden:

```
$ uname -o
GNU/Linux
$ uname -m
x86_64
```

Nützlich ist das möglicherweise für »portable« Shell-Skripte, die sich je nach Betriebssystem und Hardwarebasis unterschiedlich benehmen sollen. Eine andere Anwendung: Die modularen Gerätetreiber für den Linux-Kernel sind eng an dessen Version gekoppelt und finden sich darum in einem Verzeichnis, das die Versionsnummer enthält:

```
$ ls /lib/modules/`uname -r`
kernel              modules.dep      modules.symbols.bin
modules.alias       modules.dep.bin
modules.alias.bin   modules.symbols
⊲⊲⊲⊲⊲
```

➪ uname(1)

free Mit free können Sie herausfinden, wie Ihr Rechner seinen Speicher ausnutzt:

```
$ free
        total     used     free shared buff/cache available
Mem:  3911524  2555140    76656 463860    1279728    862944
Swap: 8388604  1385452  7003152
```

Die Mem:-Zeile bezieht sich dabei auf den Hauptspeicher, die Swap:-Zeile auf den Auslagerungsspeicher. Die shared-Spalte können Sie ignorieren; ebensowenig sollten Sie sich Gedanken machen, wenn der Wert für free nach sehr wenig aussieht, obwohl der Rechner fast nichts macht – Linux läßt RAM nur ungern brachliegen, sondern verwendet es zum Puffern von Plattendaten, und derart belegter Speicher kann sehr kurzfristig freigeschaufelt werden.

➪ free(1)
➪ Auslagerungsspeicher: Abschnitt 8.3.6

uptime Das Kommando uptime zu guter Letzt zeigt Ihnen, wie lange der Rechner seit dem letzten Neustart in Betrieb ist:

```
$ uptime
11:43:52 up 22:56, 2 users, load average: 1.12, 0.67, 0.65
```

Am Anfang der Zeile steht die aktuelle Uhrzeit, dann kommt die tatsächliche Laufzeit des Systems und dann die Anzahl der angemeldeten Benutzer (was mit Vorsicht zu genießen ist). Den Abschluss der Zeile bilden die *load averages*, ein grobes Maß für die Systemlast: Die drei Zahlen sind jeweils die Anzahl der lauffähigen Prozesse, gemittelt über die letzte Minute, die letzten fünf und die letzten fünfzehn Minuten. (Werte bis zur Gesamtzahl der Prozessorkerne in Ihrem Rechner sind dabei unbedenklich; wesentlich höhere möglicherweise ein Warnsignal.) Damit können Sie zumindest eine Tendenzaussage darüber machen, ob die Systemlast steigt oder fällt; für genauere Analysen brauchen Sie bessere Werkzeuge.

load averages

⇨ uptime(1)

Kapitel 7 Hardware

In diesem Kapitel ...

- lernen Sie die Grundlagen der PC-Hardwareunterstützung von Linux kennen
- werden BIOS, UEFI und andere wichtige Begriffe vorgestellt
- erfahren Sie Näheres darüber, wie Massenspeicher unter Linux unterstützt werden
- erlernen Sie die Grundbegriffe von udev und D-Bus

7.1 Überblick

Linux unterstützt ein sehr breites Spektrum von Systemarchitekturen und -plattformen: Der Linux-Kern steht für alle heute gängigen Mikroprozessoren zur Verfügung, und Linux läuft auf Rechnern von bescheidenen PDAs bis zu den größten Großrechnern. Die einzige für die LPIC-1-Zertifizierung bedeutsame Rechnerarchitektur ist allerdings die von IBM und Intel begründete x86-PC-Architektur.

Architektur Computer verfügen heutzutage über einen oder mehrere Prozessoren (CPUs), Speicher für Programmablauf und Daten (RAM) und Hintergrundspeicher für Dateien (Platten, SSDs). Dazu kommen diverse Peripheriegeräte für Eingabe (Tastatur, Maus, Grafiktablett, Webcam, …) und Ausgabe (Grafik»karte« – heute auch gerne Teil der CPU –, Audio, …) und vieles andere mehr. Diese Peripheriegeräte sind entweder Teil der Hauptplatine (engl. *motherboard*) oder werden über verschiedene Schnittstellen (PCIe, USB, SATA, SCSI, …) angebunden. Zur Vernetzung mit anderen Rechnern dienen Ethernet oder WLAN. Damit ein Rechner starten kann, braucht er ferner »Firmware« in einem nur lesbaren Speicher (ROM).

- S. Pritchard, »Linux Hardware Compatibility HOWTO« (Januar 2004), `http://www.tldp.org/HOWTO/Hardware-HOWTO/`
- `http://www.karbosguide.com/` ist eine von vielen Seiten mit einem technischen Überblick über PC-Hardware.

7.2 Firmware

Bei PCs heißt die Firmware entweder »BIOS« (bei älteren Systemen) oder »UEFI«. Früher – in der Zeit von MS-DOS – diente das **BIOS** BIOS dazu, die Verbindung zwischen dem eigentlichen Betriebssystem (DOS) und der Hardware des Rechners herzustellen. Heute wird es nur noch dazu gebraucht, den Rechner nach dem Einschalten zu initialisieren und ein »richtiges« Betriebssystem zu finden und zu starten (Abschnitt 9.1). Moderne Betriebssysteme lassen das BIOS ansonsten komplett links liegen.

UEFI UEFI ist eine modernere Implementierung derselben Idee, die mit einigen lästigen Einschränkungen des antiquierten BIOS aufräumt und umfangreichere Möglichkeiten bietet, etwa wenn es um die Verwaltung mehrerer Betriebssysteme (oder Betriebssystemversionen) auf demselben Rechner oder die Sicherung der Systemsoftware gegen unerwünschte Manipulationen geht. Neue Rechner sind UEFI-basiert, können aber, wenn nötig, oft noch so tun, als hätten sie ein traditionelles BIOS, damit ältere Betriebssysteme unterstützt werden.

Konfiguration

Umfassende Konfiguration der Firmware ist für den Linux-*Betrieb* nicht wirklich notwendig. Die wesentlichen Einstellungen sind eher dafür nötig, dass Linux startet und alle erforderlichen Hardwarekomponenten erkennen kann. Heutige PCs haben meist ziemlich viele Hardwarekomponenten auf der Hauptplatine integriert, die Sie in der Firmware selektiv ein- und ausschalten können. Oft müssen Sie daher sicherstellen, dass eine Komponente, die Sie unter Linux verwenden möchten (etwa ein Infrarotport), tatsächlich in der Firmware aktiviert ist – oder umgekehrt, dass eine Komponente auf der Hauptplatine, die Sie *nicht* verwenden wollen (zum Beispiel die integrierte Grafik, weil Sie eine bessere zusätzliche Grafikkarte im System haben), ausgeschaltet ist.

➪ Überblicksseiten mit Verweisen: `http://de.wikipedia.org/wiki/BIOS`, `http://de.wikipedia.org/wiki/UEFI`

Datum und Uhrzeit

Eine der naheliegendsten Einstellmöglichkeiten ist die für Datum und Uhrzeit der eingebauten »Hardware« Uhr. Sie sollten die Uhr so stellen, dass sie entweder die korrekte Mitteleuropäische (Sommer-)Zeit oder die Weltzeit (UTC) angibt, und Linux dann mitteilen, welche Sorte Zeit – Zonenzeit oder Weltzeit – Sie verwenden wollen. Linux kommt mit beiden zurecht, muss aber wissen, woran es ist.

➪ Zeitverwaltung (Abschnitt 14.4)

Platten

Die Firmware muss zumindest die Platte kennen, von der aus das System gestartet werden soll. In der Regel können Sie im BIOS angeben, welche Eigenschaften die verschiedenen Platten im System haben und ob das BIOS sie überhaupt sehen soll – diese Einstellungen haben keine Bedeutung für die spätere Benutzung der Platte mit Linux, so dass es möglich ist, altertümliche BIOS-Implementierungen auszutricksen, die nicht mit modernen Platten umgehen können, einfach indem Sie die Platte im BIOS deaktivieren. Linux kann später trotzdem darauf zugreifen, nur booten können Sie von einer solchen Platte nicht.

Bootreihenfolge Eine weitere Vorgabe ist die »Bootreihenfolge«, also die Reihenfolge, in der die Firmware die verschiedenen in Frage kommenden Medien auf bootfähige Betriebssysteme abklopft. Die Suche beginnt meist mit der Festplatte (`C:`) und wird dann mit CD-ROM, USB oder Netzwerk fortgesetzt. Vom Standpunkt der Systemsicherheit aus gesehen ist eine Bootreihenfolge sinnvoll, die mit der Festplatte anfängt und nicht einfach geändert werden kann (Kennwort!), damit niemand mal eben mit einer Knoppix-CD oder einem USB-Stick Systemverwalter werden kann.

Peripherie In der Firmware können Sie oft auch bestimmte Arten von Peripherieunterstützung ein- und ausschalten:

- Unterstützung für USB, insbesondere USB-Tastatur und -Maus
- Interne Grafik, Sound und ähnliches
- Energie- und Betriebszustandskontrolle (ACPI)

Es ist im Rahmen dieses Buchs nicht möglich (und für LPIC-1 glücklicherweise auch nicht nötig), hier detaillierte Vorgaben zu machen. Behalten Sie im Hinterkopf, dass es diese Einstellungen gibt und dass Sie, wenn irgendwelche Geräte unter Linux partout nicht zum Laufen kommen wollen, prüfen sollten, was die Firmware zu dem Thema zu sagen hat. Es kann sein, dass das betreffende Gerät dort deaktiviert ist oder ein in der Firmware aktiviertes Gerät dem eigentlich gewünschten »im Weg steht«.

➪ USB (Abschnitt 7.4)
➪ Viele andere HOWTOs und Webseiten.

7.3 Linux und PCI (Express)

In den gut 30 Jahren, seit der erste IBM-PC auf den Markt kam, haben die »Innereien« der Hardware sich in fast allen Aspekten radikal geändert. Nicht zuletzt das dem Rechner zugrundeliegende Bussystem, das die CPU und den Speicher mit den wichtigsten Peripheriegeräten verbindet, hat seit dem ursprünglichen »ISA«-Bus einige Metamorphosen durchlaufen; der heutige Standard heißt

PCI Express **PCI Express** (PCIe) und hat seine Vorläufer fast völlig verdrängt.

```
# lspci
00:00.0 Host bridge: Intel Corp Core Processor DRAM▷
◁ Controller (rev 12)
00:01.0 PCI bridge: Intel Corp Core Processor PCI▷
◁ Express x16 Root Port
00:16.0 Communication controller: Intel Corporation 5▷
◁ Series/3400 Series Chipset HECI Controller (rev 06)
00:16.3 Serial controller: Intel Corp 5 Series/3400 Series▷
◁ Chipset KT Controller (rev 06)
00:19.0 Ethernet controller: Intel Corporation 82577LM ▷
◁ Gigabit Network Connection (rev 06)
00:1a.0 USB controller: Intel Corporation 5 Series/3400▷
◁ Series Chipset USB2 Enhanced Host Controller (rev 06)
00:1b.0 Audio device: Intel Corporation 5 Series/3400▷
◁ Series Chipset High Definition Audio (rev 06)
◁◁◁◁◁
01:00.0 VGA compatible controller: NVIDIA Corporation▷
◁ GT218M [NVS 3100M] (rev a2)
01:00.1 Audio device: NVIDIA Corporation High Definition▷
◁ Audio Controller (rev a1)
◁◁◁◁◁
```

Bild 7.1: Ausgabe von lspci auf einem typischen x86-PC

PCIe ist eine Weiterentwicklung von PCI, die viele Konzepte übernommen hat (etwa die Gerätecodes zur Hardwareerkennung, siehe unten), aber elektrisch völlig anders funktioniert: PCIe ist konzeptuell im Gegensatz zu seinen Vorgängern ein serieller Bus, der unabhängige Punkt-zu-Punkt-Verbindungen zwischen verschiedenen Geräten erlaubt. Früher teilten sich alle Geräte einen parallelen Bus, was zu Einschränkungen bei der erreichbaren Geschwindigkeit führte. (Aus Geschwindigkeitsgründen ist es bei PCIe möglich, Datenpakete über mehrere Verbindungen (»Lanes«) parallel zu übertragen. Das ändert aber nichts an den Prinzipien.)

Hardwareerkennung

Ein gravierender Vorteil von PCIe ist, dass eine automatische Hardwareerkennung möglich ist. Jedes angeschlossene Gerät kann einen Code melden, der dessen Natur, Hersteller und Modell angibt. Diese Information können Sie mit dem Kommando lspci abfragen (Bild 7.1). Am Anfang jeder Zeile ist die »PCI-ID«

des jeweiligen Geräts angegeben, die seine Position auf dem Bus angibt. Die meisten Linux-Distributionen verwenden diese PCI-Daten, um Treiber für die Geräte zu finden.

`lspci -v` liefert eine ausführlichere Ausgabe:

```
# lspci -v
00:00.0 Host bridge: Intel Corp Core Processor▷
◁ DRAM Controller (rev 12)
        Subsystem: Hewlett-Packard Company Device 172b
        Flags: bus master, fast devsel, latency 0
        Capabilities: [e0] Vendor Specific▷
◁ Information: Len=0c <?>

00:01.0 PCI bridge: Intel Corporation Core Processor▷
◁ PCI Express x16 Root Port (rev 12) (prog-if 00▷
◁ [Normal decode])
◁◁◁◁◁
```

`lspci -t` zeigt eine baumartige Darstellung der Verbindungen zwischen den einzelnen Komponenten:

```
# lspci -t
-+-[0000:ff]-+-00.0
 |           +-00.1
 |           +-02.0
 |           +-02.1
 |           +-02.2
 |           \-02.3
 \-[0000:00]-+-00.0
             +-01.0-[01]--+-00.0
             |            \-00.1
             +-16.0
             +-16.3
             +-19.0
◁◁◁◁◁
```

Hieran können Sie zum Beispiel sehen, dass die »*PCI Bridge*« des Chipsatzes (Gerät `0000:00:01.0`) die Verbindung zum »*VGA compatible controller*« (Gerät `0000:01:00.0`) und dem »*Audio device*« (Gerät `0000:01:00.1`, präziser gesagt der HDMI-Audioausgabe der Grafikkarte) darstellt. Auch der Ethernet-Adapter (Gerät `0000:01:19.0`) wird über PCIe angebunden.

`lspci -n` schließlich gibt die Gerätecodes direkt aus:

```
# lspci -n
00:00.0 0600: 8086:0044 (rev 12)
00:01.0 0604: 8086:0045 (rev 12)
00:16.0 0780: 8086:3b64 (rev 06)
⊲⊲⊲⊲⊲
```

⇨ lspci(8)
⇨ M. Will, »Linux PCI-HOWTO« (Juni 2001), http://www.tldp.org/HOWTO/PCI-HOWTO.html

7.4 USB

Der *Universal Serial Bus* oder USB dient bei PCs heute praktisch zum Anschluss aller externen Peripheriegeräte, die nicht drahtlos (über WLAN oder Bluetooth) angesprochen werden. Ziel sind »altlastenfreie« (engl. *legacy-free*) Computer, die ohne die frühere Vielzahl von gerätespezifischen Anschlüssen für Tastatur, Maus, Drucker, Modems, … auskommen.

USB verwendet traditionell ein »idiotensicheres« Verkabelungskonzept mit verschiedenen Buchsen für Rechner (»A«) und Peripheriegeräte (»B«) und entsprechenden Steckern an den Kabelenden, um Fehler zu verhindern (es gibt auch die neuen »C«-Verbindungen, die an beiden Kabelenden gleich sind). Außerdem erlaubt USB prinzipiell das Umstecken von Geräten im eingeschalteten Zustand (auch wenn das bei Festplatten oder USB-Sticks normalerweise keine gute Idee ist).

USB-Controller

USB ist heute Bestandteil aller neuen PCs. Das heißt, jeder PC enthält einen oder mehrere *USB-Controller*, deren jeder bis zu 127 USB-Geräte steuern kann. Da PCs nicht so viele USB-Buchsen haben, erlaubt USB die baumartige Verschaltung von Geräten über *USB-Hubs*. An eine USB-Buchse im Rechner können Sie also einen Hub mit mehreren Buchsen anschließen; die Geräte am Hub teilen sich die Leitung zum Rechner.

USB-Hubs

Der USB-Standard wurde seit seiner Einführung 1996 kontinuierlich weiterentwickelt, wobei neuere Versionen die mögliche maximale Übertragungsgeschwindigkeit immer weiter erhöhten. Aktuell (2016) ist die Version 3.1, mit der es prinzipiell möglich ist, externe Geräte mit PCIe-Busgeschwindigkeit anzusteuern (was zum Beispiel für externe Grafikkarten nett ist).

Neuere USB-Implementierungen sind prinzipiell rückwärtskompatibel. Sie können USB-2.0-Geräte auf einem USB-1.1-Bus betreiben, wobei natürlich nur die Geschwindigkeit von USB 1.1 zur Verfügung steht. Umgekehrt können Sie USB-1.1-Geräte an einen USB-2.0-Hub oder -Controller anschließen, aber sie werden davon nicht schneller – allerdings stehen sie auch »echten« USB-2.0-Geräten nicht im Weg herum. USB-3.*x*-fähige Geräte unterstützen tatsächlich USB 2.0 und USB 3.*x* gleichzeitig über separate Adern im Kabel bzw. separate Kontakte an der Steckverbindung.

➪ B. Hards, »The Linux USB sub-system«, `http://www.linux-usb.org/USB-guide/book1.html`

Aufzählung Wenn ein USB-Gerät an den Bus angeschlossen wird, bekommt es eine Zahl zwischen 1 und 127 als Gerätenummer zugewiesen **Deskriptor** und der Rechner liest den »Deskriptor« des Geräts aus. Dieser gibt an, um was für eine Sorte Gerät es sich handelt, welche Arten von USB-Schnittstellen es unterstützt und Ähnliches. Insbesondere **Klasse** gehört jedes Gerät zu einer Klasse von Geräten, die vom Rechner ähnlich behandelt werden – etwa den *Human Interface Devices*, also Geräten, die Eingabemöglichkeiten für Menschen realisieren: Tastaturen, Mäuse, Steuerknüppel, aber auch Schalter, Regler, Telefontastaturen, Steuerräder, Datenhandschuhe und anderes. Klas- **Unterklasse** sen können Unterklassen haben, die ein Gerät noch weiter eingrenzen.

Mit dem Kommando `lsusb` können Sie sich ein Bild davon machen, welche USB-Geräte gerade an Ihr System angeschlossen sind. Ähnlich wie `lspci` gibt es die Gerätenummern und -namen aus:

```
$ lsusb
Bus 002 Device 002: ID 8087:0020 Intel Corp.▷
◁ Integrated Rate Matching Hub
Bus 002 Device 001: ID 1d6b:0002 Linux Foundation 2.0▷
◁ root hub
Bus 001 Device 006: ID 04f2:b15e Chicony Electronics▷
◁ Co., Ltd
Bus 001 Device 008: ID 046d:0807 Logitech, Inc.▷
```

```
◁ Webcam B500
Bus 001 Device 010: ID 046a:0023 Cherry GmbH CyMotion▷
◁ Master Linux Keyboard G230
Bus 001 Device 009: ID 046d:c52b Logitech, Inc.▷
◁ Unifying Receiver
Bus 001 Device 007: ID 05e3:0608 Genesys Logic, Inc.▷
◁ USB-2.0 4-Port HUB
◁◁◁◁◁
```

Mit der Option -v wird das Programm deutlich »geschwätziger«:

```
# lsusb -v
Bus 002 Device 002: ID 8087:0020 Intel Corp.▷
◁ Integrated Rate Matching Hub
Device Descriptor:
  bLength                18
  bDescriptorType         1
  bcdUSB               2.00
  bDeviceClass            9 Hub
  bDeviceSubClass         0 Unused
  bDeviceProtocol         1 Single TT
  bMaxPacketSize0        64
  idVendor           0x8087 Intel Corp.
  idProduct          0x0020 Integrated Rate Matching Hub
  bcdDevice            0.00
◁◁◁◁◁
```

➪ lsusb(8), usbview(8)

➪ B. Hards, »The Linux USB sub-system«, http://www.linux-usb.org/USB-guide/book1.html

7.5 Massenspeicher

7.5.1 Einführung

RAM ist heutzutage ziemlich billig, aber trotzdem kommen die wenigsten Rechner ohne die dauerhafte Speicherung von Programmen und Daten auf Massenspeichergeräten aus. Dazu zählen unter anderem

- Festplatten mit rotierenden magnetischen Scheiben

- »Solid-State Disks« (SSDs), die aus der Sicht des Computers aussehen wie Festplatten, aber intern Flash-Speicher verwenden
- USB-Sticks, SD-Karten, CF-Karten und andere Wechselmedien mit Flash-Speicher
- RAID-Systeme, die Festplatten bündeln und als ein großes Speichermedium erscheinen lassen
- SAN-Geräte, die »virtuelle« Festplattenlaufwerke im Netz zur Verfügung stellen
- Fileserver, die Dateizugriff auf abstrakter Ebene anbieten (CIFS, NFS, ...)

Relevant für die LPIC-1-Prüfung sind nur die ersten drei Einträge der Liste. RAID, SAN und Dateiserver kommen in LPIC-2 vor.

7.5.2 IDE, ATA und SATA

IDE Bis vor nicht allzulanger Zeit wurden Festplatten und optische Laufwerke wie CD-ROM- und DVD-Leser und -Brenner über einen »IDE-Controller[1]« angebunden, von dem PCs mit Selbstachtung in der Regel mindestens zwei hatten (mit jeweils zwei »Kanälen«).

Serial ATA Rechner, die Sie heute neu kaufen, haben typischerweise immer noch IDE-Schnittstellen, aber die Methode der Wahl zum Anschluss von Festplatten und optischen Laufwerken ist heute eine serielle Version des ATA-Standards, einfallsreicherweise »Serial ATA« oder kurz »SATA« genannt. Seit es SATA gibt (also seit etwa 2003) sagt man zu herkömmlichem ATA (vulgo »IDE«) auch gerne »P-ATA«, kurz für »Parallel ATA«. Der Unterschied bezieht sich auf das Kabel, das bei herkömmlichem ATA ein unbequem zu verlegendes und elektrisch nicht zu 100% glückliches 40- oder 80-adriges Flachbandkabel ist, mit dem 16 Datenbits parallel übertragen werden können und das mehrere Geräte auf einmal mit

[1] »IDE« steht eigentlich für *integrated drive electronics*, also salopp »Festplatte mit eingebauter Elektronik«. Diese sorgt dafür, dass das Betriebssystem die Platte als Folge nummerierter Datenblöcke sieht und nichts über Sektoren, Zylinder und Schreib-Lese-Köpfe wissen muss. Allerdings ist das seit langem für *alle* Festplatten der Fall; der landläufig als »IDE« bekannte Plattenanschluss heißt eigentlich »ATA«, kurz für *AT Attachment*. IBM PC AT, irgendwer?

dem Controller verbindet. SATA verwendet dagegen (gerne in fröhlichem Orange gehaltene) schmale flache siebenadrige Kabel für serielle Übertragung, eins pro Gerät. Konterintuitiverweise ist die serielle Methode sogar schneller als die parallele. Ferner erlaubt SATA – im geeigneten Umfeld – das An- und Abstöpseln von Platten im laufenden Betrieb, was mit P-ATA nicht oder nur unter Verrenkungen möglich ist. Externes SATA (»eSATA«) ist eine Abart von SATA für die Verwendung mit externen Laufwerken, die mechanisch robustere Verbindungen spezifiziert. **eSATA**

Seit einiger Zeit macht Linux – jedenfalls soweit möglich – keinen Unterschied mehr zwischen P-ATA-, S-ATA- und SCSI-Platten, was deren Administration angeht (unter der Motorhaube gibt es natürlich noch etliche Differenzen). Nur bestimmte P-ATA-Controller benötigen noch die traditionelle P-ATA-Unterstützung.

7.5.3 SCSI

SCSI Das *Small Computer System Interface* oder SCSI (übliche Aussprache: »skasi«) dient seit über 25 Jahren zum Anschluss von Platten, Bandlaufwerken und anderen Massenspeichern, aber auch Peripheriegeräten wie Scannern an »kleine« Computer[2]. SCSI-Busse und -Anschlüsse gibt es in einer verwirrenden Vielfalt, beginnend mit dem »traditionellen« 8-Bit-Bus über die schnellen 16 Bit breiten Varianten bis zu neuen, noch schnelleren seriellen Implementierungen. Sie unterscheiden sich außerdem in der Maximalzahl von anschließbaren Geräten pro Bus und in physischen Parametern wie der maximalen Kabellänge und den erlaubten Abständen von Geräten auf dem Kabel. Netterweise sind die meisten dieser Varianten kompatibel oder doch unter Geschwindigkeitsverlust kompatibel machbar!

SAS **SAS** ist »Serial Attached SCSI«, das sich zu »traditionellem« SCSI vage verhält wie SATA zu P-ATA. Ähnlich wie bei SATA ist die Datenübertragung potentiell schneller und elektrisch weit weniger aufwendig. SAS und SATA sind relativ eng verwandt; SAS ist mehr auf den Servereinsatz ausgerichtet. Sie können SATA-Platten an einen SAS-Controller anschließen (aber nicht umgekehrt).

[2]Was »klein« in diesem Kontext heißen soll, ist nirgendwo definiert, aber es muss etwas sein wie »kann noch von zwei Personen hochgehoben werden«.

Vorkommen »Reinrassiges« SCSI findet sich bei PC-Systemen vor allem in Servern; Arbeitsplatzrechner und »Konsumenten-PCs« verwenden eher SATA zum Anschluss von Massenspeichern und USB (Abschnitt 7.4) für andere Geräte. SATA- und USB-basierte Geräte lassen sich viel billiger herstellen als SCSI-basierte Geräte – SATA-Platten kosten zum Beispiel etwa ein Drittel oder ein Viertel so viel wie gleich große SAS-Platten, wobei wir fairerweise erwähnen müssen, dass die SAS-Platten in der Regel gezielt für den Servereinsatz gebaut werden und daher auf hohe Geschwindigkeit und lange Lebensdauer im Betrieb getrimmt sind, während es wenig bis nichts ausmacht, dass sie heulen wie die Düsenjäger.

Als Linux-Administrator sollten Sie auch über SCSI-Kenntnisse verfügen, selbst wenn Sie gar kein SCSI im System haben, denn aus der Sicht des Linux-Kerns werden neben SATA- viele USB- oder FireWire-Geräte wie SCSI-Geräte angesprochen und nutzen dieselbe Infrastruktur.

SCSI-ID Jedes Gerät an einem SCSI-Bus braucht eine eindeutige »SCSI-ID«. Mit dieser Zahl zwischen 0 und 7 (15 bei den breiten Bussen) wird das Gerät adressiert. Die meisten »echten« SCSI-Geräte haben zu ihrer Einstellung »Jumper« oder einen Schalter; bei den USB- oder SATA-Geräten, die über die SCSI-Infrastruktur angesprochen werden, sorgt das System dafür, dass sie eine eindeutige SCSI-ID zugeordnet bekommen.

Hostadapter
SCSI-BIOS

Um (echtes) SCSI nutzen zu können, muss ein PC mindestens einen Hostadapter (kurz *host*) haben; Hostadapter auf der Hauptplatine und bessere Steckkarten-Hostadapter haben ein SCSI-BIOS, mit dem Booten über SCSI möglich ist. Dort können Sie auch prüfen, welche SCSI-IDs frei und welche belegt sind und von welchem SCSI-Gerät gegebenenfalls gebootet werden soll. Der Hostadapter zählt als Gerät auf dem SCSI-Bus – außer ihm können Sie also noch 7 (oder 15) andere Geräte unterbringen.

⇨ Überblicksseiten mit Verweisen: `http://de.wikipedia.org/wiki/SCSI`, `http://www.webopedia.com/TERM/S/SCSI.html`

Gerätenamen SCSI-Geräte haben traditionell Namen wie `/dev/sda`, `/dev/sdb`, … (Platten), `/dev/scd0`, … (CD-ROM-Laufwerke), `/dev/st0`, … (Bandlaufwerke) oder `/dev/sg0`, … (»generische« Geräte). Innerhalb der Kategorien bekommen die Geräte ihre Nummern in der

Reihenfolge der »Entdeckung« zugeordnet, was ein Problem darstellen kann – etwa wenn USB-Geräte wie Digitalkameras, USB-Sticks oder MP3-Player im Spiel sind, die kommen und gehen.

➩ proc(5)
➩ D. Gilbert, »The Linux 2.4 SCSI subsystem HOWTO« (Mai 2003), http://www.tldp.org/HOWTO/SCSI-2.4-HOWTO/

7.6 Geräte und Treiber

7.6.1 Überblick

Die interessante Frage, die im Raum steht, ist natürlich, wie Linux mit nahezu beliebigen Peripheriegeräten umgehen kann – sowohl die in den Rechner fest eingebauten als auch solche, die während des Betriebs dazukommen oder verschwinden können.

Das Reden mit Peripheriegeräten ist die natürliche Aufgabe des Linux-Kerns. Sein Job ist es, angeschlossene Peripherie zu erkennen und zu initialisieren und Anwenderprogrammen in kontrollierter Form Zugriff auf sie zu erlauben. Dazu gehört selbstverständlich eine angemessene Rechtezuordnung, damit nur entsprechend privilegierte Benutzer direkten Zugriff auf Peripheriegeräte bekommen können.

Im wirklichen Leben teilt sich der Linux-Kern die Arbeit der Geräteverwaltung gerne mit Programmen im »Userspace«. Das ist sinnvoll, da einerseits der Linux-Kern schlank bleibt und andererseits möglichst wenig Funktionalität fest im Kern verdrahtet wird, sondern in Anwenderprogrammen angesiedelt ist, wo sie leichter zu programmieren und an besondere Wünsche anzupassen ist.

Zum Beispiel werden einfache Drucker heute gerne über USB mit dem Rechner verbunden. Wenn ein neuer Drucker angestöpselt wird, merkt der Linux-Kern das und kann anhand der USB-Hersteller- und -Geräteinformationen herausfinden, dass es sich bei dem gerade erkannten Gerät um einen Drucker handelt und welches Modell welches Herstellers vorliegt. Resultat dieses Initialisierungsvorgangs ist eine Gerätedatei unter /dev, über die Anwenderprogramme mit dem Drucker Kontakt aufnehmen können. – Natürlich reden aber nicht beliebige Anwenderprogramme direkt mit dem Drucker, sondern der direkte Zugriff auf dessen Gerätedatei wird über geeignete Zugriffsrechte beschränkt auf das Druckersubsystem (CUPS). Die CUPS-Konfigurationsroutine kann auf die Informationen des Linux-Kerns über Marke und Modell des Druckers zurückgreifen und einen passenden Druckertreiber wählen. Anwenderprogramme – etwa LibreOffice – drucken Dokumente, indem sie sie in einem geeigneten Format (PostScript oder PDF) an CUPS übergeben. CUPS wandelt die Druckdaten dann in ein Format um, das der Drucker versteht, und reicht sie über die Gerätedatei an den Linux-Kern weiter, der sie dann via USB an den tatsächlichen Drucker leitet.

ladbare Module

Linux unterstützt die vielfältige Landschaft von Peripheriegeräten, die für PCs zur Verfügung stehen, über Treiber, die in der Regel als ladbare Module ausgeführt werden. Diese ladbaren Module sind in Unterverzeichnissen von `/lib/modules` zu finden und können manuell mit dem Kommando `modprobe` in den Kernel geholt werden:

```
# modprobe bla
```

zum Beispiel sucht und lädt das Modul `bla.ko`. Sollte das gewünschte Modul von der Funktionalität anderer Module abhängen, die nicht geladen sind, sorgt `modprobe` dafür, auch diese Module zu laden. (Linux verwendet Module nicht nur für Gerätetreiber im engeren Sinne, sondern auch für Netzwerkprotokolle und diverse andere Aspekte des Systems. Außerdem erleichtern Module die Weiterentwicklung des Linux-Betriebssystemkerns.)

Das Kommando `lsmod` zeigt die aktuell geladenen Module:

```
$ lsmod
Module                  Size  Used by
nfs                   213896  1
lockd                  54248  1 nfs
nfs_acl                 2912  1 nfs
sunrpc                162144  10 nfs,lockd,nfs_acl
tun                     8292  1
michael_mic             2304  4
arc4                    1824  4
⊲⊲⊲⊲⊲
```

Sie können auch versuchen, ein einmal geladenes Modul mit »`modprobe -r`« wieder zu entfernen:

```
# modprobe -r bla
```

(Ob das klappt, hängt von Ihrem Kernel ab.) Ist das zu entfernende Modul das einzige, das von einem anderen Modul abhängt, versucht `modprobe` dieses andere Modul ebenfalls zu entfernen.

Automatisches Laden bei Bedarf

Sie werden wahrscheinlich nur selten in die Verlegenheit kommen, das Kommando `modprobe` manuell absetzen zu müssen, da der Kernel sich weitgehend selbst darum kümmern kann, Module bei Bedarf zu laden. Grundlage dafür sind die Datei `/etc/modprobe.conf`, die Dateien in `/etc/modprobe.d` oder die Dateien im `/lib/modules`-Verzeichnis für den laufenden Kernel, die Einträge der Form

```
alias block-major-8-*  sd_mod                     Blockgerät
alias char-major-10-1 psmouse          zeichenorientiertes Gerät
alias net-pf-16-proto-8 scsi_transport_iscsi   Netzprotokoll
```

(und verschiedenes mehr) enthalten können. Diese Einträge verbinden Gerätedateien in `/dev` wie

```
$ ls -l /dev/sda1 /dev/psaux
brw-rw---- 1 root disk  8, 1 Jan 22 02:03 /dev/sda1
crw-rw---- 1 root root 10, 1 Jan 22 02:03 /dev/psaux
```

mit den dazugehörigen Treibern – `block-major-8-*` heißt nichts anderes, als dass für blockorientierte Gerätedateien mit der *major device number* 8 und beliebiger *minor device number* (etwa `/dev/sda1` in unserem Beispiel) das Treibermodul `sd_mod` zuständig ist, während Zugriffe auf `/dev/psaux`, eine zeichenorientierte Gerätedatei mit den Nummern (10, 1), vom über `char-major-10-1` benannten Treiber, namentlich `psmouse`, bearbeitet werden. In dem Moment, wo zum ersten Mal ein Zugriff auf die betreffende Gerätedatei passiert, sucht der Linux-Kernel das dazugehörige Treibermodul und bindet es ein.

7.6.2 Das Verzeichnis /sys

Bis einschließlich Linux 2.4 diente das `/proc`-Verzeichnis auch dazu, auf Details der Kernel- und Systemkonfiguration zugreifen zu können. Den Kernel-Entwicklern missfiel jedoch die zunehmende Verwilderung der Einträge unter `/proc`, insbesondere da viele nichts mit Prozessen (dem ursprünglichen Einsatzzweck) zu tun

sysfs

hatten. Aus diesem Grund entschloss man sich, diejenigen Aspekte von /proc, die nichts mit Prozessverwaltung zu tun haben, in ein neues Pseudodateisystem, sysfs, zu verlagern, für das strengere »Spielregeln« gelten sollten. Das sysfs wird gemeinhin unter /sys eingebunden und steht seit Kernel 2.6 zur Verfügung.

Anschlusstyp

Insbesondere ermöglicht /sys/bus den Zugriff auf Geräte sortiert nach dem Anschlusstyp (engl. *Bus*; pci, usb, scsi, ...). /sys/devices/ ermöglicht ebenfalls den Zugriff auf Geräte, lediglich die Sortierordnung ist eine andere (Gerätetyp, z. B. PCI-Bus-Adresse). Realisiert wird diese Redundanz durch Hardlinks:

```
$ ls -ld /sys/devices/pci0000:00/0000:00:1a.0/usb1
drwxr-xr-x 6 root root 0 Jun 27 19:35▷
◁ /sys/devices/pci0000:00/0000:00:1a.0/usb1
$ ls -ld /sys/bus/usb/devices/usb1
lrwxrwxrwx 1 root root 0 Jun 27 19:35 /sys/bus/usb/devices▷
◁/usb1 -> ../../../devices/pci0000:00/0000:00:1a.0/usb1
```

Im Beispiel sehen Sie das Verzeichnis, über das Sie Zugriff auf die Daten des ersten USB-Anschlusses haben. Es handelt es sich in der Tat um dasselbe Verzeichnis – siehe Inode-Nummer. Ein solches Verzeichnis enthält diverse Dateien mit Information über das entsprechende Gerät:

```
$ ls /sys/bus/usb/devices/usb1
1-0:1.0               bNumInterfaces   maxchild
1-1                   busnum           power
authorized            configuration    product
authorized_default    descriptors      quirks
avoid_reset_quirk     dev              removable
bcdDevice             devnum           remove
bConfigurationValue   devpath          serial
◁◁◁◁◁
```

Zuordnung der Schnittstellen

Ein Nachteil des bisherigen Kernelkonzeptes war die Uneindeutigkeit der Zuordnung der Schnittstellen der Geräte, z. B. der Gerätedateien. Die »Durchnummerierung« der Geräte (z. B. sda, sdb, sdc usw. oder eth0, eth1 usw.) war bis Kernel 2.4 nicht eindeutig nachvollziehbar. Das sysfs ermöglicht dagegen eine eindeutige Zuordnung von Schnittstelle und Gerät.

Die Schnittstellen finden Sie in den Verzeichnissen /sys/block (blockorientierte Geräte) und /sys/class (zeichenorientierte Geräte, mehr oder weniger):

```
$ ls /sys/block
dm-0  dm-3  dm-6   loop1  loop4  loop7
dm-1  dm-4  dm-7   loop2  loop5  sda
dm-2  dm-5  loop0  loop3  loop6  sr0
$ ls /sys/class
ata_device   gpio        net            scsi_generic
ata_link     graphics    pci_bus        scsi_host
ata_port     hidraw      pcmcia_socket  sound
⊲⊲⊲⊲⊲
```

Ein Vorteil: Hier tauchen nur die Geräte auf, die es tatsächlich im System gibt. Die Zuordnung der Schnittstellen findet im Falle der blockorientierten Geräte mit Hilfe symbolischer Links statt; im jeweiligen Unterverzeichnis von /sys/block finden Sie eine Datei namens device, etwa

```
$ ls -l /sys/block/sda/device
lrwxrwxrwx 1 root root 0 Apr  1 16:57 /sys/block/sda/device⊳
⊲ -> ../../../0:0:0:0
```

7.6.3 udev

In grauer Vergangenheit war es unter Linux-Distributoren üblich, bei der Installation ein /dev-Verzeichnis anzulegen, das mit Gerätedateien für alle Peripherie unter der Sonne gefüllt war. Inzwischen ist dieser Ansatz verpönt zugunsten der Idee, bei Bedarf dynamisch Gerätedateien nur für diejenigen Geräte zu erzeugen, die tatsächlich zur Verfügung stehen.

Die Linux-Infrastruktur hierfür heißt udev, kurz für *userspace /dev*. Sie wurde von Greg Kroah-Hartman, Kay Sievers und anderen implementiert und steht in der heutigen Form seit Kernel 2.6.13 zur Verfügung. udev besteht im Wesentlichen aus einer Bibliothek namens namedev, die sich um die Namenszuweisung an Geräte kümmert, und einem Daemon namens udevd, der die eigentliche Arbeit macht bzw. delegiert.

udevd

Unter udev enthält das /dev-Verzeichnis auf der Platte nur die allernötigsten Einträge. Beim Systemstart wird ziemlich früh ein tmpfs-

Dateisystem (also eine RAM-Disk, siehe Abschnitt 8.4.6) über /dev eingehängt, in dem udev dann die passenden Gerätedateien anlegt.

uevents

Dazu wird der udevd gestartet, der auf »uevents« lauscht, Ereignismeldungen des Kernels über hinzugekommene oder entfernte Geräte. Jede solche Meldung wird mit einem Regelsatz verglichen, der entscheidet, unter welchem Namen das Gerät in dem von udev verwalteten /dev-Verzeichnis erscheinen soll, und auch zusätzliche Aktionen auslösen kann, etwa eine als Binärdatei vorliegende

Firmware

»Firmware« in das Gerät zu laden, um es zu initialisieren. Diese Regeln sind in /etc/udev bzw. /lib/udev zu finden. udev kümmert sich übrigens auch um Geräte, die nicht mit Gerätedateien in /dev korrespondieren, etwa Netzwerkkarten.

Ein interessanter Nebeneffekt dieser Vorgehensweise ist, dass sie zwar eigentlich dafür gemeint ist, mit Geräten umgehen zu können, die irgendwann zur Laufzeit – genaugenommen irgendwann nachdem der udevd gestartet wurde – kommen und gehen (*hotplugging*). Dieselbe Methode wird aber auch als sogenanntes

coldplugging

coldplugging beim ursprünglichen Systemstart angewendet, um die dann schon vorhandenen Geräte zu initialisieren. Natürlich können die uevents, die vom Kernel verschickt werden, um diese Geräte anzumelden, nicht bearbeitet werden, bevor udevd läuft. Allerdings erlaubt der Kernel es, diese uevents bei Bedarf noch einmal zu verschicken. Genau das wird gemacht, nachdem udevd zur Verfügung steht, um die Geräte im dynamischen /dev-Verzeichnis anzulegen. Damit besteht zwischen der Geräteinitialisierung per *hotplugging* und der per *coldplugging* kein Unterschied.

7.6.4 Geräteeinbindung und D-Bus

Anwenderprogramme

Der letzte Baustein im Mosaik besteht darin, Anwenderprogramme ins Spiel zu bringen. Wie erreichen Sie, dass das Einstöpseln Ihrer Digitalkamera dazu führt, dass Ihr Fotoverwaltungsprogramm gestartet wird und die neuen Bilder herunterlädt? Oder wie kommt das Icon für Ihre USB-Platte automatisch auf den Hintergrund Ihrer grafischen Arbeitsumgebung? Eine mögliche Antwort darauf lautet udisks. (Früher wurde eine Infrastruktur namens HAL – kurz für *hardware abstraction layer* – verwendet, die aber inzwischen verpönt ist. udisks ist eines der Nachfolgeprojekte von HAL, das sich speziell um Speichermedien kümmert; andere

Projekte beschäftigen sich mit anderen Arten von Geräten, und einiges von HAL ist in `udev` aufgegangen.)

D-Bus

Grundlage von `udisks` und ähnlichen Projekten ist der D-Bus, ein einfaches System zur Interprozesskommunikation, das die meisten Arbeitsumgebungen unterstützen. Programme können beim D-Bus Dienste anmelden, die sie anderen Programmen anbieten wollen. Programme können auch auf Ereignisse warten. (Es macht nichts, wenn mehrere Programme auf dasselbe Ereignis warten; alle Interessenten werden benachrichtigt.) D-Bus hat zwei wesentliche Einsatzgebiete:

- Kommunikation von Programmen in derselben grafischen Arbeitsumgebung. Eine mögliche Anwendung wäre zum Beispiel, dass Ihr Telefonieprogramm bei einem eingehenden Anruf automatisch Ihr Musikabspielprogramm stumm schaltet.
- Kommunikation zwischen dem Betriebssystem und Ihrer grafischen Arbeitsumgebung.

`udisks` besteht aus zwei Komponenten, einem Hintergrunddienst (`udisksd`) und einem Anwenderprogramm (`udisksctl`), das mit dem Hintergrunddienst kommunizieren kann. Der Hintergrunddienst ist über den D-Bus zugänglich und wird bei Bedarf gestartet, wenn ein Programm eine D-Bus-Anfrage an `udisks` stellt. Programme können auf diese Weise herausfinden, welche Speichergeräte zur Verfügung stehen, und Operationen ausführen, etwa Geräte einhängen oder aushängen. Dabei wird geprüft, ob der Benutzer die nötigen Privilegien hat; Benutzer könnten zum Beispiel an ihrem eigenen Arbeitsplatz USB-Sticks anstöpseln dürfen, aber nicht auf USB-Sticks an anderen Arbeitsplätzen zugreifen.

Für die LPIC-1-Prüfung müssen Sie nicht alle Feinheiten von `sysfs`, `udev` und `udisks` beherrschen. Es genügt, wenn Sie wissen, dass diese Infrastrukturen existieren, welche Aufgaben sie erfüllen und – in ganz groben Zügen – wie.

Kapitel 8 Plattenspeicher

In diesem Kapitel ...

- lernen Sie die Grundbegriffe der Plattenverwaltung und Partitionierung für Linux
- erfahren Sie, wie Sie Dateisysteme anlegen, in die Dateihierarchie integrieren und ihre Integrität prüfen
- lernen Sie mit den Mechanismen zur Kontingentierung von Plattenplatz umzugehen

8.1 Partitionierung

8.1.1 Überblick

Massenspeichergeräte wie Festplatten oder SSDs werden üblicherweise »partitioniert«, also in mehrere logische Speichergeräte aufgeteilt, die dann unabhängig angesprochen werden können. Partitionierung ist prinzipiell optional, aber fast immer eine gute Idee:

- Logisch getrennte Teile des Systems können getrennt werden. Beispielsweise können Sie die Daten Ihrer Benutzer auf einer anderen Partition ablegen als das eigentliche Betriebssystem. Damit können Sie das Betriebssystem komplett neu installieren, ohne dass die Benutzerdaten gefährdet werden. Bei den oft nur eingeschränkt funktionierenden »Upgrade«-Möglichkeiten selbst aktueller Distributionen ist das wichtig. Auch wenn Inkonsistenzen in einem Dateisystem auftauchen, ist davon zunächst nur eine Partition betroffen.
- Die Struktur des Dateisystems kann den zu speichernden Daten angepasst werden. Die meisten Dateisysteme verwalten den Platz in »Blöcken« fester Größe, wobei jede Datei, egal wie klein sie ist, zumindest einen kompletten Block belegt. Bei einer Blockgröße von 4 KiB bedeutet das etwa, dass eine 500 Bytes lange Datei nur rund 1/8 ihres Blocks ausnutzt – der Rest liegt als »interner Verschnitt« brach. Wenn Sie wissen, dass in einem Verzeichnis vor allem kleine Dateien liegen werden (Stichwort: Mailserver), dann kann es sinnvoll sein, dieses Verzeichnis auf eine eigene Partition zu legen, deren Dateisystem kleine Blöcke (1 oder 2 KiB) benutzt. Das verringert den Platzverlust durch »internen Verschnitt« erheblich. Einige Datenbankserver dagegen arbeiten am liebsten auf »rohen« Partitionen ganz ohne Dateisystem, die sie komplett selbst verwalten. Auch das muss das Betriebssystem ermöglichen.
- »Wild gewordene« Prozesse oder unvorsichtige Benutzer können den kompletten Plattenplatz auf einem Dateisystem belegen. Es ist zumindest auf wichtigen Serversystemen sinnvoll, Benutzerdaten (inklusive Druckaufträgen, ungelesener E-Mail und Ähnlichem) nur auf solchen Partitionen zu erlauben, die voll laufen können, ohne dass das System selbst dabei Proble-

me bekommt, etwa indem wichtige Protokolldateien nicht weitergeführt werden können.

Zur Zeit gibt es zwei konkurrierende Methoden dafür, Platten für PCs zu partitionieren. Die traditionelle Methode geht zurück auf die 1980er Jahre, als die ersten Festplatten (mit monumentalen Kapazitäten von 5 oder 10 MB) auf den Markt kamen. In den letzten Jahren wurde eine modernere Methode eingeführt, die mit diversen Einschränkungen der traditionellen Methode aufräumt, aber zum Teil spezielle Werkzeuge benötigt.

8.1.2 Die traditionelle Methode (MBR)

Die traditionelle Methode legt Partitionsinformationen im *Master Boot Record* (MBR) ab, dem ersten Sektor (Nummer 0) einer Festplatte. (Traditionell sind Sektoren auf PC-Festplatten 512 Bytes lang, aber siehe unten.) Der Platz dort – 64 Bytes ab dem Versatz 446 – reicht für vier **primäre Partitionen**. Wenn Sie mehr als vier Partitionen anlegen wollen, müssen Sie eine dieser primären Partitionen zu einer **erweiterten Partition** erklären. In einer erweiterten Partition können Sie dann **logische Partitionen** anlegen. (Die Informationen über logische Partitionen stehen nicht im MBR, sondern am Anfang der jeweiligen – erweiterten bzw. logischen – Partition, sind also über die Platte verstreut.)

primäre Partitionen
erweiterte Partition
logische Partitionen

Die Partitionseinträge speichern heute in der Regel die Anfangssektornummer auf der Platte und die Länge der betreffenden Partition in Sektoren[1]. Da die betreffenden Werte 32 Bit breit sind, ergibt sich daraus bei den gängigen 512-Byte-Sektoren eine maximale Partitionsgröße von 2 TiB.

Große Platten

Inzwischen sind Platten auf dem Markt, die größer sind als 2 TiB. Solche Platten können Sie mit dem MBR-Verfahren nicht komplett ausnutzen. Ein gängiger Trick besteht darin, Platten zu verwenden, die statt 512 Bytes großen Sektoren 4096 Bytes große Sektoren verwenden. Damit kommen Sie auch mit MBR auf 16 TiB pro Partition, allerdings kommt nicht jedes Betriebssystem mit solchen »4Kn«-Platten klar. – 4 KiB große Sektoren sind auf Festplatten auch unabhängig von der Partitionierung vorteilhaft. Die größe-

4Kn

[1]Früher war es üblich, Partitionen über die Zylinder-, Kopf- und Sektoradresse der betreffenden Sektoren zu beschreiben, das ist aber schon lange verpönt.

Typ	Beschreibung
81	Linux-Daten
82	Linux-Auslagerungsspeicher (*swap space*)
86	RAID-Superblock (altertümlich)
8E	Linux LVM
E8	LUKS (verschlüsselte Partition)
EE	»Schutzpartition« für GPT-partitionierte Platte
FD	RAID-Superblock mit Auto-Erkennung
FE	Linux LVM (altertümlich)

Tabelle 8.1: Partitionstypen (hexadezimal) für Linux

ren Sektoren sind effizienter für die Speicherung großer Dateien und lassen bessere Fehlerkorrektur zu. Deswegen gibt es auch **512e** »512e«-Platten, die intern 4 KiB große Sektoren verwenden, aber nach außen so tun, als hätten sie 512 Byte große Sektoren. Das bedeutet, dass, wenn ein einzelner 512-Byte-Sektor geschrieben werden muss, die angrenzenden 7 Sektoren gelesen und ebenfalls neu geschrieben werden müssen (ein gewisser, aber normalerweise erträglicher Effizienzverlust), und dass Sie beim Partitionieren achtgeben müssen, dass die 4-KiB-Blöcke, die Linux verwendet, mit den internen 4-KiB-Sektoren der Platte zusammenfallen, sonst wird es *wirklich* ineffizient. (Die Partitionierungswerkzeuge passen mit auf.)

Partitionstyp Die Partitionstabelle enthält außer der Startadresse und der Länge der (primären) Partitionen auch einen Partitionstyp, der lose beschreibt, mit welcher Sorte Datenverwaltungsstruktur auf der Partition zu rechnen ist. Eine Auswahl von Linux-Partitionstypen steht in Tabelle 8.1.

8.1.3 Die moderne Methode (GPT)

GUID Partition Table In den späten 1990er Jahren entwickelte Intel eine neue Methode zur Partitionierung, die die Einschränkungen des MBR-Ansatzes aufheben sollte, namentlich *GUID Partition Table* oder GPT. GPT wurde Hand in Hand mit UEFI entwickelt und ist heute Teil der UEFI-Spezifikation. Allerdings können Sie auch mit einem BIOS-basierten Linux auf GPT-partitionierte Platten zugreifen und umgekehrt.

GPT verwendet 64-Bit-Sektoradressen und erlaubt damit eine maximale Plattengröße von 8 ZiB – Zebibyte, falls Ihnen dieses Präfix nicht geläufig sein sollte[2]

Schutz-MBR

Bei GPT bleibt der erste Sektor der Platte reserviert für einen »Schutz-MBR«, der die komplette Platte aus MBR-Sicht als partitioniert kennzeichnet. Dies soll Probleme vermeiden, wenn eine GPT-partitionierte Platte an einen Rechner angeschlossen wird, der mit GPT nicht umgehen kann. Der zweite Sektor (Adresse 1) enthält den »GPT-Kopf« (engl. *GPT header*), der Verwaltungsinformationen für die komplette Platte speichert. Partitionierungsinformationen stehen typischerweise im dritten und den folgenden Sektoren. Der UEFI-Standard sieht ein Minimum von 16 KiB für Partitionierungsinformationen vor (egal wie groß die Sektoren auf der Platte sind)[3] Zur Sicherheit werden bei GPT die Partitionierungsinformationen auch noch einmal am Ende der Platte abgelegt.

GPT-Kopf

Partitionsgrenzen

Traditionell werden Partitionsgrenzen immer an den Anfang einer neuen »Spur« auf der Platte platziert. Spuren sind natürlich ein Relikt aus der Festplatten-Altsteinzeit, da heutige Platten linear adressiert werden (mit anderen Worten, die Sektoren werden vom Anfang bis zum Ende der Platte fortlaufend durchnummeriert) – aber die Idee, eine Platte durch eine Kombination aus einer Anzahl von Schreib-/Leseköpfen, einer Anzahl von »Zylindern« und einer Anzahl von Sektoren pro »Spur« (eine Spur ist ein konzentrischer Kreis, den ein einzelner Kopf auf einem festen Zylinder beschreibt) zu beschreiben, hat sich bemerkenswert lange gehalten. Da die maximale Anzahl von Sektoren pro Spur 63 beträgt, würde das bedeuten, dass die erste Partition beim Block 63 anfängt, und das ist natürlich katastrophal für 512e-Platten. Seit Windows Vista ist es üblich, die erste Partition 1 MiB nach dem Anfang der Platte (bei 512-Byte-Sektoren mit dem Sektor 2048) zu starten. Das ist

erste Partition

[2] 1 ZiB sind 2^{70} Byte oder grob gesagt gut eine Billion Tebibytes. Damit dürfte sogar die NSA eine Weile auskommen. Plattenhersteller, die bekanntlich lieber in Zehner- als in Zweierpotenzen rechnen, werden Ihnen eine 8-ZiB-Platte natürlich als 9,4-Zettabyte-Platte verkaufen.

[3] Bei einer Platte mit 512-Byte-Sektoren ist bei 16 KiB Platz für Partitionierungsinformationen der erste anderweitig nutzbare Sektor auf der Platte der mit der Adresse 34. Sie sollten sich aber verkneifen, die erste Partition auf der Platte an diese Adresse zu legen, da Sie sonst Schwierigkeiten mit 512e-Platten bekommen. Der nächste korrekt aufgereihte Sektor ist nämlich der mit der Adresse 40.

GUID	Bedeutung
00000000-0000-0000-0000-000000000000	Unbenutzter Eintrag
C12A7328-F81F-11D2-BA4B-00A0C93EC93B	EFI-Systempartition
21686148-6449-6E6F-744E-656564454649	BIOS-Boot-Partition
0FC63DAF-8483-4772-8E79-3D69D8477DE4	Linux-Dateisystem
A19D880F-05FC-4D3B-A006-743F0F84911E	Linux-RAID-Partition
0657FD6D-A4AB-43C4-84E5-0933C84B4F4F	Linux-Swapspace
E6D6D379-F507-44C2-A23C-238F2A3DF928	Linux LVM
933AC7E1-2EB4-4F13-B844-0E14E2AEF915	`/home`-Partition
3B8F8425-20E0-4F3B-907F-1A25A76F98E8	`/srv`-Partition
7FFEC5C9-2D00-49B7-8941-3EA10A5586B7	`dm-crypt`-Partition
CA7D7CCB-63ED-4C53-861C-1742536059CC	LUKS-Partition

Tabelle 8.2: Partitionstyp-GUIDs für GPT (Auswahl)

auch für Linux keine schlechte Idee, denn in dem üppigen freien Platz zwischen der Partitionstabelle und der ersten Partition läßt sich zum Beispiel der Bootlader GRUB unterbringen. (Der Platz zwischen dem MBR und dem Sektor 63 hat dafür früher aber auch gereicht.)

Einträge Die Einträge in der Partitionstabelle sind mindestens 128 Bytes lang und enthalten neben je 16 Bytes für eine GUID für den Partitionstyp und die Partition selbst und je 8 Bytes für Anfangs- und Endblocknummer noch 8 Bytes für »Attribute« und 72 Bytes für einen Partitionsnamen. Man kann debattieren, ob 16-Byte-GUIDs für Partitionstypen nötig sind, aber einerseits heißt das Schema nun mal »GUID Partition Table«, und andererseits ist so immerhin sichergestellt, dass die Partitionstypen so schnell nicht ausgehen. In Tabelle 8.2 ist eine Auswahl zu bestaunen.

Linux kann gemäß GPT partitionierte Medien verwenden, wenn der Kernel entsprechend konfiguriert ist, aber das ist bei aktuellen Distributionen der Fall. Ob die Installationsprozedur es ermöglicht, entsprechend partitionierte Platten anzulegen, ist eine andere Frage, genau wie die Frage, ob der Bootlader damit umgehen kann. Aber das gehört nicht hierher.

8.2 Linux und Massenspeicher

Wird ein Massenspeichergerät an einen Linux-Rechner angeschlossen, versucht der Linux-Kern, allfällige Partitionen zu finden. Für das Gerät selbst und die gefundenen Partitionen werden dann blockorientierte Gerätedateien in /dev angelegt. Anschließend können Sie auf die Gerätedateien der Partitionen zugreifen und die dort gespeicherten Verzeichnisstrukturen im Dateisystem des Rechners sichtbar machen. – Ein neues Massenspeichergerät hat zunächst keine Partitionen. In diesem Fall können Sie natürlich mit den entsprechenden Werkzeugen Partitionen anlegen. Das besprechen wir später in diesem Kapitel. Der nächste Schritt nach der Partitionierung besteht darin, auf den Partitionen Dateisysteme zu generieren.

Gerätedateien

Die Gerätenamen für Massenspeicher sind üblicherweise /dev/sda, /dev/sdb, ... in der Reihenfolge des Erkennens der jeweiligen Geräte. Partitionen werden durchnummeriert, das Gerät /dev/sda hat also die Partitionen /dev/sda1, /dev/sda2, ... Maximal 15 Partitionen pro Gerät sind möglich. Dabei sind, wenn /dev/sda eine nach dem MBR-Schema partitionierte Platte ist, /dev/sda1 bis /dev/sda4 die primären Partitionen (gegebenenfalls mit einer erweiterten), während allfällige logische Partitionen ab /dev/sda5 nummeriert werden (egal ob es vier primäre Partitionen auf der Platte gibt oder weniger).

Gerätenamen

Für P-ATA-Platten gibt es auch noch einen anderen, spezifischeren Mechanismus. Dabei werden die IDE-Controller im Rechner direkt angesprochen – die beiden Laufwerke am ersten Controller heißen /dev/hda und /dev/hdb, die am zweiten /dev/hdc und /dev/hdd. (Diese Namen werden unabhängig davon verwendet, ob die Laufwerke tatsächlich existieren oder nicht – wenn Sie eine Festplatte und ein CD-ROM-Laufwerk im System haben, tun Sie gut daran, die eine am einen und das andere am anderen Controller anzuschließen, damit die beiden sich nicht gegenseitig behindern. Also haben Sie hinterher /dev/hda für die Platte und /dev/hdc für das CD-ROM-Laufwerk.) Partitionen auf P-ATA-Platten heißen wie gehabt /dev/hda1, /dev/hda2 und so weiter. In diesem Schema sind 63 (!) Partitionen pro Platte erlaubt.

P-ATA-Platten

P-ATA à la SCSI Wenn Sie heute noch einen Rechner mit P-ATA-Platten haben, werden Sie feststellen, dass in den allermeisten Fällen auch hier die SCSI-Infrastruktur verwendet wird (zu erkennen an den Gerätedateinamen à la `/dev/sda`). Dies ist aus Bequemlichkeits- und Konsistenzgründen sinnvoll. Einige wenige P-ATA-Controller werden von der SCSI-Infrastruktur nicht unterstützt und müssen die alte P-ATA-spezifische Infrastruktur verwenden.

Architektur Das Massenspeicher-Subsystem des Linux-Kerns hat eine »dreigeschossige« Architektur: Ganz unten befinden sich die Treiber für die einzelnen SCSI-Hostadapter, SATA- und USB-Controller und so weiter, darüber eine generische »Mittelschicht« und ganz oben Treiber für die verschiedenen Geräte (Platten, Bandlaufwerke, ...), mit denen Sie auf einem SCSI-Bus rechnen können. Dazu gehört auch ein »generischer« Treiber, der Geräte ohne speziellen Treiber wie Scanner oder CD-ROM-Brenner zugänglich macht. (Falls Sie die noch irgendwo finden können.)

Heutzutage befinden die Informationen über »SCSI-Controller« – echt oder nicht – sich in `/sys/class/scsi_host` (ein Verzeichnis pro Controller). Sie können buddeln gehen:

```
# cd /sys/class/scsi_host/host0/device
# ls
power  scsi_host  subsystem  target0:0:0  uevent
# cd target0:0:0; ls
0:0:0:0  power  subsystem  uevent
# ls 0:0:0:0/block
sda
```

Aufschlussreich ist auch ein Blick in `/sys/bus/scsi/devices`:

```
# ls /sys/bus/scsi/devices
0:0:0:0  host0  host2  host4  target0:0:0
1:0:0:0  host1  host3  host5  target1:0:0
```

Blockgeräte mit udev Die Gerätenamen `/dev/sda`, `/dev/sdb` usw. haben den Nachteil, nicht besonders aufschlussreich zu sein. Ferner werden sie in der Reihenfolge des Erscheinens der Geräte vergeben. Wenn Sie also heute erst Ihren MP3-Player und dann Ihre Digitalkamera anstöpseln, bekommen sie zum Beispiel die Gerätenamen `/dev/sdb` und `/dev/sdc`; wenn Sie morgen mit der Digitalkamera anfangen und mit dem MP3-Player weitermachen, sind die Namen möglicherweise umgekehrt. Das ist natürlich ärgerlich. Zum Glück vergibt udev außer den traditionellen Gerätenamen auch noch einige symbolische Links, die Sie in /dev/block finden können:

```
# ls -l /dev/block/8:0
lrwxrwxrwx 1 root root 6 Jul 12 14:02 /dev/block/8:0▷
◁ -> ../sda
# ls -l /dev/block/8:1
lrwxrwxrwx 1 root root 6 Jul 12 14:02 /dev/block/8:1▷
◁ -> ../sda1
# ls -l /dev/disk/by-id/ata-ST9320423AS_5VH5TBTC
lrwxrwxrwx 1 root root 6 Jul 12 14:02 /dev/disk/by-id/▷
◁ ata-ST9320423AS_5VH5TBTC -> ../../sda
# ls -l /dev/disk/by-id/ata-ST9320423AS_5VH5TBTC-part1
lrwxrwxrwx 1 root root 6 Jul 12 14:02 /dev/disk/by-id/▷
◁ ata-ST9320423AS_5VH5TBTC-part1 -> ../../sda1
# ls -l /dev/disk/by-path/pci-0000:00:1d.0-usb-▷
◁ 0:1.4:1.0-scsi-0:0:0:0
lrwxrwxrwx 1 root root 6 Jul 12 14:02 /dev/disk/by-path/▷
◁ pci-0000:00:1d.0-usb-0:1.4:1.0-scsi-0:0:0:0 -> ../../sdb
# ls -l /dev/disk/by-uuid/c59fbbac-9838-4f3c-830d-
b47498d1cd77
lrwxrwxrwx 1 root root 10 Jul 12 14:02 /dev/disk/by-uuid/▷
◁ c59fbbac-9838-4f3c-830d-b47498d1cd77 -> ../../sda1
# ls -l /dev/disk/by-label/root
lrwxrwxrwx 1 root root 10 Jul 12 14:02 /dev/disk/by-label▷
◁/root -> ../../sda1
```

Diese Gerätenamen werden von Kenndaten wie der (eindeutigen) Seriennummer des Plattenlaufwerks, der Position auf dem PCIe-Bus, der UUID oder einer Kennung des Dateisystems abgeleitet und sind unabhängig vom Namen der tatsächlichen Gerätedatei.

8.3 Platten partitionieren

8.3.1 Prinzipielles

Bevor Sie die (möglicherweise einzige) Platte eines Linux-Systems partitionieren, sollten Sie kurz darüber nachdenken, wie ein geeignetes Partitionsschema aussehen könnte und wie groß Sie die Partitionen machen sollten. Nachträgliche Änderungen sind nämlich im besten Fall mühsam und lästig und bedingen im schlimmsten Fall eine komplette System-Neuinstallation. (Siehe Abschnitt 8.5 für einen alternativen, weit weniger unbequemen Ansatz.)

Hier ein paar grundlegende Tipps für die Partitionierung:

- Sie sollten außer der Partition mit dem Wurzelverzeichnis `/` zumindest eine separate Partition für das Dateisystem mit dem Verzeichnis `/home` vorsehen. Das ermöglicht es Ihnen, das Betriebssystem sauber von Ihren eigenen Daten zu trennen, und erleichtert Upgrades der Distribution oder gar einen Wechsel von einer Linux-Distribution zu einer ganz anderen.
- Sie können ein grundlegendes Linux-System ohne Weiteres in eine 2-GiB-Partition quetschen, aber in Anbetracht der heutigen (niedrigen) Kosten pro Gibibyte für Plattenplatz ist es für die `/`-Partition empfehlenswert, nicht zu sehr zu knausern. Mit ungefähr 30 GiB sind Sie höchstwahrscheinlich jenseits von Gut und Böse und haben auch noch Platz für Protokolldateien, heruntergeladene Distributionspakete während eines größeren Upgrades und so weiter.
- Auf Server-Systemen kann es sinnvoll sein, auch für `/tmp`, `/var` und ggf. `/srv` eigene Partitionen vorzusehen. Der Hintergrund ist, dass in diesen Verzeichnissen Benutzer Daten ablegen können (außer direkten Dateien etwa ungelesene oder unverschickte E-Mail, unausgedruckte Druckjobs und so weiter). Wenn diese Verzeichnisse auf eigenen Partitionen liegen, können Benutzer so nicht das komplette System vollmüllen und dadurch möglicherweise Probleme verursachen.
- Sie sollten Auslagerungsspeicher (*swap space*) etwa im Wert des RAM-Speichers Ihres Rechners vorsehen, bis zu einem Maximum von vielleicht 8 GiB. Viel mehr hat wenig Zweck, aber auf Arbeitsplatz- und mobilen Rechnern möchten Sie vielleicht die Möglichkeit ausnutzen, Ihren Rechner in einen »Tiefschlaf« zu versetzen, statt ihn auszuschalten, um einen Neustart zu beschleunigen und gleich wieder dort herauszukommen, wo Sie zuletzt gewesen sind – und die entsprechenden Infrastrukturen verwenden gerne den Auslagerungsspeicher, um den RAM-Inhalt zu sichern. Siehe hierzu auch Abschnitt 8.3.6.

- Wenn Sie mehrere (physikalische) Platten zur Verfügung haben, kann es nützlich sein, das System über die verfügbaren Platten zu verteilen, um die Zugriffsgeschwindigkeit auf einzelne Komponenten zu erhöhen. Traditionell würde man das Wurzeldateisystem (/ mit den wesentlichen Unterverzeichnissen `/bin`, `/lib`, `/etc` und so weiter) auf eine Platte und das Verzeichnis `/usr` mit seinen Unterverzeichnissen auf einem eigenen Dateisystem auf einer anderen Platte platzieren. Allerdings geht der Trend bei Linux eindeutig weg von einer (zugegeben schon lange künstlichen) Trennung zwischen zum Beispiel `/bin` und `/usr/bin` oder `/lib` und `/usr/lib` und hin zu einem Wurzeldateisystem, das beim Systemstart in einer RAM-Disk angelegt wird. Ob die althergebrachte Trennung von / und `/usr` also in Zukunft noch viel bringt, sei dahingestellt.
- Was sich auf jeden Fall lohnen kann, ist, Auslagerungsspeicher über mehrere Platten zu verteilen. Linux verwendet dann immer die am wenigsten anderweitig beschäftigte Platte zum Auslagern.

➪ T. Harris, K. Köhntopp, »Linux Partition HOWTO« (Juli 2001), `http://www.tldp.org/HOWTO/Partition/`

➪ S. Gjoen, »HOWTO: Multi Disk System Tuning« (Mai 2002), `http://www.tldp.org/HOWTO/Multi-Disk-HOWTO.html`

Partitionen anlegen

Immer vorausgesetzt, es ist noch freier Platz auf dem Medium verfügbar, können (auch während des laufenden Betriebs) neue Partitionen angelegt und eingebunden werden. Dieser Vorgang gliedert sich in folgende Schritte:

1. Sichern der aktuellen Bootsektoren und Daten auf der betroffenen Festplatte
2. Aufteilen des Plattenplatzes mit `fdisk` (oder einem vergleichbaren Programm)
3. Ggf. Generieren von Dateisystemen auf den neuen Partitionen (»Formatieren«)
4. Einbinden der neuen Dateisysteme mit `mount` bzw. `/etc/fstab`

Daten und Bootsektor-Inhalte können unter anderem mit dem Kommando `dd` gesichert werden.

```
# dd if=/dev/sda of=/dev/st0
```

sichert zum Beispiel die gesamte Festplatte sda auf ein Magnetband.

Sie sollten sich vor Augen halten, dass die Partitionierung eines Speichermediums nichts mit den gespeicherten Daten zu tun hat. Die Partitionstabelle gibt lediglich an, wo auf der Platte der Linux-Kern die Partitionen und damit die Dateistrukturen finden kann. Wenn der Linux-Kern eine Partition erst einmal gefunden hat, ist der Inhalt der Partitionstabelle irrelevant, bis er sich wieder auf die Suche macht, etwa beim nächsten Systemstart. Das gibt Ihnen – wenn Sie mutig (oder tollkühn) sind – weitreichende Möglichkeiten, Ihr System auch im laufenden Betrieb zu modifizieren. Zum Beispiel können Sie Partitionen durchaus vergrößern (wenn unmittelbar hinter dem Ende der Partition unbenutzter Platz steht oder eine Partition, auf deren Inhalt Sie verzichten können) oder verkleinern (und im so freigewordenen Platz gegebenenfalls eine andere Partition unterbringen). Solange Sie mit der gebotenen Vorsicht vorgehen, kann dabei relativ wenig schiefgehen[4]. Außerdem müssen bei solchen Fisimatenten die Dateisysteme auf den Platten mitspielen (viele Linux-Dateisysteme lassen sich ohne Datenverlust vergrößern und einige auch verkleinern), oder Sie müssen bereit sein, die Daten wegzuschieben, ein neues Dateisystem zu generieren und die Daten dann zurückzuholen.

8.3.2 Platten partitionieren mit fdisk

fdisk fdisk ist ein interaktives Programm zur Manipulation der Partitionstabellen von Festplatten. Dabei können auch »fremde« Partitionstypen, zum Beispiel DOS-Partitionen, erstellt werden. Die Laufwerke werden, über die entsprechenden Gerätedateien (etwa /dev/sda für die erste Platte) angesprochen. Allerdings legt fdisk nur die Partitionen an – die für ein Dateisystem nötigen Verwaltungsdatenstrukturen müssen in einem separaten Schritt aufgebracht werden.

Beim Aufruf von »fdisk ⟨Gerät⟩« meldet sich das Programm mit:

[4]Das sollte Sie natürlich in keinster Weise davon abhalten, vor solchen Operationen am offenen Herzen angemessene Sicherheitskopien anzulegen.

```
# fdisk /dev/sdb                                    Neue (leere) Platte
Welcome to fdisk (util-linux 2.25.2).
Changes will remain in memory only, until you decide ▷
◁ to write them.
Be careful before using the write command.

Device does not contain a recognized partition table.
Created a new DOS disklabel with disk identifier 0x68d97339.

Command (m for help): _
```

Mit [m] bekommen Sie eine Liste der verfügbaren Kommandos angezeigt.

Mit fdisk können Sie Platten nach dem MBR- wie auch dem GPT-Schema partitionieren. fdisk erkennt eine vorhandene Partitionstabelle und richtet sich danach. Auf einer leeren (unpartitionierten) Platte wird zunächst eine MBR-Partitionstabelle angelegt, aber das können Sie dann ändern (wir zeigen Ihnen gleich, wie).

Eine neue Partition können Sie mit dem Kommando »n« anlegen:

```
Command (m for help): n
Partition type
   p   primary (0 primary, 0 extended, 4 free)
   e   extended (container for logical partitions)
Select (default p): p
Partition number (1-4, default 1): 1
First sector (2048-2097151, default 2048): ↩
Last sector, +sectors or +sizeK,M,G,T,P (2048-2097151,▷
◁ default 2097151): +500M

Created a new partition 1 of type 'Linux' and of size▷
◁ 500 MiB.

Command (m for help): _
```

Das Kommando p zeigt die aktuelle Partitionstabelle an. Diese könnte etwa so aussehen:

```
Command (m for help): p
Disk /dev/sdb: 1 GiB, 1073741824 bytes, 2097152 sectors
```

```
Units: sectors of 1 * 512 = 512 bytes
Sector size (logical/physical): 512 bytes / 512 bytes
I/O size (minimum/optimal): 512 bytes / 512 bytes
Disklabel type: dos
Disk identifier: 0x68d97339

Device     Boot Start     End Sectors  Size Id Type
/dev/sdb1        2048 1026047 1024000  500M 83 Linux
```

Den Partitionstyp können Sie mit dem Kommando `t` ändern. Sie müssen die gewünschte Partition auswählen und können dann den Code (als Hexadezimalzahl) eingeben. Mit `L` bekommen Sie die komplette Liste angezeigt.

Eine Partition, die Sie nicht mehr haben möchten, können Sie mit dem Kommando `d` löschen. Wenn Sie fertig sind, können Sie mit `w` die Partitionstabelle auf die Platte schreiben und das Programm verlassen. Mit `q` verlassen Sie das Programm, ohne die Partitionstabelle neu zu schreiben.

Nach dem Speichern versucht `fdisk`, den Linux-Kern dazu zu bringen, dass er die neue Partitionstabelle einliest; das funktioniert bei neuen oder unbenutzten Platten problemlos, schlägt aber fehl, sobald eine Partition auf der Platte gerade in irgendeiner Form (eingebundenes Dateisystem, aktiver Swapspace, …) benutzt wird. Damit ist eine Neupartitionierung der Platte mit dem /-Dateisystem nur mit einem Neustart des Systems möglich. Einer der seltenen Momente, ein Linux-System neustarten zu müssen …

Wenn Sie `fdisk` im MBR-Modus verwenden, dann versucht es, die gängigen Konventionen einzuhalten und dafür zu sorgen, dass die Partitionierung auch mit 4Kn-Platten und 512e-Platten vernünftig funktioniert. Sie sollten, wo möglich, den Vorschlägen des Programms folgen und nicht ohne zwingenden Grund davon abweichen.

Um eine Platte gemäß dem GPT-Standard zu partitionieren, wenn noch keine Partitionstabelle nach GPT auf der Platte steht, können Sie diese mit dem Kommando `g` generieren (*Warnung:* Eine etwa schon existierende MBR-Partitionierungstabelle wird dabei überschrieben):

```
Command (m for help): g
Created a new GPT disklabel▷
◁ (GUID: C2A556FD-7C39-474A-B383-963E09AA7269)
```

(Die angezeigte GUID gilt für die Platte insgesamt.) Anschließend können Sie wie gehabt mit dem Kommando `n` Partitionen anlegen, auch wenn der Dialog geringfügig anders aussieht:

```
Command (m for help): n
Partition number (1-128, default 1): 1
First sector (2048-2097118, default 2048): ↵
Last sector, +sectors or +sizeK,M,G,T,P (2048-2097118,▷
◁ default 2097118): +32M

Created a new partition 1 of type 'Linux filesystem'▷
◁ and of size 32 MiB.
```

Auch die Partitionstypauswahl ist anders, weil es statt um zweistellige Hexadezimalzahlen um GUIDs geht:

```
Command (m for help): t
Selected partition 1
Partition type (type L to list all types): L
  1 EFI System            C12A7328-F81F-11D2-BA4B-00A0C93EC93B
◁◁◁◁◁
 14 Linux swap            0657FD6D-A4AB-43C4-84E5-0933C84B4F4F
 15 Linux filesystem      0FC63DAF-8483-4772-8E79-3D69D8477DE4
 16 Linux server data     3B8F8425-20E0-4F3B-907F-1A25A76F98E8
 17 Linux root (x86)      44479540-F297-41B2-9AF7-D131D5F0458A
 18 Linux root (x86-64)   4F68BCE3-E8CD-4DB1-96E7-FBCAF984B709
◁◁◁◁◁
Partition type (type L to list all types): _
```

8.3.3 Platten formatieren mit GNU parted

Ein anderes verbreitetes Programm zum Partitionieren von Speichermedien ist `parted` aus dem GNU-Projekt. Vom Leistungsumfang her ist es vergleichbar mit `fdisk`, hat aber einige nützliche Eigenschaften. `parted` ist bei den meisten Distributionen nicht standardmäßig installiert, kann aber in der Regel von den Servern der Distribution nachgeladen werden.

Ähnlich wie fdisk wird parted mit dem Namen des zu partitionierenden Mediums als Parameter aufgerufen:

```
# parted /dev/sdb
GNU Parted 3.2
Using /dev/sdb
Welcome to GNU Parted! Type 'help' to view a list of ▷
◁ commands.
(parted) _
```

Eine neue Partition können Sie mit mkpart anlegen. Das geschieht entweder interaktiv …

```
(parted) mkpart
Partition name?  []? Test
File system type?  [ext2]? ext4
Start? 211MB
End? 316MB
```

… oder direkt im Kommandoaufruf:

```
(parted) mkpart primary ext4 211MB 316MB
```

(Der Dateisystemtyp wird lediglich dafür verwendet, einen Partitionstyp zu erraten. Sie müssen später immer noch manuell ein Dateisystem auf der Partition generieren.)

Die aktuelle Partitionstabelle bekommen Sie mit print:

```
(parted) p
Model: ATA VBOX HARDDISK (scsi)
Disk /dev/sdb: 1074MB
Sector size (logical/physical): 512B/512B
Partition Table: gpt
Disk Flags:

Number Start  End   Size  File system Name    Flags
 1     1049kB 106MB 105MB
 2     106MB  211MB 105MB
 3     211MB  316MB 105MB ext4        primary

(parted) _
```

(Hier sehen Sie jetzt auch, wo die magischen Zahlen »211MB« und »316MB« weiter oben hergekommen sind.) print hat noch ein paar interessante Unterkommandos: »`print devices`« listet alle verfügbaren Blockgeräte auf, »`print free`« zeigt freien (unpartitionierten) Platz an und »`print all`« gibt die Partitionstabellen aller Blockgeräte aus.

Unerwünschte Partitionen können Sie mit `rm` löschen. Mit `name` können Sie einer Partition einen Namen geben (nur bei GPT). Das Kommando `quit` beendet das Programm.

Wichtig: Während `fdisk` die Partitionstabelle auf der Platte erst aktualisiert, wenn Sie das Programm verlassen, tut `parted` das laufend. Das heißt, Hinzufügungen oder Löschungen von Partitionen wirken sich sofort auf die Platte aus.

Wenn Sie `parted` auf eine neue (unpartitionierte) Platte loslassen, müssen Sie als erstes eine Partitionstabelle generieren. Mit

```
(parted) mklabel gpt
```

wird eine GPT-mäßige Partitionstabelle angelegt, mit

```
(parted) mklabel msdos
```

eine nach dem MBR-Standard. Es gibt keinen Standardwert; ohne Partitionstabelle verweigert `parted` das `mkpart`-Kommando.

Sollten Sie versehentlich eine Partition gelöscht haben, die Sie lieber behalten hätten, kann `parted` Ihnen helfen, sie wiederzufinden. Dazu müssen Sie nur wissen, wo ungefähr auf der Platte die Partition gelegen hat:

```
(parted) rm 3                                                    Upps.
(parted) rescue 200MB 350MB
Information: A ext4 primary partition was found ▷
◁ at 211MB -> 316MB.
Do you want to add it to the partition table?

Yes/No/Cancel? yes
```

Damit das funktioniert, muss allerdings ein Dateisystem auf der Partition existieren, da `parted` nach Datenblöcken sucht, die so aussehen, als finge dort ein Dateisystem an.

Neben dem interaktiven Modus erlaubt `parted` es auch, Kommandos direkt auf der Linux-Kommandozeile zu übergeben, etwa so:

```
# parted /dev/sdb mkpart primary ext4 316MB 421MB
Information: You may need to update /etc/fstab.
```

8.3.4 gdisk

Das Programm gdisk (»GPT fdisk«) ist spezialisiert auf GPT-partitionierte Platten und kann einige nützliche Dinge tun, die mit den anderen bisher gezeigten Programmen nicht gehen. Allerdings müssen Sie es gegebenenfalls nachinstallieren.

Die elementaren Funktionen von gdisk entsprechen im Wesentlichen denen von fdisk und parted, und wir gehen auf sie nicht nochmal ein (lesen Sie die Dokumentation und machen Sie ein paar Experimente). Ein paar Funktionen von gdisk sind allerdings unabhängig erwähnenswert:

- Sie können gdisk verwenden, um ein MBR-partitioniertes Medium in ein GPT-partitioniertes Medium umzuwandeln. Das setzt allerdings voraus, dass am Anfang und am Ende des Mediums genug Platz für die GPT-Partitionstabellen vorhanden ist. Bei Medien, wo gemäß heutigen Gepflogenheiten die erste Partition beim Sektor 2048 anfängt, ist ersteres kein Problem, letzteres möglicherweise schon. Sie müssen also gegebenenfalls dafür sorgen, dass die letzten 33 Sektoren des Mediums zu keiner Partition gehören.

  Für die Umwandlung reicht es normalerweise, gdisk mit dem Namen der Gerätedatei des zu bearbeitenden Mediums als Parameter zu starten. Sie bekommen dann entweder eine Warnung, dass keine GPT-Partitionstabelle gefunden wurde und gdisk die MBR-Partitionstabelle ausgewertet hat (an dieser Stelle können Sie das Programm mit w wieder verlassen und sind fertig), oder dass ein intakter MBR, aber eine beschädigte GPT-Partitionstabelle gefunden wurde (dann weisen Sie gdisk an, sich nach dem MBR zu richten, und können dann das Programm mit w verlassen und sind fertig).

- Der umgekehrte Weg ist auch möglich. Hierzu müssen Sie in gdisk mit dem Kommando r in das Menü für *recovery/ transformation commands* wechseln und können dort das Kommando g (*convert GPT into MBR and exit*) wählen. Anschließend können Sie das Programm mit `w` verlassen und das Speichermedium so konvertieren.

8.3.5 Andere Partitionierungsprogramme

Distributionen

Alternativ haben die meisten Distributionen noch mehr Möglichkeiten, die Partitionierung zu verändern. Die meisten bieten als Alternative zu `fdisk` das Programm `cfdisk`, das bildschirmorientiert und daher etwas komfortabler ist. Noch einfacher zu bedienen sind grafische Programme, etwa der YaST bei den SUSE- oder der »DiskDruid« bei den Red-Hat-Distributionen. Erwähnenswert ist auch `sfdisk`, ein komplett uninteraktives Partitionierungsprogramm. `sfdisk` übernimmt Partitionsinformationen aus einer Datei und eignet sich daher zum unbeaufsichtigten Partitionieren, etwa im Rahmen einer automatischen Installation. Außerdem können Sie mit `sfdisk` eine Sicherheitskopie Ihrer Partitionsinformationen machen und entweder als Tabelle ausdrucken oder als Datei auf einer Diskette oder CD ablegen. Diese Kopie lässt sich dann im Fall der Fälle mit `sfdisk` wieder einspielen. `sfdisk` funktioniert nur für MBR-partitionierte Platten. Es gibt ein entsprechendes Programm `sgdisk`, das äquivalente Aufgaben für GPT-partitionierte Platten erledigt. `sfdisk` und `sgdisk` sind allerdings nicht kompatibel – die Optionsstrukturen sind völlig verschieden.

8.3.6 Auslagerungsspeicher (Swapspace)

Virtueller Speicher

Auslagerungsspeicher brauchen Sie, um Programme laufen zu lassen, die einzeln oder insgesamt mehr Platz benötigen, als der Rechner freies RAM hat. **Virtueller Speicher** erlaubt es, nur die Teile eines Prozesses im Speicher zu halten, die gerade benötigt werden, und nicht benötigte Prozesse teilweise oder ganz auf Platte auszulagern, bis sie wieder gebraucht werden (engl. *swapping*).

Linux kann Auslagerungsspeicher in Form von Dateien oder dedizierten Partitionen benutzen. Auslagern in Dateien ist flexibler und seit Linux 2.6 auch nicht mehr langsamer, aber trotzdem werden Linux-Systeme meist mit Auslagerungspartitionen konfiguriert.

Wie groß sollte eine Auslagerungspartition sein? Dies hängt vor allem davon ab, wie viel RAM der Rechner hat und wie viel davon benutzt wird. Bei Linux ergibt sich die Gesamtgröße des virtuellen Speichers als Summe von RAM und Auslagerungsspeicher – ein System mit 8 GiB RAM und 4 GiB Auslagerungsspeicher kann also Prozesse im Gesamtwert von fast 12 GiB laufen lassen (für den Linux-Kern und verschiedene andere Aspekte der PC-Architektur geht eine gewisse Menge verloren). Allerdings sollten Sie die folgenden Überlegungen beachten:

- Plattenplatz ist billig, RAM auch. Sie sollten einen Rechner so auslegen, dass die »tägliche Arbeit« komplett im RAM stattfinden kann, da Swapping den Rechner extrem verlangsamt.
- Typische Programme brauchen gleichzeitigen Zugriff auf ca. 25 % ihres totalen (virtuellen) Platzbedarfs. Darum ist es meist nicht sinnvoll, mehr Auslagerungsplatz als das Dreifache des RAM vorzuhalten. Das ist allerdings nur eine Faustregel.
- Hinweise wie »Man sollte zwei- bis dreimal so viel Auslagerungsspeicher haben wie RAM« gelten meist für »traditionelle« Unix-Systeme, deren Speicherverwaltung ganz anders funktioniert. Wenn Sie ein Linux-System mit 4 GiB RAM haben, dann gibt es keinen zwingenden Grund dafür, 10 GiB Auslagerungsspeicher zu haben (auch wenn Plattenplatz billig ist).
- Linux unterstützt einen »Schlummermodus« (*software suspend*), bei dem der Rechner im laufenden Betrieb »eingefroren« und abgeschaltet werden kann und beim nächsten Neustart an derselben Stelle wieder weitermacht. Der Auslagerungsspeicher wird dabei zum Sichern des RAM-Inhalts benutzt und sollte groß genug sein.

Mehrere Platten Wenn Sie mehrere Platten zur Verfügung haben, sollten Sie auf jeder Platte Auslagerungsspeicher anlegen, um die Effizienz zu steigern (jedenfalls solange die Platten etwa gleich schnell sind). Linux unterstützt bis zu 32 Auslagerungspartitionen gleichzeitig.

Maximale Größe Wie groß eine Auslagerungspartition sein darf, hängt von der Plattform ab und ist nirgendwo definitiv dokumentiert. »Monsterriesengroß« ist eine gute Approximation. (Früher waren es bei den meisten Linux-Plattformen knapp 2 GiB.)

➪ T. Harris, K. Köhntopp, »Linux Partition HOWTO« (Juli 2001), `http://www.tldp.org/HOWTO/Partition/` (Abschnitt 4.4)

Eine Auslagerungspartition muss vor Gebrauch mit dem mkswap-Programm »formatiert« werden. Im Rahmen der Installationsprozedur einer Distribution passiert das automatisch; wenn Sie Auslagerungspartitionen von Hand anlegen, müssen Sie daran denken.

mkswap

⇨ mkswap(8)
⇨ /etc/fstab (Abschnitt 8.6.2)

8.4 Linux-Dateisysteme

8.4.1 Überblick

Nachdem Sie eine neue Partition angelegt haben, müssen Sie diese Partition »formatieren«, also die notwendigen Datenstrukturen für die Verwaltung von Dateien und Verzeichnissen auf die Partition schreiben. Wie diese Datenstrukturen im Detail aussehen, hängt vom betreffenden Dateisystem ab. Es gibt Dateisysteme, die ursprünglich für Linux entwickelt wurden, wie die »ext-Dateisysteme« oder Btrfs, und andererseits Dateisysteme, die eigentlich zu anderen Betriebssystemen gehören, die Linux aus Kompatibilitätsgründen aber auch (mehr oder weniger) unterstützt. Dazu gehören die Dateisysteme von DOS, Windows, OS X und einigen Unix-Varianten sowie »Netzdateisysteme« wie NFS oder SMB, die über das lokale Netz den Zugriff auf Dateiserver erlauben.

Superblock

Bei den Linux-Dateisystemen ist üblich, dass am Anfang des Dateisystems ein **Superblock** steht, der Informationen über das Dateisystem als ganzes enthält – also Daten darüber, wann es zuletzt ein- oder ausgehängt wurde, ob das Aushängen »sauber« oder durch einen Systemabsturz erfolgte, und vieles mehr. Der Superblock verweist normalerweise auch auf andere Teile der Verwaltungsdatenstrukturen, etwa wo die Inodes oder die Listen freier und belegter Blöcke zu finden sind und welche Bereiche des Mediums für Daten zur Verfügung stehen. Normalerweise stehen auch Kopien des Superblocks anderswo im Dateisystem, falls es Probleme gibt. Vor dem Superblock steht auf der Platte meist noch ein »Bootsektor«, in dem Sie theoretisch einen Bootlader unterbringen können. Das macht es möglich, Linux zum Beispiel auf einem Rechner zu installieren, auf dem schon Windows installiert ist, und den Bootmanager von Windows zu benutzen, um das System zu starten.

mkfs Zum Anlegen eines Dateisystems existiert unter Linux der Befehl mkfs. mkfs ist ein vom konkret gewünschten Dateisystemtyp unabhängiges Programm, das die eigentliche Routine für das jeweilige Dateisystem mkfs.⟨Dateisystemtyp⟩, aufruft. Den Dateisystemtyp können Sie mit der Kommandozeilenoption -t wählen, mit »mkfs -t ext2« würde zum Beispiel das Programm mkfs.ext2 gestartet (ein anderer Name für mke2fs).

inkonsistenter Zustand Wenn der Rechner unkontrolliert ausgeschaltet wurde oder wenn es zu einem Systemabsturz gekommen ist, müssen Sie damit rechnen, dass sich das Dateisystem in einem inkonsistenten Zustand befindet (auch wenn das im wirklichen Leben selbst bei Abstürzen glücklicherweise sehr selten vorkommt). Fehler im Dateisystem können auftreten, weil die Schreiboperationen durch den Festplattencache im Arbeitsspeicher gepuffert werden und diese Daten beim Abschalten des Rechners verloren gehen, bevor sie auf die Platte geschrieben werden konnten. Andere Fehler entstehen, wenn das System mitten in einer ungepufferten Schreiboperation seinen Dienst aufgibt.

Strukturfehler Probleme, die vorkommen können, umfassen neben reinen Datenverlusten auch Fehler in der Struktur des Dateisystems, die durch geeignete Programme erkannt und repariert werden können, zum Beispiel

- fehlerhafte Einträge in Verzeichnissen
- fehlerhafte Einträge in Inodes
- Dateien, die in keinem Verzeichnis eingetragen sind
- Datenblöcke, die zu mehreren verschiedenen Dateien gehören

Viele, aber nicht alle solche Probleme lassen sich automatisch und ohne Datenverlust beheben; das Dateisystem kann aber in der Regel wieder in einen konsistenten Zustand gebracht werden. Wenn ein Dateisystem nicht korrekt »abgemeldet« wurde, erkennt das System das beim nächsten Neustart und kann automatisch eine Reparatur anstoßen.

Konsistenzprüfung Wenn Sie die Konsistenz eines Dateisystems prüfen wollen, müssen Sie damit nicht bis zum nächsten Booten warten. Sie können die Programme zum Dateisystemcheck zu jedem beliebigen Zeitpunkt aufrufen. Sollte ein Dateisystem allerdings Fehler enthalten, darf eine Reparatur nur auf einem Dateisystem durchgeführt werden, das nicht auch gerade eingehängt ist. Diese Einschränkung ist notwendig, damit sich Kernel und Reparaturprogramm bei der Veränderung des Dateisystems nicht in die Quere kommen. Auch das spricht für automatische Tests beim Systemstart.

fsck

Zur tatsächlichen Konsistenzprüfung dient das Kommando `fsck`. Wie `mkfs` bedient dieses Kommando sich je nach dem Typ des zu prüfenden Dateisystems eines spezifischen Unterkommandos namens `fsck.`⟨Dateisystemtyp⟩ – für `ext4` zum Beispiel `fsck.ext4`. `fsck` findet das passende Unterkommando, indem es das zu prüfende Dateisystem untersucht. Mit dem Kommando

```
# fsck /dev/sdb1
```

zum Beispiel können Sie das Dateisystem auf `/dev/sdb1` prüfen. Das einfache Kommando

```
# fsck
```

prüft nacheinander alle Dateisysteme, die in der Datei `/etc/fstab` aufgelistet sind und deren Eintrag in der sechsten (letzten) Spalte einen von Null verschiedenen Wert haben. (Tauchen dort mehrere Werte auf, werden die Dateisysteme in aufsteigender Reihenfolge dieses Werts geprüft.) Über `/etc/fstab` steht mehr im Abschnitt 8.6.2. – `fsck` hat eine `-t`-Option, die auf den ersten Blick an `mkfs` erinnert, aber eine andere Bedeutung hat: Ein Kommando wie

```
# fsck -t ext3
```

prüft alle Dateisysteme, die in der Datei `/etc/fstab` aufgelistet und dort als vom Typ `ext3` gekennzeichnet sind.

Optionen

Die wichtigsten Optionen von `fsck` sind:

-A (All) veranlaßt `fsck`, alle in der Datei `/etc/fstab` aufgeführten Linux-Dateisysteme zu prüfen. Dabei wird die Prüfreihenfolge in der sechsten Spalte von `/etc/fstab` eingehalten. Gibt es mehrere Dateisysteme mit demselben Wert in dieser Spalte, werden sie parallel geprüft, solange sie auf verschiedenen physikalischen Festplatten liegen.

-R Bei `-A` wird das Wurzeldateisystem nicht mit geprüft (sinnvoll, wenn es schon zum Schreiben eingehängt ist).

-V Hiermit werden Informationen über den Programmverlauf ausgegeben.

-N Zeigt an, was fsck täte, ohne es allerdings zu tun.

-s Verhindert die parallele Prüfung mehrerer Partitionen. Das Kommando »fsck« ohne Parameter ist äquivalent zu »fsck -A -s«.

Außer seinen eigenen Optionen können Sie fsck nach dem Namen des oder der zu prüfenden Dateisysteme (und gegebenenfalls durch »--« abgetrennt) weitere Optionen mitgeben, die es an das spezifische Dateisystemprüfprogramm durchreicht. Die Optionen -a, -f, -p und -v werden von den meisten dieser Programme unterstützt. Details dazu finden sich bei den entsprechenden Kommandobeschreibungen. Das Kommando

```
# fsck /dev/sdb1 /dev/sdb2 -pv
```

zum Beispiel würde die Dateisysteme auf den Partitionen /dev/sdb1 und /dev/sdb2 automatisch prüfen, allfällige Fehler ohne Rückfrage korrigieren und dabei geschwätzig über den Fortschritt berichten.

⇨ Übersichtsseite mit Verweisen: http://www.linuxwiki.de/DateiSystem

8.4.2 Die ext-Dateisysteme

Geschichte und Eigenschaften Das ursprüngliche *extended file system* für Linux wurde im April 1992 von Rémy Card implementiert. Es war das erste speziell für Linux entworfene Dateisystem (wobei es sich nachdrücklich auf den Grundideen allgemeiner Unix-Dateisysteme abstützte) und räumte mit diversen Einschränkungen des vorher verwendeten Minix-Dateisystems auf. Heute wird das ursprüngliche ext-Dateisystem aber nicht mehr benutzt. Wenn wir ab jetzt von »den ext-Dateisystemen« reden, dann meinen wir alle ab einschließlich ext2.

ext2 Die im Januar 1993 ebenfalls von Rémy Card angefangene Nachfolgeversion, ext2 (das *second extended file system*), stellte eine umfangreiche Überarbeitung des ursprünglichen »erweiterten Dateisystems« dar. Bei der Entwicklung von ext2 wurden diverse Ideen etwa aus dem *Berkeley Fast Filesystem* von BSD aufgegriffen. ext2 wird weiterhin gewartet und ist nach wie vor für bestimmte Anwendungen absolut empfehlenswert.

ext3

Seit Ende der 1990er Jahre arbeitete Stephen Tweedie an einem Nachfolger für ext2, der ab Ende 2001 unter dem Namen ext3 in den Linux-Kernel integriert wurde (das war Linux 2.4.15). Die wesentlichen Unterschiede zwischen ext2 und ext3 sind:

- ext3 unterstützt Journaling.
- ext3 erlaubt es, Dateisysteme im laufenden Betrieb zu vergrößern.
- ext3 unterstützt effizientere interne Datenstrukturen für Verzeichnisse mit vielen Einträgen.

Dabei ist es weitgehend kompatibel mit ext2. Es ist in der Regel möglich, ext3-Dateisysteme als ext2-Dateisysteme anzusprechen (wobei natürlich die neuen Eigenschaften nicht genutzt werden können) und umgekehrt.

Journaling

»Journaling« löst ein Problem, das bei zunehmend größeren Dateisystemen sehr hinderlich sein kann, nämlich dass nach einem unvorhergesehenen Systemabsturz eine komplette Konsistenzprüfung des Dateisystems nötig ist. Schreiboperationen auf die Platte führt der Linux-Kern in der Regel nicht sofort aus, sondern speichert die Daten erst einmal im RAM zwischen und schreibt sie erst später auf die Platte, wenn sich das anbietet (etwa weil der Schreib-/Lesekopf des Plattenlaufwerks in der richtigen Gegend ist). Außerdem erfordern es viele Schreiboperationen, an mehreren Stellen auf der Platte Daten zu schreiben, etwa in einen oder mehrere Datenblöcke, in die Inode-Tabelle und die Liste der verfügbaren Blöcke auf der Platte. Wenn im richtigen (bzw. falschen) Moment der Strom wegbleibt, kann es passieren, dass so eine Operation nur halb ausgeführt ist – das Dateisystem ist nicht »konsistent« in dem Sinne, dass zum Beispiel ein Datenblock einer Datei zwar in der Inode zugeordnet ist, aber in der Liste der verfügbaren Blöcke nicht als belegt gekennzeichnet wurde. Das kann natürlich später zu echten Problemen führen.

Bei einem Journaling-Dateisystem wie ext3 betrachtet man jeden Schreibzugriff auf der Platte als »Transaktion«, die entweder komplett ausgeführt werden muss oder gar nicht. Vor der Ausführung der Transaktion ist das Dateisystem *per definitionem* konsistent und hinterher auch. Jede Transaktion wird zuerst in einen speziellen Bereich des Dateisystems, das *Journal*, geschrieben. Wenn sie komplett dort angekommen ist, wird sie als »vollständig« markiert und ist damit aktenkundig. Anschließend kann der Linux-Kern die tatsächlichen Schreiboperationen durchführen. – Stürzt das System ab, muss für ein Journaling-Dateisystem beim Neustart keine komplette Konsistenzprüfung durchgeführt werden, die bei heutigen Dateisystemgrößen Stunden oder gar Tage dauern könnte. Statt dessen wird nur das Journal angeschaut und die als vollständig gekennzeichneten Transaktionen werden ins eigentliche Dateisystem übertragen. Transaktionen, die im Journal nicht als vollständig gekennzeichnet sind, werden verworfen.

Journaling und fsck

Die Verwendung eines Dateisystems mit Journal wie `ext3` enthebt Sie prinzipiell nicht der Pflicht, hin und wieder komplette Konsistenzprüfungen durchzuführen. Immerhin könnte es sein, dass sich durch Hardwarefehler der Platte, Probleme mit der Verkabelung oder die berühmt-berüchtigten kosmischen Strahlen (nicht lachen, das kann wirklich ein Problem sein!) Fehler in den Datenstrukturen des Dateisystems einschleichen, die Ihnen sonst verborgen bleiben würden, bis sie Unheil anrichten. Aus diesem Grund nötigen die `ext`-Dateisysteme Sie normalerweise beim Starten dazu, indem sie in gewissen Abständen von sich aus einen Dateisystemcheck anstoßen (typischerweise genau dann, wenn Sie es am wenigsten gebrauchen können). Später in diesem Kapitel werden Sie sehen, wie Sie hier steuernd eingreifen können.

ext4

Die Krone der `ext`-Dateisystemevolution repräsentiert derzeit das seit 2006 unter der Federführung von Theodore Ts'o entwickelte `ext4`-Dateisystem. Die wesentlichen Verbesserungen betreffen vor allem die interne Verwaltung von Daten, die deutlich effizienter ist als bisher, die Absicherung des Journals durch Prüfsummen, und einige Größenbeschränkungen, die weiter verschoben wurden. – Verzeichnisse können 64.000 oder mehr Unterverzeichnisse enthalten (vorher 32.000), Dateien können bis zu 16 TiB groß werden und Dateisysteme bis zu 1 EiB. Trotz dieser nützlichen Weiterentwicklungen ist `ext4` laut Ted Ts'o nicht als Innovation zu verstehen, sondern als Lückenfüller, bis noch viel bessere Dateisysteme wie Btrfs (Abschnitt 8.4.5) zur Verfügung stehen.

Alle ext-Dateisysteme verfügen über leistungsfähige Werkzeuge zur Konsistenzprüfung und Reparatur von Dateisystemstrukturen. Für den Einsatz in der Praxis ist das extrem wichtig.

ext-Dateisysteme anlegen Um ein ext-Dateisystem anzulegen, können Sie im einfachsten Fall mkfs mit einer passenden -t-Option benutzen:

```
# mkfs -t ext2 /dev/sdb1                    ext2-Dateisystem
# mkfs -t ext3 /dev/sdb1                    ext3-Dateisystem
# mkfs -t ext4 /dev/sdb1                    ext4-Dateisystem
```

Hinter der -t-Option und ihrem Parameter können noch Parameter kommen, die an das Programm weitergegeben werden, das die eigentliche Arbeit macht – im Falle der ext-Dateisysteme das Programm mke2fs. (Trotz des e2 im Namen kann es auch ext3- und ext4-Dateisysteme erzeugen.) Ebenfalls funktionieren würden die Aufrufe

```
# mkfs.ext2 /dev/sdb1                       ext2-Dateisystem
# mkfs.ext3 /dev/sdb1                       ext3-Dateisystem
# mkfs.ext4 /dev/sdb1                       ext4-Dateisystem
```

– das sind genau die Kommandos, die mkfs aufrufen würde. Alle drei Kommandos sind eigentlich symbolische Links, die auf mke2fs verweisen; mke2fs schaut nach, unter welchem Namen es aufgerufen wurde, und verhält sich entsprechend. Sie können das Kommando mke2fs auch direkt aufrufen:

mke2fs

```
# mke2fs /dev/sdb1
```

(Ohne Optionen bekommen Sie ein ext2-Dateisystem.)

Die folgenden Optionen für mke2fs sind nützlich (und möglicherweise für die Prüfung wichtig):

-b ⟨Größe⟩ bestimmt die Größe der Blöcke. Typische Werte sind 1024, 2048 oder 4096. Standardwert ist auf Partitionen interessanter Größe 4096.

-i ⟨Anzahl⟩ legt die »Inode-Dichte« fest; für jeweils ⟨Anzahl⟩ Bytes Plattenplatz wird ein Inode erzeugt. Der Wert muss ein Vielfaches der Blockgröße (Option -b) sein; es hat keinen großen Zweck, die ⟨Anzahl⟩ kleiner zu wählen als die Blockgröße. Der

Mindestwert ist 1024, die Voreinstellung ist der Wert der Blockgröße.

`-m` ⟨**Anteil**⟩ setzt den Anteil der Datenblöcke, die für `root` reserviert sind (Voreinstellung 5%)

`-S` veranlasst `mke2fs`, nur die Superblocks und Gruppendeskriptoren neu zu schreiben, die Inodes aber unangetastet zu lassen

`-j` erzeugt zusätzlich ein Journal und damit ein `ext3`- oder `ext4`-Dateisystem. Echte `ext4`-Dateisysteme legen Sie am besten mit einem der vorgekochten Aufrufe wie »`mkfs -t ext4`« an, weil `mke2fs` dann weiß, was es machen soll. Wenn Sie es wirklich unbedingt »zu Fuß« erledigen wollen, dann benutzen Sie etwas wie

```
# mke2fs -j -O extents,uninit_bg,dir_index /dev/sdb1
```

Inode-Dichte Die Inode-Dichte (Option `-i`) legt fest, wie viele Dateien Sie in dem Dateisystem haben können – da jede Datei ein Inode benötigt, kann es nicht mehr Dateien geben als Inodes. Die Voreinstellung, für jeden Datenblock auf der Platte ein Inode anzulegen, ist sehr konservativ, aber die Gefahr, aus Inodemangel keine Dateien mehr anlegen zu können, wiegt in den Augen der Entwickler offenbar schwerer als die Platzverschwendung durch unbenutzte Inodes. Diverse Dinge im Dateisystem benötigen Inodes, aber keine Datenblöcke – zum Beispiel Gerätedateien, FIFOs oder kurze symbolische Links. Selbst wenn Sie so viele Inodes anlegen wie Datenblöcke, können Ihnen die Inodes also immer noch eher ausgehen als die Datenblöcke.

Dateien »formatieren« Mit der `mke2fs`-Option `-F` können Sie auch Dateisystemobjekte »formatieren«, die keine Blockgerätedateien sind. Zum Beispiel können Sie CD-ROMs mit einem `ext2`-Dateisystem erzeugen, indem Sie die Kommandosequenz

```
# dd if=/dev/zero of=cdrom.img bs=1M count=650
# mke2fs -F cdrom.img
# mount -o loop cdrom.img /mnt
#                                    … Sachen nach /mnt kopieren…
# umount /mnt
# cdrecord -data cdrom.img
```

benutzen. (/dev/zero ist ein »Gerät«, das beliebig viele Nullbytes liefert.) Die resultierenden CD-ROMs enthalten »echte« ext2-Dateisysteme mit allen Rechten, Attributen, Zugriffskontrolllisten (ACLs) usw. und können per

```
# mount -t ext2 -o ro /dev/sr0 /media/cdrom
```

(oder ähnlichem) eingehängt werden.

⇨ mkfs(8), mke2fs(8)

Reparatur von ext-Dateisystemen e2fsck ist das Prüfprogramm für die ext-Dateisysteme. Damit es von fsck aufgerufen werden kann, gibt es normalerweise auch symbolische Links wie fsck.ext2. Ähnlich wie bei mke2fs funktioniert auch e2fsck für ext3- und ext4-Dateisysteme.

e2fsck

Die wichtigsten Optionen von e2fsck sind:

Optionen

-b ⟨Nummer⟩ liest den Superblock aus dem mit der ⟨Nummer⟩ bezeichneten Partitionsblock (anstelle des ersten Superblocks).

-B ⟨Grösse⟩ gibt die Größe einer Blockgruppe zwischen zwei Kopien des Superblocks an; bei den ext-Dateisystemen werden Sicherungskopien des Superblocks normalerweise alle 8192 Blöcke angelegt, auf größeren Platten alle 32768 Blöcke. (Abfragen können Sie das mit dem weiter unten erklärten Kommando tune2fs; schauen Sie in der Ausgabe von »tune2fs -l« nach »*Blocks per group*«.)

-f (engl. *force*) erzwingt die Überprüfung des Dateisystems unbedingt, auch wenn im Superblock eingetragen ist, dass das Dateisystem in Ordnung ist.

-l ⟨Datei⟩ liest die Liste kaputter Blöcke (*bad blocks*) aus der angegebenen Datei, diese Blöcke werden als »benutzt« markiert.

-c (engl. *check*) durchsucht das Dateisystem nach kaputten Blöcken. Die Optionen -l und -c sollten Sie, wie gesagt, nicht überbewerten; eine Festplatte, bei der e2fsck kaputte Blöcke finden kann, gehört eigentlich aussortiert.

-p (engl. *preen*) veranlasst die automatische Reparatur aller gefunden Fehler ohne interaktive Aktion.

- `-v` (engl. *verbose*) gibt während des Ablaufs Informationen über den Status des Programms und über das Dateisystem aus.

Die Gerätedatei gibt das Blockgerät an, dessen Dateisystem geprüft werden soll. Wenn dieses Gerät kein `ext`-Dateisystem enthält, bricht das Kommando automatisch ab.

Dateisystemfehler

Alle möglichen Dateisystemfehler aufzuzählen, die von `e2fsck` behandelt werden können, ist an dieser Stelle nicht möglich. Hier sind nur einige wichtige Beispiele dargestellt:

- Ansonsten gültig aussehende Dateien, deren Inode in keinem Verzeichnis eingetragen ist, bekommen ein Link im Verzeichnis `lost+found` des Dateisystems mit der Inode-Nummer als Name. Als Administrator können Sie diese Dateien anschauen und versuchen, sie an ihren eigentlichen Platz im Dateisystem zurückzuverschieben. Zu einem solchen Fehler kann es kommen, wenn z. B. das System zusammenbricht, nachdem eine Datei erstellt wurde, aber bevor der dazugehörige Verzeichniseintrag geschrieben werden konnte.
- Der Referenzzähler eines Inodes ist größer als die Anzahl der Namenseinträge in Verzeichnissen, die auf dieses Inode verweisen. `e2fsck` passt den Referenzzähler im Inode an.
- `e2fsck` findet freie Blöcke, die als belegt eingetragen sind (das passiert z. B., wenn das System zusammenbricht, nachdem eine Datei gelöscht wurde, aber bevor der Eintrag im Superblock und den Bitmaps erfolgen konnte).
- Die Gesamtzahl der Blöcke ist inkorrekt (belegte und freie Blöcke zusammen sind ungleich der Gesamtzahl der Blöcke).

Komplizierte Fehler

Nicht alle Fehler lassen sich einfach reparieren. Was tun, wenn der Superblock nicht lesbar ist? Dann lässt sich das Dateisystem nicht mehr einhängen, und in der Regel scheitert auch `e2fsck`. Hier können Sie eine Kopie des Superblocks verwenden, von denen jede Blockgruppe auf der Partition eine enthält. Mit der Option `-b` lässt `e2fsck` sich zwingen, einen bestimmten Block als Superblock anzusehen. Der entsprechende Befehl lautet dann z. B.:

```
# e2fsck -f -b 8193 /dev/sda2
```

Wenn sich das Dateisystem mit `fsck` nicht automatisch reparieren lässt, dann gibt es noch die Möglichkeit, direkt in das Dateisystem einzugreifen. Dazu ist allerdings eine sehr detaillierte Kenntnis der inneren Struktur notwendig, die über den Lehrinhalt dieses Kurses hinausgeht. – Zu diesem Zweck existieren zwei nützliche Werkzeuge. Das erste ist das Programm `dumpe2fs`. Mit diesem Kommando werden die internen Datenstrukturen eines `ext`-Dateisystems sichtbar gemacht. Die Interpretation der Ausgabe erfordert die o. g. detaillierten Kenntnisse. Eine Reparatur eines `ext`-Dateisystems lässt sich mit den Dateisystem-Debugger `debugfs` durchführen.

dumpe2fs

debugfs

Wichtig: Von Programmen wie `debugfs` sollten Sie tunlichst die Finger lassen, wenn Sie nicht *genau* wissen, was Sie tun. Zwar gibt Ihnen `debugfs` die Möglichkeit, die Datenstrukturen des Dateisystems auf niedriger Ebene sehr detailliert zu beeinflussen, aber Sie können damit leicht noch mehr kaputt machen, als ohnehin schon kaputt ist. Nachdem wir Sie also angemessen ermahnt haben, können wir Ihnen sagen, dass Sie mit

```
# debugfs /dev/sda1
```

das `ext`-Dateisystem auf `/dev/sda1` zur Inspektion öffnen können (`debugfs` erlaubt Ihnen das Schreiben auf das Dateisystem vernünftigerweise nur, wenn Sie es mit der Option `-w` aufgerufen haben). `debugfs` zeigt eine Eingabeaufforderung an; mit »`help`« erhalten Sie eine Liste der möglichen Kommandos. Diese steht auch in der Anleitung, die Sie unter `debugfs`(8) finden können.

⇨ `e2fsck`(8), `debugfs`(8), `dumpe2fs`(8)

ext-Dateisystemparameter abfragen und ändern Wenn Sie eine Partition angelegt und bereits mit einem `ext`-Dateisystem versehen haben, können Sie nachträglich die Formatparameter ändern. Dazu gibt es das Kommando `tune2fs`. Dieses Kommando ist mit äußerster Vorsicht zu verwenden und sollte auf keinen Fall auf ein zum Schreiben eingehängtes Dateisystem angewendet werden:

Formatparameter ändern

`tune2fs` [⟨Optionen⟩] ⟨Gerät⟩

Die folgenden Optionen sind wichtig:

-c ⟨Anzahl⟩ setzt die maximale Anzahl der Einhängevorgänge zwischen zwei routinemäßigen Dateisystemprüfungen. Der von `mke2fs` vergebene Standardwert ist eine Zufallszahl irgendwo in der Gegend von 30 (damit nicht alle Dateisysteme auf einen Sitz prophylaktisch geprüft werden). Der Wert 0 bedeutet »unendlich viele«.

-C ⟨**Anzahl**⟩ setzt die aktuelle Zahl von Einhängevorgängen. Damit können Sie `fsck` betrügen oder (indem Sie es auf einen Wert setzen, der größer ist als der aktuelle mit `-c` eingestellte Wert) eine Dateisystemprüfung beim nächsten Systemstart erzwingen.

-e ⟨**Verhalten**⟩ legt das Verhalten beim Auftreten von Fehlern fest. Es gibt folgende Möglichkeiten:

continue Normal weitermachen

remount-ro Schreiben auf das Dateisystem verbieten

panic Kernel-Panik erzwingen

In jedem Fall wird beim nächsten Systemstart eine Konsistenzprüfung gemacht.

-i ⟨**Intervall**⟩⟨**Einheit**⟩ setzt die maximale Zeit zwischen zwei routinemäßigen Dateisystemprüfungen. ⟨Intervall⟩ ist eine ganze Zahl; die ⟨Einheit⟩ ist `d` für Tage, `w` für Wochen und `m` für Monate. Der Wert 0 steht für »unendlich lange«.

-l zeigt die Informationen im Superblock an.

-m ⟨**Prozent**⟩ setzt den Anteil der Datenblöcke, die für `root` oder den mit `-u` festgelegten Benutzer reserviert sind (Voreinstellung 5%)

-L ⟨**Name**⟩ setzt einen Partitionsnamen (bis zu 16 Buchstaben). Kommandos wie `mount` und `fsck` erlauben es, Partitionen über ihren Namen statt den Namen der Gerätedatei zu identifizieren.

Mit `tune2fs` können Sie auch die verschiedenen Geschmacksrichtungen von `ext`-Dateisystemen ineinander umwandeln – zumindest von `ext2` nach `ext3` und umgekehrt und von `ext3` nach `ext4`. Ein auf diese Weise erstelltes `ext4`-Dateisystem ist jedoch langsamer als ein ursprünglich als `ext4` generiertes.

⇨ `tune2fs(8)`

8.4.3 ReiserFS

Allgemeines ReiserFS war ein für den allgemeinen Einsatz gedachtes Linux-Dateisystem. Es wurde von einem Team unter Leitung von Hans Reiser entwickelt und debütierte in Linux 2.4.1 (das war 2001). Damit war es das erste für Linux verfügbare Dateisystem mit Journal und verfügte auch über einige andere Neuerungen, die das damals populärste Linux-Dateisystem, `ext2`, nicht bieten konnte. Zum Beispiel optimierte es die Verwaltung von sehr kleinen Dateien und vergab Inodes dynamisch, statt sich auf Tabellen fester Größe zu verlassen.

Im wirklichen Leben sollten Sie um das Reiser-Dateisystem (und seinen designierten Nachfolger, Reiser4) einen weiten Bogen machen, solange Sie keine älteren Systeme warten müssen, die es benutzen. Es gibt nämlich im Moment niemanden mehr, der sich darum kümmert. Wir erwähnen es hier nur, weil es in den Lernzielen für LPIC-1 noch vorkommt.

Reiserfs anlegen `mkreiserfs` dient dem Anlegen eines Reiser-Dateisystems. Die mögliche Angabe einer logischen Blockgröße wird derzeit ignoriert, es werden immer 4-KiB-Blöcke angelegt. Mit `dumpreiserfs` können Sie Informationen über Reiser-Dateisysteme auslesen. `resize_reiserfs` erlaubt es, die Größe von momentan nicht verwendeten ReiserFS-Partitionen zu ändern. Im Betrieb gelingt dies durch ein Kommando in der Art »`mount -o remount,resize=`⟨Blockanzahl⟩ ⟨Mountpunkt⟩«.

mkreiserfs

dumpreiserfs

resize_reiserfs

⇨ `mkreiserfs(8)`

Konsistenzprüfung für ReiserFS Auch für das Reiser-Dateisystem gibt es ein Programm zur Prüfung und Reparatur, namentlich `reiserfsck`. `reiserfsck` führt einen Konsistenztest durch und versucht eigenständig, gefundene Schäden zu reparieren, so ähnlich `e2fsck`. Dieses Programm ist nur dann nötig, wenn das Dateisystem wirklich beschädigt sein sollte. Wurde das ReiserFS lediglich nicht ordnungsgemäß aus dem Dateibaum abgehängt, übernimmt der Kernel die Wiederherstellung anhand des Journals automatisch.

reiserfsck

reiserfsck hat einige kapitale Probleme. Eines davon ist, dass es beim in manchen Fehlersituationen nötigen Neuaufbau der Baumstruktur völlig durcheinander kommt, wenn Datendateien (!) Blöcke enthalten, deren Inhalt als Superblock eines anderen Reiser-Dateisystems missverstanden werden könnte – wie das zum Beispiel vorkommt, wenn Sie ein Abbild (engl. *image*) eines Reiser-Dateisystems in einer Datei haben, etwa weil Sie eine Virtualisierungsumgebung wie VirtualBox oder VMware mit Reiser-formatierten »virtuellen« Festplatten benutzen. Damit ist das Reiser-Dateisystem für ernsthaftes Arbeiten eigentlich disqualifiziert. Wir haben Sie gewarnt.

8.4.4 XFS

Das Dateisystem XFS wurde von SGI (ehedem Silicon Graphics, Inc.) für Linux zur Verfügung gestellt; es handelt sich dabei um das Dateisystem der SGI-Unix-Variante IRIX, das in der Lage ist, effizient mit sehr großen Dateien umzugehen. Alle wesentlichen Linux-Distributionen bieten XFS-Unterstützung an, auch wenn wenige es als Standard verwenden; gegebenenfalls müssen Sie die XFS-Werkzeuge zusätzlich installieren.

XFS generieren

Ein XFS-Dateisystem können Sie auf einer leeren Partition (oder in einer Datei) mit dem Kommando

```
# mkfs -t xfs /dev/sda2
```

(setzen Sie den gewünschten Gerätenamen ein) generieren. Die eigentliche Arbeit macht (natürlich) das Programm mkfs.xfs. Sie können es über verschiedene Optionen beeinflussen; schlagen Sie in der Dokumentation (xfs(5) und mkfs.xfs(8)) nach.

XFS-Hilfsprogramme

Die XFS-Hilfsprogramme enthalten ein fsck.xfs (das Sie über »fsck -t xfs« aufrufen können), aber dieses Programm tut nicht wirklich etwas – es ist nur da, damit das System etwas aufrufen kann, wenn »alle« Dateisysteme geprüft werden sollen (was einfacher ist, als eine spezielle Ausnahme für XFS in fsck einzubauen). Tatsächlich werden XFS-Dateisysteme automatisch beim Einhängen geprüft, wenn sie nicht sauber ausgehängt wurden. Sollten Sie außer der Reihe die Konsistenz eines XFS prüfen oder eines reparieren müssen, steht Ihnen das Programm xfs_repair(8) zur

xfs_repair

Verfügung – »xfs_repair -n« prüft, ob Reparaturen nötig sind;

ohne die Option werden die Reparaturen vorgenommen.

In Extremfällen kann es vorkommen, dass xfs_repair ein Dateisystem nicht reparieren kann. In dieser Situation können Sie mit xfs_metadump einen Abzug der Dateisystem-Metadaten machen und an die Entwickler schicken:

xfs_metadump

```
# xfs_metadump /dev/sdb1 sdb1.dump
```

(Das Dateisystem darf dazu nicht eingehängt sein.) Der Abzug ist eine Binärdatei, die keine Dateiinhalte enthält und in der alle Dateinamen unkenntlich gemacht sind. Es besteht also keine Gefahr, dass vertrauliche Daten weitergegeben werden.

Das Kommando xfs_info gibt Informationen über ein (eingehängtes) XFS-Dateisystem aus:

xfs_info

```
# xfs_info /dev/sdb1
meta-data=/dev/sdb1 isize=256   agcount=4, agsize=16384 blks
         =          sectsz=512  attr=2, projid32bit=1
         =          crc=0       finobt=0
data     =          bsize=4096  blocks=65536, imaxpct=25
         =          sunit=0     swidth=0 blks
naming   =version 2 bsize=4096  ascii-ci=0 ftype=0
log      =Intern    bsize=4096  blocks=853, version=2
         =          sectsz=512  sunit=0 blks, lazy-count=1
realtime =keine     extsz=4096  blocks=0, rtextents=0
```

Sie können hier zum Beispiel sehen, dass das Dateisystem aus 65536 Blöcken à 4 KiB besteht (bsize und blocks im data-Abschnitt), während das Journal 853 4-KiB-Blöcke im selben Dateisystem belegt (Intern, bsize und blocks im log-Abschnitt).

Sie sollten es sich verkneifen, XFS-Dateisysteme mit dd zu kopieren (oder zumindest sehr vorsichtig vorgehen). Das liegt daran, dass jedes XFS-Dateisystem eine eindeutige UUID enthält und Programme wie xfsdump (das Sicherheitskopien anlegt) durcheinanderkommen können, wenn sie zwei unabhängige Dateisysteme mit derselben UUID antreffen. Zum Kopieren von XFS-Dateisystemen verwenden Sie besser xfsdump und xfsrestore oder aber xfs_copy.

8.4.5 Btrfs

Eigenschaften

Btrfs gilt als das angesagte Linux-Dateisystem für die Zukunft. Es kombiniert die traditionell mit einem unixartigen Dateisystem assoziierten Eigenschaften mit einigen innovativen Ideen, die teils an das ZFS von Solaris angelehnt sind. Dazu gehören nebst Eigenschaften, die sonst vom Logical Volume Manager (LVM; Abschnitt 8.5) übernommen werden – wie dem Anlegen von Dateisystemen, die mehrere physikalische Speichermedien überspannen –, oder die die RAID-Unterstützung des Linux-Kerns leistet – etwa das redundante Speichern derselben Daten auf mehreren physikalischen Speichermedien – auch transparente Komprimierung von Daten, Konsistenzprüfung von Datenblöcken mit Prüfsummen und ähnliches mehr. Das »Killerfeature« sind wahrscheinlich »Schnappschüsse« (engl. *snapshots*), mit denen verschiedene Versionszustände von Dateien oder ganzen Dateihierarchien gleichzeitig zur Verfügung gestellt werden können.

copy on write

Btrfs beruht prinzipiell auf der Idee des *copy on write*. Das heißt, wenn Sie einen Schnappschuss eines Btrfs-Dateisystems anlegen, wird erst mal überhaupt nichts kopiert, sondern nur vermerkt, dass eine Kopie existiert. Auf die Daten kann aus dem ursprünglichen Dateisystem und dem Schnappschuss heraus zugegriffen werden, und solange nur gelesen wird, können die Dateisysteme sich den kompletten Datenbestand teilen. Erst wenn entweder im ursprünglichen Dateisystem oder im Schnappschuss Schreibvorgänge passieren, werden nur die betroffenen Datenblöcke kopiert. Die Datenbestände selbst werden in effizienten Datenstrukturen, sogenannten B-Bäumen, abgelegt.

Btrfs anlegen

Btrfs-Dateisysteme können Sie wie üblich mit `mkfs` anlegen:

```
# mkfs -t btrfs /dev/sdb1
```

Sie können auch mehrere Speichermedien angeben, die dann alle zum neuen Dateisystem gehören. Dabei legt Btrfs Metadaten wie Verzeichnisinformationen redundant auf mehreren Medien ab; Daten werden standardmäßig über verschiedene Platten verteilt (*striping*), um den Zugriff zu beschleunigen[5]. Sie können sich aber andere Speicherformen wünschen:

[5] Mit anderen Worten, für Metadaten wird RAID-1 verwendet und für Daten RAID-0.

```
# mkfs -t btrfs -L MeinBtrfs -d raid1 /dev/sdb1 /dev/sdc1
```

In diesem Beispiel wird ein Btrfs-Dateisystem generiert, das die Partitionen `/dev/sdb1` und `/dev/sdc1` umfasst und mit »MeinBtrfs« gekennzeichnet wird. Daten werden redundant auf beiden Platten gespeichert (»`-d raid1`«).

Subvolumes

Innerhalb von Btrfs-Dateisystemen können Sie »Subvolumes« anlegen, die einer Art von Partition auf Dateisystemebene entsprechen. Subvolumes sind die Einheiten, von denen Sie später Schnappschüsse anlegen können. Wenn Ihr System Btrfs für das Wurzeldateisystem verwendet, würde sich zum Beispiel das Kommando

```
# btrfs subvolume create /home
```

anbieten, damit Sie Ihre eigenen Daten in einem separaten Subvolume zusammenhalten können. Subvolumes nehmen nicht viel Platz weg, so dass Sie durchaus eher mehr davon anlegen sollten als weniger – insbesondere eins für jedes Verzeichnis, von dem Sie später unabhängige Snapshots anlegen wollen, da es nicht möglich ist, Verzeichnisse nachträglich zu Subvolumes zu erklären.

Einen Schnappschuss von einem Subvolume können Sie mit

```
# btrfs subvolume snapshot /mnt/sub /mnt/sub-snap
```

anlegen. Der Schnappschuss (hier `/mnt/sub-snap`) ist zunächst nicht von dem Original-Subvolume (hier `/mnt/sub`) zu unterscheiden; beide enthalten dieselben Dateien und sind beschreibbar. Zunächst wird auch kein zusätzlicher Speicherplatz verbraucht – erst wenn Sie im Original oder dem Schnappschuss Dateien ändern oder neue schreiben, wird das kopiert, was nötig ist.

Konsistenzprüfungen

Btrfs macht Konsistenzprüfungen im laufenden Betrieb und versucht Probleme zu beheben, sobald sie auftreten. Mit dem Kommando »`btrfs scrub start`« können Sie einen »Hausputz« starten, der die Prüfsummen aller Daten und Metadaten auf einem Btrfs-Dateisystem nachrechnet und fehlerhafte Blöcke gegebenenfalls anhand einer anderen Kopie (falls vorhanden) repariert. Das kann natürlich lange dauern; mit »`btrfs scrub status`« können Sie abfragen, wie der Hausputz vorangeht, mit »`btrfs scrub cancel`« können Sie ihn unterbrechen und mit »`btrfs scrub resume`« wieder aufnehmen.

Es gibt ein fsck.btrfs-Programm, das aber nichts macht außer einer Meldung auszugeben, dass es nichts macht. Das Programm ist nötig, damit während des normalen Systemstarts, wo alle Dateisysteme auf Konsistenz geprüft werden, irgendetwas ausgeführt werden kann. Um Btrfs-Dateisysteme tatsächlich zu prüfen oder zu reparieren, gibt es das Kommando »btrfs check«. Normalerweise macht es nur eine Konsistenzprüfung, und wenn es mit der Option »--repair« aufgerufen wird, versucht es gefundene Probleme tatsächlich zu reparieren.

btrfs check

Btrfs ist sehr vielseitig und komplex und wir können hier nur einen kleinen Einblick geben. Konsultieren Sie die Dokumentation (beginnend bei btrfs(8)).

⇨ Btrfs-Wiki unter https://btrfs.wiki.kernel.org/index.php/Main_Page

8.4.6 Noch mehr Dateisysteme

tmpfs

tmpfs ist eine flexible Implementierung eines »RAM-Disk-Dateisystems«, bei dem Dateien nicht auf einer Platte, sondern im virtuellen Speicher des Rechners abgelegt werden. Sie sind dadurch schneller zugänglich, aber selten gebrauchte Daten können trotzdem im Auslagerungsspeicher zwischengelagert werden. Die Größe eines tmpfs ist variabel bis zu einer Obergrenze. Für tmpfs gibt es kein spezielles Generierungsprogramm, sondern Sie können es einfach anlegen, indem Sie es einbinden: Das Kommando

```
# mount -t tmpfs -o size=1G,mode=0700 tmpfs /scratch
```

zum Beispiel erzeugt ein tmpfs von maximal 1 GiB Größe unter dem Namen /scratch, auf das nur der Eigentümer des Verzeichnisses /scratch Zugriff hat. (Auf das Einbinden von Dateisystemen kommen wir in Abschnitt 8.6 zurück.)

VFAT

Populär auf älteren Windows-Rechnern, USB-Sticks, Digitalkameras, MP3-Playern und anderen »Speichermedien« ohne große Ansprüche an Effizienz und Flexibilität ist das ehrwürdige Dateisystem VFAT von Microsoft. Linux kann entsprechend formatierte Medien natürlich einhängen, lesen und schreiben und solche Dateisysteme selbstverständlich auch anlegen, zum Beispiel mit

```
# mkfs -t vfat /dev/mmcblk0p1
```

(setzen Sie auch hier den gewünschten Gerätenamen ein). An diesem Punkt wird es Sie nicht mehr überraschen, dass `mkfs.vfat` nur ein anderer Name für das Programm `mkdosfs` ist, das alle möglichen Sorten von MS-DOS- und Windows-Dateisystemen anlegen kann – bis hin zum Dateisystem des Atari ST seligen Angedenkens. (Da es Linux-Varianten gibt, die auf Atari-Rechnern laufen, ist das vielleicht nicht komplett aus der Luft gegriffen.)

`mkdosfs` unterstützt diverse Optionen, mit denen Sie die Art des anzulegenden Dateisystems bestimmen können. Die meisten davon haben heute keine praktische Bedeutung mehr, und `mkdosfs` tut in den meisten Fällen auch automatisch das Richtige.

⇨ `mkdosfs`(8)

NTFS

NTFS, das Dateisystem von Windows NT und seinen Nachfolgern bis hin zu aktuellen Versionen wie Windows 10, war immer schon ein ziemlich leidiges Thema. Naheliegenderweise besteht beträchtliches Interesse daran, Linux den Umgang mit NTFS-Partitionen zu ermöglichen – außer natürlich seitens Microsoft, wo man bisher nicht geruht hat, der Allgemeinheit zu erklären, wie NTFS tatsächlich funktioniert. In der Linux-Szene gab es mehrere Anläufe, NTFS-Unterstützung zu programmieren, indem man versucht hat, NTFS unter Windows zu beobachten und seine Funktionsweise zu verstehen, aber ein ganz durchschlagender Erfolg ist noch nicht gelungen. Im Moment gibt es einen Kernel-Treiber mit guter Lese-, aber fragwürdiger Schreibunterstützung und einen Treiber, der im Userspace läuft und dem Vernehmen nach beim Lesen *und* Schreiben gut funktioniert. Schließlich gibt es noch die »ntfsprogs«, ein Paket mit Hilfsprogrammen zur Verwaltung von NTFS-Dateisystemen und zum rudimentären Zugriff auf dort gespeicherte Daten.

⇨ NTFS unter Linux: `http://www.linux-ntfs.org/`

8.5 Logical Volume Manager (LVM)

Die Partitionierung einer Platte wird in der Regel einmal festgelegt und ist anschließend nur noch mühsam zu ändern (im schlimmsten Fall durch Sichern der kompletten Platte anderswohin – eine andere Platte oder Band –, Umpartitionieren unter Datenverlust und Zurückspielen der Sicherung). Bequemer und sinnvoller ist

LVM der *Logical Volume Manager* (LVM). Damit ist es unter anderem möglich, dynamisch (auch im laufenden Betrieb) Partitionen anzulegen, zu löschen, zu verschieben, zu vergrößern und zu verkleinern und sogar Dateisysteme zu haben, die mehr als eine physikalische Platte überspannen.

LVM stellt eine Abstraktionsschicht zwischen Platten(partitionen) und Dateisystemen dar – statt Dateisysteme direkt auf Partitionen anzulegen, können Sie Partitionen (oder ganze Platten) in einen »Vorrat« von Plattenspeicherplatz einbringen und sich zum Anlegen von Dateisystemen aus diesem Vorrat bedienen. Dabei können einzelne Dateisysteme durchaus Plattenplatz verwenden, der auf mehr als einer physikalischen Platte liegt.

Terminologie Bei LVM werden Platten oder Partitionen als *physical volumes* (PV) bezeichnet, die Sie zu *volume groups* (VG) zusammenfassen können. Mehrere VGs auf demselben Rechner sind kein Problem. Den Plattenplatz in einer VG können Sie zum Anlegen von *logical volumes* (LV) verwenden, die Sie wiederum mit beliebigen Dateisystemen versehen oder als Auslagerungsspeicher nutzen können.

striping ***mirroring*** Beim Anlegen von LVs können Sie auch bestimmen, dass der Speicherplatz über mehrere physikalische Platten verteilt werden (*striping*) oder gleichzeitig an mehreren Stellen in der VG abgelegt werden soll (*mirroring*). Ersteres soll die Effizienz erhöhen, letzteres die Zuverlässigkeit (mit Abstrichen beim jeweils anderen Kriterium). Im wirklichen Leben verwendet man dafür aber lieber ein (Hardware- oder Software-)RAID.

LV vergrößern Sollte es in einem Dateisystem eng werden, das auf einem LV liegt, können Sie das LV vergrößern (jedenfalls solange in der VG noch Platz ist – ansonsten könnten Sie eine neue Platte einbauen und der VG zuordnen). Anschließend können Sie das Dateisystem auf dem LV vergrößern, was bei modernen Dateisystemen wie `ext3` oder `ext4` sogar im laufenden Betrieb möglich ist. Verkleinern funktioniert analog, dafür müssen Sie das Dateisystem aber in der Regel aushängen.

Platte kaputt? Sollte eine Platte in Ihrer VG anfangen, herumzuzicken, können Sie die darauf abgelegten LVs auf eine andere Platte verlagern (Platz vorausgesetzt). Anschließend können Sie die schadhafte Platte aus der VG ausgliedern, eine neue Platte einbauen und in die VG integrieren und die LVs zurückmigrieren. Mit der richtigen Hardware geht auch das alles im laufenden Betrieb.

Snapshots Ebenfalls nett sind *Snapshots*, mit denen Sie zum Beispiel Sicherheitskopien machen können, ohne Ihr System dafür für Stunden stilllegen zu müssen (wie es nötig wäre, um sicherzustellen, dass sich während des Kopiervorgangs nichts ändert). Dazu können Sie den aktuellen Zustand eines LV auf einem anderen (neuen) LV »einfrieren« – was höchstens ein paar Sekunden dauert – und in aller Ruhe eine Kopie des neuen LV machen, während auf dem alten LV der normale Betrieb weitergeht. Das Snapshot-LV muss nur die Datenblöcke speichern, die auf dem Original-LV geändert wurden, und darf darum viel kleiner sein als das Original (je nachdem, mit wieviel Änderungen Sie für die Dauer Ihrer Sicherheitskopie rechnen). Snapshots können auch schreibbar sein, was zum Beispiel nützlich ist, wenn Sie »virtuelle Maschinen« verwenden, die alle auf derselben Grundinstallation beruhen, aber in Details verschieden konfiguriert sind.

Für die Zwecke der LPI-Prüfung müssen Sie die wichtigsten Eigenschaften von LVM kennen. Details von Konfiguration und Betrieb werden nicht verlangt.

- A. J. Lewis, »LVM HOWTO« (Oktober 2004), `http://www.tldp.org/HOWTO/LVM-HOWTO/`
- `resizefs(8)` dient zur Größenänderung von ext-Dateisystemen

8.6 Ein- und Aushängen von Dateisystemen

8.6.1 mount und umount

Bevor Dateisysteme benutzt werden können, müssen sie im Verzeichnisbaum verfügbar gemacht werden. Diesen Vorgang bezeichnet man als Einhängen oder »Mounten« (von engl. *to mount*). Dabei wird das »Wurzelverzeichnis« des Dateisystems über das Kommando `mount` mit einem existierenden Verzeichnis, dem *mount point*, identifiziert.

mount point

```
# mount /dev/sda3 /home
```

zum Beispiel erlaubt den Zugriff auf Dateien aus dem Dateisystem auf der Partition `/dev/sda3` über Pfadnamen, die mit `/home/` anfangen. Das erste Argument von `mount` ist meist eine Gerätedatei für ein blockorientiertes Gerät – Plattenpartition, CD-ROM-Laufwerk oder Ähnliches –, aber kann auch andere »Quellen« von Dateisystemen bezeichnen, etwa NFS-Server, SMB-Freigaben oder Dateien, die ein Abbild (*image*) eines Dateisystems enthalten.

Das Verzeichnis, das als *mount point* dient, muss nicht leer sein – es darf durchaus vor dem Einhängen Dateien enthalten. Diese Dateien werden aber für die Zeit, in der ein anderes Dateisystem über dieses Verzeichnis »gemountet« ist, unsichtbar und kommen erst nach dem Aushängen des Dateisystems mit dem Kommando `umount` wieder zum Vorschein.

Sie können `mount` auch mit nur einem Argument aufrufen. Das geht aber bloß, wenn die `/etc/fstab`-Datei »passt«. Näheres dazu steht im nächsten Abschnitt.

Schließlich kann das Kommando `mount` auch ganz ohne Parameter aufgerufen werden. In diesem Fall gibt es eine Liste der gerade eingehängten Dateisysteme aus:

```
$ mount
/dev/sda3 on / type ext2 (rw,errors=remount-ro)
proc on /proc type proc (rw)
devpts on /dev/pts type devpts (rw,gid=5,mode=620)
/dev/sda6 on /home type ext2 (rw)
none on /proc/bus/usb type usbdevfs (rw)
```

/etc/mtab

Alle Einhängevorgänge werden außerdem in der Datei `/etc/mtab` protokolliert, deren Inhalt vage der Ausgabe von `mount`-ohne-Parameter ähnelt:

```
$ cat /etc/mtab
/dev/sda3 / ext2 rw,errors=remount-ro 0 0
proc /proc proc rw 0 0
devpts /dev/pts devpts rw,gid=5,mode=620 0 0
/dev/sda6 /home ext2 rw 0 0
none /proc/bus/usb usbdevfs rw 0 0
/dev/sda2 /dos vfat ro,uid=1000,gid=100 0 0
```

(Sie hat außerdem eine große syntaktische Ähnlichkeit zur Datei `/etc/fstab`, die wir im nächsten Abschnitt besprechen.) Bei modernen Distributionen ist `/etc/mtab` nur noch ein symbolisches

Option	Bedeutung
noatime	Der Zugriffs-Zeitstempel von Dateien wird nicht aktualisiert.
noauto	Dateisystem wird nicht beim Booten eingehängt.
nodev	Gerätedateien im Dateisystem werden ignoriert.
noexec	Vom Dateisystem können keine ausführbaren Dateien gestartet werden.
nosuid	Vom Dateisystem können keine SUID/SGID-Dateien gestartet werden.
remount	Die Optionen für ein schon eingehängtes Dateisystem werden geändert.
ro, rw	Nur zum Lesen (ro) oder auch zum Schreiben (rw) einhängen.
sync	Zugriffe auf das Dateisystem sind synchron.
user	Gewöhnliche Benutzer dürfen das Dateisystem einhängen (impliziert noexec, nosuid, nodev); der Benutzer, der es eingehängt hat, darf es auch wieder aushängen.
users	Wie user, aber jeder Benutzer darf das Dateisystem wieder aushängen.

Tabelle 8.3: mount-Optionen für alle Dateisysteme (Auswahl)

Link auf etwas wie /proc/self/mounts, das die Daten dynamisch aus dem Kernel holt.

Dateisystemtyp

Mit der Option -t können Sie den Typ des einzuhängenden Dateisystems angeben, also ext2, reiserfs, msdos und so weiter. In vielen Fällen kann mount den Dateisystemtyp auch selbst herausfinden.

➩ Komplette Liste in mount(8)

Dateisystem-optionen

Ferner erlaubt mount, Optionen für den eigentlichen Einhängvorgang anzugeben. Es gibt einen gewissen Kanon, den alle Dateisysteme unterstützen sollten (Tabelle 8.3 zeigt die wichtigsten, den Rest verrät mount(8)); außerdem haben verschiedene Dateisysteme ihre eigenen Optionen. Viele Dateisysteme, die nicht alle Unix-Dateieigenschaften unterstützen – etwa msdos, vfat und iso9660, aber auch smbfs (oder neuerdings cifs), das Dateisystem zum Einhängen von Windows-Freigaben über das Netz –, kennen die Optionen uid=⟨UID⟩ und gid=⟨GID⟩, mit denen Sie global einen Benutzer und eine Gruppe angeben können, die dann als Eigentümer und Gruppe von Dateien auf dem Dateisystem erscheinen. Auf den Medien selber wird diese Information ja nicht gespeichert.

⇨ Auch die dateisystemspezifischen Optionen stehen in `mount(8)`.

Dateisystem-Optionen angeben

Alle dateisystemspezifischen Optionen werden durch Komma getrennt hinter der Option `-o` angegeben. Zum Beispiel könnten Sie ein Windows-FAT-Dateisystem auf `/dev/sda2` nur zum Lesen so unter dem Mountpunkt `/c` einhängen, dass alle Dateien dem Benutzer `hugo` und der Gruppe `staff` zugesprochen werden:

```
# mount -t vfat -o ro,uid=hugo,gid=staff /dev/sda2 /c
```

Über die dateisystemspezifische Option `remount` können Sie die Optionen ändern, mit denen ein Dateisystem eingehängt wurde, ohne es dafür aushängen und wieder neu einhängen zu müssen:

```
# mount -o remount,ro /usr
```

aktiviert den Schreibschutz, wenn `/usr` auf einem eigenen Dateisystem untergebracht wurde (Abschnitt 8.3.1).

Das Kommando `umount` macht ein `mount` rückgängig. Sie können dabei entweder die Gerätedatei oder den Mountpunkt angeben.

Das Aushängen ist nur möglich, wenn das Dateisystem gerade unbenutzt ist – kein Prozess darf eine Datei offen haben, die auf dem Dateisystem abgelegt ist, oder ein Verzeichnis auf dem Dateisystem als aktuelles Verzeichnis benutzen. Die typische Fehlermeldung ist:

```
# umount /
umount: /: device is busy
```

⇨ `mount(8)`, `umount(8)`
⇨ `mount`-Option `remount` zum Ändern von Optionen ohne Aushängen
⇨ Die Kommandos `fuser(1)` (Option `-m`) oder `lsof(8)` liefern Informationen über offene Dateien und aktuelle Verzeichnisse

8.6.2 Die Datei /etc/fstab

Die mit `mount` auf der Kommandozeile eingehängten Dateisysteme bleiben längstens bis zum nächsten Neustart des Rechners eingehängt. Um Dateisysteme »permanent« einzuhängen – in dem Sinne, dass sie beim Hochfahren des Rechners automatisch ein-

```
# Beispiel für eine /etc/fstab-Datei
/dev/sda1  /             ext4    errors=remount-ro 0 1
/dev/sda2  none          swap    sw                0 0
/dev/sda3  /c            vfat    uid=hugo,gid=users 0 0
/dev/sda5  /home         ext4    defaults          0 2
proc       /proc         proc    defaults          0 0
/dev/sr0   /media/cdrom  iso9660 ro,user,noauto    0 0
/dev/sdb1  /usb          auto    user,noauto,sync  0 0
foo:/home  /foo-home     nfs     noauto            0 0
```

Bild 8.1: Eine /etc/fstab-Datei

gehängt und beim Herunterfahren wieder ausgehängt werden –, können Sie sie in die Datei `/etc/fstab` eintragen. Das System geht diese Datei beim Hochfahren vom Anfang her durch und hängt die aufgeführten Dateisysteme ein, sofern sie nicht mit der Option `noauto` in der vierten Spalte als »nicht automatisch einzuhängen« gekennzeichnet sind.

Beispiel

Bild 8.1 zeigt ein Beispiel für eine `/etc/fstab`-Datei. Die ersten beiden Spalten geben an, wie der Dateibaum sich aus den verschiedenen Dateisystemen zusammensetzt: In diesem System liegt das /-Dateisystem auf `/dev/sda1`, `/dev/sda2` ist eine Auslagerungspartition, und auf `/dev/sda3` befindet sich vermutlich ein Windows-Betriebssystem (das eine primäre Partition verlangt). `/dev/sda4` ist die erweiterte Partition und taucht darum in `/etc/fstab` nicht auf; die nächste benutzte Partition ist `/dev/sda5` mit `/home`. Das `/proc`-Verzeichnis wird ebenfalls über `/etc/fstab` zugänglich gemacht, genau wie `/proc/bus/usb`. Beim Systemstart werden `/c`, `/home`, `/proc` und `/proc/bus/usb` automatisch eingehängt; um das /-Dateisystem kümmert sich der Systemkern direkt, da es ja eingehängt sein muss, damit überhaupt erst auf `/etc/fstab` zugegriffen werden kann. Für `/proc` hat sich der »Gerätename« `proc` als Konvention eingebürgert, bei anderen Dateisystemen ohne »echtes« Gerät ist `none` üblich.

Die dritte Spalte von `/etc/fstab` gibt das verwendete Dateisystem an – hier steht das, was Sie sonst bei der `mount`-Option `-t` angeben würden. In der vierten Spalte finden Sie die dateisystemspezifischen Optionen (die auf der Kommandozeile hinter `-o` genannt werden). Der Eintrag `defaults` steht hier für die »Standardoptionen« und dient als Platzhalter, wenn keine anderen Optionen angegeben werden, die die Standardoptionen überschreiben.

Auslagerungsspeicher In `/etc/fstab` werden auch die Auslagerungspartitionen erwähnt (betrachten Sie den Eintrag für `/dev/sda2`). Auslagerungspartitionen werden nicht mit `mount` eingehängt, sondern mit einem anderen Programm namens `swapon` in Betrieb genommen. Das Kommando »`swapon -a`« tut das für alle als `swap` gekennzeichneten Partitionen in `/etc/fstab`. Analog dazu gibt es ein Kommando `swapoff`.

dump Die beiden letzten Spalten sind etwas kryptisch. Die fünfte Spalte dient zur Steuerung von Sicherheitskopien über `dump`; da `dump` unter Linux nicht verwendet werden sollte, ist »`0`« der richtige Wert.

Integritätsprüfung Die sechste Spalte gibt an, zu welchem Zeitpunkt während des Systemstartvorgangs gegebenenfalls eine automatische Integritätsprüfung stattfinden soll. Hier sollte beim /-Dateisystem eine »1« stehen und bei allen anderen Dateisystemen eine »2«, jedenfalls solange es sich um automatisch prüfenswerte handelt (bei `/proc` und `/sys` können Sie sich das naturgemäß sparen). Sonst signalisiert der Wert »`0`«, dass das Dateisystem gar nicht automatisch geprüft werden soll, was bei Wechselmedien sinnvoll ist – mitunter liegt ja beim Systemstart gar kein Medium im Laufwerk. Auch Medien, die ohnehin nur gelesen werden können oder für deren Dateisysteme keine Integritätsprüfung vorgesehen ist, also CD-ROMs, DVDs oder das `/proc`-Dateisystem, sollten mit »`0`« gekennzeichnet werden.

Prüfreihenfolge Dateisysteme auf derselben Platte kommen bei der Prüfung nacheinander an die Reihe, auch wenn sie denselben Wert in der sechsten Spalte von `/etc/fstab` haben, aber Dateisysteme auf verschiedenen Platten werden gleichzeitig geprüft, um die Hardware besser auszulasten. Damit das wirklich etwas bringt, muss die Hardware das natürlich unterstützen – bei SCSI oder SATA lohnt es sich eher als bei älteren IDE-Platten, insbesondere wenn diese sich denselben Controller teilen.

⇨ `fstab(5)`
⇨ M. Hinner, »Filesystems HOWTO« (August 2000), `http://www.tldp.org/HOWTO/Filesystems-HOWTO.html` (etwas veraltet)

`mount` mit einem Argument Wenn Sie `mount` mit nur einem Argument – Dateisystem oder Mountpunkt – aufrufen, muss dieses Argument in einer der Zeilen von /etc/fstab zu finden sein. Im Beispiel aus Bild 8.1 würden die Kommandos

```
# mount /c
```

und

```
# mount /dev/sda3
```

jeweils das Windows-Dateisystem auf der Partition /dev/sda3 mit den Optionen aus /etc/fstab unter /c einhängen.

LABEL und UUID

Die meisten Dateisysteme erlauben, statt einer blockorientierten Gerätedatei einen Dateisystemnamen (engl. *label*) oder einen eindeutigen Dateisystembezeichner (engl. *universally unique identifier* oder *UUID*) anzugeben. In /etc/fstab würden Sie dann etwas schreiben wie

```
LABEL=home  /home  ext3  defaults 0 0
UUID=3e6be9de-8139-11d1-9106-a43f08d823a6 /data xfs ro 0 0
```

Dies ist insbesondere dann vorteilhaft, wenn Sie es mit SCSI-Geräten (im weitesten Sinne) zu tun haben, bei denen die Gerätedateinamen sich ändern können (Abschnitt 8.1.1). Mit LABEL= oder UUID= können Sie eine /etc/fstab-Datei aufstellen, die gegen dieses Ärgernis immun ist.

Die UUID eines ext-Dateisystems können Sie mit dem Kommando »tune2fs -l« herausfinden:

```
# tune2fs -l /dev/sda3 | grep UUID
Filesystem UUID:     67b184ea-6100-4fc5-9984-d5780e484d29
```

Sie wird von mke2fs vergeben und kann mit tune2fs notfalls auch geändert werden. Den Dateisystemnamen können Sie außer mit tune2fs auch mit e2label anzeigen oder setzen. Ein Dateisystem hat normalerweise keinen Namen, wenn Sie nicht selber einen vergeben. Das entsprechende Programm für xfs heißt xfs_admin.

➪ tune2fs(8), e2label(8), xfs_admin(8)

8.6.3 Wechselmedien

In /etc/fstab werden nicht nur die beim Systemstart einzuhängenden Dateisysteme beschrieben, sondern auch der Einsatz von Wechselmedien wird vorbereitet. Vielleicht möchten Sie Ihren Benutzern ja erlauben, ihre eigenen USB-Sticks oder CD-ROMs mitzubringen und auf diese zuzugreifen. Da das `mount`-Kommando in seiner ganzen Allgemeinheit dem Systemverwalter vorbehalten ist (es könnten kuriose Dinge passieren, wenn einfache Benutzer beliebige Dateisysteme unter `/bin` oder `/etc` einhängen könnten), sind hierfür besondere Vorkehrungen nötig. (Bei modernen Distributionen kümmert sich höchstwahrscheinlich die grafische Umgebung um alles, so dass Sie sich keine großen Gedanken machen müssen.)

mount points Zunächst müssen Sie festlegen, wo die Wechselmedien in den Dateibaum eingehängt werden sollen. Es gibt verschiedene Konventionen, aber moderne Distributionen benutzen dafür ein Unterverzeichnis wie `/media`.

Eintrag in `/etc/fstab` Damit ein einfacher Benutzer ein Wechselmedium einhängen kann, muss in `/etc/fstab` ein Eintrag für das betreffende Medium und einen passenden Mountpunkt existieren, der die Option `user` verwendet. Etwa so (siehe Bild 8.1 – beachten Sie auch die `noauto`-Option, die Probleme vermeidet, wenn beim Systemstart kein Medium eingelegt ist):

```
/dev/sdb1  /media/usb   auto    user,noauto,sync 0 0
/dev/cdrom /media/cdrom iso9660 ro,user,noauto   0 0
```

Hier können beliebige Benutzer mit dem Kommando

```
$ mount /media/usb
```

oder

```
$ mount /dev/sdb1
```

einen eingesteckten USB-Stick einhängen. Entsprechendes gilt für `/cdrom`.

Option user Die Option `user` impliziert neben ihrer eigentlichen Funktion die Optionen `nodev`, `nosuid` und `noexec`. Dies dient der Vermeidung von Sicherheitslücken, die sonst etwa dadurch bestehen könnten, dass Benutzer geschickt präparierte Medien einschleppen, die SUID-`root`-Shells oder für sie lesbare `/dev/kmem`-Gerätedateien enthalten. Da die dateisystemspezifischen Optionen von `mount` aber von links nach rechts abgearbeitet werden, ist es in `/etc/fstab` möglich, einzelne dieser Verbote gezielt wieder aufzuheben:

```
/dev/cdrom  /media/cdrom  auto  ro,user,exec  0  0
```

Aushängen

Aushängen darf ein unter `user` eingehängtes Dateisystem nur der Benutzer, der es ursprünglich eingehängt hat (und natürlich der Systemverwalter). Wenn Sie statt `user` die Option `users` (mit »s« am Ende) verwenden, dann darf jeder beliebige Benutzer das Dateisystem aushängen.

Option owner

Mit der Option `owner` können Sie erreichen, dass nur derjenige Benutzer ein Dateisystem einhängen darf, der der Eigentümer der entsprechenden Blockgerätedatei ist. Gehört zum Beispiel `/dev/fd0` dem Benutzer `hugo`, dann darf nur `hugo` mit »`mount /floppy`« auf die Diskette zugreifen. Dies ist sicherer als die `user`-Option. Die notwendigen Eigentümerverhältnisse lassen sich zum Beispiel beim Anmelden herstellen; ein Benutzer, der sich auf der »Konsole« anmeldet, also unmittelbar am Rechner selbst sitzt, bekommt Zugriff auf die Wechselmedien, während andere, über das Netz angemeldete Benutzer leer ausgehen.

Synchroner Zugriff

Bei einigen Sorten von Wechselmedien ist es möglich, dass ein Medium aus dem Laufwerk entfernt wird, ohne dass das Dateisystem darauf vorher sauber mit `umount` ausgehängt wurde. Bei PCs gilt das vor allem für Disketten und USB-Sticks; optische Laufwerke geben eingehängte Medien nicht frei[6]. Ohne `umount` kann es jedoch passieren, dass wichtige Schreibvorgänge, die noch im RAM des Rechners gepuffert sind, es nicht auf das Medium schaffen. Eine Möglichkeit zur Abhilfe ist die Dateisystemoption `sync`, die für »synchronen Zugriff« sorgt: Entgegen dem üblichen Linux-Verhalten werden Schreibzugriffe nicht im RAM gepuffert, sondern direkt auf dem Medium ausgeführt. Aus der Sicht eines schreibenden Programms meldet das Betriebssystem erst Vollzug, wenn die Daten auf dem Medium stehen, und nicht wie sonst schon, wenn sie im RAM für das tatsächliche Schreiben vorgemerkt sind.

[6]Jedenfalls solange Sie nicht mit aufgebogenen Büroklammern im Notauswurfloch herumbohren.

8.7 Wartung von Dateisystemen

8.7.1 Freien Platz bestimmen

df gibt an, wie viel Platz auf Ihren Dateisystemen vorhanden ist:

```
$ df
Filesystem  1K-blocks     Used Available Use% Mounted on
/dev/sda3     3842408  3223160    424060  89% /
/dev/sda6    10886900  6005692   4328172  59% /home
/dev/sda2     3896156  1382756   2513400  36% /dos
```

Die Optionen -h und -H bereiten die Ausgabe »menschenfreundlicher« auf:

```
$ df -h /home
Filesystem            Size  Used Avail Use% Mounted on
/dev/sda6              11G  5.8G  4.2G  59% /home
$ df -H /home
Filesystem             Size   Used  Avail Use% Mounted on
/dev/sda6               12G   6.2G   4.5G  59% /home
```

Der Unterschied zwischen beiden ist, dass -h in Zweier- und -H in Zehnerpotenzen rechnet – bei »df -h« steht »G« für 2^{30} Byte, also 1.073.741.824 Byte (1 GiB), bei »df -H« dagegen für 10^9 Byte, also 1.000.000.000 Byte (1 GB). Entsprechendes gilt für K und M. (Plattenhersteller rechnen gerne in Zehnerpotenzen, weil das ihre Platten größer aussehen lässt.)

Freie Inodes

df hat noch einige andere Optionen, die Sie am besten der Info-Seite über df entnehmen. Die wichtigste, jedenfalls für ext-Dateisysteme, ist -i, die statt der Anzahl von freien und belegten Datenblöcken die Anzahl von freien und belegten Inodes angibt:

```
$ df -i /home
Filesystem      Inodes    IUsed   IFree IUse% Mounted on
/dev/sda6      1384480    61395 1323085    5% /home
```

(Erinnern Sie sich: Wenn die Inodes ausgehen, können keine neuen Dateien mehr angelegt werden, selbst wenn noch Datenblöcke frei sind.) Auf reiserfs-Dateisystemen liefert »df -i« keine vernünftigen Werte, da Inodes dort nach Bedarf generiert werden. Dasselbe gilt für Nicht-Unix-Dateisysteme:

```
$ df -i /dos
Filesystem       Inodes   IUsed   IFree IUse% Mounted on
/dev/sda2             0       0       0     - /dos
```

⇨ df(1), »info df«

8.7.2 Belegten Platz bestimmen

Den von Dateien belegten Platz können Sie mit dem Kommando du herausfinden. Normalerweise bestimmt du separat den von den Dateien in einem Verzeichnis und in den darin enthaltenen Unterverzeichnissen belegten Platz und zeigt diesen kumuliert an:

```
# cd /usr; du
3164    ./bin/mh
24      ./bin/kconf_update_bin
140084 ./bin
10800   ./sbin
2420    ./share/modconf
32      ./share/doc/libart-2.0-2
⋘⋘
442588 ./share/doc
⋘⋘
1030948 ./share
⋘⋘
2647528 .
```

Hier entfallen von den 140 MiB in /usr/bin 3164 KiB auf Dateien in /usr/bin/mh und 24 KiB auf Dateien in /usr/bin/kconf_update_bin. /usr/share belegt gut 1 GiB, davon stehen 442 MiB in /usr/share/doc. Insgesamt benötigt /usr rund 2,6 GiB Platz.

Mit der Option -s zeigt du nur die Gesamtsumme pro Verzeichnis an (also das, was sonst die letzte Zeile der Ausgabe wäre). Mit -a liefert es nicht nur den Platzbedarf aller Dateien in einem Verzeichnis zusammen, sondern auch den Platzbedarf jeder einzelnen Datei. Die Optionen -h und -H werden genau wie bei df unterstützt. Weitere Optionen verrät Ihnen die Info-Seite zu du.

Sie können du auch mit einem oder mehreren Datei- oder Verzeichnisnamen als Argumenten aufrufen. In diesem Fall betrachtet du alle benannten Objekte wie bisher beschrieben, gemäß den anderen Optionen:

```
# du -sh /usr /home
2.6G    /usr
5.8G    /home
```

Mit -c aufgerufen ermittelt du außerdem noch die große Gesamtsumme über alle betrachteten Verzeichnisse:

```
# du -sch /usr /home
2.6G    /usr
5.8G    /home
8.4G    total
```

➪ du(1), »info du«

Platzbedarf und Größe

Bei Linux muss man übrigens genau zwischen der »Größe« einer Datei (wie »ls -l« sie ausgibt) und ihrem Platzbedarf auf der Platte unterscheiden. Im folgenden Beispiel wird eine Datei angelegt, die erst 100 Millionen Byte nach dem Anfang tatsächlich Daten enthält (einen Zeilentrenner):

```
$ echo "" | dd bs=1 seek=100000000 of=datei
1+0 records in
1+0 records out
1 bytes transferred in 0.000483 seconds (2070 bytes/sec)
```

So eine »dünn besetzte« Datei (engl. *sparse file*) scheint ziemlich groß, belegt aber nur vernachlässigbaren Plattenplatz, hauptsächlich für Verwaltungsinformationen:

```
$ ls -l datei; du datei
-rw-r--r--  1 hugo  users  100000001 Jan  8 10:11 datei
20      datei
```

Wenn Sie eine dünn besetzte Datei ungeschickt kopieren, machen Sie die Platzersparnis zunichte. Erfreulicherweise können Werkzeuge wie cp auf die Dünnbesetztheit Rücksicht nehmen:

```
$ cat datei >datei1; du datei1
97760   datei1
$ cp datei datei2; du datei2
20      datei2
```

Mit »ls -l« sehen alle drei Dateien natürlich gleich lang aus!

8.8 Plattenkontingentierung (Quota)

8.8.1 Überblick

Linux macht es möglich, die Maximalzahl von Inodes oder Datenblöcken pro Benutzer oder pro Gruppe zu beschränken. Dabei werden zwei Grenzen unterschieden: Die **weiche Grenze** (engl. *soft quota*) darf langfristig nicht überschritten werden. Sie können Benutzern aber einen »Dispositionskredit« einräumen, indem Sie die **harte Grenze** (engl. *hard quota*) auf einen höheren Wert setzen. Dann können sie kurzfristig Platz bis zur harten Grenze belegen, aber innerhalb einer bestimmten Frist muss der belegte Platz wieder unter die weiche Grenze gesenkt werden. Wird die harte Grenze erreicht oder läuft die Schonfrist ab, während mehr Platz belegt ist, als die weiche Grenze erlaubt, schlagen weitere Schreiboperationen fehl.

Weiche Grenze

Harte Grenze

Kontingente können pro Dateisystem vergeben werden. Sie können also zum Beispiel eine Grenze für die Größe des Eingangspostfachs in `/var/mail` setzen, ohne die Heimatverzeichnisse der Benutzer einzuschränken, oder umgekehrt. Kontingente stehen für die gängigen Linux-Dateisysteme zur Verfügung.

➪ Verweisseite: `http://www.linuxwiki.de/quota`
➪ R. van Dooren, »Quota mini-HOWTO« (August 2003), `http://tldp.org/HOWTO/Quota.html`

8.8.2 Kontingentierung einrichten

Um Kontingente für Benutzer einzurichten, müssen Sie zunächst die Quota-Software installieren (die meisten Distributionen liefern sie mit.) Anschließend können Sie in `/etc/fstab` die Dateisysteme, für die die Kontingentierung gelten soll, mit der `mount`-Option `usrquota` versehen:

```
/dev/sda5  /home  ext4    defaults,usrquota  0 2
```

Die Kontingent-Datenbank wird mit

```
# quotacheck -avu
```

neu initialisiert (achten Sie auf Warnmeldungen). Am besten rufen Sie `quotacheck` auch im laufenden Betrieb periodisch auf, um die Datenbank zu »putzen«.

Danach sollten Sie das Dateisystem mit der neuen Option neu einhängen und das Kontingentierungssystem starten, damit die Kontingentierung wirksam wird:

```
# mount -o remount,usrquota /home
# quotaon -avu
```

(Ihre Distribution enthält wahrscheinlich ein Init-Skript, das diese Schritte beim Systemstart automatisch ausführt.)

⇨ quotacheck(8), quotaon(8), fstab(5)
⇨ Periodisches Ausführen von Kommandos (Abschnitt 14.3.3)
⇨ Einhängen von Dateisystemen (Abschnitt 8.6.1)
⇨ Init-Skripte (Abschnitt 9.3.4)

Kontingente setzen Die Kontingente für verschiedene Benutzer können Sie mit dem Kommando edquota setzen. edquota startet Ihren Lieblingseditor (gemäß der Variablen EDITOR) mit einer »Schablone«, in der Sie die weiche und harte Quota für die in Frage kommenden Dateisysteme setzen können:

```
# edquota -u hugo                    Kontingente für hugo
```

Die Schonfrist in Tagen setzen Sie mit »edquota -t«.

Musterbenutzer Sie können sich auch auf die Kontingente eines »Musterbenutzers« beziehen:

```
# edquota -p tux hugo
```

setzt die Kontingente von hugo auf die für tux definierten. Dies macht es einfach, neu eingerichteten Benutzern vorgegebene Kontingente zuzuweisen, ohne diese manuell mit edquota einstellen zu müssen.

Kontingente abfragen Benutzer können ihre Kontingente mit dem Kommando quota abfragen. »quota -q« gibt eine Kurzmeldung aus, in der nur die Dateisysteme erwähnt werden, bei denen die weiche Grenze überschritten ist. Dieses Kommando eignet sich gut dafür, in Dateien wie ~/.profile eingebaut zu werden.

repquota Das Kommando repquota erzeugt einen tabellarischen Überblick über den Plattenplatzverbrauch verschiedener Benutzer, zusammen mit ihren möglicherweise aktiven Kontingenten für Platz und Dateien:

```
# repquota -a
                 Block limits              File limits
User        used  soft  hard grace  used soft hard grace
root  --  166512     0     0        19562    0    0
tux   --    2304 10000 12000          806 1000 2000
hugo  --    1192  5000  6000          389  500 1000
```

Die grace-Spalte gibt die noch verbleibende Schonfrist an, wenn die weiche Grenze überschritten wurde.

⇨ edquota(8), quota(1), repquota(8)
⇨ ~/.profile (Abschnitt 11.1.6)

Gruppen-kontingente

Sie können auch Gruppenkontingente vergeben, die für alle Mitglieder einer Gruppe gemeinsam gelten. Die Quota-Kommandos unterstützen dafür die Option -g.

Kapitel 9 Systemstart und Init-System

In diesem Kapitel ...

- lernen Sie die Vorgänge beim Systemstart kennen
- lernen Sie die Funktion und die Konfiguration des Bootloaders GRUB kennen
- erfahren Sie, wie Sie die Laufzeiteigenschaften des Kernels beeinflussen können
- wird Ihnen Wissen vermittelt, das Sie zum Lösen von Problemen beim Systemstart benötigen
- lernen Sie das verbreitete System-V-Init-System kennen
- erfahren Sie, was Runlevel sind und wie man sie einrichtet
- lernen Sie die Vorgänge beim Herunterfahren des Systems kennen
- bekommen Sie Informationen über die alternativen Init-Systeme Upstart und systemd

9.1 Der Systemstart

9.1.1 Firmware: BIOS vs. UEFI

Direkt nach dem Einschalten eines Intel-kompatiblen PCs übernimmt die Firmware (BIOS oder UEFI) die Kontrolle über den Rechner. Was dann passiert, hängt von der Firmware ab.

BIOS Bei BIOS-basierten Systemen sucht das BIOS abhängig von der Bootreihenfolge in der Konfiguration auf Medien wie Festplatte oder CD-ROM nach einem Betriebssystem. Bei Festplatten werden die ersten 512 Bytes des Bootmediums gelesen, wo spezielle Informationen zum Systemstart stehen. Dieser Bereich heißt **Master Boot Record** (MBR).

Master Boot Record

Die ersten 446 Bytes des MBR enthalten ein Ministartprogramm, das seinerseits für den Start des Betriebssystems zuständig ist, den **Bootlader**. Der Rest wird von der Partitionstabelle (Abschnitt 8.1.2) eingenommen. 446 Bytes reichen nicht für den kompletten Bootlader, aber es ist genug Platz für ein kleines Programm, das mit Hilfe des BIOS den Rest des Bootladers von der Platte holen kann. Im Bereich zwischen dem MBR und dem Beginn der ersten Partition – mindestens Sektor 63, heute eher Sektor 2048 – ist genug Platz für den restlichen Bootlader.

Bootlader

Heutige Bootlader für Linux (insbesondere der »Grand Unified Bootloader« oder **GRUB**) können die gängigen Linux-Dateisysteme lesen und sind darum in der Lage, den Betriebssystemkern auf einer Linux-Partition zu finden, ins RAM zu laden und zu starten.

GRUB

Das Booten von CD-ROMs folgt in der BIOS-Tradition anderen Regeln als das Booten von Diskette oder Festplatte. Im wesentlichen definiert der »El-Torito«-Standard (in dem diese Regeln niedergelegt sind) zwei Ansätze: Beim einen wird auf der CD-ROM ein bis zu 2,88 MiB großes Abbild einer bootfähigen Diskette abgelegt, die die Firmware findet und bootet; beim anderen wird direkt von der CD-ROM gebootet, was einen speziellen Bootlader (für Linux etwa `ISOLINUX`) voraussetzt.

UEFI UEFI-basierte Systeme verwenden keine Bootsektoren, sondern die UEFI-Firmware enthält bereits einen Bootmanager, der Informationen über das zu startende Betriebssystem in nichtflüchtigem Speicher (NVRAM) ausnutzt. Bootlader für verschiedene Betriebssysteme auf dem Rechner stehen als reguläre Dateien in einer »EFI-Systempartition« (*EFI system partition*, ESP), von wo die Firmware sie lesen und starten kann. Im NVRAM steht entweder der Name des zu startenden Bootladers, oder das System verwendet den Standardnamen `/EFI/BOOT/BOOTX64.EFI`. (Das `X64` steht hier für »64-Bit-Intel-artiger PC«. Theoretisch funktioniert UEFI auch für 32-Bit-Systeme; eine grandiose Idee ist das aber nicht unbedingt.) Der betriebsspezifische Bootlader (etwa GRUB) kümmert sich dann um den Rest wie beim BIOS-Startvorgang. Viele UEFI-basierte Systeme erlauben als Alternative auch das Booten à la BIOS von MBR-partitionierten Platten, also mit einem Bootsektor. Die Bezeichnung hierfür ist *Compatibility Support Module* (CSM).

CSM

UEFI-basierte Systeme booten von einer CD-ROM, indem sie (ähnlich wie bei Platten) nach einer Datei namens `/EFI/BOOT/BOOTX64.EFI` suchen. (Wobei es möglich ist, CD-ROMs zu machen, die auf UEFI-Systemen UEFI-mäßig und auf BIOS-Systemen per El Torito booten.)

UEFI Secure Boot

»UEFI Secure Boot« soll verhindern, dass Rechner durch »Rootkits« kompromittiert werden, die sich in den Startvorgang einklinken und das System übernehmen, bevor das eigentliche Betriebssystem gestartet wird. Hierbei weigert die Firmware sich, Bootlader zu starten, die nicht mit einem passenden Schlüssel digital signiert sind. Zulässige Bootlader sind wiederum dafür verantwortlich, nur Betriebssystemkerne zu starten, die mit einem passenden Schlüssel digital signiert sind, und entsprechende Betriebssystemkerne sind gehalten, bei dynamisch ladbaren Treibern auf korrekte digitale Signaturen zu bestehen. Ziel ist, dass auf dem System, zumindest was das Betriebssystem angeht, nur »vertrauenswürdige« Software läuft.

Shim

Linux unterstützt UEFI Secure Boot auf verschiedene Arten. Es gibt einen Bootlader namens »Shim« (entwickelt von Matthew Garrett), den ein Distributor von Microsoft signieren lassen kann. UEFI startet Shim und Shim startet dann einen anderen Bootlader oder Betriebssystemkern. Diese können signiert sein oder auch unsigniert; die von UEFI Secure Boot in Aussicht gestellte Sicherheit bekommen Sie natürlich nur mit den Signaturen. Eine

PreLoader Alternative zu Shim ist »PreLoader« (von James Bottomley, vertrieben von der Linux Foundation). PreLoader ist einfacher als Shim und erlaubt es, einen (möglicherweise unsignierten) nachgeordneten Bootlader beim System zu akkreditieren und später ohne Rückfrage zu booten.

Die Frage, welches Partitionierungsschema eine Platte verwendet, und die Frage, ob der Rechner mit BIOS (oder CSM) oder UEFI startet, haben eigentlich wenig miteinander zu tun. Es ist zumindest mit Linux ohne Weiteres möglich, ein BIOS-basiertes System von einer GPT-partitionierten Platte oder ein UEFI-basiertes System von einer MBR-partitionierten Platte zu starten (letzteres möglicherweise über CSM).

Um ein BIOS-basiertes System von einer GPT-partitionierten Platte zu starten, ist es sinnvoll, eine »BIOS-Boot-Partition« einzurichten und dort den Teil des Bootladers abzulegen, der nicht in den MBR passt.

9.1.2 Bootlader und »früher Userspace«

Der Bootlader lädt den Linux-Betriebssystemkern und übergibt diesem die Kontrolle. Damit ist er selbst überflüssig und kann aus dem System entfernt werden; auch die Firmware wird ab jetzt links liegen gelassen – der Kernel ist ganz auf sich gestellt. Er muss insbesondere auf alle Treiber zugreifen können, die zur Initialisierung des Speichermediums mit dem Wurzeldateisystem und dieses Dateisystems selbst nötig sind (der Bootlader hat für seine Plattenzugriffe die Firmware verwendet), typischerweise also zumindest einen Treiber für einen IDE-, SATA- oder SCSI-Controller sowie für das passende Dateisystem. Diese Treiber müssen entweder fest im Kernel eingebaut sein oder werden – heute die bevorzugte Methode – dem »frühen Userspace« (*early userspace*) entnommen, der konfiguriert werden kann, ohne dass dafür eine Neuübersetzung des Kernels nötig ist. (Sobald das Wurzeldateisystem eingehängt ist, geht es bequem weiter, da alle Treiber von dort gelesen werden können.) Zu den Aufgaben des Bootladers gehört auch das Laden der initialen Userspace-Daten.

Früher nannte man den »frühen Userspace« eine »initiale RAM-Disk«, weil die Daten als (in der Regel nur lesbares) Medium *en bloc* in den Speicher geladen und vom Betriebssystemkern wie eine blockorientierte Platte behandelt wurden. Es gab hierfür spezielle komprimierte Dateisysteme. Heute verwendet man meist ein Verfahren, bei dem die Daten für den frühen Userspace in Form eines `cpio`-Archivs vorliegen, das der Kernel direkt in den Plattencache extrahiert, so als hätten Sie jede Datei aus dem Archiv direkt von einem (hypothetischen) Speichermedium gelesen. Das macht es einfacher, den frühen Userspace nach Gebrauch zu entsorgen.

Sobald der »frühe Userspace« zur Verfügung steht, wird ein Programm namens `/init` aufgerufen, das sich um die weitere Initialisierung kümmert. Dazu gehören Aufgaben wie das Identifizieren des Speichermediums, das als Wurzeldateisystem verfügbar gemacht werden soll, das Laden allfälliger benötigter Treiber, um auf das Medium und das Dateisystem zuzugreifen (natürlich kommen die Treiber ebenfalls aus dem frühen Userspace), unter Umständen die (rudimentäre) Konfiguration des Netzwerks, falls das Wurzeldateisystem auf einem entfernten Dateiserver liegt, und so weiter. Anschließend bringt der frühe Userspace das gewünschte Wurzeldateisystem unter »/« in Position und übergibt die Kontrolle an das eigentliche Init-Programm – heute zumeist System-V-Init oder systemd, jeweils unter dem Namen `/sbin/init`. (Sie können sich mit der Kernel-Kommandooption `init=` ein anderes Programm wünschen.)

Wenn kein früher Userspace existiert, stellt der Betriebssystemkern das in seiner Kommandozeile mit der Option `root=` angegebene Medium als Wurzeldateisystem zur Verfügung und startet das mit der Option `init=` angegebene Programm, ersatzweise `/sbin/init`.

⇨ BIOS (Abschnitt 7.2)
⇨ Bootlader (Abschnitt 9.2)
⇨ Linux-Treiber (Abschnitt 7.6.1)

9.2 Bootlader und Bootmanager

9.2.1 Was ist ein Bootlader?

GRUB

Der gängigste Bootlader für Linux ist der »Grand Unified Bootloader« (**GRUB**). Er kann nicht nur den Kernel finden, ins RAM laden

Bootmanager

und starten und ihm dabei Konfigurationsparameter übergeben, sondern funktioniert auch als **Bootmanager**: Er kann mehrere Kernel verwalten und dem Benutzer per Menü die Auswahl zwischen ihnen geben sowie ferner auch andere Betriebssysteme (etwa Windows) laden und starten.

GRUB Legacy

GRUB 2

Zur Verwirrung trägt allerdings bei, dass derzeit zwei Versionen von GRUB im Umlauf sind: Die frühere Version, »GRUB Legacy«, findet sich vor allem in älteren Linux-Distributionen (Stichwort: »Enterprise«), während moderne Distributionen den neueren »GRUB 2« verwenden. Für die LPIC-1-Prüfungen ab Version 3.5 (Juli 2012) müssen Sie sich mit beiden Versionen auskennen – sie haben vieles gemeinsam, unterscheiden sich aber auch in wichtigen Einzelheiten.

`LOADLIN`

`SYSLINUX`

Es gibt noch andere Bootlader für Linux, etwa LILO (kurz für »Linux-Loader«), früher der verbreitetste Bootlader, aber heute eher selten anzutreffen und in der Version 3.5 der LPIC-1-Prüfungen auch nicht mehr prüfungsrelevant. Daneben existieren diverse Bootlader für andere Hardwareplattformen und Spezialanwendungen, etwa `LOADLIN`, ein DOS-Programmchen, mit dem Sie Linux aus einer laufenden DOS-Umgebung heraus starten können. Ein weiterer Linux-Bootloader ist `SYSLINUX`, das auf externen Bootmedien wie Disketten und CD-ROMs (als `ISOLINUX`) verwendet wird. Auch das Booten über Ethernet ist möglich. Alle diese Methoden sind für LPIC-1 genausowenig von Bedeutung.

⇨ Überblicksseite mit Verweisen: `http://www.linuxwiki.de/BootManager`
⇨ Partitionierung (Abschnitt 8.1.1)

9.2.2 GRUB Legacy

GRUB Legacy ist die ältere Version von GRUB, die aber nach wie vor auf vielen Systemen (vor allem im »Enterprise«-Bereich) anzutreffen ist, während neuere Distributionen auf den moderneren GRUB 2 setzen.

Die grundlegende Funktionsweise von GRUB Legacy entspricht der in Abschnitt 9.1 skizzierten Prozedur. Bei einem BIOS-basierten Bootvorgang lokalisiert das BIOS im MBR der Boot-Platte die erste Stufe (*stage 1*) des Bootladers im Werte von 446 Bytes. Die erste Stufe ist in der Lage, aufgrund von im Programm (als Teil der

446 Bytes) abgelegten Sektorlisten und den Plattenfunktionen des BIOS die nächste Stufe auf der Platte zu finden und zu lesen[1].

Die »nächste Stufe« ist normalerweise die »Stufe 1,5« (*stage 1.5*), die im anderweitig unbenutzten Platz unmittelbar hinter dem MBR und vor dem Anfang der ersten Partition liegt. Die Stufe 1,5 hat rudimentäre Unterstützung für Linux-Dateisysteme und kann die »Stufe 2« (*stage 2*) von GRUB im Dateisystem finden (in der Regel unter `/boot/grub`). Die Stufe 2 darf dann irgendwo auf der Platte liegen, kann ebenfalls Dateisysteme lesen, holt sich die Konfigurationsdatei, zeigt das Menü an und lädt und startet schließlich das gewünschte Betriebssystem (im Falle von Linux gegebenenfalls inklusive dem *early userspace*).

GRUB kann die meisten Unix-artigen Betriebssysteme für x86-Rechner direkt laden und starten, darunter Linux, Minix, NetBSD, GNU Hurd, Solaris, ReactOS, Xen und VMware ESXi[2]. Der relevante Standard heißt »Multiboot«. Nicht Multiboot-kompatible Systeme (beispielsweise Windows) lädt GRUB, indem er den Bootlader des betreffenden Betriebssystems aufruft – sogenanntes *chain loading*.

Damit GRUB Legacy mit GPT-partitionierten Platten funktioniert, brauchen Sie eine BIOS-Boot-Partition, um dort die Stufe 1,5 unterzubringen. Es gibt eine Version von GRUB Legacy, die mit UEFI-Systemen zurechtkommt, aber Sie verwenden für UEFI-Startvorgänge besser einen anderen Bootlader.

- ⇨ `grub(8)`, `http://www.gnu.org/software/grub/`
- ⇨ Wikipedia-Artikel über GRUB: `http://de.wikipedia.org/wiki/Grand_Unified_Bootloader`

Konfigurationsdatei

Die GRUB-Konfigurationsdatei heißt `/boot/grub/menu.lst`, manchmal auch `/boot/grub/grub.conf`. Die Datei liegt abweichend vom sonstigen Standard in `/boot`, weil es Situationen gibt, in denen `/etc` nicht zur Verfügung steht, während GRUB läuft (die Partition mit dem Wurzelverzeichnis könnte zum Beispiel verschlüsselt sein). In der Konfigurationsdatei werden die Grundeinstellungen

[1] Jedenfalls solange diese innerhalb der ersten 1024 »Zylinder« der Platte zu finden ist. Das hat historische Gründe und ist notfalls durch geeignete Partitionierung zu erreichen.

[2] Von irgendwoher muss das »U« in GRUB ja kommen.

vorgenommen und die einzelnen zu bootenden Betriebssysteme festgelegt. Die Datei könnte zum Beispiel aussehen wie in Bild 9.1.

Die einzelnen Parameter bedeuten:

`default` Das standardmäßig zu bootende System. GRUB zählt ab 0, das Beispiel in Bild 9.1 startet also standardmäßig den Eintrag `failsafe`.

`timeout` So lange (in Sekunden) wird das Bootmenü angezeigt, bevor das Standardsystem gestartet wird.

`title` Beginnt einen Eintrag für ein System und bestimmt dessen Namen für das Bootmenü.

`kernel` Bestimmt den zu bootenden Kernel. `(hd0,1)/boot/vmlinuz` bedeutet etwa, dass der Kernel in `/boot/vmlinuz` auf der 1. Partition auf der 0. Festplatte zu finden ist, also im Beispiel auf `/dev/hda2`. Die genaue Zuordnung der einzelnen Laufwerke findet GRUB in der Datei `device.map` (meistens `/boot/grub/device.map`). Nach der Pfadangabe können Sie noch beliebige Kernel-Parameter übergeben. Dazu gehört auch der »`root`«-Parameter für die /-Partition.

```
default 1
timeout 10

title linux
   kernel (hd0,1)/boot/vmlinuz root=/dev/sda2
   initrd (hd0,1)/boot/initrd
title failsafe
   kernel (hd0,1)/boot/vmlinuz.bak root=/dev/sda2 acpi=off
   initrd (hd0,1)/initrd.bak
title einanderessystem
   root (hd0,2)
   makeactive
   chainloader +1
title floppy
   root (fd0)
   chainloader +1
```

Bild 9.1: Eine einfache Konfigurationsdatei für GRUB

initrd Der Ort des cpio-Archivs für den »frühen Userspace«.

root Legt für Fremd-Systeme die Systempartition fest. Hier können Sie auch Medien angeben, auf denen nur manchmal etwas Bootbares ist, etwa das Floppy-Laufwerk – dadurch können Sie von Floppy booten, ohne dass im BIOS etwas dergleichen eingestellt ist.

chainloader +1 Benennt den von der Fremd-Systempartition zu ladenden Bootlader (in der Regel den Inhalt des Bootsektors der Systempartition).

makeactive Setzt für die angesprochene Partition temporär das »bootable-flag«, was bestimmte Systeme (nicht Linux) brauchen, um von der betreffenden Partition booten zu können.

GRUB unterstützt noch viele weitere Konfigurationsoptionen.

Neu installieren

Neu installieren müssen Sie GRUB nur selten, da es genügt, einfach die Konfigurationsdatei zu ändern. Die Änderungen treten beim nächsten Systemstart automatisch in Kraft. Eine Neuinstallation von GRUB ist nur dann nötig, wenn Sie z. B. die Datei device.map verändern – und natürlich auch dann, wenn Sie versehentlich den Bootloader überschrieben haben.

Zur Installation verwenden Sie das Kommando grub, das die GRUB-Shell aufruft. Am besten benutzen Sie dafür ein »GRUB-Skript«, um nicht nach einer falschen Eingabe alles neu tippen zu müssen. Einige Distributionen liefern auch schon ein passendes Skript mit. Der Installationsvorgang könnte dann so aussehen:

```
# grub --batch --device-map=/boot/grub/device.map ▷
◁ </etc/grub.inst
```

Die Option --device-map legt eine device.map-Datei unter dem angegebenen Namen an, falls noch keine existiert.

/etc/grub.inst kann zum Beispiel den folgenden Inhalt haben:

```
root (hd0,1)
setup (hd0)
quit
```

root kennzeichnet die Partition, auf der sich das »Heimatverzeichnis« von GRUB befindet (meistens /boot/grub). setup installiert

GRUB auf dem angegebenen Gerät, hier im MBR von `hd0`. Das `setup`-Kommando von GRUB ist eine vereinfachte Fassung eines allgemeineren Kommandos namens `install`, das in den meisten Fällen funktionieren sollte.

`grub-install` Alternativ zur beschriebenen Methode können Sie auch das Skript `grub-install` zur Installation der GRUB-Komponenten benutzen, das manche Distributionen mitbringen.

➪ `grub`(8), `grub-install`(8)
➪ »`info grub`«

9.2.3 GRUB 2

Neu-implementierung GRUB 2 ist eine komplette Neuimplementierung des Bootladers, bei der keine besondere Rücksicht auf Kompatibilität zu GRUB Legacy genommen wurde. Das System besteht jetzt aus einem »Kern« (`kernel.img` im Verzeichnis `/boot/grub`) mit grundlegender Funktionalität – Festplattenzugriff, Dekomprimieren von Dateien, Laden von Erweiterungsmodulen und einer rudimentären »Shell« – sowie einer Vielzahl von Modulen, die jeweils einzelne weitergehende Funktionen realisieren (Dateien mit der Endung `.mod` im Verzeichnis `/boot/grub`). Die Konfiguration für GRUB 2 steht in der Datei `/boot/grub/grub.cfg`.

Wenn Sie GRUB 2 auf einer Platte installieren, werden der Kern und die wichtigsten Module (zum Beispiel das zum Zugriff auf das Dateisystem, in dem die restlichen Module zu finden sind)

`core.img` in einer Datei namens `core.img` aneinandergehängt, komprimiert und zum Beispiel in den unbenutzten Bereich hinter dem MBR der Platte kopiert. (Die Datei `core.img` entspricht der Stufe 1,5 von GRUB Legacy, eine explizite Stufe 2 gibt es nicht mehr.) Falls der Bereich hinter dem MBR belegt ist – etwa von einer GPT –, kann `core.img` auch anderswo auf der Platte liegen. `core.img` lädt gegebenenfalls weitere Module aus dem Verzeichnis `/boot/grub`.

Bei UEFI-Systemen steht der Bootloader auf der ESP in einer Datei namens `EFI/`⟨System⟩`/grubx64.efi`. Dabei ist ⟨System⟩ etwas wie `debian` oder `fedora`. Schauen Sie auf Ihrem UEFI-basierten Linux-System mal ins Verzeichnis `/boot/efi/EFI`.

Konfigurations-datei Die Konfigurationsdatei für GRUB 2 sieht deutlich anders aus als die für GRUB Legacy und ist auch ein gutes Stück komplizierter (sie ähnelt eher einem Bash-Skript als einer GRUB-Legacy-Konfigurationsdatei). Die Autoren von GRUB 2 gehen auch davon aus, dass Sie als Systemverwalter diese Datei nicht von Hand anlegen und warten. Statt dessen gibt es ein Kommando namens `grub-mkconfig`, das eine `grub.cfg`-Datei erzeugen kann. Dazu bedient es sich einer Reihe von Hilfsprogrammen (Shellskripten) in `/etc/grub.d`, die zum Beispiel in `/boot` nach Linux-Kernels suchen, um sie ins GRUB-Bootmenü aufzunehmen. (`grub-mkconfig` schreibt die neue Konfigurationsdatei auf seine Standardausgabe; das Kommando `update-grub` ruft `grub-mkconfig` auf und leitet dessen Ausgabe nach `/boot/grub/grub.cfg` um.)

grub-mkconfig

update-grub

Sie sollten die Datei `/boot/grub/grub.cfg` also nicht direkt ändern, da Ihre Distribution zum Beispiel nach der Installation eines Kernel-Updates `update-grub` aufrufen dürfte und Ihre Änderungen an `grub.cfg` überschrieben werden würden.

Normalerweise können Sie zum Beispiel zusätzliche Einträge ins GRUB-2-Bootmenü aufnehmen, indem Sie sie in die Datei `/etc/grub.d/40_custom` schreiben. Der Inhalt dieser Datei wird von `grub-mkconfig` 1 : 1 in die Datei `grub.cfg` kopiert. Alternativ dazu können Sie Konfigurationseinstellungen in der Datei `/boot/grub/custom.cfg` machen, die – falls vorhanden – von `grub.cfg` eingelesen wird.

Hier der Vollständigkeit halber noch ein Auszug aus einer typischen `grub.cfg`-Datei. In Analogie zu Bild 9.1 könnte ein Menüeintrag zum Starten von Linux bei GRUB 2 ungefähr so aussehen:

```
menuentry 'Linux' --class gnu-linux --class os {
  insmod gzio
  insmod part_msdos
  insmod ext2
  set root='(hd0,msdos2)'
  linux  /boot/vmlinuz root=/dev/sda2
  initrd /boot/initrd.img
}
```

(`grub-mkconfig` generiert normalerweise etwas Komplizierteres.) Beachten Sie, dass die GRUB-Module zum Entkomprimieren (`gzio`), für die Unterstützung von MS-DOS-artiger Partitionierung (`part_msdos`) und des `ext2`-Dateisystems explizit geladen werden.

Die Nummerierung von Partitionen fängt bei GRUB 2 bei 1 an (bei GRUB Legacy war es noch 0), so dass `(hd0,msdos2)` auf die zweite MS-DOS-Partition auf der ersten Platte verweist. Statt `kernel` wird `linux` zum Starten eines Linux-Kerns verwendet.

9.2.4 Kernel-Parameter

Der Linux-Kernel kann vom Bootlader eine Kommandozeile übernehmen und diese während der Initialisierung auswerten. Mit den Parametern auf der Kommandozeile können Sie Gerätetreiber einstellen und verschiedene Kernel-Optionen ändern. Dieser Mechanismus zur Laufzeitkonfigurierung des Linux-Kernels ist vor allem bei den generischen Kernels auf den Bootmedien der Linux-Distributionen hilfreich, um Rechner mit problematischen Hardwarekonfigurationen zum Laufen zu bringen. Zum dauerhaften Festhalten von Kernel-Parametern bei einer Linux-Installation können Sie bei GRUB die Parameter einfach dem Pfad zum Kernel im `kernel`- bzw. `linux`-Eintrag folgen lassen.

Alternativ können Sie die Parameter interaktiv beim Booten eingeben. Hierzu müssen Sie möglicherweise schnell genug die Aufmerksamkeit von GRUB erregen (etwa indem Sie eine Pfeiltaste oder Umschalttaste drücken, während das Auswahlmenü oder der Begrüßungsbildschirm erscheint). Anschließend können Sie im Menü den gewünschten Eintrag ansteuern und [e] tippen. GRUB präsentiert Ihnen dann den gewünschten Eintrag, den Sie nach Ihrem Gusto anpassen können, bevor Sie den Bootvorgang fortsetzen können.

Es gibt verschiedene Arten von Argumenten. Eine erste Gruppe überlagert die voreingestellten Parameter. Hierzu gehören z. B. `root` oder `rw`. Eine andere Gruppe von Argumenten dient der Konfiguration bestimmter Gerätetreiber. Wenn eines dieser Argumente auf der Kommandozeile auftaucht, wird die Initialisierungsfunktion für den entsprechenden Gerätetreiber mit den hier angegebenen Parametern anstelle der in den Kernelsourcen festgelegten Vorgaben aufgerufen. Die meisten Linux-Distributionen verwenden heute modulare Kernel, die nur sehr wenige Gerätetreiber tatsächlich fest integriert enthalten. Modulare Treiber können Sie nicht über die Kernel-Kommandozeile konfigurieren.

Konfiguration bestimmter Gerätetreiber

Schließlich gibt es noch Argumente für allgemeine Einstellungen. Dazu gehören z. B. `init` oder `reserve`. Im folgenden sind einige typische Argumente aufgeführt. Es handelt sich dabei nur um einige Beispiele aus einer Vielzahl von möglichen Argumenten. Weitere Parameter finden Sie in der Dokumentation der Kernel-Quellen. Genaue Details für spezielle Hardware müssen entweder im Handbuch oder im Internet recherchiert werden.

allgemeine Einstellungen

`ro` Die /-Partition soll schreibgeschützt eingehängt werden.

`rw` Die /-Partition soll schreibbar eingehängt werden, auch wenn in der Kernel-Datei oder in der Konfiguration des Bootladers etwas anderes festgelegt ist.

`init=`⟨**Programm**⟩ Startet ⟨Programm⟩ (etwa `/bin/bash`) anstelle von `/sbin/init`. Es findet keine Kennwortabfrage statt, der Aufrufer wird typischerweise `root`.

`1`… `5` Startet das System in den durch die Ziffer gegebenen Runlevel (kein Kernel-Parameter im eigentlichen Sinne).

⇨ `Documentation/kernel-parameters.txt` im Kernel-Quellcode

Optionen auf der Kernel-Kommandozeile, die keine Kernelparameter sind, gibt der Kernel übrigens als Umgebungsvariable an den `init`-Prozess weiter.

Umgebungsvariable für `init`

9.3 System-V-Init

9.3.1 Grundlagen

Nachdem die Firmware, der Bootlader, der Betriebssystemkern und (gegebenenfalls) der frühe Userspace ihre Arbeit erledigt haben, übernimmt der »Init-Prozess« das Ruder. Seine Aufgabe besteht darin, den Systemstart zu Ende zu führen und den weiteren Systembetrieb zu koordinieren. Linux sucht und startet dafür ein Programm namens `/sbin/init`.

`/sbin/init`

Der Init-Prozess hat die Prozess-ID 1. Wenn es einen frühen Userspace gibt, dann »erbt« er diese von dem Prozess, der erzeugt wurde, um `/init` auszuführen, und später nur seinen Programmtext durch den des Init-Prozesses ersetzt.

Der Init-Prozess nimmt übrigens eine Sonderstellung ein: er ist der einzige Prozess, der mit »`kill -9`« nicht abgebrochen werden kann. (Er kann sich allerdings aus freien Stücken entleiben.)

System-V-Init

Die traditionelle Infrastruktur, die bisher von den meisten Linux-Distributionen verwendet wurde, heißt »System-V-Init«. Das »V« ist eine römische 5, man sagt »System Five«, weil die Infrastruktur an das ehrwürdige Unix System V von AT&T angelehnt ist, wo etwas sehr Ähnliches das erste Mal auftauchte. Das war in den 1980er Jahren. Vor nicht allzu langer Zeit wurde das Init-System auf neue Füße gestellt, und die meisten wichtigen Distributionen verwenden statt System-V-Init heute den neuen Ansatz, systemd (Abschnitt 9.5).

Runlevel

Eine der wesentlichen Eigenschaften von System-V-Init sind die **Runlevel**, die beschreiben, in welchem Zustand sich das System befindet und welche Dienste es anbietet. Außerdem kümmert der Init-Prozess sich darum, dass auf virtuellen Konsolen, direkt seriell angeschlossenen Terminals u. ä. ein Anmelden möglich ist, und verwaltet den Zugriff auf das System über etwaige Modems. All dies wird in der Datei `/etc/inittab` konfiguriert.

9.3.2 Die Datei /etc/inittab

/etc/inittab

Die Syntax von `/etc/inittab` (Bild 9.2) ist genau wie die vieler anderer Linux-Konfigurationsdateien etwas eigentümlich (auch wenn daran letzten Endes natürlich AT&T schuld ist). Alle Zeilen, die nicht entweder leer oder eine Kommentarzeile – wie üblich durch »#« eingeleitet – sind, bestehen aus vier durch Doppelpunkte getrennten Feldern:

»Etikett« Die Aufgabe des ersten Felds ist, die Zeile eindeutig zu identifizieren. Sie dürfen sich hier eine beliebige Kombination aus bis zu vier Zeichen ausdenken. (Treiben Sie es nicht auf die Spitze und beschränken Sie sich auf Buchstaben und Ziffern.) Das Etikett wird (zumindest meistens) nicht anderweitig verwendet.

Runlevels Die Runlevels, für die diese Zeile gilt. Wir haben noch nicht genau erklärt, wie Runlevels funktionieren, also sehen Sie es uns für den Moment nach, dass wir uns darauf beschränken, zu erwähnen, dass Runlevels mit Ziffern benannt werden und

```
# Standard-Runlevel
id:5:initdefault

# Erstes auszuführendes Skript
si::bootwait:/etc/init.d/boot

# Runlevels
l0:0:wait:/etc/init.d/rc 0
l1:1:wait:/etc/init.d/rc 1
l2:2:wait:/etc/init.d/rc 2
l3:3:wait:/etc/init.d/rc 3
#l4:4:wait:/etc/init.d/rc 4
l5:5:wait:/etc/init.d/rc 5
l6:6:wait:/etc/init.d/rc 6

ls:S:wait:/etc/init.d/rc S
~~:S:respawn:/sbin/sulogin

# Ctrl-Alt-Del
ca::ctrlaltdel:/sbin/shutdown -r -t 4 now

# Terminals
1:2345:respawn:/sbin/mingetty --noclear tty1
2:2345:respawn:/sbin/mingetty tty2
3:2345:respawn:/sbin/mingetty tty3
4:2345:respawn:/sbin/mingetty tty4
5:2345:respawn:/sbin/mingetty tty5
6:2345:respawn:/sbin/mingetty tty6

# Serielles Terminal
# S0:12345:respawn:/sbin/agetty -L 9600 ttyS0 vt102

# Modem
# mo:235:respawn:/usr/sbin/mgetty -s 38400 modem
```

Bild 9.2: Eine typische /etc/inittab-Datei (Auszug)

die betreffende Zeile in allen Runlevels beachtet wird, deren Ziffer in diesem Feld steht. Es gibt außer denen mit Ziffern als Namen auch noch einen Runlevel namens »S«. Näheres dazu siehe unten.

Aktion Das dritte Feld gibt an, wie mit dieser Zeile umgegangen wird. Die wesentlichen Möglichkeiten sind

`respawn` Der in dieser Zeile beschriebene Prozess wird sofort wieder gestartet, falls er sich beendet hat. Typischerweise wird das für Terminals verwendet, die, nachdem der aktuelle Benutzer mit seiner Sitzung fertig ist, dem nächsten Benutzer taufrisch zur Verfügung gestellt werden sollen.

`wait` Der in dieser Zeile beschriebene Prozess wird einmal ausgeführt, wenn das System in den betreffenden Runlevel wechselt, und `init` wartet darauf, dass er fertig wird.

`bootwait` Der in dieser Zeile beschriebene Prozess wird beim Systemstart ausgeführt. `init` wartet darauf, dass er fertig wird. Das Runlevel-Feld in dieser Zeile wird ignoriert.

`initdefault` Das Runlevel-Feld in dieser Zeile gibt an, welchen Runlevel das System beim Start anstreben soll. Hier steht normalerweise »5«, wenn das System eine Anmeldung auf dem Grafikbildschirm akzeptieren soll, sonst »3«. Näheres siehe unten.

`ctrlaltdel` Gibt an, was das System tun soll, wenn der Init-Prozess ein `SIGINT` geschickt bekommt – was normalerweise passiert, wenn jemand auf der Konsole die Tastenkombination Strg+Alt+Entf drückt. Normalerweise läuft das auf irgendeine Form von `shutdown` hinaus (siehe Abschnitt 9.3.5).

Es gibt noch ein paar andere Aktionen. `powerwait`, `powerfail`, `powerokwait` und `powerfailnow` zum Beispiel dienen dazu, System-V-Init mit USVs zusammenarbeiten zu lassen. Die Details stehen in der Dokumentation (`init`(8) und `inittab`(5)).

Kommando Das vierte Feld beschreibt ein Kommando, das ausgeführt werden soll. Es reicht bis zum Ende der Zeile und Sie können hineinschreiben, was Sie mögen.

Wenn Sie Änderungen an `/etc/inittab` vorgenommen haben, wirken diese sich nicht sofort aus. Sie müssen zuerst das Kommando »`telinit q`« ausführen, um `init` dazu zu bringen, dass es die Datei neu einliest.

9.3.3 Runlevel

Die »Runlevel« des Systems sind eine Methode zur Strukturierung der laufenden Dienste (lokale Dienste wie der Druckdienst oder `cron` und Netzwerkdienste wie Mail- oder Web-Server) und damit zur Charakterisierung der »Betriebsart« des Systems. In der *Linux Standard Base* (LSB) sind sechs verschiedene Runlevel wie folgt definiert:

S oder 1 Ein-Benutzer-Modus (engl. *single-user mode* oder *maintenance mode*), minimales laufendes System

2 Mehrbenutzerbetrieb ohne Netzwerkdienste (Client-Zugriff auf das Netz und Anmelden auf virtuellen oder seriell angeschlossenen Terminals ist möglich)

3 Mehrbenutzerbetrieb mit Netzwerkdiensten

4 Unbenutzt, kann individuell konfiguriert werden

5 Mehrbenutzerbetrieb mit Netzwerkdiensten und X11-Display-Manager für grafische Anmeldung

6 Systemneustart

0 Systemhalt

Die Runlevels 7 bis 9 stehen im Prinzip auch zur Verfügung.

Standard-Runlevel

Der **Standard-Runlevel**, den das System beim Starten anstrebt, wenn nichts anderes gesagt wurde, wird im `initdefault`-Eintrag in `/etc/inittab` festgelegt, zum Beispiel

```
id:5:initdefault:
```

Runlevel-Wechsel

Im Betrieb können Sie den Runlevel mit dem Befehl `init` (alternativ dazu `telinit`, von *tell init*). »`init 3`« zum Beispiel wechselt sofort in den Runlevel 3. Den aktuellen Runlevel (und den vorigen) können Sie mit `runlevel` abfragen.

⇨ `init(8)`, `inittab(5)`, `runlevel(8)`

9.3.4 Konfiguration der Runlevel

Um die Verwaltung der Runlevel kümmert sich `init`. Die Datei `/etc/inittab` enthält Einträge der Form

```
l3:3:wait:/etc/init.d/rc 3
```

die beim Wechsel in einen Runlevel (hier 3) konsultiert werden. Der gezeigte Eintrag legt fest, dass zum Betreten von Runlevel 3 das Skript `/etc/init.d/rc` mit dem Parameter 3 aufgerufen wird. `wait` bestimmt, dass `init` das Ende des gestarteten Prozesses abwartet. Die Aufgabe des `rc`-Skripts ist es, die passenden Dienste für den Runlevel zu starten und alle unnötigen anzuhalten.

⇨ `inittab(5)`

Init-Skripte

Die Dienste für die verschiedenen Runlevel werden über die **Init-Skripte** (auch »Runlevel-Skripte«, »Startskripte« oder »rc-Skripte« genannt) im Init-Verzeichnis der jeweiligen Distribution (`/etc/init.d` oder `/etc/rc.d/init.d`) gesteuert. Die Skripte werden jeweils beim Wechsel von einem Runlevel in den anderen abgearbeitet, können aber auch von Hand aufgerufen werden. Sie können eigene Skripte für beliebige Programme hinzufügen.

Manueller Aufruf

Parameter

Die Init-Skripte verstehen in der Regel mindestens die Parameter `start`, `stop`, `restart` und `reload`, mit denen Sie die entsprechenden Dienste starten, stoppen usw. können. `restart` entspricht dabei »`stop` unmittelbar gefolgt von `start`«. `reload` versucht den Dienst umzukonfigurieren, ohne ihn dafür anzuhalten; wenn das nicht möglich ist, ist es äquivalent zu `restart`. Einige Distributionen unterstützen weitere Parameter, etwa `status`. Die *Namen* der Init-Skripte sind nicht standardisiert.

Mit einem Kommando wie

```
# /etc/init.d/network restart
```

könnten Sie beispielsweise die Netzwerkschnittstellen manuell deaktivieren und (mutmaßlich mit einer geänderten Konfiguration) wieder aktivieren.

Symbolische Links

Zu jedem Runlevel *n* gibt es im Init-Verzeichnis ein Unterverzeichnis `rc`*n*`.d`[3]. In diesen Unterverzeichnissen befinden sich symboli-

[3] Diese Verzeichnisse können auch direkt in /etc liegen, was aber nicht LSB-konform ist.

sche Links zu den Skripten im Init-Verzeichnis. Über diese Links werden die Init-Skripte beim Betreten und Verlassen der Runlevel aufgerufen, um die Dienste zu starten oder anzuhalten.

S-Links und K-Links

Dies richtet sich nach den Namen der Links: Dem Namen des Init-Skripts, auf das der Link zeigt, wird ein »K« oder ein »S« und eine zweistellige Zahl vorangestellt. Für fast jedes Skript gibt es einen S- und einen K-Link. S-Links werden beim Betreten des jeweiligen Runlevels aufgerufen, K-Links beim Verlassen, und zwar in der lexikografischen Reihenfolge der Namen (so wie `ls` sie anzeigt). Die Zahl nach dem »S« oder »K« soll sicherstellen, dass das Anhalten und das Starten bestimmter Prozesse in einer bestimmten Reihenfolge geschieht, um Abhängigkeiten der Dienste voneinander zu beachten. Zum Beispiel müssen die Netzwerkschnittstellen aktiviert sein, bevor Sie Netzdienste starten können. Das Anhalten der Dienste in einem Runlevel erfolgt meist mehr oder weniger in der umgekehrten Reihenfolge des Startens.

Durch Hinzufügen oder Wegnehmen von Links können Sie die Definition der Runlevel verändern. Es kann sein, dass dafür die Zahlen in den Linknamen angepasst werden müssen. Viele Distributionen haben Werkzeuge wie `insserv` (bei SUSE oder Debian GNU/Linux) oder `chkconfig` (bei Red Hat), die die Start- und Stoppreihenfolge der Dienste aus einer abstrakten Beschreibung erzeugen; bei anderen Distributionen ist das die Aufgabe des Administrators. Auch grafische Werkzeuge zur Runlevel-Verwaltung kommen in Gebrauch.

Debian-GNU/Linux

Bei der Debian-GNU/Linux-Distribution weicht die Runlevel-Konfiguration vom beschriebenen Standard ab; zum einen ist die Runlevel-Zuordnung anders, und zum anderen wird weniger auf Automatismen als vielmehr auf die expliziten Wünsche des Systemadministrators gesetzt. So existiert zum Beispiel kein Programm wie `insserv`, das Abhängigkeiten zwischen Diensten analysiert und die symbolischen Links in den `rc`-Verzeichnissen entsprechend setzt. Stattdessen gibt es das Programm `update-rc.d`, mit dem Sie die Dienste gezielt konfigurieren können.

Ein-Benutzer-Modus

Im Ein-Benutzer-Modus (Runlevel 1 oder S) gibt es nur eine Konsole, an der nur der Systemadministrator arbeiten kann. Der Ein-Benutzer-Modus wird für Administrationsaufgaben verwendet, bei denen Sie keine anderen Benutzer und Prozesse auf dem System brauchen können (zum Beispiel wenn das Dateisystem repariert werden muss oder zum Einrichten von Plattenkontingenten).

➪ `init(8)`, `inittab(5)`, `init.d(7)` (distributionsabhängig)
➪ `insserv(8)`, `chkconfig(8)`, `update-rc.d(8)`

9.3.5 Anhalten des Systems

Einen Linux-Server müssen Sie prinzipiell nur selten anhalten oder neu starten, etwa um eine neue Kernel-Version zu aktivieren oder um Arbeiten an der Hardware durchzuführen. Arbeitsplatzrechner dagegen müssen nicht immer angeschaltet sein.

Einen Linux-Rechner sollten Sie nicht einfach ausschalten, da das zu Problemen mit den Dateisystemen führen kann, wenn geschriebene Daten noch nicht auf die Platte umgetragen worden sind. Rechner, die von mehreren Benutzern interaktiv verwendet werden, sollten Sie auch nicht einfach herunterfahren, ohne die Benutzer zu warnen und ihnen eine »Gnadenfrist« zu lassen, um ihre aktuellen Arbeiten zu sichern.

Das System anhalten darf in der Regel nur der Administrator; manche Systeme machen Ausnahmen auf der grafischen Oberfläche, damit Benutzer ihre Arbeitsplatzrechner selbst ausschalten können. Konfiguriert wird das meist über den X11-Sitzungsmanager (Abschnitt 13.3).

Es gibt verschiedene Möglichkeiten, das System sicher herunterzufahren:

- Mit dem Befehl `shutdown`. Dieses Kommando ist die sauberste Form, das System herunterzufahren.
- Mit der Tastenkombination [Strg]+[Alt]+[Entf]. Die Bedeutung dieser Tastenkombination können Sie in `/etc/inittab` festlegen (meist entweder Anhalten oder Neustart).
- Durch Wechsel in den Runlevel 0 (`init 0`).
- Mit dem Kommando `halt`. Früher war das eine sehr direkte Möglichkeit, das System rücksichtslos anzuhalten (typische Anwendung: Feuer), heute verhält sich `halt`, wenn das System

nicht schon im Runlevel 0 oder 6 ist, wie shutdown, das System wird also ordentlich angehalten.

Die empfehlenswerte Methode ist shutdown:

```
# shutdown -h +10
```

fährt zum Beispiel das System in zehn Minuten herunter. Mit der Option -r wird das System neu gestartet, ganz ohne Option wird der Ein-Benutzer-Modus (Runlevel 1) aktiviert.

Folgendes passiert beim Auslösen des Kommandos shutdown:

1. Alle Benutzer bekommen die Mitteilung auf ihre Terminals, dass und wann das System heruntergefahren wird.
2. Das shutdown-Kommando legt die Datei /etc/nologin an, die von login ausgewertet wird und das Anmelden normaler Anwender während des Herunterfahrens verhindert. **/etc/nologin**
3. Das System wechselt in den Runlevel 0, 1 oder 6. Dadurch werden alle Dienste über ihre Init-Skripte (K-Links) beendet. **Runlevelwechsel**
4. Alle noch laufenden Prozesse erhalten erst das Signal SIGTERM. Prozesse können dieses Signal abfangen und laufende Aktivitäten sichern oder abschließen, bevor sie sich beenden. **SIGTERM**
5. Einige Sekunden später (einstellbar über -t) werden alle noch vorhandenen Prozesse brutal mit SIGKILL beendet. **SIGKILL**
6. Die Dateisysteme werden ausgehängt, der Auslagerungsspeicher wird deaktiviert.
7. Die Kontrolle wird an das Programm halt übergeben, das einen Neustart auslöst oder das System über APM oder ACPI ausschaltet. Ist Letzteres nicht möglich, erscheint auf der Konsole die Meldung »System halted«. **halt**

Sie können shutdown nach der Anhaltezeit weiteren Text übergeben, den die Benutzer dann mit angezeigt bekommen:

```
# shutdown -h 12:00 'Hardwarearbeiten, sorry'
```


- ➪ shutdown(8), halt(8), poweroff(8)
- ➪ Signale (Abschnitt 6.4.1)
- ➪ Dateisysteme aushängen (Abschnitt 8.6.1)

9.4 Upstart

Upstart ist eins von zahlreichen Init-Systemen, die mit verschiedenen Problemen der (in die Jahre gekommenen) System-V-Init-Infrastruktur aufräumen sollten. Upstart wurde unter der Ägide der Firma Canonical Ltd. entwickelt und spielte darum vor allem in den Ubuntu-Distributionen eine Rolle. Inzwischen wurde Upstart in der Popularität von systemd überholt, und sogar Canonical hat sich von Upstart wieder losgesagt. Wir erwähnen es hier, weil das LPI es verlangt; im wirklichen Leben werden Sie Upstart höchstwahrscheinlich nicht (mehr) antreffen – oder wenn, dann läuft es im System-V-Init-Kompatibilitätsmodus mit Init-Skripten und aller Herrlichkeit aus Abschnitt 9.3.4.

Upstart: ereignisorientiert

Der wesentliche Unterschied zwischen SysV-Init und Upstart ist, dass Upstart »ereignisgesteuert« operiert, statt Runlevels und Dienststarts- und -stopps in fester Reihenfolge zu verwenden. Das Runlevel-Konzept wird, genau wie »traditionelle« Init-Skripte, zwar immer noch unterstützt, aber das dient nur zur Sicherung der Kompatibilität mit Diensten, die noch nicht an Upstart angepasst wurden. Die Idee ist, dass Upstart auf externe Ereignisse – zum Beispiel das Einstecken eines USB-Geräts – »asynchron« reagiert, ohne dass der Administrator dafür in einen neuen Runlevel wechseln muss oder so etwas. Auch das Starten und Stoppen von Diensten erzeugt Upstart-Ereignisse; sobald ein bestimmter Dienst läuft, kann Upstart also automatisch einen anderen Dienst starten, der sich auf die Existenz des ursprünglichen Dienstes verläßt. Als netter Nebeneffekt kümmert Upstart sich auch um den Neustart von Diensten, die vorzeitig abgestürzt sind (was den guten alten SysV-Init völlig kalt ließe).

Jobs

Die Konfiguration von Upstart basiert auf dem Konzept sogenannter »Jobs«, die die Rolle von Init-Skripten einnehmen. Upstart unterscheidet zwischen »Aufgaben« (*tasks*) – Jobs, die nur für begrenzte Zeit laufen und sich dann selbst beenden – und »Diensten« (*services*) – Jobs, die dauerhaft »im Hintergrund« laufen. Jobs werden über Dateien konfiguriert, die im Verzeichnis `/etc/init` stehen. Die Namen dieser Dateien ergeben sich aus einem Jobnamen und der Endung »`.conf`«. Ein Beispiel für eine solche Datei sehen Sie in Bild 9.3.

```
# rsyslog - system logging daemon
#
# rsyslog is an enhanced multi-threaded replacement for the
# traditional syslog daemon, logging messages from
# applications

description     "system logging daemon"

start on filesystem
stop on runlevel [06]

expect fork
respawn

exec rsyslogd -c4
```

Bild 9.3: Upstart-Konfigurationsdatei für Job `rsyslog`

Eines der Hauptziele von Upstart ist, die großen Mengen an schablonenhaftem Code zu vermeiden, der die meisten Init-Skripte von System-V-Init kennzeichnet. Die Konfigurationsdatei für Upstart beschränkt sich deshalb darauf, anzugeben, wie der Dienst aufzurufen ist (»`exec rsyslogd -c4`«). Ferner legt sie fest, ob der Dienst nach einem Absturz neu gestartet werden soll (»`respawn`«) und wie Upstart herausfinden kann, welcher Prozess beobachtet werden muss (»`expect fork`« gibt an, dass der `rsyslog`-Prozess sich selbst in den Hintergrund schickt, indem er einen Kindprozess erzeugt und sich dann beendet – auf diesen Kindprozess muss Upstart dann aufpassen). – Vergleichen Sie das mal mit `/etc/init.d/syslogd` (oder so ähnlich) bei einem typischen System-V-Init-basierten Linux.

Abhängigkeiten

Während bei »klassischem« System-V-Init der Systemverwalter explizit »global« die Reihenfolge vorgeben muss, in der die Init-Skripte für einen bestimmten Runlevel ausgeführt werden, bestimmen bei Upstart die Jobs »lokal«, wo sie sich im Gefüge allfälliger Abhängigkeiten einordnen. Die »`start on` …«- und »`stop on` …«-Zeilen geben an, welche Ereignisse dazu führen, dass der Job gestartet oder angehalten wird. In unserem Beispiel wird `rsyslog` gestartet, sobald das Dateisystem zur Verfügung steht, und gestoppt, wenn das System in die »Runlevels« 0 (Halt) oder 6 (Neustart) übergeht. Die Runlevel-Verzeichnisse mit symbolischen Links von System-V-Init sind damit überflüssig.

Ereignis startup

Beim Systemstart generiert Upstart das Ereignis `startup`, sobald es seine eigene Initialisierung abgeschlossen hat. Damit können andere Jobs ausgeführt werden. Die komplette Startsequenz ergibt sich aus dem `startup`-Ereignis und aus Ereignissen, die bei der Ausführung weiterer Jobs erzeugt und von anderen Jobs abgewartet werden. Ein typischer Job, der auf `startup` wartet, wäre zum Beispiel die Aufgabe `mountall`, die die Dateisysteme verfügbar machen soll. Wenn sie fertig ist, erzeugt sie wiederum das Ereignis `filesystem`, von dem unter anderem der `rsyslog`-Dienst aus Bild 9.3 abhängt.

initctl

Bei Upstart dient das Kommando `initctl` zur Interaktion mit dem `init`-Prozess:

```
# initctl list                              Welche Jobs laufen gerade?
alsa-mixer-save stop/waiting
avahi-daemon start/running, process 578
mountall-net stop/waiting
rc stop/waiting
rsyslog start/running, process 549
⊲⊲⊲⊲⊲
# initctl stop rsyslog                      Job anhalten
rsyslog stop/waiting
# initctl status rsyslog                    Wie ist der Status?
rsyslog stop/waiting
# initctl start rsyslog                     Job wieder starten
rsyslog start/running, process 2418
# initctl restart rsyslog                   Stop und Start
rsyslog start/running, process 2432
```

Die Befehle »`initctl stop`«, »`initctl start`«, »`initctl status`« und »`initctl stop`« können Sie auch zu »`stop`«, »`start`«, ... abkürzen.

➪ `http://upstart.ubuntu.com/`
➪ `https://wiki.ubuntuusers.de/Upstart/`

9.5 Systemd

9.5.1 Grundlagen

Systemd wurde von Lennart Poettering (Red Hat) und Kay Sievers entwickelt. Ähnlich wie Upstart löst sich von den starren Vorgaben von System-V-Init, aber setzt verschiedene Konzepte für die Aktivierung und Kontrolle von Diensten mit wesentlich größerer Konsequenz um als Upstart.

Funktionsprinzip

Während System-V-Init und Upstart explizite Abhängigkeiten von Diensten untereinander ausnutzen – Dienste zum Beispiel, die den Systemprotokolldienst benutzen, können erst gestartet werden, wenn der Systemprotokolldienst läuft –, dreht systemd die Abhängigkeiten um: Ein Dienst, der den Systemprotokolldienst voraussetzt, tut das ja nicht, weil der Protokolldienst laufen muss, sondern weil er selbst Protokollnachrichten loswerden möchte. Dazu muss er auf den Kommunikationskanal zugreifen, über den der Systemprotokolldienst erreicht werden kann. Es reicht also völlig aus, wenn *systemd selbst* diesen Kommunikationskanal anlegt und ihn an den Systemprotokolldienst weiterreicht, sobald dieser tatsächlich zur Verfügung steht – der Dienst, der protokollieren möchte, wartet, bis seine Nachrichten tatsächlich angenommen werden können. Systemd kann also im Wesentlichen erst alle Kommunikationskanäle erzeugen und dann alle Dienste ohne Rücksicht auf Abhängigkeiten gleichzeitig starten. Die Abhängigkeiten regeln sich – ganz ohne explizite Regeln in der Konfiguration – von selbst. Derselbe Ansatz kann grundsätzlich auch für Dateisysteme benutzt werden: Wenn ein Dienst eine Datei auf einem Dateisystem öffnen möchte, das aktuell nicht zur Verfügung steht, wird der Zugriff aufgehalten, bis das Dateisystem tatsächlich angesprochen werden kann.

Units

Ziele

Systemd verwendet **Units** als Abstraktion für zu verwaltende Systemaspekte wie Dienste, Kommunikationskanäle oder Geräte. Sogenannte Ziele (*targets*) treten an die Stelle der Runlevel von System-V-Init und dienen zur Zusammenfassung verschiedener Units. Zum Beispiel gibt es ein Ziel `multiuser.target`, das dem Runlevel 3 im »klassischen« Schema entspricht. Ziele können von der Verfügbarkeit von Geräten abhängen – zum Beispiel könnte ein Ziel namens `bluetooth.target` angefordert werden, wenn ein USB-Bluetooth-Adapter eingesteckt wird, und die nötige Software dafür starten. (System-V-Init startet die Bluetooth-Software, sofern sie konfiguriert ist, unabhängig davon, ob tatsächlich Bluetooth-Hardware zur Verfügung steht.)

Eigenschaften Außerdem hat systemd noch weitere interessante Eigenschaften, die System-V-Init und Upstart nicht zu bieten haben. Unter anderem:

- Systemd erlaubt eine sehr umfangreiche Kontrolle der gestarteten Dienste, etwa was die Prozessumgebung, Ressourcenlimits und Ähnliches angeht. Bei System-V-Init läßt sich das fallweise über die Init-Skripten abhandeln, aber das ist im Vergleich sehr primitiv und mühselig.
- Systemd verwendet den `cgroups`-Mechanismus des Linux-Kerns, um sicherzustellen, dass zum Beispiel beim Stoppen von Diensten alle dazugehörigen Prozesse beendet werden.
- Systemd kümmert sich auf Wunsch um die Protokollausgabe von Diensten; es reicht, wenn diese auf ihre Standardfehlerausgabe schreiben.
- Systemd erleichtert die Wartung von Konfigurationen, indem Voreinstellungen der Distribution und lokale Anpassungen sauber getrennt werden.
- Systemd enthält eine Menge in C geschriebene Werkzeuge, die sich um die Systeminitialisierung kümmern und im Wesentlichen das tun, was sonst mit distributionsspezifischen Shellskripten im Runlevel S erledigt wird. Ihre Verwendung kann den Systemstart deutlich beschleunigen und trägt außerdem zu einer distributionsübergreifenden Standardisierung bei.

Systemd ist auf maximale Kompatibilität zu System-V-Init und anderen »Traditionen« getrimmt.

`systemctl` Sie können das Kommando `systemctl` verwenden, um mit einem laufenden systemd zu interagieren, etwa um Dienste gezielt zu starten oder anzuhalten:

```
# systemctl status rsyslog.service
● rsyslog.service - System Logging Service
```

```
   Loaded: loaded (/lib/systemd/system/rsyslog.service; ▷
◁ enabled)
   Active: active (running) since Do 2015-07-16 15:20:38 ▷
◁  CEST; 3h 12min ago
     Docs: man:rsyslogd(8)
           http://www.rsyslog.com/doc/
 Main PID: 497 (rsyslogd)
           └─497 /usr/sbin/rsyslogd -n
   CGroup: /system.slice/rsyslog.service
# systemctl stop rsyslog.service
Warning: Stopping rsyslog.service, but it can still be ▷
◁ activated by:
  syslog.socket
# systemctl start rsyslog.service
```

Solche Änderungswünsche für den Systemzustand bezeichnet systemd als »Jobs«.

⇨ Systemd-Dokumentation (sehr ausführlich): `https://www.freedesktop.org/wiki/Software/systemd/`

9.5.2 Unit-Dateien

Einer der gravierenden Vorteile von systemd ist, dass er ein einheitliches Dateiformat für alle Konfigurationsdateien verwendet – egal, ob es um zu startende Dienste, Geräte, Kommunikationskanäle, Dateisysteme oder andere von systemd verwaltete Artefakte geht.

Eine sehr wichtige Beobachtung ist: Unit-Dateien sind »deklarativ«. Das heißt, sie erklären nur, wie die gewünschte Konfiguration *aussieht* – im Gegensatz zu den Init-Skripten von System-V-Init, die ausführbaren Code enthalten, der versucht, die gewünschte Konfiguration *herzustellen*. Natürlich enthalten auch Unit-Dateien hin und wieder Shell-Kommandos, etwa um zu erklären, wie ein bestimmter Dienst gestartet oder gestoppt werden soll. Allerdings sind das allermeistens relativ offensichtliche Einzeiler.

`systemd.unit`(5) beschreibt die grundlegende Syntax von Unit-Dateien. Ein Beispiel für eine Unit-Datei finden Sie in Bild 9.4. Für die LPIC-1-Prüfung müssen Sie nicht in der Lage sein, Unit-Dateien aufzustellen oder zu ändern. Wenn Sie sich trotzdem dafür interessieren: Systemd ist extrem ausführlich dokumentiert.

```
#  This file is part of systemd.
#
#  systemd is free software; you can redistribute it and/or
#  modify it under the terms of the GNU Lesser General
#  Public License as published by the Free Software
#  Foundation; either version 2.1 of the License, or
#  (at your option) any later version.

[Unit]
Description=Console Getty
Documentation=man:agetty(8)
After=systemd-user-sessions.service ▷
◁ plymouth-quit-wait.service
After=rc-local.service
Before=getty.target

[Service]
ExecStart=-/sbin/agetty --noclear --keep-baud console ▷
◁ 115200,38400,9600 $TERM
Type=idle
Restart=always
RestartSec=0
UtmpIdentifier=cons
TTYPath=/dev/console
TTYReset=yes
TTYVHangup=yes
KillMode=process
IgnoreSIGPIPE=no
SendSIGHUP=yes

[Install]
WantedBy=getty.target
```

Bild 9.4: Eine systemd-Unit-Datei: `console-getty.service`

Ziel	Bedeutung
basic.target	Grundlegender Systemstart ist abgeschlossen (Dateisysteme, Auslagerungsspeicher, Sockets, Timer und anderes).
ctrl-alt-del.target	Wird ausgeführt, wenn Strg+Alt+Entf gedrückt wurde. Meist dasselbe wie reboot.target.
default.target	Standard-Ziel beim Systemstart. Meist entweder multi-user.target oder graphical.target.
emergency.target	Startet eine Shell auf der Konsole des Rechners. Für Notfälle. Wird normalerweise über die Option »systemd.unit=emergency.target« auf der Kernel-Kommandozeile angesteuert.
graphical.target	Etabliert eine grafische Anmeldeaufforderung. Hängt von multiuser.target ab.
halt.target	Hält das System an (ohne es auszuschalten).
multi-user.target	Etabliert ein Mehrbenutzersystem ohne grafische Anmeldeaufforderung. Wird von graphical.target benutzt.
poweroff.target	Hält das System an und schaltet es aus.
reboot.target	Startet das System neu.
rescue.target	Führt grundlegende Systeminitialisierung durch und startet eine Shell.

Tabelle 9.1: Gängige Ziele für systemd (Auswahl)

9.5.3 Ziele

Ziele (*targets*) sind für systemd im Großen und Ganzen das, was für System-V-Init die Runlevels sind: Die Möglichkeit, eine Menge von Diensten bequem zu beschreiben. Während System-V-Init nur eine relativ kleine Anzahl von Runlevels erlaubt und ihre Konfiguration ziemlich kompliziert ist, ermöglicht systemd die problemlose Definition diverser Ziele.

Unit-Dateien für Ziele haben keine speziellen Optionen, sondern dienen nur dazu, andere Units über Abhängigkeiten zusammenzufassen oder standardisierte Namen für Synchronisierungspunkte in Abhängigkeiten festzulegen (`local-fs.target` zum Beispiel kann verwendet werden, um Units, die die lokalen Dateisysteme benötigen, erst dann zu starten, wenn diese zur Verfügung stehen). Eine Übersicht der wichtigsten Ziele steht in Tabelle 9.1

Im Interesse der Rückwärtskompatibilität zu System-V-Init definiert systemd einige Ziele, die den klassischen Runlevels entsprechen, zum Beispiel `runlevel5.target` (= `graphical.target`).

Standard-Ziel

Sie können das Standard-Ziel festlegen, das systemd beim Start des Systems anstrebt, indem Sie ein symbolisches Link von `/etc/systemd/system/default.target` auf die Unit-Datei des gewünschten Ziels anlegen:

```
# cd /etc/systemd/system
# ln -sf /lib/systemd/system/multi-user.target ▷
◁ default.target
```

(Dies ist das moralische Äquivalent zur `initdefault`-Zeile in der Datei `/etc/inittab` bei System-V-Init.) Eine bequemere Methode ist das Kommando »`systemctl set-default`«, das diesen Vorgang automatisiert.

Ziel gezielt aktivieren

Um ein bestimmtes Ziel gezielt zu aktivieren (so wie Sie bei System-V-Init gezielt in einen bestimmten Runlevel wechseln können), verwenden Sie das Kommando »`systemctl isolate`«:

```
# systemctl isolate multi-user
```

(bei Bedarf wird »`.target`« an den Parameter angehängt). Dieses Kommando startet alle Units, von denen das Ziel abhängt, und hält alle anderen Units an.

Zum Anhalten des Systems und zum Wechseln in den Rescue-Modus (Anhänger des System-V-Init würden »Einbenutzermodus« dazu sagen) gibt es die Abkürzungen

```
# systemctl rescue
# systemctl halt
# systemctl poweroff                    Wie halt, aber mit Ausschalten
# systemctl reboot
```

Diese Kommandos entsprechen im Wesentlichen ihren Äquivalenten mit »`systemctl isolate`«, aber geben außerdem eine Warnung an allfällige Benutzer aus. Sie können (und sollten!) natürlich trotzdem das Kommando `shutdown` benutzen.

Zurück in die Standardbetriebsart kommen Sie mit

```
# systemctl default
```

9.6 Problembehandlung beim Systemstart

Der Systemstart ist ein komplexer Vorgang, bei dem einiges schiefgehen kann. Im Folgenden eine kleine Übersicht möglicher Probleme und die entsprechenden Lösungsansätze.

Der Bootlader ist defekt oder falsch konfiguriert Starten Sie das System von der Bootdiskette oder -CD-ROM und installieren Sie den Bootloader korrekt (mit `grub-install`).

Der Kernel ist defekt oder falsch konfiguriert Gar kein Problem, wenn Sie ein »failsafe«-System mit einem als funktionierend bekannten (älteren) Kernel starten können. Ansonsten können Sie ein externes Rettungssystem starten und einen »guten« Kernel einspielen oder einen neuen Kernel produzieren.

Rettungssystem

Die Partitionstabelle ist fehlerhaft Starten Sie ein externes Rettungssystem und rekonstruieren Sie die Partitionstabelle mit `dd`, `sfdisk` oder `fdisk`.

Init-Skripte haben Fehler Sofern der Ein-Benutzer-Modus nicht betroffen ist, booten Sie das System in diesen und gehen Sie die Init-Skripte durch. Ansonsten hilft hier das direkte Booten in eine Shell mit dem Kernel-Parameter »`init=/bin/bash rw`«, bei dem der Init-Mechanismus komplett links liegen gelassen wird.

Booten in eine Shell

Festplatte oder Dateisystem sind fehlerhaft Schäden an Festplatten sind mit die schlimmsten Fehlertypen. Wenn Systemdateien oder gar das ganze Laufwerk beschädigt sind und nicht wiederhergestellt werden können, hilft oft nur eine Neuinstallation mit einer vorher erstellten Sicherheitskopie. Selbstverständlich sollte im Falle eines Festplattendefekts die entsprechende Platte ausgewechselt werden. Auch die Datenreste einer defekten Platte können noch mit `dd` gerettet werden.

Auf einem systemd-basierten System können Sie, wenn der Kernel erfolgreich startet und das Wurzeldateisystem einbinden konnte, auch die Hilfsmittel verwenden, die systemd zur Verfügung stellt. Dazu gehören einige nützliche Kernel-Parameter:

`emergency` startet eine Shell zum frühestmöglichen Zeitpunkt, noch bevor die meisten Dateisysteme eingebunden wurden. Dort landen Sie auch, wenn ein wichtiges Dateisystem nicht eingehängt werden konnte.

`rescue` startet (wie oben angedeutet) eine Shell, nachdem das Wurzeldateisystem schreibbar eingehängt wurde. Dies entspricht ungefähr dem »Einbenutzermodus« von System-V-Init.

`systemd.debug-shell` startet parallel zum Bootvorgang eine Shell auf `/dev/tty9` (Sie erreichen diese normalerweise über [Alt]+[F9]). Wenn der Rechner läuft, können Sie das auch mit dem Kommando

```
# systemctl enable debug-shell.service
```

für den nächsten Startvorgang »vorbestellen«. Beachten Sie, dass diese Shell keine Kennwortabfrage durchführt und darum für alle zugänglich ist, die direkten Zugang zur Konsole des Rechners haben. Sie sollten diesen Dienst also nur aktivieren, wenn Sie ihn wirklich brauchen.

`systemd.log_target=console console=ttyS0,38400` sorgt dafür, dass die Protokollnachrichten von systemd auf einer »seriellen Konsole« erscheinen. Das kann ein tatsächliches an den Rechner angeschlossenes Terminal sein oder ein simuliertes Terminal in einer der heute üblichen Virtualisierungsumgebungen. Mit dem Kernel-Parameter `systemd.log_level=debug` können Sie die Ausgabe von systemd noch ausführlicher machen.

⇨ Bootlader (Abschnitt 9.2)
⇨ Partitionen (Abschnitt 8.3.2)
⇨ Dateisystemintegrität und `fsck` (Abschnitt 8.4.1)
⇨ Systemd: `https://freedesktop.org/wiki/Software/systemd/Debugging/`

Kapitel 10 Software- und Paketverwaltung

In diesem Kapitel ...

- lernen Sie mit Programmbibliotheken umzugehen
- lernen Sie die Debian-Paketverwaltungswerkzeuge `dpkg`, `aptitude` & Co. kennen
- erfahren Sie einiges über Paketverwaltung mit RPM und YUM

10.1 Programmbibliotheken

10.1.1 Wofür Bibliotheken?

Ein wichtiger Grundsatz beim Programmieren ist, das Rad nicht dauernd neu zu erfinden. Die meisten Programme haben eine Menge Code gemeinsam – von grundlegenden Funktionen wie dem Umgang mit Dateien und Zeichenketten bis zu Speziellerem wie der Verwaltung von Datums- und Zeitangaben. Es ist weder sinnvoll, diesen Code immer wieder neu zu schreiben, noch ist es vernünftig, ihn fest in jedes Programm zu integrieren. Ersteres, weil es ein Haufen Arbeit ist und dieselben Fehler sonst wieder und wieder korrigiert werden müßten; letzteres, weil es einen Haufen Platz auf der Platte kostet und extrem unbequem ist, *wenn* tatsächlich mal ein Fehler korrigiert wurde.

Programmbibliotheken

Die Antwort auf den ersten Einwand – der Code soll nicht immer wieder neu geschrieben werden müssen – sind Programmbibliotheken. Sie dienen dazu, oft gebrauchte Funktionalität zu sammeln, mit einer möglichst standardisierten und gut dokumentierten Schnittstelle zu versehen und anderen Programmen zur Verfügung zu stellen. Zentral für die Funktion eines Linux-Systems ist zum Beispiel die `libc`, die alle möglichen lebensnotwendigen Funktionen für Programme bündelt, die in der Programmiersprache C geschrieben sind (und das sind unmittelbar oder mittelbar die meisten Programme auf einem Linux-System). Außer der `libc` gibt es auf einem typischen Linux-System einige hundert bis tausend andere Bibliotheken, die von mathematischen Funktionen über den Umgang mit verschiedenen Datenformaten bis hin zur Realisierung grafischer Oberflächen alle möglichen Anforderungen abdecken.

Wichtig sind Bibliotheken zunächst beim Programmieren: Der Sprachübersetzer (engl. *compiler*) erzeugt aus einem zum Beispiel in der Programmiersprache C geschriebenen Programm »Objektcode«, also Befehle, die der Prozessor ausführen kann. Der

Linker

»Linker« kombiniert diesen Objektcode dann mit dem Objektcode der vom Programm benötigten Bibliotheken zu einem »Maschinenprogramm«, das Sie danach aufrufen können. In diesem Fall sind Programm und Bibliotheken fest miteinander verbunden.

Vorteile von Bibliotheken

Die Bibliotheken ersparen Ihnen dabei die lästige Wiederholung von Code, der für mehrere Programme interessant ist. Wenn jedoch ein Problem in einer Bibliothek gefunden wird, müssen Sie *alle* Programme neu »linken«, die die betreffende Bibliothek verwenden.

Dynamische Bibliotheken

An dieser Stelle treten dynamische Bibliotheken auf den Plan. Die Grundidee dahinter ist, das eigentliche Programm und die Bibliotheken nicht beim Linken dauerhaft miteinander zu verbinden, sondern erst wenn das Programm tatsächlich gestartet wird. Programm und Bibliotheken bleiben also voneinander unabhängig. Dies hat die folgenden Vorteile:

- Solange die Schnittstelle der Bibliothek gleich bleibt (also die »Signaturen« der beteiligten Funktionen – die Anzahl und Typen der Aufrufparameter und Ergebniswerte – sich nicht ändern), kann die Bibliothek leicht ersetzt werden, ohne dass man die Programme neu linken muss, die sie benutzen. Wenn ein Programm gestartet wird, holt es sich automatisch die neue Version der Bibliothek.
- Wenn *n* Programme die Bibliothek benutzen, braucht sie nicht *n*-mal Platz auf der Platte (als Bestandteil jedes dieser Programme). Eine Datei reicht.
- Tatsächlich reicht es in der Regel sogar aus, die Bibliothek nur einmal im *Speicher* zu haben. Alle Prozesse können sich eine Kopie teilen. Noch eine Ersparnis! Deswegen spricht man übrigens auch von *shared libraries* – gemeinsam benutzbaren Bibliotheken.

shared libraries

Nachteile

Bezahlen tun Sie dafür übrigens mit Zeit: Einerseits dauert es einen Tick länger, ein Programm zu starten, das dynamische Bibliotheken benutzt, da die Verbindung zwischen dem eigentlichen Programm und den Bibliotheken beim Start stattfindet statt bei der Übersetzung zu einem Maschinenprogramm. Zum anderen kann es – je nach Prozessor und Programmiermodell – sein, dass dynamische Bibliotheken mit einem Laufzeitverlust gegenüber »statischen«, also fest mit dem Programm verbundenen Bibliotheken verbunden sind. Dieser bewegt sich jedoch normalerweise höchstens im kleinen einstelligen Prozentbereich und wird durch die oben genannten Vorteile mehr als aufgewogen.

Ehrenrettung von statisch gelinkten Programmen

Zur Ehrenrettung von statisch gelinkten Programmen sollten wir aber erwähnen, dass sie auch ihren Platz haben. Zum einen funktionieren sie ziemlich verläßlich auch dann, wenn das System ziemlich am Boden liegt – sollte es Ihnen also gelingen, irgendwie die dynamische `libc` zu schrotten, dann werden Sie sich freuen, auch noch eine statisch gelinkte Version der `busybox` oder `sash` auf Ihrem System zu haben, denn für Reparaturarbeiten sind die `bash` und ihre Freunde wie `cp` und `tar` dann nicht mehr zu gebrauchen. (Die Alternative wäre natürlich Booten des Rettungssystems, aber das ist für Warmduscher.) Ferner sind statisch gelinkte Programme zwar groß und unbequem, aber man weiß, was man hat[1].

file

Ob ein Programm dynamisch mit Bibliotheken verlinkt ist, verrät Ihnen das Programm `file`, beispielsweise

```
$ file /bin/cat
/bin/cat: ELF 32-bit LSB executable, Intel 80386, version ▷
◁ 1 (SYSV), dynamically linked (uses shared libs),▷
◁ for GNU/Linux 2.6.18, stripped
```

ldd

Und wollen Sie genau wissen, welche Bibliotheken von einem Programm (oder einer Bibliothek) benötigt werden, so hilft Ihnen `ldd` weiter, das die dynamisch geladenen Bibliotheken auflistet:

```
$ ldd /bin/cat
        linux-gate.so.1 =>  (0x7f7000)
        libc.so.6 => /lib/i686/cmov/libc.so.6 (0xb7df2000)
        /lib/ld-linux.so.2 (0xb7f71000)
```

- ⇨ `file(1)`, `/usr/share/misc/file/magic`
- ⇨ `ldd(1)`
- ⇨ `http://www.trilithium.com/johan/2005/08/linux-gate/` erklärt den merkwürdigen `linux-gate.so.1`-Eintrag in der `ldd`-Ausgabe.

Dateinamen dynamischer Bibliotheken

Im »wirklichen Leben« kann der Dateiname einer dynamischen Bibliothek ungefähr so aussehen:

```
$ ls -l /usr/lib/libcurl.*
lrwxrwxrwx root root     16 Jan 22 01:23 /usr/lib/libcurl▷
◁.so.4 -> libcurl.so.4.1.0
-rw-r--r-- root root 271364 Dec 27 14:33 /usr/lib/libcurl▷
◁.so.4.1.0
```

[1] Entschuldigung an den Persil-Mann.

Der symbolische Link dient dazu, die Verbindung zwischen konkreten Programmen und der Bibliothek herzustellen. Ein Programm fordert nämlich immer eine bestimmte Version einer Bibliothek an – in unserem Beispiel etwa `libcurl.so.4`. Es hängt vom System ab, ob dies auf `/usr/lib/libcurl.so.4.1.0` oder `/usr/lib/libcurl.so.4.2.1` hinausläuft, je nachdem, was installiert ist. (Die zugrundeliegende Annahme ist, dass alle Dateien, die sich als `libcurl.so.4` ausgeben, dieselbe Schnittstelle implementieren.)

➪ Siehe Abschnitt 10.1.4 über Versionen dynamischer Bibliotheken.

10.1.2 Suche nach Bibliotheken

Zum Startzeitpunkt eines Programms muss der dynamische Linker, `ld-linux.so`, die nötigen dynamischen Bibliotheken nachladen. Im Programm steht aber nur der Name der Bibliothek, nicht der Name der Datei, in der sie steht. Um zu vermeiden, dass der dynamische Linker das komplette Dateisystem (oder auch nur die Verzeichnisse `/lib` und `/usr/lib`) absuchen muss, steht in der Datei `/etc/ld.so.cache` ein »Index« aller bekannten dynamischen Bibliotheken. Der dynamische Linker findet nur diejenigen Bibliotheken, die in diesem Index verzeichnet sind.

`/etc/ld.so.cache`

Erzeugt wird der Index mit dem Programm `ldconfig`, das alle in `/etc/ld.so.conf` aufgeführten Verzeichnisse sowie die Standardverzeichnisse `/lib` und `/usr/lib` nach Bibliotheken durchsucht. Alle gefundenen Bibliotheken werden in den Index übernommen. Außerdem kümmert sich `ldconfig` darum, die Hauptversionsnummer-Links für Bibliotheksdateien anzulegen.

`ldconfig`
`/etc/ld.so.conf`

Den aktuellen Zustand des Index können Sie sich durch

Index-Inhalt

```
# ldconfig -p
909 libs found in cache '/etc/ld.so.cache'
        libzvt.so.2 (libc6) => /opt/gnome/lib/libzvt.so.2
        libz.so.1 (libc6) => /lib/libz.so.1
        libz.so (libc6) => /usr/lib/libz.so
⊲⊲⊲⊲⊲
```

anzeigen lassen. Dadurch wird kein neuer Index erzeugt, sondern nur der Inhalt von `ld.so.cache` in lesbarer Form ausgegeben. Findet sich eine Bibliothek nicht in der Liste, so kann sie vom Linker auch nicht gefunden werden. Sie müssen daher das Verzeichnis, in dem sich diese Bibliothek befindet, in `ld.so.conf` eintragen und danach `ldconfig` aufrufen.

➪ `ldconfig`(8), `ld.so`(8)

10.1.3 Individuelle Anpassungen

Haben Sie keine Administratorrechte, um `ldconfig` aufzurufen, oder wollen Sie eine Bibliothek nur kurzfristig benutzen, so können Sie statt eines dauerhaften Eintrags im Index die Umgebungsvariable `LD_LIBRARY_PATH` setzen. Beispielsweise:

```
$ export LD_LIBRARY_PATH=$HOME/lib
```

Sie funktioniert genau wie `PATH`: Sie enthält Verzeichnisse (durch Doppelpunkt getrennt), in denen *zusätzlich* nach Bibliotheken gesucht werden soll. Da die Verzeichnisse aus `LD_LIBRARY_PATH` nur als Ergänzung zur Hashtabelle benutzt werden, ist diese Variable normalerweise nicht gesetzt (anders als `PATH`). Und bei Set-UID- und Set-GID-Programmen funktioniert `LD_LIBRARY_PATH` natürlich nicht (warum wohl?).

➪ `ld.so`(8), `ldd`(1)
➪ Set-UID- und Set-GID-Programme: Abschnitt 3.4.4

10.1.4 Bibliotheksversionen

In der Regel werden Bibliotheken mit der Zeit erweitert und verbessert. Dieser unaufhaltsame Prozess findet Ausdruck in der

Versionsnummer

Versionsnummer einer Bibliothek, die unter Linux durch Punkte untergliedert ist: Die erste »Stelle« der Versionsnummer gibt

Hauptversion

die Hauptversion an – sie wird erhöht, wenn Änderungen an der Bibliothek vorgenommen werden, die nicht »rückwärtskompatibel« sind, etwa wenn Funktionen entfernt oder ihre Parameter-

Unterversion

»Signatur« geändert wurden. Die zweite Stelle ist eine Unterversionsnummer, die etwa erhöht wird, wenn Erweiterungen an der Programmierschnittstelle gemacht werden, die das Bestehende

Patchlevel

unangetastet lassen. Die dritte Stelle ist ein Patchlevel, der bei allen Code-Änderungen erhöht werden sollte, auch wenn sich an der Schnittstelle nichts geändert hat (etwa bei Fehlerkorrekturen).

Programme verlangen immer eine bestimmte Hauptversion einer Bibliothek, etwa `libcurl.so.4`, die – wie weiter oben besprochen

– dann über den symbolischen Link auf eine konkrete Datei, zum Beispiel /usr/lib/libcurl.so.4.1.0, abgebildet wird.

Wollen Sie irgendwann in der Zukunft eine neue Version 5.4 dieser Bibliothek installieren, beispielsweise weil dort ein paar mehr oder weniger schwere Fehler entfernt worden sind, so müssen Sie nur durch

```
# ln -sf libncurses.so.5.4 libncurses.so.5
```

den symbolischen Link verbiegen. Da sich für die Programme, die diese Bibliothek benutzen, nichts geändert hat, müssen sie nicht neu übersetzt werden. Erst bei einer Schnittstellenänderung, also beim Sprung auf Version 6, müssen Sie Ihre Programme neu linken (und wahrscheinlich vorher den Quellcode anpassen).

Durch dieses Schema ist es ohne Weiteres möglich, ein Programm zu betreiben, das gegen eine andere (Haupt-)Version einer Bibliothek gelinkt ist als der Rest Ihres Systems. Der dynamische Linker macht die Arbeit, notfalls mit etwas Stupsen per LD_LIBRARY_PATH.

➪ Symbolische Links: Abschnitt 3.3.6

10.2 Paketverwaltung mit Debian-Werkzeugen

> Bis Ende 2005 wurden in der LPIC-1-Zertifizierung wahlweise Kenntnisse der Debian- oder der RPM-basierten Paketverwaltung verlangt. Seitdem müssen Sie aber beide Geschmacksrichtungen beherrschen – auch wenn sich das Gerücht, man dürfte aussuchen, hartnäckig zu halten scheint.

10.2.1 Einleitung

Die Softwarepakete von Debian GNU/Linux und den davon abstammenden Distributionen wie Ubuntu, Knoppix, Xandros oder Sidux werden mit dem Werkzeug dpkg verwaltet. Es dient zur Installation von Softwarepaketen, zur Verwaltung von Abhängigkeiten, zur Katalogisierung der installierten Software, zum kontrollierten *Upgrade* von Softwarepaketen und zur Deinstallation nicht mehr benötigter Pakete. Die komfortable Auswahl von Softwarepaketen erlauben Programme wie aptitude, die als Oberfläche für

dpkg

dpkg fungieren. Für die Konfiguration von Paketen bei der Installation sorgt die debconf-Infrastruktur.

10.2.2 Das Fundament: dpkg

Pakete
Paketnamen

In der Debian-Infrastruktur ist die Software auf dem System in Pakete eingeteilt. Pakete haben Namen, die auf die enthaltene Software und deren Versionsstand hinweisen. Die Datei

```
hello_2.10-1_amd64.deb
```

zum Beispiel enthält das Programm `hello` in der Version 2.10, dabei handelt es sich um die 1. Auflage dieses Pakets in der Distribution (bei einem künftigen Paket für die Version 2.11 würde wieder bei 1 begonnen). Pakete wie `apt`, die speziell für Debian entwickelt wurden, haben keine »Auflagennummer«. Das `amd64` zeigt an, dass das Paket architekturspezifische Teile für 64-Bit-Intel-Prozessoren (und Kompatible) enthält – Pakete, in denen nur Dokumentation oder architekturunabhängige Skripte stehen, verwenden stattdessen `all`.

⇨ Debian-Policy (`http://www.de.debian.org/doc/debian-policy/`), Abschnitte 5.6.6 und 5.6.11

Paketstruktur

Ein Debian-Paket ist »unter der Motorhaube« ein mit dem Archivprogramm `ar` erstelltes Archiv, das üblicherweise drei Bestandteile enthält:

```
$ ar t hello_2.10-1_amd64.deb
debian-binary
control.tar.gz
data.tar.xz
```

Installationsvorgang

Die Datei `debian-binary` enthält die Versionsnummer des Paketformats (aktuell `2.0`). In `control.tar.gz` befinden sich Debian-spezifische Skripte und Steuerdateien, und `data.tar.xz` enthält die eigentlichen Paketdaten[2]. Bei der Installation wird zunächst `control.tar.gz` entpackt, damit ein eventuell vorhandenes `preinst`-Skript vor dem Auspacken der eigentlichen Paketdaten ausgeführt werden kann. Anschließend wird `data.tar.xz` entpackt und bei Bedarf das Paket konfiguriert, indem das `postinst`-Skript aus `control.tar.gz` ausgeführt wird. Das Kommando

[2] Debian unterstützt verschiedene Kompressionsprogramme, nicht nur xz.

```
# dpkg --install hello_2.10-1_amd64.deb
```

führt alle diese Schritte aus, wobei `--install` auch zu `-i` abgekürzt werden kann. Mit `--unpack` und `--configure` (`-a`) können der Entpack- und der Konfigurationsvorgang auch separat ausgeführt werden.

⇨ dpkg(8), deb(5), deb-control(5)
⇨ http://www.debian.org/doc/debian-policy/ch-maintainerscripts.html

Upgrade

Wenn mit »`dpkg --install`« ein Paket installiert wird, das bereits in einer älteren Version vorliegt, wird die ältere Version deinstalliert, bevor die neue konfiguriert wird. Wenn bei der Installation ein Fehler auftritt, kann die alte Paketversion in vielen Fällen wiederhergestellt werden.

Probleme beim Installieren

Es gibt verschiedene Gründe, die eine erfolgreiche Paketinstallation verhindern können, zum Beispiel:

- Das Paket benötigt ein oder mehrere andere Pakete, die nicht schon installiert sind oder im selben Installationsvorgang mitinstalliert werden sollen. Die entsprechende Prüfung kann mit der Option `--force-depends` außer Kraft gesetzt werden – allerdings kann das System dann übel durcheinandergeraten.
- Eine frühere Version des Pakets ist vorhanden und auf `hold` gesetzt (etwa mit `dselect`). Damit können keine neueren Versionen dieses Pakets installiert werden.
- Das Paket versucht eine Datei zu entpacken, die bereits im System vorliegt und einem Paket anderen Namens gehört, es sei denn, das aktuelle Paket ist explizit als das andere Paket »überlagernd« gekennzeichnet oder die Option `--force-overwrite` wurde angegeben.

Ausschluss

Manche Pakete schließen einander aus (siehe die Möglichkeiten für Paketabhängigkeiten auf Seite 263). Zum Beispiel kann immer nur ein Mailtransportprogramm installiert sein; wenn Sie also beispielsweise Postfix installieren wollen, muss Exim (das Debian-Standardprogramm) gleichzeitig entfernt werden. `dpkg` kümmert sich darum, wenn bestimmte Bedingungen erfüllt sind.

Virtuelle Pakete

Es gibt auch das Konzept »virtueller« Pakete. Ein virtuelles Paket beschreibt Funktionalität, die prinzipiell von irgendeinem aus einer bestimmten Gruppe von Paketen erbracht werden kann. Das virtuelle Paket mail-transport-agent wird zum Beispiel von Paketen wie postfix oder exim zur Verfügung gestellt. Andere Programme können von mail-transport-agent abhängen anstatt direkt von postfix oder exim, und das macht es möglich, das eine Paket durch das andere auszutauschen, ohne dass es zu Fehlermeldungen kommt, da zu jeder Zeit ein Paket installiert ist, das die gewünschte Funktionalität erbringt.

Pakete löschen Mit dem Kommando

```
# dpkg --remove hello
```

(kurz »dpkg -r«) wird ein Paket entfernt, aber die Konfigurationsdateien (alle Dateien, die in conffiles in control.tar.gz aufgezählt sind) bleiben erhalten. Dies vereinfacht eine spätere Wiederinstallation des Pakets. Das Kommando

```
# dpkg --purge hello
```

(oder »dpkg -P«) entfernt das Paket und dessen Konfiguration.

Probleme beim Entfernen Auch das Entfernen eines Pakets muss nicht funktionieren. Mögliche Hinderungsgründe sind:

- Das Paket wird von einem oder mehreren anderen Paketen benötigt, die nicht gleichzeitig mit entfernt werden.
- Das Paket ist als *essential* (unverzichtbar für die Systemfunktionalität) gekennzeichnet. Die Shell zum Beispiel kann nicht ohne Weiteres entfernt werden, da sonst diverse wichtige Skripte nicht mehr ausgeführt werden können.

Auch hier lassen die Prüfungen sich über geeignete --force-...-Optionen außer Kraft setzen (auf eigene Gefahr).

➪ dpkg(8)
➪ http://www.debian.org/doc/debian-policy/ch-relationships.html

dpkg.cfg Optionen für dpkg können Sie auf der Kommandozeile angeben oder in der Datei /etc/dpkg/dpkg.cfg hinterlegen. In dieser Datei müssen die Minuszeichen am Anfang der Optionsnamen weggelassen werden. – Für die LPI-101-Prüfung sollten Sie übrigens unbedingt auch die *langen* Optionsnamen lernen!

➪ dpkg(8), dpkg.cfg(5)

Quellcode

Im Umgang mit Quellcode ist es ein Grundprinzip des Projekts, sauber zwischen dem originalen Quellcode und den Debian-spezifischen Änderungen zu trennen. Entsprechend werden alle Änderungen in einem Archiv untergebracht, das nur die Unterschiede zwischen der Urversion und der Debian-Version der Software enthält[3]. Dazu gehören neben den Debian-eigenen Steuerdateien auch mehr oder weniger umfangreiche Reparaturen oder Anpassungen an der Software selbst. Ferner gibt es zu jeder Paketversion eine Quellcode-Steuerdatei (Endung `.dsc`), die Prüfsummen des Originalarchivs und der Änderungsdatei enthält und die von dem für das Paket verantwortlichen Debian-Entwickler digital signiert wird:

Debian-Patches

Quellcode-Steuerdatei

```
$ ls hello*
hello_2.10-1.debian.tar.xz
hello_2.10-1.dsc
hello_2.10.orig.tar.gz
```

Hier sehen Sie auch, dass das originale Quellcodearchiv sich für die ganze Version 2.10 des Programms nicht ändert (es hat keine Debian-Auflagennummer). Jede neue Version des Debian-Pakets für die Version 2.10 von `hello` hat allerdings eine neue `.dsc`- und eine neue `.debian.tar.xz`-Datei. Letztere enthält alle Änderungen relativ zum Originalarchiv (nicht etwa zu einer vorigen Version des Debian-Pakets).

dpkg-source

Das Kommando `dpkg-source` dient dazu, aus dem Originalarchiv (vom Debian-Server) und den Debian-spezifischen Änderungen den Quellcode des Pakets so zu rekonstruieren, dass Sie Ihre eigene Fassung des Debian-Pakets übersetzen können. Dazu rufen Sie es mit dem Namen der Quellcode-Steuerdatei des Pakets auf:

```
$ dpkg-source -x hello_2.10-1.dsc
```

Das Originalarchiv und das Archiv mit den Unterschieden müssen dabei im selben Verzeichnis wie die Quellcode-Steuerdatei stehen; `dpkg-source` legt dort auch den ausgepackten Quellcode ab.

➪ `dpkg-source(1)`
➪ `http://www.debian.org/doc/debian-policy/ap-pkg-sourcepkg.html`

[3]Prinzipiell kann man auch alle Unterschiede mit `diff` in eine einzige Datei schreiben und diese als (hier) `hallo_2.10-1.diff.gz` ablegen. Das ist bei Debian aber nicht mehr der »Stand der Kunst«.

Debian-Pakete erstellen

dpkg-source dient auch zum Erzeugen von Quellcodearchiven und Debian-Änderungsdateien im Rahmen der Erstellung von Debian-Paketen. Dieses Thema ist jedoch kein Bestandteil der LPIC-1-Zertifizierung.

10.2.3 Informationen über Pakete

Paketliste

Eine Liste von installierten Paketen erhalten Sie mit »dpkg --list« (kurz -l):

```
$ dpkg --list
Gewünscht=Unbekannt/Installieren/R=Entfernen/P=Vollständig L
| Status=Nicht/Installiert/Config/U=Entpackt/halb konFigurie
         Halb installiert/Trigger erWartet/Trigger anhängig
|/ Fehler?=(kein)/R=Neuinstallation notwendig (Status, Fehle
||/ Name       Version      Architektur  Beschreibung
+++-=========-============-============-====================
ii  a2ps       1:4.14-1.3   amd64        GNU a2ps - 'Anything
ii  abcde      2.7.1-1      all          A Better CD Encoder
ii  abcm2ps    7.8.9-1      amd64        Translates ABC music
ii  abcmidi    20160103-1   amd64        converter from ABC t
```

(Aus Platzgründen rechts abgeschnitten.) Die Liste kann über ein Shell-Suchmuster eingeschränkt werden:

```
$ dpkg -l "python-*"
Gewünscht=Unbekannt/Installieren/R=Entfernen/P=Vollständig L
| Status=Nicht/Installiert/Config/U=Entpackt/halb konFigurie
         Halb installiert/Trigger erWartet/Trigger anhängig
|/ Fehler?=(kein)/R=Neuinstallation notwendig (Status, Fehle
||/ Name              Version  Architektur  Beschreibung
+++-==============-========-============-===================
un  python-4suite  <keine>  <keine>      (keine Beschreibung
pn  python-aafigur <keine>  <keine>      (keine Beschreibung
un  python-acousti <keine>  <keine>      (keine Beschreibung
ii  python-alabast 0.7.6-1  all          Configurable sideba
```

Die Pakete mit Version »<keine>« sind zwar Bestandteil der Distribution, aber auf dem vorliegenden System nicht installiert (Zustand un) oder entfernt worden (Zustand pn). Von mit rc markierten Paketen liegen nur noch Konfigurationsdateien vor.

Paketstatus

Den Status eines einzelnen Pakets liefert die Option `--status` (`-s`):

```
$ dpkg --status hello
Package: hello
Status: install ok installed
Priority: optional
Section: devel
Installed-Size: 532
Maintainer: Santiago Vila <sanvila@debian.org>
Architecture: amd64
Version: 2.10-1
Replaces: hello-debhelper (<< 2.9), hello-traditional
Depends: libc6 (>= 2.14)
Breaks: hello-debhelper (<< 2.9)
Conflicts: hello-traditional
Description: example package based on GNU hello
 The GNU hello program produces a familiar, friendly
 greeting. It allows non-programmers to use a classic
 computer science tool which would otherwise be
 unavailable to them.
◁◁◁◁◁
Homepage: http://www.gnu.org/software/hello/
```

In der Ausgabe finden sich neben dem Paketnamen (`Package:`) Angaben über den Status und die Priorität des Pakets (von `required` über `important`, `standard` und `optional` bis `extra`) und den ungefähren Themenbereich (`Section:`). Der `Maintainer:` ist die Person, die sich im Debian-Projekt um das Paket kümmert.

Paketabhängigkeiten

Wichtig sind die Angaben über Paketabhängigkeiten, darunter:

`Depends` Die angegebenen Pakete müssen konfiguriert sein, damit das Paket konfiguriert werden kann. Eventuell können (wie im obigen Beispiel) sogar bestimmte Paketversionen nötig sein.

`Pre-Depends` Die angegebenen Pakete müssen fertig installiert sein, bevor überhaupt mit der Installation des Pakets begonnen werden kann. Diese Form von Abhängigkeit wird verwendet, wenn zum Beispiel die Installationsskripte des Pakets zwingend Software aus dem anderen Paket benötigen.

`Recommends` Eine nicht absolute, aber sehr nahe liegende Abhängigkeit. Die erwähnten Pakete würde man fast immer gemeinsam mit dem Paket installieren und nur in sehr ungewöhnlichen Umständen darauf verzichten.

Suggests Die genannten Pakete sind im Zusammenhang mit dem aktuellen Paket nützlich, aber nicht erforderlich.

Enhances Wie `Suggests`, aber andersherum – dieses Paket ist nützlich für das oder die genannten Pakete.

Conflicts Das Paket kann nicht gleichzeitig mit den genannten Paketen installiert sein.

➪ `http://www.debian.org/doc/debian-policy/ch-relationships.html`

Liste der Dateien Die Option `--listfiles` (`-L`) liefert eine Liste der Dateien im Paket:

```
$ dpkg --listfiles hello
/.
/usr
/usr/share
/usr/share/locale
/usr/share/locale/uk
/usr/share/locale/uk/LC_MESSAGES
/usr/share/locale/uk/LC_MESSAGES/hello.mo
/usr/share/locale/nb
⋘⋘
/usr/share/doc/hello/NEWS.gz
/usr/share/doc/hello/copyright
/usr/bin
/usr/bin/hello
```

Paketsuche Schließlich können Sie mit der Option `--search` (kurz `-S`) herausfinden, zu welchem Paket (wenn überhaupt) eine Datei gehört. Suchmuster sind dabei erlaubt:

```
$ dpkg -S bin/m*fs
dosfstools: /sbin/mkdosfs
cramfsprogs: /usr/sbin/mkcramfs
util-linux: /sbin/mkfs.cramfs
smbfs: /sbin/mount.smbfs
⋘⋘
```

Die Suche kann allerdings einige Zeit dauern.

➪ `http://www.debian.org/distrib/packages#search_contents` erlaubt das Suchen in lokal nicht installierten Paketen.

10.2.4 Verifikation von Paketen

Integrität eines installierten Pakets

Die Integrität eines installierten Pakets können Sie mit dem Kommando debsums (aus dem gleichnamigen Paket) überprüfen:

```
$ debsums hello
/usr/bin/hello                              OK
/usr/share/doc/hello/NEWS.gz                OK
/usr/share/doc/hello/changelog.Debian.gz    OK
/usr/share/doc/hello/changelog.gz           OK
/usr/share/doc/hello/copyright              OK
/usr/share/info/hello.info.gz               OK
/usr/share/locale/bg/LC_MESSAGES/hello.mo   OK
/usr/share/locale/ca/LC_MESSAGES/hello.mo   OK
⋘⋘
```

Dabei werden die MD5-Prüfsummen der einzelnen Dateien mit dem Inhalt der entsprechenden Datei in /var/lib/dpkg/info (hier hello.md5sums) verglichen. Stimmt die Prüfsumme der tatsächlichen Datei nicht mit dem Vorgabewert überein, erscheint statt OK die Meldung FAILED.

Schutz vor Eindringlingen

Damit können »versehentliche« Änderungen der Dateien eines Pakets aufgedeckt werden, aber einen Schutz vor Eindringlingen, die mutwillig Dateien ändern, bietet der Mechanismus nicht. Schließlich kann ein Cracker auch in der .md5sums-Datei des Pakets die korrekte Prüfsumme eintragen. Ebenso wenig hilft die Methode gegen »trojanische« Pakete, die hinter einer unverfänglichen Fassade bösartigen Code verstecken. Auf das Thema »Integrität von Paketen« kommen wir in Abschnitt 10.2.7 zurück.

10.2.5 Paketverwaltung der nächsten Generation

dpkg ist ein leistungsfähiges Werkzeug, aber in seinen Möglichkeiten doch etwas eingeschränkt. Ärgerlich ist zum Beispiel der Umstand, dass es verletzte Abhängigkeiten zwischen Paketen zwar bemerkt, aber anschließend nur das Handtuch wirft, anstatt konstruktiv zur Behebung des Problems beizutragen. Ferner wünscht man sich die Möglichkeit, über das Installieren lokal vorliegender Pakete hinaus komfortabel zum Beispiel auf FTP- oder Webserver zugreifen zu können, die Pakete anbieten.

APT

Schon relativ früh in der Geschichte des Debian-Projekts (nach heutigen Maßstäben) begann die Gemeinde daher mit der Entwicklung von APT, dem *advanced packaging tool*. Dieses Projekt ist in seiner Bedeutung wie auch ultimaten Zwecklosigkeit vergleichbar mit der Queste der Ritter der Tafelrunde nach dem Heiligen Gral, aber wie die Gralssuche führte auch die APT-Entwicklung zu zahlreichen edlen Taten am Rande. Zwar wurden wenige Drachen erlegt und Burgfräulein befreit, aber es entstanden sehr wichtige und leistungsfähige »Teillösungen« des Problems, deren Komfort und Leistungsumfang ihresgleichen suchen (einige eigentlich RPM-basierte Distributionen sind deswegen dazu übergegangen, diese für ihre Zwecke zu ad-»apt«-ieren).

apt-get

Das erste dieser Werkzeuge ist `apt-get`, das eine Art intelligenten Überbau für `dpkg` darstellt. Zu den wichtigsten Eigenschaften von `apt-get` gehören die folgenden:

Menge von Installationsquellen

- `apt-get` kann eine Menge von Installationsquellen gleichzeitig verwalten. Beispielsweise ist es möglich, eine »stabile« Debian-Distribution auf CD parallel zu einem HTTP-basierten Server mit Sicherheits-Updates zu verwenden. Pakete werden normalerweise von CD installiert; nur wenn der HTTP-Server eine aktuellere Version des Pakets anbietet, wird das Paket über das Netz geholt. Bestimmte Pakete können aus bestimmten Quellen angefordert werden, zum Beispiel können Sie weitestgehend eine stabile Debian-Distribution benutzen, aber ein paar Pakete der neueren *unstable*-Distribution entnehmen.

Alles automatisch aktualisieren

- Die ganze Distribution kann automatisch aktualisiert werden (mit »`apt-get dist-upgrade`«), auch wenn Pakete umbenannt oder gelöscht wurden.

Vielzahl von Hilfsprogrammen

- Eine Vielzahl von Hilfsprogrammen erlaubt es etwa, cachende Proxy-Server für Debian-Pakete aufzubauen (`apt-proxy`), Pakete auf Rechnern zu installieren, die nicht direkt im Internet sind (`apt-zip`), oder vor der Installation eines Pakets eine Liste der für das Paket gemeldeten Fehler anzuzeigen (`apt-listbugs`). Mit `apt-build` können Sie Pakete speziell für Ihre Systeme optimiert übersetzen und eine lokale Paketquelle mit solchen Paketen zusammenstellen.

Paketquellen

Paketquellen für `apt-get` stehen in `/etc/apt/sources.list`:

```
deb http://ftp.de.debian.org/debian/ stable main
deb http://security.debian.org/ stable/updates main
deb-src http://ftp.de.debian.org/debian/stable main
```

Binärpakete werden von `http://ftp.de.debian.org/` geholt, genau wie der dazugehörige Quellcode. Außerdem wird der Server `security.debian.org` mit eingebunden, wo das Debian-Projekt aktualisierte Paketversionen zur Verfügung stellt, in denen Sicherheitsprobleme repariert sind.

⇨ apt-get(8), sources.list(5)
⇨ APT-HOWTO: `http://www.debian.org/doc/manuals/apt-howto/`

Arbeitsweise

Die allgemeine Arbeitsweise mit `apt-get` ist wie folgt: Zunächst aktualisieren Sie die lokalen Informationen über verfügbare Pakete:

```
# apt-get update
```

Hiermit werden sämtliche Paketquellen konsultiert und die Resultate in eine gemeinsame Paketliste aufgenommen. Pakete installieren Sie mit »`apt-get install`«:

```
# apt-get install hello
Paketlisten werden gelesen... Fertig
Abhängigkeitsbaum wird aufgebaut.
Statusinformationen werden eingelesen.... Fertig
Die folgenden NEUEN Pakete werden installiert:
  hello
0 aktualisiert, 1 neu installiert, 0 zu entfernen und ▷
◁
8 nicht aktualisiert.
Es müssen noch 0 B von 55,7 kB an Archiven heruntergeladen ▷
◁ werden.
Nach dieser Operation werden 545 kB Plattenplatz▷
◁ zusätzlich benutzt.
```

Dabei werden alle in `Depends:`-Abhängigkeiten erwähnten Pakete ebenfalls installiert oder auf den erforderlichen Versionsstand aktualisiert, genau wie jegliche Pakete, von denen diese Pakete abhängen und so weiter.

Sie können auch mehrere Pakete gleichzeitig installieren:

```
# apt-get install hello abcde
```

Oder einige Pakete installieren und andere gleichzeitig deinstallieren: Das Kommando

```
# apt-get install hello- abcde a2ps+
```

würde das Paket `hello` entfernen und die Pakete `abcde` und `a2ps+` (mit ihren Abhängigkeiten) installieren (das »+« ist nicht erforderlich, aber erlaubt). Mit »`apt-get remove`« können Sie Pakete direkt entfernen.

Einfache Aktualisierung

Das Kommando »`apt-get upgrade`« installiert die neuesten verfügbaren Versionen aller im System vorhandenen Pakete. Dabei werden aber keine installierten Pakete entfernt und keine neuen Pakete installiert; Pakete, die sich ohne solche Aktionen nicht aktualisieren lassen (weil sich Abhängigkeiten geändert haben), bleiben auf ihrem älteren Stand.

»Intelligente« Aktualisierung

Mit dem Kommando »`apt-get dist-upgrade`« wird ein »intelligentes« Konfliktauflösungsschema aktiviert, das versucht, geänderte Abhängigkeiten durch das gezielte Entfernen und Installieren von Paketen zu erfüllen. Dabei werden gemäß der Priorität wichtigere Pakete gegenüber weniger wichtigen bevorzugt.

Quellcode

Den Quellcode zu einem Paket holen Sie sich mit dem Kommando »`apt-get source`«:

```
# apt-get source hello
```

Dies funktioniert auch, wenn das Binärpaket eines von mehreren ist, die aus demselben (anders heißenden) Quellcodepaket erstellt werden.

`apt-cache`

Ein nützliches Programm ist `apt-cache`, das die Paketliste von `apt-get` durchsucht:

```
$ apt-cache search hello
junior-system - Debian Jr. System tools
⊲⊲⊲⊲⊲
hello - example package based on GNU hello
⊲⊲⊲⊲⊲
gccintro - Introduction to GCC by Brian J. Gough
$ apt-cache show hello
Package: hello
Version: 2.10-1
```

```
Installed-Size: 532
Maintainer: Santiago Vila <sanvila@debian.org>
Architecture: amd64
⋘⋘
```

Die Ausgabe von »apt-cache show« entspricht im Wesentlichen der von »dpkg --status«, bis darauf, dass es für alle Pakete in einer Paketquelle funktioniert, egal ob sie lokal installiert sind, während dpkg sich nur mit lokal installierten Paketen befasst.

apt-cache hat auch noch ein paar andere interessante Subkommandos: depends zeigt alle Abhängigkeiten eines Pakets an sowie die Namen der Pakete, die diese Abhängigkeit erfüllen können:

```
$ apt-cache depends hello
hello
  Hängt ab von: libc6
  Kollidiert mit: hello-traditional
  Beschädigt: <hello-debhelper>
  Ersetzt: <hello-debhelper>
  Ersetzt: hello-traditional
```

rdepends liefert umgekehrt die Namen aller Pakete, die von dem genannten Paket abhängen:

```
$ apt-cache rdepends libxpm4
libxpm4
Reverse Depends:
  libxmp-dev
  xmp
⋘⋘
```

stats gibt einen Überblick über den Inhalt des Paket-Caches aus:

```
$ apt-cache stats
Gesamtzahl an Paketnamen: 69600 (1.392 k)
Gesamtzahl an Paketstrukturen: 106882 (4.703 k)
  davon gewöhnliche Pakete: 79043
  davon rein virtuelle Pakete: 1505
  davon einzelne virtuelle Pakete: 9480
  davon gemischte virtuelle Pakete: 2217
⋘⋘
```

⇨ apt-cache(1)

Die apt-Programme werden in der Datei `/etc/apt/apt.conf` konfiguriert. Hier können Sie Optionen für `apt-get`, `apt-cache` und andere Kommandos aus dem apt-Umfeld unterbringen.

⇨ apt.conf(5)

10.2.6 aptitude

Das Programm `aptitude` dient zur Paketauswahl und -verwaltung und ist bei Debian GNU/Linux an die Stelle des alten `dselect` getreten. Es stellt auf der Konsole, in einem Terminal(emulator) oder unter X11 eine interaktive Oberfläche mit Menüs, Dialogen und Ähnlichem zur Verfügung, aber bietet auch Kommandooptionen, die lose mit denen von `apt-get` kompatibel sind. Seit Debian 4.0 (vulgo »etch«) ist `aptitude` das empfohlene Programm für Paketinstallation und -aktualisierung.

Verbesserungen

Verglichen mit `apt-get` und `dselect` bietet `aptitude` diverse Verbesserungen an. Unter anderem:

- Es muss nicht notwendigerweise als `root` aufgerufen werden, sondern fragt selbstständig das `root`-Kennwort ab, bevor Aktionen durchgeführt werden, die Administratorrechte verlangen.
- Es kann sich merken, welche Pakete aufgrund von Abhängigkeiten installiert wurden, und diese automatisch entfernen, wenn alle Pakete, die von ihnen abhängen, entfernt worden sind. (Inzwischen hat `apt-get` das auch gelernt; siehe `apt-get`(8), Kommando `autoremove`.)
- Mit `aptitude` haben Sie interaktiven Zugriff auf alle Versionen eines Pakets, die in den verschiedenen Paketquellen zur Verfügung stehen, nicht nur die aktuelle.

Die Oberfläche von `aptitude` ist ziemlich selbsterklärend: Es zeigt einen »Hierarchiebaum« mit den Namen von Paketen und Paketgruppen, in dem Sie mit den Pfeiltasten navigieren und mit [↵] neue Hierarchieebenen »aufklappen« können. Mit [+] und [-] können Sie Pakete zur Installation oder zum Entfernen auswählen. [g] zeigt summarisch, was installiert oder entfernt wird, und ein zweites [g] startet den Prozess. Mit [u] holt `aptitude` sich aktuelle Informationen über die Paketquellen. [?] zeigt Hilfe an.

Lösungsstrategien

Treten bei der Paketauswahl Konflikte auf, so bietet `aptitude` Lösungsstrategien in Form von Vorschlägen für Paketinstallationen, -aktualisierungen oder -entfernungen an, unter denen Sie sich die passende aussuchen können.

10.2.7 Integrität von Debian-Paketen

Das Programm `debsums` dient dazu, die Integrität der Dateien in einem einzelnen Paket zu überprüfen (Abschnitt 10.2.4). Das ist nett, aber stellt nicht sicher, dass nicht ein Angreifer sowohl die Dateien im Paket als auch die `.md5sums`-Datei mit den Prüfsummen manipuliert hat. Die Frage ist also, wie das Debian-Projekt die Integrität kompletter Pakete (und darauf aufbauend die Integrität der Distribution) sicherstellt. Und das geht wie folgt:

Integrität kompletter Pakete

- Jedes Debian-Paket wird von einem Debian-Entwickler kryptografisch signiert. Das heißt, der Empfänger eines Pakets kann mit Hilfe des öffentlichen Schlüssels des Entwicklers verifizieren, dass er das Paket tatsächlich so erhalten hat, wie es von diesem freigegeben wurde.
- Die Debian-Infrastruktur akzeptiert nur Pakete zur Veröffentlichung, die von einem Debian-Entwickler signiert worden sind.
- Auf dem Debian-Server (und allen anderen Server, die Debian GNU/Linux von ihm übernehmen) steht für jede aktuelle Debian-Distribution eine Datei (oder mehrere) namens `Packages.gz`. Diese Datei enthält die MD5-Prüfsummen aller Pakete in der Distribution, so wie sie auf dem Server stehen; da der Server nur Pakete von akkreditierten Entwicklern annimmt, sind diese also authentisch.
- Zu jeder aktuellen Debian-Distribution auf dem Server gehört ferner eine Datei namens `Release`, die die MD5-Prüfsumme der beteiligten `Packages.gz`-Datei(en) enthält. Diese Datei wird kryptografisch signiert (die Signatur steht in einer Datei namens `Release.gpg`).

Mit dieser Kette von Prüfsummen und Signaturen kann die Integrität von Paketen in der Distribution überprüft werden:

- Ein neues Paket wird heruntergeladen und die MD5-Prüfsumme des heruntergeladenen Pakets bestimmt.

- Es wird geprüft, ob die Signatur der `Release`-Datei korrekt ist, und wenn ja, wird die MD5-Prüfsumme von `Packages.gz` aus dieser Datei gelesen.
- Anhand dieser Prüfsumme wird die Integrität der tatsächlich vorliegenden Datei `Packages.gz` verifiziert.
- Die MD5-Prüfsumme des Pakets, die in `Packages.gz` angegeben ist, muss mit der des tatsächlich heruntergeladenen Pakets übereinstimmen.

Stimmt die MD5-Prüfsumme des tatsächlich heruntergeladenen Pakets nicht mit dem »Sollwert« aus `Packages.gz` überein, dann wird der Administrator auf diesen Umstand aufmerksam gemacht und das Paket (zunächst) nicht installiert. – Es ist möglich, ein Debian-System so zu konfigurieren, dass es *nur* Pakete installiert, die sich auf diesem Weg überprüfen lassen. (Im Normalfall bleibt es bei Warnungen, die sich aber notfalls manuell übersteuern lassen.)

/etc/apt/trusted.gpg
apt-key

Die APT-Infrastruktur vertraut nur Paketquellen, für die ein öffentlicher GnuPG-Schlüssel in der Datei `/etc/apt/trusted.gpg` hinterlegt ist. Das Programm `apt-key` dient zur Wartung dieser Datei. Die aktuellen öffentlichen Schlüssel für die Debian-Paketquellen stehen im Paket `debian-archive-keyring` und können durch Aktualisierungen dieses Pakets erneuert werden. (Debian rotiert die Schlüssel im jährlichen Turnus).

➪ J. Fernández-Sanguino Peña, u. a., »Securing Debian Manual« (2007), `http://www.debian.org/doc/manuals/securing-debian-howto/` (Kapitel 7)
➪ GnuPG: Abschnitt 19.7

10.2.8 Die debconf-Infrastruktur

Bei der Installation von Softwarepaketen treten mitunter Fragen auf. Wenn Sie zum Beispiel ein Mailserverprogramm installieren, ist es zum Erzeugen einer passenden Konfigurationsdatei wichtig zu wissen, ob der betreffende Rechner direkt im Internet ist, in einem lokalen Netz mit einem designierten zentralen Mailserver steht oder über einen Wählzugang angebunden ist. Ebenso ist es nötig, zu wissen, welche Domain der Rechner für seine Nachrichten verwenden soll und so weiter.

Der debconf-Mechanismus ist dafür gedacht, die entsprechenden Informationen bei der Installation zu erheben und zur späteren Verwendung abzuspeichern. Er ist also im Wesentlichen eine Datenbank für systemweite Konfigurationseinstellungen, auf die zum Beispiel die Installationsskripte eines Pakets zugreifen können. Zur Manipulation der Datenbank unterstützt debconf modulare Bedienungsoberflächen, die von sehr simplen Texteingaben über textorientierte Dialoge und verschiedene grafische Arbeitsumgebungen wie KDE und GNOME alle Ansprüche abdecken. Es gibt auch Schnittstellen zu gängigen Programmiersprachen wie Python.

Datenbank für systemweite Konfigurationseinstellungen

Sie können die anfängliche debconf-basierte Konfiguration eines Softwarepakets wiederholen, indem Sie ein Kommando wie

Konfiguration wiederholen

```
# dpkg-reconfigure mein-paket
```

geben. `dpkg-reconfigure` stellt dann nochmal die Fragen aus der ursprünglichen Installation des Pakets. Mit `dpkg-reconfigure` haben Sie außerdem die Möglichkeit, zu bestimmen, wie detailliert Sie nach Ihren Wünschen gefragt werden wollen.

Die debconf-Infrastruktur ist ziemlich komplex, aber nützlich. So ist es zum Beispiel möglich, die Antworten in einer LDAP-Datenbank zu hinterlegen, auf die dann alle Rechner in einem Netz zugreifen können. Sie können also eine große Anzahl von Rechnern ohne manuelle Intervention installieren. Dies im Detail zu erklären würde hier allerdings viel zu weit führen (auch was die Prüfung anbetrifft).

debconf im Netz

➪ `debconf(7)` (im Debian-Paket `debconf-doc`)
➪ `dpkg-reconfigure(8)`

10.2.9 `alien`: Pakete aus fremden Welten

Viele Softwarepakete stehen nur in dem verbreiteten RPM-Format zur Verfügung. Gerade kommerzielle Pakete werden eher für die Red-Hat- oder SUSE-Distributionen angeboten, obwohl grundsätzlich nichts dagegen spricht, die Software auch unter Debian GNU/Linux auszuprobieren (dem ernsthaften Einsatz steht möglicherweise entgegen, dass der Softwarehersteller dafür keine Unterstützung leistet). Sie können RPM-Pakete nicht direkt auf einem Debian-System installieren, aber das Programm `alien` erlaubt es, die Paketformate diverser Linux-Distributionen – neben RPM auch die Stampede- und Slackware-Formate – ins Debian-Paketformat umzuwandeln (und umgekehrt).

⇨ `alien(1)`

10.3 Paketverwaltung mit RPM und YUM

> Bis Ende 2005 wurden in der LPIC-1-Zertifizierung wahlweise Kenntnisse der Debian- oder der RPM-basierten Paketverwaltung verlangt. Seitdem müssen Sie aber beide Geschmacksrichtungen beherrschen – auch wenn sich das Gerücht, man dürfte aussuchen, hartnäckig zu halten scheint.

10.3.1 Einleitung

RPM Package Manager

Der *RPM Package Manager* (oder kurz RPM) ist ein Werkzeug zur Verwaltung von Softwarepaketen. Er erlaubt die einfache Installation und Deinstallation von Software, wobei dafür gesorgt wird, dass sich unterschiedliche Pakete nicht in die Quere kommen bzw. dass Abhängigkeiten zwischen den Paketen berücksichtigt werden. Außerdem erlaubt es RPM Ihnen, detaillierte Informationen über Pakete zu erheben sowie die Integrität von Paketen sicherzustellen.

Datenbank

Der Kern von RPM ist eine Datenbank. Bei ihr melden sich Softwarepakete beim Installieren und Deinstallieren an bzw. ab. Dazu müssen die Softwarepakete in einer standardisierten Form vorliegen, eben als RPM-Pakete.

Distributionen

Das RPM-Paketformat wird von vielen Distributionen (unter anderem denen von Red Hat, Novell/SUSE, TurboLinux und Mandriva) verwendet. Ein beliebiges RPM-Paket kann allerdings normalerweise *nicht* bedenkenlos auf jeder RPM-basierten Distribution installiert werden: Da das RPM-Paket die Software in schon übersetzter Form enthält, muss das Paket zur benutzten Prozessorarchitektur passen; da Dateisystemstruktur, die Form der Dienststeuerung (etwa Init-Skripte) und die paketinterne Beschreibung von Paketabhängigkeiten sich von Distribution zu Distribution, mitunter auch zwischen verschiedenen Versionen einer Distribution unterscheiden, kann das Quer-Installieren zu Problemen führen.

Dateinamen

Ein RPM-Paket hat einen zusammengesetzten Dateinamen, etwa

```
openssh-3.5p1-107.i586.rpm
```

der normalerweise aus dem Paketnamen (`openssh-3.5p1-107`), der Architektur (`i586`) und der Endung `.rpm` besteht. Der Paketname dient zur internen Identifizierung des Pakets, wenn es installiert ist. Er setzt sich zusammen aus dem Namen der Software (`openssh`), der Version der Software, so wie die *Entwickler* sie ihr gegeben haben (`3.5p1`), gefolgt von einer Release-Nummer (`107`), die ihr der Paket-Bauer, also der *Distributor*, gegeben hat.

Basis-Modus

Der *RPM Package Manager* wird über das Kommando `rpm` aufgerufen, gefolgt von einem Basis-Modus. Die wichtigsten Modi werden im Folgenden besprochen – bis auf die Modi für das Einrichten der RPM-Datenbank und das Bauen und Signieren von RPM-Paketen, die für LPIC-1 keine Rolle spielen.

Optionen

Es gibt eine Reihe von globalen Optionen sowie ergänzende, modusspezifische Optionen. Weil einige Modi und ergänzende Optionen gleich heißen, muss der Modus (anders als bei `tar`) zwingend als Erstes kommen.

Globale Optionen sind u. a. -v und -vv, die den Wortreichtum der Ausgabe erhöhen (engl. *verbose*, »wortreich«).

Konfiguration

Die Konfiguration von RPM ist im Verzeichnis `/usr/lib/rpm/` abgelegt; lokale oder individuelle Anpassungen erfolgen in `/etc/rpmrc` bzw. `~/.rpmrc`, dürften aber für den Normalbetrieb nicht notwendig sein.

10.3.2 Installation und Aktualisierung von Paketen

Ein RPM-Paket wird durch den Modus `-i` gefolgt vom Pfad zum Paket installiert, also beispielsweise

```
# rpm -i /tmp/openssh-3.5p1-107.i586.rpm
```

Dabei können Sie den Pfad auch als HTTP- oder FTP-URL angeben, um Pakete von entfernten Servern zu installieren. Die Angabe mehrerer Pakete auf einmal ist erlaubt, wie in »`rpm -i /tmp/*.rpm`«.

Daneben gibt es noch die beiden verwandten Modi `-U` (engl. *upgrade*) und `-F` (engl. *freshen*). Ersterer entfernt zusätzlich evtl. vorhandene ältere Versionen eines zu installierenden Pakets, während Letzterer nur installiert, wenn es eine ältere Version gibt (die dann entfernt wird).

Alle drei Modi erlauben eine Reihe von Optionen, die zwingend *hinter* dem Modus aufgeführt werden müssen. Neben `-h` (engl. *hashmark* = »#«; für einen Fortschrittsbalken) gibt es `--test`, was eine Installation verhindert und nur auf mögliche Konflikte testet.

Konflikte

Bei einem Konflikt wird das entsprechende Paket nicht installiert. Konflikte entstehen, wenn

- ein bereits installiertes Paket erneut installiert werden soll,
- ein Paket installiert werden soll, obwohl es schon in einer anderen (Modus `-i`) oder aktuelleren Version (`-U`) installiert ist,
- die Installation eine Datei überschreiben würde, die einem anderen Paket gehört,
- ein Paket ein anderes benötigt, das nicht ebenfalls installiert wird oder schon installiert ist.

Sollte die Installation deshalb fehlschlagen, so können Sie sie durch Optionen erzwingen. Beispielsweise wird durch `--nodeps` die Abhängigkeitsprüfung (engl. *dependencies*) deaktiviert.

Durch weitere Optionen lässt sich darüber hinaus die Installation selbst beeinflussen. Beispielsweise können Sie Pakete bei der Installation in andere Verzeichnisse verschieben. Nur so ist es etwa möglich, Apache 1.3 und Apache 2.0 parallel zu installieren, da normalerweise beide `/sbin/httpd` für sich reklamieren würden: Einer von beiden muss nach `/usr/local` ausweichen.

10.3.3 Deinstallation von Paketen

Die Deinstallation erfolgt durch den Modus `-e` (engl. *erase*, »löschen«), also beispielsweise

```
# rpm -e openssh-3.5p1-107
```

Dabei ist zu beachten, dass Sie hier den *internen Paketnamen* angeben und nicht der Pfad zum Paket, denn RPM merkt sich diesen nicht. (Im nächsten Abschnitt werden wir sehen, wie Sie den Paketnamen in Erfahrung bringen können.) Sie können den Paketnamen auch gekürzt angeben, falls er eindeutig ist: Gibt es kein weiteres Paket openssh, so dürften Sie es daher auch mit

```
# rpm -e openssh
```

entfernen. Auch hier achtet RPM darauf, dass Sie keine Pakete entfernen, von deren Anwesenheit andere Pakete abhängen.

Die Optionen --test und --nodeps bedeuten dasselbe wie beim Installieren; auch sie müssen nach dem Modus erscheinen.

Konfigurationsdateien

Beim Deinstallieren werden alle installierten Dateien dieses Pakets entfernt, es sei denn, es handelt sich um Konfigurationsdateien, die Sie verändert haben. Diese werden nicht entfernt, sondern nur umbenannt: RPM hängt die Endung .rpmsave an. (Was als Konfigurationsdatei gilt, legt das jeweilige RPM-Paket selbst fest.) Wegräumen müssen Sie sie gegebenenfalls selber.

10.3.4 Datenbank- und Paketanfragen

Seine volle Nützlichkeit entwickelt der *RPM Package Manager*, wenn Sie ihn nicht nur als Installationswerkzeug betrachten, sondern auch als Informationsquelle. Der Modus dafür ist -q (für engl. *query*, »abfragen«), wobei Sie angeben können, welche Informationen Sie erhalten möchten und über welches Paket.

Spezifikation des Pakets Ohne weitere Optionen erwartet rpm die Angabe eines internen Paketnamens, der auch gekürzt sein kann, und antwortet mit dem vollen Paketnamen:

```
$ rpm -q openssh
openssh-3.5p1-107
```

Damit lässt sich schnell feststellen, wie aktuell Ihr System ist. Sie können auch (durch -f) das Paket finden, dem eine Datei gehört:

```
$ rpm -qf /usr/bin/ssh
openssh-3.5p1-107
```

Damit lassen sich unbekannte Dateien zumindest einem Paket zuordnen. Als dritte Möglichkeit können Sie mit -a *alle* installierten Pakete befragen. So erstellt

```
$ rpm -qa
```

eine Liste aller installierten Pakete, die sich natürlich auch weiterverarbeiten lässt, wie im folgenden Beispiel:[4]

```
$ rpm -qa | grep cups
cups-client-1.1.18-82
cups-libs-1.1.18-82
kdelibs3-cups-3.1.1-13
cups-drivers-1.1.18-34
cups-drivers-stp-1.1.18-34
cups-1.1.18-82
```

Schließlich erlaubt Ihnen RPM, ein nicht installiertes Paket zu befragen. Verwenden Sie `-p` gefolgt vom Pfad des Pakets:

```
$ rpm -qp /tmp/openssh-3.5p1-107.i586.rpm
openssh-3.5p1-107
```

Das sieht nicht sehr spektakulär aus, war der interne Paketname doch schon Teil des Dateinamens. Aber erstens könnte der Dateiname verändert worden sein und mit dem eigentlichen Paketnamen nichts zu tun haben, und zweitens gibt es ja noch andere Anfragen, die Sie stellen können.

Spezifikation der Anfrage Interessiert Sie nicht nur der Paketname, so können Sie auch weitere Informationen ausgeben. Durch

```
$ rpm -qi openssh
```

erhalten Sie Informationen (`-i`) zum Paket, während `-l` eine Liste aller zu diesem Paket gehörenden Dateien ergibt. Zusammen mit -v ergibt sich das Äquivalent von `ls -l`:

```
$ rpm -qlf /bin/bash
/bin/bash
/bin/sh
⋘⋘
$ rpm -qlvf /bin/bash
-rwxr-xr-x  root  root   491992 Mar 14  2003 /bin/bash
lrwxrwxrwx  root  root        4 Mar 14  2003 /bin/sh -> bash
⋘⋘
```

Betrachtet werden hier nur die Dateien im tatsächlichen Paket. Nicht angezeigt werden Dateien, die während der Installation er-

[4] Die Benennung und Aufteilung von Paketen ist Sache des Paket-Bauers; je nach Distribution und Version können sich Abweichungen ergeben.

zeugt wurden (durch paketinterne Installations-Skripte) oder die im laufenden Betrieb erst entstanden sind (Protokolldateien usw.), da die RPM-Datenbank nichts über sie weiß.

Dateien mit Dokumentation

Wir hatten gesehen, dass RPM Konfigurationsdateien gesondert behandelt (bei der Deinstallation). Die zweite Klasse von besonderen Dateien sind Dateien mit Dokumentation; diese können Sie von der Installation ausnehmen. Die Optionen `-c` und `-d` des Anfrage-Modus verhalten sich wie `-l`, nur dass sie sich auf Konfigurations- bzw. Dokumentationsdateien beschränken.

Abhängigkeiten

Fortgeschrittene Anfragen Die Abhängigkeiten zwischen Paketen können vielfältiger Natur sein. So kann es sein, dass ein Paket einfach nur eine Shell benötigt, d. h. `/bin/sh`. Durch

```
$ rpm -qf /bin/sh
bash-2.05b-105
```

ist schnell herausgefunden, dass diese Datei durch das Bash-Paket bereitgestellt wird (analog für nicht installierte Pakete).

Anders sieht die Sache z. B. beim Programm SAINT aus, einem Sicherheits-Analyse-Werkzeug, das zwingend einen Web-Browser voraussetzt. Jede Festlegung auf einen konkreten Web-Browser wäre unangemessen einschränkend. Deswegen bietet RPM die Möglichkeit, dass ein Paket eine *capability* anbieten oder voraussetzen kann, was man in diesem Zusammenhang mit »abstrakte Dienstleistung« übersetzen könnte. Im unserem Beispiel fordert SAINT daher die abstrakte Dienstleistung »Web-Browser« ein. Welche Dateien und Dienstleistungen ein Paket benötigt, lässt sich durch die Option `--requires` erfahren:[5]

```
$ rpm -q --requires saint
web_browser
/bin/rm
/bin/sh
/usr/bin/perl
<<<<<
```

Welche Pakete diese Dienstleistung hingegen zur Verfügung stellen, verrät die Option `--whatprovides`:

[5] Auch hier gilt: Die Zuordnung und Benennung der Dienstleistungen ist Sache des Paket-Bauers, sie ist damit je nach Distribution und Version verschieden.

```
$ rpm -q --whatprovides web_browser
w3m-0.3.2.2-53
mozilla-1.2.1-65
lynx-2.8.4-391
```

Für SAINT brauchen Sie also nur eines dieser Pakete.

In analoger Weise können mit `--provides` und `--whatrequires` das Angebot eines Pakets (nur Dienstleistungen; Dateien über `-l`) und die Abnehmer einer Dienstleistung erfragt werden.

10.3.5 Verifikation von Paketen

Überprüfung vor der Installation Zwei Dinge können einem Paket zustoßen, die gegen eine Installation sprechen: Beim Herunterladen des Pakets wurde es beschädigt, das Paket ist also fehlerhaft. Oder das Paket ist nicht das, was es vorgibt zu sein, es wurde also verfälscht (beispielsweise weil ein übelwollender Zeitgenosse Pakete mit Trojanischen Pferden als Original ausgibt).

Gegen beide Szenarien sind Sie dank RPM gewappnet; durch

```
$ rpm --checksig /tmp/openssh-3.5p1-107.i586.rpm
/tmp/openssh-3.5p1-107.i586.rpm: md5 gpg OK
```

MD5-Prüfsumme

Signatur

wird eine MD5-Prüfsumme des Pakets mit dem im Paket abgelegten Wert verglichen, was garantiert, dass das Paket richtig angekommen ist. Ferner wird die Signatur im Paket, die mit dem privaten PGP- oder GnuPG-Schlüssel des Paket-Bauers erzeugt wurde, mit dem öffentlichen Schlüssel des Paket-Bauers verglichen. Dies garantiert, dass das richtige Paket angekommen ist.

Sollte zwar die MD5-Prüfsumme, aber nicht die Signatur korrekt sein, so sieht die Ausgabe entsprechend anders aus:

```
$ rpm --checksig /tmp/openssh-3.5p1-107.i586.rpm
/tmp/openssh-3.5p1-107.i586.rpm: md5 GPG NOT OK
```

Natürlich muss für die Signaturprüfung der öffentliche Schlüssel Ihres Distributors auf dem System vorhanden sein.

➪ GnuPG: Abschnitt 19.7

Überprüfung nach der Installation RPM erlaubt es, gewisse Werte der RPM-Datenbank mit dem Dateisystem zu vergleichen. Dies geschieht durch den Modus -V (engl. *verify*, »überprüfen«); statt einem oder mehreren internen Paketnamen verträgt dieser Modus auch alle Spezifikationen, die der Anfrage-Modus erlaubt.

```
# rpm -V openssh
.......T c /etc/init.d/sshd
S.5....T c /etc/pam.d/sshd
S.5....T c /etc/ssh/ssh_config
SM5....T c /etc/ssh/sshd_config
.M......   /usr/bin/ssh
```

Die Ausgabe listet alle Dateien auf, für die mindestens ein Soll-Wert der Datenbank vom Ist-Wert des Dateisystems abweicht: Ein ».« kennzeichnet Übereinstimmung, während ein Buchstabe eine Abweichung darstellt. Die durchgeführten Tests sind: Zugriffsrechte und Dateityp (M), Eigentümer und Gruppe (U, G); bei symbolischen Links der Pfad der Referenzdatei (L); bei Gerätedateien Haupt- und Nebengerätenummer (D); bei regulären Dateien Größe (S), Änderungszeit (T) und Inhalt (5). Da sich Konfigurationsdateien sehr wahrscheinlich nicht mehr im Originalzustand befinden, sind diese durch ein c gekennzeichnet.

Wenngleich die Überprüfung installierter Pakete durch RPM ein *Intrusion Detection System* nicht ersetzen kann (warum sollte ein Eindringling nicht auch die RPM-Datenbank manipulieren?), so kann sie doch sehr nützlich sein zur Schadenseingrenzung, beispielsweise nach einem Dateisystemcrash.

- rpm(8)
- E. Bailey, *Maximum RPM* (MacMillan Publ. Comp., 1997), http://www.rpm.org/max-rpm/

10.3.6 Das Programm rpm2cpio

RPM-Pakete sind im Wesentlichen cpio-Archive mit einem davorgehängten »Kopf«. Diese Tatsache können Sie zum Beispiel ausnutzen, um Dateien aus einem RPM-Paket zu extrahieren, ohne das Paket dafür installieren zu müssen. Dazu wandeln Sie das RPM-Paket mit dem Programm rpm2cpio zu einem cpio-Archiv um, das Sie anschließend cpio verfüttern. Da rpm2cpio als Filter arbeitet, können Sie einfach eine Pipe benutzen:

```
$ rpm2cpio hello-2.4-1.fc10.i386.rpm \
> | cpio -idv ./usr/share/man/man1/hello.1.gz
./usr/share/man/man1/hello.1.gz
387 blocks
$ zcat usr/share/man/man1/hello.1.gz | head
.\" DO NOT MODIFY THIS FILE!  It was generated by help2man.
.TH HELLO "1" "December 2008" "hello 2.4" "User Commands"
.SH NAME
hello \- friendly greeting program
<<<<<
```

⇨ `cpio`: Abschnitt 3.6.1, `cpio(1)`

10.3.7 YUM

Paketquellen

Das Programm `rpm` ist nützlich, aber hat seine Grenzen. Als grundlegendes Werkzeug kann es zwar als Dateien oder URLs vorliegende Pakete installieren, aber hilft zum Beispiel nicht beim Finden passender, möglicherweise installierbarer Pakete. Viele RPM-basierte Distributionen verwenden hierfür YUM (kurz für »Yellow Dog Updater, Modified«, nach der Distribution, für die das Programm zuerst entwickelt wurde), das den Zugriff auf Paketquellen (engl. *repositories*) erlaubt, die im Internet oder auch auf CD-ROM zur Verfügung stehen. YUM lebt in RPM-basierten Distributionen ungefähr in der »ökologischen Nische«, die bei Debian GNU/Linux und seinen Ablegern von `apt-get` eingenommen wird.

YUM-Shell

YUM wird normalerweise über die Kommandozeile gesteuert, aber das Kommando »`yum shell`« startet eine »YUM-Shell«, in der Sie mehrere YUM-Kommandos interaktiv eingeben können.

⇨ Offizielle YUM-Webseite: `http://yum.baseurl.org/`

Paketquellen YUM führt das Konzept von *Paketquellen* ein. Eine Paketquelle ist eine Menge von RPM-Paketen, die über das Netz zugänglich ist und die Installation von Paketen über YUM ermöglicht. Das Kommando »`yum repolist`« gibt eine Liste der konfigurierten Paketquellen aus:

```
$ yum repolist
Geladene Plugins: refresh-packagekit
Repo-ID         Repo-Name:                      Status
```

```
fedora          Fedora 10 - i386              aktiviert: 11.416
updates         Fedora 10 - i386 - Updates    aktiviert:  2.902
repolist: 14.318
```

»`yum repolist disabled`« liefert eine Liste der bekannten, aber deaktivierten Paketquellen:

```
$ yum repolist disabled
Geladene Plugins: refresh-packagekit
Repo-ID           Repo-Name:                     Status
fedora-debuginfo  Fedora 10 - i386 - Debug       deaktiviert
fedora-source     Fedora 10 - Source             deaktiviert
rawhide           Fedora - Rawhide - Development deaktiviert
<<<<<
```

Zum Aktivieren einer Paketquelle wird die Option `--enablerepo=` verwendet, gefolgt von der »Repo-ID« aus der Liste. Das geht nur in Verbindung mit einem »echten« `yum`-Kommando; `repolist` ist relativ unverfänglich:

```
$ yum --enablerepo=rawhide repolist
Geladene Plugins: refresh-packagekit
rawhide                                         | 3.4 kB   00:00
rawhide/primary_db                              | 7.2 MB   00:14
Repo-ID         Repo-Name:                      Status
fedora          Fedora 10 - i386                aktiviert: 11.416
rawhide         Fedora - Rawhide - Develop      aktiviert  12.243
updates         Fedora 10 - i386 - Updates      aktiviert:  2.902
repolist: 26.561
```

Deaktivieren können Sie eine Paketquelle mit `--disablerepo`. Paketquellen werden YUM bequemerweise durch Konfigurationsdateien im Verzeichnis `/etc/yum.repos.d` bekannt gemacht. (Sie könnten sie auch direkt in die Datei `/etc/yum.conf` eintragen, aber das ist weniger wartungsfreundlich.)

10.3.8 Pakete installieren und entfernen mit YUM

Pakete installieren

Um mit YUM ein neues Paket zu installieren, müssen Sie nur dessen Namen wissen. YUM prüft, ob die aktivierten Paketquellen ein Paket dieses Namens enthalten, löst gegebenenfalls Abhängigkeiten des Pakets auf, lädt das Paket und möglicherweise die Pakete, von denen es abhängt, herunter, und installiert sie:

```
# yum install hello
Geladene Plugins: refresh-packagekit
Einrichten des Installationsprozess
Analysiere Installationsargumente des Pakets
Löse Abhängigkeiten auf
--> Führe Transaktionsprüfung aus
---> Paket hello.i386 0:2.4-1.fc10 markiert, um▷
◁ aktualisiert zu werden
--> Abhängigkeitsauflösung beendet

Abhängigkeiten aufgelöst


============================================================
 Paket          Arch      Version       Repository     Grösse
============================================================
Installieren:
 hello          i386      2.4-1.fc10    updates          68 k

Transaktionszusammenfassung
============================================================
Installieren         1 Paket(e)
Aktualisieren        0 Paket(e)
Entfernen            0 Paket(e)

Gesamte Downloadgrösse: 68 k
Ist dies in Ordnung? [j/N] :j
Lade Pakete herunter:
hello-2.4-1.fc10.i386.rpm                        |  68 kB  00:00
Führe rpm_check_debug durch
Führe Verarbeitungsstest durch
Verarbeitungstest beendet
Verarbeitungstest erfolgreich
Führe Verarbeitung durch
  Installieren    : hello                                    1/1

Installiert:
  hello.i386 0:2.4-1.fc10
Komplett!
```

YUM akzeptiert nicht nur einfache Paketnamen, sondern auch Namen mit Architekturangabe, Versions- und Releasenummer.

Entfernen von Paketen

Das Entfernen von Paketen ist genauso einfach:

```
# yum remove hello
```

Allerdings werden damit auch Pakete gelöscht, von denen dieses Paket abhängt – jedenfalls solange sie nicht noch von einem anderen installierten Paket benötigt werden. Statt »yum remove« können Sie auch »yum erase« sagen – die beiden sind gleichbedeutend.

Pakete aktualisieren

Mit »yum update« können Sie Pakete aktualisieren:

```
# yum update hello
```

prüft, ob eine aktuellere Version des Pakets vorliegt, und installiert diese gegebenenfalls. Dabei sorgt YUM dafür, dass alle Abhängigkeiten aufgelöst werden. »yum update« ohne Paketnamen versucht alle installierten Pakete zu aktualisieren.

Informationen über Pakete Um herauszufinden, welche Pakete es gibt, steht das Kommando »yum list« zur Verfügung:

```
$ yum list gcc
Geladene Plugins: refresh-packagekit
Installierte Pakete
gcc.i386                4.3.2-7                 installed
```

Sie können auch ein Suchmuster angeben (am besten in Anführungszeichen, damit die Shell sich nicht dazwischen drängelt):

```
$ yum list "gcc*"
Geladene Plugins: refresh-packagekit
Installierte Pakete
gcc.i386                4.3.2-7                 installed
gcc-c++.i386            4.3.2-7                 installed
Verfügbare Pakete
gcc-gfortran.i386       4.3.2-7                 fedora
gcc-gnat.i386           4.3.2-7                 fedora
◁◁◁◁◁
```

Die »installierten Pakete« sind auf dem lokalen System vorhanden, während die »verfügbaren Pakete« von Paketquellen geholt werden können. Ganz rechts auf der Zeile ist die Paketquelle angegeben, in der das Paket zu finden ist.

Lokale oder verfügbare Pakete

Um die Suche auf die lokal installierten oder die nicht installierten, aber verfügbaren Pakete zu beschränken, können Sie »yum list installed« oder »yum list available« benutzen.

Informationen über ein Paket

Informationen über ein Paket liefert Ihnen »yum info«:

```
$ yum info hello
Geladene Plugins: refresh-packagekit
Installierte Pakete
Name         : hello
Architektur : i386
Version      : 2.4
Ausgabe      : 1.fc10
Grösse       : 186 k
Repo         : installed
Zusammenfassung    : Prints a Familiar, Friendly Greeting
URL          : http://www.gnu.org/software/hello/
Lizenz       : GPLv3+ and GFDL and BSD and Public Domain
Beschreibung: Hello prints a friendly greeting. It also
             : serves as a sample GNU package, showing
             : practices that may be useful for GNU projects.
```

Der Vorteil gegenüber »rpm -qi« besteht darin, dass »yum info« auch für Pakete funktioniert, die lokal nicht installiert sind, aber in einer Paketquelle vorliegen.

Pakete suchen

Nach allen Paketen suchen, in deren Namen oder Beschreibung eine bestimmte Zeichenkette vorkommt, können Sie mit »yum search«. Die resultierende Liste ist leider unsortiert und etwas unübersichtlich. yum hebt in seiner Ausgabe die gefundenen Begriffe durch Fettschrift hervor.

Pakete nur herunterladen Wenn Sie ein Paket nur aus einer Paketquelle herunterladen, aber nicht gleich installieren wollen, können Sie das Programm yumdownloader verwenden. Ein Kommando wie

```
$ yumdownloader --destdir /tmp hello
```

durchsucht die Paketquellen genau so, wie YUM das machen würde, nach dem Paket hello und lädt die korrespondierende Datei ins Verzeichnis /tmp herunter.

Abhängigkeiten auflösen

Mit der Option --resolve werden auch die Abhängigkeiten aufgelöst und allfällige fehlende andere Pakete mit heruntergeladen – allerdings nur die, die auf dem lokalen System nicht installiert sind, was möglicherweise stört, wenn Sie die Pakete zur Installation auf einen anderen Rechner kopieren wollen.

URLs

Mit der Option `--urls` wird überhaupt nichts heruntergeladen, sondern `yumdownloader` gibt nur die URLs der Pakete aus, die es herunterladen *würde*. Mit der Option `--source` schließlich lädt `yumdownloader` keine Binär-, sondern Quellcode-RPMs herunter.

Quellcode-RPMs

⇨ `yumdownloader(1)`

Kapitel 11 Shells und Skripte

In diesem Kapitel ...

- lernen Sie, die Shell als Arbeitsumgebung individuell an Ihre Bedürfnisse anzupassen
- erfahren Sie, wie Sie einfache Shell-Skripte erstellen und anpassen können

11.1 Die Shell als Arbeitsplatz

11.1.1 Einleitung

Die Shell ist das Programm, das gestartet wird, wenn Sie sich anmelden, und das dann Ihre Befehle interpretiert. Moderne Shells wie die Bash (bash) oder die Tenex-C-Shell (tcsh) bemühen sich, Ihnen das Arbeiten mit ihnen so angenehm wie möglich zu machen (Abschnitt 3.2). Aber *jede* Shell erlaubt Ihnen, das Verhalten der Shell und anderer Programme durch Variable zu steuern (Abschnitt 11.1.2) und die Funktionalität in einfacher Weise zu erweitern (Abschnitt 11.1.4). Diese individuellen Anpassungen können dauerhaft gemacht werden, so dass Sie sie nicht bei jeder neuen Sitzung erneut einzurichten brauchen (Abschnitt 11.1.7).

Im Folgenden beschränken wir uns auf die Bourne-Again-Shell (Bash) des GNU-Projekts, die weitestgehend kompatibel zur ersten brauchbaren Shell (der Bourne-Shell) und zum POSIX-Standard ist. Die Bash ist die Standard-Shell unter Linux.

11.1.2 Shell-Variable

Den Wert einer Variablen können Sie sich anzeigen lassen, indem Sie ein »$« vor ihren Namen setzen und das Ganze dem Kommando echo übergeben:

echo

```
$ echo $PAGER
less
```

zeigt Ihnen den Wert von PAGER an, einer Variablen, die bestimmt, welches Anzeigeprogramm u. a. das man-Kommando benutzen soll. Alle aktuell gesetzten Variablen (und auch Shell-Funktionen) zeigt Ihnen das Bash-interne Kommando set (ohne Optionen und Argumente aufgerufen; vgl. aber Abschnitt 11.1.3) an.

set

Zum Ändern einer Variablen schreiben Sie einfach

```
$ PAGER=more
```

(Kein Leerzeichen vor und nach dem Gleichheitszeichen!) Auch kompliziertere Ausdrücke sind möglich, wie in

```
$ echo $PATH
/usr/local/bin:/bin:/usr/bin:/usr/X11R6/bin:.
```

```
$ PATH=$PATH:$HOME/bin
$ echo $PATH
/usr/local/bin:/bin:/usr/bin:/usr/X11R6/bin:.:/home/tux/bin
```

der den Suchpfad für Programme PATH neu aufbaut aus dem alten Wert von PATH, einem »:«, dem Wert von HOME gefolgt von »/bin«.

Sie können mit »$(...)« sogar das Ergebnis eines Programmaufrufs einer Variablen zuweisen, beispielsweise

```
$ dir=$(pwd)
$ echo $dir
/home/tux
```

Dasselbe Ergebnis lässt sich mit »verkehrten Anführungszeichen«[1] erreichen (»dir=‘pwd‘«). Die $(...)-Konstruktion funktioniert in moderneren Shells wie der bash und macht es einfacher, solche Aufrufe zu verschachteln.

Maskierung von Sonderzeichen

Wollen Sie Leerzeichen oder andere Sonderzeichen in einer Variablen speichern, so müssen Sie diese durch einfache Anführungszeichen ('...') vor der Shell schützen, wie in

```
$ PS1='% '
% _
```

Dies verändert die Variable PS1, die das Aussehen Ihrer Eingabeaufforderung steuert.

Prinzipiell können Sie auch doppelte Anführungszeichen ("...") nehmen. Diese Form der Anführungszeichen hebt jedoch nicht die Sonderbedeutung der Zeichen »$«, »\« und »‘« auf. Vergleichen Sie

```
$ echo 'My $HOME is my castle'
My $HOME is my castle
```

mit

```
$ echo "My $HOME is my castle"
My /home/tux is my castle
```

Natürlich hätten Sie auch die Anführungszeichen ganz weglassen und »echo My $HOME is my castle« schreiben können, wodurch

[1] Auf einer deutschen Tastatur erzeugen Sie dieses Zeichen durch die Umschalttaste plus die Taste rechts von [ß].

der Wert der Variablen HOME ebenfalls angezeigt würde. Es gibt aber Fälle, bei denen Sie sich nicht so leicht aus der Affäre ziehen können:

```
$ abstand='<--                                    -->'
$ echo $abstand
<-- -->
$ echo "$abstand"
<--                                    -->
```

Ohne die doppelten Anführungzeichen verschluckt die Shell überzählige Leerzeichen. (Vgl. auch die Diskussion von »`test "$x"`« auf Seite 303.)

unset

Haben Sie von einer Variablen genug, so können Sie ihren *Inhalt* durch die Zuweisung der leeren Zeichenkette löschen. Noch drastischer gehen Sie mit dem Kommando `unset` vor: Es entfernt die Variable komplett und verwischt alle Spuren Ihrer Tat:

```
$ A='Mord im Dom'
$ set | grep A=
A='Mord im Dom'
$ A=''
$ set | grep A=
A=
$ unset A
$ set | grep A=
$ _
```

Umgebung
Umgebungsvariable
Vererbung

Umgebungsvariable Jeder Prozess besitzt eine Umgebung, also einen Satz von speziellen Variablen, den **Umgebungsvariablen**. Immer wenn ein Prozess (der Elterprozess) einen anderen (den Kindprozess) startet, kopiert das Betriebssystem seine Umgebungsvariablen in die Umgebung des Kindprozesses. Man sagt auch, die Umgebung wird vererbt. Da die Kind-Umgebung ein Schnappschuss der Elter-Umgebung zum Zeitpunkt der Prozess-Erzeugung ist, werden darauf folgende Änderungen in der Elter- oder Kind-Umgebung nicht in die jeweils andere übertragen. (Auch wenn die Bezeichnung »Umgebung« das nahelegt: Es gibt keine globalen Variablen, die alle Prozesse beeinflussen, sondern nur den *einmaligen* Datentransfer vom Elter- zum Kindprozess bei dessen Erzeugung.)

In der Bash benutzen Sie Umgebungsvariable wie normale Shell-Variable; sie unterscheiden sich nur durch eine (interne) Markierung. Sie können diese Markierung durch `export` setzen und durch `export -n` entfernen. Dies können Sie am Beispiel der Umgebungsvariablen `EDITOR` studieren, die von Programmen ausgewertet wird, die einen externen Editor benötigen. Ist die Variable nicht gesetzt, so greifen diese Programme meist auf `vi` zurück.

```
$ export -n EDITOR                              … sicher ist sicher
$ EDITOR=pico                    (installierter Editor Ihrer Wahl)
$ crontab -e              startet vi! (Verlassen mit »:q!⏎«)
$ export EDITOR
$ crontab -e                                        startet pico
```

Wollen Sie die Umgebung ändern, so erlaubt Ihnen die Bash auch, dies durch

```
$ PAGER=more man bash
```

beispielsweise nur für diesen einen Aufruf von `man` zu tun.

Liste Die aktuelle Liste aller Umgebungsvariablen, d. h. der Variablen, die die Bash für die Vererbung vorgesehen hat, können Sie sich durch `export` oder `env`, jeweils ohne Argumente, ausgeben lassen.

env Mit `env` können Sie die Umgebung eines Kommandos noch detaillierter steuern:

```
$ env TZ=Asia/Tokyo date
```

setzt die Umgebungsvariable für das betreffende Kommando (so wie die Shell das auch schon kann). Mit der Option `-u` (kurz für `--unset`) können Sie gezielt Umgebungsvariable entfernen:

```
$ env -u LANG date
```

Die Option `-i` (oder `--ignore-environment`) leert die Umgebung komplett – was Sie allerdings mit Vorsicht handhaben sollten, da viele Programme sich auf die Existenz von Variablen wie `HOME` oder `PATH` verlassen.

⇨ Abschnitt »ENVIRONMENT« in bash(1), env(1)

Spezielle Variable der Shell Die `bash` kennt einige besondere Shell-Variable, die insbesondere innerhalb von Shell-Skripten von Interesse sind. Diese speziellen Variablen können nicht verändert, sondern nur gelesen werden. Zum Beispiel:

`$?` Rückgabewert des letzten Kommandos (Abschnitt 11.2.3)

`$$` Prozessnummer (PID, Abschnitt 6.1) der akuellen Shell

`$!` PID des letzten Hintergrundprozesses

`$0` Name des gerade ausgeführten Shell-Skripts

`$#` Anzahl der dem Shell-Skript auf der Kommandozeile übergebenen Parameter

`$*` Gesamtheit aller übergebenen Parameter; »`"$*"`« ist gleichbedeutend mit »`"$1 $2 $3 ..."`«

`$@` Gesamtheit aller übergebenen Parameter; »`"$@"`« ist gleichbedeutend mit »`"$1" "$2" "$3" ...`«

`$`*n* *n*-ter Parameter des Shell-Skripts (für $n > 9$ müssen Sie »`${`*n*`}`« schreiben)

(Wir reden hier von »der Variablen `$?`«, auch wenn das eigentlich nicht 100% stimmt – `$?` ist ja deren *Wert*. Da die speziellen Variablen jedoch immer nur mittelbar über ihren Wert benutzt werden, ist diese Ungenauigkeit unproblematisch.)

11.1.3 Ad-hoc-Konfiguration der Shell

set Mit dem Bash-internen Kommando `set` werden nicht nur alle Shell-Variablen angezeigt, sondern auch Optionsschalter der Bash umgesetzt. So können Sie mit `set -C` (oder gleichwertig: `set -o noclobber`) verhindern, dass Sie sich versehentlich durch Ausgabeumlenkung eine Datei überschreiben (Abschnitt 4.1.2).

Mit `set -x` (oder: `set -o xtrace`) können Sie sehen, was die Bash für Schritte unternimmt, um zu ihrem Ergebnis zu kommen:

```
$ set -x
$ echo "My $HOME is my castle"
+ echo 'My /home/tux is my castle'
My /home/tux is my castle
$ _
```

Wenn anstelle des »`-`« bei den Optionen ein »`+`« gesetzt ist, wird die entsprechende Option abgeschaltet.

➪ Mehr Schalter/Optionen: »`help set`«, `bash(1)`

11.1.4 Aliase und Funktionen

Kommandos abkürzen: Aliase Ein Alias gibt Ihnen die Möglichkeit, eine längere Kommandofolge abzukürzen. Beispielsweise definieren Sie durch

```
$ alias c='cal -m; date'
$ type c
c is aliased to 'cal -m; date'
```

das neue »Kommando« c. Immer wenn Sie jetzt c aufrufen, wird die Bash das Kommando cal mit der Option -m gefolgt vom Kommando date für Sie ausführen. Dieses Alias können Sie auch wieder in anderen Aliasdefinitionen benutzen. Sie können sogar durch ein Alias ein bestehendes Kommando umdefinieren. Durch

```
$ alias rm='rm -i'
```

wird beispielsweise das Kommando rm entschärft. Allerdings ist das möglicherweise von zweifelhaftem Nutzen: Gewöhnt man sich an die sichere Variante, so kann es sein, dass man auch dort damit rechnet, wo der Alias nicht gesetzt ist. Es ist daher besser, wenn Sie sich bei potenziell gefährlichen Varianten einen neuen Namen ausdenken.

Mit alias (ohne Argumente) können Sie sich alle Aliase anzeigen lassen und mit unalias einzelne oder alle Aliase löschen. **unalias**

Shell-Funktionen Wenn Sie mehr als reine textuelle Ersetzung wie bei Aliasen benötigen, so können Ihnen Funktionen weiterhelfen. Anders als Aliase erlauben sie es, Argumente über die speziellen Shell-Variablen $1, $2, ... mitzugeben. So können Sie durch function eine neue Shell-Funktion definieren. **function**

```
$ function bak { mv -i "$1" "$1.bak"; }
```

definiert das Kommando bak, das ein Argument erwartet. Dieses Argument wird im Funktionskörper jeweils für $1 ersetzt. Somit ist jetzt bak datei gleichbedeutend mit mv -i datei datei.bak.

Bitte beachten Sie, dass die Definition des Funktionskörpers (innerhalb von {...}) zwingend mit einem Semikolon oder Zeilenumbruch abgeschlossen werden muss. Die aktuelle Definition einer Funktion können Sie durch declare herausfinden, ein anderes eingebautes Kommando der Bash: **declare**

```
$ declare -f bak
bak ()
{
    mv -i "$1" "$1.bak"
}
```

Dabei wird die Funktion in einer Form dargestellt, die Sie alternativ hätten benutzen können: mehrzeilig und/oder ohne »function«, aber mit »()«.

11.1.5 Tastaturlayout und Shortcuts

Wollen Sie lieber eine amerikanische Tastaturbelegung benutzen, weil Sie sie zum Programmieren praktischer finden? Oder weilen Sie gerade im Ausland und wünschen sich sehnlichst Äs, Ös und Üs? Oder nervt Sie die Capslock-Taste so sehr, dass Sie sie am liebsten rausgerissen hätten? Die Shell weiß Rat.

Das Tastaturlayout können Sie durch das Kommando `loadkeys` verstellen, allerdings nur für die virtuellen Terminals. Unter der grafischen Oberfläche erlaubt Ihnen `xmodmap` sogar die Tastenzuordnung für jede Taste einzeln. Ein schickes Frontend-Programm dafür ist `xkeycaps`.

.inputrc

Noch weitergehende Einstellungsmöglichkeiten erlaubt Ihnen die Datei `.inputrc` in Ihrem Heimatverzeichnis bzw. `/etc/inputrc` für systemweite Einstellungen. Diese Datei ist die Konfigurationsdatei für die Readline-Bibliothek, die von der Bash und anderen Programmen benutzt wird. Beispielsweise liegt es an der Readline-Bibliothek, dass Strg+r das Rückwärtssuchen in der History erlaubt.

Die Einstellungen für Readline gelten sowohl für die virtuellen Terminals als auch für die grafische Oberfläche. Die ganzen Details verrät Ihnen `readline(3)`, wir beschränken uns hier auf einige Beispiele. Wenn Sie die Zeilen

```
Control-t:     tab-insert
Control-e:     "cal\C-m"
```

in die Datei `.inputrc` eintragen, dann wird das Drücken von Strg+t einen Tabulatorvorschub erzeugen, was Sie normalerweise in der Bash nicht bekommen, da die Tabulatortaste schon belegt ist. Das Drücken von Strg+e startet ein Makro, in diesem Fall die Zeichen »cal« gefolgt von Strg+m (dafür steht »\C-m«), was dem Drücken von ↵ entspricht.

(Die Änderungen in der Datei werden allerdings nur wirksam, wenn Sie die Umgebungsvariable `INPUTRC` auf `$HOME/.inputrc` gesetzt haben und eine neue Bash starten oder wenn Sie das Kommando `bind -f ~/.inputrc` ausführen.)

11.1.6 Anmelde-Shells und interaktive Shells

Shell ist nicht gleich Shell. Natürlich unterscheidet sich die Bash von einer C-Shell oder Korn-Shell; aber schon das Verhalten einer Bash kann von dem einer anderen Instanz desselben Programms abweichen, je nachdem wie diese Bash aufgerufen wurde.

Prinzipiell sind drei Varianten zu unterscheiden: Anmelde-Shell, interaktive Shell und nichtinteraktive Shell. Diese Formen unterscheiden sich darin, welche Konfigurationsdateien eingelesen werden.

Anmelde-Shell Diese Form der Shell erhalten Sie direkt nach dem Anmelden am System. Das die Shell startende Programm, also `login`, `su -`, `ssh` usw., gibt der Shell ein »-« als erstes Zeichen des Programmnamens mit. Dadurch weiß die Shell, dass sie eine Anmelde-Shell (engl. *login shell*) sein soll. Wenn Sie sich frisch angemeldet haben, sollte es etwa so aussehen:

login shell

```
$ echo $0
-bash
$ bash                    Aufruf der Bash von Hand; keine Anmeldung
$ echo $0
bash
```

Alternativ kann die Bash auch mit der Option `-l` aufgerufen werden, um sich als Anmelde-Shell zu fühlen.

Jede Anmelde-Shell (nicht nur die Bash, sondern auch andere Bourne-Shell-kompatiblen) führt als Erstes die Kommandos in der Datei `/etc/profile` aus. Dadurch können z. B beim Anmelden Umgebungsvariable gesetzt werden, die dann für alle Benutzer in Kraft treten.

/etc/profile

Danach sucht die Bash die Dateien `.bash_profile`, `.bash_login` und `.profile` im Heimatverzeichnis des Benutzers. Nur die *erste gefundene* Datei wird abgearbeitet.

Beenden Sie eine Anmelde-Shell, so arbeitet sie die Datei `.bash_logout` ab, sofern sie existiert.

Interaktive Shells Wenn Sie die Bash ohne Argumente (aber möglicherweise mit Optionen) aufrufen, so versteht sie sich als interaktive Shell. Als solche liest sie beim Starten nur die Datei `.bashrc` in Ihrem Heimatverzeichnis und führt die darin enthaltenen Kommandos aus. (Oft wird auch noch `/etc/bash.bashrc` gelesen.)

Beim Verlassen einer interaktiven Shell, die keine Anmelde-Shell ist, werden keine Dateien ausgewertet.

Nichtinteraktive Shells Der einfachste Fall liegt bei nichtinteraktiven Shells vor: Sie werten keine Dateien beim Starten oder Beenden aus. Zwar können Sie einer solchen Bash durch die Umgebungsvariable `BASH_ENV` einen Dateinamen zum Auswerten mitgeben, diese Variable ist aber normalerweise nicht gesetzt.

Die Shell ist dann nicht interaktiv, wenn sie benutzt wird, um ein Shell-Skript auszuführen, oder wenn ein Programm sich einer Shell bedient, um ein anderes Programm zu starten. Das ist der Grund, warum Aufrufe der Art

```
$ find -exec ll {} \;
find: ll: No such file or directory
```

fehlschlagen: `find` startet eine nichtinteraktive Shell, um `ll` auszuführen. Obzwar `ll` auf vielen Systemen verfügbar ist, handelt es sich nur um einen Alias auf `ls -l`. Als Alias muss es aber in jeder Shell definiert werden, da Aliase nicht vererbbar sind. Eine Konfigurationsdatei mit Definitionen wird aber nicht eingelesen.

Distributionsspezifische Besonderheiten Die strikte Trennung zwischen Anmelde-Shell und normalen interaktiven Shells erzwingt, dass Sie gewisse Änderungen sowohl in `.profile` als auch in `.bashrc` vornehmen müssen, damit sie in jeder Shell wirksam werden. Um diese fehleranfällige Doppelarbeit zu vermeiden, haben viele Distributionen in der mitgelieferten Datei `.profile` eine Zeile

```
## ~/.profile
test -r ~/.bashrc && . ~/.bashrc
```

die bewirkt, dass, wenn `.bashrc` existiert und lesbar ist (`test...&&`), die Datei `.bashrc` abgearbeitet wird (»`.`« ist ein Shell-Kommando, das das Einlesen besorgt).

Möglicherweise hat Ihre Distribution die Bash auch so übersetzt, dass sie noch andere Dateien einliest. Dies können Sie mit `strace` überprüfen; es listet Ihnen alle Systemaufrufe auf, die ein anderes Programm benutzt, darunter auch den `open`-Aufruf zum Öffnen einer Datei. Erst damit können Sie wirklich sicher sein, welche Dateien ausgewertet werden.

11.1.7 Änderungen dauerhaft machen

Individuelle Änderungen Wollen Sie Ihre individuelle Anpassung der Arbeitsumgebung auch beim nächsten Anmelden vorfinden, so müssen Sie dafür sorgen, dass die Shell sie automatisch ausführt. Umgebungsvariablen, Aliase, Shell-Funktionen, die *umask* usw. müssen in einer der in Abschnitt 11.1.6 genannten Dateien gesetzt werden. Die Frage ist nur, in welcher.

Im Fall von Aliasen ist die Antwort leicht: Da sie nicht vererbt werden können, müssen sie von jeder Shell neu gesetzt werden. Daher müssen Sie Aliase in der Datei `~/.bashrc` definieren. (Damit der Alias aber auch in der Anmelde-Shell funktioniert, müssen Sie ihn *zusätzlich* in `~/.bash_profile`, `~/.profile` o. Ä. eintragen, wenn hieraus nicht die Datei `~/.bashrc` eingelesen wird.)

Gute Kandidaten für die Datei `.bashrc` sind auch Variablen, die das Verhalten der Shell steuern (`PS1`, `HISTSIZE` u. a.), aber sonst nicht von Interesse sind, d. h. eben keine Umgebungsvariablen. Wenn Sie wollen, dass jede Shell »frisch« startet, so müssen Sie diese Variablen jedes Mal neu setzen, was daher in `.bashrc` geschehen muss.

Anders sieht die Sache bei Umgebungsvariablen aus. Diese werden üblicherweise einmal gesetzt, genau wie Änderungen des Tastaturlayouts u. Ä. Es reicht daher, sie in `.profile` zu definieren. Bei Konstruktionen wie

```
PATH=$PATH:$HOME/bin
```

die die Variable `PATH` um eine weitere Komponente verlängert, verbietet sich die Datei `~/.bashrc`, weil sonst die Variable immer weiter verlängert würde.

Wenn Ihr Rechner in den Runlevel 5 startet, also die Anmeldung über den X-Displaymanager abgewickelt wird, haben Sie keine Anmelde-Shell. Damit die Einstellungen trotzdem berücksichtigt werden, sollten Sie diese in die Datei `~/.xsession` eintragen oder aus dieser heraus Ihre `~/.profile` einlesen.

Systemweite Änderungen Wollen Sie als Systemadmistrator Einstellungen für alle Benutzer vornehmen, so haben Sie in einem »Originalsystem« nur `/etc/profile` direkt unter Ihrer Kontrolle; Aliase können Sie damit Ihren Benutzern nicht zur Verfügung stellen. Je nach Distribution sieht die Sache aber anders aus. So hat beispielsweise SUSE die Bash so übersetzt, dass eine interaktive Shell vor `~/.bashrc` die Datei `/etc/bash.bashrc` einliest, womit Sie einen Fuß in die Tür bekommen. (Damit Ihre Anpassungen ein Upgrade des Systems überleben, empfielt SUSE die Verwendung der Dateien `/etc/profile.local` und `/etc/bash.bashrc.local`, die über die entsprechenden Schwesterdateien eingelesen werden.)

`/etc/skel`

Eine andere Möglichkeit der globalen Änderung stellt das Verzeichnis `/etc/skel` dar, das Skelett bzw. Rohgerüst eines Heimatverzeichnisses. Wenn Sie `useradd` mit der Option `-m` aufrufen, erstellt es das Heimatverzeichnis des neuen Benutzers, indem es `/etc/skel` kopiert. Alle darin enthaltenen Dateien und Verzeichnisse werden damit zur Grundausstattung des neuen Heimatverzeichnisses.

Wenn Sie in `/etc/skel` eine Datei `.bashrc` des Inhalts

```
## Systemweite Einstellungen; bitte nicht veraendern:
test -r /etc/bash.local && . /etc/bash.local

## Individuelle Einstellungen hier einfuegen:
```

ablegen, so können Sie Änderungen am System vornehmen (in `/etc/bash.local`), die für alle Benutzer wirksam werden, sobald diese sich neu anmelden.

Natürlich können Sie in /etc/skel auch noch vorgefertigte Konfigurationsdateien für beliebige andere Programme ablegen, Verzeichnisstrukturen usw.

11.2 Einfache Shell-Skripte

11.2.1 Warum überhaupt Shell-Skripte?

Der unschlagbare Vorteil von Shell-Skripten ist: Wenn Sie die Shell bedienen können, dann können Sie auch programmieren! – Ein Shell-Skript ist nichts anderes als eine Textdatei mit Kommandos, so wie Sie sie auch interaktiv hätten eingeben können. (Lediglich die Einschränkungen aus Abschnitt 11.1.6 sind zu beachten.) Und umgekehrt können Sie die Shell-Skript-typischen Kontrollstrukturen auch jederzeit auf der Kommandozeile benutzen. Nicht nur vereinfacht dies das Testen von Konstruktionen immens, es macht häufig ein Skript komplett überflüssig.

Damit bieten sich Shell-Skripte immer dann an, wenn es darum geht, eine Aufgabe zu automatisieren, die Sie auch »von Hand« interaktiv hätten erledigen können. Aufgrund der eingeschränkten Effizienz, Sicherheit und Strukturiertheit eines Shell-Skripts sollten Sie für anspruchsvolle Aufgaben aber auf andere Skriptsprachen (etwa Perl, Tcl oder Python) ausweichen.

11.2.2 Shell-Skripte richtig zum Laufen bringen

Ein Skript ausführen Sie können ein Shell-Skript skript.sh durch

```
$ bash skript.sh
```

ausführen. Schöner ist es natürlich, wenn es sich »wie ein Programm« anfühlt. Machen Sie es dafür mittels

```
$ chmod u+x skript.sh
```

ausführbar; dann können Sie es mit

```
$ ./skript.sh
```

direkt starten. Wollen Sie auf das unschöne »./« verzichten, so müssen Sie dafür sorgen, dass die Shell Ihr Programm finden kann. Entweder sorgen Sie dafür, dass ».« – das aktuelle Arbeitsverzeichnis – Teil ihres Suchpfades `PATH` ist. Aus Sicherheitsgründen wird davon jedoch mindestens für den Administrator abgeraten. Außerdem funktioniert das nur, wenn Sie sich im selben Verzeichnis wie Ihr Skript befinden. Oder Sie legen sich ein Verzeichnis `~/bin` an, fügen `~/bin` Ihrem Suchpfad hinzu und verschieben Ihr Skript in dieses Verzeichnis.

Natürlich können Sie auch die Endung `.sh` weglassen. Insbesondere in Experimentierphasen ersparen Sie sich durch die Endung aber viel Ärger, denn so nahe liegende Namen wie »test« oder »script« sind schon vergeben.

Kommentare Ein Shell-Skript ist im Wesentlichen nichts anderes als die Auflistung von Kommandos. Um ein Skript lesbarer zu gestalten, können Sie Kommentare einfügen, die durch »#« eingeleitet werden und bis zum Ende der Zeile reichen. (Auch Leerzeilen werden von der Shell überlesen.)

Eine Sonderrolle nimmt dabei die erste Zeile ein: Beginnt sie mit »`#!`«, so wird dieses Skript an das Programm verfüttert, das diesen beiden Zeichen folgt. So wird beispielsweise durch die Zeile

```
#!/usr/bin/perl -w
```

diese Datei zu einem Perl-Skript.

Wenn Sie nichts angeben, so wird implizit »`#!/bin/sh`« angenommen. Meistens ist `/bin/sh` eine symbolische Verknüpfung nach `/bin/bash`, dies ist jedoch nicht sicher. Fügen Sie daher immer als Erstes die Zeile

```
#!/bin/bash
```

ein oder stellen Sie sicher, dass Sie keine Bash-spezifischen Konstruktionen benutzen.

11.2.3 Rückgabewert als Steuergröße

In jedem Programm muss früher oder später aufgrund von logischen Bedingungen der Ablauf des Programms verändert werden: Teile werden ausgelassen, andere werden mehrfach ausgeführt usw. Dazu stellen Programmiersprachen Kontrollstrukturen bereit wie Verzweigungen oder Schleifen. In vielen Programmiersprachen wird als Steuergröße für diese Konstrukte direkt eine logische Aussage genommen. Nicht so in der Bash – hier dient als Steuergröße der Rückgabewert eines Programms:

Rückgabewert

Unter Linux teilt jeder Prozess beim Beenden seinen Erfolg oder Misserfolg durch den Rückgabewert seinem Elternprozess mit. Dabei bedeutet der Rückgabewert Null immer Erfolg, jeder andere Wert heißt Misserfolg. Dadurch kann ein Prozess genauer mitteilen, was schiefgelaufen ist. Bei `grep` zum Beispiel bedeutet der Rückgabewert 0, dass passende Zeilen gefunden wurden (»Erfolg«), 1, dass keine passenden Zeilen gefunden wurden, und ein Rückgabewert größer 1, dass ein Fehler auftrat (etwa ein Syntaxfehler im regulären Ausdruck oder eine fehlende Eingabedatei).

In der Shell können Sie durch die spezielle Shell-Variable `$?` den Rückgabewert des letzten Kommandos abfragen:

```
$ ls /root
ls: /root: Permission denied
$ echo $?
1                                    Misserfolg von ls
$ echo $?
0                                    Erfolg des ersten echo
```

(Der Rückgabewert hat nichts mit Fehlermeldungen zu tun, die auf der Standardfehlerausgabe erscheinen.)

test

`test` Das Kommando `test` wird zum Vergleich von Zahlen oder Zeichenketten und zum Überprüfen von Dateieigenschaften verwendet. Es wertet Vergleiche und logische Ausdrücke aus und liefert einen entsprechenden Rückgabewert – 0, wenn der übergebene Ausdruck »wahr« ist, sonst 1. Hierzu einige Beispiele:

`test "$x"` Bei nur einem Argument prüft `test`, ob dieses Argument *als Zeichenkette* Inhalt hat. Hier also, ob die Variable `x` etwas enthält.

Auch wenn Sie es immer wieder sehen: Verkneifen Sie sich das scheinbar kürzere »`test $x`« – es funktioniert nicht, wie Sie leicht mit »`x='3 -gt 7'`« durchspielen können.

`test $x -gt 7` Hierbei muss `x` eine Zahl darstellen. `test` überprüft dann, ob der numerische Wert von `x` größer als 7 ist. `-gt` steht für *greater than*.

test "$x" \> 10 Testet, ob die erste Zeichenkette *in einem Wörterbuch* hinter der zweiten stünde (sog. lexikografische Ordnung). Somit meldet `test 7 \> 10` Erfolg, `test 7 -gt 10` hingegen Misserfolg.

Beachten Sie die Schreibweise: »>« ist ein Sonderzeichen der Shell; damit es von der Shell nicht interpretiert wird, muss es vor ihr versteckt werden. Statt »\>« hätten Sie auch »'>'« schreiben können.

test -r "$x" Prüft, ob die Datei, deren Name in x gespeichert ist, existiert und lesbar ist.

test x -nt y Prüft, ob Datei x »neuer« ist als Datei y.

Außer der beschriebenen Langform kennt `test` auch noch eine Kurzform, bei der die zu überprüfende Bedingung in eckige Klammern gesetzt wird (mit Leerzeichen in den Klammern). So entspricht der Langform »`test "$x"`« die Kurzform »`[ "$x" ]`«. Mehr Tests stehen in der Hilfe, siehe »`help test`«.

Listen Es ist in der Shell auch möglich, »Listen« von Kommandos zu bilden, bei denen die Ausführung von Kommandos weiter hinten in der Liste vom Rückgabewert von Kommandos weiter vorne in der Liste abhängt. Mit && wird das folgende Kommando nur ausgeführt, wenn das vorige Erfolg gemeldet hat: Die Konstruktion

&&

```
[ -r /etc/default/foo ] && . /etc/default/foo
```

zum Beispiel finden Sie in vielen Init-Skripten – hier wird die Datei `/etc/default/foo` nur dann als Shellkommandos eingelesen, wenn sie tatsächlich existiert. (`/etc/default/foo` enthält mutmaßlich Variablenzuweisungen, die zur Steuerung des Init-Skripts dienen.)

||

Umgekehrt wird mit `||` das folgende Kommando nur ausgeführt, wenn das vorige *Misserfolg* gemeldet hat:

```
$ [ -d ~/dir ] || mkdir ~/dir
```

legt das Verzeichnis `~/dir` nur an, wenn es noch nicht existiert.

Listen werden immer von links nach rechts abgearbeitet, und der Rückgabewert einer Liste ist der Rückgabewert des zuletzt ausgeführten Kommandos in der Liste:

```
$ true && echo Wahr || echo Falsch
Wahr                                          true liefert Erfolg
$ false && echo Wahr || echo Falsch
Falsch                      »false && echo Wahr« liefert Misserfolg
```

(true liefert immer den Rückgabewert 0, false 1.)

Hintereinanderausführung

Eine einfachere Form einer Liste ist die simple Hintereinanderausführung von mehreren Kommandos:

```
$ date; df /home
Fr 12. Jun 16:07:02 CEST 2009
Dateisystem 1K-Blöcke  Benutzt Verfügbar Ben% Eingehängt auf
/dev/hda3    79214920  67851444   7339596  91% /home
```

Hier wird keine Rücksicht auf Rückgabewerte genommen.

Mit einem angehängten »&« können Sie Kommandos im Hintergrund ausführen. Auch das ist in Listen möglich:

```
$ date; sleep 10 & date
Fr 12. Jun 16:08:56 CEST 2009
[1] 16835
Fr 12. Jun 16:08:56 CEST 2009
$                                  Um die 10 Sekunden später ...
[1]+  Done               sleep 10
$ _
```

Das »&« können Sie überall dort verwenden, wo Sie ein Semikolon verwenden können, also – wie im Beispiel gezeigt – auch zwischen zwei Kommandos.

11.2.4 Bedingte Ausführung

if
Fallunterscheidungen

Mit dem if-Kommando lassen sich Fallunterscheidungen realisieren. Ähnlich wie bei Listen bestimmt der Rückgabewert eines Testkommandos das weitere Vorgehen. Die Struktur von if ist:

```
if ⟨Testkommando⟩
then
  ⟨Kommandos⟩
[else
  ⟨Kommandos⟩]
fi
```

War das Testkommando erfolgreich, so werden die Kommandos, die then folgen, ausgeführt, sonst die Kommandos nach dem else (falls vorhanden). Jedenfalls geht es hinter dem fi weiter.

Dies wird am besten anhand eines Beispiels klar. Das folgende Skript fragt Sie nach Ihrem Benutzernamen (den das login-Programm freundlicherweise in der Umgebungsvariablen LOGNAME hinterlegt). Wird dieser richtig eingegeben, dann wird eine Meldung der Form »Das ist korrekt« angezeigt. Wird ein anderer Wert eingegeben, kommt eine andere Meldung zurück:

```
#!/bin/bash
read -p "Geben Sie Ihren Loginnamen ein: " name
if test "$name" = "$LOGNAME"
then
    echo "Das ist korrekt!"
else
    echo "Das ist falsch!"
fi
echo "Programmende"
```

Natürlich sind Sie nicht gezwungen, test als Testkommando aufzurufen – jedes beliebige Programm, das die Konventionen über den Rückgabewert einhält, kommt in Frage. Zum Beispiel:

```
#!/bin/bash
read -p "Geben Sie einen regulären Ausdruck ein: " regexp
if grep -q "$regexp" *.txt
then
    echo "Gefunden"
else
    echo "Nicht gefunden"
fi
```

11.2.5 Schleifen

while

Für Schleifen gibt es den Befehl while. Ihm muss ein Kommando – meistens, aber nicht zwingend test – folgen. Meldet dieses Kommando Erfolg, werden alle Kommandos, die danach in do...done eingeschlossen sind, ausgeführt. Dann startet ein neuer Durchlauf: Das Kommando nach while wird ausgeführt und bei Erfolg der do-done-Block wiederholt usw. Die Struktur sieht so aus:

```
while ⟨Testkommando⟩
do
    ⟨Kommandos⟩
done
```

Das folgendes Beispiel gibt beim Aufruf die Zahlen von 1 bis 5 aus:

```
#!/bin/bash
i=1
while test $i -le 5
do
    echo $i
    i=$(( $i+1 ))
done
```

Die `$((...))`-Konstruktion berechnet den numerischen Wert des Klammerinhalts, hier wird also die Variable `i` um 1 erhöht. (`$[...]` tut dasselbe, gilt aber als veraltet.)

Auch bei `while` sind Sie nicht an `test` als Testkommando gebunden. Im folgenden Beispiel ist das besonders nützlich:

```
#!/bin/bash
while read LINE
do
    echo "--$LINE--"
done < /etc/passwd
```

Hierbei dient `read` als Testkommando. Es liest bei jedem Aufruf eine Zeile von der Standardeingabe und speichert sie in der Variable `LINE` ab. Kann `read` nichts mehr lesen, normalerweise weil das Dateiende erreicht ist, so ist sein Rückgabewert von Null verschieden. Damit läuft die `while`-Schleife so lange, bis die ganze Datei gelesen ist. Da hier die Standardeingabe der Schleife (!) umgelenkt wurde, liest und bearbeitet dieses Skript zeilenweise die Datei `/etc/passwd`.

11.2.6 Iteration

for

Eine besondere Form der Schleife stellt das `for`-Kommando dar. Mit ihm iteriert eine Variable über eine vorgegebene Liste von Werten (etwa Dateinamen oder die Kommandozeile des Skripts) und führt für jeden dieser Werte eine Kommandofolge aus.

Die Struktur von `for` ist

```
for ⟨Variable⟩ [in ⟨Liste⟩]
do
    ⟨Kommandos⟩
done
```

und lässt sich wieder am besten anhand eines kleinen Testprogramms verstehen:

```
#!/bin/bash
for i in eins Zwei DREI
do
    echo $i
done
```

Die Ausgabe sieht so aus:

```
$ fordemo
eins
Zwei
DREI
```

Das Praktische an `for` ist, dass Sie die Liste, über die iteriert wird, auch erst zur Laufzeit des Skripts erstellen können. So läuft in

```
#! /bin/bash
for i in *
do
    mv "$i" "$i.txt"
done
```

die Variable `i` über alle Dateinamen, die sich im aktuellen Verzeichnis befinden. Dadurch werden alle Dateien umbenannt.

Wenn Sie die Liste ganz weglassen, so iteriert `i` über die Argumente, die Sie dem Skript mitgeben, `i` nimmt also nacheinander die Werte $1, $2, … an.

⇨ bash(1)

seq Nützlich für `for` ist auch das Kommando `seq`, das eine Folge von Zahlen ausgibt:

```
$ seq 3
1
2
```

```
3
$ seq -s " " 1 10
1 2 3 4 5 6 7 8 9 10
$ seq -s , 1 3 12
1,4,7,10
```

Damit können Sie Kombinationen bilden wie

```
#!/bin/bash
for monat in `seq -w 12`
do
   mkdir bilanz$monat
done
```

➪ seq(1)

11.2.7 Weg ohne Wiederkehr – exec

Wenn Sie aus der Shell ein Kommando starten, dann erzeugt die Shell zu dessen Ausführung normalerweise einen Kindprozess. Wenn das Kommando fertig ist, verschwindet der Kindprozess von selbst wieder. Mit dem Kommando exec kann die Shell ihren *eigenen* Programmcode durch den eines Kommandos ersetzen – die Shell wird also beendet und statt dessen das andere Kommando ausgeführt:

```
$ bash                                  Frische Shell starten
$ echo $$                          Aktuelle Prozessnummer?
24808
$ exec tcsh                          Bash durch tcsh ersetzen
red:~> echo $$                     Aktuelle Prozessnummer?
24808                                      Derselbe Prozess!
```

Nützlich ist das zum Beispiel für Skripte, deren Hauptaufgabe darin besteht, die Umgebung für ein anderes Programm herzurichten. Mit einem exec am Schluss vermeiden Sie es, eine untätige Shell im Speicher und der Prozesstabelle herumliegen zu haben.

➪ bash(1), Abschnitt »SHELL BUILTIN COMMANDS«

Kapitel 12

SQL

In diesem Kapitel ...

- lernen Sie die Grundlagen von SQL kennen
- erfahren Sie, wie man einfache Tabellen definiert
- lernen Sie Daten in Tabellen einzufügen, zu ändern und zu löschen
- lernen Sie einfache SQL-Abfragen zu formulieren

12.1 Warum SQL?

SQL (kurz für *Structured Query Language*, ausgesprochen »Ess-Kuh-Ell«) ist eine standardisierte Sprache zur Definition, Abfrage und Manipulation relationaler Datenbanken. Für Linux stehen diverse SQL-Implementierungen zur Verfügung, neben den populären freien Datenbankservern MySQL und PostgreSQL auch alle gängigen proprietären Datenbankserver wie Oracle, Sybase, DB2 & Co. Interessant ist auch SQLite, eine SQL-Datenbank, die als Bibliothek (Abschnitt 10.1) in andere Programme eingebaut werden kann und so erlaubt, mit sehr wenig Aufwand die Vorzüge relationaler Datenbanken zu nutzen. SQL wurde in den frühen 1970er Jahren von IBM entwickelt und ist inzwischen international standardisiert.

Tupel
Tabellen

Relationale Datenbanken verwalten Datensätze (im Jargon »Tupel« genannt) in »Tabellen«. Sie können sich das informell veranschaulichen, indem Sie sich ein großes Blatt Papier vorstellen, das in Zeilen und Spalten aufgeteilt ist. Die Zeilen stellen einzelne Datensätze und die Spalten einzelne Eigenschaften eines Datensatzes dar (Bild 12.1). Das Datenbanksystem macht es einfach, aus einer solchen Menge von Tupeln diejenigen herauszusuchen, die gewisse Anforderungen erfüllen (etwa die Nachnamen aller Personen, die ein Raumschiff namens »USS Enterprise« kommandieren).

Normalisierung

Interessant wird das Ganze durch das Konzept der »Normalisierung«: Wenn Sie sich das Beispiel genau anschauen, wird Ihnen

Vorname	Nachname	Schiff	Film
James T.	Kirk	USS Enterprise	Star Trek
James T.	Kirk	USS Enterprise	S T: Generations
Willard	Decker	USS Enterprise	Star Trek
Jean-Luc	Picard	USS Enterprise	S T: Generations
Han	Solo	Millennium Falcon	Star Wars 4
Han	Solo	Millennium Falcon	Star Wars 5
Wilhuff	Tarkin	Death Star	Star Wars 4
Malcolm	Reynolds	Serenity	Serenity

Bild 12.1: Eine Datenbanktabelle: Berühmte Raumschiffkommandanten im Kino

Person	Vorname	Nachname	Schiff
1	James T.	Kirk	1
2	Willard	Decker	1
3	Jean-Luc	Picard	2
4	Han	Solo	3
5	Wilhuff	Tarkin	4
6	Malcolm	Reynolds	5

Schiff	Name
1	USS Enterprise
2	USS Enterprise
3	Millennium Falcon
4	Death Star
5	Serenity

Film	Titel	Jahr	Budget (Mio.$)
1	Star Trek	1979	46
2	Star Trek: Generations	1994	35
3	Star Wars 4	1977	11
4	Star Wars 5	1980	33
5	Serenity	2005	39

PersonFilm	Person	Film
1	1	1
2	1	2
3	2	1
3	3	2
4	4	3
5	4	4
6	5	3
7	6	5

Bild 12.2: Berühmte Raumschiffkommandanten im Kino (normalisiert)

auffallen, dass die Namen von einigen Personen, Raumschiffen und Filmen mehrmals vorkommen. Das bedeutet aber, dass man auch Änderungen mitunter mehrmals machen müßte – und es besteht die Gefahr, dass man eine Stelle vergisst und die Daten so inkonsistent werden. Stattdessen werden die Daten »normalisiert«: Wir wissen, dass der »James T. Kirk« aus den ersten beiden Tupeln tatsächlich dieselbe Person ist, die »USS Enterprise« aus den ersten drei Tupeln und die aus dem vierten jedoch verschiedene Raumschiffe[1]. Wir können unsere Tabelle also in drei aufteilen, je eine für die Personen, Schiffe und Filme. Das Ergebnis ist in Bild 12.2 zu sehen. Beachten Sie die folgenden Punkte:

Fremdschlüssel

- Die ursprüngliche Tabelle ist zur neuen Tabelle »Person« mutiert, aus der die Spalten mit dem Schiffsnamen und dem Filmnamen entfernt wurden. Statt dessen wird das Schiff nur noch über einen »Fremdschlüssel« angegeben, der auf ein Tupel in der Tabelle »Schiff« verweist. Dieser Fremdschlüssel erlaubt es uns, den Umstand auszudrücken, dass Willard Decker und James T. Kirk die »alte« USS Enterprise kommandiert haben, Jean-Luc Picard hingegen die »neue«. Man spricht hier auch von einer »$1 : n$-Beziehung«, weil dasselbe Schiff im Laufe seiner Existenz mehrere Kommandanten haben kann.
- Da sowohl dieselbe Person in mehreren Filmen auftreten als auch derselbe Film mehr als eine Person aus der Liste enthalten kann, läßt die Beziehung zwischen Personen und Filmen sich nicht wie die zwischen Personen und Schiffen über einen einfachen Fremdschlüssel in der Tabelle »Person« abbilden. (So etwas nennt man auch eine »$m : n$-Beziehung«.) Stattdessen führen wir eine weitere Tabelle ein, deren Tupel jeweils eine Aussage der Form »Person x erscheint in Film y« darstellen.
- Wir haben ein paar Spalten zur Tabelle »Film« hinzugefügt, um die Daten interessanter zu machen.

Das »Datenmodell« ist so natürlich auf den ersten Blick etwas unübersichtlicher, aber dafür ist hier jede Information nur an einer einzigen Stelle abgelegt, was es im »wirklichen Leben« wesentlich leichter macht, den Überblick zu behalten.

[1] Naja, Trekkies wie wir wissen das. Es *nicht* zu wissen ist aber vielleicht nicht wirklich ehrenrührig.

SQLite

Im Rest dieses Kapitel verwenden wir SQLite zur Illustration von SQL. SQLite ist bei den gängigen Distributionen entweder standardmäßig mitgeliefert oder läßt sich leicht aus den üblichen Paketquellen nachinstallieren. Wenn Sie eine Wahl haben, dann installieren Sie die Version 3; die Version 2 wird nur noch aus Kompatibilitätsgründen mitgeschleppt.

➪ SQLite-Dokumentation ist entweder Teil Ihres SQLite-Pakets oder (in aktueller Form) unter `http://www.sqlite.org/` zu besichtigen.

12.2 Tabellen definieren

Datentypen

Datenbankschema

Bevor Sie eine SQL-Datenbank mit Daten füllen können, müssen Sie definieren, wie die einzelnen Tabellen heißen sollen, welche Namen die Spalten haben sollen und welche Werte in einer Spalte abgelegt werden dürfen. SQL unterstützt eine reichhaltige Auswahl von Datentypen wie »Zeichenkette« oder »ganze Zahl«, auf die Sie bei der Definition der Spalten einer Tabelle zurückgreifen können. Die Gesamtheit der Tabellendefinitionen einer SQL-Datenbank nennen wir übrigens auch »Datenbankschema«.

Die Details der Tabellendefinition weichen zwischen den verschiedenen Datenbanksystemen subtil voneinander ab. Tabellendefinition ist für LPIC-1 auch nicht prüfungsrelevant, so dass wir uns auf das absolute Minimum beschränken. (Sehen Sie es als interessante und wichtige Übung an, das hier Gesagte auf den Rest unseres Beispiels anzuwenden.) In SQLite-Syntax könnte eine Definition der Tabelle »Person« aus unserem Beispiel ungefähr so aussehen:

```
CREATE TABLE person (
  id        INTEGER PRIMARY KEY,
  vorname   VARCHAR(20),
  nachname  VARCHAR(20),
  schiff_id INTEGER
);
```

INTEGER
VARCHAR

PRIMARY KEY

Primärschlüssel

Dabei stehen `INTEGER` und `VARCHAR(20)` für die SQL-Datentypen »ganze Zahl« und »Zeichenkette von bis zu 20 Zeichen Länge«. Mit »`PRIMARY KEY`« wird die Spalte `id`, die der »laufenden Nummer« der Person in der Beispieltabelle in Bild 12.2 entspricht, zum »Primärschlüssel« erklärt. Das heißt, die Datenbank kümmert sich darum, dass jeder Wert in dieser Spalte nur einmal vorkommt, und die Werte hier kommen als »Fremdschlüssel« in Tupeln aus anderen Tabellen in Frage (im Falle von `person` etwa in der Tabelle, die Personen und Filme zusammenbringt).

SQLite-Eingabe

Tabellendefinitionen wie diese können Sie in einer Datei ablegen, die Sie dann SQLite ungefähr so verfüttern:

```
$ sqlite3 comm.db <commanders-schema.sql
```

Hierbei wird die Datenbank in der Datei `comm.db` untergebracht. SQLite übernimmt immer den Namen der Datenbankdatei als Parameter; wenn die Datei schon existiert, wird sie geöffnet, ansonsten wird sie neu angelegt.

interaktive Sitzung

Wenn Sie `sqlite3` aufrufen, ohne die Standardeingabe umzulenken, bekommen Sie eine interaktive Sitzung:

```
$ sqlite3 comm.db
SQLite version 3.5.9
Enter ".help" for instructions
sqlite> .tables
film        person      personfilm  schiff
sqlite> .schema schiff
CREATE TABLE schiff (
  id        INTEGER PRIMARY KEY,
  name      VARCHAR(20),
);
sqlite> _
```

(SQLite bietet diverse »Verwaltungskommandos« an, deren Namen alle mit einem Punkt anfangen – im Beispiel zeigen wir `.tables`, das die Tabellen in der Datenbank auflistet, und `.schema`, mit dem Sie sich das Datenbankschema anschauen können. Es gibt aber noch einige mehr; `.help` zeigt die komplette Liste.)

12.3 Datenmanipulation und Abfragen

SQL erlaubt nicht nur die Definition von Datenbankschemata, sondern auch das Einbringen, Ändern, Abfragen und Löschen von Daten (Tupeln). Maßgeblich dafür ist natürlich das jeweils aktuelle Datenbankschema. Sie könnten zum Beispiel ein paar Raumschiffe und Filme in die Datenbank aufnehmen:

```
sqlite> INSERT INTO schiff VALUES (1, 'USS Enterprise');
sqlite> INSERT INTO schiff VALUES (2, 'USS Enterprise');
sqlite> INSERT INTO film VALUES (1, 'Star Trek', 1979, 46);
sqlite> INSERT INTO film VALUES (2,
   ...>      'Star Trek: Generations', 1994, 35);
```

Auch Personen und Tupel in der Person-Film-Beziehung können Sie entsprechend eingeben:

```
sqlite> INSERT INTO person VALUES (1,'James T.','Kirk',1);
sqlite> INSERT INTO person VALUES (2,'Willard','Decker',1);
sqlite> INSERT INTO personfilm VALUES (NULL, 1, 1);
sqlite> INSERT INTO personfilm VALUES (NULL, 1, 2);
sqlite> INSERT INTO personfilm VALUES (NULL, 2, 1);
```

Beachten Sie, wie wir für die Fremdschlüssel `schiff_id` in der Tabelle `person` sowie `person_id` und `film_id` in `personfilm` die Primärschlüssel der jeweiligen Tupel aus den anderen Tabellen angeben.

Mit dem Datenbestand aus Bild 12.2 in unserer Datenbank können wir uns jetzt einige Abfragen anschauen. Alle Tupel einer Tabelle erhalten wir wie folgt:

Abfragen
Alle Tupel

```
sqlite> SELECT * FROM schiff;
1|USS Enterprise
2|USS Enterprise
3|Millennium Falcon
4|Death Star
5|Serenity
```

Der Stern (»*«) steht dabei für »alle Spalten«. Wenn Sie nur bestimmte Spalten haben möchten, müssen Sie sie aufzählen:

bestimmte Spalten

```
sqlite> SELECT vorname, nachname FROM person;
James T.|Kirk
Willard|Decker
Jean-Luc|Picard
<<<<<
```

Sie sind nicht darauf angewiesen, die Werte von Spalten so auszugeben, wie sie in der Datenbank stehen, sondern können mit ihnen »Ausdrücke« bilden, etwa um zu rechnen:

Ausdrücke

```
sqlite> SELECT titel, budget * 0.755 FROM film;
Star Trek|34.73
Star Trek: Generations|26.425
Star Wars 4|8.305
<<<<<
```

(Ob es Sinn ergibt, Dollars von 1977 in Euros von 2009 umzurechnen, steht natürlich auf einem anderen Blatt.)

Aggregatfunktionen

»Aggregatfunktionen« machen es möglich, etwa Summen oder Mittelwerte von Spalten aller Tupel zu berechnen. Zum Beispiel können Sie die Anzahl und das durchschnittliche Budget aller Filme in der Datenbank (Inflation wird ignoriert) wie folgt bestimmen:

```
sqlite> SELECT COUNT(budget), AVG(budget) FROM film;
5|32.8
```

Hier bekommen Sie natürlich nur noch ein Tupel als Resultat.

Gruppierung

Interessant gerade im Zusammenhang mit Aggregatfunktionen ist auch die Möglichkeit, Tupel »gruppenweise« zu betrachten. Angenommen, uns interessiert das durchschnittliche Budget der Filme, die in einem Jahrzehnt produziert wurden, für alle Jahrzehnte in der Datenbank. Dann können wir etwas benutzen wie

```
sqlite> SELECT jahr/10, AVG(budget) FROM film
   ...>     GROUP BY jahr/10;
197|28.5
198|33.0
199|35.0
200|39.0
```

(Vielleicht ist das nicht das genialste mögliche Ausgabeformat, aber es tut, was es soll.) Die »`GROUP BY`«-Klausel definiert dabei, dass alle Tupel, bei denen `jahr/10` denselben Wert ergibt, gemeinsam betrachtet werden sollen, und die Spaltenangaben beziehen sich dann jeweils auf alle Tupel in einer solchen Gruppe. Das heißt, das `AVG(budget)` berechnet nicht mehr den Durchschnitt über *alle* Tupel, sondern nur noch über diejenigen Tupel, die sich eine Gruppe teilen.

Tupel auswählen

Oft wollen Sie nicht mit allen Tupeln einer Tabelle etwas anfangen, sondern nur mit einem Teil davon, den Sie gemäß gewisser

Kriterien auswählen wollen. Auch das geht mit SELECT. Hier zum Beispiel die Liste aller Filme in unserer Datenbank, die seit 1980 gedreht wurden:

```
sqlite> SELECT titel, jahr FROM film WHERE jahr >= 1980;
Star Trek: Generations|1994
Star Wars 5|1980
Serenity|2005
```

Sortieren

Sie können die Ausgabe auch sortieren:

```
sqlite> SELECT titel, jahr FROM film WHERE jahr >= 1980
   ...>     ORDER BY jahr ASC;
Star Wars 5|1980
Star Trek: Generations|1994
Serenity|2005
```

»ASC« steht hier für »aufsteigend« (engl. *ascending*), das Gegenteil wäre »DESC« (engl. *descending*).

Sub-SELECTs

In der WHERE-Klausel dürfen Sie andere SELECT-Kommandos verwenden, vorausgesetzt, diese liefern etwas, was zu dem betreffenden Ausdruck passt. Hier ist die Liste der Filme mit überdurchschnittlichem Budget:

```
sqlite> SELECT titel, jahr FROM film
   ...>    WHERE budget > (SELECT AVG(budget) FROM FILM);
Star Trek|1979
Star Trek: Generations|1994
Star Wars 5|1980
Serenity|2005
```

Tupel ändern

Ändern können Sie Tupel mit dem Kommando UPDATE:

```
sqlite> UPDATE person SET vorname='James Tiberius' WHE-
RE id=1;
sqlite> SELECT vorname, nachname FROM person WHERE id=1;
James Tiberius|Kirk
```

Die WHERE-Klausel ist hier extrem wichtig, damit Änderungen gezielt stattfinden. Ein Ausrutscher, und die Katastrophe ist perfekt:

```
sqlite> UPDATE person SET vorname='James Tiberius';
sqlite> SELECT vorname || ' ' || nachname FROM person;
James Tiberius Kirk
```

```
James Tiberius Decker
James Tiberius Picard
<<<<<
```

Wobei Sie sich das natürlich auch sinnvoll zunutze machen können:

```
sqlite> UPDATE film SET budget=budget * 0.755;   Alles in Euro
```

Tupel löschen

Zu guter Letzt können Sie mit `DELETE FROM` Tupel löschen. Die Warnung über `WHERE` gilt auch hier:

```
sqlite> DELETE FROM person WHERE nachname='Tarkin';
```

Alle Tupel in einer Tabelle löschen Sie mit

```
sqlite> DELETE FROM person;          Kids, don't try this at home
```

12.4 Relationen

Wirklich interessant werden SQL-Abfragen da, wo Sie mehrere Tabellen zusammenbringen. Es könnte zum Beispiel sein, dass Sie eine Liste aller Kommandanten zusammen mit den Namen ihrer Schiffe haben möchten (in den Tupeln in `person` stehen ja nur die Primärschlüssel der Schiffe):

```
sqlite> SELECT * FROM person, schiff
   ...>     WHERE person.schiff_id=schiff.id;
1|James T.|Kirk|1|1|USS Enterprise
2|Willard|Decker|1|1|USS Enterprise
3|Jean-Luc|Picard|2|2|USS Enterprise
<<<<<
6|Malcolm|Reynolds|5|5|Serenity
```

Das ist natürlich erst mal ganz schön starker Tobak. Aber eins nach dem anderen:

- Das Geheimnis hinter unserem Erfolg ist wieder mal die `WHERE`-Bedingung. Sie setzt den Fremdschlüssel in `person` in *Relation* zum Primärschlüssel in `schiff` und sorgt so dafür, dass die passenden Tupel zusammengebracht werden.
- Die Ausgabe sieht etwas unaufgeräumt aus, was daran liegt, dass einfach immer ein Tupel aus `person` und eins aus `schiff` hintereinandergehängt werden. In Wirklichkeit brauchen wir

nicht sowohl `schiff_id` aus `person` und `id` aus `schiff`, wenn wir sowieso als Nächstes den Schiffsnamen ausgeben. Etwas wie

```
sqlite> SELECT vorname, nachname, name FROM ⋘
James T.|Kirk|USS Enterprise
⋘
```

würde völlig genügen. Das funktioniert allerdings nur, weil die Spalten alle verschiedene Namen haben und SQLite darum weiß, auf welche Tabelle die einzelnen Namen sich beziehen. Hieße die Spalte `nachname` in `person` zum Beispiel auch einfach nur `name`, gäbe es Verwirrung mit der Spalte `name` in `schiff`.

Das hier gezeigte Beispiel für das Zusammenbringen von zwei Tabellen funktioniert, ist aber mit Vorsicht zu genießen: Das Datenbanksystem konstruiert zumindest konzeptuell das kartesische Produkt beider Tabellen und wirft dann alle entstehenden Tupel weg, die nicht auf die `WHERE`-Bedingung passen. Das heißt, es passiert in etwa das Folgende:

```
              Bedingung: Vierte und fünfte Spalte müssen gleich sein
1|James T.|Kirk|1|1|USS Enterprise   OK, passt; in die Ausgabe
1|James T.|Kirk|1|2|USS Enterprise      Passt nicht; weg damit!
1|James T.|Kirk|1|3|Millennium Falcon                   Upps ...
⋘
4|Han|Solo|3|2|USS Enterprise                  Nicht wirklich ...
4|Han|Solo|3|3|Millennium Falcon   OK, passt; in die Ausgabe
4|Han|Solo|3|4|Death Star                                 Seufz
⋘                                               Stunden später
6|Malcolm|Reynolds|5|5|Serenity              OK, passt (Pust.)
```

In unserem Spielzeugbeispiel ist das noch nicht wirklich ein Problem, aber wenn Sie sich vorstellen, dass das Finanzamt die Arbeitgeber aller Steuerzahler bestimmen möchte ...

Aus diesem Grund gibt es in SQL die Möglichkeit, direkt zu sagen, welche Kombinationen von Tupeln Sie interessant finden, anstatt *alle* möglichen Kombinationen zu erzeugen und dann die Uninteressanten zu verwerfen. Und das sieht so aus:

```
sqlite> SELECT * FROM person
   ...>   JOIN schiff ON person.schiff_id=schiff.id;
                                        Ergebnis: siehe oben
```

(Ob das in der Praxis wirklich ein Problem darstellt, hängt auch von Ihrem Datenbanksystem ab. Ein großer Anteil des Entwicklungsaufwands für ein Datenbanksystem geht in die »Abfrageoptimierung«, also den Teil, der entscheidet, wie genau SELECT-Kommandos abgearbeitet werden.)

Abfrageoptimierung

Wenn Sie wissen wollen, welcher Kommandant in welchem Film aufgetreten ist, müssen Sie die personfilm-Tabelle heranziehen:

```
sqlite> SELECT vorname, nachname, titel FROM person p
   ...>     JOIN personfilm pf ON p.id=pf.person_id
   ...>     JOIN film f ON pf.film_id=f.id;
James T.|Kirk|Star Trek
James T.|Kirk|Star Trek: Generations
Willard|Decker|Star Trek
Jean-Luc|Picard|Star Trek: Generations
Han|Solo|Star Wars 4
Han|Solo|Star Wars 5
Wilhuff|Tarkin|Star Wars 4
Malcolm|Reynolds|Serenity
```

Auch Relationen zwischen drei (und mehr) Tabellen sind demnach kein Problem – Sie müssen nur den Überblick behalten!

Ausblick

SQL ist ein Thema, über das man ohne Weiteres auch mehrbändige Werke verfassen könnte. In diesem Kapitel finden Sie aber alles, was Sie für die LPIC-1-Prüfung über SQL wissen müssen (für einen gutdotierten Job als Datenbankadministrator dürfte es leider noch nicht ganz reichen).

Gerade SQLite wird aber zunehmend populär als Methode für Anwendungsprogramme, strukturierte Daten zu speichern – Beispiele wie der Web-Browser Firefox oder die Programme Amarok (Medienplayer) und Digikam (Digitalfotoverwaltung) aus KDE drängen sich auf. Stöbern Sie ruhig einmal auf Ihrem System nach SQLite-Dateien (wie?) – mit `sqlite3` und Kommandos wie `.tables`, `.schema` und `SELECT` können Sie ruhig mal einen Blick in diese riskieren.

Kapitel 13 Die Grafikoberfläche X11

In diesem Kapitel ...

- erfahren Sie etwas über die Struktur und Funktionsweise von X11
- erhalten Sie einen Überblick über die Konfigurationsmöglichkeiten von X11
- lernen Sie verschiedene Methoden zum Start von X11 kennen
- erfahren Sie mehr über die Funktionsweise und Konfiguration von Displaymanagern

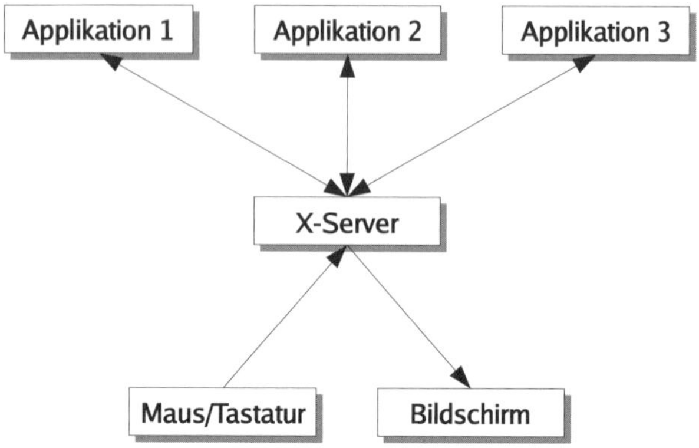

Bild 13.1: X11 als Client-Server-System

13.1 Grundlagen von X11

13.1.1 Überblick

Das *X Window System*, kurz »X11« oder »X«[1], ist eine grafische Betriebsumgebung, die 1985–1987 am MIT (*Massachusetts Institute of Technology*) entwickelt wurde. X11 stammt ursprünglich aus dem MIT-Projekt »Athena« und wurde danach unter den Auspizien des »X-Konsortiums« weitergeführt, das später in der *Open Group* aufging. Die kanonische Implementierung von X11 für Linux heißt »X.org« (es gibt andere, aber die sind nicht von praktischer Bedeutung).

⇨ Die *X.Org Foundation*: `http://www.x.org/`

X-Protokoll Grundlage von X11 ist das **X-Protokoll**, eine Methode zur Übertragung von grafischen Grundoperationen über eine Netzverbindung. X11 ist ein Client-Server-System, wenn auch etwas anders als sonst: Der **X-Server** läuft auf einem Arbeitsplatzrechner mit Grafikkarte, Maus, Grafiktablett oder ähnlichen Peripheriegeräten, und **X-Clients** – Anwendungsprogramme, die entweder lokal oder

[1]... aber *niemals* »X Window«. Das geflügelte Wort ist *"It's a window system called 'X', not a system called 'X Window'."*. Der Vorläufer von X hieß »W«.

auf einem entfernten Rechner (z. B. auf einem Großrechner) laufen – schicken ihm Grafikbefehle über das X-Protokoll. Umgekehrt schickt der X-Server Ereignisse, etwa Tastendrücke und Mausbewegungen, an die X-Clients zurück.

Grafikoperationen

Die Operationen des X-Protokolls sind ziemlich primitiv – es unterstützt vor allem simple Grafikoperationen wie das Zeichnen von Punkten, Linien, Kreisen, Rechtecken und die Anzeige von Zeichenketten. Außerdem gibt es Funktionen zur Verwaltung von **Fenstern** – rechteckigen Bereichen auf dem Bildschirm, die Ziel von Ereignissen wie Mausklicks oder Tastendrücken sein können – und für die interne Organisation. Das heißt, wenn eine Anwendung zum Beispiel ein Aufklappmenü anbietet, muss der X-Server der Anwendung einen Mausklick auf die Schaltfläche des Menüs melden; die Anwendung schickt dann die notwendigen Befehle zur Darstellung des Menüs und übernimmt – vom X-Server mit einem stetigen Strom von Mausbewegungsnachrichten versorgt – die Interaktion mit dem Benutzer, bis dieser sich schließlich für einen Menüeintrag entscheidet.

Fenster

Unter Linux tauschen X-Clients und -Server X-Protokollnachrichten normalerweise über Unix-Domain-Sockets aus, also schnelle Verbindungen für Programme auf demselben Rechner. Es spricht aber nichts dagegen, X-Protokollnachrichten über TCP/IP zu transportieren. X-Clients können also ohne Weiteres auf Rechnern laufen, die selber im Extremfall gar keine Grafikhardware haben, solange sie über das Netz mit einem X-Server auf einem anderen Rechner kommunizieren können.

DISPLAY

Grundsätzlich können auf einem einzigen Rechner diverse Clients gestartet werden, die jeweils andere X-Server nutzen. Die interessante Frage, die sich hier stellt, ist, wie ein Client herausfindet, mit welchem Server er reden soll, und die Antwort lautet »Über die Umgebungsvariable `DISPLAY`«. Um den X-Server auf dem Rechner `red.example.com` anzusprechen, müssen Sie

```
DISPLAY=red.example.com:0
```

setzen. Das »`:0`« am Ende steht für den ersten X-Server auf diesem Rechner. `red.example.com:0` nennt man den »Displaynamen«.

Umgekehrt hält Sie niemand davon ab, auf demselben Rechner mehr als einen X-Server laufen zu lassen. Es gibt heute relativ billige »Port-Extender«, die Anschlüsse für eine Tastatur, eine Maus und einen Monitor haben und über USB mit einem PC verbunden werden. Sie können so auf einem normalen PC mehr als einen Arbeitsplatz haben, was zum Beispiel für die gängigen Büroanwendungen überhaupt kein Problem darstellt. In so einem Fall wird pro Arbeitsplatz ein X-Server konfiguriert, und die weiteren X-Server auf dem Rechner `red.example.com` heißen dann entsprechend `red.example.com:1`, `red.example.com:2`, … Wenn Sie einen X-Server in dieser Form ansprechen, heißt das, dass Sie über TCP/IP mit ihm reden wollen. (Wenn die Zahl hinter dem Doppelpunkt n ist, dann versucht der Client, mit dem TCP-Port $6000 + n$ auf dem betreffenden Rechner Kontakt aufzunehmen. Dort lauscht dann der entsprechende X-Server auf Verbindungen.) Möchten Sie die Verbindung lieber über ein Unix-Domain-Socket herstellen – was unbedingt zu empfehlen ist, wenn Server und Client auf demselben Rechner laufen –, dann verwenden Sie die Namen `unix:0`, `unix:1` usw., oder einfach `:0`, `:1`, ….

Prinzipiell können Sie außer einem X-Server auf einem Rechner auch noch gezielt einen Bildschirm ansprechen, der von diesem X-Server kontrolliert wird, indem Sie einen Punkt und die Bildschirmnummer anhängen, also zum Beispiel `red.example.com:0.0` für den ersten Bildschirm des ersten X-Servers auf `red`. Wir erwähnen das hier nur der Vollständigkeit halber, denn selbst wenn Sie mehrere Monitore an einen Linux-Rechner anschließen, dann funktionieren diese normalerweise als ein großer »logischer« Bildschirm, was viel bequemer ist, wenn Sie tatsächlich davorsitzen – aber keine individuelle Adressierung der einzelnen Monitore zuläßt. (Der Vorteil des großen logischen Bildschirms ist, dass Sie Fenster von einem Monitor auf den anderen verschieben können. Fenster können auch zur Hälfte auf einem Monitor liegen und zur Hälfte auf einem anderen. Normalerweise ist das heutzutage das, was man will.)

Sicherheitslücke

Dass Sie über einen geeigneten Displaynamen die X-Server auf beliebigen entfernten Rechnern adressieren können, heißt noch lange nicht, dass diese X-Server tatsächlich mit Ihren Clients reden wollen – in der Tat wäre es eine gravierende Sicherheitslücke, wenn Sie beliebigen Clients (nicht bloß Ihren eigenen) Zugriff auf Ihren X-Server geben würden. Außerdem kann jeder, der den TCP-

Datenverkehr zwischen Clients und Server verfolgen kann, sehen, was der Client auf dem Bildschirm zeichnet. Darum zieht man es heute meist vor, nur lokale Verbindungen zuzulassen und den Fernzugriff durch »X11 Forwarding« über die Secure Shell (Abschnitt 18.4) zu realisieren. Dabei wird das X-Protokoll verschlüsselt, so dass Mithörer nicht auf die Grafikausgabe (und die Maus- und Tastatureingaben des Benutzers) rückschließen können.

X11 Forwarding

Außer über die Umgebungsvariable `DISPLAY` können Sie den Server bei den meisten Clients auch auf der Kommandozeile mit einer Option wie »`-display red.example.com:0`« auswählen. Mit der Umgebungsvariablen ist es aber bequemer. Wenn Sie sich in einer grafischen Umgebung anmelden, dann sollte `DISPLAY` ohne Ihr Zutun korrekt gesetzt werden. Sie müssen sich also außer in Ausnahmefällen nicht selber darum kümmern.

Hier noch schnell ein paar Begriffsdefinitionen aus dem X11-Umfeld:

Fenstermanager (*window manager*) Ein spezieller X11-Client, dessen Aufgabe es ist, über die Platzierung (Position und Vordergrund/Hintergrund) der Fenster auf dem Bildschirm zu entscheiden. Clients dürfen zwar Vorschläge machen, aber der Fenstermanager (und damit der Benutzer) hat das letzte Wort. Es gibt diverse Fenstermanager mit unterschiedlichen Philosophien, etwa was überlappende Fenster angeht – manche Benutzer bevorzugen Fenstermanager, die den Bildschirm mit Fenstern »kacheln« und Überlappungen entweder vermeiden oder gar verbieten.

Displaymanager Ein Programm, das sich um die Verwaltung des X-Servers (oder der X-Server) auf einem Rechner kümmert. Der Displaymanager erlaubt, dass ein Benutzer sich in einer grafischen Umgebung anmeldet, und baut anschließend eine grafische Sitzung für ihn auf. Viele Displaymanager unterstützen auch Sitzungsverwaltung (engl. *session management*), das heißt, sie versuchen beim Abmelden den aktuellen Zustand der Sitzung zu speichern und beim Wiederanmelden dann wieder herzustellen.

Sitzungsverwaltung

Toolkit Eine Programmierumgebung für X-Clients. Toolkits stellen Programmierern bequeme Funktionalität zur Verfügung, um die Grafikausgabe eines Programms und dessen Umgang mit Ereignissen wie Mausklicks, Tastendrücken und ähnlichem zu beschreiben. Diese Funktionalität wird dann vom Toolkit auf X11-Protokollnachrichten abgebildet.

Arbeitsumgebung (*desktop environment*) Als X11 neu war, ging es den Entwicklern vorrangig darum, die technischen Möglichkeiten zur Verfügung zu stellen, die für grafische Anwendungen gebraucht werden. Es war ihnen weniger wichtig, Spielregeln zu definieren, wie diese Anwendungen aussehen und sich benehmen sollten. Über die Jahre entwickelte sich das zu einem Problem, weil fast jedes größere Programm seine eigenen Konventionen hatte. Arbeitsumgebungen wie KDE oder GNOME setzen auf X11 auf und versuchen, (jeweils) einheitliche Standards für Aussehen und Bedienung einer Vielzahl nützlicher Programme zu definieren und Programme anzubieten, die diese Standards tatsächlich umsetzen und eine angenehme und konsistente *user experience* zu schaffen.

KDE
GNOME

13.2 Installation und Konfiguration von X11

13.2.1 Installation

Grafik nötig?

Bevor Sie eine grafische Oberfläche installieren, sollten Sie sich überlegen, ob der Rechner überhaupt eine braucht. Bei Arbeitsplatzrechnern ist das meist keine Frage, aber auf den meisten Servern ist ein X-Server überhaupt nicht nötig (auch wenn es sich mitunter lohnen kann, die X-Bibliotheken für die Client-Seite zu installieren). Die Verwendung grafischer Administrationsprogramme auf einem Server ist dank der Netzwerktransparenz von X11 auch von einem Arbeitsplatzrechner aus möglich.

Systemanforderungen

Es gibt minimale Systemanforderungen für Rechner, auf denen ein X11-Server laufen soll. Wir erwähnen diese hier nicht, um uns nicht lächerlich zu machen, da sie im 21. Jahrhundert von Mobiltelefonen und kleinen Netbooks fast um Größenordnungen übertroffen werden (nicht dass viele Mobiltelefone tatsächlich X11 benutzen, aber theoretisch wäre es kein Problem). Die einzige interessante Frage dieser Tage ist, ob es für den Grafikchip im Rechner (auf demselben Chip wie die CPU oder auf einer zusätzlichen

Steckkarte) passende Treiber gibt. In der Regel ist das kein Problem, nur bei exotischer – also nicht von einem der drei »Platzhirsche« Intel, AMD und nVidia hergestellter – oder extrem neuer Hardware kann es (temporäre) Schwierigkeiten geben.

3D-Grafik

Ernstgemeinte Computergrafik ist heute 3D-Grafik, auch wenn das Dargestellte überhaupt nicht dreidimensional aussieht. Im Idealfall können Anwendungsprogramme mit etwas Schützenhilfe von X.org direkt die spezielle 3D-Hardware des Grafikchips ansprechen und in rasender Geschwindigkeit erstaunliche und wundersame Dinge auf den Bildschirm bringen. Im Nicht-Idealfall werden Teile der 3D-Grafik von der CPU berechnet, und das ist für »Büroanwendungen« immer noch schnell genug. Für den Idealfall brauchen Sie einen Kernel-Treiber für Ihren Grafikchip und einen weiteren Treiber für X.org. Der erstere kümmert sich um die Grundkonfiguration der Grafik und um Basisoperationen, der letztere um die Operationen des X-Protokolls.

X11 hat keine 3D-Grafikprimitive, und so beschränkt sich die »Schützenhilfe«, die X.org liefern kann, bei 3D-Clients in der Regel darauf, dem Client ein Stück Speicher auf der Grafikkarte zur Verfügung zu stellen, in das er mit direkten 3D-Operationen – typischerweise mit einer Grafiksprache wie OpenGL – seine Grafikausgabe zeichnet. Ein spezieller X11-Client, der »Compositor«, kümmert sich dann darum, die Grafikausgabe verschiedener Clients in der richtigen Reihenfolge »aufzustapeln« und mit Effekten wie Durchsichtigkeit, Schattenwurf usw. zu verbrämen. Heutzutage fungieren Fenstermanager meist auch als Compositor.

Unterstützung?

Wenn Sie herausfinden wollen, ob Ihr Grafiksystem von Linux und X.org unterstützt wird, ist es das Einfachste, das System mit einem geeigneten (möglichst aktuellen) Live-Linux wie Knoppix zu starten und zu schauen, was passiert. Wenn Sie eine grafische Oberfläche bekommen, ist alles in Ordnung. Sollte der X-Server nicht korrekt gestartet werden, dann ist Ihre erste Anlaufstelle dessen Protokolldatei, die üblicherweise in `/var/log/Xorg.0.log` zu finden ist. Dort vermerkt der X-Server sehr ausführlich, welche Hardware er erkennt und welche Treiber und Einstellungen er ihr zuordnet.

Grundsätzlich können Sie als Systemadministrator den X-Server mit dem Kommando

```
# Xorg -configure
```

starten. Der X-Server nimmt dann eine Hardwareerkennung vor und schreibt deren Ergebnis als rudimentäre Konfiguration in die Datei `/etc/X11/xorg.conf`. Sie können diese Datei dann als Ausgangspunkt für eine eigene Konfiguration verwenden.

13.2.2 Die Datei xorg.conf

Syntax

`xorg.conf` ist die zentrale Konfigurationsdatei für den X-Server. Sie besteht aus einzelnen Abschnitten, die jeweils durch das Schlüsselwort `Section` eingeleitet und mit `EndSection` abgeschlossen. Einige der Abschnitte, namentlich diejenigen, die Ein- und Ausgabegeräte definieren, können mehrfach auftreten, damit Sie zum Beispiel Maus und Touchpad parallel betreiben können. In der Konfigurationsdatei sind Groß- und Kleinschreibung außer in Dateinamen nicht relevant.

Abschnitte

Wie üblich werden Leerzeilen in der Konfiguration ignoriert, genau wie Kommentarzeilen, die mit dem traditionellen Lattenzaun (»#«) anfangen. Zeilen mit Einstellungen dürfen eingerückt werden, um die Dateistruktur besser hervorzuheben.

Hier ist ein Überblick über die wichtigsten Abschnitte in `xorg.conf`:

`Files`

Der `Files`-Abschnitt definiert Pfade, nämlich:

`FontPath` benennt Verzeichnisse, in denen der X-Server nach Schriften sucht, oder einen Schriftenserver (engl. *font server*, Abschnitt 13.6). Meist gibt es sehr viele Schriftenverzeichnisse und damit viele `FontPath`-Parameter. Die Reihenfolge ist wichtig!

`ModulePath` legt Verzeichnisse fest, in denen Erweiterungsmodule für X.Org liegen (typischerweise `/usr/lib/xorg/modules`).

`RGBPath` wurde früher benutzt, um eine Datei zu benennen, in der alle dem X-Server bekannten Farbnamen mit den zugehörigen RGB-Werten (Rot, Grün, Blau) stehen. Der gängige Name ist `/etc/X11/rgb.txt`, und verwirrenderweise ist die Datei in vielen Linux-Distributionen noch enthalten, vermutlich damit Sie die gültigen Farbnamen nachschlagen können. Die Farbnamen können Sie dort verwenden, wo X11-Clients Ihnen die Angabe von Farben erlauben:

```
$ xterm -fg GoldenRod -bg NavyBlue
```

Wenn Ihre gewünschte Farbe nicht namentlich in der Datei steht, können Sie sie auch explizit in Hexadezimalzahlen angeben. `GoldenRod` ist zum Beispiel `#daa520`.

Hier ein stark verkürztes Beispiel:

```
Section "Files"
  ModulePath "/usr/lib/xorg/modules"
  # RGBPath  "/usr/share/X11/rgb.txt" # unbeachtet
  FontPath   "/usr/share/fonts/X11/misc:unscaled"
  ⋘⋘
EndSection
```

Sowohl `FontPath` als auch `ModulePath` dürfen in der Datei mehrmals auftreten; ihre Werte werden dann in der Reihenfolge des Auftretens aneinandergehängt.

Module

Der `Module`-Abschnitt gibt an, welche grafikkartenunabhängigen X-Server-Module geladen werden sollen, etwa zur Unterstützung bestimmter Schriftformate (Type1, TTF, ...) oder für besondere Eigenschaften wie direkte Videodarstellung.

```
Section "Module"
  Load "dri"
  Load "v4l"
EndSection
```

Welche Module zur Verfügung stehen, hängt vom X-Server ab; normalerweise muss die Liste nicht geändert werden. Sie kann auch ganz fehlen, dann holt sich der X-Server die Module, die er braucht. Gesucht werden Module in den mit `ModulePath` angegebenen Dateien sowie deren Unterverzeichnissen `drivers`, `extensions`, `input`, `internal`, und `multimedia` (falls vorhanden).

Extensions

Im `Extensions`-Abschnitt können Sie angeben, welche X11-Protokollerweiterungen ein- oder ausgeschaltet werden sollen:

```
Section "Extensions"
  Option "MIT-SHM" "Enable"
  Option "Xinerama" "Disable"
```

```
EndSection
```

Die Namen von Erweiterungen müssen in der korrekten Groß- und Kleinschreibung angegeben werden. Eine Liste der Erweiterungen bekommen Sie mit einem Kommando wie

```
$ sudo Xorg -extension ?
```

Es gibt eigentlich keinen speziellen Grund, bestimmte Erweiterungen auszuschalten (außer möglicherweise Kompatibilitätstests). Der Server nutzt die, die von Clients verwendet werden, und läßt die anderen links liegen.

ServerFlags Der `ServerFlags`-Abschnitt beeinflusst das Verhalten des X-Servers. Einzelne Optionen werden mit dem Parameter `Option` gesetzt und können im `ServerLayout`-Abschnitt oder beim Start des Servers auf der Kommandozeile überschrieben werden. Das Ganze sieht ungefähr so aus:

```
Section "ServerFlags"
  Option "BlankTime" "10" Bildschirmschoner nach 10 Minuten
EndSection
```

Einige wichtige Server-Flags sind:

`AutoAddDevices` Gibt an, ob Tastaturen, Mäuse und ähnliche Eingabegeräte automatisch mithilfe von `udev` erkannt werden. Standardmäßig eingeschaltet.

`DefaultServerLayout` Gibt an, welche Anordnung von Grafikkarten, Bildschirmen, Tastaturen, Mäusen, ... standardmäßig verwendet wird. Verweist auf einen `ServerLayout`-Abschnitt. Andere Server-Layouts können über die Kommandozeile ausgewählt werden.

`DontZap` Wenn diese Option eingeschaltet ist (der Normalfall), kann der Server *nicht* mit der Tastenkombination Strg+Alt+⇐ beendet werden.

Schalter Die meisten Optionen sind Schalter, die Werte wie `1`, `true`, `yes` oder `on` bzw. `0`, `false`, `no` oder `off` annehmen können. Wenn Sie keinen Wert angeben, wird `true` angenommen. Sie können vor den Optionsnamen auch ein `No` setzen, das heißt dann »nein«:

```
Option "AutoAddDevices" "1"          Option einschalten
Option "AutoAddDevices" "off"        Option ausschalten
Option "AutoAddDevices"              Option einschalten
Option "NoAutoAddDevices"            Option ausschalten
```

Andere Optionen haben Werte, die zum Beispiel ganzzahlig oder Zeichenketten sein dürfen. Alle Werte müssen in Anführungszeichen stehen.

InputDevice

Der `InputDevice`-Abschnitt konfiguriert jeweils ein Eingabegerät wie Maus oder Tastatur und kann mehrmals vorkommen. Im Folgenden ein kommentiertes Beispiel:

```
Section "InputDevice"
  Identifier   "Tastatur1"
  Driver       "Keyboard"
  Option       "XkbLayout" "de"
  Option       "XkbModel" "pc105"
  Option       "XkbVariant" "nodeadkeys"
EndSection
```

Ein typischer Eintrag für eine moderne PC-Tastatur. Die einzelnen Einträge haben die folgende Bedeutung:

`Driver` lädt ein Modul (»Treiber«) aus dem `ModulePath`.

`Identifier` benennt den Namen für `ServerLayout`.

`XkbLayout` legt das Tastaturlayout auf Deutsch fest.

`XkbModel` definiert eine Standard-PC-Tastatur mit 105 Tasten.

`XkbVariant` Der Wert `deadkeys` erlaubt es, Zeichen mit Akzenten aus mehreren Eingaben zusammenzusetzen, also etwa »ñ« als [~] [n] einzugeben. Mit `nodeadkeys` liefert [~] [n] »~n«.

Wenn das Server-Flag `AutoAddDevices` gesetzt ist (der Normalfall), brauchen Sie eigentlich gar keine `InputDevice`-Abschnitte, da der X-Server die Eingabegeräte selbsttätig erkennt. Eine detailliertere Konfiguration ist nur nötig, wenn der X-Server zum Beispiel nicht alle verfügbaren Eingabegeräte tatsächlich benutzen soll.

In alten Konfigurationsdateien finden Sie manchmal noch die Abschnitte `Keyboard` oder `Pointer`. Diese Namen sind verpönt; benutzen Sie lieber `InputDevice`.

Monitor Der Monitor-Abschnitt beschreibt die Eigenschaften des verwendeten Monitors. Auch dieser Abschnitt kann mehrmals auftreten.

```
Section "Monitor"
  Identifier   "Monitor0"
  HorizSync    30-90
  VertRefresh  50-85
EndSection
```

Wie `InputDevice` muss dieser Abschnitt einen `Identifier` haben, mit dem er in `ServerLayout`-Abschnitten aufgerufen wird. Die horizontalen und vertikalen Frequenzen können Sie der Dokumentation des Monitors entnehmen.

Modes Der optionale `Modes`-Abschnitt (den es auch mehrmals geben darf) erlaubt es Ihnen, detailliert die Ansteuerung Ihres Bildschirms zu konfigurieren. Unser Tipp ist es, mit der dafür nötigen Zeit und Energie lieber zielführende Dinge in Angriff zu nehmen, wenn Sie es irgendwie einrichten können, da heutige Hardware die erforderlichen Einstellungen auch ohne Weiteres alleine herausfinden kann. Trotzdem hier ein Beispiel:

```
Section "Monitor"
  ⋘⋘
  UseModes       "Modus1"
  ⋘⋘
EndSection

Section "Modes"
  Identifier "Modus1"
  Modeline  "800x600" 48.67 800 816 928 1072 600 600 610 626
  Modeline  "640x480" ⋘⋘
  ⋘⋘
EndSection
```

(Mit `UseModes` in `Monitor` benennen Sie den zu verwendenden `Modes`-Abschnitt.) Sie können `Modeline`-Einträge auch direkt im `Monitor`-Abschnitt platzieren oder dort oder im `Modes`-Abschnitt die etwas weniger kompakten (aber möglicherweise leichter lesbaren) `Mode`-Unterabschnitte verwenden.

➪ Wenn Sie dringend wissen müssen, was die magischen Zahlen in den Videomodi bedeuten, dann lesen Sie in `xorg.conf`(5) nach.

Device

Der Device-Abschnitt legt fest, welche Grafikkarte der X-Server verwenden soll. Auch dieser Abschnitt kann mehrmals auftreten. Ein Beispiel für eine Minimalkonfiguration mit VGA-Treiber:

```
Section "Device"
  Identifier  "Standard VGA"
  Driver      "vga"
EndSection
```

Ein Beispiel für eine nVidia-Grafikkarte mit dem proprietären Treiber:

```
Section "Device"
  Identifier  "Device0"
  Driver      "nvidia"
  VendorName  "NVIDIA Corporation"
  BoardName   "NVS 3100M"
EndSection
```

Wenn das System mehrere Grafikkarten hat, sollten Sie, um Verwirrung zu vermeiden, mit der BusID-Direktive die PCI-Adresse der Grafikkarte angeben, für die der Abschnitt gilt. Die korrekte PCI-Adresse können Sie zum Beispiel mit lspci herausfinden:

```
# lspci | grep "VGA compatible"
01:00.0 VGA compatible controller: NVIDIA Corporation GT218M
```

Screen

Der Screen-Abschnitt verknüpft jeweils einen Monitor und eine Grafikkarte:

```
Section "Screen"
  Identifier   "Screen0"
  Device       "Device0"
  Monitor      "Monitor0"
  DefaultDepth 24
  SubSection "Display"
    Depth      24
    Modes      "1280x720"
  EndSubSection
  SubSection "Display"
    Depth      24
    Modes      "1600x900"
  EndSubSection
EndSection
```

Die Unterabschnitte namens `Display` legen verschiedene Kombinationen aus Farbtiefe und Auflösung fest, zwischen denen im laufenden System mit [Strg]+[Alt]+[+] bzw. [Strg]+[Alt]+[-] hin- und hergeschaltet werden kann.

Möglicherweise haben Sie auch einen `DRI`-Abschnitt, in dem Einstellungen für den direkten Zugriff des X-Servers auf die Grafikhardware gemacht werden.

ServerLayout

Der `ServerLayout`-Abschnitt beschreibt die Gesamtkonfiguration des Servers mit Ein- und Ausgabegeräten. Hier würden Sie zum Beispiel auch die Anordnung mehrerer Bildschirme angeben:

```
Section "ServerLayout"
  Identifier    "Layout0"
  Screen        0 "Screen0" 0 0
  InputDevice   "Keyboard0" "CoreKeyboard"
  InputDevice   "Maus0" "CorePointer"
  Option        "Xinerama" "0"
EndSection
```

Sie brauchen eine `Screen`-Direktive für jeden Bildschirm, den Sie verwenden. Die erste Null ist die Bildschirmnummer, die von Null an fortlaufend vergeben werden muss (eigentlich kann sie auch wegfallen, dann werden die Bildschirme in der Reihenfolge des Auftretens nummeriert). Nach dem Namen eines `Screen`-Abschnitts, der anderswo in der Datei stehen muss, kommt noch eine Positionsangabe, wobei »`0 0`« nur bedeutet, dass die linke obere Ecke des Bildschirms der Koordinate $(0,0)$ entsprechen soll. X11-Koordinaten zählen nach rechts und unten. Mit der Option `Xinerama` werden alle `Screens` als Ausschnitte eines logischen Bildschirms betrachtet, dessen Gesamtausdehnung so groß ist, dass die `Screens` hineinpassen. Die einzelnen `Screens` müssen so konfiguriert sein, dass sie dieselbe Farbtiefe haben (heute typischerweise 24 Bit); die Auflösung muss nicht dieselbe sein.

Sie können mehrere `ServerLayout`-Abschnitte in Ihrer Konfigurationsdatei haben und sich über die Kommandozeilenoption `-layout` beim (direkten) Aufruf des X-Servers eine davon aussuchen. Das ist beispielsweise nützlich, um auf einem Notebook-Rechner verschiedene Konfigurationen für den externen Videoausgang vorzuhalten.

In ServerLayout-Abschnitten können Sie auch Optionen aus dem ServerFlags-Abschnitt unterbringen. Diese Optionen gelten dann nur für die betreffende Konfiguration.

Zusammenfassung

Hier eine kurze Zusammenfassung der Konfigurationsdatei: Die ServerLayout-Abschnitte stehen auf der höchsten Ebene. In ihnen werden die Eingabe- und Ausgabegeräte benannt, die zu einer Konfiguration gehören; sie beziehen sich auf InputDevice- und Screen-Abschnitte anderswo in der Datei. Ein Screen besteht dabei aus einer Grafikkarte (Device) und einem zugeordneten Monitor (Monitor). Auf den X-Server im Ganzen beziehen sich die Abschnitte Files, ServerFlags, Module und DRI.

⇨ xorg.conf(5)

13.3 Displaymanager

13.3.1 Grundlegendes

Grundsätzlich können Sie den X-Server auf Ihrem Rechner starten, indem Sie einfach (auf einer Textkonsole) das Kommando

```
$ X
```

ausführen. (Der X-Server muss meistens, o Graus, als root laufen, aber X kümmert sich darum.) Anschließend können Sie zum Beispiel – ebenfalls auf einer Textkonsole – mit einem Kommando wie

```
$ xterm -display :1
```

einen grafischen Terminal-Emulator starten. Von diesem xterm aus ist es möglich, weitere X-Clients ohne expliziten Displaynamen zu starten, da die im xterm laufende Shell eine passende DISPLAY-Variable hat. Natürlich ist das nichts fürs wirkliche Leben.

startx

Eine bequemere Methode zum Start von X aus einer Textsitzung ist die Verwendung des Kommandos startx. startx macht einige Initialisierungen und ruft dann ein anderes Programm namens xinit auf, das die eigentliche Arbeit erledigt – es kümmert sich um den Start des X-Servers und der ersten X-Clients.

Über die Dateien ~/.xinitrc und /etc/X11/xinit/xinitrc können Sie X-Clients starten, beispielsweise eine Uhr, einen Terminalemulator und einen Fenstermanager. Alle X-Clients müssen mit einem »&« am Zeilenende im Hintergrund gestartet werden, lediglich der letzte X-Client – in aller Regel der Fenstermanager – muss im Vordergrund gestartet werden. Wird dieser letzte Prozess beendet, beendet `xinit` den X-Server. Hier ein einfaches Beispiel für eine ~/`.xinitrc`-Datei:

```
# Ein Terminal
xterm -geometry 80x40+10+10 &
# Eine Uhr
xclock -update 1 -geometry -5-5 &
# Der Fenstermanager
fvwm2
```

Mit `-geometry` können Sie die Position der sich öffnenden Fenster im Vorhinein festlegen: Der Wert von `-geometry` besteht aus einer optionalen Größenangabe (zumeist in Pixeln, bei manchen Programmen, etwa `xterm`, aber in Zeichen) gefolgt von einer ebenfalls optionalen Positionsangabe (aber eine von beiden sollten Sie schon haben). Die Positionsangabe besteht aus einer x- und einer y-Koordinate, wobei positive Zahlen vom linken bzw. oberen Bildschirmrand und negative Zahlen vom rechten bzw. unteren Bildschirmrand aus zählen.

Sie können beim Aufruf von `startx` auch eine Servernummer angeben:

```
$ startx -- :1
```

Damit können Sie zum Beispiel einen zweiten X-Server starten.

13.4 Display-Manager

13.4.1 Grundlagen

Ein Display-Manager ist ein (grafisches) Programm, das mit einem X-Server zusammenarbeitet und einen Anmeldedialog zur Verfügung stellt. Statt auf der Textoberfläche können Sie sich in einer grafischen Umgebung anmelden, und der Display-Manager kümmert sich darum, eine Sitzung für Sie aufzubauen. Oft kooperiert der Display-Manager auch mit einem Sitzungs-Manager (engl. *session manager*), um Ihre neue Sitzung so aufzubauen, dass sie so

Sitzungs-Manager

weit wie möglich so aussieht wie am Ende Ihrer letzten Sitzung. Beim Anmelden über einen Display-Manager haben Sie typischerweise auch eine bequeme Wahlmöglichkeit zwischen verschiedenen Arbeitsumgebungen (KDE, GNOME, ...) für Ihre Sitzung.

Runlevel 5

Der Display-Manager wird traditionell über ein Init-Skript gestartet. Nach LSB-Standard läuft im Runlevel 5 ein Display-Manager – der einzige Unterschied zwischen Runlevel 3 und Runlevel 5. Die einfachste Möglichkeit, den Start des Display-Managers zu konfigurieren, ist es demnach, den Standard-Runlevel in `/etc/inittab` zu verändern. Um den Display-Manager nicht beim Systemstart mit zu starten, setzen Sie den Standard-Runlevel auf 3.

Seit Version 4.0 der LPIC-1-Zertifizierung wird besonderen Wert auf den Displaymanager LightDM gelegt, den wir im Folgenden etwas ausführlicher erklären. Die anderen Displaymanager (`xdm`, `kdm`, `gdm`) müssen Sie nur noch dem Namen nach kennen.

➪ Runlevel wechseln: Abschnitt 9.3.1
➪ `/etc/inittab`, Runlevel und Init-Skripte: Abschnitt 9.3.4

13.4.2 Der Displaymanager LightDM

LightDM ist ein populärer Displaymanager, der weitgehend von konkreten Arbeitsumgebungen unabhängig ist. Wie sein Name andeutet, ist er relativ ressourcenschonend, kann aber alles, was von einem Displaymanager erwartet wird, und ist zumindest optional bei allen namhaften Linux-Distributionen installierbar.

Eine wichtige Funktion eines Displaymanagers ist die grafische Anmeldung von Benutzern. LightDM erledigt das nicht selbst, sondern greift dazu auf sogenannte *Greeter* zurück. Es gibt diverse Greeter, die typischerweise mit verschiedenen Arbeitsumgebungen harmonieren. Die Greeter sind für das Aussehen des Anmeldebildschirms verantwortlich.

Die Konfiguration von LightDM steht in Dateien mit der Endung `.conf` in den Verzeichnissen `/usr/share/lightdm/lightdm.conf.d` und `/etc/lightdm/lightdm.conf.d` sowie in der Datei `/etc/lightdm/lightdm.conf`. Die Konfiguration wird in dieser Reihenfolge gelesen. Als Systemadministrator sollten Sie Änderungen idealerweise machen, indem Sie Dateien in `/etc/lightdm/lightdm.conf.d` platzieren. Die Konfigurationsdateien sind in Abschnitte eingeteilt, die Überschriften in eckigen Klammern haben und Schlüssel-Wert-Paare enthalten. Um zum Beispiel das X-Server-Layout zu ändern, könnten Sie eine Datei `/etc/lightdm/lightdm.conf.d/99local.conf` anlegen, die die Zeilen

```
[Seat:*]
xserver-layout=presentation
```

enthält.

Die wesentlichen Abschnitte in der LightDM-Konfiguration sind:

`[LightDM]` Voreinstellungen für LightDM insgesamt. Hier werden Parameter festgelegt wie der Name des Benutzers, der Greeter ausführt, die Verzeichnisse für Protokolldateien, Laufzeitdaten und Sitzungsinformationen und ähnliches.

`[Seat:*]` (oder bei älteren Versionen `[SeatDefaults]`) Voreinstellungen für einen einzelnen Arbeitsplatz (Kombination aus Grafikkarte, Bildschirm(en), Tastatur, Maus, ..., die von einem einzigen X-Server verwaltet wird). Hier können Sie angeben, ob der Arbeitsplatz lokal angeschlossen ist oder entfernt (»X-Terminal«), wie der X-Server aufgerufen wird, wie der Greeter funktionieren soll und aufgerufen wird, wie die Sitzung aufgebaut werden soll und ob ein Benutzer automatisch angemeldet wird. Alle diese Einstellungen gelten für alle Arbeitsplätze, die an diesen Rechner angeschlossen sind, sofern sie nicht gezielt überschrieben werden.

`[Seat:0]` (und `[Seat:1]` und so weiter) Voreinstellungen für einzelne Arbeitsplätze, die von den Vorgaben in `[Seat:*]` abweichen. Wenn Sie mehr als einen Arbeitsplatz verwalten wollen, müssen Sie die gewünschten Arbeitsplätze im `[LightDM]`-Abschnitt aufzählen:

```
[LightDM]
seats = Seat:0, Seat:1, Seat:2
```

`[XDMCPServer]` Entfernte Arbeitsplätze (»X-Terminals«) nehmen über XDMCP (das *X Display Manager Control Protocol*) Kontakt mit dem Displaymanager auf. In diesem Abschnitt stehen Voreinstellungen für XDMCP, insbesondere standardmäßig

```
[XDMCPServer]
enabled = false
```

[VNCServer] Mit diesem Abschnitt können Sie einen X-Server konfigurieren, der über VNC zugänglich ist (das Programm heißt Xvnc). Damit ist ein grafischer Fernzugriff von Rechnern möglich, die selber kein X unterstützen – VNC-Clients gibt es für diverse Betriebssysteme.

Die Prüfungsziele des LPI reden davon, dass Sie die Begrüßungsnachricht des Displaymanagers ändern können sollten. Es zeigt sich, dass der Standard-Greeter von LightDM überhaupt keine Begrüßungsnachricht unterstützt, also müssen wir an dieser Stelle leider passen. Bei anderen, weniger üblichen Greetern kann das natürlich anders aussehen – prüfen Sie, ob in `/etc/lightdm` eine Konfigurationsdatei für den betreffenden Greeter steht, und schauen Sie, was man da gegebenenfalls so alles einstellen kann.

13.4.3 Andere Displaymanager

xdm Der `xdm` ist der Standarddisplaymanager des X11-Systems. Wie viele Beispielprogramme aus X11 ist er sehr schlicht gehalten – er bietet lediglich ein simples grafisches Login-Fenster an. Seine Konfiguration erfolgt über die Dateien im Verzeichnis `/etc/X11/xdm/`:

/etc/X11/xdm/

Xresources Hier können u. a. die Begrüßungsmeldung (`xlogin*greeting`), die Schrift dafür (`xlogin*login.greetFont`) und das vom `xdm` angezeigte Logo (`xlogin*logoFileName`) eingestellt werden.

Xsetup Dies ist ein Shellskript, das beim Start von `xdm` abgearbeitet wird. Hier können Sie unter anderem ein Programm starten, das ein Hintergrundbild auf dem Anmeldebildschirm platziert.

Xservers Hier wird festgelegt, welche X-Server auf welchen Displays starten.

Xsession Spielt eine ähnliche Rolle für `xdm` wie `~/.xinitrc` für `startx` bzw. `xinit`, was die Initialisierung einer Sitzung für Benutzer angeht; auch hier gibt es ein benutzerspezifisches Analogon, nämlich `~/.xsession`.

kdm kdm kommt aus dem KDE-Projekt und ist im Wesentlichen eine Erweiterung von xdm. Seine Konfiguration entspricht der des xdm (die Konfigurationsdateien stehen eventuell distributionsabhängig woanders). kdm können Sie außerdem über das KDE-Kontrollzentrum kcontrol konfigurieren, dessen Einstellungen zum Beispiel in /etc/X11/kdm/kdmrc abgelegt werden.

kcontrol

gdm Der GNOME-Displaymanager gdm ist Bestandteil der Desktopumgebung GNOME. Er ist eine komplett neue Entwicklung, bietet aber ungefähr die gleichen Möglichkeiten wie kdm. Er wird in der Datei gdm.conf konfiguriert, die oft im Verzeichnis /etc/X11/gdm liegt. Auch für gdm gibt es mit gdmconfig ein komfortables Konfigurationsprogramm.

gdm.conf
gdmconfig

13.5 Informationen anzeigen

Wenn Ihre X-Sitzung läuft, können Sie einige Programme verwenden, um sich interessante Informationen anzeigen zu lassen.

xdpyinfo

xdpyinfo liefert Ihnen Informationen über Ihr aktuelles X-Display. Wir greifen hier nur ein paar interessante Elemente heraus:

```
$ xdpyinfo
name of display:    :0.0                  Auf dem lokalen Rechner
version number:    11.0                      Nicht überraschend
vendor string:    The X.Org Foundation                Also X.Org
vendor release number:    10601901
X.Org version: 1.6.1.901           Versionsnummer des Servers
<<<<<
number of extensions:    27      Eingebundene Erweiterungen
  BIG-REQUESTS
  Composite
  DAMAGE
  <<<<<
  XVideo
default screen number:    0             Standard-Bildschirm ...
number of screens:    1                          ... nur einer da!

screen #0:
```

```
dimensions:    1680x1050 pixels (442x276 millimeters)
resolution:    97x97 dots per inch
depths (7):    24, 1, 4, 8, 15, 16, 32
root window id:    0x8f
depth of root window:    24 planes
number of colormaps:    minimum 1, maximum 1
⋘⋘
options:    backing-store NO, save-unders NO
largest cursor:    64x64
current input event mask:    0xfac031
  KeyPressMask  EnterWindowMask LeaveWindowMask
  ⋘⋘
number of visuals:    16
default visual id:  0x21
visual:
  visual id:    0x21
  class:    TrueColor
  depth:    24 planes
  available colormap entries:    256 per subfield
  red, green, blue masks:    0xff0000, 0xff00, 0xff
  significant bits in color specification:    8 bits
⋘⋘                    15 andere Visuals überspringen wir hier
```

Hier ist ziemlich genau beschrieben, welche grafischen Möglichkeiten dieser X-Server anbietet. 24 Bit Farbtiefe ist das, was man sich heutzutage wünscht – potenziell können damit über 16 Millionen Farben dargestellt werden, wobei der optische Apparat normaler Menschen nur so um die gut 100.000 überhaupt unterscheiden kann. Ein »Visual« beschreibt, wie man Pixel in bestimmten Farben auf das Display bekommt, wobei auch hier `TrueColor` das Nonplusultra darstellt[2]. Es gibt andere Typen von Visuals, die heutzutage aber nur noch für Hardcore-X-Entwickler von Bedeutung sind.

Visual

⇨ xdpyinfo(1)

Informationen über einzelne Fenster bekommen Sie mit dem Kommando `xwininfo`. Nachdem Sie es in einem Terminalemulator

xwininfo

[2]Benutzer älterer Grafikkarten erinnern sich möglicherweise prinzipiell an Visuals vom Typ `PseudoColor` – typischerweise konnte man 256 Farben aus den bewussten 16 Millionen aussuchen. Nicht schön.

gestartet haben, fordert es Sie auf, mit der Maus in das gewünschte Fenster zu klicken:

```
$ xwininfo

xwininfo: Please select the window about which you
          would like information by clicking the
          mouse in that window.

xwininfo: Window id: 0x500007d "emacs@red.example.com"

  Absolute upper-left X:  1071
  Absolute upper-left Y:  27
  Relative upper-left X:  0
  Relative upper-left Y:  0
  Width: 604
  Height: 980
  Depth: 24
  Visual Class: TrueColor
  Border width: 0
  Class: InputOutput
  Colormap: 0x20 (installed)
  Bit Gravity State: NorthWestGravity
  Window Gravity State: NorthWestGravity
  Backing Store State: NotUseful
  Save Under State: no
  Map State: IsViewable
  Override Redirect State: no
  Corners:  +1071+27  -5+27  -5-43  +1071-43
  -geometry 80x73-1+0
```

Hier sehen Sie Sachen wie die Koordinaten des Fensters auf dem Bildschirm, das verwendete Visual und Ähnliches. Der *backing store state* und der *save under state* geben an, was mit Fensterinhalten passiert, die von anderen Fenstern (typischerweise Menüs) überdeckt werden – in unserem Fall, wo beides deaktiviert ist, werden sie nicht gespeichert, sondern nach Bedarf neu gemalt, was auf heutigen Rechnern in der Regel schneller ist –, und der *map state* gibt an, ob das Fenster tatsächlich auf dem Bildschirm zu sehen ist.

Sie können die Fensterinformationen auch ohne Mausklick abfragen, wenn Sie die Fenster-ID (*window id*) oder den Fensternamen wissen. Die oben gezeigte Beispielausgabe nennt beide – der Fenstername steht hinter der Fenster-ID auf derselben Zeile.

Fenster-ID

`xwininfo` kennt diverse Optionen, mit denen Sie Art und Umfang der auszugebenden Daten beeinflussen können. Das Meiste ist nur interessant, wenn Sie sich mit den Innereien von X etwas auskennen. Spielen Sie ein bisschen herum.

⇨ `xwininfo(1)`

13.6 Schriften unter X11

13.6.1 Überblick

X11 und Text

Das X11-Protokoll enthält nicht nur Operationen zum Zeichnen von Punkten, Linien und anderen geometrischen Formen, sondern auch zum Darstellen von Text. Traditionell bietet der X-Server eine Reihe von Schriften an; der Client kann abfragen, welche Schriften es gibt, und signalisiert dann, in welcher Schrift und an welcher Position auf dem Bildschirm ein Text ausgegeben werden soll. Das Besorgen der Schriftdaten und die tatsächliche Darstellung sind Aufgabe des Servers.

XRENDER

Es zeigt sich, dass heutzutage praktisch kein moderner X-Client mehr diesen Mechanismus benutzt. X.org und die gängigen Toolkits unterstützen die `XRENDER`-Erweiterung, die mit Transparenz umgehen kann, um zum Beispiel »Antialiasing« zu ermöglichen. Dies wiederum gestattet die Darstellung skalierbarer Schriften mit glatten Kanten und ist nötig für Textausgabe mit hoher Qualität. Welche Schriften der X-Server anbietet, ist für `XRENDER` bedeutungslos, da die Schriften auf dem Client vorliegen und dem X-Server als Glyphen zur Verfügung gestellt werden

13.6.2 Lokale Schrifteninstallation

Schriften finden

Wenn Sie doch die X11-Textoperationen und damit die Schriften auf dem Server nutzen wollen (oder müssen), müssen Sie zunächst dafür sorgen, dass der X-Server die gewünschten Schriften finden kann. Erste Anlaufstelle für die Konfiguration von Schrif-

FontPath

ten für X.org ist der Files-Abschnitt in der Konfigurationsdatei mit den dort zu hinterlegenden Verzeichnissen (Einträge FontPath), in denen der X-Server nach Schriften sucht. Üblicherweise wird pro Verzeichnis ein FontPath-Eintrag gesetzt.

In der Praxis bedeutet das für die Schrifteninstallation: Sie müssen die Schriften in einem passenden Verzeichnis unterbringen und das entsprechende Verzeichnis über einen FontPath-Eintrag dem X-Server bekannt machen. Die Reihenfolge der Einträge in der Datei spielt dabei eine wichtige Rolle, da sie der Suchreihenfolge des X-Servers entspricht. Es wird immer die erste passende Schrift verwendet.

xset

Anstatt ein Schriftenverzeichnis dauerhaft in die Datei einzutragen, können Sie es dem X-Server auch temporär mit dem Kommando xset bekannt machen. Das Kommando

```
$ xset +fp /usr/share/fonts/X11/truetype
```

meldet ein Schriftenverzeichnis temporär an (bis zum nächsten Server-Neustart).

```
$ xset -fp /usr/share/fonts/X11/truetype
```

lässt den X-Server das Ganze wieder vergessen.

Mit dem Kommando »xset q« können Sie die aktuelle Konfiguration des X-Servers abfragen und sich so überzeugen, dass er über die richtigen Schriftenverzeichnisse Bescheid weiß.

⇨ xset(1)

Mit dem Kopieren und Bekanntmachen des Schriftenverzeichnisses ist es noch nicht getan. Das Verzeichnis kann außer den Schriften selber noch die folgenden Dateien enthalten:

fonts.dir

Die Datei fonts.dir enthält eine Liste aller im Verzeichnis befindlichen Schriften inklusive Dateiname, Hersteller, Schriftname, Gewicht, Neigung, Breite, Stil, Pixel, Punkte, *x*-Auflösung, *y*-Auflösung, Zeichensatzcodierung und noch einiger anderer Daten. Ein (einzeiliger) Eintrag für eine Schrift könnte beispielsweise so aussehen:

```
luBIS12-ISO8859-4.pcf.gz-b&h-lucida-bold-i-normal-sans-▷
◁12-120-75-75-p-79-iso8859-4
```

In der ersten Zeile der Datei steht die Gesamtzahl der im Verzeichnis enthaltenen Schriften.

mkfontdir

Die Datei `fonts.dir` muss existieren. Sie müssen sie aber selbstverständlich nicht von Hand pflegen, sondern können das Programm `mkfontdir` dazu verwenden. Angenommen, Sie haben im Verzeichnis `/usr/local/share/X11/fonts/truetype` eine Schrift hinzugefügt, reicht ein Aufruf von

```
# mkfontdir /usr/local/share/X11/fonts/truetype
```

um die entsprechende `fonts.dir`-Datei zu aktualisieren. Wenn Sie zu einem existierenden Schriftenverzeichnis Schriften hinzufügen, dann müssen Sie in Ihrer laufenden Sitzung

```
$ xset fp rehash
```

aufrufen, damit der X-Server diese Schriften findet.

fonts.scale

fonts.alias

Die Datei `fonts.scale` enthält bei Verzeichnissen mit skalierbaren (vektorbasierten statt bitmapbasierten) Schriften eine Liste der entsprechenden Schriften, und die Datei `fonts.alias` ermöglicht die Vergabe von Aliasnamen für einzelne Schriften.

13.6.3 Aufsetzen eines Schriftenservers

Mit dem Schriftenserver (engl. *font server*) `xfs` (nicht zu verwechseln mit dem XFS-Dateisystem) ist es möglich, Schriften im Netz zentral auf einem Server zu verwalten. Bei den heutigen Plattenpreisen ist eine komplette Zentralisierung der X11-Schriften nicht mehr notwendig (oder wünschenswert), aber für Spezialschriften, die nicht Teil der X11- oder Linux-Distribution sind und im lokalen Netz verfügbar sein sollen, kann das die Wartung deutlich vereinfachen.

Konfiguration des Servers

Neuladen der Konfiguration

`xfs` ist ein freistehender Daemon. Er bietet seine Dienste auf dem TCP-Port 7100 an und wird über `/usr/X11R6/lib/X11/fs/config` (veraltet), `/etc/X11/fs/config` oder `/etc/X11/xfs.conf` konfiguriert. Nach Änderungen an dieser Datei muss der Server mit dem Signal `SIGHUP` von der neuen Situation in Kenntnis gesetzt werden:

```
# pkill -1 xfs
```

`xfs` greift auf Schriften zurück, die wie für den X-Server beschrieben installiert werden müssen und damit übrigens auch vom lokalen X-Server verwendet werden können. Die Schriftenverzeichnisse werden mittels des catalogue-Parameters in die Konfigurationsdatei eingetragen, beispielsweise so:

```
catalogue = /usr/share/fonts/X11/misc:unscaled,
            /usr/share/fonts/X11/75dpi:unscaled,
            /usr/share/fonts/X11/100dpi:unscaled
```

Die einzelnen Pfade müssen jeweils durch Kommas voneinander getrennt werden. Weitere Parameter können Sie der Dokumentation entnehmen.

⇨ xfs(1)

Konfiguration des Clients

Um einen X-Server an den Schriftenserver anzubinden, müssen Sie lediglich einen Eintrag im Files-Abschnitt der XF86Config-Datei hinzufügen:

```
FontPath    "tcp/⟨Rechnername⟩:⟨Portnummer⟩"
```

Wenn Sie wollen, dass standardmäßig die Schriften des Schriftenservers bevorzugt werden, sollten Sie den beschriebenen Eintrag vor allen anderen FontPath-Abschnitten einfügen. (Zum Experimentieren geht das auch temporär mit xset.)

⇨ xset(1)

13.7 Fernzugriff und Zugriffskontrolle

Grundsätzlich ist der X-Server über einen TCP-Port (6000 + »Servernummer«) für Clients von außen erreichbar. Diese müssen nur mit der korrekten Display-Einstellung – über eine Kommandooption à la -display oder die Umgebungsvariable DISPLAY – aufgerufen werden und können ihre Ausgabe auf dem Server anzeigen und Eingaben akzeptieren, aber theoretisch auch die Sitzung beliebig stören oder ausspähen.

Prinzipiell gibt es zwei X-interne Möglichkeiten, um Zugriffe auf den X-Server zu kontrollieren, nämlich xhost und xauth.

xhost

xhost bietet rechnerbasierten Zugriffsschutz. Mit

```
$ xhost red.example.com
```

oder

```
$ xhost +red.example.com
```

erlauben Sie den Zugriff auf Ihren Server für Clients, die auf `red.example.com` laufen. Ein

```
$ xhost -red.example.com
```

sperrt den Zugriff wieder. »`xhost`« allein gibt eine Liste aller zugelassenen Rechner aus. Da hiermit *jeder* Benutzer auf dem entfernten Rechner direkten Zugang zu Ihrer X-Sitzung bekommt, sollten Sie `xhost` *nicht* einsetzen!!

xauth

Bei `xauth` wird beim Start (meist vom Display-Manager oder `startx`) ein zufälliger *magic cookie* erzeugt und dem X-Server mitgeteilt. Außerdem wird er in der Datei `~/.Xauthority` des angemeldeten Benutzers abgelegt, die für andere Benutzer nicht lesbar ist. Der Server nimmt nur Verbindungen von Clients an, die den korrekten *magic cookie* vorweisen können. Die *magic cookies* lassen sich mit `xauth` auch auf andere Rechner übertragen oder von diesen wieder entfernen.

~/.Xauthority

⇨ `xhost(1)`, `xauth(1)`, `Xsecurity(7)`

Eine wesentlich sicherere Methode zum Starten von X-Clients auf entfernten Rechnern besteht darin, die X-Weiterleitung der Secure Shell zu verwenden. Wir beschreiben das in Abschnitt 18.4.5.

-nolisten tcp

Mit der Option »`-nolisten tcp`« können Sie verhindern, dass Ihr X-Server überhaupt über TCP zugänglich ist. Dies ist eine empfehlenswerte Einstellung (und heute bei den meisten Linux-Distributionen Standard).

13.8 Linux für Behinderte

13.8.1 Einführung

Der Computer und das Internet haben die Möglichkeiten, die Menschen mit Behinderungen zur Verfügung stehen, revolutioniert. Blinde und Sehbehinderte können auf weitaus mehr Informationen zugreifen, als ihnen früher zur Verfügung standen, und auch Menschen mit anderen Einschränkungen profitieren von den Arbeits-, Kontakt-, Informations- und Ausdrucksmöglichkeiten, die Computer ihnen geben.

Hilfsmittel

In diesem Abschnitt geben wir einen kurzen Überblick über verschiedene Hilfsmittel, die Linux und die gängigen Softwarepakete Behinderten zur Verfügung stellen. Tiefschürfende technische Diskussionen sind hier nicht möglich; es geht uns mehr darum, Ihnen Ansatzpunkte zu geben, wo Sie bei Bedarf mehr Informationen erhalten können.

13.8.2 Tastatur, Maus und Joystick

Wer nicht in der Lage ist, eine herkömmliche Tastatur oder Maus zu bedienen – sei es, weil die nötigen Gliedmaßen fehlen oder weil sie nicht genau genug kontrolliert werden können –, kann auf verschiedene Hilfsmittel zurückgreifen, die unter Linux zur Verfügung stehen. Typische Hilfen sind:

Klebende Tasten (*sticky keys*) sorgen dafür, dass Tasten wie die Umschalt- oder [Strg]-Taste nicht mehr festgehalten werden müssen, während Sie eine andere Taste drücken. Ein Druck auf die Umschalttaste (mit anschließendem Loslassen) genügt, damit das nächste Zeichen so ausgewertet wird, als wäre die Umschalttaste noch gedrückt. Dies hilft zum Beispiel Querschnittsgelähmten, die nur den Kopf bewegen können und mit einer Stange tippen.

Langsame Tasten (*slow keys*) lassen das System ungewollte Tastendrücke ignorieren, die entstehen, wenn Sie auf dem Weg zu der Taste, die Sie wirklich meinen, andere Tasten drücken.

Zurückschnellende Tasten (*bounce keys*) sorgen dafür, dass das System überzählige Drücke derselben Taste ignoriert.

Wiederholungstasten (*repeat keys*) erlauben es, anzugeben, ob festgehaltene Tasten wiederholt oder nur einmal weitergemeldet werden sollen.

Maustasten (*mouse keys*) gestatten die Steuerung der Maus über den numerischen Tastenblock der Tastatur.

XKEYBOARD

Bei X11 unter Linux werden diese Hilfen über die XKEYBOARD-Erweiterung zur Verfügung gestellt, die normaler Bestandteil des X-Servers ist. Die Herausforderung ist also lediglich, sie zu aktivieren. Dafür gibt es ein Programm namens `xkbset`, und auch die Arbeitsumgebungen stellen Oberflächen zur Verfügung, etwa das

KDE-Kontrollzentrum (Dialog »Zugangshilfen« unter »Regionaleinstellungen und Zugangshilfen«).

Bildschirmtastatur

Zumindest für GNOME gibt es auch eine »Bildschirmtastatur« namens GOK, die es möglich macht, mit der Maus, einem Joystick oder gar nur einer einzelnen Taste zu »tippen«. Dies hilft Menschen, die mit einer Tastatur nicht zurecht kommen, aber die Maus verwenden können. KDE bietet derzeit nichts dergleichen.

RSI

Die Maus kann in vielen Fällen durch die Tastatur ersetzt werden. Zumindest theoretisch sollten in den Arbeitsumgebungen alle Funktionen auch über die Tastatur ansprechbar sein. Wer wegen Überanstrengung (RSI) Schwierigkeiten hat, eine Maus zu verwenden, kommt vielleicht auch mit einem stationären »Trackball« besser zurecht. Für Benutzer mit motorischen Schwierigkeiten kann es auch nützlich sein, den Zeitabstand für Doppelklicks zu verlängern. – Im KDE-Kontrollzentrum finden Sie die Einstellungen dafür, den numerischen Tastenblock als »Mausersatz« nutzen zu können, unter »Angeschlossene Geräte/Maus« in der Registerkarte »Mausnavigation«. Bei GNOME steht das Äquivalent in der Tastaturkonfiguration.

13.8.3 Die Bildschirmdarstellung

Linux hat für Sehbehinderte und Blinde den großen Vorteil, dass die Bildschirmdarstellung sehr flexibel gesteuert werden kann. Da das System nicht auf einer grafischen Oberfläche besteht, ist es wesentlich einfacher für Blinde zu bedienen, die eine Braille-Zeile oder einen Screenreader verwenden, als rein grafische Systeme.

Zeigerdesign

Menschen, die nur eine gewisse Sehkraft haben, hilft Linux zum Beispiel dadurch, den Mauszeiger oder Teile der Bildschirmdarstellung zu vergrößern, damit sie leichter ausgemacht werden können. Unter KDE zum Beispiel können Sie das Aussehen des Mauszeigers in der Registerkarte »Zeigerdesign« unter »Angeschlossene Geräte/Maus« ändern. (Es kann sein, dass Sie erst ein behindertengerechtes Mauszeigerthema installieren müssen.) Auch bei GNOME ist die Konfiguration des Mauszeigers Bestandteil der Maus-Konfiguration.

Anpassung der Schriftgrößen

KDE und GNOME erlauben ebenso die Anpassung der Schriftgrößen, die die Arbeitsumgebung verwendet. Auf einem hochauflösenden Bildschirm können die Standardschriften schon für normalsichtige Benutzer unbequem klein sein; Sehbehinderte profitieren erst recht von einer großzügigen Zugabe. Dasselbe gilt für die Farbschemata der Oberfläche, wo es ebenfalls Themen gibt, die Details über eine kontrastreichere Darstellung besser hervorheben.

Farbschemata

Bildschirmlupen

Ein weiteres gängiges Hilfsmittel sind »Bildschirmlupen«, die das Areal rund um den Mauszeiger in einem anderen Fenster stark vergrößert anzeigen. KMagnifier für KDE und das unter »Hilfsmittel« in den Systemeinstellungen zugängliche Äquivalent unter GNOME ermöglichen das bequem.

Braille-Zeilen **Sprachausgabe** **BrlTTY** **Orca** **Emacspeak**

Für Blinde unterstützt Linux verschiedene Braille-Zeilen oder auch Sprachausgabe. Eine Braille-Zeile kann eine Zeile Text in »Blindenschrift« darstellen, die ein Blinder ertasten kann; Braille-Zeilen sind allerdings ziemlich teuer und mechanisch aufwendig. BrlTTY ist ein Programm, das auf der Linux-Konsole läuft und eine Braille-Zeile ansteuert; Orca ist dasselbe für GNOME. Ferner gibt es noch Emacspeak, das im Grunde ein Screenreader für GNU Emacs ist, der Bildschirminhalte vorliest. Da man aber viele andere Programme innerhalb von Emacs starten kann, ist das fast so gut wie eine grafische Oberfläche.

AT-SPI

KDE tut sich mit einigen dieser technischen Hilfsmittel schwer. Es gibt ein einigermaßen etabliertes Protokoll namens AT-SPI (*Assistive Technologies Service Provider Interface*), das unter Unix bzw. Linux zur Kommunikation zwischen behindertengerechter Software und technischen Hilfsmitteln wie Braille-Zeilen verwendet wird. Ärgerlicherweise (aus der Sicht von KDE) wurde AT-SPI von GNOME-Entwicklern erfunden und setzt GTK2+ voraus (eine Grafikbibliothek, die auch GNOME zugrunde liegt, mit der KDE aber nichts anfangen kann). Ferner benutzt es CORBA zur Kommunikation, was ebenfalls nicht zu KDE passt. Wie man diese Probleme lösen wird, ist noch unklar.

- M. de la Rue, S. Snider, »Linux Accessibility HOWTO« (Juni 2002), `http://www.tldp.org/HOWTO/Accessibility-HOWTO/`
- KDE Accessibility Project: `http://accessibility.kde.org/`
- GNOME Accessibility: `http://projects.gnome.org/accessibility`
- Orca: `http://live.gnome.org/Orca`
- Emacspeak: `http://emacspeak.sourceforge.net/`

Kapitel 14

Systemverwaltung

In diesem Kapitel ...

- lernen Sie Benutzerkonten und Gruppendaten zu verwalten
- werden Sie den Syslog-Daemon kennen und konfigurieren lernen
- erlernen Sie Kommandos mit `at` zu einem zukünftigen Zeitpunkt auszuführen
- werden Sie lernen, Kommandos periodisch mit `cron` ausführen zu lassen
- erfahren Sie, wie Sie die Systemzeit Ihres Rechners sinnvoll verwalten

14.1 Benutzerkonten und Gruppen

14.1.1 Einführung

Benutzerkonten

Linux unterscheidet verschiedene Benutzer über unterschiedliche **Benutzerkonten** (engl. *accounts*). Typischerweise werden bei den gängigen Distributionen während der Installation zwei Benutzerkonten eingerichtet, nämlich `root` für Administrationsaufgaben und ein weiteres Konto für einen »normalen« Benutzer. Zusätzliche Konten können Sie als Administrator dann später selbst einrichten, oder sie ergeben sich, wenn der Rechner als Client in einem größeren Netz installiert ist, aus einer anderswo gespeicherten Benutzerkonten-Datenbank.

UID
Benutzername

Jedem Benutzerkonto ist eine eindeutige numerische Kennung zugeordnet, die sogenannte *User ID* oder kurz **UID**. Zu einem Benutzerkonto gehört außerdem noch ein textueller **Benutzername** (etwa `root` oder `hugo`), der für Menschen leichter zu merken ist. An den meisten Stellen, wo es darauf ankommt – etwa beim Anmelden oder bei der Ausgabe einer Liste von Dateien mit ihren Eigentümern – verwendet Linux, wo möglich, den textuellen Namen. Mehrere Benutzer, die bestimmte Systemressourcen oder Daten gemeinsam nutzen, können eine **Gruppe** bilden. Linux identifiziert die Gruppenmitglieder entweder durch feste, namentliche Zuordnung oder durch eine vorübergehende Anmeldung ähnlich der Anmeldeprozedur für Benutzer. Auch Gruppen haben betriebssystemintern numerische Kennungen (engl. *group IDs*, kurz GIDs).

Gruppe

Primäre Gruppe
Sekundäre Gruppen

Jeder Benutzer gehört zu einer **primären Gruppe** und möglicherweise mehreren **sekundären** oder **zusätzlichen Gruppen**. In einem Unternehmen wäre es beispielsweise möglich, projektspezifische Gruppen einzuführen und jeweils die Projektmitarbeiter in die betreffende Gruppe aufzunehmen, damit sie Zugriff auf gemeinsame Daten in einem Verzeichnis bekommen, das nur für Gruppenmitglieder zugänglich ist. Für die Zwecke der Rechtevergabe sind alle Gruppen gleichwertig – jeder Benutzer bekommt immer alle Rechte, die sich aus allen Gruppen ergeben, in denen er Mitglied ist. Der einzige Unterschied zwischen der primären Gruppe und den sekundären Gruppen ist, dass Dateien, die ein Benutzer neu

Gruppen und Rechtevergabe

anlegt, in der Regel[1] seiner primären Gruppe zugeordnet werden. Jeder Benutzer kann beliebig viele sekundären Gruppen haben.

id

Die UID eines Benutzerkontos, die primäre und die sekundären Gruppen und die dazugehörigen GIDs verrät das Programm `id`:

```
$ id
uid=1000(hugo) gid=1000(hugo) groups=24(cdrom),29(audio),▷
◁ 44(video),1000(hugo)
$ id root
uid=0(root) gid=0(root) groups=0(root)
```

Pseudobenutzer

Nach der Installation von Linux finden Sie in den Dateien `/etc/passwd` und `/etc/group` eine ganze Reihe von »Pseudobenutzern«, die nicht mit Personen korrespondieren, sondern vor allem dazu dienen, die Rechtevergabe zu strukturieren. Die wichtigste Rolle hat hier der uns schon bekannte Benutzer `root` mit der gleichnamigen Gruppe. UID und GID von `root` sind 0 (Null). Die Sonderrechte von `root` sind an die UID 0 gekoppelt; die GID 0 hat keine besondere Bedeutung über die normalen Zugriffsrechte hinaus.

14.1.2 Benutzer- und Gruppendaten

zentrale Benutzerdatenbank

Die Datei /etc/passwd Die zentrale Benutzerdatenbank ist die Datei `/etc/passwd`. Jeder Benutzer auf dem System hat einen Eintrag in dieser Datei – eine Zeile, in der Attribute wie Linux-Benutzername, »richtiger« Name usw. festgehalten werden. Die Einträge in `/etc/passwd` haben folgendes Format:

```
⟨Benutzername⟩:⟨Kennwort⟩:⟨UID⟩:⟨GID⟩:⟨GECOS⟩:▷
◁⟨Heimatverzeichnis⟩:⟨Shell⟩
hugo:x:1000:1000:Hugo Schulz:/home/hugo:/bin/sh
```

⟨**Benutzername**⟩ Dieser Name sollte aus Kleinbuchstaben und Ziffern bestehen; das erste Zeichen sollte ein Buchstabe sein. Unix-Systeme unterscheiden oft nur die ersten 8 Zeichen – Linux hat diese Einschränkung nicht, aber in heterogenen Netzen sollten Sie darauf Rücksicht nehmen.

[1] Die Ausnahme besteht darin, dass der Eigentümer eines Verzeichnisses verfügen kann, dass neue Dateien und Verzeichnisse in diesem Verzeichnis der Gruppe zugeordnet werden, der auch das Verzeichnis selbst zugeordnet ist. Aber das nur der Vollständigkeit halber.

shadow passwords

⟨**Kennwort**⟩ Traditionell steht hier das verschlüsselte Kennwort des Benutzers. Unter Linux sind heute »Schattenkennwörter« (***shadow passwords***) üblich; statt das Kennwort in der allgemein lesbaren `/etc/passwd`-Datei abzulegen, steht es in der Datei `/etc/shadow` gespeichert, auf die nur der Administrator und einige privilegierte Prozesse Zugriff haben. In `/etc/passwd` macht ein »`x`« auf diesen Umstand aufmerksam. Jedem Benutzer steht das Kommando `passwd` zur Verfügung, um sein Kennwort selbst zu verändern.

⟨**UID**⟩ Die numerische Benutzerkennung – eine Zahl zwischen 0 und $2^{32} - 1$. Nach Konvention sind UIDs zwischen 0 und 99 (einschließlich) für das System reserviert, UIDs zwischen 100 und 499 können an Softwarepakete ausgegeben werden, falls diese Pseudobenutzer benötigen. UIDs für »echte« Benutzer haben bei den meisten Distributionen Werte ab 1000.

Primäre Gruppe

⟨**GID**⟩ Die GID der **primären Gruppe** des Benutzers.

⟨**GECOS**⟩ Dies ist das Kommentarfeld, auch *GECOS-Feld* genannt. Es enthält diverse Informationen über den Benutzer, vor allem seinen »richtigen« Namen und optionale Informationen wie die Zimmer- oder Telefonnummer. Diese Information wird von Programmen wie `mail` und `finger` benutzt. Oft wird der volle Name von News- und Mail-Programmen bei der Zusammenstellung der Absenderadresse verwendet.

⟨**Heimatverzeichnis**⟩ Das hier benannte Verzeichnis ist der persönliche Bereich des Benutzers, in dem er seine eigenen Dateien aufbewahren kann. Ein neu erstelltes Heimatverzeichnis ist selten leer, denn üblicherweise erhält ein neuer Benutzer vom Administrator einige Profildateien als Erstausstattung. Wenn ein Benutzer sich anmeldet, benutzt seine Shell das Heimatverzeichnis als aktuelles Verzeichnis, das heißt, der Benutzer befindet sich unmittelbar nach der Anmeldung zunächst dort.

⟨**Login-Shell**⟩ Der Name des Programms, das von `login` nach erfolgreicher Anmeldung gestartet werden soll – das ist in der Regel eine Shell. Das siebte Feld reicht bis zum Zeilenende. Der Benutzer kann mit dem Programm `chsh` diesen Eintrag selbst ändern. Die erlaubten Programme (Shells) sind in der Datei `/etc/shells` aufgelistet. Wenn ein Benutzer keine interaktive

Shell haben soll, kann auch ein beliebiges anderes Programm mit allen Argumenten in dieses Feld eingetragen werden (ein gängiger Kandidat ist `/bin/true`).

Einige der hier gezeigten Felder können leer bleiben. Absolut notwendig sind nur Benutzername, UID, GID und Heimatverzeichnis. Für die meisten Benutzerkonten werden alle diese Felder ausgefüllt sein, aber Pseudobenutzer benutzen eventuell nur einen Teil der Felder.

Heimatverzeichnisse

Die Heimatverzeichnisse stehen üblicherweise unter `/home` und heißen so wie der Benutzername des Besitzers. In der Regel ist das eine ganz nützliche Übereinkunft, die dazu beiträgt, dass das Heimatverzeichnis eines bestimmten Benutzers leicht zu finden ist. Theoretisch kann ein Heimatverzeichnis aber an beliebiger Stelle im System stehen, und der Name ist auch beliebig.

Die Datei `/etc/shadow` Aus Sicherheitsgründen werden bei fast allen aktuellen Linux-Distributionen die Benutzerkennwörter in verschlüsselter Form in der Datei `/etc/shadow` gespeichert (engl. *shadow passwords*, »Schattenkennwörter«). Die Datei ist für normale Benutzer nicht lesbar; nur `root` darf sie schreiben, während außer ihm auch die Mitglieder der Gruppe `shadow` die Datei lesen dürfen. Wenn Sie sich die Datei als normaler Benutzer anzeigen lassen wollen, erhalten Sie eine Fehlermeldung. Die Verwendung von `/etc/shadow` ist nicht Pflicht, aber sehr dringend empfohlen. Allerdings kann es Systemkonfigurationen geben, bei denen die durch Schattenkennwörter erreichte Sicherheit wieder zunichte gemacht wird, etwa wenn Benutzerdaten über NIS an andere Rechner exportiert werden (vor allem in heterogenen Unix-Umgebungen). Für jeden Benutzer ist in dieser Datei wieder genau eine Zeile eingetragen, das Format ist

Format

⟨Benutzername⟩:⟨Kennwort⟩:⟨Änderung⟩:⟨Min⟩:⟨Max⟩▷
◁:⟨Warnung⟩:⟨Frist⟩:⟨Sperre⟩:⟨Reserviert⟩

Zum Beispiel:

```
root:gaY2L19jxzHj5:10816:0:10000::::
daemon:*:8902:0:10000::::
hugo:GodY6c5pZk1xs:10816:0:10000::::
```

Im folgenden die Bedeutung der einzelnen Felder:

⟨**Benutzername**⟩ Entspricht einem Eintrag in der Datei `/etc/passwd`. Dieses Feld »verbindet« die beiden Dateien.

⟨**Kennwort**⟩ Das verschlüsselte Kennwort des Benutzers. Ein leerer Eintrag bedeutet in der Regel, dass der Benutzer sich ohne Kennwort anmelden kann. Steht hier ein Stern oder ein Ausrufungszeichen, kann der betreffende Benutzer sich nicht anmelden. Es ist auch üblich, Benutzerkonten zu sperren, ohne sie komplett zu löschen, indem man einen Stern oder ein Ausrufungszeichen an den Anfang des zugehörigen Kennworts setzt.

⟨**Änderung**⟩ Das Datum der letzten Änderung des Kennworts, in Tagen seit dem 1. Januar 1970.

⟨**Min**⟩ Minimale Anzahl von Tagen, die seit der letzten Kennwortänderung vergangen sein müssen, damit das Kennwort wieder geändert werden kann.

⟨**Max**⟩ Maximale Anzahl von Tagen, die ein Kennwort ohne Änderung gültig bleibt. Nach Ablauf dieser Frist muss der Benutzer sein Kennwort ändern.

⟨**Warnung**⟩ Die Anzahl von Tagen vor dem Ablauf der ⟨Max⟩-Frist, an denen der Benutzer eine Warnung erhält, dass er sein Kennwort bald ändern muss, weil die maximale Anzahl abläuft. Die Meldung erscheint in der Regel beim Anmelden.

⟨**Frist**⟩ Die Anzahl von Tagen ausgehend vom Ablauf der ⟨Max⟩-Frist, nach der das Konto automatisch gesperrt wird, wenn der Benutzer nicht vorher sein Kennwort ändert. (In der Zeit zwischen dem Ende der ⟨Max⟩-Frist und dem Ende dieser Frist kann der Benutzer sich anmelden, muss aber sofort sein Kennwort ändern.)

⟨**Sperre**⟩ Das Datum, an dem das Konto definitiv gesperrt wird, wieder in Tagen seit dem 1. Januar 1970.

Verschlüsselung

Die »Verschlüsselung« der Kennwörter ist eine Einbahnstraße: Es ist nicht möglich, aus der »verschlüsselten« Darstellung eines Linux-Kennworts die unverschlüsselte zurückzugewinnen, da das verwendete Verfahren das wirkungsvoll verhindert. Die einzige Möglichkeit, die »Verschlüsselung« zu »knacken«, besteht darin, potenzielle Kennwörter zur Probe zu verschlüsseln und zu schauen, ob dasselbe herauskommt wie das, was in `/etc/shadow` steht.

Zur Verschlüsselung verwenden die gängigen Distributionen eines von mehreren möglichen Verfahren: entweder die klassische oder »crypt«-Verschlüsselung, die locker an DES angelehnt ist, oder eine stärkere Verschlüsselung auf der Basis von MD5. Inzwischen werden in der Regel sogar noch bessere Verfahren benutzt, auch wenn diese weniger interoperabel sind.

Die Datei /etc/group Gruppeninformationen hinterlegt Linux standardmäßig in der Datei /etc/group. Diese Datei enthält für jede Gruppe auf dem System einen einzeiligen Eintrag, der ähnlich wie die Einträge in /etc/passwd aus Feldern besteht, die durch einen Doppelpunkt »:« voneinander getrennt sind. /etc/group enthält genauer gesagt vier Felder pro Zeile:

Gruppendatenbank

```
⟨Gruppenname⟩:⟨Kennwort⟩:⟨GID⟩:⟨Mitglieder⟩
```

Deren Bedeutung ergibt sich wie folgt:

⟨**Gruppenname**⟩ Der textuelle Name der Gruppe, für die Verwendung in Verzeichnislisten usw.

⟨**Kennwort**⟩ Ein optionales Kennwort für diese Gruppe. Damit können auch Benutzer, die nicht per /etc/shadow oder /etc/group Mitglied der Gruppe sind, mit dem Befehl newgrp diese Gruppenzugehörigkeit annehmen. Ein »*« als ungültiges Zeichen verhindert einen Gruppenwechsel von normalen Benutzern in die betreffende Gruppe. Ein »x« verweist auf die separate Kennwortdatei /etc/gshadow.

⟨**GID**⟩ Die numerische Gruppenkennung für diese Gruppe

⟨**Mitglieder**⟩ Eine durch Kommas getrennte Liste mit Benutzernamen. Die Liste enthält alle Benutzer, die diese Gruppe als sekundäre Gruppe haben, die also zu dieser Gruppe gehören, aber im GID-Feld der Datei /etc/passwd einen anderen Wert stehen haben. (Benutzer mit dieser Gruppe als primärer Gruppe dürfen hier auch stehen, aber das ist unnötig.)

Eine /etc/group-Datei könnte zum Beispiel so aussehen:

```
root:x:0:root
bin:x:1:root,daemon
users:x:100:
projekt1:x:101:hugo,susi
```

GID-Werte Ähnlich wie bei den UIDs werden auch die GIDs von einer bestimmten Zahl an, üblicherweise 100, hochgezählt. Für einen gültigen Eintrag müssen mindestens das erste und dritte Feld (Gruppenname und GID) vorhanden sein. Durch so einen Eintrag wird einer Gruppennummer, die in der Kennwortdatei einem Benutzer zugeordnet wurde, ein Gruppenname gegeben.

Mitgliederliste Die Felder für Kennwort und/oder Benutzerliste müssen nur für solche Gruppen ausgefüllt werden, die Benutzern als sekundäre Gruppe zugeordnet sind. Die in der Mitgliederliste eingetragenen Benutzer werden nicht nach einem Kennwort gefragt, wenn sie mit dem Kommando `newgrp` die aktuelle GID wechseln wollen.

Gruppenkennwort Wenn im zweiten Feld des Gruppeneintrags ein verschlüsseltes Kennwort eingetragen ist, können Anwender ohne Eintrag in der Mitgliederliste sich mit dem Kennwort legitimieren, um die Gruppenzugehörigkeit anzunehmen. In der Praxis werden Gruppenkennwörter so gut wie nie verwendet.

Die Datei /etc/gshadow Wie bei der Kennwortdatei gibt es auch für die Gruppendatei eine Erweiterung durch das Schattenkennwortsystem. Die Gruppenkennwörter, die sonst in der Datei `/etc/group` analog zu `/etc/passwd` verschlüsselt, aber für alle Benutzer lesbar abgelegt sind, werden dann in der separaten Datei `/etc/gshadow` gespeichert. Dort werden auch zusätzliche Informationen zur Gruppe festgehalten, beispielsweise die Namen der zum Ein- und Austragen von Mitgliedern autorisierten Gruppenverwalter.

14.1.3 Benutzerkonten und Gruppeninformationen verwalten

Nachdem die Installation einer neuen Linux-Distribution abgeschlossen ist, gibt es zunächst nur das `root`-Konto für den Administrator und die Pseudobenutzer. Alle weiteren Benutzerkonten und Gruppen müssen erst eingerichtet werden (wobei die meisten Distributionen heutzutage den Installierer mit sanfter Gewalt dazu nötigen, zumindest einen »gewöhnlichen« Benutzer anzulegen).

Werkzeuge zur Benutzerverwaltung Um dies zu erleichtern, bringt Linux einige Werkzeuge zur Benutzerverwaltung mit. Damit ist das zwar in den meisten Fällen eine problemlose, einfach zu erledigende Angelegenheit, aber es ist wichtig, dass Sie die Zusammenhänge verstehen.

Benutzerkonten einrichten Der Vorgang bei der Einrichtung eines neuen Benutzerkontos ist im Prinzip immer gleich und erfolgt in mehreren Schritten:

1. Sie müssen Einträge in der Kennwortdatei /etc/passwd und gegebenenfalls in /etc/shadow anlegen.
2. Gegebenenfalls ist ein Eintrag (oder mehrere) in der Gruppendatei /etc/group nötig.
3. Sie müssen das Heimatverzeichnis erzeugen, eine Grundausstattung an Dateien hineinkopieren und alles dem neuen Benutzer übereignen.
4. Wenn nötig, müssen Sie den neuen Benutzer noch in weitere Listen eintragen, zum Beispiel für Plattenkontingente (Abschnitt 8.8), Zugriffsberechtigung auf Datenbanken und spezielle Applikationen.

Textdateien

Alle Dateien, die beim Einrichten eines neuen Kontos bearbeitet werden, sind normale Textdateien. Sie können jeden Schritt ohne Weiteres von Hand beziehungsweise mit Hilfe eines Texteditors durchführen. Da dies jedoch eine genauso dröge wie aufwendige Tätigkeit ist, tun Sie besser daran, sich vom System helfen zu lassen. Linux hält hierfür das Programm useradd bereit.

useradd

Im einfachsten Fall übergeben Sie dem Programm useradd lediglich den Namen des neuen Benutzers. Optional können Sie auch noch diverse andere Benutzerparameter setzen; für nicht angegebene Parameter (typischerweise zum Beispiel die UID) werden automatisch »vernünftige« Standardwerte gewählt. Auf Wunsch kann auch das Heimatverzeichnis des Benutzers erzeugt und mit einer Grundausstattung an Dateien versehen werden, die das Programm dem Verzeichnis /etc/skel entnimmt. Mit dem Kommando

```
# useradd -c "Hugo Schulz" -m -d /home/hugo -g entw▷
◁ -k /etc/skel.entw
```

zum Beispiel wird für den Benutzer Hugo Schulz ein Benutzerkonto namens hugo angelegt und der Gruppe entw zugeordnet. Sein Heimatverzeichnis wird als /home/hugo angelegt und die Dateien aus /etc/skel.entw als Grundausstattung dort hineinkopiert. Nach dem Anlegen mit useradd ist das neue Konto noch nicht

Kennwort

zugänglich; der Systemverwalter muss erst noch ein Kennwort eintragen.

Mehr über die möglichen Optionen – etwa auch wie Sie Standardwerte für alle künftigen neuen Benutzer vorgeben können – steht in der Dokumentation des Kommandos.

⇨ useradd(8)

Kennwörter verwalten Der Befehl passwd dient der Vergabe von Benutzerkennwörtern. Wenn Sie als root angemeldet sind, dann fragt

```
# passwd hugo
```

nach einem neuen Kennwort für den Benutzer hugo (Sie müssen es zweimal angeben, da keine Kontrollausgabe erfolgt).

Das passwd-Kommando steht auch normalen Benutzern zur Verfügung, damit sie ihr eigenes Kennwort ändern können (das Ändern der Kennwörter anderer Benutzer ist root vorbehalten):

```
$ passwd
Ändern des Passworts für hugo
(aktuelles) UNIX-Passwort: geheim123
Geben Sie ein neues UNIX-Passwort ein: 321mieheg
Geben Sie das neue UNIX-Passwort erneut ein: 321mieheg
passwd: Passwort erfolgreich geändert
```

Normale Benutzer müssen ihr eigenes Kennwort erst einmal richtig angeben, bevor sie ein neues setzen dürfen. Das soll Spaßvögeln das Leben schwer machen, die an Ihrem Computer herumspielen, wenn Sie mal ganz dringend raus mussten und die Bildschirmsperre nicht eingeschaltet haben.

Einstellungen in /etc/shadow

passwd dient nebenbei auch noch zur Verwaltung verschiedener Einstellungen in /etc/shadow. Sie können sich zum Beispiel den »Kennwortstatus« eines Benutzers anschauen, indem Sie den Befehl passwd mit der Option -S aufrufen:

```
# passwd -S franz
franz LK 10/15/99 0 99999 7 0
```

Das erste Feld ist dabei (wieder mal) der Benutzername, dann folgt der Kennwortstatus: »PS« oder »P« heißen hier, dass ein Kennwort gesetzt ist; »LK« oder »L« stehen für ein gesperrtes Konto, und »NP«

bezeichnet ein Konto ganz ohne Kennwort. Die übrigen Felder sind das Datum der letzten Kennwortänderung, die Mindest- und Höchstfrist in Tagen für das Ändern des Kennworts, die Warnfrist vor dem Ablauf bzw. die »Gnadenfrist« für die komplette Sperrung des Benutzerkontos nach dem Ablauf des Kennworts (siehe hierzu auch Abschnitt 14.1.2).

Ändern können Sie einige dieser Einstellungen über Optionen von passwd. Hier sind ein paar Beispiele:

```
# passwd -l hugo                                   Zugang sperren
# passwd -u hugo                                   Zugang freigeben
# passwd -m 7 hugo     Kennwortänderung höchstens alle 7 Tage
# passwd -x 30 hugo    Kennwortänderung längstens alle 30 Tage
# passwd -w 3 hugo          3 Tage Warnfrist vor Kennwortablauf
```

Um die übrigen Einstellungen in /etc/shadow zu ändern, müssen Sie das Kommando chage heranziehen:

chage

```
# chage -E 2009-12-01 hugo                 Sperrung ab 1.12.2009
# chage -E -1 hugo                       Verfallsdatum aufheben
# chage -I 7 hugo      Gnadenfrist 1 Woche nach Kennwortablauf
# chage -m 7 hugo                          Entspricht passwd -m
# chage -M 7 hugo                   Entspricht passwd -x (Grr.)
# chage -W 3 hugo              Entspricht passwd -w (Grr, grr.)
```

(chage kann alle Parameter ändern, die passwd ändern kann, und dann noch ein paar.)

Kennwort im Klartext

Ein bestehendes Kennwort im Klartext auslesen können Sie selbst als Administrator nicht mehr. Auch direktes Nachsehen in der Datei /etc/shadow hilft in diesem Fall nichts, denn hier werden alle Kennwörter bereits verschlüsselt abgelegt. Sollte ein Benutzer sein Kennwort vergessen haben, reicht es in der Regel, dessen Kennwort mit passwd zu ändern. Wenn Sie das root-Kommando vergessen haben, können Sie direkt in eine Shell booten (oder ein Rettungssystem heranziehen) und das Kennwort in /etc/passwd zurücksetzen.

➪ passwd(8), chage(8)

Benutzerkonten löschen Um ein Benutzerkonto zu löschen, müssen Sie den Eintrag des Benutzers aus /etc/passwd und /etc/shadow entfernen, alle Verweise auf diesen Benutzer in /etc/group löschen und das Heimatverzeichnis sowie alle Dateien entfernen, die der Benutzer erstellt hat oder deren Eigentümer er ist.

userdel Auch für diese Aktionen existiert ein passendes Kommando. Der Befehl `userdel` löscht ein Benutzerkonto komplett. Die Syntax ist

```
userdel [-r] ⟨Benutzername⟩
```

Die Option `-r` sorgt dafür, dass das Heimatverzeichnis des Benutzers mit Inhalt sowie seine Mailbox in `/var/mail` entfernt wird, andere Dateien des Benutzers – etwa `crontab`-Dateien usw. – müssen von Hand gelöscht werden. Eine schnelle Methode, die Dateien eines bestimmten Benutzers zu finden und zu löschen, ist der Befehl

```
find / -uid ⟨UID⟩ -delete
```

Ohne die Option `-r` werden nur die Benutzerdaten aus der Benutzerdatenbank gelöscht; das Heimatverzeichnis bleibt stehen.

⇨ `userdel`(8)

Benutzerkonten und Gruppenzuordnung ändern Eine Änderung der Benutzerkonten und -gruppen geschieht traditionell durch das Editieren der Dateien `/etc/passwd` und `/etc/group`. Viele Systeme enthalten auch Befehle wie `usermod` und `groupmod` für denselben Zweck, die Sie im Zweifelsfall vorziehen sollten, weil sie sicherer funktionieren und – meistens – auch bequemer einzusetzen sind.

usermod Das Programm `usermod` akzeptiert im Wesentlichen dieselben Optionen wie `useradd`, aber ändert existierende Benutzerkonten, statt neue anzulegen. Beispielsweise können Sie mit

```
usermod -g ⟨Gruppe⟩ ⟨Benutzername⟩
```

die primäre Gruppe eines Benutzers ändern.

UID ändern Achtung! Wenn Sie die UID eines bestehenden Benutzerkontos ändern möchten, können Sie natürlich das ⟨UID⟩-Feld in `/etc/passwd` direkt editieren. Allerdings sollten Sie gleichzeitig mit `chown` die Dateiberechtigungen der Dateien dieses Benutzers auf die neue UID übertragen: »`chown -R tux /home/tux`« vergibt die Eignerrechte an allen Dateien in dem Heimatverzeichnis, das von `tux` benutzt wurde, wieder an `tux`, nachdem Sie die UID für dieses Konto geändert haben. Wenn »`ls -l`« eine numerische UID statt eines alphanumerischen Namens ausgibt, weist dies darauf hin, dass mit der UID dieser Dateien kein Benutzername verbunden ist. Mit `chown` können Sie das in Ordnung bringen.

- ⇨ `usermod(8)`
- ⇨ `chown(1)`, Abschnitt 3.4.3

Anlegen, Ändern und Löschen von Gruppen Genau wie Benutzerkonten können Sie Gruppen auf mehrere Arten anlegen. Die Methode »von Hand« gestaltet sich hier wesentlich weniger aufwendig als das manuelle Erstellen neuer Benutzerkonten: Da Gruppen kein Heimatverzeichnis besitzen, genügt es normalerweise, die Datei `/etc/group` mit einem beliebigen Texteditor zu manipulieren und eine entsprechende neue Zeile einzufügen. Bei Verwendung von Gruppenkennwörtern ist auch noch ein Eintrag in `/etc/gshadow` vorzunehmen.

groupadd

Zur Gruppenverwaltung gibt es analog zu `useradd`, `usermod` und `userdel` die Programme `groupadd`, `groupmod` und `groupdel`, auf die Sie zurückgreifen sollten, statt `/etc/group` und `/etc/gshadow` direkt zu editieren. Mit `groupadd` können Sie einfach per Kommandozeilenparameter bzw. Voreinstellungen neue Gruppen im System erzeugen:

```
groupadd [-g ⟨GID⟩] ⟨Gruppenname⟩
```

Die Option `-g` ermöglicht die Vorgabe einer bestimmten Gruppen-ID. Wie erwähnt handelt es sich dabei um eine positive ganze Zahl. Die Werte bis 99 sind meist Systemgruppen vorbehalten. Ohne Angabe wird die nächste freie GID verwendet.

groupmod

Bereits bestehende Gruppen können Sie mit `groupmod` bearbeiten, ohne direkt in `/etc/group` schreiben zu müssen:

```
groupmod [-g ⟨GID⟩] [-n ⟨Name⟩] ⟨Gruppenname⟩
```

Die Option »`-g` ⟨GID⟩« ändert die GID der angegebenen Gruppe. Nicht aufgelöste Gruppenzugehörigkeiten von Dateien müssen danach manuell angepasst werden. Die Option »`-n` ⟨Name⟩« weist der angegebenen Gruppe einen neuen Gruppennamen zu. Die GID bleibt dabei unverändert, auch manuelle Anpassungen sind nicht erforderlich.

groupdel

Auch zum Entfernen der Gruppeneinträge existiert ein Hilfsprogramm. Dieses heißt konsequenterweise `groupdel`:

`groupdel ⟨Gruppenname⟩`

Ebenso wie beim manuellen Entfernen von Gruppeneinträgen empfiehlt es sich auch hier, anschließend alle Dateien des Verzeichnisbaums zu überprüfen und verwaiste Gruppenzugehörigkeiten per chgrp anzupassen. Primäre Gruppen von einzelnen Benutzern dürfen nicht entfernt werden. Entweder muss der betroffene Benutzer vor dem Entfernen der Gruppe ebenfalls ausgetragen oder einer anderen primären Gruppe zugeteilt werden.

gpasswd Das gpasswd-Kommando dient in erster Linie zur Manipulation von Gruppenkennwörtern analog zum passwd-Kommando. Allerdings kann der Systemadministrator die Verwaltung der Mitgliederliste einer Gruppe an einen oder mehrere Gruppenadministratoren delegieren. Gruppenadministratoren verwenden dafür ebenfalls das gpasswd-Kommando. Die Details stehen in der Dokumentation, außer bei den Novell/SUSE-Distributionen, die gpasswd nicht mehr enthalten.

Wie erwähnt werden Gruppenkennwörter und das ganze Drumherum im wirklichen Leben so gut wie nie angewendet – ein Kennwort, das mehrere bis viele Leute wissen müssen, ist schwer geheimzuhalten oder zu ändern, und seit die Obergrenze für die Anzahl von sekundären Gruppen in Linux aufgehoben wurde, ist es in der Regel einfacher, allen Betroffenen die entsprechende Gruppe gleich als sekundäre Gruppe zuzuordnen.

⇨ groupadd(8), groupmod(8), groupdel(8), gpasswd(1)

Benutzer- und Gruppendaten direkt ändern — vipw und vigr Das Kommando vipw ruft einen Editor auf, um die Datei /etc/passwd zu ändern. Gleichzeitig wird die jeweilige Datei gesperrt, so dass während dieser Änderung niemand z. B. mit passwd ebenfalls eine Änderung vornehmen kann (die dann verloren gehen würde). Mit der Option -s wird /etc/shadow bearbeitet. – Welcher Editor konkret aufgerufen wird, bestimmt der Wert der Umgebungsvariablen VISUAL, ersatzweise der Wert der Umgebungsvariablen EDITOR; existiert keine der beiden, wird der vi gestartet.

Analog zu vipw funktioniert vigr. Der einzige Unterschied ist, dass es auf /etc/group bzw. /etc/gshadow wirkt.

⇨ vipw(8), vigr(8)

14.1.4 Das Kommando getent

Natürlich können Sie die Dateien /etc/passwd, /etc/shadow und /etc/group wie alle anderen Textdateien auch mit Programmen wie cat, less oder grep lesen und verarbeiten (OK, OK, für /etc/shadow müssen Sie root sein). Dabei gibt es aber ein paar praktische Probleme:

- Eventuell bekommen Sie nicht die ganze Wahrheit zu sehen: Es könnte ja sein, dass die Benutzerdatenbank (oder Teile davon) auf einem LDAP-Server, in einer SQL-Datenbank oder einem Windows-Domänencontroller steht und Sie in /etc/passwd gar nichts Interessantes finden.
- Wenn Sie gezielt nach einem Benutzereintrag suchen wollen, ist das mit grep schon etwas umständlich zu tippen, wenn Sie »falsche Positive« ausschließen wollen.

Das Kommando getent macht es möglich, die verschiedenen Datenbanken für Benutzer- und Gruppeninformationen gezielt abzufragen. Mit

```
$ getent passwd
```

bekommen Sie etwas angezeigt, das aussieht wie /etc/passwd, aber aus allen Quellen für Benutzerdaten zusammengesetzt ist, die auf dem Rechner aktuell konfiguriert sind. Mit

```
$ getent passwd hugo
```

bekommen Sie den Benutzereintrag für den Benutzer hugo, egal wo er tatsächlich gespeichert ist. Statt passwd können Sie auch shadow, group oder gshadow angeben, um die betreffende Datenbank zu konsultieren. (Natürlich können Sie auch mit getent auf shadow und gshadow nur als root zugreifen.)

Sie dürfen auch mehrere Benutzer- oder Gruppennamen angeben. In diesem Fall werden die Informationen für alle genannten Benutzer oder Gruppen ausgegeben:

```
$ getent passwd hugo susi fritz
```

➪ getent(1)
➪ Wenn Sie neugierig sind: nsswitch.conf(5)

14.2 Das Systemprotokoll

14.2.1 Das Problem

Der Betriebssystemkern und die diversen im Hintergrund laufenden System- und Netzwerkdienste sind mit keinem Benutzerterminal direkt verbunden. Wenn ein solcher Prozess eine Nachricht ausgeben will, dann tut er das normalerweise auf dem Bildschirm der Systemkonsole direkt; unter X11 erscheinen solche Nachrichten im `xconsole`-Fenster. Allerdings ist nicht sichergestellt, dass die Meldungen auch vom Systemadministrator gelesen werden. Außerdem lassen sich die Bildschirmmeldungen nicht sichern und gehen leicht verloren.

14.2.2 Der Syslog-Daemon

syslogd

klogd

Eine Lösung für dieses Problem stellt der Syslog-Daemon `syslogd` bereit. Anstelle der direkten Ausgabe einer Meldung auf die Systemkonsole können Programme über einen Funktionsaufruf ihre Meldungen an den Syslog-Daemon abliefern. Für den Kernel übernimmt diese Arbeit das Programm `klogd`; es liest die Kernel-Meldungen aus `/proc/kmsg` und leitet sie an `syslogd` weiter.

Der `syslogd` erweist sich bei der Fehlersuche als sehr nützlich. Er protokolliert die verschiedenen Systemmeldungen und wird in der Regel beim Booten über ein Init-Skript gestartet. Erhält der `syslogd` Meldungen, so schreibt er sie zum Beispiel in eine Datei oder schickt sie über das Netz weiter an einen Rechner, der eine zentrale Protokolldatei verwaltet.

/etc/syslog.conf

In der Konfigurationsdatei `/etc/syslog.conf` ist festgelegt, welche Meldungen wohin geschrieben werden sollen. Diese Datei besteht aus zwei Spalten und könnte folgendermaßen aussehen:

```
kern.warn;*.err;authpriv.none    /dev/tty10
kern.warn;*.err;authpriv.none   |/dev/xconsole
*.emerg                          *
*.=warn;*.=err                  -/var/log/warn
*.crit                           /var/log/warn
<<<<<
*.*;mail.none;news.none         -/var/log/messages
```

Kategorie	Bedeutung
authpriv	Meldungen der Sicherheitsdienste
cron	Meldungen von cron und at
daemon	Meldungen von Daemon-Programmen ohne eigene Kategorie
ftp	Meldungen des FTP-Daemons
kern	Systemmeldungen aus dem Betriebssystemkern
lpr	Meldungen des Druckersystems
mail	Meldungen des Mailsystems
news	Meldungen des Usenet-News-Systems
syslog	Meldungen des syslogd
user	Meldungen von Benutzerprogrammen
uucp	Meldungen des UUCP-Systems
local0 ... local7	Frei verwendbar für lokale Nachrichten

Tabelle 14.1: Kategorien für den syslogd

Die erste Spalte jeder Zeile bestimmt, welche Meldungen ausgewählt werden sollen, und die zweite Spalte gibt an, wohin die Meldungen geschrieben werden. Die erste Spalte hat das Format:

⟨Kategorie⟩.⟨Priorität⟩[;⟨Kategorie⟩.⟨Priorität⟩]...

Kategorien

Dabei bezeichnet die Kategorie das Systemprogramm oder die Komponente des Systems, die die Meldung verursacht. Das kann zum Beispiel der Mail-Daemon sein, der Kernel selbst oder auch Programme, die den Zugang zum System kontrollieren. Tabelle 14.1 zeigt die gültigen Kategorien. Wenn Sie anstelle der Kategorie einen Stern (»*«) setzen, steht dieser als Platzhalter für alle Kategorien. Es ist nicht ohne Weiteres möglich, eigene zusätzliche Kategorien zu definieren; die »lokalen« Kategorien local0 bis local7 sollten aber für die meisten Zwecke ausreichen.

Prioritäten

Die Priorität gibt an, wie schwerwiegend die Meldung ist. Die gültigen Prioritäten stehen in Tabelle 14.2. Jeder Meldung an den Syslog-Daemon muss Kategorie und Priorität mitgegeben werden. Viele Programme lassen es zu, dass der Administrator zumindest die Kategorie der Meldungen frei wählt und unwichtige Meldungen unterdrücken kann.

Priorität	Bedeutung
none	Keine Priorität im eigentlichen Sinne – dient dazu, alle Nachrichten einer Herkunftskategorie auszuschließen
debug	Mitteilung innerer Programmzustände bei der Fehlersuche
info	Protokollierung des normalen Betriebsgeschehens
notice	Dokumentation besonders bemerkenswerter Situationen im Rahmen des normalen Betriebs
warning	(oder warn) Warnung über Zustände, die nicht gravierend sind, aber nicht mehr zum normalen Betrieb gehören
err	Fehlermeldungen aller Art
crit	Kritische Fehlermeldungen (die Grenze zur Priorität err ist nicht definiert)
alert	»Alarmierende« Nachrichten, die sofortiges Eingreifen erfordern
emerg	Die letzten Meldungen vor dem Absturz

Tabelle 14.2: Prioritäten für den syslogd (nach aufsteigender Dringlichkeit)

Auswahlkriterien

Ein Auswahlkriterium der Form mail.info bedeutet »alle Meldungen des Mail-Daemon mit der Priorität info und höher«. Möchten Sie nur die Meldungen einer einzigen Prioritätsstufe erfassen, dann können Sie das über ein Auswahlkriterium wie mail.=info tun. Der Stern (»*«) steht für alle Prioritäten (man könnte auch »debug« angeben). Ein vorgestelltes ! bedeutet Negation: mail.!info unterdrückt Meldungen des Mail-Daemons mit einer Priorität von info und höher; dies ist vor allem in Kombinationen wie mail.*;mail.!err sinnvoll, um gewisse Meldungen niedriger Prioritätsstufen auszuwählen.

Mehrere Kategorien – selbe Priorität

Sie können auch mehrere Kategorien mit derselben Priorität in der Form mail,news.info angeben; dieser Ausdruck selektiert Meldungen der Priorität info und höher, die zu den Kategorien mail oder news gehören.

Aktionen

Nun zur rechten Spalte, dem Ziel der Meldungen. Die Nachrichten können auf verschiedene Weise verarbeitet werden:

- Sie können in eine *Datei* geschrieben werden. Dazu wird der absolute Dateiname angegeben. Normalerweise schreibt `syslogd` seine Meldungen *synchron*, also ohne Zwischenspeicherung im RAM, auf die Platte, damit bei einem Systemabsturz möglichst viele Indizien gesichert sind. Dies ist jedoch nur bei kritischen Meldungen zentraler Komponenten (Kernel etc.) notwendig. Alle anderen Meldungen können *asynchron*, also wie alle anderen Dateioperationen auch, geschrieben werden. Ein »-« vor dem Dateinamen erlaubt asynchrones Schreiben.

  Der Dateiname darf sich auch auf ein Gerät (etwa `/dev/tty10` im obigen Beispiel) beziehen.

- Protokollnachrichten können in eine *benannte Pipe* (FIFO: First In First Out) geschrieben werden. Dazu muss der FIFO-Name als absoluter Pfad mit einem davorstehenden »|« angegeben werden. Ein solcher FIFO ist `/dev/xconsole`.

- Sie können *über das Netz* an einen anderen `syslogd` weitergeleitet werden. Dazu wird der Name oder die IP-Adresse des Zielrechners mit einem vorgestellten `@`-Zeichen angegeben. Das ist besonders sinnvoll, wenn es zu einem kritischen Systemzustand kommt, bei dem der Zugriff auf die lokale Nachrichtendatei nicht mehr möglich ist; um das Protokoll dem Zugriff allfälliger Cracker zu entziehen, die gerne ihre Spuren verwischen würden; oder um die Protokollnachrichten aller Rechner im Netz auf einem Rechner zu sammeln und gemeinsam auszuwerten.

  Auf dem Zielrechner muss der `syslogd` mit der Option `-r` (engl. *remote*) gestartet worden sein, damit er Meldungen anderer Rechner annimmt

- Sie können *direkt an Benutzer* geschickt werden. Die Benutzernamen müssen dazu in einer durch Kommas getrennten Liste aufgeführt werden. Die Nachricht wird den aufgelisteten Benutzern auf dem Terminal angezeigt, sofern diese im Augenblick des Eingangs der Nachricht angemeldet sind. Ein Stern »*« als Benutzername steht für »alle angemeldeten Benutzer«.

In der Regel enthält Ihr System nach der Installation bereits einen laufenden `syslogd` und die Datei `/etc/syslog.conf` in einer brauch-

`/etc/syslog.conf`

Konfiguration ändern

baren Konfiguration. Falls Sie weitere Meldungen protokollieren lassen möchten, z. B. weil spezielle Probleme auftreten, sollten Sie die Datei `syslog.conf` editieren und dann den `syslogd` mit dem Signal `SIGHUP` anweisen, seine Konfigurationsdatei erneut zu lesen.

`logger`

Testen können Sie den `syslogd`-Mechanismus übrigens mit dem Programm `logger`, das auch für Shell-Skripte nützlich ist. Ein Aufruf der Form

```
$ logger -p local0.err -t TEST "Hallo Welt"
```

produziert eine Protokollnachricht der Form

```
Aug  7 18:54:34 red TEST: Hallo Welt
```

➪ `syslogd(8)`, `logger(1)`, `syslog(3)`

14.2.3 Die Protokolldateien

`/var/log`

Protokolldateien werden in der Regel unter `/var/log` abgelegt. Die Namen variieren, aber verbreitet ist zum Beispiel `/var/log/messages` als Datei, die die meisten Meldungen aufnimmt.

Protokolldateien anschauen

Die vom `syslogd` erzeugten Logdateien können mit `less` angeschaut werden, bei langen Dateien bietet sich `tail` an (evtl. mit der Option `-f` für engl. *follow*).

➪ »Anfang und Ende von Dateien« in Abschnitt 4.2.1
➪ `less(1)`, `tail(1)`

`/var/log/wtmp`
`last`

Die Protokolldateien mancher Programme werden binär gespeichert und sind nur mit speziellen Werkzeugen einsehbar. Dazu gehört die Protokolldatei `/var/log/wtmp`, die alle Anmeldevorgänge protokolliert. Anschauen können Sie sie mit `last`:

```
$ last
tux  pts/1             Sat Jan 10 12:09 - 12:23  (00:14)
tux  pts/0             Sat Jan 10 12:09 - 12:23  (00:14)
tux  :0     console    Sat Jan 10 12:08 - 12:23  (00:15)


wtmp begins Fri Jan  9 18:20:37 2004
```

Es werden der Benutzername, der Ort der Anmeldung und die Dauer der Sitzung ausgegeben.

➪ `wtmp(5)`, `last(1)`

Fehlgeschlagene Anmeldevorgänge werden in der Datei /var/log/faillog vermerkt, die Sie sich als Administrator mit dem gleichnamigen Programm faillog ansehen können.

/var/log/faillog

faillog

```
# faillog
Username   Failures  Maximum  Latest
tux               0        0  Mon Jan 12 13:58:40 on tty1
```

In /var/log/faillog kann auch bestimmt werden, wie viele ungültige Anmeldeversuche für den Benutzer erlaubt sind. Wird diese Zahl überschritten, ist (zumindest auf der Textkonsole) keine weitere Anmeldung möglich, bis der Systemadministrator das Benutzerkonto wieder freischaltet.

⇨ faillog(8), faillog(5)

Die Kernel-Meldungen aus der Boot-Phase können Sie sich nachträglich mit dem Befehl dmesg anschauen. Sie werden aus einem Zwischenspeicher gelesen. Die meisten Distributionen schreiben die Startmeldungen zusätzlich in eigene Dateien im Verzeichnis /var/log; die Namen variieren.

dmesg

⇨ dmesg(8)

14.2.4 Erweiterte Möglichkeiten: Rsyslog

Bei den meisten gängigen Linux-Distributionen hat Rsyslog inzwischen den traditionellen BSD-syslogd ersetzt. Rsyslog ist effizienter und unterstützt eine größere Auswahl von »Quellen« und »Senken« für Protokollnachrichten, etwa diverse Datenbanken.

Die grundlegenden Ideen hinter rsyslog sind in etwa wie folgt:

- »Quellen« reichen Nachrichten an »Regelsätze« weiter. Es gibt standardmäßig einen Regelsatz (RSYSLOG_DefaultRuleset), aber Sie als Benutzer können weitere definieren.
- Jeder Regelsatz enthält beliebig viele Regeln (auch keine, selbst wenn das keinen großen Sinn ergibt).
- Eine Regel besteht aus einem »Filter« und einer »Aktionsliste«. Filter treffen Ja-Nein-Entscheidungen darüber, ob die zugehörige Aktionsliste ausgeführt wird.
- Für jede Nachricht werden alle Regeln im Regelsatz in ihrer Reihenfolge von der ersten zur letzten ausgeführt (und keine

anderen). Es werden immer alle Regeln ausgeführt, egal wie die Filter-Entscheidungen ausfallen, wobei es auch die Aktion »Bearbeitung abbrechen« gibt.

- Eine Aktionsliste kann viele Aktionen enthalten (mindestens eine). Innerhalb einer Aktionsliste sind keine weiteren Filter möglich. Die Aktionen bestimmen, was mit passenden Protokollnachrichten geschieht.
- Das genaue Aussehen von Protokollnachrichten in der Ausgabe läßt sich über »Templates« steuern.

Die Konfiguration von rsyslog steht in der Datei `/etc/rsyslog.conf`. Innerhalb dieser Datei können Sie parallel drei verschiedene Arten von Konfigurationseinstellungen verwenden:

- Die traditionelle Syntax von `/etc/syslog.conf` (»sysklogd«).
- Eine veraltete Syntax von rsyslog (»legacy rsyslog«). Diese erkennen Sie daran, dass Kommandos mit einem Dollarzeichen (`$`) anfangen.
- Die aktuelle Syntax von rsyslog (»RainerScript«). Sie ist für komplexe Situationen am besten geeignet.

Die ersten beiden Geschmacksrichtungen sind zeilenbasiert. In der aktuellen Syntax sind Zeilenumbrüche irrelevant.

Für sehr einfache Anwendungen können – und sollten! – Sie die sysklogd-Syntax verwenden (wie wir sie in den vorigen Abschnitten besprochen haben). Wenn Sie Konfigurationsparameter einstellen oder aufwendigen Kontrollfluss ausdrücken wollen, ist RainerScript empfehlenswerter. Um die veraltete rsyslog-Syntax sollten Sie einen Bogen machen (auch wenn diverse Linux-Distributionen das in ihren Voreinstellungen nicht tun), bis darauf, dass manche Eigenschaften von rsyslog nur in dieser Syntax zugänglich sind.

Rsyslog bietet diverse Möglichkeiten, die über die des BSD-`syslogd` hinausgehen. Sie können zum Beispiel erweiterte Filterausdrücke für Nachrichten verwenden:

```
:msg, contains, "FOO"    /var/log/foo.log
```

Die erweiterten Filterausdrücke bestehen immer aus einem Doppelpunkt am linken Rand, einer »Property«, die rsyslog der Nachricht entnimmt, einem Filteroperator (hier `contains`) und einem Suchbegriff. In unserem Beispiel werden alle Protokollnachrichten, deren Text die Zeichenkette `FOO` enthält, in die Datei `/var/log/foo.log` geschrieben.

Die nächste Komplexitätsstufe sind Filter auf der Basis von Ausdrücken, die beliebige Boolesche, arithmetische und Zeichenketten-Operationen umfassen können. Diese beginnen immer mit einem `if` ganz am linken Rand einer neuen Zeile:

```
if $syslogfacility-text == "local0" ▷
◁ and $msg startswith " FOO" ▷
◁ and ($msg contains "BAR" or $msg contains "BAZ") ▷
◁ then /var/log/foo.log
```

(in Ihrer Datei sollte das alles in einer Zeile stehen). Mit dieser Regel werden Nachrichten der Kategorie `local0` in `/var/log/foo.log` geschrieben, die mit `FOO` anfangen und außerdem `BAR` oder `BAZ` (oder beides) enthalten. (Achten Sie auf die Dollarzeichen vor den Namen der Properties.)

Rsyslog unterstützt eine große Anzahl von Modulen, die bestimmen, was mit Protokollnachrichten passieren soll. Sie könnten beispielsweise wichtige Nachrichten per E-Mail verschicken. Dazu können Sie in `/etc/rsyslog.conf` etwas schreiben wie

```
module(load="ommail")
template(name="mailBody" type="string"▷
◁ string="ALERT\\r\\n%msg%")
if $msg contains "disk error" then {
    action(type="ommail"
           server="mail.example.com" port="25"
           mailfrom="rsyslog@example.com"
           mailto="admins@example.com"
           subject.text="disk error detected"
           body.enable="on" template="mailBody"
           action.execonlyonceeveryinterval="3600")
}
```

Ach ja: Rsyslog kümmert sich direkt um Protokollnachrichten aus dem Linux-Kern. Dazu müssen Sie lediglich das `imklog`-Eingabemodul aktivieren:

```
module(load="imklog")
```

oder (veraltete Syntax)

```
$ModLoad imklog
```

Ein separater `klogd`-Prozess ist nicht erforderlich.

➯ Detaillierte Informationen über rsyslog finden Sie zum Beispiel unter `http://www.rsyslog.com/doc/v8-stable/index.html` (der Online-Dokumentation).

14.2.5 Die »nächste Generation«: Syslog-NG

Eine andere verbesserte Implementierung des Protokolldiensts ist »Syslog-NG« (»NG« steht für »New Generation«). Ähnlich wie Rsyslog erlaubt Syslog-NG erweiterte Filtermöglichkeiten und zusätzliche Protokollziele. Bei vielen Linux-Distributionen ist das Programm optional nachinstallierbar; als Standard ist es nicht besonders verbreitet.

Für die LPI-Prüfung müssen Sie vor allem wissen, dass Syslog-NG existiert. Das Programm selbst heißt `syslog-ng` und seine Konfigurationsdatei steht typischerweise in `/etc/syslog-ng/syslog-ng.conf`. Die Syntax unterscheidet sich erheblich von der der »klassischen« `syslog.conf`-Datei.

➯ Sie finden Informationen über Syslog-NG in den Handbuchseiten sowie unter \`http://www.balabit.com/products/syslog_ng/`. Dort gibt es Dokumentation und auch eine sehr nützliche FAQ-Sammlung.

14.2.6 Das Programm `logrotate`

Je nach der Anzahl der Benutzer und der Anzahl und Art der laufenden Dienste können die Protokolldateien ziemlich schnell ziemlich groß werden. Um ein »Zumüllen« des Systems zu verhindern, sollten Sie einerseits zumindest auf vielbeschäftigten Serversystemen versuchen, die entsprechenden Verzeichnisse (z. B. `/var/log` oder `/var`) auf eine eigene Partition zu legen. Andererseits gibt es Software wie `logrotate`, die die Protokolldateien regelmäßig nach verschiedenen Kriterien, etwa der Größe, überwacht, kürzt und alte Protokolle löscht oder archiviert. `logrotate` ist kein Daemon, sondern wird zum Beispiel täglich über `cron` (Abschnitt 14.3) gestartet.

`logrotate` wird über die Datei `/etc/logrotate.conf` und über die Dateien in `/etc/logrotate.d` konfiguriert. Die Datei `/etc/logrotate.conf` setzt allgemeine Parameter, die aber von den Dateien in `/etc/logrotate.d` wieder überschrieben werden können. In `/etc/logrotate.conf` steht unter anderem der Parameter `include /etc/logrotate.d`, der bewirkt, dass die dort befindlichen Dateien an der entsprechenden Stelle als Teil der Datei `/etc/logrotate.conf` integriert werden.

/etc/logrotate.d

```
# wöchentlich rotieren
weekly
# Alte Dateien im Werte von 4 Wochen aufheben
rotate 4
# neue (leere) Protokolldateien anlegen
create
include /etc/logrotate.d
```

`logrotate` überwacht alle Dateien, die ihm über die genannten Konfigurationsdateien mitgeteilt werden, also nicht nur diejenigen von `syslogd`. Als Beispiel ein Ausschnitt aus der Konfigurationsdatei für alle Protokolldateien von `wtmp` aus `/etc/logrotate.d/wtmp`:

```
$ cat /etc/logrotate.d/wtmp
/var/log/wtmp {
    compress
    maxage 365
    rotate 99
    size 400k
    notifempty
    missingok
    copytruncate
}
```

Im Beispiel wird für alle in der ersten Zeile angegebenen Dateien, also `/var/log/wtmp`, festgelegt, dass alle alten Dateien komprimiert aufbewahrt werden, und zwar die letzten 99, dass eine leere Datei nicht rotiert wird, außer sie wird älter als 365 Tage, etc.

⇨ `logrotate(8)`

14.2.7 Protokollierung mit systemd

Journal

Systemd kümmert sich nicht nur um den Systemstart und die Verwaltung von Ressourcen, sondern (wahlweise) auch um das Systemprotokoll. Sein Ansatz, »das Journal«, unterscheidet sich aber deutlich vom traditionellen Protokolldienst.

Während im traditionellen Ansatz der syslog-Daemon Protokollnachrichten auf dem UDP-Port 514 oder dem Socket `/dev/log` entgegennimmt und (typischerweise) in Textdateien schreibt (oder sie an andere Rechner weitergeleitet werden, wo sie dann in Textdateien geschrieben werden), können in der systemd-Welt Hintergrunddienste ihre Protokollnachrichten einfach auf die Standardfehlerausgabe schreiben, und systemd kümmert sich darum, sie an den Protokolldienst weiterzuleiten[2]. Protokolldateien sind bei systemd keine Textdateien (wobei jede Meldung möglicherweise in mehreren Dateien abgelegt wird), sondern Meldungen werden in eine (binäre) Datenbank geschrieben, die anschließend nach diversen Kriterien durchsucht werden kann.

Es ist zum Beispiel sehr einfach möglich, alle Nachrichten anzuzeigen, die ein bestimmter Dienst in einem bestimmten durch Anfangs- und Enddatum und -uhrzeit gegebenen Zeitraum protokolliert hat. Im traditionellen System ist das ziemlich aufwendig[3].

Systemd und syslog

Wie üblich kann auch das Protokollsystem von systemd mit dem traditionellen Ansatz interoperieren. Es protokolliert auf Wunsch auch Nachrichten, die über `/dev/log` oder den UDP-Port 514 eingehen, und kann Nachrichten an einen traditionellen syslog-Daemon (oder eine moderne Neuimplementierung) weiterreichen.

Ringpuffer

Im einfachsten Fall verwendet systemd einen Ringpuffer begrenzter Größe in `/run/log/journal`, um eine gewisse Anzahl von Protokollnachrichten im RAM zwischenzuspeichern (wenn Sie die Daten ohnehin an einen traditionellen Protokolldienst weiterleiten

[2] Systemd hat außerdem noch ein eigenes API für Protokollnachrichten.

[3] Fairerweise sollten wir nochmal hervorheben, dass auch die modernen syslog-Implementierungen wie Rsyslog oder Syslog-NG prinzipiell in der Lage sind, Nachrichten in eine Datenbank zu schreiben. Allerdings sind Sie dann mehr oder weniger selbst dafür verantwortlich, ein entsprechendes Datenbankschema zu entwerfen, Rsyslog bzw. Syslog-NG passend zu konfigurieren, und Software zu entwickeln, die Ihnen bequemen Zugang zu den Protokollnachrichten verschafft. Bei systemd ist das alles »ab Werk« dabei.

wollen, dann reicht das aus). Um alle Vorteile des Journals auszunutzen, sollten Sie aber dafür sorgen, dass die Protokollnachrichten dauerhaft auf der Platte gespeichert werden. Dazu genügt es, das Verzeichnis für die Speicherung anzulegen:

```
# mkdir -p /var/log/journal
# systemctl --signal=USR1 kill systemd-journald
```

(durch das SIGUSR1 wird systemd dazu gebracht, das bisher im RAM angelegte Journal in die neue Datei auf Platte umzutragen). Die Komponente von systemd, die sich um das Journal kümmert, heißt `systemd-journald` (oder unter Freunden journald).

Konfiguration

Konfiguriert wird das Journal in der Datei `/etc/systemd/journald.conf`. Dort können Sie zum Beispiel Obergrenzen für die Größe des Journals (entweder in `/run` oder `/var`) angeben und die automatische Rotation der Daten steuern. Das Programm `logrotate` (Abschnitt 14.2.6) muss – und kann – mit dem Journal nicht verwendet werden.

➪ Genaueres steht in `http://www.freedesktop.org/software/systemd/man/journald.conf.html`.

journalctl

Mit dem Kommando `journalctl` können Sie sehr detaillierte Anfragen an das Journal richten – solange Sie `root` sind. Als normaler Benutzer müssen Sie in der Gruppe `adm` sein, sonst können Sie nur Ihr eigenes Protokoll sehen, also die Nachrichten von Programmen, die Sie selbst (oder der Computer für Sie) gestartet haben.

Units

Die Option `-u` beschränkt die Ausgabe auf diejenigen Protokollnachrichten, die eine bestimmte systemd-Unit geschrieben hat:

```
$ journalctl -u ssh
-- Logs begin at Mo 2015-07-27 13:37:14 CEST, end at ▷
◁ Di 2015-07-28 09:32:08 CEST. --
Jul 27 13:37:23 blue sshd[428]: Server listening on ▷
◁ 0.0.0.0 port 22.
Jul 27 13:37:23 blue sshd[428]: Server listening on ▷
◁ :: port 22.
Jul 27 13:56:50 blue sshd[912]: Accepted password for ▷
◁ hugo from 192.16
Jul 27 13:56:50 blue sshd[912]: pam_unix(sshd:session):▷
◁ session opened
```

Statt eines gezielten Unit-Namens können Sie auch ein Shell-Suchmuster angeben, um mehrere Units zu erfassen. Oder Sie geben einfach mehrere `-u`-Optionen an.

Prioritäten Um nur Nachrichten bestimmter Prioritäten angezeigt zu bekommen, können Sie die Option `-p` benutzen. Diese übernimmt entweder eine einzelne numerische oder textuelle Priorität (`emerg` hat den Wert 0, `debug` hat den Wert 7) und beschränkt die Ausgabe dann auf Nachrichten der entsprechenden Priorität oder darüber (darunter, wenn Sie nach den numerischen Werten gehen wollen). Oder Sie geben einen Bereich in der Form

```
$ journalctl -p warning..crit
```

an, um nur die Nachrichten zu sehen, deren Priorität in diesem Bereich ist. Natürlich können Sie `-u` und `-p` auch kombinieren.

Zeiträume Wenn Sie sich nur für Nachrichten in einem bestimmten Zeitraum interessieren, können Sie die Ausgabe entsprechend einschränken. Die Optionen `-since` und `-until` gestatten die Angabe eines Datums oder einer Uhrzeit in der Form »`2015-07-27 15:36:11`«, und es werden nur Nachrichten ausgegeben, die seit oder bis zu dem gegebenen Zeitpunkt protokolliert wurden. Die Uhrzeit können Sie weglassen, dann wird »`00:00:00`« angenommen.

Relative Zeitangaben Die Schlüsselwörter `yesterday`, `today` und `tomorrow` stehen respektive für »`00:00:00`« gestern, heute oder morgen. Relative Zeitangaben sind auch erlaubt: »`-30m`« steht für »vor einer halben Stunde«. (»`+1h`« steht für »in einer Stunde«, aber es ist unwahrscheinlich, dass Ihr Systemprotokoll Einträge aus der Zukunft enthält[4].)

Pfadnamen als Parameter Wenn Sie einen Pfadnamen als Parameter angeben, versucht `journalctl` etwas Sinnvolles damit anzufangen:

- Wenn er sich auf eine ausführbare Datei bezieht, dann sucht es nach Protokolleinträgen, die das betreffende Programm gemacht hat.
- Wenn er sich auf eine Gerätedatei bezieht, sucht es nach Einträgen, die das angegebene Gerät betreffen.

Diese Suchoperationen sind Spezialfälle eines allgemeineren Suchmechanismus, den das Journal anbietet. Systemd protokol-

[4] Es sei denn, Sie sind der Doktor und durchsuchen das Journal der TARDIS.

```
Mo 2015-07-27 13:37:23.580820 CEST [s=89256633e446498487▷
◁ 47d32096fb4268;i=1ca;b=30eb83c06e054feba2716a1512f64c▷
◁ fc;m=11a1309;t=51bd9c6f8812e;x=f3d8849a4bcc3d87]
    PRIORITY=6
    _UID=0
    _GID=0
    _SYSTEMD_SLICE=system.slice
    _BOOT_ID=30eb83c06e054feba2716a1512f64cfc
    _MACHINE_ID=d2a0228dc98041409d7e68858cac6aba
    _HOSTNAME=blue
    _CAP_EFFECTIVE=3fffffffff
    _TRANSPORT=syslog
    SYSLOG_FACILITY=4
    SYSLOG_IDENTIFIER=sshd
    SYSLOG_PID=428
    MESSAGE=Server listening on 0.0.0.0 port 22.
    _PID=428
    _COMM=sshd
    _EXE=/usr/sbin/sshd
    _CMDLINE=/usr/sbin/sshd -D
    _SYSTEMD_CGROUP=/system.slice/ssh.service
    _SYSTEMD_UNIT=ssh.service
    _SOURCE_REALTIME_TIMESTAMP=1437997043580820
```

Bild 14.1: Vollständige Protokollausgabe mit `journalctl`

liert nämlich weitaus mehr Informationen, als der traditionelle syslog-Mechanismus das tut. Sie sehen das, wenn Sie `journalctl` mit der Option `-output=verbose` aufrufen (siehe Bild 14.1).

Ausführliche Ausgabe

In der ausführlichen Ausgabe sehen Sie für jede Protokollnachricht eine Kopfzeile mit einem Zeitstempel und einer Kennung (einem »Cursor«) für die Nachricht. Die Folgezeile sind Felder im Journal, die sich auf die betreffende Nachricht beziehen. Feldnamen ohne Unterstreichung am Anfang gehen auf Informationen zurück, die das protokollierende Programm geliefert hat, und sind darum nicht notwendigerweise vertrauenswürdig (das Programm könnte zum Beispiel versuchen, über seine PID oder seinen Namen – in `SYSLOG_IDENTIFIER` – Unfug zu erzählen). Feldnamen mit einer Unterstreichung am Anfang werden von systemd geliefert und können vom protokollierenden Programm nicht verfälscht werden.

Allgemeine Suche

Nach allen diesen Feldern können Sie suchen, einfach indem Sie sie auf der Kommandozeile von `journalctl` angeben:

```
$ journalctl _HOSTNAME=red _SYSTEMD_UNIT=apache2.service
```

Suchbegriffe mit verschiedenen Feldern werden implizit UND-verknüpft. Taucht dasselbe Feld in mehreren Suchbegriffen auf, werden diese implizit ODER-verknüpft. Es gibt auch ein explizites ODER:

```
$ journalctl _HOSTNAME=red _UID=70 + _HOSTNAME=blue _UID=80
```

zeigt alle Nachrichten von Prozessen mit der UID 70 auf dem Rechner `red` sowie von Prozessen mit der UID 80 auf dem Rechner `blue`. (Das funktioniert selbstredend nur, wenn Sie die Journale beider Rechner auf Ihrem Rechner konsolidieren.) Natürlich können Sie Suchbegriffe auch mit Optionen kombinieren, etwa um zeitliche Einschränkungen zu machen oder Tipparbeit zu sparen.

Wenn Sie sich (wie wir) nicht merken können, welche Werte für einen Suchbegriff in Frage kommen, können Sie einfach das Journal fragen:

```
$ journalctl -F _SYSTEMD_UNIT
session-2.scope
udisks2.service
session-1.scope
polkitd.service
dbus.service
user@1000.service
⊲⊲⊲⊲⊲
```

Sogar Kommandozeilenvervollständigung funktioniert.

14.3 Zeitgesteuerte Vorgänge

14.3.1 Das Problem

Ein wichtiger Bestandteil der Systemverwaltung besteht darin, wiederholt ablaufende Vorgänge zu automatisieren. Eine denkbare Aufgabe wäre, dass sich der Mailserver eines Firmennetzwerks in regelmäßigen Abständen beim Internet-Provider einwählt und die eingegangenen Nachrichten abholt. Auch Administrationsaufgaben wie Datenarchivierung lassen sich automatisch in der Nacht ausführen.

14.3.2 Einmalige Ausführung von Kommandos

at

Mit Hilfe des Kommandos at lassen sich beliebige Shell-Befehle zu einem späteren Zeitpunkt, also zeitversetzt, einmalig ausführen. Wenn Kommandos hingegen mehrfach zu bestimmten Zeiten ausgeführt werden sollen, ist cron (Abschnitt 14.3.3) angesagt.

Die Idee hinter at ist, einen Zeitpunkt vorzugeben, zu dem dann ein Kommando oder eine Folge von Kommandos ausgeführt wird. Etwa so:

```
$ at 01:00
warning: commands will be executed using /bin/sh
at> tar -cvzf /dev/st0 $HOME
at> echo "Backup fertig" | mail -s Backup $USER
at> [Strg]+[D]
Job 123 at 2004-01-08 01:00
```

Hiermit können Sie um 1 Uhr nachts eine Sicherheitskopie Ihres Heimatverzeichnisses auf Band schreiben und sich anschließend per Mail eine Vollzugsmeldung schicken lassen.

Zeitangabe

Das Argument von at ist eine Zeitangabe für die Ausführung der Kommandos. Zeiten im Format »⟨HH⟩:⟨MM⟩« bezeichnen den nächstmöglichen solchen Zeitpunkt: Wird das Kommando »at 14:00« um 8 Uhr früh angegeben, bezieht es sich auf denselben Tag; wird es um 16 Uhr angegeben, auf den Folgetag. Sie können die Zeitpunkte durch Anhängen von today und tomorrow eindeutig machen: »at 14:00 today«, vor 14 Uhr gegeben, bezieht sich auf heute, »at 14:00 tomorrow« auf morgen. Möglich sind auch angelsächsische Zeitangaben wie 01:00am oder 14:20pm sowie die symbolischen Namen midnight (0 bzw. 24 Uhr), noon (12 Uhr) und teatime (16 Uhr) (!); der ebenfalls erlaubte Zeitpunkt now ist vor allem in Verbindung mit relativen Zeitangaben (siehe unten) sinnvoll.

Datumsangabe

Neben Uhrzeiten versteht at auch Datumsangaben in der (amerikanischen) Form »⟨MM⟩⟨TT⟩⟨JJ⟩« und »⟨MM⟩/⟨TT⟩/⟨JJ⟩« sowie »⟨TT⟩.⟨MM⟩.⟨JJ⟩« (für uns Europäer). Daneben sind ausgeschriebene amerikanische Daten der Form »⟨Monatsname⟩ ⟨Tag⟩« und »⟨Monatsname⟩ ⟨Tag⟩ ⟨Jahr⟩« erlaubt. Wenn Sie nur ein Datum angeben, werden die Kommandos zur aktuellen Zeit am betreffenden Tag ausgeführt; Sie können auch Zeit- und Datumsangabe kombinieren, müssen dann aber das Datum nach der Zeit anführen:

```
$ at 11:11 November 11
warning: commands will be executed using /bin/sh
at> echo 'Helau!'
at> Strg+D
Job 124 at 2004-11-11 11:11
```

»Relative« Angaben Außer »expliziten« Zeit- und Datumsangaben können Sie auch »relative« Angaben machen, indem Sie eine Differenz zu einem gegebenen Zeitpunkt bestimmen:

```
$ at now + 5 minutes
```

führt die Kommandos in fünf Minuten aus, während

```
$ at noon + 2 days
```

sich auf 12 Uhr am übermorgigen Tag bezieht (jedenfalls solange das at-Kommando vor 12 Uhr angegeben wurde). at unterstützt die Zeiteinheiten minutes, hours, days und weeks.

Kommandos at liest die Kommandos von der Standardeingabe, also normalerweise der Tastatur; mit der Option »-f ⟨Datei⟩« können Sie stattdessen eine Datei angeben. at versucht, die Kommandos in einer Umgebung auszuführen, die der zum Zeitpunkt des at-Aufrufs möglichst ähnelt. Das aktuelle Arbeitsverzeichnis, die *umask* und die aktuellen Umgebungsvariablen (außer TERM, DISPLAY und _) werden gesichert und vor der Kommandoausführung wieder aktiviert. **Ausgabe** Eine etwaige Ausgabe der per at gestarteten Kommandos – Standardausgabe- und Standardfehlerausgabekanal – bekommen Sie per Mail geschickt. Wenn Sie vor dem Aufruf von at mit su eine andere Identität angenommen haben, werden die Kommandos mit dieser Identität ausgeführt. Die Ausgabemails gehen aber trotzdem an Sie.

batch Es gibt ein Programm namens batch, das Aufträge annimmt wie at, aber ohne Zeitangabe: Es führt sie »baldmöglichst« aus, etwa wenn die Systemlast das zulässt, ohne dass aber Garantien gegeben werden.

⇨ at(1), batch(1)

at-Hilfsprogramme Das System reiht die mit at registrierten Aufträge in eine Warteschlange ein. Diese können Sie mit atq inspizieren (Sie sehen aber nur Ihre eigenen Aufträge, es sei denn, Sie sind Systemadministrator):

atq

```
$ atq
123     2003-11-08 01:00 a hugo
124     2003-11-11 11:11 a hugo
125     2003-11-08 21:05 a hugo
```

Das »a« in der Liste bezeichnet die »Auftragsklasse«, einen Buchstaben zwischen »a« und »z«. Sie können mit der Option -q für at eine Auftragsklasse bestimmen; Aufträge in Klassen mit »größeren« Buchstaben werden mit höheren nice-Werten ausgeführt.

atrm

Mit atrm können Sie einen Auftrag stornieren. Dazu müssen Sie dessen Auftragsnummer angeben, die Sie bei der Einreichung genannt oder mit atq gezeigt bekommen haben. Wenn Sie nachschauen wollen, aus welchen Kommandos der Auftrag besteht, können Sie das mit »at -c ⟨Auftragsnummer⟩«.

⇨ atq(1), atrm(1)

at-Daemon

Zuständig für die tatsächliche Ausführung der at-Aufträge ist ein Daemon namens atd. Dieser wird üblicherweise beim Systemstart geladen und wartet im Hintergrund auf Arbeit. Der Daemon atd benötigt zu seiner Arbeit die folgenden Verzeichnisse: Im Verzeichnis /var/spool/atjobs werden die at-Aufträge abgelegt; das Verzeichnis /var/spool/atspool dient zur Zwischenspeicherung von Ausgaben.

⇨ atd(8)

/etc/at.allow
/etc/at.deny

Zugangskontrolle Die Dateien /etc/at.allow und /etc/at.deny bestimmen, wer mit at und batch Aufträge einreichen darf. Wenn die Datei /etc/at.allow existiert, sind nur die darin eingetragenen Benutzer berechtigt, Aufträge einzureichen. Gibt es die Datei /etc/at.allow nicht, aber die Datei /etc/at.deny, dann dürfen diejenigen Benutzer Aufträge einreichen, die *nicht* in der Datei stehen. Existiert weder die eine noch die andere, dann stehen at und batch nur root zur Verfügung. Die Voreinstellung ist meist eine leere /etc/at.deny-Datei; jeder Benutzer darf Aufträge einreichen.

➩ at.allow(5), at.deny(5)

14.3.3 Wiederholte Ausführung von Kommandos

Im Unterschied zu den at-Kommandos dient der Daemon cron zur automatischen Ausführung von sich regelmäßig wiederholenden Aufgaben.

Aufgabenlisten für Benutzer Jeder Anwender hat seine eigene Aufgabenliste (vulgo crontab), die im Verzeichnis /var/spool/cron/tabs unter seinem Benutzernamen abgelegt ist. Die dort beschriebenen Kommandos werden mit den Rechten des betreffenden Anwenders ausgeführt. crontab-Dateien sind zeilenweise aufgebaut; jede Zeile beschreibt einen (wiederkehrenden) Zeitpunkt und ein Kommando, das jeweils ausgeführt werden soll. Leerzeilen und Kommentarzeilen (mit einem »#« am Anfang) werden ignoriert. Die übrigen Zeilen bestehen aus fünf Zeitfeldern und einem Kommando; die Zeitfelder beschreiben respektive die Minute (0–59), die Stunde (0–23), den Tag im Monat (1–31), den Monat (1–12 oder der englische Name) und den Wochentag (0–7, 0 und 7 stehen für Sonntag, oder der englische Name), zu denen das Kommando ausgeführt werden soll. Ein Sternchen (»*«) steht jeweils für »egal«. Zum Beispiel bedeutet

Aufgabenliste

Syntax

Zeitfelder

Kommando

```
58 19 * * * echo "Gleich kommt die Tagesschau"
```

dass das Kommando täglich um 19.58 Uhr ausgeführt wird (Tag, Monat und Wochentag sind egal). Das Kommando wird ausgeführt, wenn Stunde, Minute und Monat genau stimmen und *mindestens eine* der beiden Tagesangaben – Tag im Monat oder Wochentag – zutrifft. Die letzte Zeile in einer crontab-Datei *muss* mit einem Zeilentrenner aufhören, sonst wird sie ignoriert.

Listen

Schrittweite

cron akzeptiert in den Zeitfeldern nicht nur einzelne Zahlen, sondern erlaubt auch Listen. Die Angabe »0,30« im Minutenfeld würde also dazu führen, dass das Kommando zu jeder »vollen halben« Stunde ausgeführt wird. Außerdem sind Bereiche erlaubt: »8-11« ist äquivalent zu »8,9,10,11«, »8-10,14-16« entspricht »8,9,10,14,15,16«. Auch gestattet ist die Angabe einer »Schrittweite« in Bereichen. Die Spezifikation »0-59/10« im Minutenfeld ist dasselbe wie »0,10,20,30,40,50«. Wird – wie hier – der komplette Wertebereich abgedeckt, so können Sie auch »*/10« angeben.

Monats- und Wochentagsangaben

Die bei Monats- und Wochentagsangaben erlaubten Namen bestehen jeweils aus den ersten drei Buchstaben des englischen Monats- oder Wochentagsnamen (also zum Beispiel `may`, `oct`, `sun` oder `wed`). Bereiche und Listen von Namen sind nicht erlaubt.

Kommando

Der Rest der Zeile bestimmt das auszuführende Kommando, das von `cron` an `/bin/sh` (bzw. die in der Variablen `SHELL` benannte Shell, siehe unten) übergeben wird. Prozentzeichen (%) im Kommando müssen versteckt werden (also »\%«), sonst werden sie in Zeilentrenner umgewandelt, das Kommando gilt als am ersten Prozentzeichen beendet, und die folgenden »Zeilen« werden ihm auf der Standardeingabe verfüttert. Übrigens: Wenn Sie als Systemadministrator möchten, dass bestimmte Kommandos nicht, wie sonst bei `cron`, per `syslogd` protokolliert werden, können Sie dies durch ein »-« am Anfang des Kommandos unterdrücken.

Zuweisungen an Umgebungsvariable

Außer zu wiederholenden Kommandos können die `crontab`-Zeilen auch Zuweisungen an Umgebungsvariable enthalten. Diese haben die Form »⟨Variablenname⟩=⟨Wert⟩« (wobei im Gegensatz zur Shell vor und nach dem »=« auch Leerplatz stehen darf). Enthält der Wert Leerzeichen, sollte er mit Anführungszeichen eingefasst werden. Es gibt die folgenden Standardvariablen:

SHELL Mit dieser Shell werden die eingegebenen Befehle ausgeführt. Voreingestellt ist dabei `/bin/sh`, aber auch die Angabe anderer Shells ist erlaubt.

LOGNAME Der Benutzername wird aus `/etc/passwd` übernommen und kann nicht geändert werden.

HOME Das Heimatverzeichnis wird ebenfalls aus `/etc/passwd` übernommen. Hier ist jedoch eine Änderung des Variablenwerts zulässig.

MAILTO An diese Adresse schickt `cron` Nachrichten mit der Ausgabe des aufgerufenen Kommandos (sonst gehen sie an den Eigentümer der `crontab`-Datei). Soll `cron` überhaupt keine Nachrichten verschicken, muss die Variable leer sein, d. h. `MAILTO=""`.

⇨ cron(8), crontab(5)

/etc/crontab

Systemweite Aufgabenlisten Neben den benutzerbezogenen Dateien existiert noch eine systemweite Aufgabenliste. Diese findet sich in /etc/crontab und gehört dem Systemadministrator, der sie als Einziger ändern darf. Die Syntax von /etc/crontab ist geringfügig anders als die der benutzereigenen crontab-Dateien; zwischen den Zeitangaben und dem auszuführenden Kommando steht hier noch der Name des Benutzers, mit dessen Rechten das Kommando ausgeführt werden soll.

```
$ cat /etc/crontab
SHELL=/bin/sh
PATH=/usr/bin:/usr/sbin:/sbin:/bin:/usr/lib/news/bin
MAILTO=root
#
# check scripts in cron.hourly, cron.daily,
# cron.weekly, and cron.monthly
#
-*/15 * * * *    root  test -x /usr/lib/cron/run-crons &&
        /usr/lib/cron/run-crons >/dev/null 2>&1
59 *  * * * root rm -f /var/spool/cron/lastrun/cron.hourly
14 0  * * * root rm -f /var/spool/cron/lastrun/cron.daily
29 0  * * 6 root rm -f /var/spool/cron/lastrun/cron.weekly
44 0  1 * * root rm -f /var/spool/cron/lastrun/cron.monthly
```

/etc/cron.d

Diverse Linux-Distributionen haben ein /etc/cron.d-Verzeichnis; in diesem Verzeichnis können Dateien stehen, die als »Erweiterungen« von /etc/crontab interpretiert werden. Per Paketmanagement installierte Softwarepakete können cron so leichter benutzen, als wenn sie Zeilen zur /etc/crontab hinzufügen müssten.

Populär sind auch Verzeichnisse /etc/cron.hourly, /etc/cron.daily und so weiter. In diesen Verzeichnissen können Softwarepakete (oder der Systemadministrator) Dateien ablegen, deren Inhalt dann stündlich, täglich usw. ausgeführt wird. Diese Dateien sind keine crontab-Dateien, sondern »normale« Shell-Skripte.

crontab-Änderungen

cron liest die Aufgabenlisten – aus benutzereigenen crontab-Dateien, der systemweiten /etc/crontab und den Dateien in /etc/cron.d, sofern vorhanden – nur einmal beim Start ein und behält sie danach im Speicher. Das Programm schaut allerdings jede Minute nach, ob die crontab-Dateien geändert wurden. Zu diesem Zweck wird einfach die *atime*, der Zeitpunkt der letzten Änderung, herangezogen. Wenn cron hier eine Veränderung bemerkt, wird die Aufgabenliste automatisch neu aufgebaut. In diesem Fall ist also kein expliziter Neustart des Daemons erforderlich.

➪ crontab(5)

anacron

Für Systeme, die nicht 24 Stunden am Tag laufen, gibt es anacron. anacron richtet sich nach einer Aufgabenliste in /etc/anacrontab; für jede Aufgabe kann eine Periode in Tagen und eine Wartezeit in Minuten angegeben werden. Einmal am Tag prüft anacron für jede Aufgabe, ob sie bei einer Periode von *n* Tagen in den letzten *n* Tagen ausgeführt wurde. Wenn nein, wartet es die angegebene Wartezeit ab und startet das Kommando für diese Aufgabe. – anacron hat nichts mit cron zu tun, außer dass es möglicherweise von cron aufgerufen wird. Auf einem Rechner, der täglich gebootet wird, genügt es, anacron beim Systemstart aufzurufen, da anacron-Aufgaben sowieso höchstens einmal pro Tag laufen können.

➪ anacron(8), anacrontab(5)

Zugangskontrolle Welche Anwender überhaupt mit cron arbeiten dürfen, ist ähnlich wie bei at in zwei Dateien festgelegt, hier /etc/cron.allow und /etc/cron.deny. Manche Distributionen nennen diese Dateien anders.

Aufgabenlisten verwalten

Das Kommando crontab Einfache Benutzer sollten ihre crontab-Datei nicht von Hand ändern, sondern das Kommando crontab verwenden. Mit

```
$ crontab -e
```

können Sie Ihre crontab-Datei mit dem Editor bearbeiten, dessen Name in den Umgebungsvariablen EDITOR bzw. VISUAL festgelegt ist – ersatzweise vi. Nach dem Verlassen des Editors wird die modifizierte crontab-Datei automatisch installiert. Statt der Option -e können Sie auch den Namen einer Datei angeben, deren Inhalt dann als Aufgabenliste installiert wird. Der Dateiname »-« steht hierbei stellvertretend für die Standardeingabe:

```
$ crontab -
* * * * * echo hallo
Strg+D
```

Mit der Option -l gibt crontab Ihre crontab-Datei auf der Standardausgabe aus; mit der Option -r wird eine installierte Aufgabenliste ersatzlos gelöscht. Mit »-u ⟨Benutzername⟩« können Sie sich auf einen anderen Benutzer beziehen (wofür Sie in der Regel root sein müssen). Dies ist vor allem wichtig, wenn Sie su benutzen; in diesem Fall sollten Sie immer mit der -u-Option operieren, um sicherzustellen, dass Sie die richtige crontab-Datei erwischen.

⇨ crontab(1), crontab(5)

14.3.4 Anacron

Mit cron können Sie Kommandos wiederholt zu vorgegebenen Zeitpunkten ausführen. Offensichtlich funktioniert das aber nur, wenn der Computer zum betreffenden Zeitpunkt eingeschaltet ist – es hat keinen großen Zweck, auf einem Arbeitsplatzrechner einen cron-Job für 2 Uhr morgens zu konfigurieren, wenn der Rechner außerhalb der üblichen Bürozeiten aus Stromspargründen ausgeschaltet ist. Auch mobile Rechner sind oft zu ungewöhnlichen Zeiten ein- oder ausgeschaltet, so dass es schwierig ist, die periodischen automatischen Aufräumungsarbeiten einzuplanen, die für ein Linux-System nötig sind.

Das Programm anacron kann ähnlich wie cron Jobs ausführen, die im täglichen, wöchentlichen oder monatlichen Rhythmus laufen sollen. (Tatsächlich gehen beliebige Abstände von *n* Tagen.) Dabei ist es nur wichtig, dass der Rechner am betreffenden Tag lange genug eingeschaltet ist, dass die Jobs ausgeführt werden können – es ist egal, wann am Tag. Allerdings wird anacron maximal einmal am Tag aktiv; wenn Sie eine höhere Frequenz brauchen (Stunden oder Minuten), führt an cron kein Weg vorbei. Außerdem kann anacron nur Jobs für root ausführen, nicht für beliebige Benutzer.

Jobs für anacron werden in der Datei /etc/anacrontab festgelegt. Neben den üblichen Kommentar- und Leerzeilen (die ignoriert werden) enthält sie Zuweisungen an Umgebungsvariablen der Form

```
SHELL=/bin/sh
```

und Job-Beschreibungen der Form

```
7 10 weekly run-parts /etc/cron.weekly
```

Dabei steht die erste Zahl (hier 7) für den Zeitabstand (in Tagen), in dem einzelne Aufrufe des Jobs stattfinden sollen. Die zweite

Zahl (10) gibt an, wieviele Minuten nach dem Start von anacron der Job gestartet werden soll. Als Nächstes kommen ein Name für den Job (hier weekly) und schließlich das auszuführende Kommando. Überlange Zeilen können mit einem »\« am Zeilenende umbrochen werden.

Wenn anacron gestartet wird, liest es /etc/anacrontab und prüft für jeden Job, ob er während der letzten *t* Tage ausgeführt wurde, wobei *t* der Zeitabstand aus der Jobdefinition ist. Wenn nein, dann wartet anacron die in der Jobdefinition angegebene Anzahl von Minuten ab und startet das Shell-Kommando.

Sie können auf der Kommandozeile von anacron einen Jobnamen angeben, um (gegebenenfalls) nur diesen Job auszuführen. Alternativ sind auf der Kommandozeile auch Shell-Suchmuster erlaubt, damit Sie Gruppen von (geschickt vergebenen) Jobnamen mit einem anacron-Aufruf ausführen können. Beim Aufruf von anacron gar keinen Jobnamen anzugeben ist dasselbe wie der Jobname »*«.

Einige »Umgebungsvariable« haben eine Sonderbedeutung für anacron. Mit RANDOM_DELAY können Sie eine zusätzliche zufällige Verzögerung für die Jobstarts festlegen: Wenn Sie die Variable auf eine Zahl *t* setzen, dann wird eine zufällige Anzahl von Minuten zwischen 0 und *t* zur in der Job-Beschreibung angegebenen Verzögerung addiert. Mit START_HOURS_RANGE können Sie einen Bereich von Stunden (auf der Uhr) angeben, während dem die Jobs gestartet werden sollen. Etwas wie

```
START_HOURS_RANGE=10-12
```

erlaubt Job-Starts nur zwischen 10 und 12 Uhr. Wie cron schickt anacron die Ausgabe von Jobs an die Adresse, die mit der Variablen MAILTO angegeben wurde, ersatzweise den Benutzer, der anacron ausführt (in der Regel root).

Normalerweise führt anacron die Jobs unabhängig voneinander und ohne Rücksicht auf Überlappungen aus. Mit der Option -s werden die Jobs »seriell« ausgeführt, das heißt, anacron startet einen neuen Job erst, wenn der vorige fertig ist.

Im Gegensatz zu cron ist anacron kein Hintergrunddienst, sondern wird beim Systemstart angestoßen, um allfällige liegengebliebene Jobs auszuführen (die Verzögerung in Minuten dient dazu, die

Jobs zu verschieben, bis das System vernünftig läuft, um den Systemstart nicht noch weiter zu verlangsamen). Später können Sie `anacron` einmal am Tag mit `cron` ausführen, um dafür zu sorgen, das es auch funktioniert, wenn das System einmal unvorhergesehen lange läuft.

14.4 Zeitverwaltung

14.4.1 Uhren und Zeit unter Linux

CMOS-Uhr

Jeder PC hat eine batteriebetriebene Hardware- oder CMOS-Uhr, die über das BIOS gestellt wird und auch dann weiterläuft, wenn der Rechner ausgeschaltet ist. Linux verwendet die CMOS-Uhr nur beim Systemstart zum Stellen der internen Kernel-Uhr.

Kernel-Uhr

Die Kernel-Uhr zählt die Zeit in fortlaufenden Sekunden seit dem 1.1.1970, 0 Uhr UTC. Beim Systemstart wird die Zeitangabe aus der CMOS-Uhr gelesen, in die Kernel-Zeit umgerechnet und zur Initialisierung der Kernel-Uhr benutzt; hierzu dient das Programm `hwclock`. Das System muss wissen, ob die CMOS-Uhr auf UTC oder die lokale Zonenzeit (etwa MEZ/MESZ) gestellt ist. Letzteres wird möglicherweise von anderen auf dem Rechner installierten Betriebssystemen gefordert:

hwclock

```
# hwclock --hctosys -u                CMOS-Uhr in UTC
# hwclock --hctosys                   CMOS-Uhr in Zonenzeit
```

Die Kernel-Uhr wird zum Beispiel für Zeitstempel von Dateien herangezogen. Abfragen können Sie sie mit dem Kommando `date`, während `hwclock` ohne Argumente die Zeit gemäß der CMOS-Uhr ausgibt.

- R. Bean, »The Clock Mini-HOWTO« (November 2000), `http://www.tldp.org/HOWTO/Clock.html`
- `hwclock(8)`, `date(1)`, »`info date`«
- Informationen über Zeitzonen und Linux stehen in Abschnitt 16.5

Uhr stellen

Um die CMOS-Uhr im laufenden Betrieb zu stellen, sollten Sie zuerst die Kernel-Uhr mit `date` stellen. Dazu müssen Sie Administratorrechte haben:

```
# date 020318012009.30
```

stellt die Uhr auf 18:01:30 Uhr am 3. Februar 2009 (wir überlassen es Ihnen als Übung, herauszufinden, wie sich der Parameter ergibt). Als Minimum angeben müssen Sie Tag, Monat, Stunde und Minute:

```
# date 02031801
```

Mit der Option -u stellen Sie die Uhr in UTC.

Anschließend können Sie die Kernel-Zeit mit »hwclock --systohc« in die CMOS-Uhr übertragen. Alternativ erlaubt die Option --date von hwclock das direkte Stellen der CMOS-Uhr (ohne dass die Kernel-Uhr das mitbekommt). In jedem Fall versucht hwclock, Daten über die systematische Abweichung der CMOS-Uhr in /etc/adjtime zu protokollieren. CMOS-Uhren sind in der Regel grässlich ungenau.

➩ date(1), adjtime(2), adjtimex(2), hwclock(8)

14.4.2 Zeitsynchronisation mit NTP

Das »sprunghafte« manuelle Stellen der Uhr ist ungeschickt, da dadurch Zeitpunkte ausfallen oder doppelt vorkommen können. Dies führt möglicherweise zu Problemen, etwa mit cron. Es ist besser, die Kernel-Zeit im laufenden Betrieb dadurch korrekt zu halten, dass Sie sie kontrolliert langsamer oder schneller laufen lassen, um Abweichungen auszugleichen, ohne dass die Folge der Sekunden seit dem 1.1.1970 unterbrochen wird. Hierzu sollten Sie das *Network Time Protocol* (NTP) einsetzen. **NTP**

➩ http://www.ntp.org/
➩ D. L. Mills, »Network Time Protocol (Version 3) – Specification, Implementation and Analysis« (März 1992), http://www.ietf.org/rfc/rfc1305.txt

Ein verbreiteter Daemon zur Zeitsynchronisation heißt ntpd. Er kann als Client auftreten und über NTP mit Funkuhren oder Zeitservern kommunizieren sowie als Server die synchronisierte Zeit an andere Rechner weitergeben. Konfiguriert wird ntpd in der Datei /etc/ntp.conf, in der zum Beispiel das Folgende stehen könnte: **ntpd**

```
# Lokale Uhr -- keine gute Zeitquelle
server 127.127.1.0
fudge  127.127.1.0 stratum 10   # unsynchronisiert
# Zeitserver aus dem öffentlichen Pool
```

```
server 0.de.pool.ntp.org iburst
server 1.de.pool.ntp.org iburst
server 2.de.pool.ntp.org iburst
# Diverses
driftfile /var/lib/ntp/ntp.drift
logfile   /var/log/ntp
```

Stratum

Der erste server-Eintrag steht für die lokale Uhr, die nicht als zuverlässig gilt und nur in Notfällen herangezogen wird (etwa wenn kein Zeitserver erreichbar ist). Der stratum-Wert beschreibt die »Entfernung« der Uhr von der offiziellen Atomzeit; ein Rechner, der direkt an der Atomuhr hängt, befindet sich auf stratum 1, ein Rechner, der seine Zeit von diesem bekommt und nicht von der Atomuhr, ist auf stratum 2 und so weiter.

➪ Es gibt keine Handbuchseiten für ntpd. Die Dokumentation steht nur im HTML-Format zur Verfügung, etwa auf http://doc.ntp.org/.

Zeitserver finden

Einen Zeitserver zu finden ist mitunter gar nicht so einfach. NTP mit vielen Clients kann ein Netz bzw. einen Zeitserver ziemlich belasten, weswegen Institutionen wie die Physikalisch-Technische Bundesanstalt in Braunschweig, die früher öffentliche Zeitserver angeboten haben, inzwischen davon abgekommen sind. Der beste Ansatz, wenn Sie nicht direkt auf einen Zeitserver zugreifen können, den Ihr Provider oder Ihr Unternehmen betreibt, besteht in der Verwendung des »NTP-Pools«.

NTP-Pool

Im NTP-Pool stehen diverse öffentliche Zeitserver zur Verfügung, die von Clients über ein »Ringelreihen«-Verfahren angesprochen werden. Das heißt, eine Adresse wie 0.pool.ntp.org verweist auf einigermaßen zufällige Weise auf einen von einigen tausend öffentlichen Zeitservern irgendwo auf der Welt. Da alle in etwa dieselbe Zeit liefern, ist das für einen Client nicht wirklich ein Problem – aber für die Server-Betreiber heißt es, dass die Last sich gleichmäßig verteilt, statt sich auf ein paar Zeitserver zu konzentrieren, nur weil deren Namen besonders bekannt sind.

Praxis

In der Praxis sollten Sie wie im Beispiel oben drei Zeitserver aus dem NTP-Pool angeben:

```
server 0.pool.ntp.org iburst          Irgendwo auf der Welt
server 1.pool.ntp.org iburst
server 2.pool.ntp.org iburst
```

(Die iburst-Option sorgt dafür, dass Ihr ntpd sich beim Programmstart sehr zügig die aktuelle Zeit holt.) Eine bessere Qualität bekommen Sie aber, indem Sie sich auf geographische »Teilpools« konzentrieren:

Teilpools

```
server 0.europe.pool.ntp.org iburst        Irgendwo in Europa
server 0.de.pool.ntp.org iburst       Irgendwo in Deutschland
```

Dadurch helfen Sie auch, die Netzlast geringer zu halten. Wenn Ihr Provider einen Zeitserver anbietet, können Sie auch diesen und zwei Zeitserver aus dem Pool verwenden. Neuere ntpd-Versionen unterstützen auch die bequeme Direktive pool:

```
pool de.pool.ntp.org
```

➪ Mehr Informationen über den NTP-Pool können Sie unter http://www.pool.ntp.org/ finden.

Wenn Sie die Zeit für ein komplettes Netz mit dem NTP-Pool zu synchronisieren gedenken, dann sollten Sie einen (oder zwei) Rechner aus Ihrem Netz zum NTP-Server machen und nur diese mit dem NTP-Pool abgleichen. Die anderen Rechner in Ihrem Netz sollten sich die Zeit dann von Ihren lokalen Zeitservern holen. (*Tipp:* In einer Microsoft-Active-Directory-Domäne dienen die Domänencontroller auch als NTP-Server.) In einem großen Netz können Sie Netzlast vermeiden, indem Sie die Zeitserver die aktuelle Zeit per Broadcast verbreiten lassen; lesen Sie dafür die ntpd-Dokumentation.

/etc/ntp.drift

/etc/ntp.drift hält systematische Abweichungen der CMOS-Uhr fest. ntpd muss sie dafür eine Weile beobachten, aber funktioniert dann potenziell auch ohne ständige Rückbezüge auf die entfernten Zeitserver.

ntpdate

Sie können die Uhr »ungefähr« stellen, indem Sie das Programm ntpdate verwenden, das Sie einfach mit einem oder mehreren Zeitservern als Argument aufrufen können. Damit wird die Zeit einmalig gestellt, was natürlich nicht so schön ist wie die laufende Korrektur durch ntpd, aber manchmal auch ausreicht (vor allem, wenn Sie den Vorgang regelmäßig per cron wiederholen).

```
# ntpdate 0.pool.ntp.org 1.pool.ntp.org
# hwclock --systohc
```

Dieser Ansatz ist auch nötig, wenn Sie eine ältere ntpd-Version haben, die die iburst-Option für Server nicht unterstützt. Damit ntpd seine Feinkorrekturen vornehmen kann, muss seine Zeit nämlich schon zumindest in etwa stimmen, und dabei hilft ntpdate.

➪ http://doc.ntp.org/

ntpd kann einen Einwahlzugang ständig beschäftigen. Sie sollten es nicht zur Synchronisation mit entfernten Zeitservern einsetzen, wenn Sie nicht über eine Standleitung verfügen. Eine Alternative für Inhaber von zeitbasiert abgerechneten Einwahlzugängen ist chrony (nicht Stoff von LPIC-1).

chrony

➪ Chrony: http://chrony.sunsite.dk/

Kapitel 15 Drucken

In diesem Kapitel ...

- lernen Sie das Drucksystem CUPS kennen
- erfahren Sie einiges über die Verwaltung von Druckern und Warteschlangen
- finden Sie heraus, wie Sie Dateien drucken können
- lernen Sie, Drucker zu installieren und zu konfigurieren

15.1 Überblick

In einem Mehrbenutzersystem wie Linux ist das Drucken eine deutlich komplexere Aufgabe als in traditionellen »Einbenutzersystemen« wie DOS oder Windows (wo es nur dort komplizierter wird, wo Sie aus Kostengründen einen an Rechner x angeschlossenen Drucker auch für Benutzer auf den Rechnern $y, z, \ldots$ zugänglich machen möchten). Auf einem Linux-Rechner können mehrere angemeldete Benutzer gleichzeitig ein Dokument »drucken«, aber irgendwie muss dafür gesorgt werden, dass die Aufträge in eine Reihenfolge gebracht und nacheinander ausgedruckt werden. Prinzipiell spräche nichts dagegen, den Drucker zu öffnen wie eine Datei (das Gerät heißt typischerweise »`/dev/lp0`«) und Daten hineinzuschreiben, die der Linux-Kern dann an den tatsächlichen Drucker weiterleitet. Nur würde dann möglicherweise die Ausgabe mehrerer gleichzeitig druckender Prozesse vermischt. Außerdem würde dieser Ansatz die Anwendungsprogramme sehr eng an das verwendete Druckermodell und dessen Anschluss (parallele Schnittstelle) koppeln. Aus diesem Grund bevorzugt man die Vorgehensweise, eine Druckausgabe statt direkt an das Drucker-»Gerät« in ein Programm zu leiten, das die zu druckenden Daten zwischenspeichert, bis der Drucker »frei« ist. An dieser Stelle können Sie auch ansetzen und zum Beispiel PostScript-Daten, die das Programm produziert, für den Anwender transparent in druckerspezifische Steuercodes übersetzen.

Warteschlange Die verwendete Abstraktion ist die der **Warteschlange**. Druckaufträge werden nicht direkt an einen Drucker geschickt, sondern an eine Warteschlange, in der sie dann ihrer Weiterbearbeitung harren. Einem einzigen »physischen« Drucker können mehrere Warteschlangen zugeordnet werden, etwa eine für Aufträge auf Normal- und eine für Aufträge auf Hochglanzpapier. Genauso können die Aufträge einer Warteschlange an eine Warteschlange auf einem anderen Rechner weitergeleitet werden, die dann tatsächlich für den Ausdruck sorgt.

Berkeley-LPD **CUPS** Traditionell verwendete Linux das von den BSD-Unix-Systemen abgeleitete Drucksystem »Berkeley-LPD«. Der aktuelle Standard bei nahezu allen gängigen Linux-Distributionen ist aber das *Common Unix Printing System* oder **CUPS**.

- `http://www.linuxfoundation.org/en/OpenPrinting/` ist die definitive Anlaufstelle für alle Druckerfragen unter Linux.
- Informationen über CUPS: `http://www.cups.org/`; wenn Sie auf Ihrem Rechner CUPS installiert haben, probieren Sie mal `http://localhost:631/` aus.

15.2 CUPS

Bei CUPS handelt es sich um ein völlig neu konzipiertes Druckersystem, das zwar zum Berkeley-LPD kompatible Benutzerkommandos anbietet, ansonsten aber ganz anders funktioniert und verwaltet wird.

Internet Printing Protocol

CUPS basiert auf dem **Internet Printing Protocol**. IPP stellt in erster Linie standardisierte Operationen zur Verfügung, mit denen ein »Drucker« im weitesten Sinne – hierzu zählen nicht nur »echte« Drucker, sondern auch zum Beispiel Druckerserver, die einen oder mehrere nicht IPP-fähige Drucker ansteuern – nach seinen Fähigkeiten befragt und mit Aufträgen versorgt werden kann. Hierbei findet eine Art »Verhandlung« statt; ein Druckauftrag kann eine Wunschliste von Attributen wie »doppelseitig«, »tonersparend« und so weiter enthalten, der dann so weit wie möglich zu entsprechen versucht wird. Sie können dabei angeben, ob die Nichterfüllbarkeit eines Wunschs dazu führt, dass der Auftrag unbearbeitet bleibt, oder ob diejenige Fähigkeit des Druckers ausgenutzt wird, die dem Gewünschten am nächsten kommt. IPP macht selbst keine Annahmen darüber, *wie* (soll heißen mit welcher Sorte Protokoll oder Verbindung) sonst Sie mit einem Drucker reden wollen. Das kanonische Transportprotokoll, das für IPP vorgeschlagen wird, ist allerdings HTTP. – CUPS ist eine Implementierung von IPP für diverse Unix-Versionen (darunter Linux), die von der US-amerikanischen Firma *Easy Software Products* entwickelt wurde (ESP wurde inzwischen von Apple übernommen). CUPS steht unter der GPL.

- IPP: R. Herriot, S. Butler, u. a., »Internet Printing Protocol/1.1: Encoding and Transport« (September 2000), `http://www.ietf.org/rfc/rfc2910.txt`; T. Hastings, R. Herriot, u. a., »Internet Printing Protocol/1.1: Model and Semantics« (September 2000), `http://www.ietf.org/rfc/rfc2911.txt`
- Berkeley-LPD: L. McLaughlin III, »Line Printer Daemon Protocol« (August 1990), `http://www.ietf.org/rfc/rfc1179.txt`

Herzstück von CUPS ist ein HTTP-Server (bei CUPS *scheduler* genannt), der nicht nur IPP-Anfragen entgegennimmt und bearbeitet, sondern auch die Online-Dokumentation ausliefert und Statusabfragen für Drucker und Aufträge ermöglicht. Ferner stellt er eine Liste der erreichbaren Drucker zur Verfügung und hält diese aktuell. Zugriff auf den HTTP-Server ist außer über direktes HTTP auch über eine Programmierschnittstelle, das »CUPS-API«, möglich, und CUPS verwendet diese, um Benutzerkommandos zu realisieren, die denen von BSD (`lpr`, `lpq`, `lprm`, ...) oder denen von System-V-Unix (`lp`, `lpstat`, ...) entsprechen. Außerdem gehören zu CUPS noch diverse **Filter** für unterschiedliche Eingabedatenformate sowie einige **Backends**, um Drucker über verschiedene Zugriffsmedien wie die parallele oder serielle Schnittstelle, USB, SMB, AppDirect (etwa für HP-JetDirect-fähige Drucker) oder LPR anzusprechen. Der Benutzer sieht in jedem Fall nur den von CUPS implementierten IPP-fähigen »Drucker«.

Filter
Backends

15.3 Kommandos zum Drucken

15.3.1 Dateien drucken: `lpr` und `lp`

`lpr`

Das gängigste Programm zum Drucken ist `lpr`. Sie können damit entweder die Standardausgabe eines anderen Programms oder das Ergebnis einer Pipeline drucken:

```
$ pr -l50 handbuch.txt | lpr
```

Oder Sie übergeben dem Programm eine Liste von zu druckenden Dateien:

```
$ lpr datei1.txt datei2.ps
```

Beim `lpr`-Aufruf können Sie verschiedene Optionen angeben: Mit

```
$ lpr -#3 -Plaser datei1.txt
```

werden zum Beispiel drei Exemplare der Datei `datei1.txt` auf dem Drucker `laser` gedruckt (genau genommen in die Warteschlange `laser` eingestellt).

Warteschlange wählen

Wenn Sie nichts anderes sagen, stellt `lpr` die Aufträge in die Warteschlange `lp`. (*Vorsicht:* Manche Distributionen, etwa die von SUSE, erlauben es dem Administrator, das systemweit zu ändern.) Wenn

Sie nicht explizit bei jedem Auftrag die Warteschlange mit `-P` wählen wollen, können Sie die Umgebungsvariable `PRINTER` auf den Namen der gewünschten Warteschlange setzen.

lp

Neben dem `lpr`-Kommando, das aus der Tradition von Berkeley-LPD stammt, unterstützen viele Systeme ein fast äquivalentes Programm namens `lp`. Dies kommt aus der System-V-Unix-Tradition und ist vielen Benutzern proprietärer Unix-Systeme geläufig. Dem letzten `lpr`-Beispiel oben entspricht das `lp`-Kommando

```
$ lp -n 3 -d color datei.txt
```

Das CUPS-Kommando `lp` erlaubt einige Dinge, die mit `lpr` nicht gehen, etwa das nachträgliche Modifizieren von Aufträgen nach dem Abschicken (solange sie nicht gedruckt worden sind). Damit können Druckaufträge zum Beispiel zeitversetzt gedruckt oder auf unbestimmte Zeit »auf Eis gelegt« und später wieder freigegeben werden.

Druckausgabe beeinflussen

Die CUPS-Versionen von `lpr` und `lp` unterstützen diverse Optionen, die die Druckausgabe beeinflussen können. Zum Beispiel können Sie doppelseitigen Druck über

```
$ lpr -o sides=two-sides-long-edge manual.pdf
```

oder zwei verkleinerte Seiten auf einer über

```
$ lpr -o number-up=2 manual.pdf
```

anfordern. Etwas wie

```
$ lpr -o landscape sign.ps
```

druckt im Querformat.

Welche Optionen im konkreten Fall zulässig sind, hängt von den Fähigkeiten des angesteuerten Druckers ab, aber hier sind einige gängige CUPS-Optionen aufgeführt:

`media=`⟨typ⟩ Bestimmt die Papiergröße und -quelle. Gültige Werte für die Papiergröße sind zum Beispiel `A4` oder `Letter`, als Papierquelle könnten beispielsweise die Papierfachnamen `Upper` und `Lower` angegeben werden. Die genauen Werte für bestimmte Drucker ergeben sich aus den entsprechenden PPD-Dateien.

`landscape` Druckt im Querformat.

`sides={one-sided,two-sided-short-edge,two-sided-long-edge}`
Druckt beidseitig; `two-sided-short-edge` ist sinnvoll für Seiten im Querformat und `two-sided-long-edge` für Seiten im Hochformat. `one-sided` sorgt für einseitigen Druck bei Warteschlangen, die standardmäßig doppelseitig drucken.

`jobsheets=`⟨anfang⟩[`,`⟨ende⟩] Bestimmt, ob am Anfang und Ende des Auftrags eine »Banner«-Seite ausgedruckt wird. Diese Seite enthält Informationen über den Einreicher des Auftrags, Datum, Uhrzeit und z. B. eine etwaige Vertraulichkeitsstufe. Welche Banner-Seiten tatsächlich zur Verfügung stehen, hängt vom lokalen System ab; standardmäßig sind die Optionen `none` (keine Banner-Seite), `standard` (keine Vertraulichkeitsangabe) und verschiedene Seiten à la `unclassified`, `confidential`, `topsecret` definiert.

`page-ranges=`⟨liste⟩ Druckt nur eine Teilmenge der Seiten des Auftrags. Die ⟨liste⟩ ist eine durch Kommata getrennte Folge von Seitenzahlen oder Bereichen von Seitenzahlen, etwa wie »`1-4,7,9-12`«.

`page-set={even,odd}` Druckt nur die geraden (`even`) oder ungeraden (`odd`) Seiten.

`outputorder={normal,reverse}` Druckt die Seiten des Auftrags in normaler bzw. umgekehrter (`reverse`) Reihenfolge.

`number-up={1,2,4,6,9,16}` Druckt 1, 2, 4, 6, ... Seiten des Auftrags verkleinert auf einer Druckseite.

`page-border={none,single,single-thick,double,double-thick}`
Beim Mehrseitendruck wird um jede verkleinerte Seite kein Rahmen (`none`), ein einfacher oder doppelter dünner oder dicker (1pt) Rand gezogen.

`number-up-layout={btlr,btrl,lrbt,lrtb,rlbt,rltb,tblr,tbrl}`
Die Anordnung der Seiten im Mehrseitendruck: `btlr` steht für »*bottom to top, left to right*«, `rltb` für »*right to left, top to bottom*« und so weiter.

`prettyprint` (Für Textdruck.) Gibt auf jeder Seite eine Kopfzeile mit einer Seitennummer, dem Auftragsnamen (üblicherweise dem Namen der zu druckenden Datei) und dem Datum aus.

Außerdem wird bei C- und C++-Programmen Syntaxhervorhebung gemacht, und Kommentarzeilen werden kursiv gedruckt.

- ⇨ `lpr(1)`, `lp(1)`
- ⇨ Eine ausführliche Liste der Optionen finden Sie in der Dokumentation, die ein CUPS-Server Ihnen per HTTP auf Port 631 anbietet, auf dem Rechner mit dem CUPS-Server selbst etwa unter `http://localhost:631/help/options.html?TOPIC=Getting+Started`.

15.3.2 Verfolgen von Aufträgen

Auch als Benutzer möchten Sie sich möglicherweise ein Bild vom Zustand der Druckerwarteschlangen machen: Lohnt es sich schon, aufzustehen und zum Druckerraum am anderen Ende des Flurs zu gehen, oder druckt Herr Schmidt aus der Buchhaltung wieder seinen fünfhundertseitigen Bericht für die Geschäftsleitung, während Ihr Brief dahinter Schlange steht?

lpq

Hierfür ist das Kommando `lpq` nützlich: Ohne Parameter aufgerufen liefert es den Inhalt der Standard-Warteschlange:

```
$ lpq
lp is ready and printing
Rank   Owner   Job  Files                 Total Size
active hugo    333  bericht.ps            1112942 bytes
```

Wie bei `lpr` können Sie auch hier mit `-P` den Namen einer anderen Warteschlange angeben, ansonsten gilt der Wert der Umgebungsvariablen `PRINTER` oder `lp`. `lpq` mit der Option `-a` zeigt die Aufträge in allen Warteschlangen, und `-l` gibt eine »lange« Liste (mit mehr Informationen) aus.

lpstat

Das Programm `lpstat` arbeitet deutlich anders. Hier gibt es Optionen, die angeben, welche Art von Status ausgegeben werden soll:

-a Zeigt an, ob die Warteschlangen Aufträge akzeptieren.

-c Zeigt Druckerklassen und dazugehörige Drucker an.

-d Zeigt den aktuellen Standarddrucker an.

-o [⟨**Warteschlange**⟩] Zeigt den Inhalt der ⟨Warteschlange⟩ an (oder aller Warteschlangen, wenn keine angegeben wurde).

-p Zeigt die Drucker (Warteschlangen) an und ob sie gerade zum Drucken freigeschaltet sind.

`-r` Zeigt an, ob der CUPS-Server läuft.

`-s` Zeigt eine Status-Zusammenfassung (wie »`lpstat -dcp`«).

`-t` Zeigt alle Statusinformationen an, die es gibt (äquivalent zu »`lpstat -rdcvapo`«).

`-v` Zeigt die Drucker (Warteschlangen) und die zugehörigen Anschlussarten an.

(Auch hier ist nur ein Ausschnitt der kompletten Optionenliste angegeben).

⇨ lpq(1), lpstat(1)

15.3.3 Stornieren von Aufträgen

lprm

Wenn Sie es sich nach dem Einreichen eines Druckauftrags noch anders überlegen, können Sie den Auftrag mit `lprm` stornieren. Dazu brauchen Sie die Auftragsnummer, die `lpq` in der Spalte »`Job`« ausgibt:

```
$ lprm 333
```

Da die Auftragsnummern für jede Warteschlange getrennt vergeben werden, müssen Sie gegebenenfalls auch hier mit `-P` die Warteschlange angeben, die Sie meinen. Alle Ihre ausstehenden Druckaufträge werden Sie mit

```
$ lprm -
```

los.

Fremde Aufträge stornieren

Als normaler Benutzer können Sie nur Ihre eigenen Druckaufträge stornieren (Herr Schmidt wäre Ihnen böse). Um die Druckaufträge anderer Benutzer mit `lprm` stornieren zu können, müssen Sie Administratorrechte in Anspruch nehmen.

Einschränkungen

Sie können mit `lprm` nur Aufträge stornieren, die noch nicht an den Drucker geschickt wurden. Heutige Drucker haben meist interne Speicher, in die ein Auftrag oder mehr hineinpassen, selbst wenn sie noch gar nicht an der Reihe sind, und auf solche Aufträge kann Ihr Rechner keinen Einfluss mehr nehmen. Ob ein großer Auftrag storniert werden kann, der gerade halb an den Drucker geschickt ist, ist systemabhängig.

Das System-V-artige Programm `cancel` verlangt als Argument eine Kombination aus Warteschlangennamen und Auftragsnummer: **cancel**

```
cancel ⟨Warteschlange⟩-⟨Auftragsnummer⟩
```

⇨ `lprm(1)`, `cancel(1)`

15.3.4 Standardwerte für Druckoptionen

Die Druckoptionen, die Sie mit `-o` bei `lpr` und `lp` angeben können, haben gewisse systemweite Standardwerte, die bei der Installation der betreffenden Warteschlange in Kraft treten. Später ist es möglich, diese Standardwerte entweder als Systemverwalter für alle Benutzer oder als Benutzer für sich selbst umzudefinieren. Es bleibt einem Benutzer natürlich unbenommen, über Kommandooptionen für einen Auftrag Werte der Optionen einzustellen, die von den Vorgabewerten abweichen.

lpoptions

Zum Setzen von Druckoptionen dient das Kommando `lpoptions`, das dieselben `-o`-Optionen akzeptiert wie `lpr` und `lp`. Diese Optionen werden für alle Warteschlangen oder, wenn mit `-p` eine Warteschlange angegeben wurde, nur für diese Warteschlange in Kraft gesetzt. `lpoptions` trägt die angegebenen Optionen in die Datei `~/.lpoptions` ein, wo sie später als Standardwerte für `lpr` und `lp` angenommen werden. »`lpoptions -l`« gibt die Optionsnamen, die möglichen Werte und die aktuellen Standardwerte (durch einen Stern gekennzeichnet) aus.

systemweite Voreinstellung

Ruft der Systemverwalter `lpoptions` als Benutzer `root` auf, gelten die Einstellungen für die systemweite Voreinstellung für alle Benutzer. Für `root` gibt es keine Druckvoreinstellungen.

⇨ `lpoptions(1)`

15.4 CUPS-Konfiguration

15.4.1 Grundlagen

Warteschlange

Wenn ein Benutzer unter CUPS einen Druckauftrag einreicht, wird der Auftrag zunächst in der gewünschten Warteschlange gespeichert. Neben den eigentlichen zu druckenden Daten gehören dazu auch »Metadaten« wie der Benutzername des Einreichers

```
application/pdf           application/postscript 33  pdftops
application/postscript    application/vnd.cups-postscript 66▷
◁ pstops
application/vnd.hp-HPGL application/postscript  66  hpgltops
application/x-shell       application/postscript  33  texttops
text/plain                application/postscript  33  texttops
text/html                 application/postscript  33  texttops
◁◁◁◁◁
```

Bild 15.1: Die Datei /etc/cups/mime.convs (Auszug)

oder die gewünschten Optionen für den Ausdruck (doppelseitig, …). Danach entnimmt der Scheduler den Auftrag der Warteschlange und versucht zunächst, die Druckdaten ins PostScript-Format zu bringen. Hierzu konsultiert er die Datei /etc/cups/mime.types, um erst einmal den aktuellen Datentyp zu bestimmen. mime.types enthält die Namen von Datentypen und zu jedem Datentyp eine Reihe von Kriterien, anhand derer dieser Typ erkannt werden kann. Beispielsweise wird durch die Regel

```
image/gif    gif string(0,GIF87a) string(0,GIF89a)
```

eine Datei als GIF-Grafik identifiziert, wenn ihr Name auf »gif« endet oder der Inhalt mit einer der Zeichenketten »GIF87a« oder »GIF89a« anfängt. (Die genauen Regeln für die Kriterien sind am Anfang der mime.types-Datei angegeben.)

Filterprogramme

Wenn der MIME-Typ der zu druckenden Datei bekannt ist, versucht CUPS, die Daten in ein druckbares Format zu bringen, namentlich application/vnd.cups-postscript. Dazu stehen verschiedene Filterprogramme zur Verfügung, deren Einsatz in der Datei /etc/cups/mime.convs (Bild 15.1) beschrieben wird. Dort werden verschiedene Programme (rechts auf der Zeile) aufgezählt, die in der Lage sind, Daten vom in der linken Spalte benannten Typ in den in der zweiten Spalte benannten zu konvertieren. Jeder Konvertierung ist ein »Kostenfaktor« zugeordnet, über den direkte Konvertierungen solchen auf »Umwegen« vorgezogen werden können. Beispielsweise können HPGL-Daten auf dem Weg über application/postscript ins CUPS-PostScript-Format gebracht werden, wobei insgesamt »Kosten« von 99 Einheiten anfallen; gäbe es einen direkten Konverter, so würde dieser bevorzugt, wenn ihm ein geringerer Kostenfaktor als 99 zugeordnet wäre.

pstops

Die meisten Formate werden zunächst ins »unabhängige« PostScript übersetzt, während das `pstops`-Programm sie dann ins CUPS-spezifische Format bringt. Dies ist ein durchaus wichtiger Schritt, da bei dieser Gelegenheit beispielsweise die Anzahl der Seiten im Auftrag bestimmt und protokolliert wird (die Sie einer PostScript-Datei ja nicht im Allgemeinen ansehen können, ohne das PostScript zumindest ansatzweise auszuführen). Außerdem leistet `pstops` noch ein paar andere Extras, die sehr nützlich sind und vor CUPS bei Unix-Drucksystemen durchaus nicht selbstverständlich waren – zum Beispiel können mehrere Seiten verkleinert auf einer einzigen Druckseite ausgegeben (`ps-n-up`) oder nur bestimmte Seiten des Auftrags tatsächlich gedruckt werden (`psselect`), ohne dass das druckende Anwendungsprogramm dies selbst unterstützen muss.

Extras

PCL
ESC/P

Das CUPS-spezifische PostScript wird dann entweder direkt weitergeleitet (wenn der Auftrag letztendlich von einem PostScript-fähigen Drucker ausgegeben wird) oder mit GhostScript in eine druckerspezifische Sprache wie PCL oder ESC/P umgewandelt. Die tatsächliche Ausgabe an den Drucker (oder Weiterleitung an einen anderen Druckerserver) übernimmt eines der »Backends« in `/usr/lib/cups/backend`.

PPD-Dateien

Wichtigstes Element der CUPS-Konfiguration für einen bestimmten Drucker sind **PPD-Dateien** (kurz für »PostScript Printer Description«). Die PPD-Datei für einen Drucker gibt an, welche besonderen Optionen (Auflösung, Duplexdruck, verschiedene Papierzufuhrmöglichkeiten, ...) der Drucker unterstützt, und CUPS kann diese Informationen an Anwenderprogramme weitergeben, die dem Benutzer dann den komfortablen Zugriff auf die besonderen Fähigkeiten jedes Druckers ermöglichen. Die PPD-Datei für einen PostScript-Drucker sollte vom Druckerhersteller mitgeliefert oder über das WWW zur Verfügung gestellt werden; für viele (auch Nicht-PostScript-) Drucker finden sich PPD-Dateien neben diversen anderen Tipps unter `http://www.linuxprinting.org`. PPD-Dateien sind nützlich für PostScript- genau wie für Nicht-PostScript-Drucker und darum auch für die allermeisten Drucker irgendwo aufzutreiben. Die Chancen stehen gut, dass schon entweder CUPS oder die Linux-Distribution PPD-Dateien für alle bis auf verschiedene ausgefallene Druckermodelle enthalten; gegebenenfalls ist hierfür ein Zusatzpaket der Distribution zu installieren.

15.4.2 Installation und Konfiguration eines CUPS-Servers

CUPS bietet verschiedene Möglichkeiten zur Konfiguration von Druckern an. Der CUPS-interne Webserver erlaubt die Einrichtung von Druckerwarteschlangen mit einem Web-Browser und es gibt auch Kommandozeilenwerkzeuge dafür.

Konfiguration mit einem Web-Browser Zur Konfiguration von Warteschlangen mit einem Web-Browser rufen Sie auf dem CUPS-Rechner den URL `http://localhost:631/` auf (631 ist der dem IPP zugeordnete TCP-Port). Dort sollte sich die CUPS-Bedienungsoberfläche melden. Sie finden Funktionen zur Druckerverwaltung und zur komfortablen Einrichtung neuer Drucker.

`lpadmin`

Konfiguration über die Kommandozeile Ferner ist es möglich, neue Drucker über das Kommandozeilenwerkzeug `lpadmin` einzurichten. `lpadmin` ist an das gleichnamige System-V-Werkzeug angelehnt, aber nicht vollständig kompatibel. Einen parallel angeschlossenen Laserjet-Drucker könnten Sie beispielsweise wie folgt konfigurieren:

```
# lpadmin -p newlp -E -v parallel:/dev/lp0 -m laserjet.ppd
```

Dabei ist `newlp` der Name der neuen Warteschlange, die Option `-E` schaltet die Warteschlange für Aufträge frei, `-v` gibt die Anschlussart des Druckers an, und `-m` benennt die PPD-Datei für diesen Drucker (muss in `/usr/share/cups/model` stehen).

➪ `http://localhost:631/help` (auf einem Rechner mit CUPS)
➪ `lpadmin(8)`

`lpinfo`

Das Kommando `lpinfo` kann zur Druckerinstallation nützlich sein. »`lpinfo -v`« gibt eine Liste der verfügbaren Anschlussmöglichkeiten aus und »`lpinfo -m`« eine Liste der vorhandenen PPD-Dateien (und damit Druckertypen).

Druckerkonfigurationen modifizieren

Mit »`lpadmin -p`« lassen sich auch bestehende Druckerkonfigurationen modifizieren. »`lpadmin -x`« löscht einen Drucker.

➪ `lpinfo(8)`, `lpadmin(8)`

```
# Printer configuration file for CUPS v1.1.19
# Written by cupsd on Thu Jul 31 23:51:00 2003
<DefaultPrinter newlp>
Info Laserjet 4050 TN
Location Auf dem Tisch neben dem Fenster
DeviceURI lpd://localhost/lp
State Idle
Accepting Yes
JobSheets none none
QuotaPeriod 0
PageLimit 0
KLimit 0
</Printer>
<Printer home>
Info Laserjet 6L
◁◁◁◁◁
```

Bild 15.2: Datei /etc/cups/printers.conf (Auszug)

In jedem Fall werden Informationen über die installierten Drucker in der Datei /etc/cups/printers.conf (Bild 15.2) abgelegt. Für jeden Drucker steht eine PPD-Datei in /etc/cups/ppd.

Allgemeine Konfigurationseinstellungen für den CUPS-Scheduler stehen in der Datei /etc/cups/cupsd.conf. Die Syntax dieser Datei ist an die des Apache-Webservers angenähert.

Besonders wichtig sind in der Datei cupsd.conf die Einstellungen für Zugriffsrechte und Authentisierung. Standardmäßig ist der Zugriff auf den CUPS-Scheduler nur vom lokalen Rechner (der IP-Adresse 127.0.0.1) aus möglich. Für den Einsatz von CUPS als Druckerserver in einem lokalen Netz muss diese Restriktion gelockert werden, damit andere Client-Rechner auf den Scheduler zugreifen können. Dies kann durch Definitionen der Form

```
<Location /printers>
  Order Deny,Allow
  Deny from all
  Allow from 127.0.0.1
  Allow from 192.168.123.0/24
</Location>
```

oder

```
<Location /printers/newlp>
  Order Allow,Deny
  Allow from 127.0.0.1
  Allow from 192.168.123.0/24
  Deny from 192.168.123.45
</Location>
```

geschehen. Dabei beschränkt das erste Beispiel den Zugriff auf alle Drucker auf den lokalen Rechner und die Rechner im Netz `192.168.123.0/24`; im zweiten Beispiel wird nur der Zugriff auf den Drucker `newlp` für den lokalen Rechner und die Rechner im lokalen Netz freigegeben, bis darauf, dass der Rechner `192.168.123.45` ausgesperrt bleibt. Genauso lässt sich auch der Zugriff auf die Administrationsfunktionen der CUPS-Web-Oberfläche steuern.

➪ TCP/IP-Grundlagen: Kapitel 17

Warteschlangen Die eigentlichen Warteschlangen mit unausgedruckten Aufträgen und anderen Interna speichert CUPS normalerweise unter `/var/spool/cups`.

Kapitel 16 Internationalisierung und Lokalisierung

In diesem Kapitel ...

- lernen Sie die wichtigsten Zeichencodierungen und Codierungsformen für Linux kennen
- erfahren Sie, wie Sie ein Linux-System an verschiedene Kulturkreise anpassen können
- lernen Sie, wie Linux mit Zeitzonen umgeht

16.1 Überblick

I18n »Internationalisierung« (engl. *internationalisation* oder kurz *i18n*, weil zwischen dem ersten und dem letzten Buchstaben des Worts 18 andere Buchstaben stehen) ist die Ausgestaltung eines Softwaresystems, so dass eine spätere Lokalisierung möglich ist. »Lokalisierung« (engl. *localisation* oder *l10n*) ist die Anpassung eines internationalisierten Systems an die Gepflogenheiten eines bestimmten Kulturkreises. Dazu gehören in erster Linie die Sprache für Oberfläche und Systemmeldungen sowie möglicherweise spezielle Schriften und Eingabemethoden, aber auch Aspekte wie standardisierte Schreibweisen für Datums- und Zeitangaben, Geldbeträge, die Reihenfolge der Zeichen im Alphabet und einiges mehr. Bei grafischen Programmen können sogar bestimmte Farben der Lokalisierung unterliegen; bei uns suggeriert zum Beispiel die Farbe Rot Gefahr, aber das ist nicht überall so.

L10n

I18n und Linux Für Linux als Betriebssystem-Kernel ist Internationalisierung nicht wirklich ein bedeutsames Thema, da der Kernel sich mit den meisten Problemfeldern, die einer Internationalisierung bedürfen, überhaupt nicht beschäftigt. (Man ist sich relativ einig, dass der Kernel zum Beispiel nicht mit Systemmeldungen in allen möglichen Sprachen überfrachtet werden sollte; von jemandem, der diese Meldungen überhaupt zu sehen bekommt, wird erwartet, dass er genug Englisch kann, um sie zu verstehen.) Linux-*Distributionen* dagegen enthalten riesige Mengen von Anwendersoftware, die von einer Lokalisierung profitieren dürfte. Entsprechend stehen die gängigen großen Distributionen auch in einer Vielzahl von lokalisierten Versionen zur Verfügung. Daneben gibt es diverse spezielle Linux-Distributionen, die sich auf einzelne Kulturkreise beschränken und diese besonders gut zu unterstützen versuchen.

16.2 Zeichencodierungen

Vorbedingung für die Internationalisierung und Lokalisierung von Programmen in fremden Sprachen (unter dem Strich »alles außer Englisch«) ist, dass das System den Zeichenvorrat der betreffenden Sprache anzeigen können muss. Der traditionelle Zeichencode für Computer ist der ASCII oder *American Standard Code for Informa-*

tion Interchange, der, wie der Name sagt[1], für amerikanisches Englisch gedacht ist – in der Frühzeit elektronischer Rechenanlagen reichte das aus, aber alsbald wurde es notwendig, auch auf die Belange von »Fremdsprachen« Rücksicht zu nehmen.

ASCII Der ASCII kann 128 verschiedene Zeichen darstellen, von denen 33 (die Positionen 0–31 und die Position 127) für Steuerzeichen wie »Zeilenvorschub« oder »Tabulator« reserviert sind. Die anderen 95 Zeichen umfassen Groß- und Kleinbuchstaben, Ziffern und gängige Sonderzeichen, vor allem Interpunktion.

Zeichenvorrat
Steuerzeichen

ISO/IEC 8859 Später stieg man unter dem zunehmenden Druck internationaler Computeranwender vom ASCII mit seinen 128 Zeichen auf erweiterte Zeichensätze um, die alle 256 möglichen Werte eines Bytes zur Zeichencodierung nutzten. Hervorzuheben ist hier der Standard ISO/IEC 8859, der Zeichencodierungen für viele verschiedene Sprachen vorsieht. Tatsächlich besteht ISO/IEC 8859 aus einer Anzahl von nummerierten, separat veröffentlichten Teilen, die auch als einzelne Standards angesehen werden können. Für unsere Belange am wichtigsten sind ISO 8859-1 (»Latin-1«, westeuropäische Sprachen) und ISO 8859-15 (»Latin-9«, fast wie ISO 8859-1, aber mit dem Euro-Zeichen und einigen anderen kleinen Änderungen). Es gibt etliche andere; ISO 8859-5 zum Beispiel enthält neben den üblichen ASCII-Zeichen auch Kyrillisch.

256 Zeichen

Der Schwerpunkt der ISO/IEC-8859-Standards liegt auf Informationsaustausch, nicht eleganter Typografie, so dass diverse Zeichen, die für schöne Drucksachen erforderlich sind – etwa Ligaturen oder »typografische« Anführungszeichen – in den Zeichencodierungen fehlen.

Informationsaustausch

Fernöstliche Sprachen wie Chinesisch oder Japanisch werden von ISO/IEC 8859 nicht adressiert, da ihr Zeichenvorrat viel größer ist als die 256 Zeichen, die in eine einzelne ISO/IEC-8859-Codetabelle passen. Auch einige andere Alphabete der Welt sind nicht Gegenstand eines ISO/IEC-8859-Standards.

Grenzen

[1] Gerne auch »ASCII-Code« genannt – aber das ist wie bei Begriffen wie »LCD-Display« oder »PIN-Nummer« natürlich doppelt gemoppelt.

Unicode und ISO 10646 Unicode und ISO 10646 (das »Universal Character Set«) sind parallele Bemühungen, *alle* Alphabete der Welt in einer gemeinsamen Zeichencodierung zusammenzufassen. Die beiden Standards wurden zuerst getrennt entwickelt, aber dann – nachdem die Softwarefirmen der Welt heftigst gegen die Komplexität von ISO 10646 gemeutert hatten – zusammengelegt. Heutzutage standardisieren Unicode und ISO 10646 dieselben Zeichen mit denselben Zeichencodes; der Unterschied zwischen den beiden ist, dass ISO 10646 eine reine Zeichentabelle ist (im Prinzip ein erweitertes ISO 8859), während Unicode zusätzliche Regeln enthält, etwa für Sortierung, Normalisierung und bidirektionales Schreiben (für Sprachen wie Arabisch und Hebräisch). In diesem Sinne ist ISO 10646 eine »Untermenge« von Unicode; bei Unicode haben Zeichen noch diverse Zusatzeigenschaften, die zum Beispiel beschreiben, wie ein Zeichen sich mit anderen kombinieren läßt (was beispielsweise für Arabisch wichtig ist, wo das Aussehen eines Zeichens davon abhängt, ob es am Anfang, in der Mitte oder am Ende eines Worts steht). Dies und andere Extras – etwa Sprachen, die von rechts nach links geschrieben werden – korrekt zu implementieren ist übrigens kein Kinderspiel.

Zeichenvorrat ISO 10646 enthält nicht nur Buchstaben und Ziffern, sondern auch Ideogramme (etwa chinesische und japanische Zeichen), mathematische Zeichen und vieles andere mehr. Jedes solche Zeichen wird durch einen eindeutigen Namen und eine Ganzzahl, seinen Codepunkt, identifiziert. Insgesamt stehen über 1,1 Millionen Codepunkte zur Verfügung, von denen allerdings nur die ersten 65.536 weithin verwendet werden. Diese nennt man auch die *basic multilingual plane* oder BMP. Unicode- bzw. ISO-10646-Codepunkte notiert man in der Form `U+0040`, wobei die vier Ziffern eine hexadezimale Zahl darstellen.

(Randmarginalien: **Codepunkte**, **BMP**)

UCS-2 und UTF-8 Unicode und ISO 10646 spezifizieren Codepunkte, also Nummern für die Zeichen im Code, aber geben zunächst nicht an, wie man mit diesen Codepunkten tatsächlich umgehen kann. Dafür gibt es sogenannte Codierungsformen, die erklären, wie man die Codepunkte in einem Computer darstellt.

Codierungsformen

UCS-2 Die einfachste Codierungsform ist UCS-2, bei der für jedes Zeichen ein einzelner »Codewert« zwischen 0 und 65.535 verwendet wird, der in zwei Bytes dargestellt wird. Das heißt, UCS-2 ist beschränkt auf Zeichen in der BMP und bläht Daten aus der westlichen Welt, die sonst mit einer 8 Bit breiten Codierung wie ASCII oder ISO Latin-1 dargestellt werden können, auf den doppelten Umfang auf. (UTF-16 ist eine Abart von UCS-2, die auch Codepunkte außerhalb der BMP darstellen kann, aber hat dasselbe Speicherproblem wie UCS-2.)

UTF-8

UTF-8 ist in der Lage, jedes Zeichen in ISO 10646 darzustellen, aber ist dennoch rückwärtskompatibel mit ASCII und ISO-8859-1. Es codiert die Codepunkte `U+0000` bis `U+10FFFF` (also das 32fache von UCS-2) in ein bis vier Bytes, wobei die ASCII-Zeichen mit einem Byte auskommen. UTF-8 erfüllt die folgenden Entwurfsziele:

ASCII-Zeichen stehen für sich selbst Dadurch wird UTF-8 kompatibel zu allen Programmen, die mit Bytestrings umgehen können, also beliebigen Folgen von 8-Bit-Bytes, aber einigen ASCII-Zeichen eine Sonderbedeutung geben. So ist es leicht, existierende Systeme auf UTF-8 umzustellen.

Kein erstes Byte taucht in der Mitte eines Zeichens auf Wenn ein oder mehrere vollständige Bytes verlorengehen oder entstellt werden, dann ist es trotzdem möglich, den Anfang des nächsten Zeichens zu finden.

Das erste Byte eines Zeichens bestimmt die Byteanzahl Auf diese Weise wird sichergestellt, dass eine Bytefolge, die ein bestimmtes Zeichen darstellt, nicht Teil einer längeren Bytefolge sein kann, die für ein anderes Zeichen steht. Damit ist es effizient möglich, in Zeichenketten auf Byteebene nach Teilzeichenketten zu suchen.

Die Bytes FE und FF kommen nicht vor Diese Bytes stehen am Anfang eines UCS-2-Textes und dienen dazu, herauszufinden, in welcher Reihenfolge ein Rechner die beiden Bytes eines Worts darstellt. Da beide keine gültigen Bytes in einem UTF-8-Datenstrom sind, besteht so keine Verwechslungsgefahr zwischen UCS-2- und UTF-8-Daten.

UTF-8 ist inzwischen die Methode der Wahl für die Darstellung von Unicode-Daten auf einem Linux-System.

➪ `utf-8`(7) erklärt UTF-8 in seiner ganzen Schönheit.

iconv Das Kommando `iconv` erlaubt die Umwandlung zwischen verschiedenen Zeichencodierungen. Im einfachsten Fall konvertiert es den Inhalt einer auf der Kommandozeile benannten Datei (oder mehrerer Dateien) von einer angegebenen Zeichencodierung in die aktuell gültige. Das Resultat landet auf der Standardausgabe:

```
$ iconv -f LATIN9 test.txt >test-utf8.txt
```

Sie können auch die gewünschte Zielcodierung angeben:

```
$ iconv -f UTF-8 -t LATIN9 test-utf8.txt >test-l9.txt
```

Mit `--output` (oder `-o`) können Sie eine Datei für die Ausgabe auswählen:

```
$ iconv -f LATIN9 -o test-utf8.txt test.txt
```

Ohne Eingabedateien liest `iconv` die Standardeingabe:

```
$ grep bla test.txt | iconv -f LATIN9 -o grep.out
```

Mit der Option `-l` können Sie sich ein Bild davon machen, welche Zeichencodierungen `iconv` kennt (was nicht notwendigerweise bedeutet, dass es erfolgreich zwischen beliebigen Paaren davon konvertieren kann).

Ungültige Zeichen

Wenn `iconv` in seiner Eingabe auf ein Zeichen stößt, das es nicht in die gewünschte Ausgabecodierung übertragen kann, dann meldet es einen Fehler und streicht die Segel. Als Abhilfe können Sie an die Zielcodierung eines der Suffixe `//TRANSLIT` oder `//IGNORE` anhängen. Mit `//IGNORE` werden alle in der Zielcodierung nicht vorhandenen Zeichen unter den Teppich gekehrt, während sie mit `//TRANSLIT`, wo möglich, durch ein oder mehrere ähnliche Zeichen approximiert werden:

```
$ echo xäöüy | iconv -f UTF-8 -t ASCII//IGNORE
xy
iconv: ungültige Eingabe-Sequenz an der Stelle 9
$ echo xäöüy | iconv -f UTF-8 -t ASCII//TRANSLIT
xaeoeuey
```

Die Option `-c` unterdrückt ungültige Zeichen kommentarlos:

```
$ echo xäöüy | iconv -c -f UTF-8 -t ASCII
xy
```

16.3 Spracheneinstellung unter Linux

Die Sprache, die ein Linux-System »spricht«, wird in der Regel bei der Installation aus einem komfortablen Menü ausgewählt und später nicht mehr geändert. Notfalls bieten die Arbeitsumgebungen KDE und GNOME ebenfalls eine komfortable Sprachauswahl an. Als Linux-Anwender kommen Sie also selten in die Verlegenheit, die Sprache explizit und über die Kommandozeile ändern zu müssen, aber auch das ist möglich.

Sprache: pro Sitzung

Wichtig ist zu bemerken, dass die »Systemsprache« keineswegs eine Eigenschaft des kompletten Systems ist, sondern sich jeweils nur auf eine »Sitzung« bezieht. Normalerweise wird Ihre Login-Shell oder Ihre Arbeitsumgebung mit einer bestimmten Spracheinstellung initialisiert, und alle Prozesse, die von dieser abstammen, »erben« diese Einstellung ähnlich wie zum Beispiel das aktuelle Verzeichnis. Es spricht also nichts dagegen, dass Sie das System mit einer deutschen Spracheinstellung verwenden, während gleichzeitig jemand über das Netz angemeldet ist, der eine englische oder französische Spracheinstellung benutzt. (Oder Sie arbeiten selbst in einem Fenster auf Deutsch und in einem anderen auf Englisch.)

LANG
Sprachencode
Ländercode

Maßgeblich für die Sprache einer Sitzung ist der Wert der Umgebungsvariablen LANG. Im einfachsten Fall besteht er aus einem Sprachencode gemäß ISO 639, gefolgt von einem Unterstrich, gefolgt von einem Ländercode gemäß ISO 3166, also zum Beispiel etwas wie

de_DE	*Deutsch in Deutschland*
de_AT	*Deutsch in Österreich*

Die Länderunterscheidung ist wichtig, da die Sprachen zweier Länder sich durchaus unterscheiden können, selbst wenn sie eigentlich dieselbe Sprache verwenden. Unsere österreichischen Freunde sagen bekanntlich »Jänner« statt »Januar« und geben ihren Gemüsen merkwürdige Namen wie »Paradeiser« und »Karfiol«.

Erweiterungen

Hinter dieser einfachen Spezifikation können noch Erweiterungen folgen, etwa eine Zeichencodierung (hinter einem Punkt) oder eine »Variante« (hinter einem @). Sie können also Werte verwenden wie

```
de_DE.ISO-8859-15  Deutsch in Deutschland, gemäß ISO Latin-9
de_AT.UTF-8        Deutsch in Österreich, basierend auf Unicode
de_DE@euro         Deutsch in Deutschland, mit Euro (ISO Latin-9)
```

Hier sehen Sie die Auswirkungen einer LANG-Änderung:

```
$ for i in de_DE de_AT en_US fi_FI fr_FR; do
>   LANG=$i.UTF-8 date +"%B %Y"
> done
Januar 2009
Jänner 2009
January 2009
tammikuu 2009
janvier 2009
```

(Bei `date` steht der Formatschlüssel `%B` für »Monatsname gemäß der aktuellen Spracheinstellung«.) Die jeweils angeforderte Sprachunterstützung muss natürlich installiert sein.

LANGUAGE Die Umgebungsvariable LANGUAGE (nicht zu verwechseln mit LANG) wird nur von Programmen beachtet, die die GNU-gettext-Infrastruktur verwenden (unter Linux die meisten). Der offensichtlichste Unterschied zwischen LANGUAGE und LANG ist, dass LANGUAGE es erlaubt, mehrere Sprachen aufzuzählen (durch Doppelpunkte getrennt). Damit können Sie eine Präferenzliste angeben:

```
LANGUAGE=de_DE.UTF-8:en_US.UTF-8:fr_FR.UTF-8
```

bedeutet »Deutsch, oder sonst Englisch, oder sonst Französisch«. Die erste Sprache, für die ein Programm Systemmeldungen mitbringt, gewinnt. LANGUAGE hat (für Programme, die GNU gettext benutzen) Vorrang gegenüber LANG.

16.4 Lokalisierungs-Einstellungen

Tatsächlich beeinflusst der Wert von LANG nicht nur die Sprache, sondern die komplette »kulturelle Einstellung« eines Linux-Systems. Dazu gehören außerdem Sachen wie

Formatierung von Datums- und Zeitangaben In den USA ist es zum Beispiel üblich, ein Datum in der Form »Monat/Tag/Jahr« anzugeben:

```
$ date +"%x"                    Landesabhängige Zeitangabe
14.01.2009
$ LANG=en_US.UTF-8 date +"%x"
01/14/2009
```

Ferner benutzen manche Länder (wieder die USA oder auch Großbritannien) eine 12-Stunden-Zeit, während zum Beispiel in Deutschland eine 24-Stunden-Zeit üblich ist: »15 Uhr« bei uns ist dort »3 p. m.«.

Formatierung von Zahlen und Geldbeträgen In Kontinentaleuropa verwenden wir ein Komma als Dezimaltrenner und Punkte, um die Lesbarkeit einer großen Zahl zu erhöhen:

```
299.792.458,0
```

In den USA dagegen ist es gerade umgekehrt:

```
299,792,458.0
```

Bei Geldbeträgen kommt dazu, dass zum Beispiel negative Salden manchmal durch ein vorgesetztes Minus und manchmal durch Klammern kenntlich gemacht werden (unter anderem).

Klassifizierung von Zeichen Es hängt von der verwendeten Sprache ab, welche Zeichen in der betreffenden Codetabelle als Buchstaben gelten, welche als Sonderzeichen und so weiter. Im Zeitalter von Unicode ist das nicht mehr so ein Problem, da die Codepunkte insgesamt standardisiert sind; komplizierter ist es, wenn zum Beispiel ISO-8859- oder gar ASCII-basierte Codierungen verwendet werden. In ASCII ist »[« zum Beispiel ziemlich eindeutig ein Sonderzeichen, das »Ä«, das in DIN 66003 denselben Platz in der Tabelle belegt, aber ebenso eindeutig ein Buchstabe. Dies hat auch Auswirkungen auf die Konvertierung zwischen Groß- und Kleinbuchstaben und Ähnliches.

Sortierreihenfolge von Zeichen Auch das ist keineswegs so eindeutig, wie man glauben mag. Schon in Deutschland gibt es zwei konkurrierende Methoden gemäß DIN 5007: In Lexika werden Umlaute als äquivalent zu ihren »Basiszeichen« angesehen (ein »ä« wird also für Zwecke der Sortierung als »a« interpretiert), während in Namenslisten, zum Beispiel Telefonbüchern, Umlaute gemäß ihrer »Ersatzschreibweise« sortiert

Variable	Bedeutung
LC_ADDRESS	Formatierung von Adressen und Ortsangaben
LC_COLLATE	Zeichensortierung
LC_CTYPE	Zeichenklassifizierung und Groß- und Kleinschreibung
LC_MONETARY	Formatierung von Geldbeträgen
LC_MEASUREMENT	Maßeinheiten (metrisch oder anders)
LC_MESSAGES	Sprache für Meldungen und Gestalt von positiven bzw. negativen Antworten
LC_NAME	Formatierung von Eigennamen
LC_NUMERIC	Formatierung von Zahlen
LC_PAPER	Papierformat (umstritten)
LC_TELEPHONE	Formatierung von Telefonnummern
LC_TIME	Formatierung von Datums- und Zeitangaben
LC_ALL	Alle Einstellungen

Tabelle 16.1: LC_*-Umgebungsvariable

werden (»ä« also wie »ae«). In beiden Fällen ist »ß« äquivalent zu »ss«. Andere Sprachen sortieren »ä« immer *hinter* »a« (also zwischen »az« und »b«) oder gar hinter »z« ein. In Großbritannien dagegen wird der schottische Namensbestandteil »Mc« immer wie »Mac« sortiert – »McDonald« kommt also nach »Macbeth«, aber vor »Mackenzie«.

Die LANG-Variable setzt neben der Sprache auch das alles mit einem Schlag auf die in einem bestimmten Kulturkreis (engl. *locale*) gültigen Werte. Daneben existiert aber auch die Möglichkeit, einzelne Aspekte der Lokalisierung separat einzustellen. Dafür gibt es

LC_*

eine Reihe von Umgebungsvariablen der Form LC_* (siehe Tabelle 16.4).

Wenn Sie wissen wollen, was sich tatsächlich hinter diesen Einstellungen verbirgt, können Sie das Kommando `locale` heranziehen, etwa so:

```
$ locale -k LC_PAPER
height=297
width=210
paper-codeset="UTF-8"
```

Auf diese Weise können Sie also herausfinden, dass Papierblätter in Deutschland in der Regel 297 mm hoch und 210 mm breit sind. Wir kennen das als »DIN A4«. Die Informationen dafür stehen übrigens im Verzeichnis `/usr/share/i18n/locales` – grundsätzlich steht Ihnen nichts im Weg, wenn Sie eine eigene Einstellungsdatei entwerfen wollen (außer vielleicht der spärlichen Dokumentation). Das Kommando `localedef` erledigt die eigentliche Arbeit, um eine Lokalisierungs-Definition verwertbar zu machen, aber die Details sind für LPIC-1 dann doch zu abgehoben.

LC_ALL

Mit `LC_ALL` können Sie ähnlich wie mit `LANG` auf einen Schlag alle Kulturkreis-Einstellungen setzen. Welche Einstellung maßgeblich ist, bestimmt das System wie folgt:

1. Wenn `LC_ALL` gesetzt ist, dann gilt dessen Wert.
2. Wenn `LC_ALL` nicht gesetzt ist, aber die `LC_*`-Variable für den betreffenden Bereich (etwa `LC_COLLATE`), dann gilt deren Wert.
3. Wenn weder `LC_ALL` noch die passende `LC_*`-Variable gesetzt sind, aber die Variable `LANG` gesetzt ist, dann gilt deren Wert.
4. Wenn überhaupt nichts dergleichen gesetzt ist, dann gilt ein fest ins Programm eingebauter Standardwert.

Mit anderen Worten: `LC_*` sticht `LANG` und `LC_ALL` sticht `LC_*`. (`LANGUAGE` betrifft nur die Sprache, in der Programme mit Ihnen reden.)

Das Kommando »`locale -a`« liefert eine Liste von Werten, die das aktuelle System für `LANG` und die `LC_*`-Variablen unterstützt:

```
$ locale -a
C
de_AT.utf8
de_DE
de_DE@euro
de_DE.utf8
deutsch
<<<<<
POSIX
```

(Machen Sie einen Bogen um die verlockend aussehenden, aber inzwischen verpönten Werte wie `deutsch`.)

C
POSIX

Die magischen Werte C und POSIX (äquivalent) in der Liste beschreiben den fest eingebauten Standard, den Programme verwenden, wenn sie keine gültige andere Einstellung finden. Dies ist nützlich, wenn Sie möchten, dass Programme wie ls ein definiertes Ausgabeformat liefern. Vergleichen Sie zum Beispiel

```
$ LANG=de_DE.UTF-8 ls -l /bin/ls
-rwxr-xr-x 1 root root 92312  4. Apr 2008  /bin/ls
$ LANG=ja_JP.UTF-8 ls -l /bin/ls
-rwxr-xr-x 1 root root 92312 2008-04-04 16:22 /bin/ls
$ LANG=fi_FI.UTF-8 ls -l /bin/ls
-rwxr-xr-x 1 root root 92312  4.4.2008 /bin/ls
$ LANG=C ls -l /bin/ls
-rwxr-xr-x 1 root root 92312 Apr  4  2008 /bin/ls
```

Wir führen dasselbe Kommando mit vier verschiedenen LANG-Einstellungen aus und erhalten vier verschiedene Resultate, die sich alle in der Datumsangabe unterscheiden. Gemeinerweise kann diese Datumsangabe, je nach Spracheinstellung, aus der Sicht von Programmen wie awk oder »cut -d' '« aus einem, zwei oder drei Feldern bestehen – fatal, wenn ein Skript diese Ausgabe analysieren soll! Sie tun also gut daran, in solchen Zweifelsfällen Programme wie ls, deren Ausgabeformat von der Sprache abhängt, per explizitem LANG=C auf einen Standard festzunageln, der auf jeden Fall existiert (bei allen anderen Einstellungen können Sie sich da nicht sicher sein).

16.5 Zeitzonen

Heutige Computersysteme gestatten es festzulegen, in welcher der an die 30 weltweit definierten Zeitzonen der Rechner aufgestellt ist. Üblicherweise werden Sie bei der Systeminstallation danach gefragt, und wenn Sie nicht gerade mit dem Rechner im Gepäck auswandern, müssen Sie den einmal gesetzten Wert auch nie wieder ändern.

Zeitzonen der Erde

Die Zeitzonen der Erde richten sich im Wesentlichen nach dem Umstand, dass ein Unterschied von 15 Grad in geografischer Länge einem Unterschied von einer Stunde auf der Uhr entspricht (was logisch ist, denn der komplette Erdumfang im Werte von 24 Stunden entspricht ja 360 Grad, und 360/24 ist nun mal 15). Die genauen Grenzen der Zeitzonen orientieren sich eher an den politischen Grenzen, und perverserweise gibt es auch Zeitzonen, die um 30 oder 45 Minuten von der »Weltzeit« oder »UTC« abweichen. Dazu kommt noch das Phänomen »Sommerzeit« mit einer von Staat zu Staat verschiedenen Vorgeschichte.

Zeitzone: pro Prozess

Wie bei den Sprach- und Kultureinstellungen gilt, dass die Zeitzone auf einem Linux-System keine eindeutige systemweite Einstellung ist, sondern zu den vererbbaren Eigenschaften eines Prozesses gehört. Der Linux-Kernel misst die Zeit in Sekunden seit dem 1.1.1970, 0 Uhr UTC, so dass der Komplex »Zeitzone« lediglich eine Frage der Formatierung dieser (inzwischen recht großen) Sekundenzahl ist. Damit werden elegant alle Schwierigkeiten umgangen, die andere Betriebssysteme mit der Sommerzeitumstellung hatten und haben, und es besteht auch gar kein Problem darin, dass Ihr Kumpel aus Sydney sich über das Internet auf Ihrem Rechner anmeldet und die australische Zeit sieht, während Sie selbst natürlich MEZ verwenden. So gehört sich das.

➪ Siehe Abschnitt 14.4 für die Grundlagen der Linux-Zeitverwaltung.

/etc/timezone

Die Voreinstellung für die Zeitzone, die Sie bei der Installation des Systems machen, hinterlegt Linux in der Datei /etc/timezone:

```
$ cat /etc/timezone
Europe/Berlin
```

/usr/share/zoneinfo

Die gültigen Zeitzonen können Sie den Namen der Dateien unter /usr/share/zoneinfo entnehmen:

```
$ ls /usr/share/zoneinfo
Africa      Egypt     Hongkong     Mideast   ROC
America     Eire      HST          MST       ROK
Antarctica  EST       Iceland      MST7MDT   Singapore
Arctic      EST5EDT   Indian       Navajo    SystemV
Asia        Etc       Iran         NZ        Turkey
Atlantic    Europe    iso3166.tab  NZ-CHAT   UCT
⊲⊲⊲⊲⊲
```

Hierbei handelt es sich größtenteils um Verzeichnisse:

```
$ ls /usr/share/zoneinfo/Europe
Amsterdam   Helsinki     Moscow    Tallinn
Andorra     Isle_of_Man  Nicosia   Tirane
Athens      Istanbul     Oslo      Tiraspol
```

```
Belfast     Jersey       Paris       Uzhgorod
Belgrade    Kaliningrad  Podgorica   Vaduz
⊲⊲⊲⊲⊲
```

Regel Die Regel ist, dass die Zeitzone nicht etwa heißt wie die Hauptstadt des betreffenden Landes (das wäre zu einfach), sondern so wie die bevölkerungsreichste Stadt in dem Teil des betreffenden Landes, für den die Zeitzone gilt. Die Schweiz wird also durch `Europe/Zurich` abgedeckt (und nicht `Europe/Berne`).

Neue Zeitzone Sollten Sie jemals in die Verlegenheit kommen, selber eine neue Zeitzone definieren zu müssen, dann können Sie das über den »Zeitzonen-Compiler« `zic` tun. Mit `zdump` können Sie die Zeit in jeder beliebigen Zeitzone oder auch die »Vorgeschichte« der Sommerzeit in jeder Zeitzone abrufen.

⇨ `zic`(8) und `zdump`(1) haben die Einzelheiten. Merken Sie sich vor allem, dass es die Programme gibt; Detailkenntnisse von `zic` müssen vielleicht zwei Dutzend Leute auf der Welt haben, und Sie gehören – nichts für ungut – mit großer Sicherheit nicht dazu.

`/etc/localtime` `/etc/localtime` ist eine Kopie der Datei unter `/usr/share/zoneinfo`, die die Informationen für die Zeitzone enthält, die durch den Inhalt von `/etc/timezone` gegeben ist – zum Beispiel `/usr/share/zoneinfo/Europe/Berlin`.

Sie können also die systemweite Zeitzone »manuell« setzen, indem Sie die Dateien `/etc/timezone` und `/etc/localtime` anpassen:

```
# echo Asia/Tokyo >/etc/timezone
# cp /usr/share/zoneinfo/$(cat /etc/timezone) /etc/localtime
```

Distributionen Darüber hinaus bieten die Distributionen verschiedene Hilfsmittel zur komfortableren Konfiguration der Zeitzone an, etwa das Programm `tzselect` bei Debian GNU/Linux, Ubuntu oder den Red-Hat-Distributionen.

TZ Unabhängig von der systemweiten Voreinstellung für die Zeitzone können Sie in der Umgebungsvariablen `TZ` den Namen einer Zeitzone hinterlegen, die dann für den betreffenden Prozess verwendet wird (und sich wie andere Umgebungsvariablen an Kindprozesse vererbt). Mit etwas wie

```
$ export TZ=America/New_York
```

können Sie zum Beispiel für eine Shell und alle Programme, die Sie aus ihr heraus starten, die Zeitzone `America/New_York` setzen.

Explizite Zeitzone

Mit der Variablen `TZ` können Sie eine Zeitzone auch beschreiben, ohne auf die Zeitzonendaten in `/usr/share/zoneinfo` zurückgreifen zu müssen. Im einfachsten Fall geben Sie dazu einfach den (abgekürzten) Namen der Zeitzone und die Differenz zur UTC an. Letztere muss ein Vorzeichen haben (»+« für Zeitzonen westlich vom Nullmeridian, »-« für östlich), gefolgt von einer Zeitspanne der Form `HH:MM:SS` (der Minuten- und Sekundenanteil ist optional, und aktuell gibt es auch keine Zeitzonen mit einer Sekundenverschiebung). Etwas wie

```
$ export TZ=MEZ-1
```

würde also »mitteleuropäische Zeit« setzen, allerdings ohne Sommerzeit oder gar die deutsche Sommerzeitvorgeschichte.

⇨ `tzset`(3) erklärt (unter anderem) die genaue Struktur der Umgebungsvariablen `TZ`.

Kapitel 17 Netzwerkgrundlagen

In diesem Kapitel ...

- werden die wichtigsten Protokolle des Internets vorgestellt
- erfahren Sie etwas über Datenübertragung auf der Basis von TCP/IP
- lernen Sie, Netzwerkschnittstellen zu konfigurieren
- lernen Sie, wie Sie statische Routen einrichten können
- wird erläutert, wie Sie Netzwerkverbindungen mit verschiedenen Diagnosewerkzeugen testen können

17.1 Grundlagen von TCP/IP

17.1.1 Das *Internet Protocol* – IP

IP Das *Internet Protocol* stellt die »Verbindung« zwischen zwei Systemen her. Es stellt sicher, dass die Daten durch das Internet den Weg vom Sender zum Empfänger finden, obwohl die Übertragungstechnik je nach Teilstrecke sehr unterschiedlich sein kann.

Adressraum **Wegleitung** IP stellt einen globalen Adressraum zur Verfügung, der jedem am Internet beteiligten System eine eindeutige Adresse gibt, über die es identifiziert werden kann. Ferner sorgt es für die Wegleitung (engl. *routing*) von einem System zum anderen ohne Berücksichtigung der tatsächlich verwendeten Netzwerktechnik.

verbindungslos **Datagramme** **unzuverlässig** IP ist **verbindungslos**, das heißt, im Gegensatz z. B. zum (klassischen) Telefonnetz wird keine eigene feste Verbindung (»Draht«) für die Kommunikation zweier Systeme zur Verfügung gestellt, sondern die zu übertragenden Daten werden in Häppchen, **Datagramme** oder vulgo »Pakete«, aufgeteilt, die unabhängig voneinander auf die Reise geschickt werden. Prinzipiell kann jedes Datagramm einen anderen Weg zum Empfänger nehmen als das vorige. Dies macht IP unempfindlich gegen Ausfälle von Leitungen oder Vermittlungsrechnern, solange sich noch irgendein Weg vom Absender- zum Zielsystem finden lässt. IP gibt keine Garantie, dass alle abgeschickten Daten tatsächlich das Zielsystem erreichen, und genauso wenig wird garantiert, dass die Daten in der richtigen Reihenfolge ankommen. Es ist die Aufgabe »höhergelegener« Protokolle, hier, falls nötig, für Ordnung zu sorgen.

Fragmentierung Außerdem kümmert IP sich um die **Fragmentierung**. IP-Datagramme dürfen bis zu 65535 Byte lang sein, aber die meisten Transportprotokolle erlauben nur viel kürzere Protokolldateneinheiten – bei Ethernet etwa maximal 1500 Byte. Längere Datagramme müssen »fragmentiert« übertragen werden – am Anfang so einer Teilstrecke wird das Datagramm in eindeutig gekennzeichnete Fragmente aufgeteilt und auf dem Zielrechner wieder zusammengesetzt. IP sorgt dafür, dass nur die Datagramme als offiziell empfangen gelten, bei denen kein Fragment fehlt.

IP-Datagramme haben einen Kopf (engl. *header*) mit einigen wichtigen Parametern für die Zustellung:

Ursprungsadresse Die IP-Adresse des Absenders

Zieladresse Die IP-Adresse des Empfängers

Lebensdauer (TTL, engl. *time to live*) Die Lebensdauer wird vom Absender des Pakets gesetzt und von jedem System, das das Paket auf dem Weg zum Empfänger durchläuft, um 1 vermindert. Wenn die TTL den Wert 0 erreicht, wird das Paket verworfen und der Empfänger benachrichtigt.

Protokoll der nächsthöheren Ebene Gibt das Protokoll der Nutzlast an (TCP, UDP, ...).

Dazu kommen noch weitere Felder, die unter anderem zur Fehlerkontrolle (Gesamtlänge, Kopfprüfsumme (engl. *header checksum*)) dienen. Anders als bei TCP und UDP gibt es bei IP keine Paketprüfsumme, um die Datagramme auf Fehler zu überprüfen.

⇨ W. R. Stevens, *TCP/IP Illustrated, Volume 1: The Protocols*, Addison-Wesley Professional Computing Series (Boston etc.: Addison-Wesley, 1994)

⇨ Information Sciences Institute, »Internet Protocol« (September 1981), `http://www.ietf.org/rfc/rfc0791.txt`

17.1.2 Das *Internet Control Message Protocol* – ICMP

ICMP

Ein weiteres wichtiges Protokoll ist das *Internet Control Message Protocol*. Es wird zur Netzverwaltung benutzt und dazu, Probleme mit dem Netzwerk zu melden, etwa wenn ein Teilnetz nicht erreichbar ist, ein Paket verworfen wurde (zu alt, zu groß und nicht fragmentierbar, ...). Auch das Programm `ping` verwendet zwei spezielle ICMP-Meldungen (`echo request` und `echo reply`). ICMP wird über IP transportiert, gilt aber als IP-Hilfsprotokoll.

⇨ J. Postel, »Internet Control Message Protocol« (September 1981), `http://www.ietf.org/rfc/rfc0792.txt`

17.1.3 Das *Transmission Control Protocol* – TCP

TCP

TCP ist ein zuverlässiges, verbindungsorientiertes Protokoll, obwohl es über das unzuverlässige, verbindungslose IP transportiert wird.

TCP erreicht Zuverlässigkeit, indem die Gegenstelle die Ankunft jedes TCP-Pakets bestätigt. Die TCP-Pakete beider Systeme tra-

Folgenummer

gen Folgenummern (engl. *sequence numbers*), die die Gegenstelle in einem ihrer nächsten TCP-Pakete als »angekommen« quittiert. Kommt innerhalb einer gewissen definierten Zeitspanne keine solche Quittung, schickt der Absender das Paket neu.

Drei-Wege-Handshake

Flags

Der Aufbau der Verbindung erfolgt über den **Drei-Wege-Handshake** (engl. *three-way handshake*). Im Drei-Wege-Handshake einigen die Kommunikationspartner sich über die Folgenummern. Hierbei spielen zwei **Flags** im TCP-Kopf, `SYN` und `ACK`, eine wichtige Rolle. Im ersten Datenpaket, das der Absender dem Empfänger schickt, ist nur das `SYN`-Flag gesetzt. Ein solches Paket signalisiert den Verbindungswunsch. Der Empfänger bestätigt das mit einem TCP-Paket, bei dem sowohl `SYN` als auch `ACK` gesetzt ist. Dieses Paket bestätigt der Absender wiederum mit einem Paket, das `ACK`, aber *nicht* `SYN` gesetzt hat. An diesem Punkt steht die Verbindung. Daraufffolgende TCP-Pakete haben ebenfalls nur noch das `ACK`-Flag gesetzt. – Jeder Kommunikationspartner kann »sein« Ende der Verbindung über einen einfachen Zwei-Wege-Handshake (mit gesetztem `FIN`-Flag anstelle von `SYN`) wieder abbauen und damit erklären, dass er nichts Weiteres zu senden gedenkt. Er muss aber grundsätzlich gewärtigen, dass die Gegenstelle ihm noch Daten schicken kann. Dieses Vorgehen ist nötig, um Anwendungen zu unterstützen, wo ein Server die Eingabe des Clients komplett lesen muss, bevor er selber eine Ausgabe an den Client schicken kann; der Client schließt »sein« Ende der Verbindung und signalisiert dem Server damit das »Dateiende«, ist aber danach selbst noch zum Empfang bereit.

Portnummern

socket

Jedes TCP-Paket hat einen mindestens 20 Byte großen Kopf zusätzlich zum IP-Kopf. Mit einer Prüfsumme können die Daten auf Fehler überprüft werden. Jedes System unterstützt potentiell 65535 unabhängige, gleichzeitige TCP-Verbindungen, zwischen denen anhand von **Portnummern** unterschieden wird. Die Kombination aus IP-Adressen und Portnummern auf beiden Seiten einer Verbindung bezeichnet man auch als ***socket***, das eine Verbindung eindeutig bestimmt. So ist es möglich, dass mehrere Client-Programme auf demselben Rechner gleichzeitig mit demselben Server kommunizieren, ohne einander zu stören.

➪ Information Sciences Institute, »Transmission Control Protocol« (September 1981), `http://www.ietf.org/rfc/rfc0793.txt`

17.1.4 Das *User Datagram Protocol* – UDP

UDP

Im Gegensatz zu TCP ist UDP ein verbindungsloses, unzuverlässiges Protokoll – tatsächlich nicht viel mehr als »IP mit Ports«, denn wie bei TCP können maximal 65535 Kommunikationsendpunkte unterschieden werden (UDP und TCP können dieselbe Portnummer gleichzeitig für unterschiedliche Zwecke verwenden). Bei UDP entfallen der Verbindungsaufbau und die Bestätigungen von TCP. Dadurch ist es schnell und eignet sich besonders für zeitkritische Anwendungen in lokalen Netzen sowie für Anwendungen, bei denen es weniger auf Vollständigkeit als auf geringe Verzögerung ankommt (Multimedia, Internet-Telefonie).

➪ J. Postel, »User Datagram Protocol« (August 1980), `http://www.ietf.org/rfc/rfc0768.txt`

17.1.5 IP-Adressen

Grundlagen Jede Netzwerkschnittstelle eines Systems im Internet hat mindestens eine IP-Adresse. Eine »Schnittstelle« ist hier der Teil des Systems, der in der Lage ist, IP-Pakete zu senden und zu empfangen. Ein System kann mehr als eine solche Schnittstelle haben und hat dann auch mehr als eine IP-Adresse. Der Linux-Befehl `ifconfig` zeigt die konfigurierten Schnittstellen an.

`ifconfig`

IP-Adressen

IP-Adressen sind 32 Bit lang und werden meist als *dotted quads* notiert – eine Folge von vier dezimal als Werte zwischen 0 und 255 hingeschriebenen 8-Bit-Zahlen, etwa »`203.177.8.4`«. Jede IP-Adresse wird weltweit eindeutig vergeben und bezeichnet eine Station in einem bestimmten Teilnetz des Internets. Dazu werden IP-Adressen in einen Netzwerk- und einen Stationsanteil (engl. *host part*) aufgeteilt. Beide sind variabel und können der Anzahl der in einem Netz benötigten Stationsadressen angepasst werden. Wenn der Stationsanteil beispielsweise 8 Bit lang ist, dann bleiben für den Netzwerkanteil 24 Bit. Die Aufteilung zwischen Netzwerk- und Stationsteil ist durch die **Netzmaske** gegeben. Die Netzmaske enthält für jedes Bit der IP-Adresse, das zum Netzwerkanteil gehört, eine binäre 1 und für jedes Bit des Stationsanteils eine binäre 0 und wird entweder als *dotted quad* oder – heutzutage oft – einfach als Anzahl der Einsen notiert. »`203.177.8.4/24`« wäre also eine Adresse in einem Netz mit der Netzmaske »`255.255.255.0`«.

Netzmaske

Netzklasse	Adressraum	Erstes Byte
Klasse A	`0.0.0.0–127.255.255.255`	0???????
Klasse B	`128.0.0.0–191.255.255.255`	10??????
Klasse C	`192.0.0.0–223.255.255.255`	110?????
Klasse D	`224.0.0.0–239.255.255.255`	1110????
Klasse E	`240.0.0.0–254.255.255.255`	1111????

Tabelle 17.1: Traditionelle IP-Netzklassen und Adressen

Netzwerkadresse
Broadcast-Adresse

Reservierte Adressen Die erste und die letzte IP-Adresse in einem Netzwerk sind reserviert und können nicht an Stationen vergeben werden: Die erste Adresse (Stationsanteil nur binäre Nullen) ist die **Netzwerkadresse**, die letzte Nummer (Stationsanteil nur binäre Einsen) die **Broadcast-Adresse**. Im obigen Beispiel `203.177.8.4/24` ist `203.177.8.0` die Netzwerkadresse und `203.177.8.255` die Broadcast-Adresse. Für Stationen sind die Adressen 1 bis 254 verfügbar. Dazu sind die folgenden Adressen reserviert: Über `127.0.0.1` (genauer das Netz `127.0.0.0/8`) kann eine Station mit sich selbst über TCP/IP sprechen. Wenn ein Rechner noch keine IP-Adresse hat, so kann er `0.0.0.0` als Absenderadresse benutzen (als Zieladresse ist `0.0.0.0` nicht erlaubt). Um unbekannte Stationen ansprechen zu können, gibt es `255.255.255.255` als Zieladresse, *local broadcast*, für »alle Rechner im lokalen physikalischen Netz« (etwa Ethernet).

Netzklassen

IP-Netzklassen Die IP-Adressen von `0.0.0.0` bis `255.255.255.255` wurden traditionell in **Netzklassen** eingeteilt, die man Klasse A, Klasse B und Klasse C nannte. Es gab auch noch Klasse D (Multicast-Adressen) und Klasse E (für experimentelle Zwecke), diese sind jedoch für die Vergabe von IP-Adressen für Endgeräte nicht wichtig. Die ersten drei Klassen unterscheiden sich durch ihre Netzmaske, also die Anzahl der pro Klasse möglichen Netze und die Anzahl der in solch einem Netz möglichen Stationen. Während eine Klasse-A-Adresse einen Netzanteil von 8 Bit hat, hat eine Klasse-B-Adresse einen von 16 Bit und eine Klasse-C-Adresse einen von 24 Bit. Jeder der Netzklassen war ein fester Bereich der möglichen IP-Adressen zugeordnet (Tabelle 17.1)

Aufgrund der zunehmenden Verknappung von IP-Adressen wurde in den 1990er Jahren die Aufteilung der IP-Adressen in die drei

	IP-Adresse	
	binär	dezimal
Netzmaske	1111...1111 11110000	255.255.255.240
Subnetz 1	1100...1000 00000000	203.177.8.0
Stationen	1100...1000 00000001	203.177.8.1
	⋮	⋮
	1100...1000 00000001	203.177.8.14
Broadcast	1100...1000 00001111	203.177.8.15
Subnetz 2	1100...1000 00010000	203.177.8.16
Stationen	1100...1000 00010001	203.177.8.17
	⋮	⋮
	1100...1000 00011110	203.177.8.30
Broadcast	1100...1000 00011111	203.177.8.31

Tabelle 17.2: Beispiel für Subnetting

Klassenlose Wegleitung

Adressklassen aufgegeben. Inzwischen verwendet man eine klassenlose Wegleitung (*classless inter-domain routing*, CIDR). Während die Grenze zwischen Netzwerk- und Stationsadresse bei der »alten« Aufteilung nur an drei verschiedenen Positionen liegen konnte, kann man gemäß CIDR beliebige Netzmasken vergeben und so die Größe des einem Anwender (meist einem Provider) zur Verfügung gestellten Adressbereichs feiner steuern und die »Explosion« der Wegleitungstabellen vermeiden. Eine Installation mit sechzehn aneinandergrenzenden »Klasse-C«-Netzen (Netzmaske »/24«) kann so aus der Sicht der Wegleitung als ein Netz mit der Netzmaske »/20« angesehen werden – eine große Vereinfachung, da die Tabellen in Routern wesentlich kompakter ausfallen können. Im Internet werden heute keine Adressen direkt geroutet, deren Netzwerkanteil länger als 19 Bit ist. Sie müssen sich in der Regel eines Providers bedienen, der den ganzen Adressenblock verwaltet und die IP-Pakete dann intern weiterleitet.

➪ CIDR: V. Fuller, T. Li, u. a., »Classless Inter-Domain Routing (CIDR): an Address Assignment and Aggregation Strategy« (September 1993), `http://www.ietf.org/rfc/rfc1519.txt`

Subnetting Oft ist die Einteilung in ein großes Netzwerk zu ungenau oder nicht sinnvoll. Betreiber teilen ihre Netzwerke gerne in mehrere kleinere Netzwerke auf. Dazu wird der Netzwerkanteil

Adressraum	Netzbereich	von	bis
Klasse A	10.0.0.0/8	10.0.0.0	10.255.255.255
Klasse B	172.16.0.0/12	172.16.0.0	172.31.255.255
Klasse C	192.168.0.0/16	192.168.0.0	192.168.255.255

Tabelle 17.3: Private IP-Adressbereiche nach RFC 1918

Subnetting

vergrößert und der Stationsanteil verkleinert. Subnetting könnte im Beispiel von oben so aussehen: Sie möchten statt eines »großen« Netzes mit 32 Adressen (für 30 Stationen) beispielsweise zwei »kleine« Netze mit je 16 Adressen (für jeweils bis zu 14 Stationen) betreiben, etwa um aus Sicherheitsgründen getrennte Ethernet-Stränge einsetzen zu können. Sie verlängern die Netzmaske um 1 Bit; die Netzwerk-, Stations- und Broadcast-Adressen ergeben sich sinngemäß wie in Tabelle 17.2.

Weltweite Vergabe von IP-Adressen

Private IP-Adressen IP-Adressen sind weltweit eindeutig und müssen deswegen zentral vergeben werden. Sie können Ihre IP-Adresse also nicht beliebig wählen, sondern bekommen sie von einem Provider.

Private IP-Adressen

Adressumsetzung

Für Netzwerke, die nicht direkt an das Internet angeschlossen sind, sind besondere Adressbereiche vorgesehen, die im Internet nicht geroutet werden (Tabelle 17.3). Diese Adressen können Sie ungeniert in Ihren lokalen Netzen verwenden – inklusive Subnetting und aller Finessen. Ein lokales Netz, das RFC-1918-Adressen verwendet, kann trotzdem Internetzugang haben, indem Sie einen Router mit **Adressumsetzung** (*Network Address Translation,* NAT) verwenden. Dieser Router nimmt unter einer offiziellen Adresse am Internet teil und schreibt IP-Pakete, die aus dem lokalen Netz ins Internet geleitet werden sollen, so um, dass sie seine offizielle Adresse als Absenderadresse enthalten. Antworten auf diese Pakete leitet er dann wiederum an den richtigen Rechner zurück.

➪ Y. Rekhter, B. Moskowitz, u. a., »Address Allocation for Private Internets« (Februar 1996), `http://www.ietf.org/rfc/rfc1918.txt`

17.1.6 Ports und Dienste

Ports

TCP und UDP unterstützen das Konzept von **Ports**, durch die ein System mehr als eine Netzwerkverbindung gleichzeitig verwalten kann.[1] Getrennt für TCP und UDP gibt es jeweils 65536 Portnummern (die 0 hat jedoch eine Sonderbedeutung).

Die meisten Ports stehen den Anwendern des Systems frei zur Verfügung, aber viele Ports sind bestimmten Diensten zugeordnet. Diese ***well-known ports*** haben Nummern von 0 bis 1023 und werden von der *Internet Assigned Numbers Authority* (IANA) vergeben. Zum Beispiel ist der Port 25 auf einem System für dessen Mailserver reserviert, der dort auf Verbindungen gemäß dem *Simple Mail Transfer Protocol* (SMTP) wartet. Entsprechend ist Port 21 dem *File Transfer Protocol*-Server (FTP) vorbehalten und so weiter. Dazu gibt es **registrierte Ports** im Bereich von 1024 bis 49151, die bei der IANA registriert sind. Ports registrieren darf prinzipiell jeder.

well-known ports

Registrierte Ports

Die Ports 0 bis 1023 haben auf Linux (und Unix) eine Sonderstellung, da nur root sie öffnen darf. Dies ist eine Sicherheitsvorkehrung dagegen, dass beliebige Benutzer zum Beispiel einen eigenen Webserver auf einem ansonsten unbenutzten Port 80 starten und damit offiziell wirken. Man nennt diese Ports auch **privilegiert**.

Privilegierte Ports

Auf einem Linux-System steht die Zuordnungstabelle in der Datei /etc/services:

/etc/services

```
$ cat /etc/services
◁◁◁◁◁
ftp-data    20/tcp    # File Transfer [Default Data]
ftp-data    20/udp    # File Transfer [Default Data]
ftp         21/tcp    # File Transfer [Control]
fsp         21/udp    # official is File Transfer    ...
ssh         22/tcp    # SSH Remote Login Protocol
ssh         22/udp    # SSH Remote Login Protocol
◁◁◁◁◁
```

Das LPI möchte übrigens, dass Sie für die Prüfung die Portnummern der Dienste aus Tabelle 17.4 im Kopf haben (Lernziel 109.1).

- ⇨ IANA: http://www.iana.org/
- ⇨ Komplette Liste der offiziellen Portzuordnungen: http://www.iana.org/assignments/port-numbers
- ⇨ services(5)

[1] Zwar gibt es bei UDP keine Verbindungen, dennoch unterscheidet ein Server verschiedene Clients anhand der Ports.

Port[a]	Name	Bedeutung
20 T	FTP	Dateiübertragung (Datenverbindungen)
21 T	FTP	Dateiübertragung (Steuerverbindungen)
22 T	SSH	Sicheres (authentisiertes und verschlüsseltes) Anmelden auf entfernten Rechnern; sichere Dateiübertragung
23 T	TELNET	Anmelden auf entfernten Rechnern (unsicher und veraltet)
25 T	SMTP	E-Mail-Übertragung
53 *	DNS	Namens- und Adressenauflösung und verwandte Verzeichnisdienste
80 T	HTTP	Ressourcenzugriff im World Wide Web
110 T	POP3	Zugriff auf entfernte E-Mail-Postfächer
123 *	NTP	Network Time Protocol (Zeitsynchronisation)
137 U	NETBIOS	NetBIOS-Namensdienst
138 U	NETBIOS	NetBIOS-Datagrammdienst
139 T	NETBIOS	NetBIOS-Sitzungsdienst
143 T	IMAP	Zugriff auf Mail auf einem entfernten Server
161 U	SNMP	Netzwerkverwaltung
162 U	SNMP	Traps für SNMP
389 T	LDAP	Verzeichnisdienst
443 T	HTTPS	HTTP über TLS[b]
465 T	SSMTP	SMTP über TLS (veraltet, nicht benutzen!)
514 U	Syslog	Protokolldienst
636 T	LDAPS	LDAP über TLS
993 T	IMAPS	IMAP über TLS
995 T	POP3S	POP3 über TLS

[a] T = TCP, U = UDP, * = beides
[b] TLS-basierte Dienste sind authentisiert und verschlüsselt

Tabelle 17.4: Wichtige TCP/IP-Protokolle und ihre Ports

17.2 TCP/IP-Konfiguration

17.2.1 Netzwerkschnittstellen

Je nach verwendeter Technik und Zugangsverfahren sprechen Linux-Rechner das Netz über Modems, ISDN-Karten, Ethernet-

oder WLAN-Adapter und Ähnliches an. Die folgenden Abschnitte beschäftigen sich hauptsächlich mit Ethernetkarten. Insbesondere die Einrichtung von Schnittstellen für Wählverbindungen wie ISDN und Modem unterscheidet sich stark davon, ist für LPIC-1 aber nicht mehr gefordert.

Schnittstellen

Die Netzwerkkarte wird unter Linux vom Systemkern angesteuert. Die Routinen dafür werden heute meist über Kernel-Module bereitgestellt. Anders als zum Beispiel Festplattenpartitionen oder Drucker erscheinen Netzwerkkarten aber nicht als Gerätedateien in `/dev`, sondern werden über Schnittstellen (engl. *interfaces*) angesprochen. Diese Schnittstellen sind »virtuell« in dem Sinne, dass der Kernel sie nach dem Einbinden des passenden Treibers direkt bereitstellt und eine Netzwerkkarte durchaus über mehr als eine (fast) unabhängige Schnittstelle angesprochen werden kann. Die Schnittstellen haben Namen; ein typischer Name für eine Ethernet-Karte wäre zum Beispiel `eth0`.

Netzwerkkarten werden heutzutage beim Start des Systems vom Kernel erkannt, der anhand der PCI-ID das richtige Treibermodul identifizieren kann. Die `udev`-Infrastruktur muss der Netzwerkkarte einen Namen geben und den Treiber tatsächlich laden.

⇨ Laden und Konfigurieren von Modulen (Abschnitt 7.6.1)

Netzwerkschnittstellen konfigurieren mit `ifconfig` Bevor Sie eine Schnittstelle zum Zugriff auf das Netz verwenden können, müssen Sie ihr eine IP-Adresse, eine Netzmaske und so weiter zuweisen. Manuell geht das traditionellerweise mit dem Kommando `ifconfig`:

`ifconfig`

```
# ifconfig eth0 192.168.0.75 up
# ifconfig eth0
eth0 Link encap:Ethernet  HWaddr 00:A0:24:56:E3:73
     inet addr:192.168.0.75 Bcast:192.168.0.255 ▷
◁ Mask:255.255.255.0
     inet6 addr: fe80::2a0:24ff:fe56:e373/64 Scope:Link
     UP BROADCAST RUNNING MULTICAST  MTU:1500  Metric:1
     RX packets:0 errors:0 dropped:0 overruns:0 frame:0
     TX packets:6 errors:0 dropped:0 overruns:0 carrier:6
     collisions:0 txqueuelen:100
     RX bytes:0 (0.0 b)  TX bytes:460 (460.0 b)
     Interrupt:5 Base address:0xd800
```

Nach der Zuweisung einer IP-Adresse können Sie durch Aufruf des gleichen Kommandos ohne Angabe einer IP-Adresse den Status der Schnittstelle auslesen. Hier werden nicht nur die aktuelle IP-Adresse, sondern auch der Hardwaretyp, die MAC- (oder »Hardware-«)Adresse, die Broadcast-Adresse, die Netzmaske, die IPv6-Adresse und viele weitere Daten angezeigt. Am Beispiel lässt sich erkennen, dass Werte wie Netzmaske und Broadcast-Adresse auch ohne explizite Zuweisung vom Kernel auf Standardwerte (hier gemäß dem ersten Oktett der vergebenen IP-Adresse die für ein Klasse-C-Netz) gesetzt werden. Sollten die gewünschten Werte vom Standard abweichen, müssen Sie sie explizit angeben:

```
# ifconfig eth0 192.168.0.75 netmask 255.0.0.0 broadcast ▷
◁ 192.255.255.255
```

Mit den Parametern `up` und `down` können Sie mit `ifconfig` einzelne Netzwerkschnittstellen gezielt hoch- bzw. herunterfahren.

```
# ifconfig eth1 down
```

`ifup` und `ifdown` Das `ifconfig`-Programm kann zwar beliebige Einstellungen an Netzwerkschnittstellen vornehmen, ist aber für den praktischen Einsatz zu unbequem. Zum einen ist es lästig, immer alle möglichen Parameter angeben zu müssen, und zum anderen gehen die mit `ifconfig` gemachten Einstellungen spätestens beim Herunterfahren des Systems wieder verloren. Viele Distributionen bieten darum die Kommandos `ifup` und `ifdown` an, mit denen Sie Netzwerkschnittstellen gezielt ein- und ausschalten können, ohne dass Sie beim Aufruf detaillierte Parameter angeben müssen. Die Konfiguration wird aus vorher (etwa bei der Installation) angelegten Dateien geholt. Typischerweise würde ein Kommando wie

`ifup`
`ifdown`

```
# ifup eth0
```

die Schnittstelle `eth0` entsprechend aktivieren, und

```
# ifdown eth0
```

deaktiviert sie wieder.

Netzwerkkonfiguration

Wie und wo die Konfiguration für die verschiedenen Netzwerkschnittstellen des Systems festgelegt wird, ist von der konkreten Distribution abhängig. Bei Debian GNU/Linux und verwandten Systemen (Ubuntu & Co.) stehen die Einstellungen für *alle* Schnittstellen in der Datei /etc/network/interfaces, während Distributionen wie die von Red Hat oder Novell/SUSE eine Datei pro Schnittstelle in einem Verzeichnis unter /etc/sysconfig ablegen. Auch die möglichen Aufrufparameter für ifup und ifdown unterscheiden sich je nach Distribution.

⇨ ifup(8), ifdown(8)
⇨ interfaces(5) (auf Debian-artigen Systemen)

Loopback-Interface

Konfiguration des Loopback-Interfaces Das *Loopback-Interface* ist eine spezielle Schnittstelle, über die Sie eine Verbindung zum eigenen Rechner aufbauen können. Es gibt einige Gründe, warum dies sinnvoll sein kann, etwa zum Testen von Netzwerk-Software oder um eigentlich netzwerkorientierte Dienste aus Sicherheitsgründen nur auf dem lokalen Rechner zur Verfügung zu stellen. Die Standard-IP-Adresse für dieses Loopback-Interface ist 127.0.0.1. Unabhängig davon, auf welchem Rechner Sie arbeiten, spricht ein Zugriff auf die Adresse 127.0.0.1 immer den Rechner an, auf dem das Programm läuft, das den Zugriff macht.

Die Konfiguration dieser Schnittstelle ist einfach und geschieht in der Regel automatisch. Wenn nicht, kann sie mit dem Kommando »ifconfig lo 127.0.0.1« nachgeholt werden.

17.2.2 Netzwerk-Routen

Router

Routen

IP-Pakete müssen ihren Weg zum Empfänger finden können, auch wenn das eine Reise um die halbe Welt bedeutet. Ein Rechner muss also einem IP-Paket ansehen können, an welchen anderen Rechner er es schicken muss, um es »näher« an sein Ziel zu bringen. Rechner im selben lokalen Netz können direkt adressiert werden, alle anderen über Router, die die weitere Wegleitung übernehmen. Dies gehorcht bestimmten Regeln, den sogenannten Routen. Analog zur Zuweisung von IP-Adressen zu den Schnittstellennamen müssen Sie auch Routen konfigurieren.

Jeder Rechner in einem TCP/IP-Netzwerk braucht Routen: Selbst der einfachste Rechner besitzt zwei Netzwerkschnittstellen, nämlich das *Loopback-Interface* und die Schnittstelle zum restlichen Netz, also eine LAN-Karte oder eine Verbindung zum Internet. Die Routen für das Loopback-Interface und direkt angeschlossene Netze werden automatisch gesetzt.

Die Konfiguration weiterer Routen kann *statisch* oder *dynamisch* vorgenommen werden. Letzteres erfordert einen *Routing-Daemon* wie `gated` oder `routed` und wird hier nicht weiter behandelt.

Die Kernel-Routing-Tabelle Der Kernel unterhält eine Routing-Tabelle, die die aktuelle Konfiguration der Wegleitung zusammenfasst. Sie enthält Regeln (die Routen), die beschreiben, wohin welche Datagramme geschickt werden müssen. Maßgeblich dafür ist deren Zieladresse. Sie können die Routing-Tabelle mit dem

`route`

Kommando `route` inspizieren:

```
# ifconfig eth0 192.168.0.75
# route
Kernel IP routing table
Destination Gateway Genmask       Flags Metric Ref Use Iface
192.168.0.0 *       255.255.255.0 U     0      0   0   eth0
```

Die Spalten der Tabelle haben folgende Bedeutung:

Standardroute

- Die erste Spalte enthält die Zieladresse. Als Adresse kommen Netz- und Stationsadressen sowie `default` für die Standardroute (engl. *default route*) in Frage. Diese legt das Ziel für alle Pakete fest, für die keine der übrigen Routen gilt.
- Die zweite Spalte definiert als Ziel für die Pakete einen Router, an den die Pakete weitergegeben werden. Gültige Einträge an dieser Stelle sind Stationsadressen sowie der Eintrag »*«, wenn die Pakete nicht zur Weiterleitung an einen anderen Rechner gehen sollen.
- Die dritte Spalte enthält die zur Zieladresse passende Netzmaske. Handelt es sich bei der Zieladresse um einen Rechner, dann steht hier die Netzmaske `255.255.255.255`. Die Standardroute hat die Netzmaske `0.0.0.0`.
- Die vierte Spalte enthält »Flags«, die die Route näher beschreiben. Folgende Werte können u. a. vorkommen: `U` die Route ist aktiv (*up*), `G` die Route ist eine Gateway-Route, das heißt, das Ziel ist ein Router (und kein direkt angeschlossenes Netz wie mit »*«), und `H` die Route ist eine Rechner-(*Host*-)Route, das heißt, die Zieladdresse bezeichnet einen einzelnen Rechner.
- Die fünfte und die sechste Spalte enthalten Angaben, die bei dynamischem Routing eine Rolle spielen (hier egal).

- Die siebte Spalte zählt, wie oft die Route verwendet wurde.
- Die achte Spalte schließlich enthält optional die Schnittstelle, über die die Pakete weitergeleitet werden sollen.

Am Beispiel wird deutlich, dass der Kernel beim Setzen der IP-Adresse mit `ifconfig` nicht nur eigenständig Netzmaske und Broadcast setzt, sondern auch mindestens eine Route – diejenige nämlich, die allen Pakete mit Ziel im zur Schnittstelle gehörenden Netz den rechten Weg weist.

Ein weiteres, komplexeres Beispiel für eine Routing-Tabelle könnte so aussehen (sechste und siebte Spalte aus Platzgründen weggelassen, sie sind ohnehin uninteressant):

```
# route
Kernel IP Routentabelle
Ziel         Router       Genmask         Flags Metric Iface
192.168.0.0  *            255.255.255.0   U     0      eth0
192.168.2.0  *            255.255.255.0   U     0      eth1
10.10.3.0    192.168.0.1  255.255.255.0   UG    0      eth0
112.22.3.4   *            255.255.255.255 UH    0      ppp0
default      112.22.3.4   0.0.0.0         UG    0      ppp0
```

Beim Beispielrechner handelt es sich offenbar um einen Router mit drei Netzwerkschnittstellen. Die ersten drei Routen sind Netzwerkrouten und die Pakete laufen entsprechend ihres Zielnetzes entweder über `eth0`, `eth1` oder den Router `192.168.0.1`. Die vierte Route ist eine *host route*, die eine Punkt-zu-Punkt-Verbindung zum Providerrechner über ein Modem `ppp0` aufbaut. Die fünfte Route ist die entsprechende Standardroute, die alle Pakete, die nicht in die Netze `192.168.0.0/24`, `192.168.2.0/24` oder `10.10.3.0/24` gerichtet sind, per Modem in die weite Welt weiterleitet.

Routing-Tabelle konfigurieren mit route Nicht nur zum Abrufen, sondern auch zur Konfiguration der Routing-Tabelle dient der Befehl `route`. Für das oben gezeigte Beispiel würde die Routing-Tabelle etwa folgendermaßen aufgebaut:

```
# route add -net 10.0.3.0 netmask 255.255.255.0 gw ▷
◁ 192.168.0.1
# route add -host 112.22.3.4 dev ppp0
# route add default dev ppp0
```

route hat zum Setzen und Entfernen von Routen folgende Syntax:

```
route add [-net|-host] ⟨Ziel⟩ [netmask ⟨Netzmaske⟩]
        [gw ⟨Gateway⟩] [[dev] ⟨Schnittstelle⟩]
```

Hinzufügen einer Route

Zum Hinzufügen einer Route muss der entsprechende Parameter add gesetzt werden; dann wird angegeben, ob es sich um eine Rechner- oder Netzroute handelt (-host oder -net), danach das Ziel. Bei einer Netzroute ist immer eine Netzmaske (netmask ⟨Netzmaske⟩) nötig, die auch im CIDR-Stil an die Zieladresse angehängt sein kann. Jede Route braucht entweder einen Router (⟨Gateway⟩) oder eine Schnittstelle als nächste Station.

Löschen einer Route

Zum Löschen einer Route (mit del statt add) sind dieselben Angaben nötig wie beim Hinzufügen, nur Gateway bzw. Schnittstelle darf fehlen. Bei doppelten Zielen, etwa gleiches Zielnetz über zwei verschiedene Schnittstellen, wird die »neuere« Route gelöscht:

```
# route del -net 192.168.0.0 netmask 255.255.255.0
# route del -host 112.22.3.4
# route del default
```

17.2.3 Netzkonfiguration mit ip

Mit dem Kommando ip können sowohl die Schnittstelle als auch Routen konfiguriert werden. Das Kommando soll über kurz oder lang die eben beschriebenen Kommandos ablösen. Die Syntax lautet allgemein wie folgt:

```
ip [⟨Option⟩] ⟨Objekt⟩ [⟨Kommando⟩ [⟨Parameter⟩]]
```

Als ⟨Objekt⟩ kommen unter anderem link (Parameter der Schnittstelle), addr (IP-Adresse und andere Adressen der Schnittstelle) und route (Auslesen, Setzen und Löschen von Routen) in Frage. Für jedes Objekt stehen spezifische Kommandos zur Verfügung.

Subkommandos

Wird kein Kommando angegeben, werden die momentanen Einstellungen entsprechend des Kommandos list bzw. show angezeigt. Weitere typische Kommandos sind set für das Objekt link sowie add und del für die Objekte addr und route. Die meisten Kommandos erfordern noch weitere Parameter, schließlich müssen Sie, möchten Sie mit »ip addr add« eine IP-Adresse zuweisen, diese IP-Adresse auch angeben.

Syntax

Die entsprechende Syntax können Sie dem Befehl `ip` mit dem Kommando `help` entlocken. So zeigt »`ip help`« alle möglichen Objekte an und »`ip link help`« alle zum Objekt `link` gehörenden Parameter inklusive Syntax. Leider ist die Syntax nicht immer ganz einfach zu durchschauen (es sei denn, Sie haben Erfahrung mit Cisco-Routern).

IP-Adresse zuweisen

Als Beispiel: Möchten Sie einer Netzwerkkarte eine IP-Adresse zuweisen, können Sie dafür folgendes Kommando verwenden:

```
# ip addr add local 192.168.2.1/24 dev eth0 brd +
```

Anders als bei `ifconfig` *müssen* hier Netzmaske und Broadcastadresse mit angegeben werden, Letztere auch indirekt mit `brd +`. Der Parameter `local` wird zur Angabe einer IP-Adresse verwendet – da es sich für »`ip addr set`« hierbei aber um den Standardparameter handelt, kann er auch weggelassen werden.

➪ Die Standardparameter stehen in `ip`(8).

Schnittstelle aktivieren

Achtung: Im Unterschied zu `ifconfig` ist die Schnittstelle nach der Zuweisung einer IP-Adresse noch nicht aktiv. Die Aktivierung erfolgt gesondert:

```
# ip addr show dev eth0
2: eth0: <BROADCAST,MULTICAST> mtu 1500 qdisc pfifo-fast▷
◁ qlen 100
    link/ether 00:a0:24:56:e3:72 brd ff:ff:ff:ff:ff:ff
    inet 192.168.2.1/24 brd 192.168.2.255 scope global eth0
# ip link set up dev eth0
# ip addr show dev eth0
2: eth0: <BROADCAST,MULTICAST,UP> mtu 1500 qdisc pfifo-fast▷
◁ qlen 100
    link/ether 00:a0:24:56:e3:72 brd ff:ff:ff:ff:ff:ff
    inet 192.168.2.1/24 brd 192.168.2.255 scope global eth0
    inet6 fe80::2a0:24ff:fe56:e372/64 scope link
```

Es empfiehlt sich, die Syntax von `ip` kennenzulernen, nicht nur, weil dieses Programm der zukünftige Standard ist, sondern weil es zum Teil auch anschaulicher zu verwenden ist als die Alternativen: Das Setzen und Löschen von Routen ist beispielsweise einfacher als mit `route`:

```
# ip route add 192.168.2.1 via 192.168.0.254
# ip route del 192.168.2.1
```

17.2.4 DHCP

DHCP, das »Dynamic Host Configuration Protocol«, dient dazu, Ihnen als Administrator die Mühe abzunehmen, die passenden Netzparameter auf jeder einzelnen Station im Netz konfigurieren zu müssen. Statt dessen holt ein Linux-Rechner sich die Netzparameter – neben der IP-Adresse mit Zubehör typischerweise die Adresse eines Default-Routers und eines oder mehrerer DNS-Server – von einem entfernten DHCP-Server, wenn die Netzwerkkarte gestartet wird. (Voraussetzung dafür, dass das funktioniert, ist natürlich ein vorhandener DHCP-Server. Konfiguration und Betrieb eines solchen sind kein Thema für LPIC-1, aber wenn Sie entweder daheim einen DSL-Zugangsrouter oder in der Firma eine kompetente Netzwerkabteilung haben, dann können Sie den Nutzen genießen, ohne den Ärger zu haben.)

dhcpcd u. a. Um vom DHCP-Server beim Hochfahren des Rechners die IP-Konfiguration beziehen oder nach Ablauf der Leihfrist eine Verlängerung oder neue Daten erhalten zu können, muss auf dem Rechner ein Client laufen. Beispiele dieser Programme sind `dhcpcd` oder `dhclient`. Sie werden üblicherweise von den Netzwerkskripten gestartet, haben also kein eigenes Init-Skript, sondern werden innerhalb der (distributionsspezifischen) Netzkonfiguration aktiviert. Zu Testzwecken lassen sie sich aber auch manuell starten:

```
# dhclient eth0                    Hole Adresse usw. für eth0
```

⇨ dhcpcd: `http://www.phystech.com/download/dhcpcd.html`
⇨ dhclient: `http://www.isc.org/index.pl?/sw/dhcp/dhcp-v2.php`

17.2.5 Namensauflösung und DNS

Das DNS oder »Domain Name System« ist eine der Grundlagen für die Skalierbarkeit des Internet. Seine Aufgabe besteht darin, Rechnern textuelle Namen zuzuordnen und bei Bedarf die zugehörigen IP-Adressen herauszufinden (oder umgekehrt). Dies realisiert es im Wesentlichen über eine weltweit verteilte »Datenbank« aus DNS-Servern.

Resolver Programme auf einem Linux-Rechner reden in der Regel nicht direkt mit dem DNS, sondern bedienen sich dafür eines »Resolvers«.

Option	Wirkung
debug	Die regulären Betriebsmeldungen werden auf stdout ausgegeben (meist nicht unterstützt).
ndots ⟨n⟩	Die minimale Anzahl von Punkten im Namen, bei welcher der Resolver direkt nachsieht, ohne auf die Suchliste zuzugreifen.
attempts ⟨n⟩	Die Anzahl der Anfragen an einen Server, bis der Resolver aufgibt. Maximalwert ist 5.
timeout ⟨n⟩	Der Anfangs-Timeout für Abfrageversuche in Sekunden. Maximalwert ist 30.
rotate	Nicht nur der erste, sondern alle Server werden abwechselnd befragt.
no-check-names	Deaktiviert die standardmäßige Überprüfung, ob zurückgelieferte Hostnamen nur gültige Zeichen enthalten.

Tabelle 17.5: Optionen innerhalb von /etc/resolv.conf

Dieser ist üblicherweise Teil der C-Bibliothek. Die zentrale Konfigurationsdatei für den Resolver heißt /etc/resolv.conf. Hier werden zum Beispiel die DNS-Server konfiguriert, die der Resolver konsultieren soll. Dazu existieren fünf Hauptdirektiven:

/etc/resolv.conf

domain ⟨**Name**⟩ (lokale Domain) Anhand dieses Eintrags versucht der Resolver, unvollständige Rechnernamen (meist solche, die keinen Punkt enthalten) um einen Domainanteil zu ergänzen.

search ⟨**Domain**$_1$⟩ ⟨**Domain**$_2$⟩ ... (Suchliste) Alternativ zu einem einzigen Eintrag mittels domain kann mit search auch eine Liste mit mehreren Ergänzungen für unvollständige Rechnernamen angegeben werden. Die Einträge in der Liste werden durch Leerzeichen getrennt. Zunächst wird versucht, den unveränderten Rechnernamen aufzulösen. Wenn dies scheitert, werden die Listeneinträge der Reihe nach angehängt und diese Namen ausprobiert. domain und search schließen sich gegenseitig aus; tauchen beide in der Konfiguration auf, gilt der textuell letzte Eintrag in der Datei.

nameserver ⟨**IP-Adresse**⟩ (Lokaler DNS-Server) Der lokale Resolver wird den hier eingetragenen DNS-Server befragen. Es sind

```
127.0.0.1        localhost
192.168.0.99     linux.example.com  linux
```

Bild 17.1: Die Datei /etc/hosts

bis zu drei nameserver-Direktiven erlaubt, die bei Bedarf nacheinander abgefragt werden.

sortlist ⟨**IP-Adresse**⟩[/⟨**Netzmaske**⟩] (Sortierung) Falls zu einem Rechnernamen mehrere Adressen zurückgeliefert werden, so wird die hier eingetragene bevorzugt. Bis zu 10 Einträge sind in der Sortierliste möglich.

options ⟨**Option**⟩ (Optionen) Hiermit lassen sich besondere Resolver-Einstellungen vornehmen, die in Tabelle 17.5 mit den Vorgabewerten aufgelistet sind. In der Praxis werden diese selten bis nie verändert.

/etc/hosts

Die Alternative zum DNS ist die »lokale« Auflösung von Rechnernamen und IP-Adressen über die Datei /etc/hosts. Als ausschließliche Methode zur Namensauflösung ist sie höchstens in kleinen Netzen interessant, die nicht ans Internet angebunden sind, aber erwähnen sollten wir sie trotzdem – wenn Sie es nur mit ein paar Rechnern zu tun haben, dann ist es möglicherweise simpler, nur die DNS-Client-Seite zu konfigurieren und Ihren eigenen Rechnern per /etc/hosts Namen und Adressen zu geben. Sie müssen dann nur darauf achten, dass die Datei auf allen beteiligten Rechnern gleich ist.

Bei der Datei /etc/hosts handelt es sich um gewöhnlichen ASCII-Text, in dem neben Kommentarzeilen, die mit »#« eingeleitet werden, zeilenweise Einträge vorgenommen werden können. Diese enthalten spaltenweise mindestens die IP-Adresse und den vollständigen Namen (FQDN) des Rechners. Daneben ist es erlaubt, noch Kurznamen für den Rechner anzugeben. Als Trennzeichen der einzelnen Spalten dienen Leer- und/oder Tabulatorzeichen, also »Freiplatz« (*white space*). Bild 17.1 zeigt den Inhalt einer exemplarischen /etc/hosts-Datei.

⇨ Das Format von /etc/hosts ist detailliert in hosts(5) erklärt.

Über die genaue Methodik der Namensauflösung durch die C-Bibliothek entscheidet tatsächlich eine Datei namens /etc/nsswitch.

conf. Darin ist beispielsweise festgelegt, welche Dienste zur Namensauflösung in welcher Reihenfolge verwendet werden. Daneben finden sich Einträge zur Auflösung von Benutzernamen, Gruppen usw., die uns an dieser Stelle nicht weiter interessieren.

Dienste zur Namensauflösung

⇨ Eine genaue Beschreibung von Syntax und Funktionsweise können Sie in `nsswitch.conf(5)` einsehen.

Der für die Auflösung von Rechnernamen interessante Teil von `/etc/nsswitch.conf` kann etwa so aussehen:

```
hosts: files dns
```

Hier wird also zunächst versucht, Rechnernamen mit Hilfe der lokalen Dateien (namentlich `/etc/hosts`) aufzulösen. Erst wenn dies scheitert, kommt das DNS zum Zug.

17.2.6 Der Rechnername

Der (lokale) Rechnername eines Linux-Rechners kann mit dem Kommando `hostname` ausgelesen und auch neu gesetzt werden:

hostname

```
# hostname
mypc
# hostname rechner1
# hostname
rechner1
```

Die Änderungen sind auch hier temporarer Natur, weswegen der Rechnername beim Systemstart über ein Skript automatisch gesetzt wird – das Init-Subsystem liest bei den meisten Distributionen eine Datei `/etc/hostname` (oder so ähnlich). Bei systemd-basierten Systemen wird der Rechnername über das Kommando `hostnamectl` gesetzt (oder abgefragt).

hostnamectl

Es ist wichtig, hervorzuheben, dass die Vorstellung eines Rechners über seinen eigenen Namen (gemäß `hostname`) nichts mit dem zu tun haben muss, was andere Rechner per `/etc/hosts` oder DNS über ihn mitgeteilt bekommen. Die Sicherung der Konsistenz ist Ihre Aufgabe als lokaler Administrator. Wenn Sie den Namen eines Rechners ändern, sollten diese Änderungen natürlich in alle benutzten Mechanismen zur Namensauflösung eingehen!

Mit `hostname` korrespondiert das Kommando `dnsdomainname`, das den Domainnamen des Rechners herauszufinden versucht. Dazu bestimmt es den vollen Namen (*fully qualified domain name*, FQDN) des Rechners und entfernt alles vom Anfang bis einschließlich zum ersten Punkt. Wo der volle Name des Rechners herkommt, ist systemabhängig; normalerweise wird `/etc/hosts` vor dem DNS untersucht, so dass Sie die De-facto-»DNS-Domain« Ihres Rechners dort einstellen können, indem Sie etwas wie

```
127.0.0.1    mypc.example.com mypc localhost
```

eintragen. `dnsdomainname` holt sich dann den Namen `mypc` vom System (über etwas wie `hostname`) und fragt anschließend nach dem vollen Namen. Der Domain-Teil der Antwort `mypc.example.com`, also `example.com`, ist das Ergebnis.

Zur Warnung: Manche Systeme unterstützen ein Programm namens `domainname`, das gar nichts mit diesem Thema zu tun hat.

➪ `hostname(1)`
➪ Namensauflösung (Abschnitt 17.2.5)

17.3 Fehlersuche bei Netzproblemen

17.3.1 Lokale Probleme

Bevor Sie den Rest der Welt alarmieren, sollten Sie sich zunächst überzeugen, dass Ihr Rechner prinzipiell »am Netz« ist, also die Netzwerkkarte vorhanden ist und erkannt wird, das korrekte Kabel fest in der richtige Buchse steckt und so weiter. Schauen Sie nach, was »`ifconfig -a`« (oder auch »`ip link show`«) ausgibt. Mit diesem Parameter abgesetzt liefert das Programm Ihnen eine Übersicht über *alle* Netzschnittstellen des Rechners, auch die aktuell nicht aktiv konfigurierten, und zumindest `lo` und `eth0` (bei einem über Ethernet vernetzten Rechner) sollten zu sehen sein. Ist das nicht der Fall, dann haben Sie Ihr erstes Problem schon gefunden: Möglicherweise stimmt mit dem Treiber oder der Erkennung der Karte etwas nicht.

Neue Netzwerkkarte?

Wenn Sie statt `eth0` nur etwas sehen wie `eth1`, dann kann es sein, dass die Netzwerkkarte im Rechner ausgewechselt wurde und `udev` der neuen Netzwerkkarte mit ihrer ebenso neuen MAC-Adresse auch einen neuen Schnittstellennamen verpasst hat. Bei einigermaßen fest in den Rechner eingebauten Netzwerkkarten sollte das eigentlich nicht passieren (oder wenn, dann nur, weil Sie als Administrator es eigenhändig gemacht haben), aber vielleicht haben Ihre Kollegen heimlich ihre PC(MCIA)-Netzwerkkarten oder USB-UMTS-Sticks vertauscht. Die Abhilfe besteht darin, in der Datei `/etc/udev/rules.d/70-persistent-net.rules` (oder so ähnlich) die Zeile mit dem alten Gerät zu löschen und in der Zeile mit dem neuen Gerät den Schnittstellennamen zu korrigieren. Starten Sie anschließend `udev` neu.

⇨ udev: Abschnitt 7.6.3

17.3.2 ping

Erreichbarkeitstests

Wenn die Ausgabe von `ifconfig` die Schnittstelle zeigt und auch die Parameter, die dort zu sehen sind, vernünftig scheinen (schauen Sie vor allem nach der IP-Adresse, der Netzmaske – sehr wichtig – und der Broadcast-Adresse), dann ist es Zeit für ein paar Erreichbarkeitstests. Das einfachste Werkzeug dafür ist das Programm `ping`, das eine IP-Adresse (oder einen DNS-Namen) übernimmt und versucht, der betreffenden Station ein ICMP-`ECHO-REQUEST`-Datagramm zu schicken. Diese Station sollte darauf mit einem ICMP-`ECHO-REPLY`-Datagramm antworten, das `ping` bemerkt und Ihnen meldet.

Testen Sie als Erstes, ob der Rechner mit sich selbst reden kann:

```
# ping 127.0.0.1
PING 127.0.0.1 (127.0.0.1) 56(84) bytes of data.
64 bytes from 127.0.0.1: icmp_seq=1 ttl=64 time=0.039 ms
64 bytes from 127.0.0.1: icmp_seq=2 ttl=64 time=0.039 ms
64 bytes from 127.0.0.1: icmp_seq=3 ttl=64 time=0.032 ms
64 bytes from 127.0.0.1: icmp_seq=4 ttl=64 time=0.040 ms
                                        Abbruch mit Strg+c ...
--- 127.0.0.1 ping statistics ---
4 packets transmitted, 4 received, 0% loss, time 2997ms
rtt min/avg/max/mdev = 0.032/0.037/0.040/0.006 ms
```

Diese Ausgabe zeigt Ihnen, dass der »andere Rechner« (in diesem Fall nur die Loopback-Schnittstelle `127.0.0.1`) zuverlässig erreicht werden konnte (es sind keine Pakete verlorengegangen).

Netzwerkkarte »anpingen«

Im nächsten Schritt sollten Sie die Schnittstelle Ihrer Netzwerkkarte »anpingen«. Die Ausgabe sollte hier im Wesentlichen so aussehen wie beim Ping auf die Loopback-Schnittstelle. – Wenn Sie hier angekommen sind, ohne dass Fehlermeldungen auftreten, legt das den Schluss nahe, dass die elementaren Netzfunktionen des Rechners funktionieren. Die verbleibenden Möglichkeiten für Probleme liegen entweder anderswo im Netz oder weiter oben im Protokollstapel Ihres Rechners.

Andere Rechner im LAN

Der nächste Ping geht auf das Default-Gateway (oder einen anderen Rechner im lokalen Netz). Wenn das gar nicht funktioniert, dann könnte zum Beispiel die Netzmaske falsch gesetzt sein (auch auf dem anderen Rechner!?). Ebenfalls möglich sind Hardwareprobleme, etwa ein heftiger Knick im Kabel oder ein kaputter Stecker – so etwas würde auch eine Verbindung erklären, die mal funktioniert und mal nicht. (Probieren Sie eventuell ein anderes Kabel aus, von dem Sie wissen, dass es funktioniert.)

Entfernte Rechner

Jetzt können Sie damit fortfahren, Rechner außerhalb Ihres lokalen Netzes anzupingen. Wenn das klappt, ist das ein gutes Zeichen; wenn Sie überhaupt keine Antworten bekommen, dann haben Sie es entweder mit einem Problem bei der Wegleitung zu tun oder mit einer Firewall, die ICMP-Verkehr à la `ping` zumindest teilweise filtert (was sie nicht sollte, aber manche Leute schütten das Kind halt mit dem Badewasser aus).

Optionen

`ping` unterstützt eine Menge von Optionen, die die Testmöglichkeiten erweitern oder die Arbeitsweise des Programms ändern. Die wichtigsten für Diagnosezwecke sind wahrscheinlich `-f` (Flut-Ping), um intermittierende Netzwerkprobleme schnell zu überprüfen, und `-s`, um eine Größe für die Datagramme (Standard ist 64 Bytes) angeben zu können – manchmal gibt es Probleme mit der Fragmentierung, die Sie so untersuchen können.

➪ Lesen Sie die Optionen in `ping`(8) nach.

17.3.3 traceroute und tracepath

Wenn Sie eine Station außerhalb Ihres lokalen Netzes nicht mit `ping` erreichen können, könnte ein Problem mit der Wegleitung dafür verantwortlich sein. Programme wie `traceroute` und `tracepath` helfen dabei, solchen Problemen auf den Grund zu gehen. Der typische Fall ist, dass Sie zwar alle Stationen im lokalen Netz mit `ping` erreichen können, aber keine jenseits davon. Die üblichen

Verdächtigen sind dabei zum einen Ihre Default-Route, zum anderen der Rechner, auf den die Default-Route zeigt. Vergewissern Sie sich, dass die Ausgabe von `route` (oder »`ip route list`«) die richtige Default-Route liefert. Wenn ein `ping` auf den Default-Router funktioniert, auf einen Rechner jenseits des Routers dagegen nicht, dann stimmt möglicherweise mit dem Default-Router etwas nicht. Prüfen Sie, ob ein anderer Rechner über den Default-Router hinaus Stationen erreichen kann und ob Ihr Rechner vom Default-Router aus zu erreichen ist. (Denken Sie immer auch daran, dass auf dem Default-Router möglicherweise ein Paketfilter läuft, der ICMP blockiert – was er nicht sollte, aber manche Leute sind halt übereifrig.)

traceroute

`traceroute` ist im Prinzip eine erweiterte Form von `ping`. Hier wird eine entfernte Station nicht einfach auf Lebenszeichen abgefragt, sondern der Weg angezeigt, den die Datagramme im Netz nehmen. Es wird verfolgt, über welche Router ein Datagramm läuft, und wie die Verbindung zu den benutzten Routern ist.

Funktionsweise

Das Ganze beruht im Gegensatz zu `ping` nicht auf ICMP, sondern (traditionell) auf UDP. `traceroute` schickt drei UDP-Datagramme an willkürliche Ports auf der Zielstation (man hofft, dass nicht auf allen drei Ports irgendein Server lauscht). Die ersten drei Datagramme haben eine TTL von 1, die nächsten drei eine TTL von 2 und so weiter. Der erste Router auf dem Weg zum Ziel verringert die TTL jeweils um 1. Für die erste Runde von Datagrammen, die von Anfang an nur die TTL 1 hatten, ist damit Schicht – sie werden verworfen, und der Absender bekommt eine ICMP-`TIME-EXCEEDED`-Nachricht, die natürlich (als IP-Datagramm) auch die IP-Adresse des Routers enthält. Die zweiten drei Datagramme werden vom zweiten Router verworfen und so fort. Auf diese Weise können Sie den genauen Weg der Datagramme zur Zielstation verfolgen. Die Zielstation selbst schickt natürlich kein `TIME-EXCEEDED`, sondern ein `PORT-UNREACHABLE`, so dass `traceroute` erkennen kann, dass es am Ziel angekommen ist.

Als Beispiel der Weg zum Webserver von `heise.de`:

```
$ /usr/sbin/traceroute -n www.heise.de
traceroute to www.heise.de (193.99.144.71), 30 hops max, ▷
◁ 40 byte packets
```

```
1  * * *
2  62.180.1.17  129.750 ms   129.748 ms   128.321 ms
3  195.182.96.209  129.609 ms   129.741 ms   129.656 ms
4  195.182.99.29  119.692 ms   129.664 ms   229.574 ms
5  195.182.99.110  219.709 ms   199.727 ms   189.716 ms
6  80.81.192.132  179.713 ms   178.696 ms   158.789 ms
7  213.83.57.53  129.370 ms   139.787 ms   123.721 ms
8  * * *
◁◁◁◁◁
16  * * *
17  * 193.99.144.71  129.694 ms   139.691 ms
```

Die Ausgabe besteht aus durchnummerierten Zeilen. Eine Zeile entspricht jeweils einer gesendeten Gruppe von drei Datagrammen. Angezeigt werden immer die Station, von der die TIME-EXCEEDED-Nachrichten kamen, sowie die Laufzeit der drei Datagramme. Die Option `-n` unterdrückt die Namensauflösung, so dass nur IP-Adressen ausgegeben werden.

Anscheinend haben die Pakete auf dem Weg zu `www.heise.de` 16 Zwischenstationen zu überwinden. Für die »Hops« 8 bis 16 werden aber nur Sternchen angezeigt. Sternchen bedeuten allgemein eine Zeitverzögerung, die zum Beispiel durch hohe Netzwerklast, aber auch durch Firewallmechanismen zu erklären sein könnte. Ein `ping` zeigt in unserem Fall, dass in Wirklichkeit nur 7 Stationen zu überwinden sind. Das lässt sich an der TTL erkennen, die einen Wert von 248 hat, also 7 weniger als der anzunehmende `ping`-Originalwert von 255:

```
$ ping www.heise.de
PING www.heise.de (193.99.144.71) 56(84) bytes of data.
64 bytes from www.heise.de (193.99.144.71): icmp_seq=1 ▷
◁ ttl=248 ime=167 ms
◁◁◁◁◁
```

Die Zeilen 8 bis 16 entsprechen also nicht wirklich vorhandenen Routern. Die maximale Anzahl der Sprünge (Hops), bis die Nachricht die Zieladresse erreicht, können Sie mit der Option `-m` einstellen. Der voreingestellte Wert beträgt 30 Sprünge.

Paketvermittlung

Aus dem Umstand, dass IP-Netze Paketvermittlung verwenden, folgt theoretisch natürlich, dass die Ausgabe von `traceroute` nur eine Momentaufnahme darstellt. Wenn Sie es gleich wieder probieren, können die neuen Datagramme prinzipiell schon eine ganz andere Route zur Zielstation nehmen. Allerdings kommt das in der Praxis nicht so häufig vor.

Alternative Ansätze

Die traditionelle Technik mit UDP-Datagrammen funktioniert heute nicht mehr immer, da es übereifrige Firewalls gibt, die Datagramme an »unwahrscheinliche« UDP-Ports verwerfen. Mit der Option `-I` können Sie `traceroute` dazu bringen, statt UDP ICMP zu benutzen (es arbeitet dann im Wesentlichen wie `ping`). Sollten Sie an eine besonders übereifrige Firewall geraten, die auch ICMP filtert, dann können Sie mit `-T` (kurz für »`-M tcp`«) eine TCP-basierte Technik verwenden. Diese versucht, den Port 80 auf der Zielstation anzusprechen, und bietet sich besonders an, wenn es sich bei der Zielstation um einen Webserver handelt. (Sie können sich mit der Option `-p` einen anderen Port wünschen.)

⇨ `traceroute(8)`

tracepath

Das Programm `tracepath` macht im Grunde das Gleiche wie `traceroute`, verzichtet allerdings auf fast alle trickreichen Optionen. Zum Ausgleich bestimmt es dafür aber die »Pfad-MTU« (hierzu gleich mehr). Hier ist eine beispielhafte Ausgabe von `tracepath`:

```
$ tracepath www.mitp.de
 1?: [LOCALHOST]                              pmtu 1500
 1:  fritz.box                                  5.490ms
 1:  fritz.box                                  5.821ms
 2:  pD9FE2162.dip0.t-ipconnect.de              6.291ms pmtu 1492
 2:  217.0.119.34                              98.187ms
 3:  87.186.202.246                           102.606ms asymm  4
 4:  217.239.50.73                            106.245ms asymm  6
 5:  62.157.250.114                           110.905ms asymm  6
 6:  xe-0-0-0.cr-nashira.cgn4.he-core.de      120.093ms
 7:  xe-1-1-0.cr-polaris.fra1.he-core.de       56.170ms asymm  6
 8:  87.230.114.13                             63.018ms asymm  9
 9:  87.230.114.22                             65.726ms asymm 10
10:  no reply
11:  vwp1812.webpack.hosteurope.de             65.035ms reached
     Resume: pmtu 1492 hops 11 back 12
```

Genau wie `traceroute` gibt `tracepath` die Adressen der Router auf dem Weg zur Zielstation aus. Der Rest der Zeile zeigt die Laufzeit der Datagramme sowie Zusatzinformationen; »`asymm 5`« zum Beispiel bedeutet, dass die Antwort des Routers 5 Hops brauchte statt den 4 der Anfrage, aber diese Information ist nicht immer verläßlich.

Pfad-MTU

Das bringt uns zum Problem der »Pfad-MTU«, das sich etwa wie folgt erklären läßt: IP erlaubt fundamental Datagramme von bis zu 65535 Bytes Länge, aber nicht jedes Zugangsverfahren kann solche Datagramme auf einen Rutsch übertragen. Datagramme, die größer sind, als es das Zugangsverfahren (etwa Ethernet) erlaubt, müssen fragmentiert werden (Abschnitt 17.1.1). Die maximale Fragmentgröße, die ein Zugangsverfahren zuläßt, heißt auch MTU (engl. *maximum transmission unit*).

Natürlich kann die IP-Implementierung der sendenden Station nicht vorausahnen, welche Übertragungsverfahren auf dem Weg zur Zielstation im Spiel sind und ob eine Fragmentierung nötig ist (und wenn ja, wie groß die Fragmente sein dürfen). Das ergibt sich erst, wenn wirklich Daten geschickt werden. *Eigentlich* sollten Router das ja transparent behandeln – kommt am einen Ende ein Datagramm herein, das zu groß ist, um im Ganzen am anderen Ende wieder hinausgeschickt zu werden, könnte der Router es fragmentieren –, aber die Hersteller von Routern drücken sich gerne um diese ressourcenintensive Tätigkeit. Statt dessen werden Datagramme typischerweise mit dem gesetzten »Don't-Fragment«-Bit im Kopf auf die Reise geschickt, das es anderen Routern verbietet, sie weiter zu zerstückeln. Kommt so ein Datagramm dann an einen Punkt, wo es zu groß für den nächsten Hop ist, schickt der betreffende Router per ICMP die Meldung »Ziel unerreichbar; Fragmentierung nötig, aber verboten; MTU wäre *n*«. In diesem Fall kann die sendende Station es nochmal mit kleineren Fragmenten versuchen. Dieses Verfahren heißt »Pfad-MTU-Bestimmung« (engl. *path MTU discovery*).

Das Ganze kann immer noch glorreich schief gehen, nämlich wenn eine übereifrige Firewall auf dem Weg den ICMP-Verkehr blockiert. In diesem Fall kommen die Fehlermeldungen über die zu große MTU nie beim Absender der Datagramme an, und der weiß nicht, wie ihm geschieht. In der Praxis führt das zum Beispiel dazu, dass Webseiten nicht korrekt angezeigt werden und/oder Verbindungen »hängenbleiben«. Das Problem tritt vor allem da auf, wo ADSL à la »Deutsche Telekom« im Spiel ist, denn dort wird ein Protokoll namens »PPP over Ethernet« (PPPoE) verwendet, bei dem von den 1500 Bytes der üblichen Ethernet-MTU noch 8 Bytes für Verwaltungsinformationen abgehen. Die Probleme verschwinden normalerweise, wenn Sie die MTU für die betroffene Schnittstelle manuell auf 1492 setzen. Die Gegenstelle übernimmt diesem Wert, so dass keine Datagramme mehr flöten gehen.

17.3.4 Dienste überprüfen mit `netstat` und `nmap`

Wenn Sie einen Dienst betreiben wollen, Client-Rechner aber keinen Kontakt mit ihm bekommen, sondern mit Meldungen wie

```
Unable to connect to remote host: Connection refused
```

abgewiesen werden, sollten Sie sicherstellen, dass der Dienst tatsächlich ordnungsgemäß auf Verbindungen »lauscht«. Das können Sie zum Beispiel mit dem Programm `netstat`:

netstat

```
$ netstat -tul
Active Internet connections (only servers)
Proto Recv-Q Send-Q Local Addr           Foreign Addr State
tcp        0      0 red.example.com:www *:*          LISTEN
tcp        0      0 red.example.com:ftp *:*          LISTEN
tcp        0      0 red.example.com:ssh *:*          LISTEN
```

Die Option `-l` bringt `netstat` dazu, nur »lauschende« Programme aufzuführen. Mit den Optionen `-t` und `-u` können Sie die Ausgabe auf TCP- bzw. UDP-basierte Dienste beschränken.

In der Ausgabe bedeuten die Spalten das Folgende:

`Proto` Das Protokoll (`tcp`, `udp`, `raw`, …), das von dem Socket benutzt wird.

`Recv-Q` Die Anzahl der empfangenen, aber (noch) nicht vom Anwenderprogramm bei diesem Socket abgeholten Bytes.

`Send-Q` Die Anzahl der versendeten Bytes, die von der Gegenstelle noch nicht bestätigt wurden.

`Local Address` Lokale Adresse und Portnummer des Sockets. Ein Stern (»*«) an dieser Stelle steht bei »lauschenden« Sockets dafür, dass sie auf allen verfügbaren Adressen lauschen, also zum Beispiel `127.0.0.1` *und* der IP-Adresse der Ethernet-Karte.

`Foreign Address` Die Adresse und Portnummer der Gegenstelle auf dem entfernten Rechner.

`State` Zustand des Sockets. `raw`-Sockets haben keine Zustände und `udp`-Sockets normalerweise auch nicht, in welchem Fall dieses Feld leer bleibt. Eine Liste der möglichen Zustände insbesondere für `tcp`-Sockets ist der Handbuchseite zu entnehmen.

Unix-Domain-Sockets

Ohne `-t` und `-u` liefert `netstat` außer Informationen über TCP- und UDP-Dienste noch Daten über aktive Unix-Domain-Sockets. Diese sind allerdings größtenteils uninteressant. – Wenn Sie die Option `-l` weglassen, bekommen Sie statt dessen eine Liste der aktiven Netzwerkverbindungen (sowohl diejenigen, bei denen Ihr Rechner als Server fungiert, als auch diejenigen, bei denen er als Client auftritt).

Wenn Ihr Dienst in der Ausgabe von »`netstat -tul`« nicht auftaucht, ist das ein Indiz dafür, dass das betreffende Programm nicht läuft. Steht der Dienst in der Liste, könnte es einerseits sein, dass Clients durch eine Firewall-Konfiguration abgewiesen werden, noch bevor sie ihn überhaupt erreichen. Andererseits wäre es möglich, dass der betreffende Port durch ein anderes Programm blockiert wird, das aus irgendwelchen Gründen nicht richtig funktioniert. In diesem Fall können Sie sich mit »`netstat -tulp`« auch noch die Prozess-ID und den Namen des Programms anzeigen lassen, das den Port bedient. Dazu brauchen Sie aber `root`-Rechte.

`nmap`
Portscanner

`netstat` setzt voraus, dass Sie zumindest Shell-Zugang, wenn nicht gar `root`-Rechte auf dem Rechner haben, wo Sie das Kommando ausführen wollen. Wie sieht es aber damit aus, »von außen« zu testen, welche Ports auf einem Rechner zugänglich sind? Auch dafür gibt es Lösungen. Das Programm `nmap` ist ein **Portscanner**, der über das Netz prüft, welche TCP- oder UDP-Ports auf einem Rechner offen sind, welche gesperrt und welche unbenutzt. Natürlich kann der »Rechner« auch eine Firewall-Infrastruktur sein, so dass `nmap` Ihnen dabei helfen kann, Lücken in Ihrer Sicherheitsstrategie aufzudecken.

> Das Scannen von Rechnern, die sich nicht in Ihrem unmittelbaren juristischen Einflußgebiet befinden, kann strafbar sein! (Tatsächlich könnte man Ihnen vermutlich schon aus dem *Be-*

sitz von Werkzeugen wie nmap einen Strick drehen, wenn Sie Pech haben und/oder sich ungeschickt anstellen.) Beschränken Sie sich also auf Rechner, wo definitiv klar ist, dass Sie nmap anwenden dürfen. Lassen Sie es sich zur Sicherheit schriftlich von Ihrem Auftraggeber oder hinreichend hohem Vorgesetzten erlauben.

Im einfachsten Fall übergeben Sie nmap den Namen oder die Adresse des zu untersuchenden Rechners (seien Sie vorbereitet auf eine gewisse Wartezeit):

```
# nmap blue.example.com

Starting Nmap 4.68 (http://nmap.org) at 2009-02-04 00:09 CET
Interesting ports on blue.example.com (172.16.79.2):
Not shown: 1710 closed ports
PORT     STATE SERVICE
22/tcp   open  ssh
25/tcp   open  smtp
53/tcp   open  domain
80/tcp   open  http
443/tcp  open  https
MAC Address: 00:50:56:FE:05:04 (VMWare)

Nmap done: 1 IP address (1 host up) scanned in 9.751 seconds
```

nmap betrachtet Ports als *open*, wenn sich dort ein Dienst meldet. Ports, für die der untersuchte Rechner eine Fehlermeldung ausgibt, gelten als *closed*, während Ports, auf denen überhaupt keine Reaktion festzustellen ist (etwa weil die Anfragepakete vom untersuchten Rechner oder einer Firewall einfach weggeworfen und nicht einmal mit einer Fehlermeldung beantwortet werden), als *filtered* bezeichnet werden.

Scan-Techniken

Zum Scannen kann nmap eine ganze Reihe von verschiedenen mehr oder weniger diskreten Techniken anwenden. Standard, wenn nmap als root aufgerufen wird, ist der »SYN scan«, der TCP-Verbindungen »halb« zu öffnen versucht. Als normaler Benutzer können Sie lediglich einen plumpen und leicht erkennbaren »TCP connect scan« benutzen.

- nmap(1) enthält eine ziemlich ausführliche Anleitung. Denken Sie beim Herumspielen aber an unsere Warnung.
- Offizielle nmap-Webseiten mit Informationen, Dokumentation und Quellcode: http://www.insecure.org/nmap/

17.3.5 DNS testen mit host und dig

Wenn Verbindungen zu namentlich angesprochenen Rechnern ungebührlich lange dauern oder nach einer Wartezeit gar nicht zustande kommen, es über die IP-Adresse aber üblich flott geht, dann ist vermutlich das DNS schuld. Ebenso kann es sein, dass Ihr Rechner lange braucht, um eine Verbindung aufzubauen, weil die Gegenstelle versucht, einen zu *Ihrer* IP-Adresse passenden Namen zu finden und das aus irgendwelchen Gründen schief geht. Um das DNS zu testen, können Sie zum Beispiel die Programme host und dig verwenden. (Sie kennen vielleicht noch nslookup – dieses Programm ist aber seit einer Weile verpönt und wird nur noch aus Freundlichkeit unterstützt.)

host

host ist ein sehr einfaches Programm, das im simpelsten Fall einen DNS-Namen entgegennimmt und die dazugehörige(n) IP-Adresse(n) ausgibt:

```
$ host www.example.com
www.example.com has address 93.184.216.34
```

Das kann auch etwas aufwendiger aussehen:

```
$ host www.google.de
www.google.de is an alias for www.google.com.
www.google.com is an alias for www.l.google.com.
www.l.google.com has address 74.125.39.99
www.l.google.com has address 74.125.39.103
www.l.google.com has address 74.125.39.104
www.l.google.com has address 74.125.39.147
```

Und funktioniert auch umgekehrt:

```
$ host 193.99.144.85
85.144.99.193.in-addr.arpa domain name pointer www.heise.de
```

(Fragen Sie nicht.)

Gezielter DNS-Server

Sie können die Ausgabe mehrerer DNS-Server miteinander vergleichen, indem Sie die IP-Adresse (oder den Namen, aber die

Adresse ist sicherer) eines DNS-Servers bei der Anfrage mit angeben:

```
$ host www.example.com 127.0.0.1
Using domain server:
Name: 127.0.0.1
Address: 127.0.0.1#53
Aliases:

www.example.com has address 93.184.216.34
```

Auf diese Weise können Sie prüfen, ob ein DNS-Server die richtigen Antworten liefert.

Bestimmte Datensätze

Sie können bestimmte Arten von DNS-Datensätzen anfordern, indem Sie die Option -t verwenden, etwa wie

```
$ host -t mx example.com                MX-Datensatz gewünscht
example.com mail is handled by 10 mail.example.com
```

Mit -l bekommen Sie eine Liste der wichtigsten Namen in einer Domain und zusammen mit der Option -a eine Liste *aller* Namen – jedenfalls solange der DNS-Betreiber das nicht ausgeschlossen hat.

dig

Das Programm dig tut im Wesentlichen dasselbe wie host, aber erlaubt eine detailliertere Diagnose von Problemen. Es liefert eine ausführlichere Ausgabe als host:

```
$ dig www.example.com

; <<» DiG 9.5.0-P2 <<» www.example.com
;; global options:  printcmd
;; Got answer:
;; -»HEADER<<- opcode: QUERY, status: NOERROR, id: 555
;; flags: qr rd ra; QUERY: 1, ANSWER: 1, AUTHORITY: 0,▷
◁ ADDITIONAL: 0

;; QUESTION SECTION:
;www.example.com.                IN    A

;; ANSWER SECTION:
www.example.com.        39755    IN    A    93.184.216.34
```

```
;; Query time: 0 msec
;; SERVER: 127.0.0.1#53(127.0.0.1)
;; WHEN: Mon Feb  2 15:39:35 2009
;; MSG SIZE  rcvd: 51
```

Rückwärts-auflösung Zur Rückwärtsauflösung von IP-Adressen in Namen müssen Sie die Option -x verwenden:

```
$ dig -x 93.184.216.34
```

DNS-Server Um einen bestimmten DNS-Server zu befragen, geben Sie dessen Adresse hinter einem @ an:

```
$ dig www.example.com @192.168.20.254
```

DNS-Datensatztyp Und einen DNS-Datensatztyp können Sie einfach hinter dem gesuchten Namen spezifizieren:

```
$ dig example.com mx
```

⇨ `dig(1)`, `host(1)`

Die komplette Namensauflösung aus der Sicht von Anwendungsprogrammen können Sie mit dem Kommando `getent` testen. Es befragt nicht das DNS direkt, sondern die C-Bibliothek, hält also die in der Datei `/etc/nsswitch.conf` vorgegebene Reihenfolge ein und findet (normalerweise) in `/etc/hosts` eingetragene Namen vor denen im DNS:

```
$ getent hosts www.lpi.org
37.60.236.132   www.lpi.org
```

⇨ `getent(1)`, `nsswitch.conf(5)`

17.3.6 Andere nützliche Diagnosewerkzeuge

telnet Das `telnet`-Kommando wird verwendet, um sich über das TELNET-Protokoll interaktiv auf einem anderen Rechner anzumelden oder – allgemein – mit einem TCP-Port Kontakt aufzunehmen. Als Dienst für den Fernzugriff sollten Sie TELNET nicht mehr verwenden, da keine starke Authentisierung verwendet wird und die Datenübertragung unverschlüsselt stattfindet. Die *Secure Shell* (`ssh`) ist eine sinnvolle Alternative (Abschnitt 18.4).

Das Client-Programm `telnet` ist aber hervorragend zum Testen vieler anderer Dienste geeignet. Mit »telnet ⟨Adresse⟩ ⟨Dienst⟩« können Sie eine Verbindung zu jedem beliebigen TCP-Port aufbauen (⟨Dienst⟩ ist entweder eine Portnummer oder ein Dienstname aus /etc/services). So spricht »telnet 192.168.0.100 80« einen Webserver an. Ein anderes Beispiel:

```
$ telnet 192.168.0.1 22
Trying 192.168.0.1...
Connected to 192.168.0.1.
Escape character is '^]'.
SSH-2.0-OpenSSH_6.7p1 Debian-6
```

Hier wird der SSH-Port auf einem anderen Rechner adressiert; der sshd meldet sich mit Protokoll- und Programmversion.

Eine Alternative zum TELNET-Client telnet ist das Programm netcat. Im einfachsten Fall benimmt netcat sich wie telnet (ist aber nicht ganz so geschwätzig):

```
$ netcat 192.168.0.1 22
SSH-2.0-OpenSSH_6.7p1 Debian-6
```

Oft heißt das Programm statt (oder zusätzlich zu) netcat auch nc. Der Rest bleibt allerdings derselbe.

Von netcat sind zwei Versionen im Umlauf, eine »traditionelle« (von einem Menschen namens »Hobbit«) und eine aus dem OpenBSD-System. Letztere kann deutlich mehr (etwa IPv6). Die Erklärungen hier beziehen sich auf diese Version.

Auf Wunsch implementiert netcat auch die Server-Seite einer TCP-Verbindung (natürlich ohne direkt viel Nützliches zu tun). Zum Beispiel: Mit

```
$ nc -l 4711
```

lauscht netcat auf dem Port 4711 auf Verbindungen. In einem anderen Fenster können Sie dann mit

```
$ nc localhost 4711
```

Verbindung zum »Server« aufnehmen. Was Sie auf der Client-Seite eintippen, erscheint beim Server und umgekehrt. (Das reicht zum Beispiel für simple Dateitransfers.)

⇨ telnet(1), nc(1) (oder netcat(1))

17.4 IPv6

17.4.1 Überblick

IPv4 Die heute übliche Fassung von IP ist die Version 4, kurz »IPv4« genannt. Durch das rasche Wachstum des Internets stößt diese Version inzwischen an ihre Grenzen – Hauptprobleme sind die zunehmende Adressenverknappung, der Wildwuchs bei der Adressvergabe und das daraus resultierende hochkomplexe Routing sowie die kaum vorhandene Unterstützung von Sicherheitsmechanismen und Methoden zur Dienstgütesteuerung. IPv6 soll hier Abhilfe schaffen.

IPv6

Eigenschaften Die wichtigsten Eigenschaften von IPv6 sind:

- Die Adresslänge wird von 32 auf 128 Bit vergrößert, wodurch man auf $3,4 \cdot 10^{38}$ Adressen kommt. Dies würde ausreichen, um jeder der heute lebenden 6,5 Milliarden Personen rund 50 Quadrillionen (eine Zahl mit 27 Nullen) IPv6-Adressen zuzuordnen. Das sollte für die vorhersehbare Zukunft genügen.
- IPv6-Rechner können sich automatisch Konfigurationsparameter von einem Router holen, wenn sie an ein Netz angeschlossen werden. Falls nötig, gibt es immer noch ein DHCPv6-Protokoll.
- Ein IP-Kopf enthält nur noch 7 Felder, damit Router die Pakete schneller verarbeiten können. Bei Bedarf können mehrere Köpfe für ein Datagramm verwendet werden.
- Erweiterte Unterstützung von Optionen und Erweiterungen, was auch dazu beiträgt, dass Router Datagramme schneller verarbeiten können.
- Bessere Übertragung von Audio- und Videodaten sowie bessere Unterstützung von Echtzeitanwendungen.
- Erhöhte Sicherheit durch abgesichere Datenübertragung sowie Methoden zur Authentisierung und Integritätssicherung.
- Erweiterbarkeit, um die Zukunftsfähigkeit des Protokolls sicherzustellen. Es wurde nicht versucht, alle Möglichkeiten abzudecken, denn die Zukunft bringt Neuerungen, die heute

nicht absehbar sind. Stattdessen ist das Protokoll offen für die rückwärtskompatible Integration weiterer Funktionen.

Umsetzung

Während die Standardisierung von IPv6 schon seit einer ganzen Weile abgeschlossen ist, hapert es an der allgemeinen Umsetzung durchaus noch. Es sind vor allem die Dienstanbieter, die sich zieren. Linux unterstützt IPv6 schon jetzt, so dass die Umstellung einer Linux-Infrastruktur auf den neuen Standard kein Problem darstellen wird. Sie können auch IPv6-Pakete testhalber über IPv4 transportieren, indem Sie sie in IPv4-Pakete einpacken (»Tunneling«). Damit könnte eine Firma zum Beispiel ihre internen Netze auf IPv6 aufbauen lassen und sogar mehrere Standorte über ein »virtuelles« IPv6-Netz im traditionellen IPv4-Netz verbinden.

Wir sollten außerdem hervorheben, dass IPv6 nur einen gezielten Ersatz für das bisherige IPv4 darstellt. Die allermeisten Protokolle, die auf IP aufsetzen – beginnend mit TCP und UDP – bleiben unverändert. Lediglich auf der »Infrastrukturebene« werden einige Protokolle überflüssig oder durch IPv6-basierte Versionen ersetzt.

- S. Deering, R. Hinden, »Internet Protocol, Version 6 (IPv6) Specification« (Dezember 1998), `http://www.ietf.org/rfc/rfc2460.txt` (und andere)
- P. Bieringer, »Linux IPv6 HOWTO« (Oktober 2005), `http://www.tldp.org/HOWTO/Linux+IPv6-HOWTO/`
- IPv6-Überblick: `http://de.wikipedia.org/wiki/IPv6`

17.4.2 IPv6-Adressierung

IPv6 erlaubt 2^{128} verschiedene Adressen – eine unvorstellbar große Zahl. Im Grunde könnte jedes Sandkorn auf der Erde über etliche Adressen verfügen, aber das ist gar nicht Ziel der Sache: Der große Adressraum gestattet eine deutlich flexiblere Adressvergabe für die unterschiedlichsten Zwecke sowie viel einfachereres Routing.

Schreibweise

IPv6-Adressen werden nicht wie IPv4-Adressen dezimal notiert, sondern hexadezimal (also zur Basis 16). Dabei werden immer vier Ziffern zusammengefasst und diese Gruppen durch Doppelpunkte getrennt. Eine IPv6-Adresse könnte also aussehen wie

```
fe80:0000:0000:0000:025a:b6ff:fe9c:406a
```

Führende Nullen in einer Gruppe dürfen wegfallen, und (maximal) eine Folge von Null-Blocks darf durch zwei Doppelpunkte ersetzt werden. Eine verkürzte Schreibweise für die Adresse aus dem vorigen Beispiel wäre also

```
fe80::25a:b6ff:fe9c:406a
```

Der IPv4-Loopback-Adresse `127.0.0.1` entspricht die IPv6-Adresse `::1` – eine Abkürzung von

```
0000:0000:0000:0000:0000:0000:0000:0001
```

»Broadcast-Adressen« à la `192.168.1.255` gibt es bei IPv6 nicht (hierzu später mehr).

Subnetting

IPv6-Adressen können in einen 64 Bit breiten Netz- und einen 64 Bit breiten Stationsanteil aufgeteilt werden. Das heißt, jedes IPv6-Subnetz verfügt über 2^{64} Adressen, also 2^{32}-mal so viele wie das komplette IPv4-Internet! Subnetting mit variablen Präfixlängen, so wie es in IPv4 gemacht wird (Abschnitt 17.1.5) ist bei IPv6 nicht wirklich vorgesehen. Es wird aber davon ausgegangen, dass Ihr Provider Ihnen zum Beispiel ein »`/56`«-Adresspräfix zur Verfügung stellt, so dass Sie über 256 Subnetze mit je 2^{64} Adressen verfügen können, was Ihren Stil nicht allzusehr einschränken sollte. (Netzwerkpräfixe können Sie angeben, indem Sie an die Adresse einen Schrägstrich und die Präfixlänge als Dezimalzahl anhängen – eine Adresse wie `fe80::/16` beschreibt also das Netz, wo Adressen mit `fe80` anfangen und dann beliebig weitergehen.)

Arten von IPv6-Adressen

Grundsätzlich gibt es drei Arten von IPv6-Adressen:

- »Unicast«-Adressen beziehen sich auf eine bestimmte Netzwerkschnittstelle (ein Rechner kann mehrere Netzwerkschnittstellen haben, die jeweils mit eigenen Adressen ausgestattet sind).
- »Anycast«-Adressen beziehen sich auf eine Gruppe von Netzwerkschnittstellen. Typischerweise gehören diese zu verschiedenen Stationen und die jeweils »nächste« antwortet tatsächlich. Sie können zum Beispiel alle Router in einem IPv6-Netz adressieren, indem Sie die Adresse verwenden, die sich ergibt, wenn Sie an das (64-Bit-)Adresspräfix des Netzes einen Stationsteil anhängen, der nur aus Nullen besteht.
- »Multicast«-Adressen werden benutzt, um dieselben Pakete an mehrere Schnittstellen zuzustellen. Wie erwähnt, verwendet IPv6 keinen Broadcast; Broadcast ist ein Sonderfall von Multi-

cast. Die Adresse `ff02::1` spricht zum Beispiel alle Rechner im lokalen Netz an.

Sichtbarkeitsbereiche

Ferner kann man verschiedene Sichtbarkeitsbereiche (*scopes*) unterscheiden:

- Globale (*global*) Sichtbarkeit gilt für Adressen, die im gesamten (IPv6-)Internet geroutet werden.
- Verbindungslokale (*link-local*) Sichtbarkeit gilt für Adressen, die nicht geroutet werden und nur im selben Netz verwendbar sind. Solche Adressen werden meist für interne IPv6-Verwaltungszwecke benutzt. Verbindungslokale Adressen sind immer im Netz `fe80::/64`; die übrigen 64 Bit ergeben sich im einfachsten Fall aus der MAC-Adresse der Schnittstelle.
- Standortlokale (*site-local*) Sichtbarkeit gilt für Adressen, die nur innerhalb eines »Standorts« geroutet werden. Niemand weiß genau, was das heißen soll, und standortlokale Adressen sind inzwischen (wieder) verpönt. Standortlokale Adressen haben das Präfix `fec0::/10`.
- Eindeutig lokale (*unique-local*) Adressen ähneln standortlokalen Adressen und erfüllen mehr oder weniger den Zweck, den die RFC-1918-Adressen (`192.168.`*x*.*y* & Co.) bei IPv4 hatten – wobei IPv6 es einfach macht, »richtige«, also global sichtbare Adressen zu vergeben, so dass Sie nicht auf eindeutig lokale Adressen zurückgreifen müssen, nur damit Ihre Stationen überhaupt Adressen bekommen können. Es gibt also keinen wichtigen Grund, eindeutig lokale Adressen zu benutzen, außer vielleicht als Rückzugsposition, falls irgendetwas mit Ihrem »echten« Präfix nicht stimmt. Eindeutig lokale Adressen haben das Präfix `fd00::/8`; die nächsten 40 Bit für ein /48-Netz dürfen Sie sich selbst aussuchen (aber nehmen Sie nicht `fd00::/48`).

mehrere Adressen

Eine sehr wichtige Beobachtung ist, dass in IPv6 jede Netzwerkschnittstelle mehrere Adressen haben kann. Sie bekommt automatisch eine verbindungslokale Adresse, aber kann ohne Weiteres auch noch mehrere eindeutig lokale oder global sichtbare Adressen haben. Alle diese Adressen sind gleichwertig.

➪ R. Hinden, S. Deering, »IP Version 6 Addressing Architecture« (Februar 2006), `http://www.ietf.org/rfc/rfc4291.txt`

17.4.3 IPv6-Konfiguration

SLAAC Um Ihren Rechner in ein IPv6-Netz zu integrieren, müssen Sie im Idealfall gar nichts machen: Der Mechanismus der »zustandslosen Adressen-Autokonfiguration« (*stateless address autoconfiguration*, SLAAC) macht es möglich, dass alles automatisch vonstatten geht. Bei IPv6 spielt SLAAC in etwa die Rolle, die DHCP bei IPv4 spielt, jedenfalls für einfache Anwendungen.

Vorgehensweise Wenn eine neue IPv6-Schnittstelle aktiviert wird, erzeugt die Station zuerst die passende verbindungslokale Adresse. Dabei wird das Präfix `fe80::/64` angenommen und die Stationsadresse aus der MAC-Adresse der Schnittstelle abgeleitet[2]. Anschließend verschickt die Station eine verbindungslokale »Router-Aufforderung« (*router solicitation*, RS) über die Schnittstelle an die Multicast-Adresse `ff02::2`, die alle Router im Subnetz anspricht. Diese bringt den oder die Router auf dem physikalischen Netz der Schnittstelle dazu, über »Router-Ankündigungen« (*router advertisements*, RA) mitzuteilen, welche Präfixe sie routen können. Die Station konstruiert auf deren Basis zusätzliche (beispielsweise global sichtbare) Adressen für die Schnittstelle. – RS und RA sind Bestandteile des »Neighbor Discovery Protocol« (NDP), das wiederum Teil von ICMPv6, dem IPv6-Pendant von ICMP, ist. RAs und damit die davon abgeleiteten IPv6-Adressen bleiben nur für eine gewisse Zeit gültig, wenn sie nicht erneuert werden. Router versenden RAs auch unaufgefordert in periodischen Abständen; die RS dient nur dazu, dass Sie für eine neue Schnittstelle nicht die nächste unaufgeforderte RA abwarten müssen, sondern die nötigen Informationen sofort bekommen können.

Vorteile Der Vorteil dieses Ansatzes ist, dass er ohne die explizite Konfiguration eines DHCP-Servers auskommt. Auch Redundanz ist leicht zu erreichen, indem man mehrere Router im Subnetz konfiguriert. Außerdem müssen die Router sich nicht wie bei DHCP merken, welche Station gerade welche IP-Adresse zugeteilt bekommen hat (deshalb »zustandslos«). Das Ganze heißt aber nicht, dass Sie

---

[2] Das Verfahren dafür ist wie folgt: Betrachten Sie die MAC-Adresse *mn*:*op*:*qr*:*st*:*uv*:*wx*. Das (von links gezählt) 3. Bit von *n*, das bei MAC-Adressen immer 0 ist, wird auf 1 gesetzt (wir nennen das Resultat *n′*), und die Stationsadresse ist dann *mn′op*:*qr*`ff:fe`*st*:*uvwx*. Aus der MAC-Adresse `70:5a:b6:9c:40:6a` wird also die Stationsadresse `725a:b6ff:fe9c:406a`.

bei IPv6 ganz ohne DHCP auskommen (es gibt DHCPv6), da es wichtige Netzwerkinformationen gibt, die SLAAC Ihnen nicht liefert (Stichwort: DNS-Server – wobei es hierfür einen neuen, noch nicht weit unterstützten Standard gibt).

Adressen abfragen

Sie können die Adressen abfragen, die das System einer Schnittstelle zugewiesen hat:

```
# ip addr show eth0
2: eth0: <BROADCAST,MULTICAST,UP,LOWER_UP> mtu 1500▷
◁ qdisc pfifo_fast state UP qlen 1000
  link/ether 70:5a:b6:9c:40:6a brd ff:ff:ff:ff:ff:ff
  inet 192.168.178.130/24 brd 192.168.178.255▷
◁ scope global eth0
  inet6 2001:db8:56ee:0:725a:b6ff:fe9c:406a/64▷
◁ scope global dynamic
     valid_lft 6696sec preferred_lft 3096sec
  inet6 fe80::725a:b6ff:fe9c:406a/64 scope link
     valid_lft forever preferred_lft forever
```

Sie sehen hier sowohl die verbindungslokale Adresse (»`scope link`«, beginnend mit `fe80::`) als auch eine global sichtbare Adresse (»`scope global dynamic`«, beginnend mit `2001:`), die die Schnittstelle über SLAAC erhalten hat. Wenn Sie genau hinschauen, können Sie auch die MAC-Adresse (in der `link/ether`-Zeile) mit den Stationsteilen der IPv6-Adressen korrelieren.

Privatsphäre

Die von Ihrer MAC-Adresse abgeleiteten Stationsteile Ihrer global sichtbaren IPv6-Adressen sind übrigens ein potentielles Problem, was Ihre Privatsphäre angeht: Wenn Sie immer mit derselben Adresse im Netz unterwegs sind, ist es leicht, Ihre Aktionen (aufgerufene Web-Seiten und ähnliches) dieser Adresse zuzuordnen. Auch wenn Sie, wie es so schön heißt, nichts zu verbergen haben, kann Ihnen niemand gewisse Bauchschmerzen verdenken, die Ihnen das schon aus Prinzip machen könnte. Abhilfe schaffen die »Privatsphäre-Erweiterungen« (*privacy extensions*), die eine zufällige anderweitig unbenutzte Stationsadresse setzen und in periodischen Abständen neu auswürfeln. Die Privatsphäre-Erweiterungen können Sie für eine Schnittstelle – hier `eth0` – mit `sysctl` aktivieren:

```
# sysctl -w net.ipv6.conf.eth0.use_tempaddr=2
# ip link set dev eth0 down
# ip link set dev eth0 up
```

Um die Einstellung permanent zu machen, können Sie sie in /etc/sysctl.conf eintragen.

- SLAAC: http://de.wikipedia.org/wiki/SLAAC#Autokonfiguration
- S. Thomson, T. Narten, u. a., »IPv6 Stateless Address Autoconfiguration« (September 2007), http://www.ietf.org/rfc/rfc4862.txt
- J. Jeong, S. Park, u. a., »IPv6 Router Advertisement Options for DNS Configuration« (November 2010), http://www.ietf.org/rfc/rfc6106.txt
- Privatsphäre-Erweiterungen einschalten: http://www.heise.de/ct/hotline/IPv6-anonym-1100728.html

DHCPv6 DHCPv6 eröffnet Ihnen im Wesentlichen die Möglichkeiten, die Sie bei IPv4 mit DHCP hätten (Abschnitt 17.2.4). dhclient unterstützt DHCPv6, dhcpcd bisher nicht. Die Server-Seite von DHCPv6 ist in Analogie zur Server-Seite von DHCP in LPIC-2 zu verorten und in diesem Buch darum kein Thema.

Manuelle Konfiguration Schließlich ist es natürlich auch möglich, IP-Adressen manuell zu vergeben. Das können Sie entweder mit ifconfig erledigen

```
# ifconfig eth0 inet6 add 2001:db8:abcd::1/64
```

oder mit ip:

```
# ip addr add 2001:db8:abcd::1/64 dev eth0
```

Wie Sie diese Konfiguration permanent machen können, hängt von Ihrer Distribution ab.

17.4.4 IPv6-Fehlersuche

Ähnlich wie für IPv4 gibt es auch für IPv6 Diagnosewerkzeuge, die Sie zur Fehlersuche bei Problemen einsetzen können. Im Großen und Ganzen ähneln diese ihren IPv4-Pendants.

ping6 Mit ping6 können Sie (ganz wie mit ping für IPv4, Abschnitt 17.3.2) die grundlegende Konnektivität zwischen Ihrem Rechner und anderen Stationen im Netz prüfen:

```
$ ping6 fe80::224:feff:fee4:1aa1%eth0
```

```
PING fe80::224:feff:fee4:1aa1%eth0(fe80::224:feff:fee4▷
◁:1aa1) 56 data bytes
64 bytes from fe80::224:feff:fee4:1aa1: icmp_seq=1 ttl=64▷
◁ time=3.65 ms
64 bytes from fe80::224:feff:fee4:1aa1: icmp_seq=2 ttl=64▷
◁ time=4.30 ms
◁◁◁◁◁
```

Wichtig ist hier, dass Sie die Schnittstelle angeben, die Sie meinen (das ist das »%eth0« am Ende der IPv6-Adresse). Gerade bei verbindungslokalen Adressen ist es grundsätzlich möglich, dass mehrere Schnittstellen dieselbe Adresse haben, und deswegen müssen Mehrdeutigkeiten vermieden werden. Ansonsten entsprechen die Optionen von `ping6` weitestgehend denen von `ping`.

⇨ ping6(1)

traceroute6

Das Kommando `traceroute6` dient in Analogie zu `traceroute` (Abschnitt 17.3.3) zur Verfolgung des Paketlaufs von Ihrem Rechner zu einer anderen Station:

```
$ traceroute6 www.six.heise.de
traceroute to www.six.heise.de (2a02:2e0:3fe:100::6),▷
◁ 30 hops max, 80 byte packets
 1  fritz.box (2002:d9e2:e55c:0:224:feff:fee4:1aa1)▷
◁  10.974 ms  10.941 ms  10.917 ms
 2  * * *
 3  te3-1.c101.f.de.plusline.net (2001:7f8::3012:0:1)▷
◁  37.097 ms  37.091 ms  39.711 ms
 4  te6-1.c13.f.de.plusline.net (2a02:2e0:1::1e)▷
◁  191.772 ms  191.768 ms  191.758 ms
 5  www.six.heise.de (2a02:2e0:3fe:100::6)▷
◁  46.812 ms  49.364 ms  49.361 ms
```

⇨ traceroute(1) – `traceroute6` ist eigentlich nur eine Abkürzung für »`traceroute -6`«

ipv6calc

Ein weiteres nützliches Kommando für den geplagten IPv6-Administrator ist `ipv6calc`, das den Umgang mit IPv6-Adressen erleichtert. Zum Beispiel kann es Informationen über eine Adresse ausgeben:

```
$ ipv6calc --showinfo fe80::224:feff:fee4:1aa1
No input type specified, try autodetection...▷
◁ found type: ipv6addr
No output type specified, try autodetection...▷
◁ found type: ipv6addr
Address type: unicast, link-local
Error getting registry string for IPv6 address:▷
◁ reserved(RFC4291#2.5.6)
Interface identifier: 0224:feff:fee4:1aa1
EUI-48/MAC address: 00:24:fe:e4:1a:a1
MAC is a global unique one
MAC is an unicast one
OUI is: AVM GmbH
```

Bei der Adresse in unserem Beispiel handelt es sich also um eine verbindungslokale Unicast-Adresse, deren Stationsteil auf ein Gerät hindeutet, das von der AVM GmbH hergestellt wurde (tatsächlich eine FRITZ!Box).

`ipv6calc` erlaubt auch die Umrechnung von Adressen von einem Format in ein anderes. Sie können damit zum Beispiel die Methode nachstellen, mit der aus einer MAC-Adresse der Stationsteil einer IPv6-Adresse (auch »EUI-64« genannt) erzeugt wird:

```
$ ipv6calc --in mac --out eui64 00:24:fe:e4:1a:a1
No action type specified, try autodetection...▷
◁ found type: geneui64
0224:feff:fee4:1aa1
```

➪ ipv6calc(1)

Kapitel 18 Wichtige Netzdienste

In diesem Kapitel ...

- treffen Sie auf die Internet-Daemonen `inetd` und `xinetd`
- lernen Sie Dienste über den TCP-Wrapper abzusichern
- werden die wichtigsten Grundlagen elektronischer Post vorgestellt
- lernen Sie die Secure Shell zu konfigurieren und einzusetzen

18.1 Dienste starten mit `inetd` und `xinetd`

18.1.1 Überblick

Ein Linux-Rechner kann Netzdienste im Wesentlichen auf zwei Arten erbringen. Zum einen kann ein spezialisierter Prozess (ein Daemon) auf Verbindungen auf dem betreffenden Port lauschen. Ein Webserver zum Beispiel nimmt auf dem TCP-Port 80 Anfragen entgegen. Zum anderen ist es möglich, das Lauschen an vielen Ports einem Programm zu übertragen, das bei einer eingehenden Verbindung auf irgendeinem dieser Ports ein anderes Programm startet, das den eigentlichen Dienst erbringt. Ein solches Programm ist der `inetd` (oder *Internet Daemon*). Die Hauptvorteile dieses Ansatzes sind einerseits, dass viele Dienste nur selten gebraucht werden und ein ständig laufender Daemon Ressourcen binden würde, die man anderweitig besser einsetzen kann. Andererseits vereinfacht der `inetd` die Entwicklung einfacher Netzdienste radikal, da das Programm, das den Dienst erbringt, nur über seine Standardein- und -ausgabe mit dem `inetd` reden muss, statt sich direkt mit dem Netz herumzuschlagen.

18.1.2 Die Konfiguration des `inetd`

Die Konfigurationseinstellungen für den `inetd` stehen in der Datei `/etc/inetd.conf`. Jede Zeile der Konfigurationsdatei, die nicht leer oder eine Kommentarzeile ist, bezieht sich dabei auf einen Dienst. Eine Zeile kann beispielsweise so aussehen:

```
ftp  stream  tcp  nowait  root  /usr/sbin/ftpd ftpd
```

Dienstname

Das erste Wort der Zeile identifiziert den zur Verfügung zu stellenden Dienst namentlich oder über eine Portnummer; ein Dienstname muss einem Eintrag in `/etc/services` entsprechen. Der zweite und der dritte Eintrag der Zeile geben an, ob der Dienst TCP- oder UDP-basiert ist; Sie finden hier entweder »`stream tcp`« oder »`dgram udp`«. Im vierten Feld steht entweder `wait` oder `nowait`. Dieser Eintrag steuert den Umgang mit Sockets vom Typ `dgram` (vulgo UDP); für andere Sockettypen sollte `nowait` angegeben werden. `wait` bedeutet, dass bei einem Zugriff auf einen Dienst der zur Kommunikation benötigte Port so lange belegt wird, bis die eingehende Anfrage komplett abgearbeitet wurde. Erst danach können neue

Parallelität

Anfragen für den entsprechenden Dienst angenommen werden. `nowait` besagt, dass der Port sofort wieder freigegeben wird, so dass umgehend weitere Anfragen angenommen werden können.

Benutzername

Der nächste Eintrag bezeichnet den Benutzernamen, unter dessen Identität der Dienst ausgeführt wird, während der Rest der Zeile das Kommando zum Start des Dienstes samt etwaiger Optionen angibt. Dabei ist das erste »Wort« der Name der auszuführenden Programmdatei und das zweite eine Zeichenkette, die dem betreffenden Prozess als »Programmname« übergeben werden soll. Erst dann folgen die üblichen Kommandoparameter. Im Beispiel oben ist das Wort `ftpd` also nicht der erste Parameter des Kommandos `/usr/sbin/ftpd`, sondern der übergebene Name für den Prozess, dessen Code aus `/usr/sbin/ftpd` stammt! Mit anderen Worten: Die Programmdatei `/usr/sbin/ftpd` wird ohne Parameter ausgeführt, aber der resultierende FTP-Server-Prozess denkt, er hieße statt `/usr/sbin/ftpd` einfach nur `ftpd`.

Kommando zum Start des Dienstes

Dienste hinzufügen

Dienste stilllegen

Sie können leicht Dienste hinzufügen, indem Sie sich eine geeignete Zeile für `/etc/inetd.conf` überlegen, oder Dienste stilllegen, indem Sie ihre Zeile auskommentieren. Nach allen Änderungen an der Datei müssen Sie dem `inetd` ein `SIGHUP` schicken, damit er seine Konfiguration neu einliest.

18.1.3 Der TCP-Wrapper tcpd

Der TCP-Wrapper dient dazu, den Zugriff auf bestimmte Dienste bestimmten Rechnern zu gestatten oder zu verbieten. Ausschlaggebend ist dabei die IP-Adresse des anfragenden Rechners (nicht gerade der Gipfel der Sicherheit, aber oft besser als nichts).

/etc/hosts.allow

/etc/hosts.deny

Erfolgt ein Zugriffsversuch auf einen Dienst, startet der `inetd` anstatt des angesprochenen Dienstes zuerst den TCP-Wrapper (`tcpd`). Dieser schaut in der Datei `/etc/hosts.allow` nach einem Eintrag, der den aktuellen Zugriff explizit erlaubt. Gibt es einen solchen, wird der Zugriff gestattet. Andernfalls durchsucht er die Datei `/etc/hosts.deny` nach einem Eintrag, der den entsprechenden Zugriff verbietet. Ist ein solcher vorhanden, wird der Zugriff verweigert. Ist dies jedoch nicht der Fall, wird der Zugriff letztendlich doch gestattet. Sind `/etc/hosts.allow` oder `/etc/hosts.deny` gar nicht vorhanden, gelten sie als leer.

Die Dateien `/etc/hosts.allow` und `/etc/hosts.deny` sind weitgehend ähnlich aufgebaut. Prinzipiell bestehen Einträge in diesen Dateien aus durch Doppelpunkte getrennten Feldern und sehen ungefähr so aus:

```
pop3d : 192.168.10.0/24
```

Daemon-Name

Im ersten Feld steht der Name eines zu startenden Daemons (das zweite Feld aus dem Kommando in `/etc/inetd.conf`) oder eine Reihe von durch Komma getrennten Daemon-Namen. Sie können auch `ALL` schreiben, wenn Sie »alle Programme« meinen, oder »`ALL EXCEPT ...`« für »alle bis auf ... «. Das zweite Feld gibt an, für welche Station(en) der Eintrag gelten soll. Im einfachsten Fall geben Sie die Station über ihren Namen oder ihre IP-Adresse an. Auch hier kann `ALL` für alle denkbaren Rechner stehen; ganze IP-Netze können über Netzadresse und Netzmaske angegeben werden, und es gibt Schlüsselwörter, mit denen Sie Fälle wie »Rechner steht nicht im DNS« erkennen können. Die Zeile im Beispiel erlaubt oder verbietet also den Stationen im Netz `192.168.10.0/24` den Zugriff auf den POP3-Daemon, je nachdem, ob sie in `/etc/hosts.allow` oder `/etc/hosts.deny` steht.

Station(en)

Nach der Stationsangabe können, wiederum durch Doppelpunkte getrennt, weitere Felder folgen, die Optionen für die Bearbeitung der Verbindung angeben, etwa so:

Optionen

```
ALL: ALL: spawn echo "Zugriff: %u@%h %d" >>/var/log/net.log
```

Mit `spawn` spezifizieren Sie ein Shell-Kommando, das in einem Kindprozess ausgeführt wird. Die Standardkanäle des Kommandos werden dabei mit `/dev/null` verbunden, um der Ein- und Ausgabe des eigentlich (in `/etc/inetd.conf`) angegebenen Kommandos nicht in die Quere zu kommen. Vorher werden noch »%«-Ausdrücke im Kommandotext gemäß dem Verbindungsversuch ersetzt – für `%h` setzt der `tcpd` zum Beispiel den Namen des anfragenden Rechners ein. (Eine komplette Liste der Ausdrücke steht in der Dokumentation.) In unserem Beispiel wird ein Eintrag in einer Protokolldatei gemacht. – Es gibt eine lange Liste von möglichen Extras, die in der Dokumentation beschrieben ist.

- ➪ `tcpd(8)`
- ➪ `host_options(5)` beschreibt die »Sprache« der Dateien `hosts.allow` und `hosts.deny`.

Für den TCP-Wrapper müssen Sie die Einträge in /etc/inetd.conf anpassen: Unser Beispiel von oben wird zu

/etc/inetd.conf anpassen

```
ftp  stream  tcp  nowait  root  /usr/sbin/tcpd ftpd
```

Das heißt, aufgerufen wird das Programm /usr/sbin/tcpd (der TCP-Wrapper), das aber als Kommandozeile »ftpd« übergeben bekommt. So weiß der tcpd, welches Programm eigentlich gemeint war und wonach er in seinen Konfigurationsdateien suchen muss.

18.1.4 Der xinetd

Einige Distributionen verwenden den xinetd als Ersatz für die Kombination aus inetd und tcpd. Er vereint deren Funktionen – Portüberwachung, Zugriffskontrolle und Protokollierung – in sich und verwendet eine zentrale Konfigurationsdatei namens /etc/xinetd.conf.

/etc/xinetd.conf

Hier ist ein Beispiel dafür, wie unser FTP-Dienst in /etc/xinetd.conf konfiguriert werden könnte:

```
defaults
{
   log_type     = FILE /var/log/xinetd.log
}
service ftp
{
   socket_type = stream
   protocol    = tcp
   wait        = no
   user        = root
   server      = /usr/bin/ftpd
}
```

Mit defaults können Sie Standardwerte für einige Parameter vorgeben. Für jeden Dienst gibt es einen service-Block mit Details.

Einige Distributionen sorgen dafür, dass der xinetd den Inhalt des Verzeichnisses /etc/xinetd.d liest. Dies macht es der Distribution leicht, Dienste hinzuzufügen oder zu entfernen, da ein Paket lediglich eine Datei in diesem Verzeichnis ablegen oder daraus löschen muss.

/etc/xinetd.d

⇨ xinetd(8), xinetd.conf(5)

18.2 Dienste starten mit systemd

Systemd erlaubt die Aktivierung von Diensten bei Bedarf in Analogie zu `inetd` und `xinetd`. Auf einem systemd-basierten Rechner werden diese also prinzipiell nicht gebraucht. Wie üblich ist der Mechanismus von systemd vielseitiger und flexibler als das, was inetd und xinetd anbieten. Im systemd-Jargon sprechen wir von »Socket-Aktivierung«.

Socket-Aktivierung

Systemd verwendet Socket-Aktivierung beim Systemstart, um explizite Abhängigkeiten zu vermeiden und den Startvorgang zu parallelisieren. Selten gebrauchte Dienste können erst bei Bedarf gestartet werden und sich nach der Bearbeitung einer Anfrage entweder wieder beenden (wie mit `inetd` und `xinetd`) oder weiterlaufen und auf weitere Anfragen warten (`inetd` könnte das auch, aber das wird extrem selten benutzt).

Als Beispiel betrachten wir, wie der Secure-Shell-Dienst (SSH, Abschnitt 18.4) über systemd aktiviert werden könnte. Grundsätzlich läuft der SSH-Server permanent als freistehender Dienst, er kann aber auch bei Bedarf mit `inetd` über eine Zeile in der `/etc/inetd.conf`-Datei wie

```
ssh stream tcp nowait root /usr/sbin/sshd sshd -i
```

aufgerufen werden. Üblicherweise verwendet `ssh` den TCP-Port 22.

Um eine äquivalente Konfiguration mit systemd zu realisieren, sind zwei Dateien nötig. Die eine beschreibt in einer Unit-Datei namens `sshd.socket` den TCP-Port, auf dem systemd (im Namen der Secure Shell) lauschen soll:

```
# sshd.socket
[Unit]
Description=Secure Shell service (for socket activation)

[Socket]
ListenStream=22
Accept=yes

[Install]
WantedBy=sockets.target
```

Dabei entspricht »ListenStream=22« dem »ssh stream tcp« von inetd, und Accept=yes ist das nowait.

Die zweite Unit-Datei dient dazu, den SSH-Dienst tatsächlich zu starten, wenn er gebraucht wird. Es kann mehrere SSH-Verbindungen gleichzeitig geben, darum definieren wir sie als »Schablone« sshd@.service:

```
# sshd@.service
[Unit]
Description=Secure Shell service (per-connection server)

[Service]
ExecStart=-/usr/sbin/sshd -i
StandardInput=socket
```

(Eine berechtigte Frage ist, warum systemd zwei Dateien für etwas braucht, was inetd in einer Zeile schafft. Die Antwort darauf lautet, dass systemd dadurch flexibler ist als inetd. Insbesondere sind der lauschende Port und die tatsächlichen Verbindungen sauber voneinander getrennt und können separat kontrolliert werden.)

Mit diesen beiden Dateien können Sie systemd neu laden und den Dienst starten:

```
# systemctl daemon-reload
# systemctl start sshd.socket
```

Beachten Sie, dass Sie die sshd.socket-Datei gestartet haben und nicht die sshd@.service-Datei. Dadurch wartet systemd jetzt auf Verbindungen auf dem TCP-Port 22.

⇨ systemd.service(5), systemd.unit(5)
⇨ L. Poettering, »Converting inetd Services (systemd for Administrators, Part XI)« (September 2011), http://0pointer.de/blog/projects/inetd.html

18.3 Elektronische Post

18.3.1 Grundlagen

Elektronische Post ist einer der am häufigsten genutzten Dienste im Internet. Eine zentrale Rolle dabei spielen *Mail Transfer Agents* (MTAs), also Programme, die elektronische Post weiterleiten oder **MTA**

MUA empfangen können. Während Benutzer direkt mit *Mail User Agents* oder MUAs – Programmen wie KMail, Mutt oder Outlook Express – interagieren, um Nachrichten zu lesen, zu schreiben, zu beantworten, zu sortieren oder zu löschen, bedienen MUAs sich der Dienste der MTAs, um Nachrichten zu ihren Adressaten zu befördern. MTAs können dabei bei Internet-Providern untergebracht oder auch vor Ort installiert sein. Zu den Aufgaben von MTAs gehört auch das Umschreiben von Adressen in »kanonische« oder für die Versendung von Rückantworten brauchbare Form, das Wiederholen von missglückten Sendeversuchen, die Benachrichtigung des Nachrichtenabsenders über Fehler bei der Zustellung oder diverse Optimierungsaufgaben für Versandzeit, Netzlast oder Kosten. MTAs untereinander verwenden auf dem Internet das

SMTP Protokoll SMTP (*Simple Mail Transfer Protocol*).

18.3.2 MTAs für Linux

Sendmail

Ein gängiger MTA für Unix- und Linux-Systeme ist das Programm Sendmail, das Anfang der 1980er Jahre von Eric Allman an der Berkeley-Universität entwickelt und bis heute weiterentwickelt wurde. Trotz seiner extrem komplexen Konfiguration und einer langen Geschichte von Sicherheitslücken hat Sendmail noch eine große Fangemeinde (auch unter Linux-Distributoren). Andere populäre

Postfix
Exim
Qmail

MTAs sind Postfix, Exim und Qmail. Im Folgenden erklären wir die wichtigsten Eigenschaften aller dieser MTAs auf der elementaren Ebene, die für LPIC-1 verlangt wird.

Architektur

Allgemein kann man sagen, dass Sendmail und Exim von der Architektur her am engsten verwandt sind. Bei beiden läuft der komplette MTA als ein einziger Prozess. Postfix und Qmail dagegen teilen die MTA-Funktionalität vor allem aus Sicherheitsgründen auf eine ganze Familie von Prozessen auf. Der Vorteil dieses Ansatzes besteht darin, dass jeder Prozess sich auf einen Teil der Aufgabe konzentrieren kann, eine Kommunikation zwischen den einzelnen Prozessen nur über wohldefinierte Schnittstellen möglich ist und jeder Prozess mit den minimalen nötigen Rechten laufen kann. Während zumindest potentiell alle Teile von Sendmail und Exim Zugang zu Administratorrechten haben, ist das bei Postfix und Qmail auf den »Chefprozess« sowie typischerweise diejenigen Prozesse beschränkt, die Mail an Benutzer zustellen und darum deren Identität annehmen können müssen (wofür Administratorprivilegien nötig sind). Qmail ist absichtlich in seiner Funktion eingeschränkt, ebenfalls aus Sicherheitsgründen (Funktionalität, die nicht vorhanden ist, kann auch keine Sicherheitsprobleme haben); dabei fallen viele Eigenschaften weg, die die anderen MTAs von Hause aus mitbringen und die bei Qmail explizit nachgerüstet werden müssen. Von den hier genannten MTAs sind Sendmail und Qmail mit Abstand am schwierigsten zu warten.

18.3.3 Grundlegende Funktionen

Ein MTA wie Sendmail hat zwei wesentliche Aufgaben:

Empfang von Nachrichten

MDA

- Er **lauscht** auf dem für SMTP vorgesehenen TCP-Port 25 auf Verbindungen von anderen MTAs, die Nachrichten für lokale Empfänger einliefern wollen. Diese Nachrichten werden über einen MDA oder *Mail Delivery Agent* in die Postfächer der Empfänger geschrieben oder gemäß deren Wünschen zum Beispiel an andere Adressen weitergeleitet. Zum Empfang von Nachrichten über TCP-Port 25 muss der MTA entweder permanent als freistehender Daemon laufen oder bei Bedarf über einen »Meta-Dienst« wie `inetd` oder `xinetd` (Abschnitt 18.1) aufgerufen werden. Letzteres lohnt sich aber nur bei sehr geringem Mailaufkommen.

Versand von Nachrichten

- Er **versendet** Nachrichten, die von lokalen MUAs und anderen Programmen entweder über direkten Programmaufruf oder ebenfalls SMTP und den TCP-Port 25 zur Zustellung eingereicht werden. Da diese Nachrichten genauso gut an lokale Benutzer wie an entfernte geschickt werden können, ist diese Funktion nicht von der Empfangsfunktion zu trennen.

Sie müssen nicht beide Funktionen gleichzeitig in Anspruch nehmen. Wenn Sie zum Beispiel nicht mit Nachrichten aus dem Internet rechnen – etwa weil Ihr Rechner nicht über einen direkten Internet-Anschluss verfügt –, brauchen Sie prinzipiell auch keinen MTA auf dem TCP-Port 25 lauschen zu lassen, jedenfalls nicht auf anderen IP-Adressen als `localhost`. Umgekehrt können Sie den Versand lokal erzeugter Nachrichten ermöglichen, ohne sie auch lokal zuzustellen. In lokalen Netzen ist es oft sinnvoll, einen einzigen Rechner zum Mailserver zu machen und alle anderen so zu konfigurieren, dass alle lokal eingehende Mail an diesen geschickt und dort zugestellt wird.

Postfächer Sendmail schreibt Nachrichten an lokale Benutzer normalerweise in deren Postfächer im Verzeichnis `/var/mail` (auf vielen System findet sich auch noch das offiziell veraltete Verzeichnis `/var/spool/mail`, meist irgendwie über einen symbolischen Link mit `/var/mail` zusammengeworfen), wo MUAs auf sie zugreifen können. Jedes Postfach ist dabei eine Datei, die normalerweise so heißt wie der Benutzer, dem es gehört; neue Nachrichten werden einfach hinten an die Datei angehängt. – Qmail verwendet im Gegensatz zu Sendmail ein eigenes Postfachformat namens »Maildir«, das statt einer großen Datei für alle Nachrichten ein geschicktes Arrangement von Verzeichnissen verwendet, in dem jede Nachricht in ihrer eigenen Datei steht. Dadurch werden Probleme ausgeschlossen, die sonst passieren können, wenn der MTA neue Nachrichten hinten an die Datei anhängt, während der MUA vorne andere entfernt. Maildir-Postfächer liegen nach Konvention nicht in `/var/mail`, sondern im Heimatverzeichnis des betreffenden Benutzers, was Kontingentierung und Sicherheitskopien vereinfachen kann. – Postfix und Exim arbeiten in ihrer Standardeinstellung wie Sendmail, bieten aber optional auch die Zustellung in Maildir-Dateien à la Qmail an.

Maildir

Warteschlange Nachrichten, die anderswohin weitergeleitet werden sollen, versucht Sendmail in der Regel baldmöglichst loszuwerden; klappt das nicht auf Anhieb, entweder weil die Gegenstelle gerade nicht zu erreichen ist oder weil Sie in einer Konfiguration mit Wählanschluss mit dem tatsächlichen Verschicken warten wollen, bis sich eine nennenswerte Anzahl von Nachrichten angesammelt hat, werden die nicht zugestellten Nachrichten im Verzeichnis `/var/spool/mqueue` zwischengespeichert. Auch die anderen MTAs verwenden ähnliche Verzeichnisse zum Speichern von nicht ausgelieferten Nachrichten und anderen internen Daten – `/var/spool/postfix` bei Postfix, `/var/spool/exim` (oder ähnlich) bei Exim oder `/var/qmail` bei Qmail.

18.3.4 Verwaltung der Nachrichtenwarteschlange

Noch nicht zugestellte Nachrichten – sei es wegen Fehlern am anderen Ende oder aus lokalem Geiz bei Wählzugängen – legen die

MTAs in Warteschlangen ab. Wenn Sie nachschauen wollen, was so alles in der Warteschlange steht, können Sie das bei Sendmail mit dem Kommando `mailq` (Abkürzung für »`sendmail -bp`«) tun. Dasselbe funktioniert auch für Exim und Postfix, die mit Absicht für diesen Zweck Sendmail-kompatible Programme mitbringen; nur bei Qmail müssen Sie auf dessen eigene Programme zurückgreifen, etwa `qmail-qread` oder `qmail-qstat`.

Warteschlange abarbeiten

Ein als Daemon gestarteter Sendmail kann die Warteschlange in periodischen Abständen abarbeiten. Das ist eine gute Idee, damit Zustellversuche etwa wegen nicht erreichbarer Ziel-MTAs später wiederholt werden können. Mit der `sendmail`-Option `-q` auf der Kommandozeile, unmittelbar gefolgt von einer Zeitangabe, können Sie erreichen, dass Sendmail das tut:

```
# sendmail -bd -q30m
```

startet `sendmail` als Daemon und sorgt alle 30 Minuten für einen Durchlauf durch die Warteschlange, um liegengebliebene Mail abzuarbeiten.

Sie können Sendmail dazu bringen, die Warteschlange sofort abzuarbeiten, indem Sie ihn mit `-q` (ohne Zeitangabe) aufrufen:

```
# sendmail -q
```

Sendmail versucht dann, alle Nachrichten in der Warteschlange zuzustellen. Das Kommando können Sie automatisch aufrufen, nachdem Ihr Rechner eine Internet-Verbindung hergestellt hat, um Nachrichten an entfernte Empfänger zuzustellen, oder Sie verwenden `cron`, um zu definierten Zeitpunkten eine Verbindung ins Netz aufzubauen und Mail auszuliefern. Auch hier gilt für Postfix und Exim im Wesentlichen das Gleiche. Um Qmail dazu zu bringen, seine Warteschlange abzuarbeiten, müssen Sie dem `qmail-send`-Prozess ein `SIGALRM` schicken.

18.3.5 Lokale Zustellung, Aliase und benutzerspezifische Weiterleitung

Nachrichten an lokale Empfänger schreiben Sendmail & Co. normalerweise in deren Postfach in `/var/mail` (Qmail stattdessen ins Verzeichnis `Maildir` im Heimatverzeichnis). Es gibt aber mehrere Möglichkeiten, von dieser Voreinstellung abzuweichen:

/etc/aliases **Weiterleitung**

Die Datei `/etc/aliases` (möglicherweise auch `/etc/mail/aliases`) gestattet es Ihnen, für bestimmte lokale Adressen eine andere Art der Auslieferung zu konfigurieren: Ein Eintrag der Form

```
root: hugo
```

leitet an `root` adressierte Nachrichten an den lokalen Benutzer `hugo` weiter – eine sehr sinnvolle Vorgehensweise, da Sie aus Sicherheitsgründen nicht als `root` Mail lesen sollten. Sie können auch an mehrere Zieladressen weiterleiten:

```
hugo: \hugo, hschulz@example.net
```

Hier werden Nachrichten an `hugo` sowohl an die Adresse `hschulz@example.net` weitergeleitet als auch lokal im Postfach von `hugo` abgelegt. Der Rückstrich ist notwendig, damit sich keine Endlosschleife bildet.

Das folgende Beispiel illustriert einige weitere Möglichkeiten von `/etc/aliases`:

```
datei:    /tmp/maildatei.txt
programm: "|/usr/local/bin/programm bla"
liste:    :include:/var/lib/liste.txt
```

Nachrichten an `datei` werden einfach an `/tmp/maildatei.txt` angehängt. Das Format ist dabei dasselbe wie bei den Postfächern in `/var/mail`. Nachrichten an `programm` werden dem Kommando »`/usr/local/bin/programm bla`« auf dessen Standardeingabe übergeben. Und für Nachrichten an `liste` schließlich wird die Datei `/var/lib/liste.txt` konsultiert; jede Zeile in dieser Datei darf eine weitere Umleitung im selben Format wie auf der rechten Seite von `/etc/aliases` definieren. (Dies ist besonders nützlich für »Mailinglisten«, die ihre Abonnentenlisten in solchen Dateien hinterlegen, damit Mailinglistensoftware diese bequem manipulieren kann.) – Auch Postfix und Exim verstehen diese Sorte Alias-Dateien, zum Teil mit Extras.

Weiterleitung mit Qmail

Um eine entsprechende Weiterleitung mit Qmail zu definieren, müssen Sie für die Postfachadresse eine Datei in `/var/qmail/alias` anlegen:

```
echo &hugo >/var/qmail/alias/.qmail-root
```

leitet alle Mail an `root` an den Benutzer `hugo` weiter. (Das »&« am Anfang zeigt an, dass der Rest der Zeile eine Mailadresse ist.) In Qmail-Aliasdateien können Sie in etwa dasselbe machen wie bei

Sendmail & Co.; das Einzige, was nicht direkt unterstützt wird, sind die `:include:`-Listen.

Binärformat

Sendmail & Co. lesen `/etc/aliases` nicht direkt, sondern benutzen ein binäres Datenbankformat, das schnellere Zugriffe zulässt. Die Details sind systemabhängig! Aber damit Ihre Änderungen an `/etc/aliases` wirksam werden, müssen Sie die Datei mit dem Kommando `newaliases` (kurz für »`sendmail -bi`«) ins Binärformat übersetzen. – Auch hier benehmen Postfix und Exim sich im Wesentlichen kompatibel; Postfix hat außerdem ein Programm namens `postalias`, das dasselbe tut. Qmail kocht, wie oben erwähnt, seine eigene Suppe und verwendet kein Binärformat, so dass das Problem sich nicht stellt.

~/.forward

Benutzer können für sich selbst ähnliche Einstellungen treffen, indem sie dieselben Weiterleitungen, die auf der rechten Seite von `/etc/aliases` erlaubt sind, in einer Datei namens `.forward` in ihrem Heimatverzeichnis ablegen. Diese Einstellungen befolgt Sendmail, wenn eine Nachricht an den betreffenden Benutzer zugestellt werden soll. Das beliebteste Beispiel ist wohl

```
$ cat /home/hugo/.forward
\hugo, "|/usr/bin/vacation hugo"
```

Das `vacation`-Programm ist ein automatischer »Mailbeantworter«, der eingehende Nachrichten mit einer automatischen Antwort aus `~/.vacation.msg` bescheidet. Damit können Sie zum Beispiel Ihre Korrespondenten darüber informieren, dass Sie wegen eines Urlaubs längere Zeit nicht zur Verfügung stehen. – Postfix und Exim kommen ebenfalls mit `.forward`-Dateien zurecht. Qmail unterstützt ein moralisches Äquivalent unter dem Namen `.qmail-default` (die möglichen Einträge sind subtil verschieden, lesen Sie in `dot-qmail`(5) nach).

Sicherheitsrisiko

Die Zustellung von Nachrichten an beliebige Programme und damit der Fernaufruf beliebiger Programme über das Internet durch Personen ohne »echte« Zugangsberechtigung auf dem System stellt natürlich ein Sicherheitsrisiko dar. Viele Systemverwalter beschränken die Auswahl an in `~/.forward` zulässigen Programmen auf einige als sicher angesehene.

18.4 Die Secure Shell

18.4.1 Überblick

SSH (*Secure Shell*) ist ein Netzwerkprotokoll der TCP/IP-Familie. Es ermöglicht die Datenübertragung im Netz mit sicherer Authentisierung und Verschlüsselung. Zu seinen Anwendungen gehören interaktive Anmeldevorgänge, Übertragung von Dateien und die gesicherte Weiterleitung anderer Protokolle (engl. *tunneling*). – Verschlüsselung ist wichtig dafür, dass Unbefugte, die den Netzverkehr belauschen, keine Kenntnis von den übertragenen Inhalten nehmen können. Authentisierung stellt einerseits sicher, dass Sie als Benutzer mit dem richtigen Server kommunizieren, und andererseits, dass der Server Ihnen Zugriff auf das richtige Benutzerkonto einräumt.

OpenSSH

OpenSSH, das mit den meisten Linux-Distributionen ausgeliefert wird, stellt eine frei verfügbare Implementierung dieses Protokolls dar. Diese Implementierung enthält einige SSH-Clients sowie einen SSH-Server (`sshd`).

Angriffe

Richtig angewendet kann SSH die folgenden Angriffe verhindern:

- »DNS Spoofing«, also ge- oder verfälschte DNS-Einträge.
- »IP Spoofing«, bei dem ein Angreifer von einem Rechner aus Pakete schickt, die so tun, als kämen sie von einem anderen (vertrauenswürdigen) Rechner.
- IP Source Routing, bei dem ein Rechner vortäuschen kann, dass Pakete von einem anderen (vertrauenswürdigen) Rechner kommen.
- Ausspähen von Klartextkennwörtern und Nutzdaten durch Stationen entlang des Übertragungswegs.
- Manipulation von übertragenen Daten durch Stationen entlang des Übertragungswegs.
- Angriffe auf den X11-Server durch ausgespähte X-Authentisierungsdaten und vorgetäuschte Verbindungen zum X11-Server.

SSH hilft nicht gegen andere Angriffe auf Ihren Rechner oder den SSH-Server. Insbesondere kann ein Angreifer, der auf einem der beiden Rechner auf andere Weise Administratorrechte erlangt hat, auch SSH kompromittieren.

18.4.2 Anmelden auf entfernten Rechnern mit ssh

Um sich über SSH auf einem entfernten Rechner anzumelden, müssen Sie das Kommando ssh aufrufen, etwa so:

```
$ ssh blue.example.com
hugo@blue.example.com's password: geHeIm
Last login: Mon Feb  2 10:05:25 2009 from 192.168.33.1
Debian GNU/Linux (etch/i686) blue.example.com
hugo@blue:~$ _
```

Benutzerkonto

Dabei geht ssh davon aus, dass Ihr Benutzerkonto auf dem entfernten Rechner genauso heißt wie auf dem lokalen Rechner. Wenn das nicht so ist, können Sie Ihren entfernten Benutzernamen wie folgt angeben:

```
$ ssh hschulz@blue.example.com
```

Verbindungsaufbau

Beim Verbindungsaufbau prüft der Client, ob er mit dem richtigen Server redet. Dieser Schritt ist durchaus entscheidend. Das folgende Beispiel zeigt, was passiert, wenn Sie zum ersten Mal mit dem entfernten Rechner Kontakt aufnehmen:

```
$ ssh blue.example.com
The authenticity of host 'blue.example.com (192.168.33.2)'▷
◁ can't be established.
RSA key fingerprint is 81:24:bf:3b:29:b8:f9:f3:46:57:18:1b▷
◁ :e8:40:5a:09.
Are you sure you want to continue connecting (yes/no)? _
```

Der Rechner blue.example.com ist hier noch unbekannt, und ssh bittet Sie darum, seinen Rechnerschlüssel zu verifizieren. *Das ist ernst gemeint.* Wenn Sie diesen Überprüfungsschritt überspringen, verlieren Sie die Garantie dafür, dass niemand Ihre Verbindung belauscht – jemand könnte so tun, als wäre er blue.example.com, aber hinter den Kulissen selbst eine Verbindung zu blue.example.com aufbauen, über die er alles schickt, was Sie ihm naiverweise schicken, und Ihnen die Antworten von blue weiterleiten. Sie sehen keinen Unterschied, aber der Angreifer kann alles lesen, was Sie übertragen. Man nennt das einen *Man-in-the-middle*-Angriff.

Zur Überprüfung kontaktieren Sie den Administrator des entfernten Rechners (zum Beispiel per Telefon) und bitten ihn, Ihnen den »Fingerabdruck« (engl. *fingerprint*) des öffentlichen Rechnerschlüssels vorzulesen. Dieser kann mit »`ssh-keygen -l -f /etc/ssh/ssh_host_rsa_key`« ermittelt werden und muss mit dem »`RSA key fingerprint`« aus dem SSH-Anmeldedialog übereinstimmen.

SSH-Schlüsselpaare

Die SSH-Schlüsselpaare eines Rechners finden Sie in den Dateien `ssh_host_rsa_key` bzw. `ssh_host_rsa_key.pub` im Verzeichnis `/etc/ssh`. (Die SSH unterstützt auch einige andere Verschlüsselungsverfahren – statt `rsa` zum Beispiel `ecdsa` oder `ed25519`; um `dsa` sollten Sie einen Bogen machen.)

Ist der öffentliche Schlüssel des entfernten Rechners authentisch, dann beantworten Sie die Frage mit »yes«. `ssh` speichert den öffentlichen Schlüssel dann in der Datei `~/.ssh/known_hosts` ab, um ihn bei einem späteren Verbindungsaufbau als Vergleichsgrundlage heranzuziehen.

Sollten Sie beim Aufbauen einer `ssh`-Verbindung jemals eine Meldung sehen wie

```
$ ssh blue.example.com
@@@@@@@@@@@@@@@@@@@@@@@@@@@@@@@@@@@@@@@@@@@@@@@@@@@@@@@@@@@
@    WARNING: REMOTE HOST IDENTIFICATION HAS CHANGED!     @
@@@@@@@@@@@@@@@@@@@@@@@@@@@@@@@@@@@@@@@@@@@@@@@@@@@@@@@@@@@
IT IS POSSIBLE THAT SOMEONE IS DOING SOMETHING NASTY!
Someone could be eavesdropping on you right now▷
◁ (man-in-the-middle attack)!
It is also possible that the RSA host key has been changed.
The fingerprint for the RSA key sent by the remote host is
38:fa:2e:d3:c7:c1:0f:26:2e:59:e8:16:a4:0a:0b:94.
Please contact your system administrator.
Add correct host key in /home/hugo/.ssh/known_hosts to▷
◁  get rid of this message.
Offending key in /home/hugo/.ssh/known_hosts:4
RSA host key for blue.example.com has changed and you▷
◁ have requested strict checking.
Host key verification failed.
```

dann besteht der Verdacht, dass Sie gerade einem *Man-in-the-middle*-Angriff ausgesetzt sind – der öffentliche Rechnerschlüssel, den der Server präsentiert, stimmt nicht mit dem überein, der für den Server in der known_hosts-Datei abgelegt ist. Sie sollten sich an den Systemadministrator wenden und nachfragen, was Sache ist – vielleicht musste der Rechnerschlüssel aus anderen Gründen geändert werden. (Dieses Verhalten können Sie ändern, indem Sie eine entsprechende Einstellung in der Datei ~/.ssh/config machen:

```
StrictHostKeyChecking ask                    Voreinstellung
StrictHostKeyChecking no            Alles immer akzeptieren
StrictHostKeyChecking yes           Nichts Neues akzeptieren
```

Bei »StrictHostKeyChecking yes« können Sie nur Verbindungen zu Rechnern aufbauen, die schon in Ihrer known_hosts-Datei stehen. Alle anderen werden abgewiesen.)

Nachdem Sie über ssh eine Verbindung aufgebaut haben, können Sie an dem entfernten Rechner so arbeiten, als säßen Sie davor. Sie können die Verbindung mit exit oder Strg+d beenden. Sie sind auch nicht auf interaktive Sitzungen beschränkt, sondern können auf dem entfernten Rechner einzelne Kommandos ausführen:

```
$ ssh blue.example.com hostname
hugo@blue.example.com's password: geHe1m
blue.example.com
$ _
```

Dabei müssen Sie natürlich beachten, dass die Shell auf *Ihrem* Rechner die Kommandozeile bearbeitet und zum Beispiel etwaige Suchmuster zu ersetzen versucht, bevor das Kommando an den entfernten Rechner übertragen wird. Verwenden Sie gegebenenfalls Anführungszeichen oder Rückstriche.

18.4.3 Andere nützliche Anwendungen: scp und sftp

scp

Mit scp können Sie Dateien zwischen zwei Rechnern über eine SSH-Verbindung kopieren:

```
$ scp blue.example.com:hello.c .
hugo@blue.example.com's password: geHe1m
hello.c    100% |***********************| 33 KB    00:01
```

Die Syntax ist dabei an das cp-Kommando angelehnt: Genau wie dort können Sie zwei Dateinamen (Quelle und Ziel) oder eine Reihe von Dateinamen und ein Verzeichnis angeben. Mit der Option

-r kopiert scp Verzeichnisinhalte rekursiv. Sie können sogar Dateien zwischen zwei verschiedenen entfernten Rechnern kopieren:

```
$ scp hugo@blue.example.com:hello.c ▷
◁ hschulz@pink.example.com:hello-new.c
```

sftp Das Kommando sftp ist locker an gängige FTP-Clients angelehnt, aber verwendet eine SSH-Verbindung. Mit FTP hat es ansonsten überhaupt nichts zu tun – insbesondere können Sie es nicht verwenden, um mit einem FTP-Server zu kommunizieren.

Nachdem Sie mit einem Kommando wie

```
$ sftp hugo@blue.example.com
```

eine Verbindung aufgebaut haben, können Sie mit Kommandos wie get, put oder mget Dateien zwischen Ihrem lokalen Rechner und dem entfernten Rechner übertragen, mit ls den Inhalt eines Verzeichnisses auf dem entfernten Rechner anschauen und mit cd dort in andere Verzeichnisse wechseln. Die Sitzung beginnt auf dem entfernten Rechner im Heimatverzeichnis des Benutzers.

18.4.4 Client-Authentisierung über Schlüsselpaare

Im Normalfall authentisiert der SSH-Server Sie als Benutzer über ein Kennwort, das für Ihr Benutzerkonto auf dem Server hinterlegt ist (üblicherweise in /etc/passwd oder /etc/shadow). Da die Kennwortabfrage erst erfolgt, wenn die verschlüsselte Verbindung bereits steht, ist das grundsätzlich sicher vor unerwünschten Mithörern. Allerdings könnte es Ihnen ein Dorn im Auge sein, dass das Kennwort selbst auf dem Server liegt – auch wenn es verschlüsselt ist, könnte die Kennwortdatei Crackern in die Hände fallen.

Dies können Sie vermeiden, indem Sie statt der einfachen kennwortbasierten Client-Authentisierung die Client-Authentisierung über Schlüsselpaare (engl. *public-key authentication*) verwenden. Kurz gesagt erzeugen Sie dafür ein Paar aus einem öffentlichen und einem privaten Schlüssel und hinterlegen den öffentlichen Schlüssel auf dem SSH-Server. Der öffentliche Schlüssel muss nicht besonders geschützt werden (immerhin ist er öffentlich); auf den privaten Schlüssel müssen Sie gut aufpassen, aber er verläßt nie Ihren eigenen Rechner (den Sie ja nie aus den Augen lassen, nicht wahr?).

Um die Client-Authentisierung über Schlüsselpaare verwenden zu können, müssen Sie zuerst ein Schlüsselpaar generieren. Das geht mit dem Kommando ssh-keygen:

Schlüsselpaar generieren

```
$ ssh-keygen -t rsa                              oder etwas Anderes
Generating public/private rsa key pair.
Enter file in which to save the key▷
◁ (/home/hugo/.ssh/id_rsa): ↩
Enter passphrase (empty for no passphrase): Habe nun, ach!
Enter same passphrase again: Habe nun, ach!
Your identification has been saved in /home/hugo/.ssh/id_rsa.
Your public key has been saved in /home/hugo/.ssh/id_rsa.pub.
The key fingerprint is:
26:0b:b1:df:96:89:4f:68:94:bb:5e:9c:77:60:cb:d9▷
◁ hugo@blue.example.com
The key's randomart image is:
+--[ RSA 2048]----+
|                 |
|                 |
|    .            |
|     o .         |
|    o + S o      |
|     + X * =     |
|      B X = E    |
|     . * . .     |
|     .o .        |
+-----------------+
$ _
```

Das Kommando fragt zunächst nach dem gewünschten Speicherort für das Schlüsselpaar. Die Vorgabe ist dabei vernünftig, und Sie sollten sie einfach bestätigen. Als Nächstes möchte ssh-keygen eine *passphrase* wissen. Diese dient zur Verschlüsselung des *privaten* Schlüssels, um zu verhindern, dass jemand, dem Ihr privater Schlüssel in die Hände fällt, sich gegenüber dem SSH-Server als Sie ausgeben kann.

passphrase

Schlüssel ohne *passphrase*

Schlüssel ohne *passphrase* müssen Sie benutzen, wenn Sie unbeaufsichtigte SSH-Verbindungen benötigen, etwa für Shell-Skripte und cron-Jobs. In diesem Fall drücken Sie bei den Fragen nach der *passphrase* einfach auf ↩.

Das Ergebnis von ssh-keygen sind die beiden Dateien id_rsa und id_rsa.pub im Verzeichnis ~/.ssh. (Wenn Sie ein anderes Verschlüsselungsverfahren wählen, heißen die Dateien anders.) Dabei enthält Erstere den privaten und Letztere den öffentlichen Schlüssel. Angezeigt bekommen Sie außerdem den Fingerabdruck des öffentlichen Schlüssels und ein *randomart image*. Dabei handelt es sich um eine ASCII-bildliche Darstellung des öffentlichen Schlüssels, eine Art grafischen Fingerabdruck. Diese soll Sie theoretisch in die Lage versetzen, mit einem Blick sehen zu können, ob ein öffentlicher Schlüssel sich geändert hat oder nicht. (Das Konzept ist, vorsichtig gesagt, umstritten.)

Im nächsten Schritt müssen Sie den öffentlichen Schlüssel, also die id_rsa.pub-Datei, in der Datei ~/.ssh/authorized_keys in Ihrem Benutzerkonto auf dem entfernten Rechner ablegen. Am bequemsten geht das mit dem Kommando ssh-copy-id:

```
$ ssh-copy-id hugo@blue.example.com
```

Natürlich können Sie das auch »zu Fuß« mit scp und/oder ssh erledigen. Achten Sie dabei nur darauf, etwaige schon vorhandene Schlüssel in ~/.ssh/authorized_keys nicht zu überschreiben, auf die Sie vielleicht noch Wert legen.

Die Authentisierung über Schlüsselpaare ist zumindest bei Verwendung einer *passphrase* nicht komfortabler als die Kennwortauthentisierung, dafür aber um einiges sicherer. Falls Sie sich häufiger hintereinander auf dem gleichen Rechner als der gleiche Benutzer anmelden wollen, ist das ständige Wiedereingeben der *passphrase* allerdings lästig. Für solche Fälle wurde der ssh-agent entwickelt.

ssh-agent Der ssh-agent merkt sich die *passphrase* und übergibt sie bei jedem Aufruf eines SSH-Client-Programmes an dieses. Das Programm wird mit »ssh-agent bash« gestartet. Dabei öffnet sich eine neue **ssh-add** bash, in der Sie die Passphrase mit ssh-add bekannt machen müssen:

```
$ ssh-add
Enter passphrase for /home/hugo/.ssh/id_rsa: Habe nun, ach!
Identity added: /home/hugo/.ssh/id_rsa▷
◁ (/home/hugo/.ssh/id_rsa)
```

Jedem aus der neuen Shell heraus gestarteten `ssh`-, `scp`- oder `sftp`-Programm wird vom SSH-Agent die *passphrase* übergeben. Der Agent »vergisst« die *passphrase* wieder, wenn Sie mit einem `exit` die Shell verlassen oder ihn mit »`ssh-add -D`« anweisen, die gespeicherten Identitäten wieder zu löschen.

Der Fairness halber sollten wir erwähnen, dass die Verwendung des `ssh-agent` zwar die Bequemlichkeit erhöht, aber auf Kosten der Sicherheit geht. Wenn Sie Ihren Rechner unbeaufsichtigt lassen (oder Ihr in den Schlummermodus versetztes Notebook Ihnen abhanden kommt), kann eine unberechtigte Person möglicherweise die SSH-Programme benutzen, ohne nach einer *passphrase* gefragt zu werden. Dasselbe gilt für Programme, die irgendwie Zugang zu Ihrer Sitzung bekommen, also Viren, Würmer und ähnliches Viehzeug ...

18.4.5 Portweiterleitung über SSH

X11-Weiterleitung

Die X11-Weiterleitung ermöglicht das Ausführen von grafischen Programmen (X-Clients) auf einem entfernten Rechner, wobei die Grafikausgabe und Bedienung auf dem lokalen Rechner erfolgt. Sie müssen sich dafür lediglich per `ssh` auf dem entfernten Rechner anmelden und dabei die Option `-X` (großes X!) verwenden. Voraussetzung ist, dass auf der Server-Seite die X11-Weiterleitung (Parameter `X11Forwarding` in `/etc/ssh/sshd_config`) aktiviert ist.

Nach dem Anmelden mit »`ssh -X [`⟨Benutzername⟩`@]`⟨Rechner⟩« befinden Sie sich auf dem Server und können beliebige X-Programme ausführen, die auf dem lokalen X-Server angezeigt und bedient werden können. Das X11-Forwarding ist dem herkömmlichen Umleiten der X-Pakete per `DISPLAY`-Variable auf jeden Fall vorzuziehen, nicht nur wegen der Sicherheit, sondern weil sie schlicht komfortabler ist. Sie bezahlen dafür mit einem gewissen Extraaufwand für die Verschlüsselung, was bei heutigen Rechnern aber in der Regel nicht ins Gewicht fällt.

Portweiterleitung

SSH kann nicht nur das X-Protokoll, sondern so gut wie jedes andere TCP-basierte Protokoll weiterleiten und tunneln. Dazu stehen die Optionen `-R` und `-L` zur Verfügung. Das folgende Kommando leitet Verbindungen an den lokalen TCP-Port 10110 zunächst über eine SSH-Verbindung auf den Rechner `blue.example.com` um. Von da geht es (unverschlüsselt) weiter auf den TCP-Port 110 (POP3) auf dem Rechner `mail.example.com`:

```
$ ssh -L 10110:mail.example.com:110 hugo@blue.example.com
```

Der Nutzen dieses Szenarios ist etwa wie folgt: Stellen Sie sich vor, Ihre Firewall sperrt POP3, aber läßt SSH durch. Über die Portweiterleitung kommen Sie via SSH ins interne Netz und können vom Rechner `blue.example.com` aus rein im internen Netz mit dem Mailserver reden. In Ihrem Mailprogramm geben Sie dann `localhost` und den lokalen TCP-Port 10110 als »POP3-Server« an.

Beim eben gezeigten Aufruf wird immer auch eine interaktive Sitzung gestartet. Sie können das mit der Option `-N` unterbinden, aber eine andere (möglicherweise bessere) Technik geht so:

```
$ ssh -f -L 10110:mail.example.com:110 blue sleep 10
$ getmail_fetch -p10110 localhost hugomail MaI1123 Maildir/
```

Die Option `-f` sorgt dafür, dass der `ssh`-Prozess unmittelbar vor der Ausführung des »`sleep 10`«-Kommandos in den Hintergrund geht. Das heißt, ein Kommando, das Sie unmittelbar nach dem `ssh`-Aufruf ausführen (hier `getmail_fetch`, das Mail über POP3 abruft), hat 10 Sekunden Zeit, eine Verbindung über den lokalen Port 10110 aufzubauen. Der `ssh`-Prozess beendet sich entweder nach 10 Sekunden oder aber wenn die (letzte) Verbindung über den lokalen Port 10110 wieder abgebaut wird, was auch immer später passiert.

Entfernten Port weiterleiten

Die Portweiterleitung funktioniert auch umgekehrt: Mit

```
$ ssh -R 10631:localhost:631 hugo@blue.example.com
```

wird der TCP-Port 10631 *auf dem SSH-Server* geöffnet und Verbindungen, die Programme dort mit diesem Port aufnehmen, über die SSH-Verbindung auf Ihren lokalen Rechner geleitet. Ihr lokaler Rechner übernimmt dann die unverschlüsselte Weiterleitung an das angegebene Ziel, hier den TCP-Port 631 auf Ihrem lokalen Rechner selbst. (Diese Form der Weiterleitung ist ungleich weniger wichtig als die über `-L`.)

Kapitel 19 Sicherheit

In diesem Kapitel ...

- lernen Sie, das Dateisystem nach sicherheitsrelevanten Einträgen zu durchsuchen
- schließen Sie Bekanntschaft mit Ressourcenlimits
- lernen Sie sudo zu konfigurieren und einzusetzen
- erhalten Sie Einblick in grundlegende Probleme der Netzsicherheit
- betrachten Sie die Grundlagen von GnuPG

19.1 Einführung

»Sicherheit« ist ein wichtiges Thema für alle, die Rechner betreiben – und leider im Zeitalter des Internet nicht beschränkt auf Systemadministratoren bei großen Firmen, Universitäten und Internet-Providern. Selbst Ihr heimischer PC, auf dem nur Sie und Ihre Lieben ein Benutzerkonto haben, kann »Sprungbrett« für Cracker werden, die Ihren schnellen DSL-Anschluss verwenden, um Spam oder Viren in alle Welt zu verschicken oder sich (und damit Sie) anderweitig unpopulär zu machen. Zugegebenermaßen haben Sie mit Ihrer Entscheidung für Linux schon den allergrößten Teil dieser Gefahr ausgemerzt, aber das ist sicherlich kein Grund, sich auf seinen Lorbeeren auszuruhen.

Sicherheit unter Linux ist ein vielschichtiges und anspruchsvolles Thema, bei dem wir hier nur an der Oberfläche kratzen können. Wir beschränken uns auf die für LPIC-1 relevanten Inhalte; sollten Sie es in Ihrem beruflichen Umfeld mit Linux-Sicherheit zu tun haben oder sich nur privat dafür interessieren, dann sollten Sie auf jeden Fall anderweitig nachlegen.

⇨ `http://www.tldp.org/HOWTO/Security-HOWTO/`

19.2 Sicherheit im Dateisystem

Wenn man die Eigenschaften des Linux-Dateisystems in wenigen Sätzen charakterisieren sollte, würden sich unter anderem die folgenden beiden Feststellungen aufdrängen:

1. Alles ist eine Datei (auch »Geräte«).
2. Es gibt ein relativ simples, aber für die meisten Zwecke ausreichendes Rechtesystem.

Daraus folgen diverse sehr nützliche und bequeme Konsequenzen, aber auch Dinge, auf die Sie als sicherheitsbewußter Administrator achten sollten:

Gerätedateien

- Gerätedateien funktionieren irgendwo im Dateisystem, nicht nur unter `/dev`. Wenn es einem Angreifer gelingt, eine für ihn schreibbare Gerätedatei à la `/dev/hda` oder `/dev/kmem` ins System einzuschleppen (sie muss nicht so heißen, sondern nur den richtigen Typ, die richtigen Gerätenummern und die richtigen Zugriffsrechte haben), sind Sie verratzt.

- **Ausführbare Dateien** Benutzer können beliebige Dateien ausführbar machen, einfach indem sie das x-Bit setzen. Das ist in der Regel kein Problem (es ist sogar ein Vorteil gegenüber anderen Betriebssystemen, die alles ausführen, dessen Name eine bestimmte Endung hat), aber auch kein unüberwindliches Hindernis. Hin und wieder werden Probleme in Linux gefunden, die es einem gewöhnlichen Benutzer ermöglichen, durch die Ausführung eines »normalen« Programms Administratorprivilegien zu erlangen, und dieser Weg steht natürlich auch Programmen offen, die ein Benutzer sich irgendwo aus dem Netz heruntergeladen hat.
- **Set-UID und Set-GID** Der Set-UID- und Set-GID-Mechanismus (Abschnitt 3.4.4) macht es möglich, dass gewöhnliche Benutzer Programme mit den Rechten anderer Benutzer (am liebsten `root`) ausführen. Auch Set-UID- und Set-GID-Programme können irgendwo im Dateisystem liegen.

Als Administrator können Sie einerseits versuchen, das Gefahrenpotential zu minimieren, indem Sie »ungewöhnliche« Dateitypen auf die Bereiche des Systems beschränken, wo Sie sie normalerweise erwarten würden. Andererseits sollten Sie auch proaktiv nach möglicherweise problematischen Dateien suchen. Hier sind ein paar Hinweise:

Wechselmedien Wechselmedien sind die offensichtliche Möglichkeit für einen Angreifer, ungewöhnliche Dateien ins System einzuschleppen, die er unter seinem normalen Benutzerkonto nicht anlegen kann. Als unprivilegierter Benutzer dürfen Sie ein Kommando wie

```
# mknod /home/hugo/urlaub.jpg c 1 2                Siehe /dev/kmem
```

nicht ausführen, aber wenn es Ihnen gelingt, einen USB-Stick einzuhängen, der ein `ext3`-Dateisystem mit einer solchen Datei enthält, die Ihnen gehört, dann haben Sie das große Los gezogen. (So einen USB-Stick können Sie bequem auf Ihrem eigenen Linux-Rechner daheim präparieren.)

Linux geht dieses Problem an, indem es normalen Benutzern nicht erlaubt, Wechselmedien einzuhängen. Die einzige Methode dafür geht über *mountpoints*, die in /etc/fstab explizit mit den Optionen user oder users versehen wurden. Diese Optionen implizieren aber die Option nodev, die dazu führt, dass Gerätedateien auf dem eingehängten Medium nicht beachtet werden. (Puh.) An dieser Stelle könnten wir die Diskussion also beenden; wir möchten das aber nicht tun, ohne Sie daran zu erinnern, dass ein /etc/fstab-Eintrag wie

nodev

```
/dev/sda1 /media/usbstick auto noauto,user,dev 0 0
```

sehr gründlich überlegt sein sollte.

Ein ähnliches Problem existiert mit Set-UID-Programmen. Genausowenig wie Gerätedateien dürfen normale Benutzer Programmdateien Set-UID root machen (und das ist, um mal Klaus Wowereit zu zitieren, auch gut so). Aber genau wie ein Benutzer eine Gerätedatei auf einem Wechselmedium einschleppen könnte, könnte er auch ein kleines Programm einschleppen, das Set-UID root ist und eine Shell startet. Gängige Shells wie die Bash sträuben sich dagegen, als Set-UID root gestartet zu werden. Zumindest ein bisschen. Unseren Angreifer hält das aber nicht auf; er kann auf seinem Wechselmedium auch eine Shell haben, die er sich selbst übersetzt hat, nachdem die entsprechende Prüfung aus dem Quellcode entfernt wurde. (Oder er liest im Bash-Handbuch über die Option -p nach.) Die Strategie, wie Linux mit diesem Problem umgeht, ist sehr ähnlich der gegenüber Gerätedateien: Die mount-Optionen user und users implizieren auch die Option nosuid, die die Ausführung von Set-UID-Programmen vom betreffenden Dateisystem aus unterbindet.

nosuid

noexec

Sie können ferner mit der mount-Option noexec verhindern, dass von dem betreffenden Dateisystem Programme (oder Skripte) gestartet werden. Auch das wird von user und users impliziert. Ein großes Hindernis ist es für normale Benutzer aber nicht, da diese ihre Programme immer in ihr Heimatverzeichnis kopieren und von dort starten können.

Mit nosuid wie auch nodev werden (via user) zunächst vor allem Wechselmedien schützen. Was auch passieren könnte, ist, dass ein findiger Cracker über irgendeine Sicherheitslücke in einem Netzwerkdienst ins System einbricht und sich eine bequeme Hintertür hinterlassen möchte. Eine Set-UID-Shell unter einem unverfänglichen Namen wie .foobarrc ist da gerade recht. Aus diesem Grund hält Sie niemand davon ab, nosuid und nodev zum Beispiel für die Dateisysteme zu aktivieren, auf denen Ihre /home-, /tmp- und /var/tmp-Dateisysteme liegen (auf wichtigen Servern sollten das ja separate Partitionen sein).

Kontrolle

Bei aller Prävention machen Sie als Systemadministrator trotzdem keinen Fehler, wenn Sie Ihre Platten in gewissen Abständen nach verdächtigen Dateien abklopfen (am besten irgendwann nachts, wenn nicht so viel Betrieb ist). Das naheliegende Werkzeug dafür ist find.

Set-UID-Dateien finden

Um alle Set-UID- oder Set-GID-Dateien im System zu finden, können Sie die Option -perm von find verwenden. Ein entsprechendes Kommando sieht ungefähr so aus:

```
# find / -perm /06000 -type f -print
```

(Denken Sie daran, dass find verschiedene Kriterien implizit UND-verknüpft; ohne das »-type f« bekommen Sie auch Verzeichnisse mit gesetztem Set-GID-Bit angezeigt, das allerdings keine sicherheitsrelevanten Konsequenzen hat.)

Liste

Sie sollten einen Überblick über die Set-UID- und Set-GID-Programme im System haben – legen Sie am besten eine Liste an, die Sie manuell prüfen und später (etwa per cron) automatisch mit der Wirklichkeit vergleichen. Lassen Sie sich benachrichtigen, wenn ein Programm im System fehlt, das in der Liste steht oder – wichtiger – ein Programm dazugekommen ist, das vorher nicht in der Liste stand. Manche Distributionen bringen so etwas schon mit.

Gerätedateien finden

Gerätedateien können Sie auf ähnliche Weise aufspüren: Fragen Sie nach, ob eine Datei einem block- oder zeichenorientierten Gerät entspricht:

```
# find / \( -type b -o -type c \) -ls
```

Das Verzeichnis /dev müssen Sie eigentlich nicht durchsuchen, allerdings gibt es keine direkte Methode, es gezielt von der Suche auszunehmen. Allenfalls können Sie find sagen, dass es seine Bemühungen einstellen soll, wenn es auf das Verzeichnis /dev gestoßen ist:

```
# find / -path /dev -prune -o \( -type b -o -type c \) -ls
```

Oder Sie leiten die Ausgabe von find durch »grep -v ^/dev«, um die /dev-Einträge aus dem Ergebnis zu entfernen.

19.3 Benutzer und Dateien

Manchmal ist es nützlich, herauszufinden, wer gerade auf einem Rechner angemeldet ist. Das einfachste Kommando dafür heißt who: who

```
$ who
hugo     :0            2015-07-27 13:39 (:0)
hugo     pts/0         2015-07-27 13:56 (red.example.com)
```

Die erste Spalte nennt den Benutzernamen und die zweite das Terminal, auf dem der Benutzer angemeldet ist. »:0« steht dabei für den X11-Server mit diesem Displaynamen; andere Namen (etwa pts/0) beziehen sich auf eine Gerätedatei unter /dev. (Terminalnamen der Form pts/... bezeichnen »Pseudo-Terminals«, typischerweise Terminalfenster in einer grafischen Umgebung oder Sitzungen mit der Secure Shell.) Der Rest der Zeile gibt Datum und Uhrzeit der Anmeldung an. Anschließend folgt möglicherweise noch in Klammern die Gegenstelle der Sitzung; der auf pts/0 angemeldete Benutzer hugo zum Beispiel kommt vom Rechner red.example.com.

Wenn Sie mehrere Terminalfenster oder ein Terminalfenster mit mehreren Unterfenstern haben, dann ist es höchstwahrscheinlich, dass alle diese Sitzungen als separate »Benutzer« gezählt werden. Lassen Sie sich davon nicht verwirren.

who unterstützt einige interessante Kommandozeilenoptionen: -H unterdrückt die Spaltentitel, -b gibt den Zeitpunkt des letzten Systemstarts aus, und -m beschränkt die Ausgabe auf denjenigen Benutzer, dessen Terminal mit der Standardeingabe von who verbunden ist. Wenn Sie who mit zwei Parametern aufrufen, die keine Optionen sind, dann wird das als »who -m« interpretiert. Der tatsächliche Parametertext ist bedeutungslos (und damit funktioniert das klassische »who am i« – nicht zu verwechseln mit dem Kommando whoami, das den effektiven Benutzernamen ausgibt).

w Das Kommando w ist ein naher Verwandter von who:

```
# w
 18:06:32 up  4:29, 2 users, load average: 0,01, 0,02, 0,05
USER  TTY   FROM          LOGIN@ IDLE   JCPU  PCPU WHAT
hugo  :0    :0            13:39 ?xdm?  40.21s 0.06s /usr/bin▷
◁/lxsession -s
hugo  pts/0 red.example.com 13:56  0.00s  0.11s 0.00s w
```

Die erste Zeile liefert die aktuelle Uhrzeit und die *uptime*, also die Zeit, die der Rechner bisher in Betrieb ist, die Anzahl der aktiven Benutzer und die Systemlast. Anschließend kommt eine Zeile für jeden angemeldeten Benutzer, so wie `who` das auch machen würde. Dabei gibt `LOGIN` an, wann der Benutzer sich angemeldet hat (als Uhrzeit oder – wenn das Anmelden länger zurückliegt – als Datumsangabe). `IDLE` ist die Zeitspanne, seit der der Benutzer nichts getan hat. `JCPU` ist die bisher von allen Prozessen in dieser Sitzung insgesamgt verbrauchte Rechenzeit (exklusive abgeschlossener Hintergrundjobs, aber mit Hintergrundjobs, die gerade laufen) und `PCPU` ist die bisher vom aktuell laufenden Prozess verbrauchte Rechenzeit. `WHAT` ist die aktuelle Kommandozeile.

⇨ `who(1)`, `whoami(1)`, `w(1)`

last

Während `who` und `w` sich um die Gegenwart kümmern, können Sie mit `last` die Vergangenheit betrachten und schauen, wer wann angemeldet war:

```
# last
hugo   pts/0        red.exam Mon Jul 27 13:56 still logged in
hugo   :0           :0       Mon Jul 27 13:39 still logged in
reboot system boot 3.16.0-4 Mon Jul 27 13:37-18:20  (04:43)
hugo   :0           :0       Sun Jul 26 17:43-crash  (19:53)
reboot system boot 3.16.0-4 Sun Jul 26 17:43-18:20 (1+00:37)
hugo   pts/2        red.exam Fri Jul 24 20:00-crash (1+21:42)
hugo   :0           :0       Fri Jul 24 19:15-crash (1+22:27)
hugo   :0           :0       Fri Jul 10 14:19-19:15 (14+04:55)
hugo   :0           :0       Fri Jul 10 13:22-14:19  (00:56)
reboot system boot 3.16.0-4 Fri Jul 10 12:46-18:20 (17+05:33)
```

Auch hier haben Sie für jeden Anmeldevorgang den Benutzer, das Terminal (oder `:0` für die grafische Umgebung), die Gegenstelle, das Anmeldedatum, die Abmeldezeit und die Sitzungsdauer. Steht bei der Abmeldezeit `crash`, dann hatte der Rechner keine Zeit

Code	Bedeutung
`c`	Als aktuelles Verzeichnis benutzt
`e`	Als Programmdatei ausgeführt
`f`	Als Datei geöffnet (zum Lesen)[a]
`F`	Als Datei geöffnet (zum Schreiben)
`r`	Als Wurzelverzeichnis benutzt
`m`	Als *shared library* benutzt oder in den Speicher eingeblendet

[a]Die Codes `f` und `F` werden in der normalen Ausgabe nicht angezeigt.

Tabelle 19.1: Zugriffscodes für Prozesse bei `fuser`

mehr, das Sitzungsende zu vermerken (kann bei virtuellen Maschinen mal vorkommen). Die `reboot`-Zeilen verweisen auf Systemneustarts, wobei dann in der dritten Spalte (wo sonst die Gegenstelle steht) der Name des gestarteten Systemkerns auftaucht.

`last` betrachtet die Datei `/var/log/wtmp` (jedenfalls solange Sie nicht mit der Option `-f` eine andere Datei benennen). Wenn Sie einen oder mehrere Benutzer- oder Terminalnamen angeben, dann bekommen Sie nur die Aktivitäten der betreffenden Benutzer (oder Terminals) gezeigt.

Mitunter möchten Sie herausfinden, welcher Prozess oder Benutzer gerade auf irgendeine Ressource im System zugreift (das typische Beispiel ist, dass Sie ein Dateisystem aushängen wollen, aber das System Sie nicht läßt, weil irgendein Prozess noch eine Datei oder ein Verzeichnis auf dem Dateisystem benutzt). Dabei hilft

fuser

Ihnen das Kommando `fuser`[1] – es übernimmt als Parameter den Namen einer Datei oder eines Dateisystems (oder mehrerer Dateien/Dateisysteme) und listet alle Prozesse auf, die diese Objekte »benutzen«:

```
$ cd /home/hugo
$ (echo Hallo; sleep 600) >test.txt
# In einem anderen Fenster:
$ fuser /home/hugo /home/hugo/test.txt
/home/hugo:            767c  1360c  1465c  1467c  1488c
/home/hugo/test.txt: 1488  1489
```

[1]Wir lesen das als »eff-juser«, nicht »fjuser« oder gar »fuser«.

Die Ausgabe von fuser ist eine Reihe von PIDs, gefolgt von einem Buchstaben, der angibt, wie der betreffende Prozess auf die Ressource zugreift. Die möglichen Buchstaben stehen in Tabelle 19.1.

fuser kann nicht nur die Benutzer von Dateien identifizieren, sondern auch die von TCP- und UDP-Ports:

```
# fuser -n tcp ssh
ssh/tcp:      428   912   914
```

Mit der Option -n wird der »Namensraum« gewählt (file – der Standard –, tcp oder udp), und danach können Sie dann Portnummern oder die symbolischen Namen von Ports (siehe /etc/services) angeben. Solange keine Verwechslungsgefahr gegeben ist, können Sie Portnummern auch in der Form ssh/tcp angeben und die -n-Option weglassen. fuser für TCP- oder UDP-Ports funktioniert am besten als root.

⇨ last(1), fuser(1)

19.4 Ressourcenlimits

Wenn mehrere Benutzer sich denselben Rechner teilen (sei es über Terminals oder Anmelden über das Netz mit der ssh), ist es wichtig, dass keiner von ihnen die Ressourcen des Rechners zu Ungunsten der anderen monopolisieren kann. Selbst wenn Sie einen Rechner ganz für sich alleine haben, kann es nützlich sein, einzelne Prozesse in ihre Schranken zu weisen, wenn sie sich zu gierig gebärden. Um das zu erleichtern, sieht Linux den Mechanismus der »Ressourcenlimits« (engl. *resource limits*) vor.

Über Ressourcenlimits können Sie Obergrenzen für verschiedene Ressourcen vorgeben, die Benutzer (oder einzelne Prozesse dieser Benutzer) ausnutzen dürfen. Mit dem Shell-Kommando ulimit können Sie sich einen Überblick darüber verschaffen, welche Ressourcen das sind – die Option -a zeigt alle Ressourcenlimits und ihre aktuellen Werte an.

weiche Grenze
harte Grenze

Für jedes dieser Ressourcenlimits gibt es eine »weiche« und eine »harte« Grenze. Der Unterschied ist, dass Sie Administratorprivilegien brauchen, um die harte Grenze zu erhöhen (verringern dürfen Sie sie immer). Die weiche Grenze können Benutzer beliebig wählen, allerdings nur bis zum aktuellen Wert der harten Grenze als Maximum. In der Shell setzen Sie harte Grenzen mit »`ulimit -H`« und weiche Grenzen mit »`ulimit -S`«; wenn Sie weder das eine noch das andere angeben, werden die harte und die weiche Grenze auf denselben Wert gesetzt. Wenn Sie keinen neuen Wert für ein Ressourcenlimit angeben, wird nur der aktuelle Wert angezeigt:

```
$ ulimit -n 512                    512 offene Dateien pro Prozess
$ ulimit -n                        Wie viele waren es noch gleich?
512
```

Ressourcenlimits sind Prozessattribute

Die Ressourcenlimits sind Prozessattribute (ähnlich wie das aktuelle Verzeichnis oder die Prozessumgebung) und vererben sich darum von einem Prozess auf seine Kindprozesse.

Zu einigen der Ressourcenlimits müssen wir noch ein paar Anmerkungen machen:

`core file size` Dies ist vor allem interessant für Programmentwickler – Core-Dumps entstehen, wenn ein Programm unvorhergesehenerweise durch ein Signal zum Absturz gebracht wird, und erlauben eine Untersuchung der Ursachen. Beim Standardwert 0 werden gar keine Core-Dumps geschrieben; wenn Sie welche brauchen, sollten Sie etwas sagen wie

```
$ ulimit -c unlimited
```

`data seg size` Wenn die weiche Grenze dieses Limits erreicht ist, bekommt der Prozess keinen Speicher mehr vom Betriebssystem. Er kann sich wahrscheinlich über die Runden retten, wenn er schon benutzten Speicher wieder freigibt.

`scheduling priority` Gibt eine Untergrenze (!) für den Nice-Wert eines Prozesses an. Da `ulimit` keine negativen Parameter zuläßt, ist der tatsächliche Wert, der angenommen wird, wenn Sie »`ulimit -e` *n*« sagen, $20 - n$. Das Ganze ist etwas verdreht, aber läuft darauf hinaus, dass Sie es normalen Benutzern erlauben können, den Nice-Wert eines Prozesses unter 0 zu senken:

```
# ulimit -e 30                                    Effektiv −10
# /bin/su - hugo
$ nice --5 /bin/sleep 10              Funktioniert; Nice-Wert −5
$ nice --15 /bin/sleep 10
nice: cannot set niceness: Permission denied
```

`file size` Wenn ein Prozess versucht, eine Datei größer zu machen, als dieses Limit angibt, bekommt er das Signal `SIGXFSZ`. Normalerweise bricht das den Prozess ab, aber wenn der Prozess es abfängt, führt nur der Schreibvorgang zu einer Fehlermeldung, und der Prozess kann sich etwas anderes überlegen.

`max memory size` Dieses Ressourcenlimit klingt sehr verführerisch, wird aber seit Linux 2.4.30 nicht mehr beachtet und tat auch da nicht das, was Sie vielleicht meinen.

`open files` Anzahl der Dateien, die der Prozess gleichzeitig offen haben kann. Wird das Limit erreicht und der Prozess versucht noch eine Datei zu öffnen, schlägt der Versuch fehl.

`stack size` Gibt die Größe des Prozess-Stapels (oder, falls Sie ein Diplom in Informatik haben, des »Kellers«) in Kibibyte an. Von diesem Ressourcenlimit wird außerdem die Größe des Platzes abgeleitet, den Linux einem Prozess für Kommandozeilen und Umgebungsvariable zur Verfügung stellt (standardmäßig heute 2 MiB).

`cpu time` Wenn ein Prozess an die weiche Grenze dieses Limits kommt, bekommt er das Signal `SIGXCPU` geschickt. Dies wiederholt sich einmal pro Sekunde, bis die harte Grenze erreicht ist; dann setzt es `SIGKILL`.

`max user processes` Dieses Limit unterscheidet sich von den anderen darin, dass es pro Benutzer gilt und nicht pro Prozess oder Datei. Es gibt die maximale Anzahl von parallelen Prozessen an, die der Benutzer gleichzeitig haben darf. Wird es erreicht, schlagen Versuche fehl, mehr Prozesse zu starten.

`ulimit`

Sie können Ressourcenlimits immer interaktiv mit `ulimit` setzen. Sie gelten dann für die Shell, in der das Kommando ausgeführt wurde, und vererben sich an die nächsten Kommandos (und deren Kindprozesse).

Ressourcenlimits für Benutzer

Um Benutzern tatsächlich restriktive Ressourcenlimits aufzubrummen, müssen Sie diese setzen, bevor die Benutzer ans Ruder kommen und auch so, dass sie die entsprechenden `ulimits` nicht selber ändern können (die Datei `~/.bash_profile` scheidet also aus). Ein nahe liegender Platz wärc `/etc/profile`, jedenfalls solange alle Ihre Benutzer die Bash als Login-Shell verwenden.

➪ Im wirklichen Leben verwenden Sie für so etwas natürlich die PAM-Infrastruktur, die für LPIC-1 allerdings nicht prüfungsrelevant ist. Lesen Sie nach in `pam_limits(8)` und `limits.conf(5)` sowie in der allgemeinen PAM-Dokumentation, die auf Ihrem System installiert (oder installierbar) sein sollte.

19.5 Administratorprivilegien mit sudo

Mit dem Kommando `su` können normale Benutzer die Identität von `root` annehmen (wenn sie das richtige Kennwort wissen). Zwar protokolliert das System die Anwendung von `su`, aber anschließend hat der betreffende Benutzer komplette Administratorprivilegien – wenn es sich nur um den Praktikanten handelt, der das wöchentliche Backup anstoßen soll, vielleicht etwas zuviel des Guten. Es wäre schöner, wenn Sie einzelnen Benutzern gezielt erlauben könnten, *bestimmte* Kommandos als `root` auszuführen.

Genau dafür ist `sudo` gedacht. Der Sinn dahinter ist, dass das `root`-Benutzerkonto überhaupt nicht mehr direkt verwendet wird. Statt dessen können entsprechend privilegierte Benutzer mit etwas wie

```
$ sudo passwd susi
```

Kommandos als `root` ausführen. `sudo` fragt dabei das Kennwort des *Benutzers* (nicht das von `root`) ab – wobei eine richtige Antwort für eine gewisse Zeit vorhält – oder kann auf eine Kennwortabfrage ganz verzichten.

Manche Distributionen – Ubuntu, Debian GNU/Linux auf Wunsch und übrigens auch Apples MacOS – privilegieren den ersten bei der Installation angelegten Benutzer automatisch dafür, `sudo` benutzen zu dürfen, und erlauben direktes Anmelden als `root` überhaupt nicht mehr. Das hilft immerhin dagegen, dass naive Benutzer immer als `root` arbeiten, »weil man so ja alles darf«. (Manche Distributionen, etwa die von Novell/SUSE, konfigurieren `sudo` so vor, dass man das `root`-Kennwort eingeben muss statt des eigenen – eine dumme Idee.) Ein einmal eingegebenes Kennwort hält standardmäßig 15 Minuten lang vor, solange Sie es nicht mit »`sudo -k`« zurücksetzen. Sie können (für bestimmte Benutzer) auch komplett auf eine Kennworteingabe verzichten, was schön bequem ist, aber dazu führt, dass Sie die betreffenden Konten genauso gut absichern müssen wie das von `root`.

Protokoll

Alle per sudo abgeschickten Kommandos werden mit dem Syslog-Mechanismus (Abschnitt 14.2) protokolliert. Das sieht dann ungefähr so aus:

```
Feb 05 22:13:15 red sudo:  hugo : TTY=pts/5 ;▷
◁ PWD=/home/hugo ; USER=root ; COMMAND=/usr/bin/passwd
```

/etc/sudoers

Die Datei /etc/sudoers regelt, wer sudo benutzen darf und wofür. Das Format der Datei ist relativ komplex, und die Möglichkeiten spotten jeder Beschreibung. Wir erklären hier nur den allereinfachsten Gebrauch. Zum Editieren verwenden Sie am besten das Kommando visudo, das Ihren Lieblingseditor startet und nach dem Abspeichern und Beenden eine Syntaxprüfung macht, bevor es die neue Konfiguration in Kraft setzt. Das sorgt dafür, dass Sie nicht versehentlich den Ast absägen, auf dem Sie sitzen, und dass immer nur ein Benutzer an der Datei herumbastelt.

visudo

Regeln

Herzstück von /etc/sudoers sind Zeilen mit Regeln in der Form

```
hugo  ALL = /usr/bin/cancel [a-z]*
```

Diese Regel erlaubt es hugo, das Kommando cancel in der Form

```
$ sudo cancel lp-123
```

Parameter

aufzurufen. Das »[a-z]*« verlangt, dass der Parameter von cancel mit einem Buchstaben beginnt – Optionen können also nicht eingeschmuggelt werden.

ALL

Das »ALL« heißt, dass die Regel auf allen Rechnern gilt. Das macht es in einem Netz einfacher, sudo in einer einzigen Datei für alle Rechner zu konfigurieren: Wenn hugo nur auf dem Rechner red Druckaufträge löschen darf, dann schreiben Sie

```
hugo  red = /usr/bin/cancel [a-z]*
```

Auf dem Rechner blue zum Beispiel wird der Befehl dann abgewiesen, auch wenn er mit sudo aufgerufen wird. (Dass eine sudoers-Datei potentiell Regeln für alle Rechner im Netz enthalten kann, heißt noch lange nicht, dass Sie die Datei nur auf einem einzigen Rechner vorhalten müssen. Weit gefehlt: Sie als Administrator sind dafür verantwortlich, die Datei auf jedem Rechner verfügbar zu machen, wo sie gelten soll.)

beliebige Parameter

Wenn Sie einfach nur einen Kommandonamen angeben (ohne Parameter), dann sind beliebige Parameter erlaubt:

```
hugo ALL = /usr/bin/cancel
```

keine Parameter

Wenn gar keine Parameter erlaubt sein sollen, dann müssen Sie als einzigen Parameter in der sudoers-Datei eine leere Zeichenkette angeben. – Seien Sie vorsichtig mit Kommandos wie vi, die es dem Benutzer erlauben, Shell-Kommandos zu starten. Diese Kommandos werden dann auch mit root-Rechten ausgeführt!

mehrere Kommandos

Sie können auch mehrere Kommandos angeben:

```
hugo ALL = /usr/bin/cancel [a-z]*, /usr/bin/cupsenable [a-z]*
```

erlaubt »sudo cancel« und »sudo cupsenable«, jeweils mit (mindestens) einem Parameter. Ein Verzeichnisname (mit Schrägstrich am Schluss) erlaubt alle ausführbaren Dateien im betreffenden Verzeichnis (ohne Unterverzeichnisse).

Kommando-Aliasnamen

Oft ist es bequemer, Kommandos zu Gruppen zusammenzufassen. Hierfür verwenden Sie Kommando-Aliasnamen:

```
Cmnd_Alias PRINTING = /usr/bin/cancel [a-z]*, \
                      /usr/bin/cupsenable [a-z]* \
                      /usr/bin/cupsdisable [a-z]*
◁◁◁◁◁
hugo ALL = PRINTING
```

Sie können Kommando-Aliasnamen und direkt angegebene Kommandos auch mischen:

```
hugo ALL = PRINTING, /usr/bin/accept [a-z]*
```

Der Kommando-Aliasname »ALL« steht für »alle Kommandos«:

```
hugo ALL = ALL
```

gibt hugo unter dem Strich volle Administratorprivilegien.

Kommandos ausschließen

Mit einem davorgesetzten »!« können Sie Kommandos ausschließen, die sonst von der Konfiguration erlaubt würden:

```
hugo ALL = /usr/bin/passwd [a-z]*, !/usr/bin/passwd root
```

erlaubt es hugo, alle Kennwörter zu ändern bis auf das von root. Sie sollten mit dem »!« aber nicht zu trickreich werden. Halten Sie insbesondere Abstand von Konstruktionen wie

```
hugo ALL = /bin/, !/bin/sh, !/bin/bash
```

– wenn hugo alle Kommandos in /bin als root ausführen darf außer »sh«, dann hält ihn auch keiner davon ab, etwas wie

```
$ sudo cp /bin/sh /bin/mysh
$ sudo mysh
```

zu sagen. Um solche Machenschaften zu erkennen, ist sudo nicht zynisch genug. Achten Sie auch auf Kombinationen mit ALL.

Optionen

➪ In /etc/sudoers können Sie zusätzlich zu den Aliasnamen und Regeln noch eine Vielzahl von Optionen angeben, die die Funktion von sudo beeinflussen. Lesen Sie sudo(8) und sudoers(5).

sudoedit

Mit »sudo -e« (oder sudoedit) können Sie als normaler Benutzer eine Datei editieren, auf die sonst nur root schreiben kann. Natürlich müssen Sie in /etc/sudoers dafür freigeschaltet werden; das betreffende Kommando heißt in sudoers-Regeln sudoedit.

19.6 Grundlegende Netzsicherheit

Für Rechner, die ohne einen Netzwerkanschluss betrieben werden, ist Sicherheit ein wichtiges, aber im Großen und Ganzen überschaubares Gebiet. Leider gilt diese Einschränkung heute nur noch für die wenigsten Rechner, insbesondere wenn wir ein Betriebssystem wie Linux betrachten, das den »Stand der Technik« für netzwerkfähige Systeme mit definiert.

Verantwortung

Als Administrator eines Rechners, der ans Netz angebunden ist, haben Sie also eine besondere Verantwortung. Sie müssen nicht nur dafür sorgen, dass die Dienste, die Ihr Rechner anbietet (egal ob beschränkt auf das lokale Netz Ihres Unternehmens oder frei für das Internet zugänglich) in für Ihre Benutzer verläßlicher Form erbracht werden, sondern Sie müssen auch dafür sorgen, dass Ihr Rechner nicht als Sprungbrett dient, damit von ihm aus andere Teilnehmer am Internet geschädigt werden – sei es durch Spam-Versand oder verteilte *denial-of-service*-Angriffe. Sie können sich nicht hinter Entschuldigungen verstecken wie »Ich bin doch so klein und unbedeutend, niemand sieht ausgerechnet *mich*«, denn diese sind nachweislich falsch – viele Cracker machen sich einen Spaß daraus, systematisch die IP-Adressen abzuklopfen, die Zugangsprovider für ihre Kunden verwenden, und nach unsicheren Rechnern zu suchen.

Wie werden Sie aber dieser Verantwortung gerecht? Die erste Grundregel besteht darin, eine möglichst geringe Angriffsfläche zu bieten. Stellen Sie sicher, dass Ihr Rechner keine Dienste im Internet anbietet, von denen Sie vielleicht gar nicht wissen, dass sie existieren, geschweige denn aktiviert sind. Das können Sie am einfachsten mit einem Kommando wie

```
# netstat -tulp
```

erreichen, das Ihnen eine Liste aller »offenen Ports« präsentiert, also der Dienste, die Ihr Rechner zur Verfügung stellt, mitsamt den IP-Adressen, auf denen er das tut und den verantwortlichen Prozessen. Wenn Sie Zugang zu einem entsprechend ausgerüsteten Rechner außerhalb Ihres lokalen Netzes haben, können Sie mit `nmap` überprüfen, wie Ihr Rechner sich dem Internet präsentiert.

Sie sollten in der Lage sein, jede Zeile der Ausgabe von `netstat` oder `nmap` erklären zu können. Taucht dort etwas auf, das Ihnen nichts sagt, dann gehen Sie der Sache nach.

Dienste deaktivieren

Deaktivieren Sie alle Dienste, die Sie nicht brauchen, indem Sie das betreffende Programm aus der Liste der beim Start hochzufahrenden Daemons entfernen oder in der `/etc/inetd.conf`-Datei auskommentieren. Wenn Sie den `xinetd` verwenden, dann setzen Sie im Konfigurationsabschnitt des betreffenden Dienstes den Parameter

```
disable = yes
```

Loopback-Schnittstelle

Bei Diensten, die nicht offensichtlich überflüssig sind, ist es oft möglich, ihre Verfügbarkeit so einzuschränken, dass sie nur lokal oder von bestimmten Rechnern aus zugänglich sind. Insbesondere die Möglichkeit, einen Dienst nur auf der Loopback-Schnittstelle (`localhost` oder `127.0.0.1`) zu erbringen, sollten Sie ausnutzen, wo Sie nur können. Beispielsweise ist es sinnvoll, lokalen Programmen eine Möglichkeit einzuräumen, elektronische Post über SMTP einzureichen, aber das heißt nicht, dass Sie das dem ganzen LAN oder Internet erlauben müssen.

Authentisierung über IP-Adressen

Sie können auch den TCP-Wrapper verwenden, um Dienste zum Beispiel nur für Rechner im LAN zur Verfügung zu stellen. Beachten Sie dabei jedoch, dass eine Authentisierung über IP-Adressen im Allgemeinen nicht sicher ist – es ist für einen Angreifer einfach, Datagramme mit beliebigen IP-Adressen zu verschicken (vor allem, wenn es nicht wirklich darauf ankommt, die Ergebnisse zurückzuerhalten). Was einigermaßen zuverlässig funktioniert, ist, mit dem TCP-Wrapper einen Dienst auf den IP-Adressbereich des lokalen Netzes zu beschränken, wenn Sie gleichzeitig etwa durch eine geeignete Konfiguration des Paketfilters Ihres Firewalls dafür sorgen, dass Datagramme von außerhalb Ihres Netzes, die Absenderadressen innerhalb Ihres Netzes behaupten, verworfen werden.

19.7 Grundlagen von GnuPG

19.7.1 Einführung

Verschlüsseln

Signieren

GnuPG erlaubt das Verschlüsseln und Signieren von Dateien und elektronischer Post. »Verschlüsseln« bedeutet, den Dateiinhalt auf eine Weise unkenntlich zu machen, die ausschließt, dass Unbefugte von ihm Kenntnis nehmen können, gleichzeitig aber Besitzern des korrekten Schlüssels den Zugang ermöglicht. Durch »Signieren« können Sie dokumentieren, eine bestimmte Version einer Datei tatsächlich signiert zu haben. Änderungen an der signierten Datei machen die Signatur ungültig. – GnuPG-Signaturen sind Teil von Paketverwaltungswerkzeugen wie apt oder RPM und spielen eine wichtige Rolle in der Authentizitätssicherung von Linux-Distributionen.

Verschlüsselungsverfahren

Man kann grob zwei Klassen von Verschlüsselungsverfahren unterscheiden: Bei »symmetrischer Kryptografie« wird derselbe Schlüssel zum Ver- und Entschlüsseln von Nachrichten verwendet. Symmetrische Verfahren sind in der Regel sehr effizient, aber die Verwaltung der Schlüssel ist ein Problem: Alice und Bob – die klassischen Kommunikationspartner – müssen irgendwie zu einem gemeinsamen Schlüssel kommen, ohne dass böswillige Dritte von diesem Kenntnis erlangen und so die verschlüsselte Kommunikation mitlesen können. Allgemein gilt, dass eine Gruppe von n Personen etwa n^2 Schlüssel benötigt, damit beliebige Gruppenmitglieder paarweise vertraulich kommunizieren können – ein Alptraum.

Asymmetrische Kryptografie

Asymmetrische Kryptografie dagegen verwendet Schlüssel*paare,* bestehend aus je einem *öffentlichen* und *privaten* Schlüssel. Der öffentliche Schlüssel kann allgemein bekannt gemacht werden, der private Schlüssel bleibt vertraulich. Alice kann Bob eine geheime Nachricht schicken, indem sie sie mit Bobs öffentlichem Schlüssel verschlüsselt. Bob verwendet seinen privaten Schlüssel, um die Nachricht zu entschlüsseln, und da nur er den privaten Schlüssel hat, der zu seinem öffentlichen Schlüssel passt, ist die Vertraulichkeit gesichert. (Im Gegensatz zu symmetrischen Verfahren sind asymmetrische Verfahren sehr langsam und können auch nur kleine Datenmengen verarbeiten. Im wirklichen Leben verwendet man sie deshalb zum Verschlüsseln von *Schlüsseln* für symmetrische Verfahren – für die eigentliche Kommunikation werden dann die effizienten symmetrischen Verfahren benutzt.)

Signatur

Signaturen funktionieren umgekehrt: Alice kann eine Datei signieren, indem sie sie mit ihrem *privaten* Schlüssel verschlüsselt. Bob kann sich davon überzeugen, dass Alice eine Datei signiert hat, indem er sie mit ihrem öffentlichen Schlüssel (der ihm zur Verfügung steht, denn er ist ja schließlich öffentlich) wieder entschlüsselt. Wenn dabei etwas Sinnvolles herauskommt, muss die Datei vorher von Alice signiert, also mit ihrem privaten Schlüssel verschlüsselt worden sein. In der Praxis signiert man nicht komplette Datcien (dafür sind die asymmetrischen Verfahren, wie erwähnt, zu plump und zu langsam), sondern »kryptografische Prüfsummen«, die man mit Verfahren wie MD5 oder SHA-1 über den Dateiinhalt gebildet hat. Das ist unter dem Strich genauso gut, da jede Änderung am Dateiinhalt die Prüfsumme ändert und die Signatur damit ungültig wird.

kryptografische Prüfsummen

Asymmetrische Kryptografie löst das Problem der Schlüsselverteilung, wirft aber ein neues Problem auf. Woher weiß Bob, dass der Schlüssel, mit dem er Alices Signatur auf der Datei prüfen möchte, wirklich Alices öffentlicher Schlüssel ist? Vielleicht hat eine bösartige Person ihm einen gefälschten Schlüssel untergeschoben? Was fehlt, ist eine Methode zur Authentisierung der öffentlichen Schlüssel.

Authentizität von Schlüsseln

Netz des Vertrauens

GnuPG setzt dafür auf das »Netz des Vertrauens« (engl. *web of trust*): Sie als GnuPG-Anwender signieren (das GnuPG-Wort ist »beglaubigen«) die öffentlichen Schlüssel von Personen aus Ihrem Umfeld und bestätigen so, dass der betreffende Schlüssel zur betreffenden Person gehört. Angenommen, Sie möchten eine vertrauliche Nachricht an Charlie senden, den Sie nicht persönlich kennen. Irgendwo im Netz finden Sie einen öffentlichen Schlüssel, der behauptet, Charlie zu gehören. Ob Sie das glauben können, hängt davon ab, ob Sie (bzw. Ihr GnuPG-Programm) eine »Vertrauenskette« von sich selbst zu dem fraglichen öffentlichen Schlüssel konstruieren können: Vielleicht haben Sie Alices öffentlichen Schlüssel beglaubigt, Alice hat dann ihren privaten Schlüssel benutzt, um Bobs öffentlichen Schlüssel zu beglaubigen, und der wiederum ist ein alter Kumpel von Charlie und hat dessen öffentlichen Schlüssel beglaubigt. Mit anderen Worten: Bobs Signatur auf Charlies öffentlichem Schlüssel sagt »Dieser Schlüssel gehört zu Charlie«. Wenn also Bobs Signatur korrekt ist, ist alles in Butter. Bobs Signatur auf Charlies Schlüssel können Sie mit Bobs öffentlichem Schlüssel prüfen, und dass dieser tatsächlich zu Bob gehört, hat Alice mit *ihrer* Signatur auf Bobs öffentlichem Schlüssel bestätigt. Um Alices Signatur zu prüfen, brauchen Sie wiederum Alices öffentlichen Schlüssel, und dass dieser tatsächlich zu Alice gehört, haben Sie selbst mal durch eine Signatur amtlich gemacht. Wenn alle Signaturen in der Kette gültig sind, können Sie also davon ausgehen, dass der öffentliche Schlüssel nicht nur angeblich, sondern auch tatsächlich zu Charlie gehört – »gültig« ist.

19.7.2 GnuPG-Schlüssel generieren und verwalten

Sie selbst brauchen prinzipiell kein GnuPG-Schlüsselpaar, um Nachrichten an andere Benutzer zu verschlüsseln oder die Signaturen anderer Benutzer zu überprüfen. Sie müssen sich nur die passenden öffentlichen Schlüssel besorgen. Allerdings lernen Sie so aus einer erfolgreichen Signaturprüfung nur, dass die Bits in der signierten Datei nicht verfälscht wurden – um Vertrauen aufbauen zu können, dass die Signatur *wirklich* von der behaupteten Person vorgenommen wurde, müssen Sie selbst am »Netz des Vertrauens« teilnehmen, denn nur so können Sie sicherstellen, dass der öffentliche Schlüssel, mit dem Sie die Signatur prüfen, »gültig« ist (nach den Regeln im vorigen Abschnitt). Die ernsthafte Verwendung von GnuPG beginnt also mit dem Erzeugen eines eigenen Schlüsselpaars. (Wenn Sie GnuPG einsetzen, um die Integrität von Paketen Ihrer Distribution zu prüfen, dann stellt Ihr Distributor Ihnen normalerweise öffentliche GnuPG-Schlüssel zum Verifizieren von Paketen zur Verfügung.)

Schlüsselpaar erzeugen Sie können ein Schlüsselpaar erzeugen, indem Sie das Programm gpg mit der Option --gen-key aufrufen:

```
$ gpg --gen-key
◁◁◁◁◁
Bitte wählen Sie, welche Art von Schlüssel Sie möchten:
   (1) DSA und Elgamal (voreingestellt)
   (2) DSA (nur unterschreiben/beglaubigen)
   (5) RSA (nur signieren/beglaubigen)
Ihre Auswahl? 1
Das DSA-Schlüsselpaar wird 1024 Bit haben.
ELG-E-Schlüssel können zwischen 1024 und 4096 Bit lang sein.
Welche Schlüssellänge wünschen Sie? (2048) 2048
Die verlangte Schlüssellänge beträgt 2048 Bit
```

Schlüsselart

Die Standardoption »DSA und Elgamal« erzeugt tatsächlich *zwei* Schlüsselpaare, ein DSA-Schlüsselpaar für Signaturen und ein untergeordnetes Elgamal-Schlüsselpaar zum Ver- und Entschlüsseln. 2048 Bit sind heutzutage vernünftig. 1024 Bit sind ein bisschen wenig, und 4096 Bit wären fast paranoid (dadurch wird vor allem der Rechenaufwand und die Größe von Signaturen erhöht, nicht notwendigerweise die praktische Sicherheit).

Verfallsdatum

Dann müssen Sie bestimmen, wie lange der Schlüssel gelten soll. Für normale Benutzer spricht in der Regel nichts dagegen, »Schlüssel verfällt nie« zu wählen (ist notfalls änderbar).

```
Bitte wählen Sie, wie lange der Schlüssel gelten soll.
         0 = Schlüssel verfällt nie
      <n>  = Schlüssel verfällt nach n Tagen
      <n>w = Schlüssel verfällt nach n Wochen
      <n>m = Schlüssel verfällt nach n Monaten
      <n>y = Schlüssel verfällt nach n Jahren
Wie lange bleibt der Schlüssel gültig? (0) 0
Schlüssel verfällt nie
Ist dies richtig? (j/N) j
```

User-ID

Im nächsten Schritt ordnen Sie dem Schlüsselpaar eine »User-ID« zu. Diese besteht aus einem Namen, einer E-Mail-Adresse und einem optionalen Kommentar:

```
Ihr Name ("Vorname Nachname"): Hugo Schulz
Email-Adresse: hugo.schulz@example.com
```

```
Kommentar: Beispielschlüssel
Sie benutzen den Zeichensatz 'utf-8'
Sie haben diese User-ID gewählt:
 "Hugo Schulz (Beispielschlüssel) <hugo.schulz@example.com>"

Ändern: (N)ame, (K)ommentar, (E)-Mail oder▷
◁ (F)ertig/(B)eenden? f
```

passphrase

Zu guter Letzt müssen Sie noch eine *passphrase* eingeben, mit der die privaten Schlüssel verschlüsselt werden. Wählen Sie einen möglichst langen und unoffensichtlichen Text, den Sie sich aber trotzdem noch gut merken können:

```
Geben Sie die Passphrase ein: Drei! @ffen essen 96 Klöße?
Geben Sie die Passphrase nochmal ein: Drei! @ffen essen▷
◁ 96 Klöße?
```

Mit der *passphrase* steht und fällt die Sicherheit von GnuPG – sie ist Ihr einziger Schutz, falls Ihr Schlüsselpaar in die falschen Hände fällt.

Widerrufszertifikat

Als Nächstes sollten Sie noch ein »Widerrufszertifikat« erzeugen. Mit dem Widerrufszertifikat können Sie Ihren öffentlichen Schlüssel für ungültig erklären, falls Ihr privater Schlüssel kompromittiert werden oder verloren gehen sollte. Es sagt, dass der öffentliche Schlüssel nicht mehr zur Verschlusselung neuer Nachrichten verwendet werden sollte; er kann aber immer noch zum Prüfen existierender Signaturen benutzt werden. Ein Widerrufszertifikat erzeugen Sie so:

```
$ gpg --output revoke.asc --gen-revoke "Hugo Schulz"
```

Als »Beschreibung« können Sie etwas Generisches wie »Mein privater Schlüssel wurde kompromittiert oder ist verloren gegangen« angeben. Das Widerrufszertifikat steht anschließend in der Datei `revoke.asc`. – Sie bauen hier für den GAU vor, nämlich dass Ihr Schlüsselpaar plötzlich und dauerhaft unbenutzbar wird. Sie sollten das Widerrufszertifikat auf einem Medium speichern, das Sie irgendwo einschließen können (nicht auf Ihrem Computer), denn ein Angreifer kann damit Ihren Schlüssel unbrauchbar machen. Am besten drucken Sie es auch auf Papier aus, damit Sie es notfalls per Hand wieder eintippen können (es ist nicht lang).

Öffentliche Schlüssel publizieren Jetzt können Sie daran gehen, Ihren öffentlichen GnuPG-Schlüssel allen Ihren Verwandten, Freunden, Feinden usw. bekannt zu machen. Dazu müssen Sie ihn zuerst »exportieren«. Mit der Option `--list-keys` zeigt GnuPG Ihnen alle öffentlichen Schlüssel an, die Sie derzeit zur Verfügung haben (bisher nur Ihren eigenen):

Schlüssel exportieren

```
$ gpg --list-keys
/home/hugo/.gnupg/pubring.gpg
-----------------------------
pub   1024D/79ECB1F2 2009-01-04
uid                  Hugo Schulz (Beispielschlüssel)▷
◁ <hugo.schulz@example.com>
sub   2048g/BBDCE67E 2009-01-04
```

Exportieren können Sie einen öffentlichen Schlüssel mit der Option `--export`. Wie bei der Erzeugung des Widerrufszertifikats können Sie hier mit `--output` einen Dateinamen angeben, unter dem der exportierte Schlüssel abgelegt werden soll. Die Option `--armor` gibt den Schlüssel in einem ASCII-basierten Format aus, das sich dazu eignet, mit elektronischer Post verschickt oder auf einer Web-Seite veröffentlicht zu werden:

```
$ gpg --output hugo.gpg --armor▷
◁ --export "Hugo Schulz"
```

Keyserver

Eine effizientere Methode zum Publizieren öffentlicher Schlüssel besteht darin, sie auf einen »Keyserver« hochzuladen. Das schaffen Sie mit einem Kommando wie

```
$ gpg --keyserver hkp://subkeys.pgp.net▷
◁ --send-keys 79ECB1F2
```

Die meisten Keyserver synchronisieren sich untereinander, so dass es normalerweise genügt, wenn Sie Ihren öffentlichen Schlüssel auf einen davon hochladen. Die magische Kennung `79ECB1F2` ist die »Key-ID«, die Sie zum Beispiel aus der Ausgabe von »`gpg --list-keys`« entnehmen können.

Öffentliche Schlüssel importieren und beglaubigen Einen öffentlichen Schlüssel, den Sie von anderswo bekommen – etwa per Mail oder über eine Web-Seite –, müssen Sie in Ihr »Schlüsselbund« importieren, bevor Sie ihn verwenden können. Das geht so:

```
$ gpg --import /tmp/susi.gpg
```

Damit steht der Schlüssel in Ihrem Schlüsselbund, aber Sie sind noch nicht fertig – woher wollen Sie wissen, dass das, was Sie gerade importiert haben, wirklich der öffentliche Schlüssel von Susi Sorglos ist? Sie sollten das unbedingt überprüfen. Am besten besorgen Sie sich den »Fingerabdruck« (engl. *fingerprint*) des neuen Schlüssels und fragen Susi, ob er stimmt:

Fingerabdruck

```
$ gpg --fingerprint "Susi Sorglos"
pub   1024D/5526DE34 2009-01-04
  Schl.-Fingerabdruck = D533 80FD B930 1BCD 2F6B▷
◁  4C25 F92F 82B0 5526 DE34
uid                   Susi Sorglos (Kein Kommentar!)▷
◁ <susi.sorglos@example.net>
sub   2048g/045B6B4F 2009-01-04
```

Nehmen wir mal an, Sie haben sich zu Ihrer Zufriedenheit von der Authentizität von Susi Sorglos' öffentlichem Schlüssel überzeugt (die Details überlassen wir Ihnen). Jetzt können Sie Susis Schlüssel beglaubigen. Das geht wie folgt:

Schlüssel beglaubigen

```
$ gpg --sign-key "Susi Sorglos"
```

Die Signaturen auf einem Schlüssel können Sie mit der Option `--check-sigs` anzeigen und überprüfen:

Signaturen überprüfen

```
$ gpg --check-sigs "Susi Sorglos"
```

Zur Verwaltung von Schlüsseln können Sie auch »`gpg --edit-key`« verwenden:

```
$ gpg --edit-key "Susi Sorglos"
```

Hier können Sie Befehle eingeben. »`fpr`« zeigt den Fingerabdruck des Schlüssels an, und mit »`sign`« können Sie ihn signieren. Es gibt jede Menge andere Befehle, »`help`« zeigt eine Liste an.

Sollten Sie jemals in die Verlegenheit kommen, Ihren öffentlichen Schlüssel widerrufen zu müssen (Sie haben doch weiter oben ein Widerrufszertifikat angelegt, nicht wahr?), importieren Sie zunächst das Widerrufszertifikat:

Schlüssel widerrufen

```
$ gpg --import revoke.asc
```

Schicken Sie den widerrufenen Schlüssel dann an die Keyserver.

19.7.3 Daten verschlüsseln und entschlüsseln

Um eine Datei mit GnuPG zu verschlüsseln, brauchen Sie die öffentlichen Schlüssel der Empfänger der Datei. Sie können sich einen öffentlichen Schlüssel vorstellen wie einen offenen Tresor: Sie verschlüsseln die Daten, indem Sie sie in den Tresor legen, die Tür zuklappen und das Rad des Kombinationsschlosses ein paar Mal herumdrehen. Anschließend kann nur derjenige, der die Kombination (den privaten Schlüssel) kennt, den Tresor wieder öffnen und die Daten lesen (entschlüsseln).

Wenn Sie also eine Datei verschlüsseln und zum Beispiel an Susi Sorglos schicken wollen, brauchen Sie den öffentlichen Schlüssel von Susi Sorglos. Susi kann die Datei mit ihrem privaten Schlüssel entschlüsseln und braucht wiederum Ihren öffentlichen Schlüssel, wenn sie Ihnen eine Antwort schicken möchte (die Sie dann mit Ihrem privaten Schlüssel entschlüsseln können).

Mit GnuPG geht das so:

```
$ gpg --output text.txt.gpg --encrypt▷
◁ --recipient "Susi Sorglos" text.txt
```

Dieses Kommando verschlüsselt die Datei `text.txt` so, dass Susi Sorglos sie lesen kann. Die verschlüsselte Version steht in `text.txt.gpg` (dem Parameter der Option `--output`). Auch hier produziert die Option `--armor` eine ASCII-Datei, die sich bequem per Mail verschicken läßt. Sie können auch mehrere Empfänger benennen, indem Sie die `--recipient`-Option mehrmals angeben. Die Ausgabe enthält dann mehrere unterschiedlich verschlüsselte Versionen des Klartexts.

Susi Sorglos kann die verschlüsselte Datei wie folgt mit ihrem privaten Schlüssel entschlüsseln:

```
susi$ gpg --output text.txt --decrypt text.txt.gpg
```

Dafür wird sie natürlich nach ihrer *passphrase* gefragt.

Wenn Sie eine Datei nur für sich selbst verschlüsseln wollen, brauchen Sie keine asymmetrische Kryptografie. Mit dem Kommando »`gpg --symmetric`« wird ein Schlüssel verwendet, der von einer *passphrase* abgeleitet wird, die Sie als Nächstes eingeben. Dieselbe *passphrase* dient auch zum Entschlüsseln:

```
$ echo "Hallo Welt" | gpg --output hw.gpg --symmetric
Geben Sie die Passphrase ein: blafasel
Geben Sie die Passphrase nochmal ein: blafasel
$ gpg --decrypt hw.gpg
gpg: CAST5 verschlüsselte Daten
Geben Sie die Passphrase ein: blafasel
gpg: Verschlüsselt mit einer Passphrase
Hallo Welt
gpg: WARNUNG: Botschaft wurde nicht integritätsgeschützt▷
◁ (integrity protected)
```

(Natürlich sollten Sie nicht dieselbe *passphrase* benutzen, die Sie sonst für Ihre privaten GnuPG-Schlüssel verwenden.)

19.7.4 Dateien signieren und Signaturen prüfen

Mit Ihrem Schlüsselpaar können Sie eine Datei auch *signieren*. Damit wird die Datei zum einen mit einem Zeitstempel versehen, zum anderen führen Veränderungen an der Datei dazu, dass eine Prüfung der Signatur fehlschlägt. Das ist zum Beispiel sehr wichtig, um sicherzustellen, dass Pakete Ihrer Distribution, die Sie herunterladen und installieren wollen, nicht von übelwollenden Crackern manipuliert worden sind und Viren oder trojanische Pferde enthalten oder bei der nächsten Gelegenheit Ihr Kennwort und Ihre Kreditkartennummer nach Russland schicken.

Signieren

Im einfachsten Fall signieren Sie mit GnuPG eine Datei über das Kommando »gpg --sign«:

```
$ gpg --output text.txt.sig --sign text.txt
```

(Da das Signieren Ihren privaten Schlüssel involviert, müssen Sie wie üblich Ihre *passphrase* angeben.) Dabei wird die Datei gleichzeitig auch noch komprimiert und steht anschließend in einem binären Format in der Ausgabedatei.

Signatur prüfen

Prüfen können Sie die Signatur für eine Datei mit dem Kommando »gpg --verify«:

```
$ gpg --verify text.txt.sig
gpg: Unterschrift vom Mo 05 Jan 2009 00:52:26 CET▷
◁ mittels DSA-Schlüssel ID 5526DE34
```

```
gpg: Korrekte Unterschrift von "Susi Sorglos▷
◁ (Kein Kommentar!) <susi.sorglos@example.net>"
```

Mit »`gpg --decrypt`« wird nicht nur die Signatur geprüft, sondern die Datei auch entkomprimiert und auf der Standardausgabe ausgegeben. Mit der Option `--output` können Sie die entkomprimierten Daten wie gewohnt auch in eine Datei schreiben lassen.

Klartextsignatur

Das komprimierte Binärformat ist unpraktisch, wenn Sie die signierte Datei anschließend verschicken möchten. In diesem Fall verwenden Sie besser »`gpg --clearsign`«, um eine Ausgabedatei zu erhalten, in der Dokument und Signatur im ASCII-Format stehen:

```
$ gpg --clearsign text.txt
```

abgetrennte Signatur

Um Dateien zu signieren, ohne sie dabei zu verändern – etwa wenn Sie ein Paket für eine Distribution einreichen oder die Authentizität eines Quellcode-Archivs sichern wollen, das Sie veröffentlichen, und die üblichen GnuPG-Formate dazu führen würden, dass die Datei nicht mehr mit Programmen wie `tar` verarbeitet werden kann –, können Sie eine »abgetrennte Signatur« (engl. *detached signature*) erzeugen. Dazu verwenden Sie das Kommando »`gpg --detach-sign`«:

```
$ gpg --output text.txt.sig --detach-sign text.txt
```

Zum Prüfen einer abgetrennten Signatur brauchen Sie sowohl die signierte Datei als auch die Datei mit der Signatur (das ist logisch, da Sie bei der Prüfung ja nachvollziehen wollen, dass der Inhalt der signierten Datei sich nicht geändert hat). Verwenden Sie dazu »`gpg --verify`«:

```
$ gpg --verify text.txt.sig text.txt
```

Dabei ist der Name der Datei mit der abgetrennten Signatur immer der erste Parameter hinter der Option `--verify`. Sie können den Namen der signierten Datei als zweiten Parameter angeben; GnuPG nimmt sonst an, dass die signierte Datei so heißt wie die Datei mit der abgetrennten Signatur, aber ohne das `.sig` am Ende.

19.7.5 GnuPG-Konfiguration

`~/.gnupg`

GnuPG bewahrt seine Konfigurationsdateien im Verzeichnis `~/.gnupg` auf. Einige typischerweise dort vorhandene Dateien sind:

pubring.gpg Das »öffentliche Schlüsselbund«, für öffentliche Schlüssel, die Sie importiert (oder erzeugt) haben.

secring.gpg Das »geheime Schlüsselbund«. Hier stehen die privaten Schlüssel für Ihre Schlüsselpaare.

trustdb.gpg Diese Datei enthält die Daten für das Eigentümer-Vertrauen für öffentliche Schlüssel. Da es sich dabei um Ihre privaten Ansichten handelt, werden diese Informationen nicht in einer Schlüsselbunddatei gespeichert, die Sie möglicherweise anderen Personen zugänglich machen wollen.

random_seed In dieser Datei merkt sich GnuPG seine internen Ausgangsdaten für die Zufallszahlengenerierung.

gpg.conf Diese Datei enthält Voreinstellungen für gpg. Die Datei ist sehr ausführlich kommentiert.

Einige Einstellungen, die Sie in gpg.conf machen könnten, sind zum Beispiel:

gpg.conf

keyserver Gibt einen URL für Ihren bevorzugten Keyserver an, zum Beispiel

```
keyserver hkp://keys.gnupg.net
```

no-greeting Unterdrückt die Copyright-Notiz, die gpg sonst beim Start ausgibt.

group Erlaubt die Definition von »Gruppen«, um Tipparbeit bei der Verschlüsselung zu sparen. Nehmen wir an, Ihre gpg.conf-Datei enthält den Eintrag

Gruppen

```
group beatles = john paul 0x12345678 ringo
```

Wenn Sie die Option »--recipient beatles« angeben, interpretiert GnuPG das so, als ob sie die Option dreimal mit den Namen und einmal mit der Key-ID angegeben hätten.

➪ GnuPG ist ein wichtiges, aber auch nicht ganz unkompliziertes Programm. Sie sollten die Dokumentation in gpg(1) studieren; außerdem ist eine ausführliche Dokumentation auf http://www.gnupg.org/ zu finden.

Kapitel 20 Prüfungsziele

In diesem Kapitel ...

- werden die LPIC-1-Prüfungsziele aufgelistet
- können Sie prüfen, ob Sie über das nötige Prüfungswissen verfügen

20.1 Vorbemerkung

Dieser Anhang enthält eine Liste der LPIC-1-Prüfungsziele mit Verweisen auf die Kapitel im Buch, in denen der betreffende Stoff diskutiert wird.

Die Fragen zu den Prüfungszielen sollen nicht den Stil der LPIC-Zertifizierung wiedergeben (dafür sind sie zu unkonkret, und es sind keine Antworten dabei), sondern Sie können damit prüfen, ob Sie den nötigen Überblick über die verschiedenen Prüfungsziele haben. Einige Fragen werden Sie nur beantworten können, wenn Sie Dokumentation gelesen haben, auf die dieses Buch nur verweist; das ist Absicht.

LPI-Nummer
Gewicht

Für jedes Prüfungsziel steht im grauen Randblock die LPI-Nummer und am rechten Ende der Titelzeile das Gewicht des Ziels in der Prüfung. Das Gewicht entspricht der Anzahl der Fragen zu dem betreffenden Prüfungsziel in der Prüfung.

LPI Academy

Wenn Sie sich für eine »echte« Prüfungssimulation (mit nachempfundenen Fragen) interessieren, dann besuchen Sie die *LPI Academy* unter `http://www.lpi-academy.de/`.

20.2 Thema 101: Systemarchitektur

101.1 **Hardware-Einstellungen ermitteln und konfigurieren** **2**
■ Wie können Sie die Geräte am PCI-Bus auflisten? ■ Welche Arten von Massenspeicher sind bei PCs üblich und wie unterscheiden sie sich aus der Sicht von Linux? ■ Wie werden SATA-Platten von Linux angesteuert? ■ Wie lauten die Linux-Gerätenamen der wichtigsten SCSI-Geräte? ■ Wie können Sie modulare Treiber laden, entfernen und auflisten? ■ Wozu dient das Verzeichnis /sys? ■ Wie funktioniert udev? ■ Was ist der Unterschied zwischen *hotplugging* und *coldplugging*? ■ Wozu dient D-Bus? 7.1–7.3, 7.5, 7.6

101.2 **Das System starten** **3**
■ Wie wird ein Linux-System gestartet? ■ Was ist ein Bootlader? Wie funktioniert er? ■ Wie können Sie dem Linux-Kern Parameter übergeben? ■ Wo können Sie die Meldungen des Linux-Systemstarts nachlesen? 7.2, 9.1, 9.2, 9.2.4, 9.6, 14.2.3

101.3 **Runlevel wechseln und das System anhalten oder neu starten** **3**
■ Was ist ein Runlevel? Welche Runlevels gibt es? Wie werden sie definiert? ■ Wozu dient der Einbenutzermodus? Wie erreichen Sie

ihn? ■ Wozu dient die Datei `/etc/inittab`? ■ Wie können Sie das System anhalten? ■ Was ist Upstart? Wie unterscheidet Upstart sich von System-V-Init? ■ Was ist systemd? Wie unterscheidet systemd sich von System-V-Init und Upstart? ■ Was sind systemd-Units? ■ Wie geht systemd mit Abhängigkeiten um? 9.1, 9.3.5

20.3 Thema 102: Linux-Installation und -Paketverwaltung

Festplattenaufteilung planen 2 **102.1**

■ Was ist das /-Dateisystem? ■ Wie viele Partitionen sind sinnvoll? ■ Welche Dateisysteme sollten eigene Partitionen haben? ■ Wofür kann eine `/boot`-Partition nötig sein? ■ Wie viel Auslagerungsspeicher braucht ein System? ■ Wie wird Auslagerungsspeicher verwaltet? ■ Wozu dient LVM? ■ Was bedeuten die Begriffe VG, PV, LV? ■ Wozu dienen LVM-Snapshots? 8.1, 8.6

Einen Boot-Manager installieren 2 **102.2**

■ Was sind gängige Bootlader für Linux? ■ Wie können Sie mit GRUB Legacy verschiedene Systeme booten? Mit GRUB 2? 9.1, 9.2, 9.6

Shared Libraries verwalten 1 **102.3**

■ Was sind *shared libraries* und was sind ihre Vor- und Nachteile? ■ Wie können Sie herausfinden, welche Bibliotheken ein Programm braucht? ■ Warum gibt es symbolische Links der Form `/lib/bla.so.3`? ■ Wozu dienen `ld-linux.so` und `ldconfig`? ■ Wie können Sie für ein Programm eine alternative Version einer Systembibliothek benutzen? 10.1

Debian-Paketverwaltung verwenden 3 **102.4**

■ Wie heißen die wichtigsten Werkzeuge zur Verwaltung von Debian-Softwarepaketen? ■ Wie ist eine `deb`-Datei aufgebaut? ■ Wie können Sie herausfinden, welche Pakete installiert sind? Von welchen Paketen ein Paket abhängt? Welche Dateien es enthält? ■ Wie können Sie die Integrität eines Pakets prüfen? ■ Wozu dient `apt-get`? `aptitude`? ■ Was sind die Vorteile von debconf? 10.2

RPM- und YUM-Paketverwaltung verwenden 3 **102.5**

■ Wie heißen die wichtigsten Optionen von `rpm`? ■ Warum sind RPM-Pakete verschiedener Distributionen nicht austauschbar? ■ Wie können Sie ein Softwarepaket installieren, löschen, aktualisieren? ■ Wie können Sie die Integrität eines Pakets prüfen? ■ Wozu dient YUM und wie wird es benutzt? 10.3

20.4 Thema 103: GNU- und Unix-Kommandos

103.1 **Auf der Kommandozeile arbeiten** 4

■ Was ist das »Werkzeugkastenprinzip«? ■ Wie werden Kommandos interpretiert? Was sind Parameter, Optionen? ■ Wie können Sie Shell-Variable setzen, löschen, anzeigen? ■ Wie werden Kommandos im Dateisystem gefunden? ■ Wie können Sie Kommandos bei der Eingabe editieren? 2.3, 3.1, 3.2, 6.5, 11.1

103.2 **Textströme mit Filtern verarbeiten** 3

■ Was ist ein Filter? ■ Mit welchem Kommando können Sie Dateien hintereinanderhängen? ■ Wie können Sie die Zeilen einer Datei sortieren und danach alle doppelt vorkommenden Zeilen entfernen? ■ Wie können Sie nur den Anfang oder das Ende einer Datei abtrennen? ■ Wie können Sie alle Großbuchstaben in einer Datei zu Kleinbuchstaben machen? ■ Wie können Sie die Zeilen einer Datei nummerieren? ■ Wie können Sie zwei Dateien relational vereinigen? 4.1, 4.2, 5.3

103.3 **Grundlegende Dateiverwaltung** 4

■ Wie können Sie Dateien löschen, verschieben, kopieren? ■ Wie legen Sie Verzeichnisse an? ■ Wie löschen Sie ein Verzeichnis mitsamt seinem Inhalt? ■ Wie funktionieren Shell-Suchmuster? ■ Wie wird `find` benutzt? Wie unterscheiden sich `find` und `locate`? 3.1–3.3, 3.5, 3.6

103.4 **Ströme, Pipes und Umleitungen verwenden** 4

■ Was sind die Standardkanäle? Was ist Umleitung? ■ Was ist eine Pipeline? ■ Wie kann ein Programm seine Standardeingabe von der Kommandozeile beziehen? ■ Wofür brauchen Sie `xargs`? ■ Wie können Sie die Standardausgabe eines Programms gleichzeitig anzeigen und in eine Datei schreiben? 4.1

103.5 **Prozesse erzeugen, überwachen und beenden** 4

■ Welche Eigenschaften charakterisieren einen Prozess? ■ Was vererbt ein Prozess an seine Kinder? ■ Was bedeuten die Informationen, die Sie mit `ps` erhalten? ■ Welche Informationen über einen Prozess liefert das `/proc`-Dateisystem? ■ Wie würden Sie absichtlich einen Zombie-Prozess erzeugen? ■ Wie gehen Prozesse mit Signalen um? 6.1–6.5

103.6 **Prozess-Ausführungsprioritäten ändern** 2

■ Was ist die Priorität eines Prozesses? ■ Mit welchen Kommandos können Sie Prozesse beeinflussen? 6.4

103.7 **Textdateien mit regulären Ausdrücken durchsuchen** 2

■ Was sind reguläre Ausdrücke? Aus welchen Elementen bestehen sie? ■ Wie können Sie die Zeilen einer Datei ausgeben, die auf einen regulären Ausdruck passen? ■ Wozu dient `sed`? 5.1–5.3

Grundlegendes Editieren von Dateien mit dem vi 3 **103.8**
■ Was sind die wichtigsten `vi`-Kommandos? 5.4

20.5 Thema 104: Geräte, Linux-Dateisysteme, Filesystem Hierarchy Standard

Partitionen und Dateisysteme anlegen 2 **104.1**
■ Mit welchen Werkzeugen können Sie eine Platte partitionieren? ■ Warum und wie werden Dateisysteme angelegt? ■ Brauchen Auslagerungspartitionen ein Dateisystem? 8.1, 8.4

Die Integrität von Dateisystemen sichern 2 **104.2**
■ Welche Werkzeuge gibt es zur Prüfung des freien und belegten Plattenplatzes? Wie arbeiten sie? ■ Was tut `fsck`? `tune2fs`? ■ Welche Vor- und Nachteile hat ein *journaling filesystem*? 8.7

Das Ein- und Aushängen von Dateisystemen steuern 3 **104.3**
■ Warum müssen Sie Dateisysteme ein- und aushängen? ■ Wozu dient `/etc/fstab` und wie ist sie aufgebaut? ■ Wie können Sie Benutzern Zugriff auf Laufwerke mit Wechselmedien geben? 8.6

Platten-Quotas verwalten 1 **104.4**
■ Was sind Kontingente? Wie werden sie festgelegt und wie geht das System mit ihnen um? ■ Wie wird Kontingentierung auf einem Dateisystem aktiviert? ■ Wie kann ein Benutzer seine Kontingentierung abfragen? 8.8

Dateizugriffsrechte und -eigentümerschaft verwalten 3 **104.5**
■ Welche Dateirechte gibt es? Wie werden sie gesetzt? ■ Wie können Sie Eigentümer und Gruppe einer Datei ändern? ■ Was bedeuten Set-UID-, Set-GID- und *sticky bit*? 3.4

Harte und symbolische Links anlegen und ändern 2 **104.6**
■ Was ist der Unterschied zwischen harten und symbolischen Links? ■ Wie können Sie harte und symbolische Links im Dateisystem identifizieren? 3.3.6

Systemdateien finden und Dateien am richtigen Ort platzieren 2 **104.7**
■ Was ist der *Filesystem Hierarchy Standard*? ■ Welche Verzeichnisse sind im FHS standardisiert? ■ Wie können Sie Dateien mit gegebenen Namen oder anderen Attributen finden? ■ Wie funktioniert `locate`? ■ Was tut das Kommando `whereis`? `which`? 3.5

20.6 Thema 105: Shells, Skripte und Datenverwaltung

105.1 **Die Shell-Umgebung anpassen und verwenden** 4
■ In welchen Dateien können Sie Voreinstellungen für die Shell hinterlegen? Wie werden diese gefunden? ■ Was ist der Unterschied zwischen Shell- und Umgebungsvariablen? ■ Wie heißen die wichtigsten Variablen für die Shell-Konfiguration? ■ Wie können Sie für die Shell die Tastatur umdefinieren? ■ Was sind Shell-Funktionen und wie werden sie erstellt? 11.1, 11.2

105.2 **Einfache Skripte anpassen oder schreiben** 4
■ Was ist ein Shell-Skript? ■ Wie starten Sie Skripte? ■ Was sind wichtige Kontrollstrukturen in Shell-Skripten? 4.1.4, 11.1, 11.2

105.3 **SQL-Datenverwaltung** 2
■ Wozu dient SQL? ■ Wie würden Sie Daten in eine SQL-Datenbank einfügen? Ändern? Löschen? ■ Wie funktioniert SELECT? ■ Was sind Fremdschlüssel? 12.1, 12.3, 12.4

20.7 Thema 106: Oberflächen und Desktops

106.1 **X11 installieren und konfigurieren** 2
■ Was ist ein X-Server? Ein X-Client? ■ Gibt es unter Linux »Grafikkartentreiber«? ■ Wie können Sie Schriften im Netz zugänglich machen? ■ Wie halten Sie andere lokale Benutzer von Ihrer Grafiksitzung fern? ■ Wie können Sie ein auf einem entfernten Rechner laufendes Programm lokal X11-Grafik anzeigen lassen? 13.1, 13.2, 13.6, 13.7

106.2 **Einen Display-Manager einrichten** 1
■ Wie können Sie einen Display-Manager starten? ■ Wie können Sie ein Hintergrundbild für den Anmeldebildschirm bestimmen? ■ Was ist XDMCP? 13.1, 13.4

106.3 **Hilfen für Behinderte** 1
■ Welche Hilfsmittel gibt es bei der Tastatureingabe? ■ Wie können Grafikoberflächen für Sehbehinderte angepasst werden? 13.8

20.8 Thema 107: Administrative Aufgaben

107.1 **Benutzer- und Gruppenkonten und dazugehörige Systemdateien verwalten** 5
■ Wie und wo werden Kennwörter gespeichert? ■ Was bedeuten

die Einträge in /etc/passwd und /etc/shadow? ■ Wie würden Sie die UID eines Benutzers ändern? ■ Wozu dient vipw? 14.1

Systemadministrationsaufgaben durch Einplanen von Jobs automatisieren 4 107.2

■ Wozu dient at? cron? anacron? ■ Wie ist der Zugriff auf at und cron geregelt? ■ Wie sehen crontab-Dateien aus? ■ Wofür ist das Programm crontab gut? Warum wird es gebraucht? 14.3

Lokalisierung und Internationalisierung 3 107.3

■ Welche Zeichencodierungen gibt es und wie unterscheiden sie sich? ■ Wie können Sie Dateien in andere Zeichencodierungen konvertieren? ■ Wie wird eine Linux-Sitzung an einen Kulturkreis angepasst? ■ Wie funktionieren Zeitzonen in Linux? 16.1–16.5

20.9 Thema 108: Grundlegende Systemdienste

Die Systemzeit verwalten 3 108.1

■ Wie stellt Linux die Zeit dar? ■ Was ist die CMOS-Uhr und wie benutzt Linux sie? ■ Wie können Sie die Uhr stellen? ■ Was tut NTP und wofür ist es nötig? ■ Was ist der NTP-Pool? 14.4

Systemprotokollierung 3 108.2

■ Wozu dient syslogd? ■ Wo erscheinen Protokollmeldungen von su? ■ Wie unterscheiden Rsyslog und Syslog-NG sich von syslogd? ■ Was macht logrotate und wie wird es konfiguriert? ■ Wie können Sie den Protokolldienst testen? ■ Was ist »das Journal« und wie unterscheidet es sich vom traditionellen Systemprotokollmechanismus? 14.2

Grundlagen von Mail Transfer Agents (MTAs) 3 108.3

■ Wozu dient ein MTA? ■ Wie können Sie systemweite und benutzerbezogene Mailweiterleitung konfigurieren? ■ Wie können Sie die Mail-Warteschlange verwalten? 18.2

Drucker und Druckvorgänge verwalten 2 108.4

■ Wofür braucht man einen Drucker-Daemon? ■ Was ist CUPS? ■ Mit welchem Kommando können Sie eine Datei drucken? ■ Wie fragen Sie den Zustand einer Druckerwarteschlange ab? ■ Wie funktioniert die CUPS-Formatumwandlung? ■ Wie geben Sie einen Drucker an Ihrem System über CUPS für andere Rechner frei? 15.1–15.4

20.10 Thema 109: Netz-Grundlagen

109.1 **Grundlagen von Internet-Protokollen** 4

■ Was sind IP-Adressen? Netzmasken? Netzwerk-Klassen? ■ Welche IP-Adressen sind für besondere Zwecke reserviert? ■ Wie unterscheiden sich die grundlegenden Protokolle IP, ICMP, TCP, UDP? ■ Wofür wird Routing benötigt? Was ist eine Standardroute? ■ Was sind die Hauptunterschiede zwischen IPv4 und IPv6? ■ Wie sind IPv6-Adressen aufgebaut? ■ Was ist SLAAC? 17.1–17.3

109.2 **Grundlegende Netz-Konfiguration** 4

■ Wie werden Netzwerk-Schnittstellen konfiguriert? ■ Wie werden Routen konfiguriert? ■ Was ist DHCP? Wie konfigurieren Sie einen Rechner als DHCP-Client? 17.2

109.3 **Grundlegende Netz-Fehlersuche** 4

■ Wie können Sie Netzwerkschnittstellen starten und stoppen? ■ Wozu dienen `ping`, `traceroute`, `netstat`, `netcat`? 17.2, 17.3

109.4 **Clientseitiges DNS konfigurieren** 2

■ Wie wird die Namensauflösung der C-Bibliothek konfiguriert? ■ Wozu dient die Datei `/etc/resolv.conf`? 17.2.5, 17.3.5

20.11 Thema 110: Sicherheit

110.1 **Administrationsaufgaben für Sicherheit durchführen** 3

■ Wie können Sie herausfinden, wer gerade angemeldet ist? ■ Wozu dienen die Kommandos `last` und `fuser`? ■ Wie funktioniert `sudo`? ■ Wie werden die Kennwort-Alterungsparameter gesetzt? 17.3.4, 19.1, 19.2, 19.4, 19.5

110.2 **Einen Rechner absichern** 3

■ Wozu dienen *shadow passwords*? ■ Wie können Sie unbenutzte Netzdienste abschalten? ■ Was sind TCP-Wrapper? 18.1, 19.6

110.3 **Daten durch Verschlüsselung schützen** 3

■ Wozu dient die Secure Shell? Was sind ihre Vorteile? ■ Welche Authentisierungsmechanismen verwendet die SSH? ■ Was ist X11-Tunneling und wann sollten Sie es benutzen? ■ Was sind Portweiterleitungen? ■ Wie funktioniert GnuPG? ■ Was ist das »Netz des Vertrauens«? 18.3, 19.7

Index

Dieser Index verweist auf die wichtigsten Stichwörter im Buch. Besonders wichtige Stellen für die einzelnen Stichwörter sind durch **fette** Seitenzahlen gekennzeichnet. Sortiert wird nur nach den Buchstaben im Indexeintrag; „~/.bashrc“ wird also unter „B“ eingeordnet.